科学立国の危機

失速する日本の研究力

豊田長康

東洋経済新報社

科学立国の危機

——失速する日本の研究力

目次

第6章　科学技術立国再生の設計図――イノベーション・エコシステムの展開

序章

失速する日本の科学研究力

日本経済は１９９０年代前半のバブル経済の崩壊により、四半世紀に近く長期にわたる不況と低成長に苦しんできました。ここ数年、日本政府による超金融緩和政策と世界的な景気循環の良い時期に合致していたことなどから、株価も上昇して日本経済も持ち直しているようです。

一方、日本の人口高齢化は急速に進み、２０１７年の高齢化率（65歳以上の高齢者が全人口に占める割合）は27・７％という、世界屈指の超高齢社会となりました。低成長と生産年齢人口の減少で国の税収がそれほど伸びない中で、国の財政は、巨額の借金の返済とともに社会保障費の増加に対応しなければならず、それ以外の政策に使える金額は引き続き制限されています。このような日本の経済・財政状況で、リーマンショックのような世界レベルの金融危機ほどでなくても、繰り返される景気循環の不況の波をかぶれば、再び日本経済が深刻な停滞に逆戻りしてしまう恐れがあります。

経済の短期的な好不況の波に一喜一憂するのではない持続的成長のためには、適切な経済政策と抜本的な人口減少対策ともに、その原動力となる「イノベーション力」を国民の多くが養い、たとえ超高齢社会であったとしても立ち枯れるのではなく、あらゆる分野でイノベーションの芽を生み出し育て続けることが不可欠であると考えます。そしてそれが最終的にＧＤＰを押し上げるのだと考えます。

「イノベーション」を辞書（『大辞林』三省堂）で調べますと、

「イノベーション（innovation）

①技術革新。新機軸。

②経済学者シュンペーターの用語で、経済成長の原動力となる革新。生産技術の革新、資源の開発、新消費財の導入、特定産業の構造の再組織などをさすきわめて広義な概念。」

と書かれています。

なお、イノベーション・マネジメント入門（文献0－1）という教科書にはイノベーションとは「社会に価値をもたらす革新」という、たいへん短く、覚えやすい定義が載っています。また、過去からの延長線上にない「非連続的で急進的な革新（radical innovation）」か、延長線上にある「連続的で漸進的な改善（incremental innovation）」か、そして、市場に対して破壊的（既存の資源が価値を失う、disruptive）か、温存的（価値を保持する、sustaining）か、による分類もなされています（文献0－2）。

なお、「イノベーション」という言葉はやや長いので、本書では適宜「イノベ」と省略することにします。

本章ではまず、「大学の研究教育力」を反映する重要な指標である学術論文数が、どのようにイノベーションや経済成長に関係しているのか、経済協力開発機構（ＯＥＣＤ）が公表しているデー

図表0－1　主な国の人口百万人あたり論文数の推移

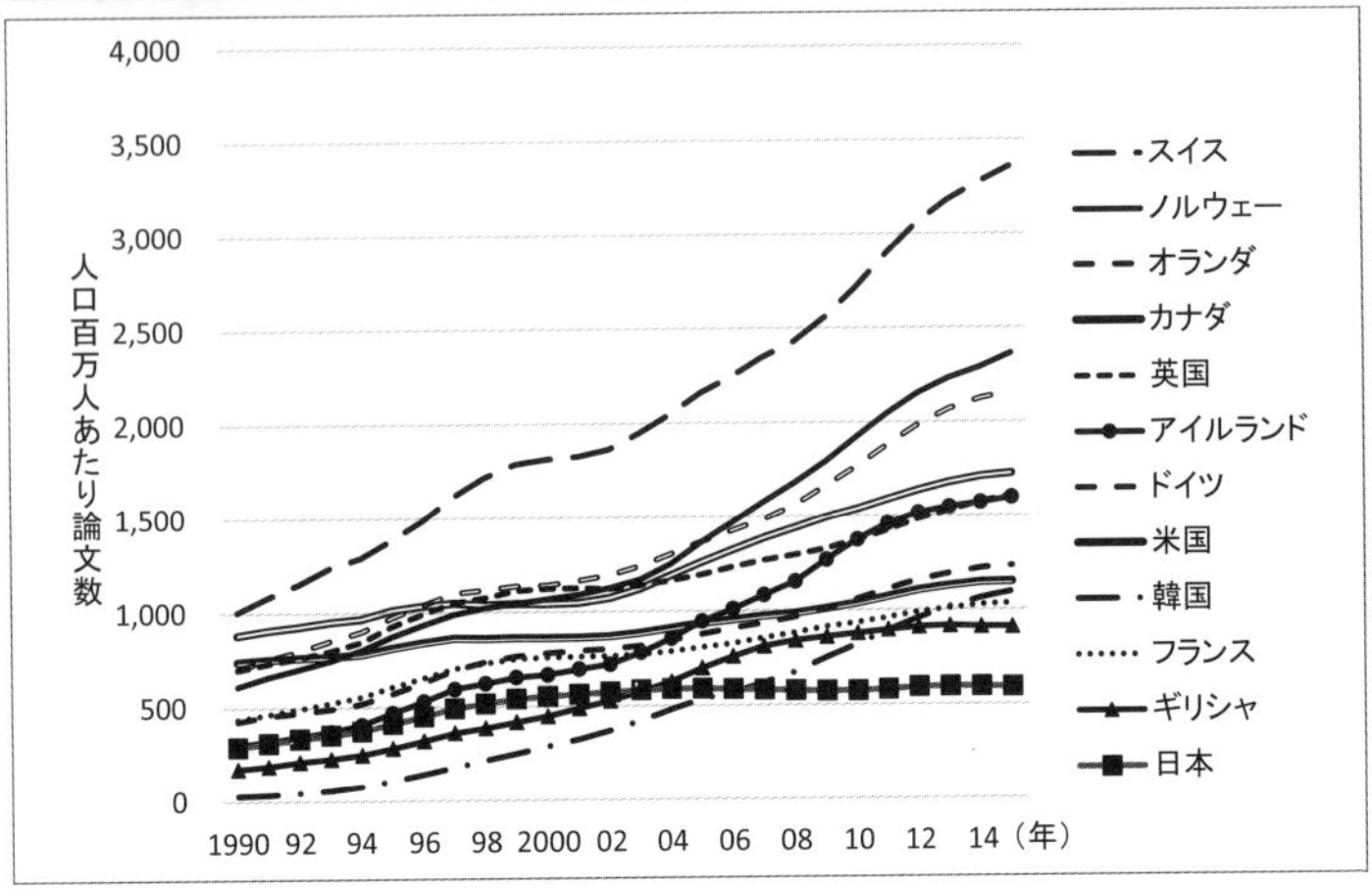

（注）クラリベイト・アナリティクス社 InCites Benchmarking から 2017 年 7 月 9 日にデータ抽出。文献種原著、分野分類法 ESI、3 年移動平均値。

タベースOECD.Statと、国際的な文献データベースであるクラリベイト・アナリティクス社ウェブ・オブ・サイエンス（Web of Science®）の分析ツールInCites Benchmarkingを用いてお示しします。

著者はこれまで、日本の論文数が、世界諸国に比べ極端に低迷している特異な状況にあることに危機感を抱き、さまざまな報告と提言をしてきました（文献0－3）。図表0－1をご覧ください。この図は、主な国々の学術論文数（人口百万人あたり）の移り変わりを示しています。多くの国では右上がりで論文数が増えています。しかし、日本は2000年を過ぎた頃から停滞～減少し、他の国に大きく差をつけられてしまいました。韓国にも2倍近く引き離されています。学術論文数は、その国の科学技術の研究力、特に大学の研究教育力を反映します。日本は科学技術立国であったはずなのに、どうしてこんな状況になってしまったのでしょうか？　このような、日本の研究力が惨憺たる状況に至った原因は何なのかをデータに基づいて明らかにし、そして、日本が再び学術の分野で競争力を取り戻すためには、どうすればいいのか提案することが本書の目的です。また、以前から文部科学省科学技術・学術政策研究所（以下科政研と略）は、日本の学術論文数の低迷を指摘し、警告を出し続けています（文献０－４、０－５）。

特に「科学技術の状況に係る総合的意識調査」という日本全国の公的機関および民間の研究者のアンケート調査を読むと、日本の大学や研究所の研究現場の環境が急速に悪化していることがよくわかります（文献０－６）。中でも、自由記載欄からは、研究現場の状況が生々しく伝わってきます。本書では、その自由記載のごく一部を〝研究現場からの声〟として、適宜ご紹介します。なお各自由記載には、（　）に意見を寄せた人の属性が記載されています。第１G、第２G、第３G、第４Gというのは、国公私立大学を、論文数シェアによって４つのグループ（G）に分けた分類です（５％以上４大学、１～５％13大学、０・５～１％27大学、０・05～０・５％１３５大学）。ちなみに第１Gは東大、京大、阪大、東北大です。

〈研究現場からの声〉

●改革という名の下に単に予算だけ減らされている気がする。私自身は、「教育は国家100年の計」を信じて、教育・研究に取り組んでいる。それなのに、実際にやることは研究予算の獲得に右往左往し、専門スタッフがいないために多くの雑用を自分でこなし、ということである。多くの大学教員、事務員が疲弊していると感じる。この状況は改善できないものでしょうか?（2016年、大学、第1G、工学、准教授クラス、男性）

●大学はやるべきことは最大限あるいは極限まで行ってきた。これ以上何かをしろといわれても疲弊するのみ。（2016年、大学、第2G、農学、教授クラス、男性）

●大学はその成果が産業応用されない限り維持できないという論理には違和感を感じる。イノベーションを謳いながら大学の経営をも同時に求めることは現実的な矛盾があり、長期的に見て大学本来の質の低下と疲弊をもたらし、近い将来日本からノーベル賞は輩出されなくなる。多様な基礎研究のなかにこそイノベーションの素地があり、研究者はそこに大きなエネルギーを見出す。大学経営の名の下に執行部のリーダーシップの強化を図るのであれば日本の科学技術の将来は明るくない。（2016年、民間企業等、部・室・グループ長クラス、男性）

最近では『ネイチャー・インデックス（Nature Index）』誌が日本の学術研究力の低迷を取り上げ、

著者にもコメントが求められました（文献0－7）。また、日本の報道機関も日本の研究力の低迷に関心を抱くようになり、著者のデータも引用されるようになりました（文献0－8）。各種の雑誌の特集記事も組まれています（文献0－9）。また、2018年3月28日の国会（文部科学委員会）において、自民党議員によって、科政研による論文数のデータとともに、著者の文献0－3が引用されて、政府に対して質問がなされています。さすがに、ここまで日本の大学の研究競争力がひどい状況になると、国民の皆さんも危機感を感じざるをえなくなってきたということでしょう。

著者が特に分析してきたのは、論文数の減少です。その理由の一つは、論文数が「大学の研究教育力」を鋭敏に反映する指標であるからです。もちろん、中には論文の数を増やすために、同じテーマで切り口を変えていくつも論文を書く研究者がいることなど、研究本来の目的を忘れ、論文数の増加を自己目的化してしまう研究者もいるのですが、全体として見れば、論文数（本書においては一定の質的レベルが担保された論文数を意味します）は研究教育力を計る最も正確で分かり易い指標なのです。

なお、ここで論文数を「研究力」の指標とせずにあえて「研究教育力」の指標と表現した意図は、論文に書かれた情報がGDPと関係するだけではなく、大学が研究を通して育成した人財が社会に出てGDPの押し上げに貢献している可能性があると考えてのことです。たとえば、各国の博士課程修了者数とGDPは正の相関をします。

もう一つの理由は、論文数については、世界的な文献データベースが存在し、世界各国を比較できる統計学的分析が可能となっているからです。最近では、このような文献データベースをもとにして、さまざまな数学的・統計学的分析を駆使した研究が行われるようになり「計量書誌学(Bibliometrics)」という新しい学術分野ができています。

読者の皆さんの中には、論文数が少なくなっても、自分たちの生活には関係ないと思っていらっしゃる方も多いのではないかと想像します。ところが実はそんなことはないのです。大学の研究教育力を反映する論文数は、経済成長の原動力であるイノベーション力と密接に関係し、その国の経済成長と深い関係があるからです。大学の持つ経済効果については、たとえば英国の大学団体が2015年に発刊した「Why invest in universities?」というレポートに、具体的なGDPを押し上げる金額があげられており、政府に大学への投資の増額を求めています（文献0－10）。

論文数とGDPの成長に相関関係があると言っても、俄かには信じていただけないかもしれません。そこで、さまざまなデータを分析したり、他の研究者の研究を紹介したりして、順次説明していきます。たくさんのグラフが出てきますが、どうぞしばらくお付き合いください。この際、若干の統計学や経済学の知識が必要になりますが、あまり得意でないという読者の皆さんにも、できるだけわかりやすい説明を心がけたいと思います。

なお、各国の人口については国際連合（United Nations）のデータを用い、統計学的分析は

Microsoft Excel V.1810、College Analysis V.6.6（福山平成大学、福井正康氏による）、および共分散構造分析はIBM® SPSS® AMOS25.0.0.を用いました。

第1章

学術論文数は経済成長の原動力

1．学術論文数とＧＤＰは比例する

ＧＤＰ（国内総生産）とは、gross domestic product の略で、一定期間内に国内で産み出された「付加価値」の総額とされています。「付加価値」とはごく簡単に言えば、「売上高－売上原価」のことで、別の表し方では「経常利益＋人件費＋減価償却費（設備投資額）」となります。つまり、皆さんの給与や設備投資の元になる粗々《あらあら》の儲けのことですね。なおＧＤＰには「国内で」という条件があるので、日本企業が海外で生み出した付加価値は含んでいません。

本書では、その国全体のＧＤＰの他に、たとえば「製造業」などの一部分の産業分野について、国内で産み出された付加価値についても分析します。このような場合には、「ＧＤＰ（製造業）」というふうにＧＤＰの後に（　）をつけて示します。

図表１－１に、いくつかのＯＥＣＤ加盟国について、国民一人あたりＧＤＰの推移を示しました。概ね右上がりを示す国が多いのですが、日本のＧＤＰのカーブは上昇の程度が緩く、他の国に追いつかれ、追い越され、引き離されていることがわかります。なお、２００８－09年にかけてはリーマンショックのために世界経済が大きな影響を受け、多くの国のＧＤＰが一時的に低下しました。

図表1－1　主な国の国民一人あたりGDPの推移

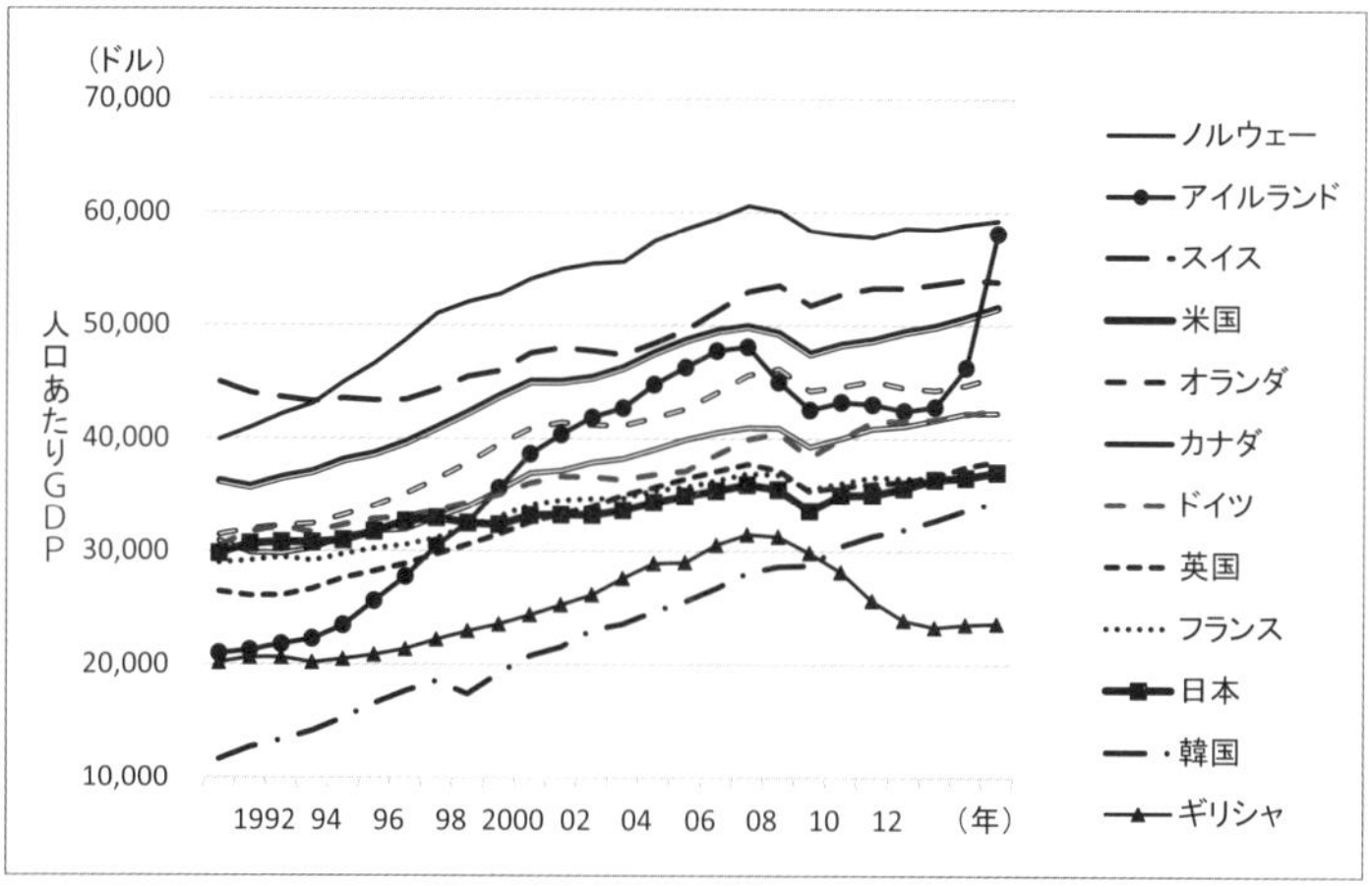

（注）OECD.Statから2017年6月22日にデータ抽出。GDPの単位は購買力平価実質値2010年基準（ドル）。

また、ギリシャやアイルランドなど、欧州債務危機を招いたPIIGS諸国の中に、その後のGDPが大きく変化した国があります。（PIIGS諸国とは、ポルトガル、イタリア、アイルランド、ギリシャ、スペインを指します。）

図表1－2には、先ほどと同じ国々での労働生産性、つまり1時間働いていくら稼いだかという金額（労働時間あたりの付加価値額）の推移を示しました。労働生産性の場合にはリーマンショックの急激な変化は目立たなくなりますが、日本の場合はやはり伸びが緩やかで、なかなか欧米先進国との差が縮まりません。一人あたりGDPの場合は、日本は英国やフランスと近い値でしたが、労働生産性になると、かなり引き離されています。

図表1－2　主な国の労働生産性の推移

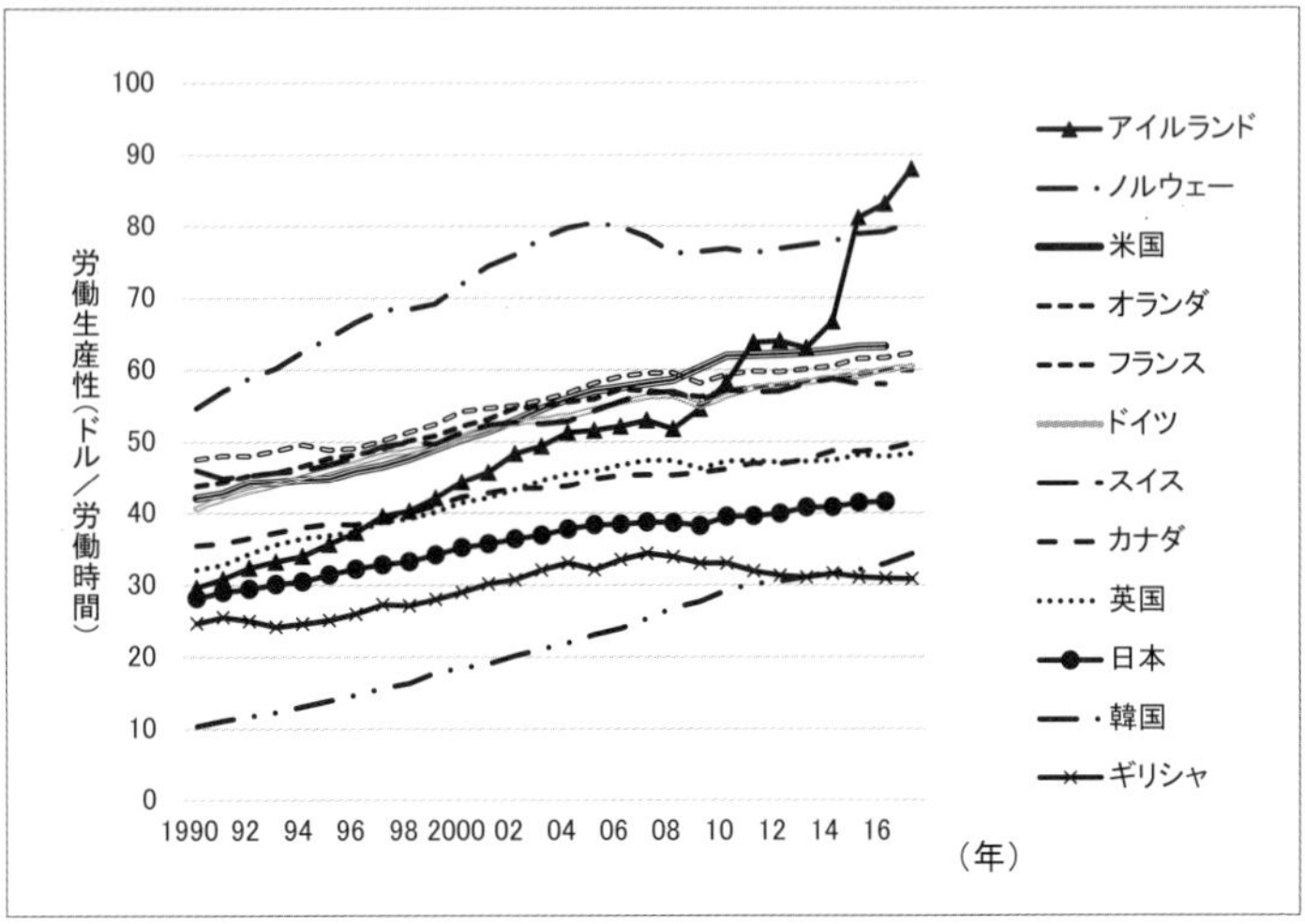

（注）OECD.Stat から 2018 年 6 月 21 日にデータ抽出。労働生産性は労働時間あたり GDP。GDP の単位は購買力平価実質値 2010 年基準（ドル）。

図表1－3には、論文数とGDP、そして労働生産性との相関図をお示しします。

上図はOECD加盟国を中心とした31か国で、2012年の人口あたり論文数を横軸（x軸）に、国民一人あたりのGDPを縦軸（y軸）にして、各国を2つの値からなる座標（x＝論文数、y＝GDP）で位置を決めて打点（プロット）した図です。論文数の多い国ほどGDPも大きいことがわかりますね。このような場合、両者には正の相関があると言います。

上図のR^2=0.664という数値は、決定係数（寄与率）と呼ばれ、「1」に近いほど点のばらつきが小さいことを意味

図表1－3　論文数とGDP、労働生産性の相関（2012年）

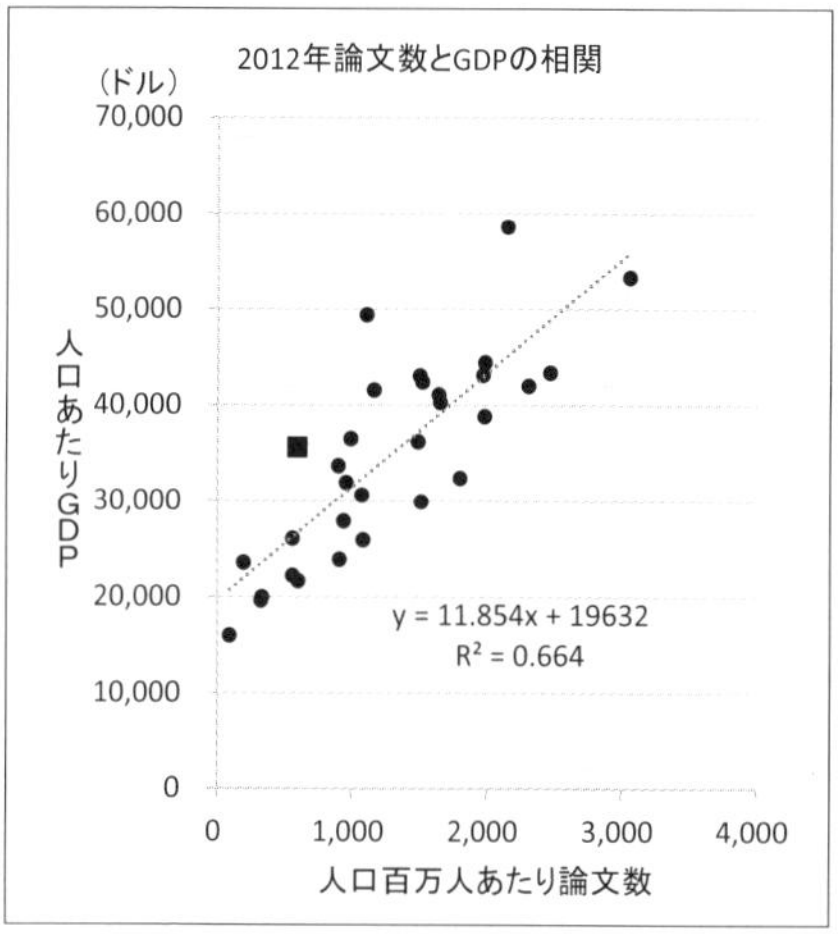

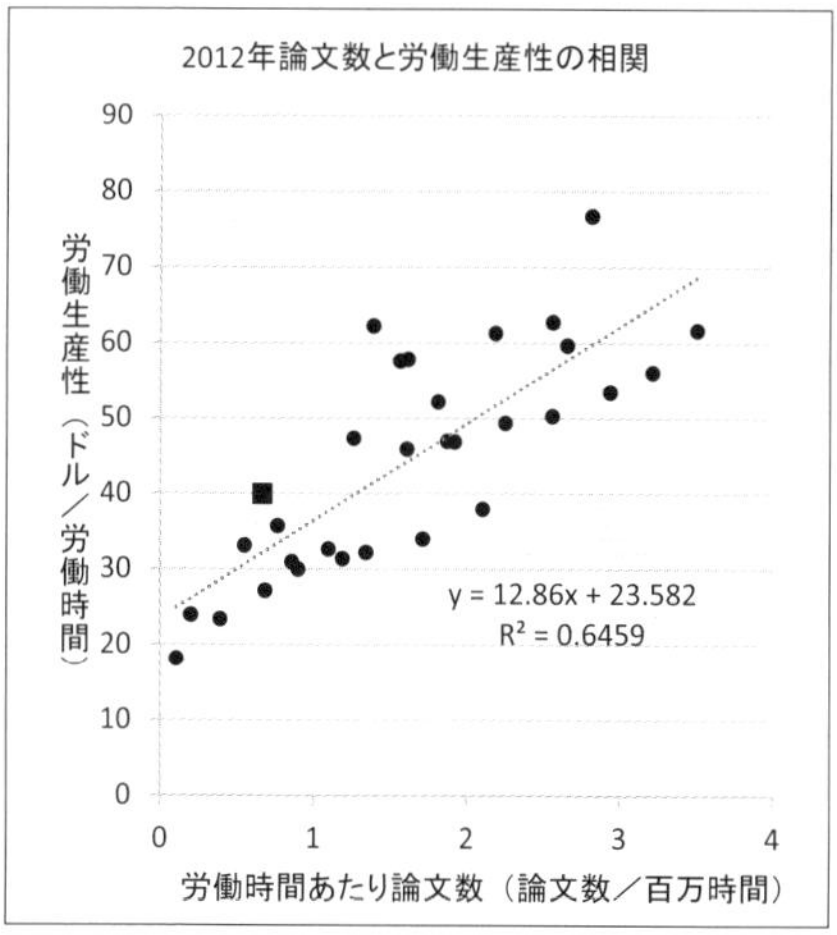

労働生産性の高い順
ノルウェー
ベルギー
米国
デンマーク
アイルランド
オランダ
ドイツ
フランス
スイス
スウェーデン
オーストリア
フィンランド
オーストラリア
イタリア
カナダ
英国
スペイン
■日本
ニュージーランド
スロバキア
イスラエル
トルコ
チェコ
ポルトガル
ギリシャ
ハンガリー
韓国
ポーランド
ロシア
チリ
メキシコ

（注）クラリベイト・アナリティクス社 InCites Benchmarking から2017年7月9日に、OECD.Stat から2017年6月22日にデータ抽出。文献種原著、分野分類法ESI。2011−13年の平均値。2012年GDPの単位はドル（購買力平価実質値2010年基準）、OECD諸国を中心に人口300万未満の小国家を除く31か国で分析。

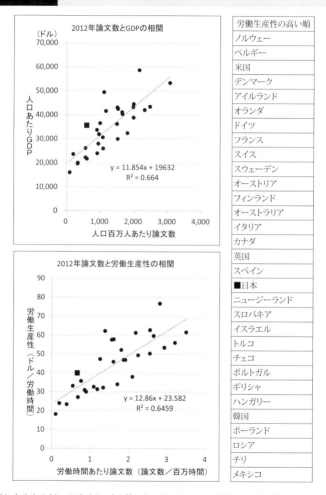

し、数式で示された回帰モデル（この場合は上図中の $y = 11.854x + 19632$ という $y=ax+b$ の形の一次式で表された直線回帰式）の適合度が良いこと、つまり回帰式による予測の精度が高いことを意味します。決定係数が0・664ということは、GDPの約66％を論文数で説明できるということになります。

また、決定係数とよく似た用語に相関係数があります。相関係数はある変数と別の変数の関係の強さを数量で表す数値です。相関係数は−1〜+1の間の値をとり、回帰直線が右上がりの場合は正の値になり（正の相関と呼ばれます）、右下がりの場合は負の値になります（負の相関と呼ばれます）。相関係数を2乗した数値は決定係数として使われます。

同様に、下図は労働時間あたりの論文数と労働生産性の相関を示した図です。論文数が多い国ほど労働生産性も高いことがわかります。■で示した日本は先進国の中では低い値ですね。

なお、相関関係があっても、ただちに原因と結果の関係（因果関係）があるとは言えません。時間的な前後関係があると、因果関係が存在する可能性は高まります。ただし、厳密な意味での因果関係の証明は、実験をすることがほとんどできない社会科学ではなかなか困難ですね。それから、GDPと相関する因子はたくさんあるので、論文数と相関する別の何か（交絡因子と呼ばれます）がGDPを決めているという可能性もありえます。論文数とGDPの因果関係を推定するためには、さらに詳細な分析が必要です。

2. イノベーション指標とＧＤＰとの密接な関係性

科学技術やイノベーションがＧＤＰと関係することを示す先行研究は数多くありますが、ここではウェブ上でフリーにアクセスすることのできる２つの論文をご紹介します。

〈先行研究①〉

１つ目の論文はFagerbergらによる「テクノロジーと発展：その関係性を解く」という論文です（文献１－１）。

この論文は、さまざまな発展段階にある75か国において、科学技術や経済・社会に関係する38種類の指標と一人あたりＧＤＰとの相関を検討した研究です。２０００年～２００４年の５年間の平均値を用いた横断面分析（一定時点におけるデータの分析）であり、各種の指標を「因子分析」という統計学的な手法でもって７つの潜在因子のグループに分け、一人あたりＧＤＰとの相関分析をしています。７つの潜在因子のグループとは、技術力、教育システム、金融システム、ビジネス統制制度、社会資本、政治システム、開放性です。

図表1－4　人口あたりGDPと技術力（2000-2004年）

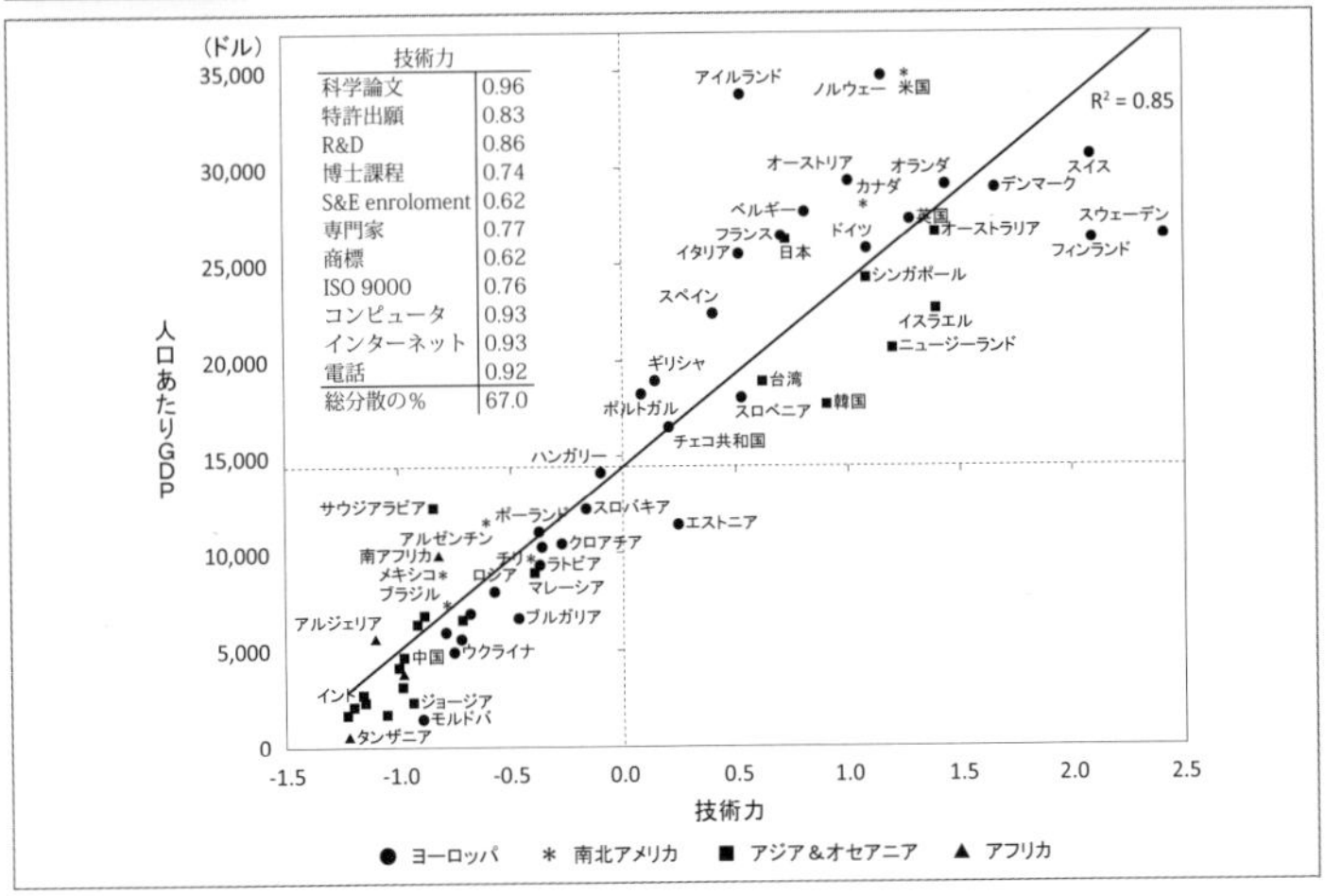

（注）Jan Fagerberg & Martin Srholec: Technology and development: Unpacking the relationship(s). Paper presented in the IV Globelics Conference at Mexico City, September 22 － 24 2008 より Figure 1 に基づき作図。

このうち、ＧＤＰと最も強く相関したのは技術力であり、これに含まれる指標としては、学術論文数、特許出願数、研究費、博士課程学生の同年齢人口に対する割合、科学・工学系大学生の全大学生に対する割合、専門職の就業者数に対する割合、商標登録数、ＩＳＯ９０００認証数、パーソナルコンピュータ数、インターネット利用者数、電話契約数を検討しています。なお、本書ではできるだけシンプルにしたいので、〝研究開発〟(Research and Development: R&D) という用語と〝研究〟(Research) という用語を、特に必要な場合を除いては区別せずに〝研究〟という用語で統一します。

図表１－４に示しましたように、技術

力を示す指標の高い国ほどGDPが高くなっています。

〈先行研究②〉

2つ目の論文は、Maradanaらによる論文で、「イノベーションは経済成長をもたらすのか? ヨーロッパの国々における証拠」という論文です(文献1-2)。

これは、ヨーロッパ19か国において、1989-2014年にかけての6つのイノベーションに関連する指標と一人あたりGDPの成長との関連を、時系列分析という統計学的手法で分析した論文です。6つの指標とは、人口あたり居住者特許件数、人口あたり非居住者特許件数、研究費(対実質GDP比)、研究者数(人口あたり)、ハイテク輸出(対実質GDPあたり)、科学技術論文数(人口あたり)です。

その結果は、いくつかの国では「イノベ指標→GDP」の一方向性の因果関係、いくつかの国では、その逆の「GDP→イノベ指標」の因果関係、いくつかの国では双方向性の因果関係、一部に因果関係が観察されない場合がある、というものでした。

このような、学術論文数がGDPと密接な関係があり、また、その因果関係が、両方向に観察されるという報告は、図表1-5に示しますようにいくつかあります。これらは、イノベーションとGDPが正循環、つまり、イノベーションがGDPを押し上げるとともに、GDPもイノベーショ

図表1－5　時系列分析により論文数などのイノベーション指標とGDPの因果関係を示した先行研究

文献番号	発表年	著者	対象国	イノベーションの指標	統計学的分析方法	因果関係（時間的前後関係）の方向性
1-2	2017	Maradana, R.P. ら	OECD 19か国	論文数、特許件数（居住者）、特許件数（非居住者）、研究費（% GDP）、研究者数、ハイテク輸出（% GDP）	Granger causality test	各指標、および各国により異なるが、「イノベーション指標⇒GDP」「GDP⇒イノベーション指標」の一方向性、および「イノベーション指標⇔GDP」の双方向性の因果関係
1-3	2016	Kumar, R.R. ら	中国、米国	論文数	autoregressive distributed lag bounds procedure. Toda and Yamamoto procedure	中国で「論文数⇔GDP」の双方向因果関係
1-4	2015	Ntuli, H. ら	OECD 34か国	論文数	bootstrap panel causality analysis	米国、フィンランド、ハンガリー、メキシコで「論文数⇒GDP」の一方向性因果関係
1-5	2013	Inglesi-Lotz, R., ら	南アフリカ	論文数	autoregressive distributed lag method	南アフリカで「論文数⇒GDP」の一方向性因果関係
1-6	2011	Lee, L.-C. ら	25先進国および新興国	論文数	Granger causality test	アジア新興国において「論文数⇔GDP」の双方向性因果関係

ンを押し上げる、と考えると理解しやすい結果です。

それでは、これから、このような先行研究の結果を踏まえつつ、OECD.Stat のデータを分析してみることにします。

3. 政府予算とＧＤＰとの相関

時系列分析による先行研究の結果のうち、ここでは、「イノベ指標→ＧＤＰ」という関係性が通常の相関分析でも観察されるのかどうか、確認をしてみることにしましょう。

図表１－６の上図は、２００５年の政府歳出とＧＤＰとの相関を調べた図で、下図は同じく２００５年の政府支出研究費（大学への研究費、政府研究機関への研究費、企業への研究費を含む）とＧＤＰとの相関を調べた図です。どちらも、同程度の正の相関が認められます（なお、ここでは予算項目を扱っていることから「政府支出研究費」という表現をしていますが、資金源を強調したい場合には「政府支出研究資金」という表現を使います。本書では両者は同じものです）。

ＧＤＰが高い国ほど政府歳入が多く、政府歳出も多くなるので、政府歳出とＧＤＰとが正相関するのは当然と考えられます。政府支出研究費の場合も、ＧＤＰが高くて政府歳入の多い国では、多少の政策の違いはあるにしても、研究費も多く支出していることが想像されます。つまり、ＧＤＰが原因で政府支出研究費を左右していることが考えられます。

では、この７年後（２０１２年）のＧＤＰとの相関はどうなっているでしょうか？

図表1－6　2005年政府歳出および政府支出研究費と2005年GDPの相関

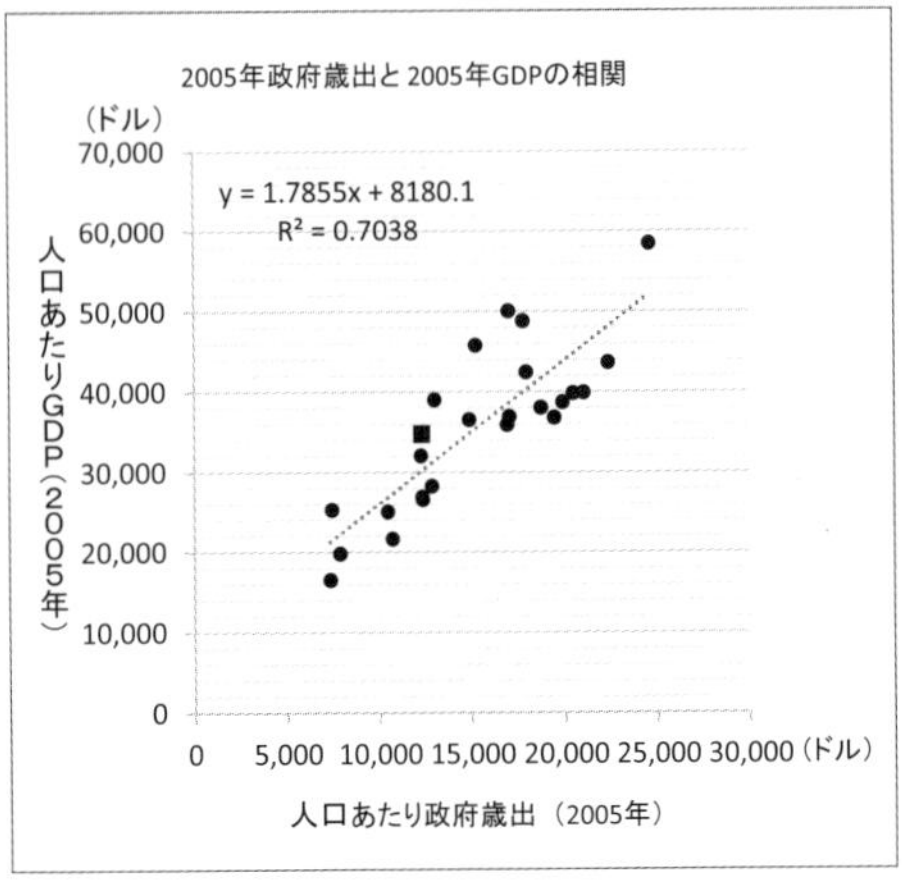

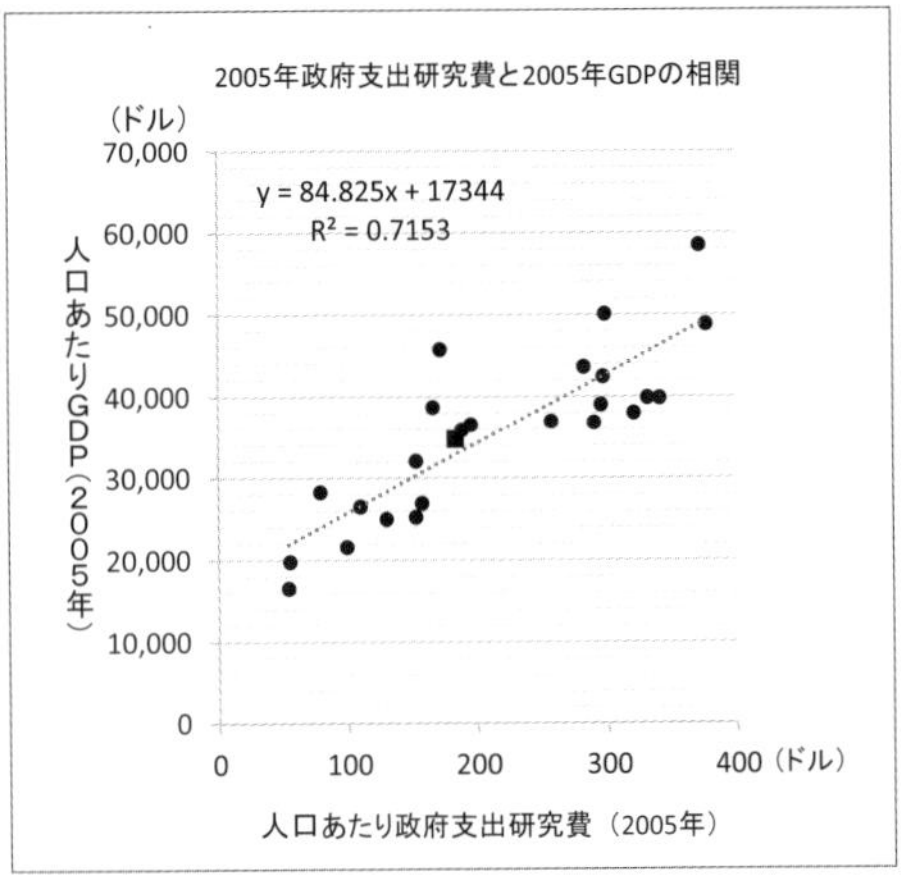

2005年 GDPの高い順
ノルウェー
スイス
米国
アイルランド
デンマーク
オランダ
スウェーデン
オーストリア
オーストラリア
ベルギー
フィンランド
ドイツ
フランス
英国
イタリア
■日本
スペイン
ギリシャ
イスラエル
ポルトガル
韓国
チェコ
ハンガリー
スロバキア
ポーランド

（注）OECD.Statから2017年6月22日にデータ抽出。OECD諸国を中心にデータが揃っている25か国（人口300万未満の小国を除く）で分析。中央政府および地方政府を含むデータであるが、米国、オーストリア、オーストラリア、日本の政府支出研究費は中央政府のみのデータ。金額の単位はドル（購買力平価実質値2010年基準）。

それを示したのが図表1－7です。上図の政府歳出とGDPとの相関は、2005年の時よりもばらついており、決定係数は0・6208と小さくなっています。ところが、下図の政府支出研究費の方は、むしろ7年後のGDPとの相関が強くなり、決定係数は0・7886と上がっています。これはいったいどのように考えたらいいのでしょうか？

同じ年の政府歳出とGDPが正の相関をしていても、時間が経過すれば、GDPが増えたり、減ったりする国が現れ、順位が入れ替わる国も出てきて、しだいにばらつきが大きくなります。すると、政府歳出とその後のGDPの決定係数（または相関係数の絶対値）は次第に小さくなっていきます。

一方、政府支出研究費とGDPとの相関は7年経った後の方が強くなっています。これは、政府支出研究費が多かった国ほど、その後のGDPが大きく上がりやすく、少なかった国ほど小さくしか上がらないと考えると、うまく説明ができます。つまり、先行研究での「イノベ→GDP」という因果関係を支持する結果です。

次に、OECD.Statには各国政府のさまざまな予算や支出項目のデータがあるので、それらについても後年のGDPとの相関の推移を調べてみました。

図表1－8には、いろいろな線が並んでいますね。これは、各国政府の2005年の予算・支出項目と2005～13年にかけてのGDPとの相関係数の変化をグラフ化したものです。まず、政府の予算・支出項目とGDPとの相関係数は、大きい項目から小さい項目まで、いろいろあることが

図表1－7　2005年政府歳出および政府支出研究費と2012年GDPの相関

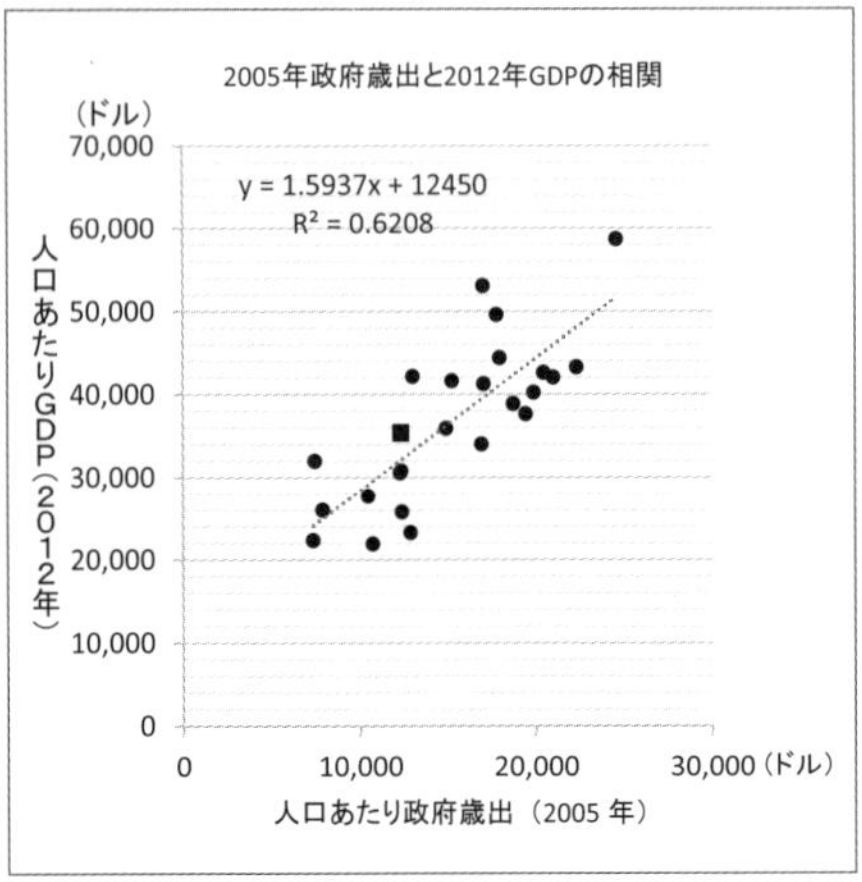

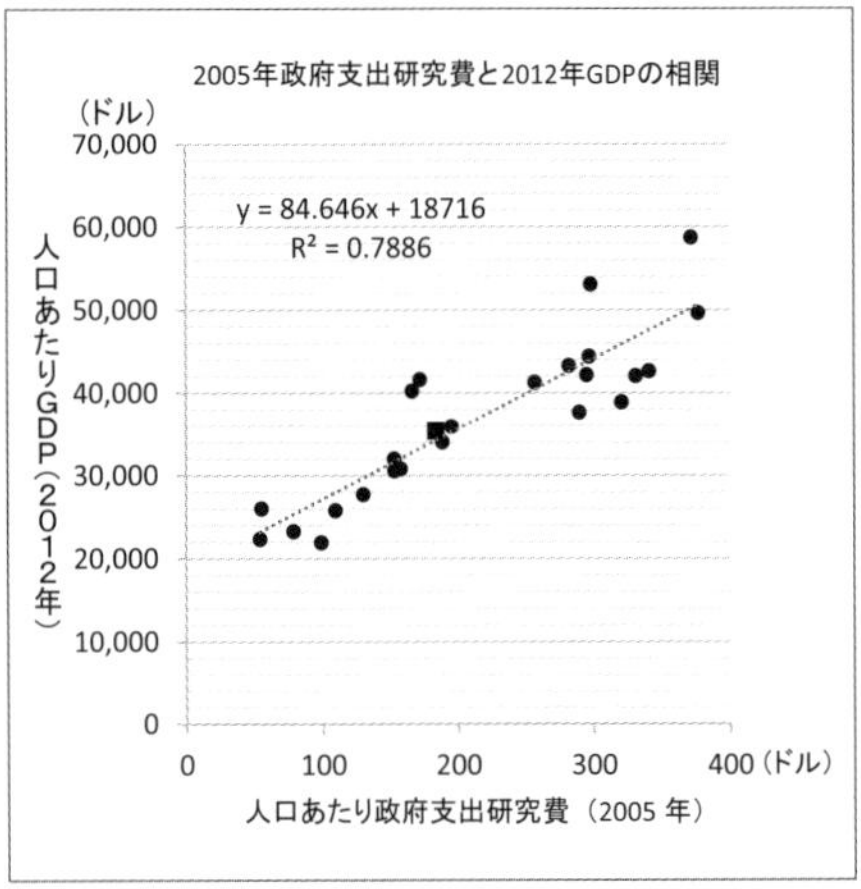

2012年 GDPの高い順
ノルウェー
スイス
米国
オランダ
デンマーク
オーストリア
オーストラリア
スウェーデン
アイルランド
ドイツ
ベルギー
フィンランド
フランス
英国
■日本
イタリア
韓国
イスラエル
スペイン
チェコ
スロバキア
ポルトガル
ギリシャ
ポーランド
ハンガリー

（注）OECD.Statから2017年6月22日にデータ抽出。OECD諸国を中心にデータが揃っている25か国（人口300万未満の小国を除く）で分析。中央政府および地方政府を含むデータであるが、米国、オーストリア、オーストラリア、日本の政府支出研究費は中央政府のみのデータ。金額の単位はドル（購買力平価実質値2010年基準）。

図表1－8　政府支出項目（2005年）とその後のGDPとの相関

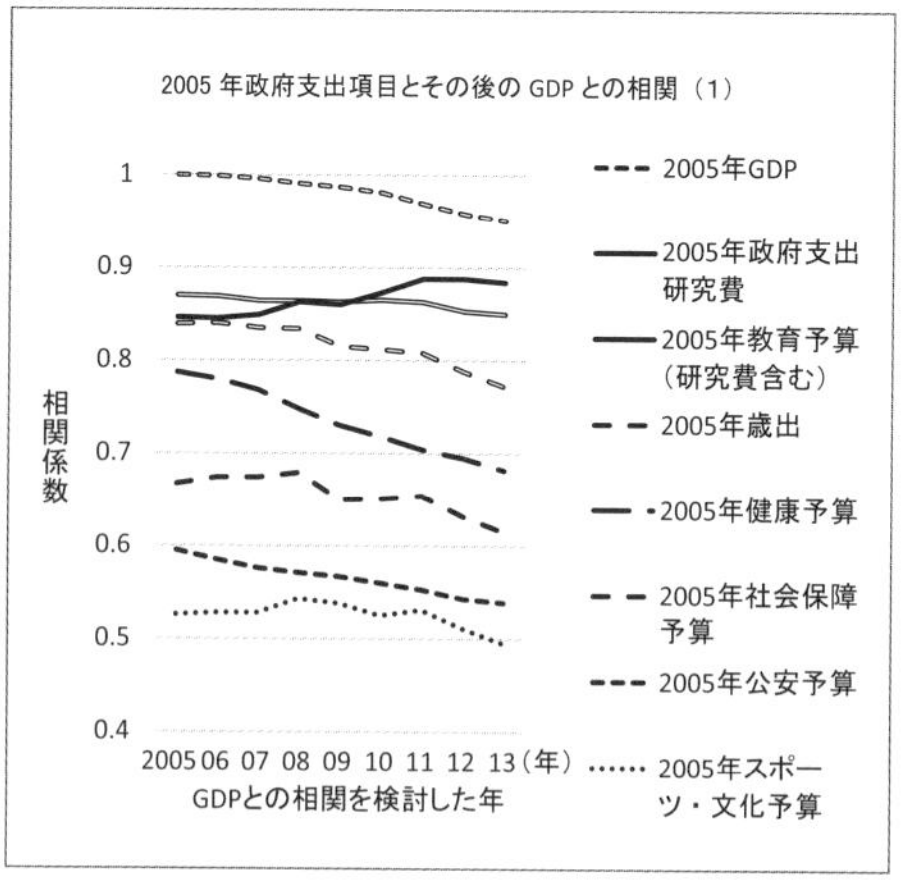

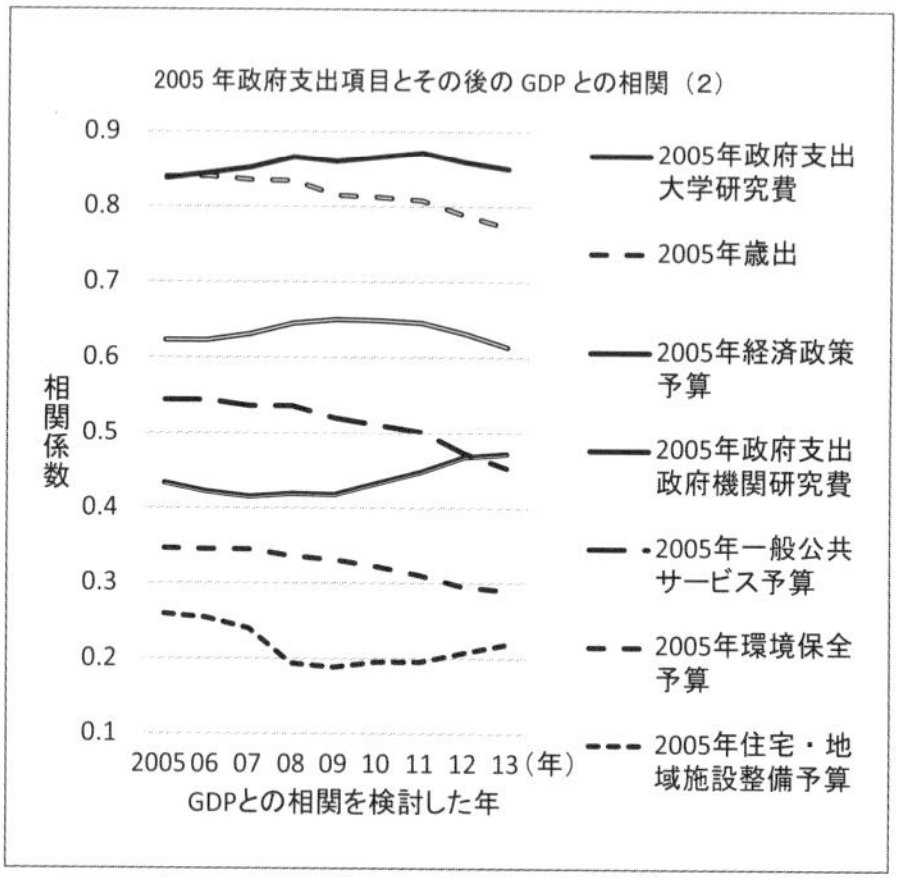

（注）OECD.Statから2017年6月22日にデータ抽出。図表1－6、1－7と同じ25か国で分析。国民一人あたりの購買力平価実質値（2010年基準）で計算した。なお政府予算項目には、その項目についての研究費も含む。政府には中央政府だけではなく地方政府も含む。下図中の環境保全予算と住宅・地域施設整備予算については、各年のGDPとの相関は統計学的に有意ではない（P>0.05）が、他の項目と各GDPとの相関は有意（P<0.05）。

わかります。各国政府によって政策判断が分かれる項目は、各国間のばらつきが大きくなり、相関係数が小さくなります。下図の下二つの項目については、GDPとの相関は統計学的に信頼できる値ではありません（相関なしの確率が5％以上）。なお、防衛予算については、各国間のばらつきが非常に大きく、また、データが欠損している国もいくつかあり、統計学的にも信頼できる値ではないので、この図には示していません。

上図の一番上の線は2005年のGDPとその後のGDPとの相関係数の推移ですが、2005年については同じGDPの値との相関ですので相関係数は「1」となっていますが、後年になるほど右下がりとなります。つまり、GDPの大きかった国ほど（経済的に豊かであった国ほど）、後年のGDPも大きい（経済的に豊かである）傾向にありますが、それは決して固定されているのではなく、成長が大きい国もあれば小さい国もあり、順位が入れ替わる国もあって、しだいにばらついていくことを意味しています。

2005年の政府歳出も含めて多くの政府予算・支出項目ではGDPとの相関のグラフは右下がりになります。ところが上図で政府支出研究費だけは右上がりになっていますね。また、教育予算には初等中等教育などの予算に加えて大学への研究資金も含むのですが、他の予算に比較してやや下がりが小さくなっています。

下図で右上がりのグラフは、政府支出大学研究費、政府支出政府機関研究費、それと経済政策予算です。

本来各種の指標とGDPとの相関は後年になるほど弱くなって当然と考えられますが、それが高くなったり、あるいはしばらく維持されるということは、GDPを押し上げる効果があることを推測させます。つまり、研究や経済政策の予算は、単なる消費ではなく〝投資〟効果があると考えられます。

ただし、ここで念のためにコメントしておきますが、GDPとの相関が年とともに下がる予算項目が、重要でないということではありません。社会保障予算を、GDPとの相関が下がるからという理由で、経済政策予算よりも軽視してよいと考える人はいないのではないかと思います。

政府の予算や支出項目以外の研究に関連する指標についても、同様に後年のGDPとの相関を調べてみましょう。

4. 論文数、特許件数、大学研究費、企業研究費とGDPとの関係性

図表1－9には、2005年の論文数、特許出願数、大学および企業の研究費とその後のGDPとの相関係数の推移を示しました。前の図との比較のために2005年のGDPおよび政府歳出とその後のGDPとの相関係数のカーブも示してあります。2005年GDPおよび政府歳出とその後のGDPとの相関係数は右下がりですが、それ以外の研究に関連する指標はすべて右上がりです。「大学研究費」は、前図の「政府支出大学研究費」に企業等からの研究資金を加えた大学の総研究費を意味します。両者はほとんど同じ右上がりのカーブになります。つまり、大学研究費の中でも政府が支出する研究費が最も強く反映されることを示唆しています。そして、論文数のカーブも、大学研究費と並行して右上がりのカーブになります。

企業の研究力やイノベ力の指標の一つに特許があります。特許出願数はGDPと相関し、右上がりのカーブになりました。

このように、大学の研究費、論文数、企業研究費、特許件数など、研究やイノベーションに関連する指標は、すべて、その後のGDPとの相関がしばらく維持されるか右上がりのカーブとなりま

図表1－9　研究開発指標（2005年）とその後のGDPとの相関

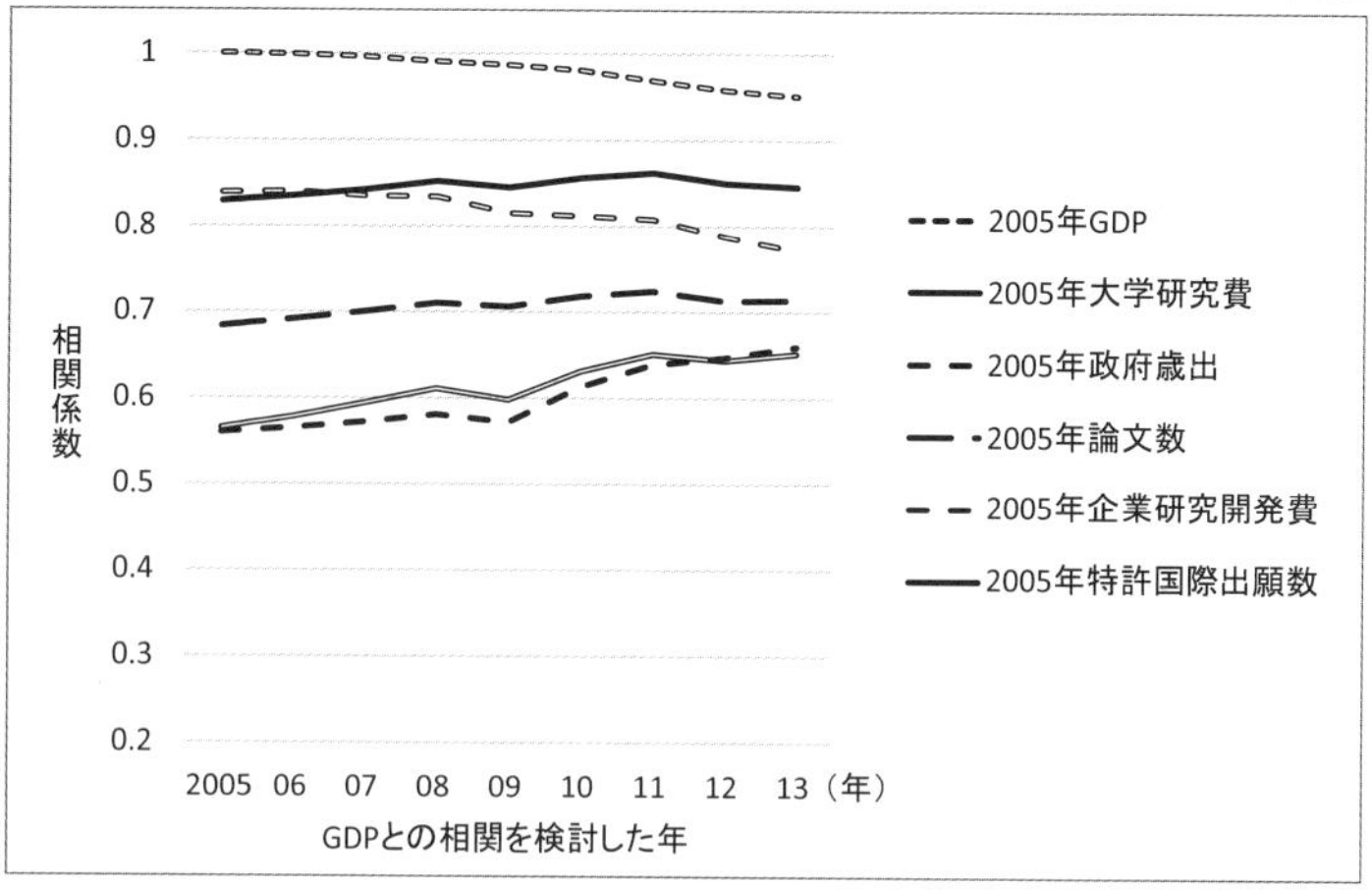

（注）OECD.Statから2017年6月22日にデータ抽出。図表1－6､1－7と同じ25か国で分析。国民一人あたりの購買力平価実質値（2010年基準）、論文数、および特許件数で計算した。論文数データはクラリベイト・アナリティクス社 InCites Benchmarkingから2017年7月9日に抽出。文献種原著、分野分類法ESI、2005年前後3年の平均値。特許国際出願数はPCT patents, number of applications. Applicant(s)'s country(ies) of residence, Priority date。

す。リーマンショック（2008～09年）を超えてGDPが維持あるいは向上した国の傾向としては、それ以前に政府が大学や研究機関に研究資金を支出し、企業においては研究に投資をし、論文数や特許出願数が多かった国、ということになります。

5. 論文数と労働生産性伸び率との関係性

次に、論文数の増加率とGDPの増加率（または成長率）についても、相関関係を調べてみました。ここでは、GDPを労働時間で割った値、つまり労働生産性の増加率（伸び率）を用いた結果をお示しします。

増加率を計算する期間としては、科学技術以外のさまざまな要因のGDPに対する短期的な影響を小さくするために10年間にわたる年平均増加率で分析しました。そして、先にも説明しましたように、欧州債務危機を招いたPIIGS諸国のうち、変動が非常に大きいギリシャとアイルランドの2国を分析から除きました（計24か国で分析）。なお、この2国を分析に加えても、最近数年間の相関係数が低下するだけで、結論は変わりません。

すると図表1－10のように、1993～2003年の論文数増加率と、その後の労働生産性増加率の相関は右上がりとなりました。一方、1993～2003年の労働生産性増加率と、その後の労働生産性増加率との相関は低下していきます。つまり、リーマンショックを超えてGDPが維持され、あるいは増加した国は、それまでの労働生産性増加率が大きかった国というよりも、論文数

図表1－10　論文数増加率とその後の労働生産性増加率の相関の推移

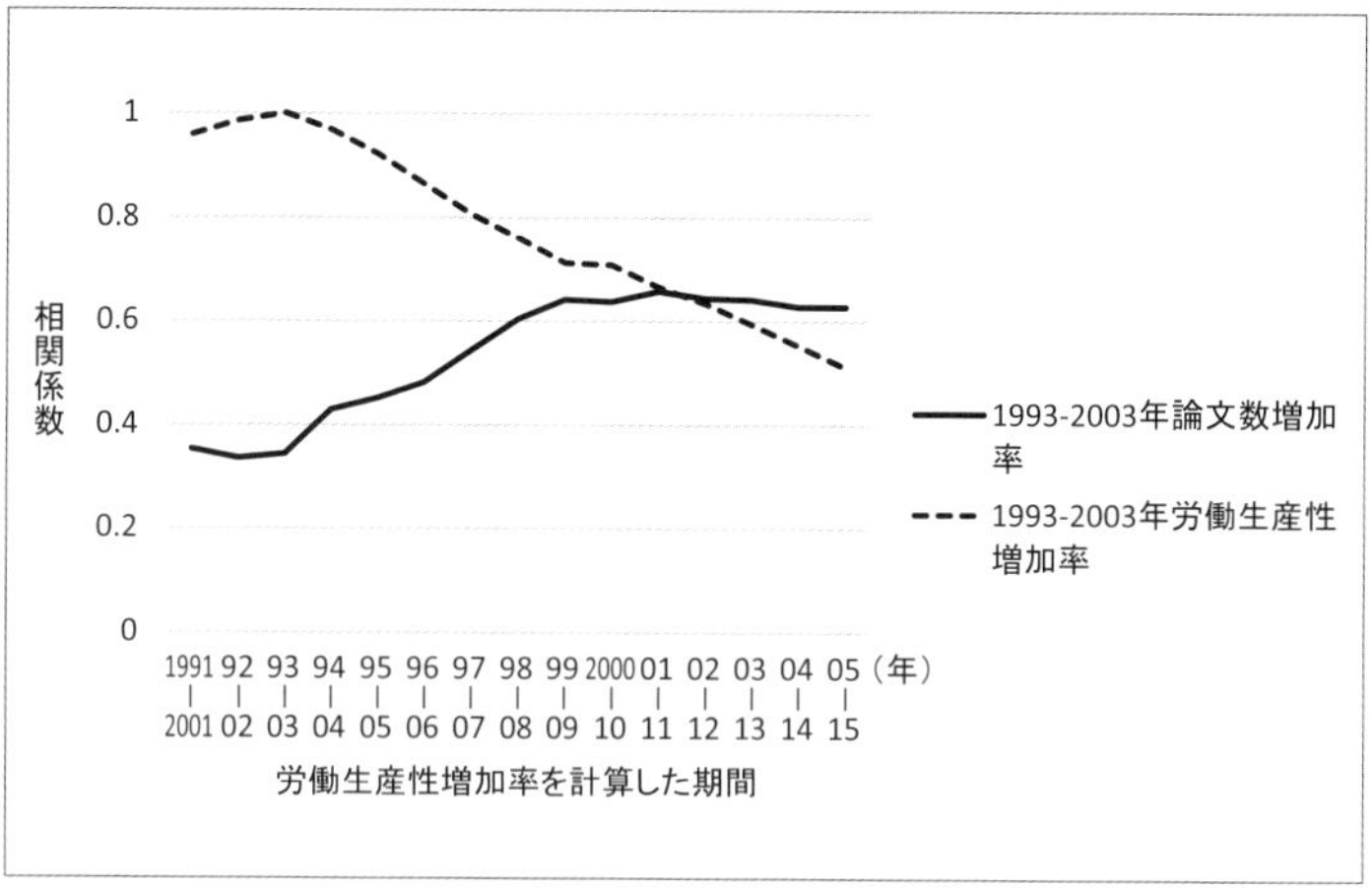

2003－2013年労働生産性増加率の大きい順（大→小）

韓国	トルコ	ハンガリー	チリ	米国	イスラエル	スペイン	ポルトガル	ニュージーランド	オーストラリア	スイス	ドイツ	カナダ	デンマーク	日本	スウェーデン	フィンランド	オランダ	ベルギー	英国	フランス	メキシコ	イタリア	ノルウェー

（注）クラリベイト・アナリティクス社 InCites Benchmarking から 2017 年 7 月 9 日に論文数データ抽出。OECD.Stat から 2017 年 6 月 27 日にデータ抽出。OECD 諸国を中心に 1990 年以降のデータが揃っている国のうち、人口 300 万人未満の小国家およびギリシャとアイルランドを除いた 24 か国で分析。論文数は文献種原著、分野分類法 ESI で、3 年移動平均値を各国の総労働時間で除した値を用いた。労働生産性は労働時間当りの GDP で、購買力平価実質値（2010 年基準）を用いた。10 年間の平均増加率（成長率）は 11 か年の値から最小二乗法で求めた年平均増加度（SLOPE）を、11 か年の値の平均値で除して求めた。

を増やした国、つまり「大学の研究教育力」を高めていた国ということになります。

なお、一人あたりGDP増加率で計算しても同じような結果が得られますが、相関係数は若干低くなります。

図表1－11には、1993－2003年の論文数増加率と、2001－2011年の労働生

図表１－11　1993-2003 年論文数増加率と 2001-11 年労働生産性増加率の相関

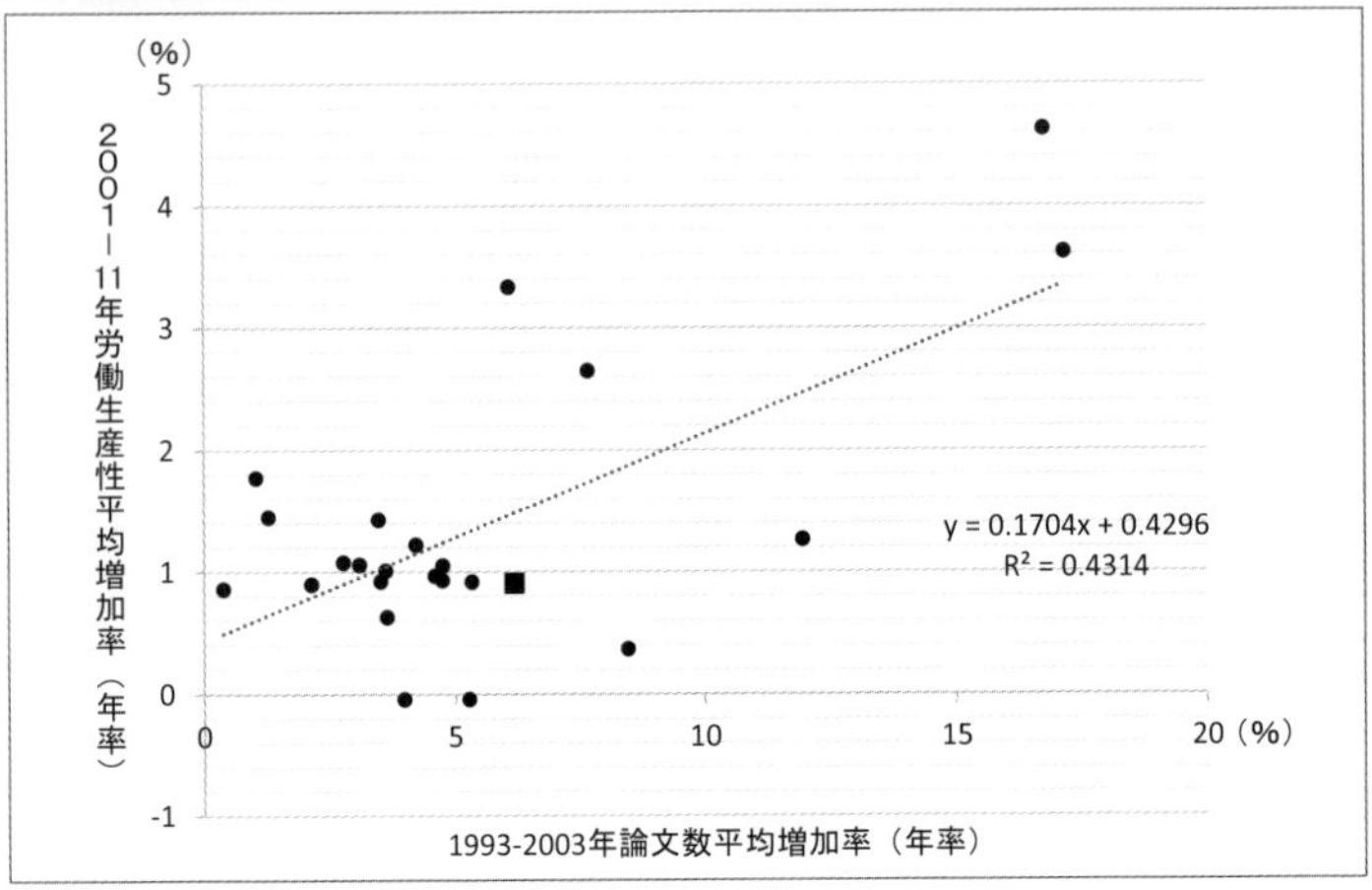

2001 － 11 年労働生産性増加率の大きい順（大→小）

韓国	トルコ	ハンガリー	チリ	米国	イスラエル	スウェーデン	ポルトガル	フィンランド	英国	ニュージーランド	スイス	オーストラリア	ベルギー	スペイン	デンマーク	ドイツ	■日本	オランダ	カナダ	フランス	メキシコ	ノルウェー	イタリア

（注）図表１－10 と同様に分析。回帰分析（College Analysis による）では、残差 SW 法で正規性あり、回帰式有効性あり（P=0.0005）、係数 b は 0 と比較して差があると言えない。

産性増加率との相関関係を示しました。回帰直線の傾きは０・17で、原点０の近くを通っています。仮に、論文数（＝大学の研究教育力）とＧＤＰとの間の因果関係があると仮定した場合には、回帰直線の傾きから、論文数が毎年10％ずつ増えて10年間で１００％増えたら（つまり２倍になったら）、それに数年遅れて労働生産性が17％程度増える計算になります。金額では、日本のＧＤＰを仮に５００兆円とすると、労働時間が変わらなければ、ＧＤＰが約85兆円増えて５８５兆円になるという結果になります。図表1－3からもわかるように、人口あたりで日本の2倍以上の論文を産生している国はたくさんあるので、日本の論文数を2倍にすることは非現実的なことではありません。

6．大学への政府支出研究費と論文数との関係

さてここで、論文数と密接に関係する政府支出大学研究費の相関を見ておきましょう。

図表1－12は2010年の政府支出大学研究費と、2014年の論文数との相関関係を調べたものです。時期をずらす理由はその方が相関が良くなるからです。政府から大学へ研究費が交付されても、そのお金で研究者を雇い、研究を行い、そして実際に論文として公表されるのは数年後になるわけですから、時間的にずらした方が相関が良くなるのは理にかなっています。

次に、増加率どうしの相関を検討してみました。図表1－13は、2000－10年の政府支出大学研究費増加率と、2004－14年の論文数増加率との相関を示したグラフです。増加率の相関も数

図表1－12　2010年政府支出大学研究費と2014年論文数の相関

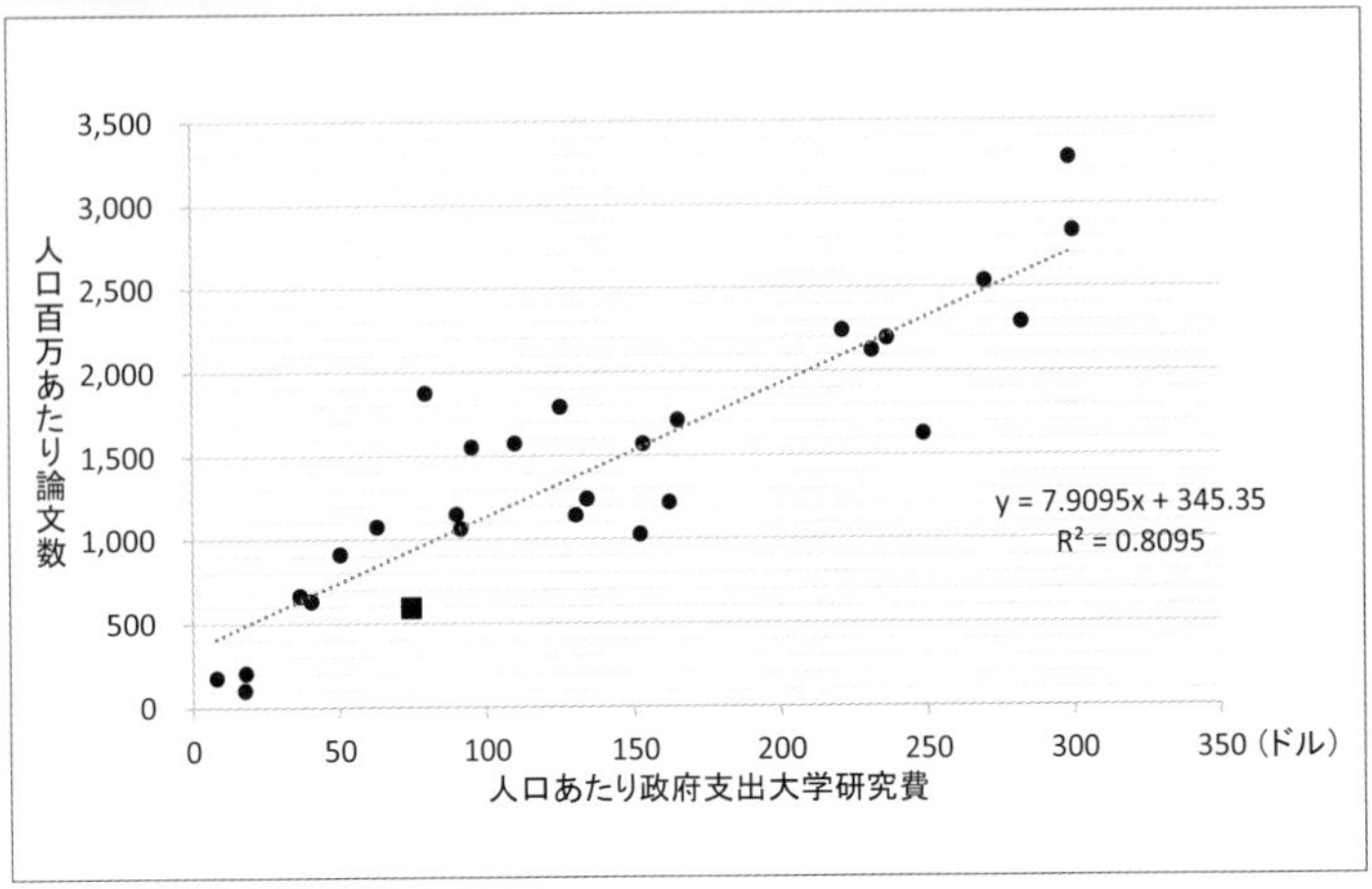

政府支出大学研究費の多い順（多→少）

デンマーク	スイス	ノルウェー	スウェーデン	オーストリア	フィンランド	オランダ	オーストラリア	カナダ	ドイツ	アイルランド	フランス	ポルトガル	米国	ベルギー	英国	イスラエル	韓国	スペイン	ニュージーランド	■日本	チェコ	ギリシャ	ポーランド	ハンガリー	南アフリカ	メキシコ	中国

（注）クラリベイト・アナリティクス社 InCites Benchmarking から2017年7月9日に、OECD.Stat より2017年12月15日にデータ抽出。文献種原著、分野分類法 ESI、2013－15年の平均値。政府支出大学研究費の単位はドル（購買力平価実質値2010年基準）。OECD 諸国を中心に人口300万未満の小国家を除く28か国で分析。分析した国は、図表1－11の増加率の分析を行った国と一致させている。

年ずらした方が、相関係数が良くなります。つまり、政府が大学の研究費の交付を増やした国では、それに数年遅れて論文数も増えている。

増加率の相関分析からは、政府が大学への研究資金を2倍に増やせば、それに数年遅れて、論文数も概ね2倍近くに増えることがわかります。つまり、「政府支出大学研究費」→「論文数」という因果関係は明らかです。

なお、ここで一つ注釈を

図表1－13　政府支出大学研究費増加率と論文数増加率の相関

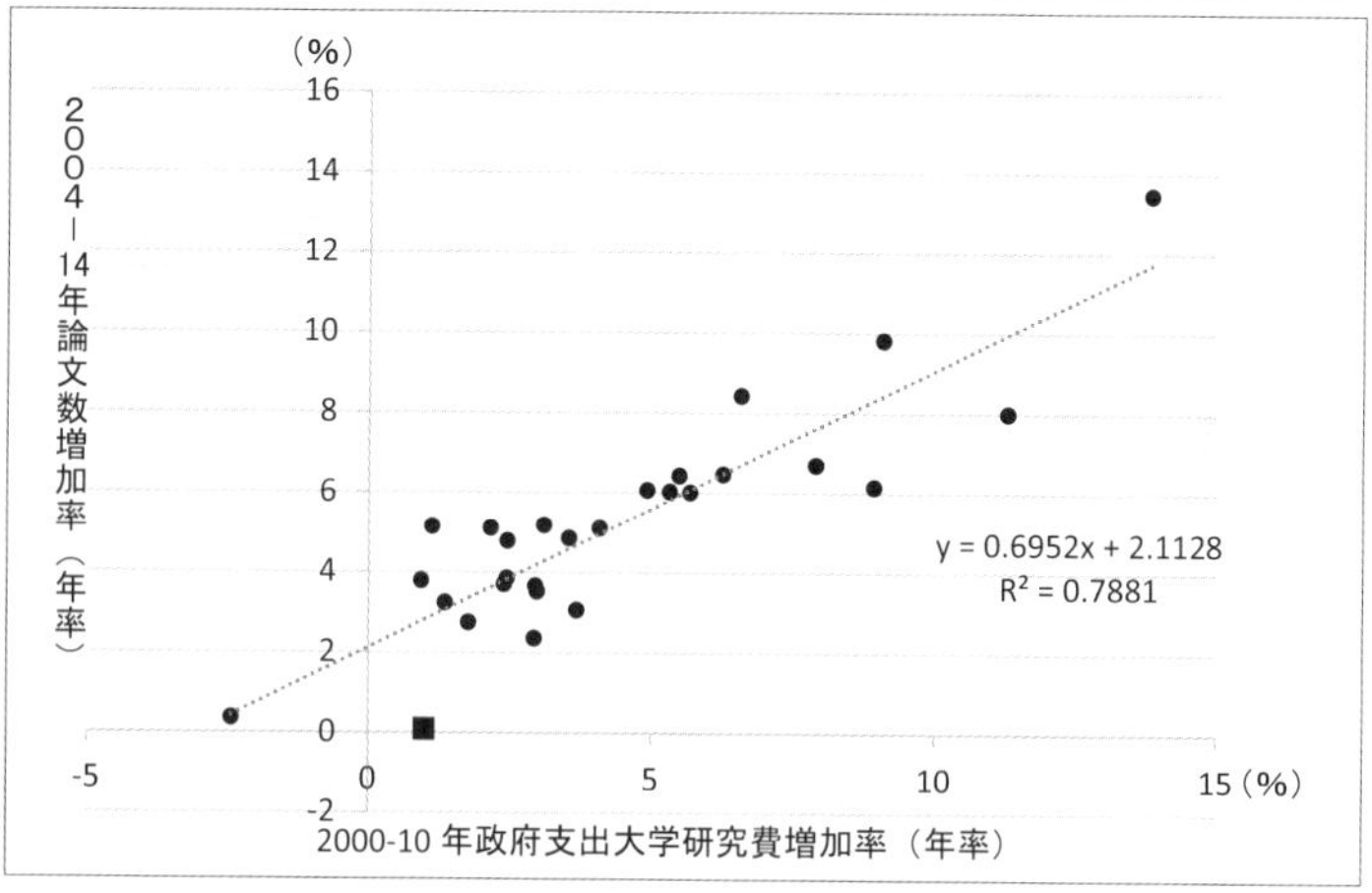

政府支出大学研究費増加率の大きい順（大→小）

中国	韓国	ポルトガル	アイルランド	チェコ	南アフリカ	デンマーク	ノルウェー	オーストラリア	ポーランド	スペイン	ニュージーランド	英国	スイス	オーストリア	カナダ	フィンランド	米国	ベルギー	ドイツ	スウェーデン	メキシコ	フランス	ギリシャ	オランダ	■日本	ハンガリー	イスラエル

（注）クラリベイト・アナリティクス社 InCites Benchmarking から 2017 年 7 月 9 日に、OECD. Stat より 2017 年 12 月 15 日にデータ抽出。文献種原著、分野分類法 ESI、2013 － 15 年の平均値。政府支出大学研究費の単位はドル（購買力平価実質値 2010 年基準）。OECD 諸国を中心に人口 300 万未満の小国家を除く 28 か国で分析。イタリア、チリは政府支出大学研究費のデータ欠損が多いために、トルコ、スロバキアはデータの連続性が保たれていない可能性があり、分析に含めていない。ギリシャ、オランダ、ニュージーランド、ノルウェー、南アフリカ、スウェーデンは 2000 年のデータが欠損、オーストリアは 2000 － 01 年のデータが欠損しているが、9 年間、8 年間の増加率で分析に加えた。

つけておきます。実は、ここで分析をしている論文数は、それぞれの国全体で産生された論文数です。論文を産生する機関としては、大学の他に研究所や企業などがあり、本来、大学の研究費との相関を検討する場合には、大学の産生する論文数を用いた方が良いかもしれません。しかし、国全体で産生される論文数のうち、大学の論文数が圧倒的に大きい割合を占めているので、大学の論文数をほぼ反映しているとみなしてもよいのです。

図表1－14に日本における機関別の論文産生の割合をお示ししました（文献0－4）。日本の論文の約80％は大学が産生していることがわかります（なお、大学と研究所間の共著論文を含めると図表5－9に示しますように大学の寄与はさらに大きくなります）。しかし、研究費については、日本政府の支出する研究費のうち、大学へ配分されるのは約40％程度であり、半分以上は政府研究機関に投入されています。なお、政府研究機関が、研究費の割に論文数が少ないのは、原子核や宇宙など巨額の研究費を必要とする大型研究プロジェクトが含まれているからと考えられます。

図表1－14　日本の論文数および政府研究資金の支出先内訳

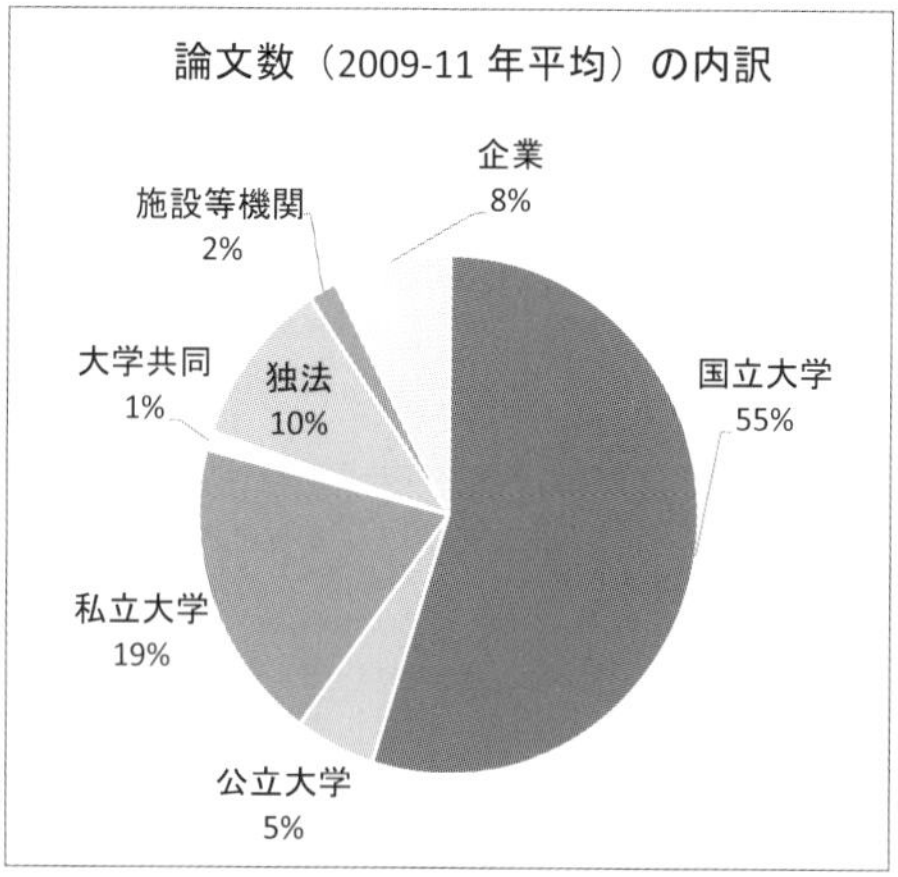

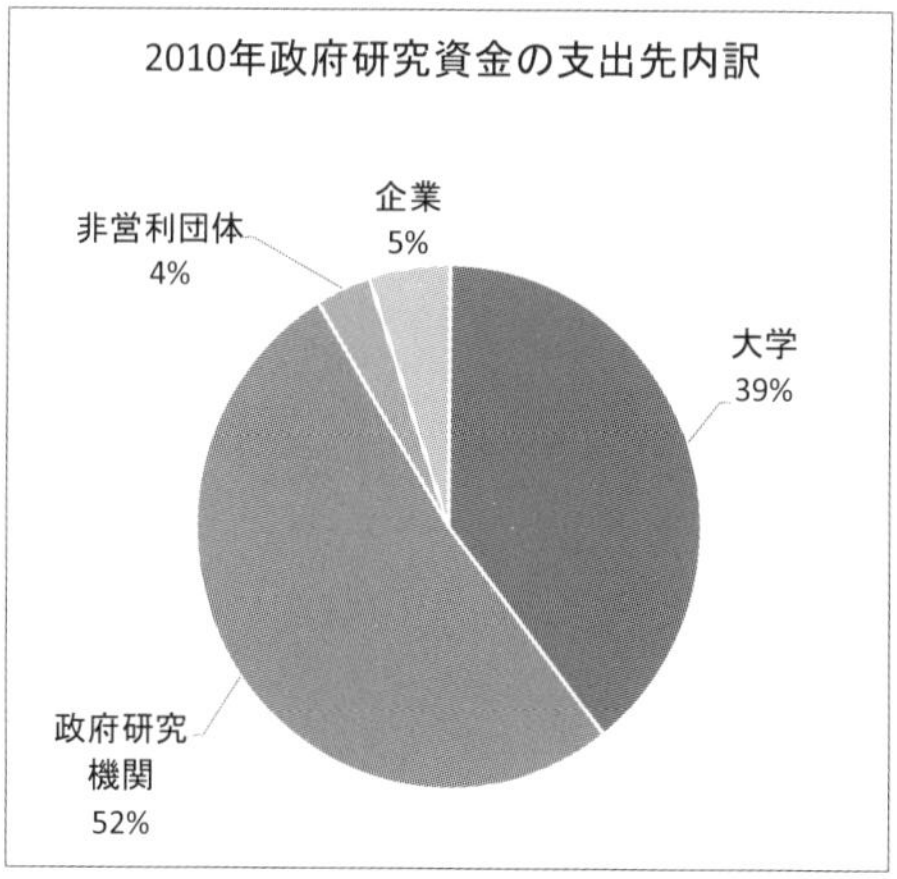

（注）論文数内訳については文献０－４文部科学省科学技術・学術政策研究所調査資料－218の本文 p.71 のデータに基づき作図。データベースはウェブ・オブ・サイエンス、文献種は原著と総説、分野分類法 ESI。研究資金については OECD.Stat に基づく。

7. 論文数と特許出願数の性格の違い

先に先行研究の①でご紹介したように、ＧＤＰと相関する指標はたくさんあり、また、指標同士でも相関関係が認められ複雑です。その中でもイノベ指標が最も強くＧＤＰと相関するわけですが、一口にイノベ指標といっても、これまたたくさんあり、その性格は微妙に異なっています。たとえば論文数と特許出願数は代表的なイノベ指標ですが、この二つは性格が異なるのです。

まず、特許の出願は主として企業が主体であり、論文の産生は大学や研究所が主体となります。ただし、最近では大学も特許を出願するようになり、大学発ベンチャーも生まれるようになって、大学の新たな役割として期待されているわけですが、日本は欧米に比べて出願数が少なく、今後の課題になっています。

次に、最近ではソフト面の発明についての特許も増えつつありますが、特許は基本的にはモノの発明が主体となっており、製造業のイノベーションと関係の深い指標です。一方、論文の方は、発明というよりも研究による真理の発見が主体となっている指標であり、製造業だけではなく非製造業にも強く関係します。

また、論文の方は、真理を発見した場合にそれを公表することにより、世界中の人がその情報を共有することになります。特許の方は、発明の情報を公表して世界中の人々が情報を共有するということでは論文と似ていますが、一定の期間、発明者に独占権が与えられます。

もちろん、企業が公表したくない発明については、公表せずに製品化することも行われ、また、プロセスのイノベーションについては、公表されることは少ないので、論文数や特許件数という指標ですべてのイノベーションを把握できるわけではありません。

図表1－15は、各国の論文数および特許出願数と7年後のGDPとの相関を調べたグラフです。特許件数のデータにはいくつかの種類があるのですが、ここではPCTと言われる国際特許のデータで、出願者の居住する国の特許出願数を用いています。

論文数も特許件数もGDPと正の相関が認められます。でも、二つのグラフはちょっと違いますね。上図の論文数とGDPの関係を示すグラフは比較的きれいに点が散らばっており、直線的に並んでいますが、下図の特許出願数とGDPの関係を示すグラフは、点の散らばり方が直線的ではなく、曲線の方がよく当てはまります。

なお、ノルウェーを▲で示してありますが、他の点の集まりから大きく外れていますね。これは外れ値と言われ、何らかの特殊な要因に基づくことも多く、必要に応じて除外して分析する方が適切な場合があります。ノルウェーの場合は、北海油田を有することによってGDPが大きくなって

図表1－15　2005年の論文数および特許出願数と2012年GDPの相関

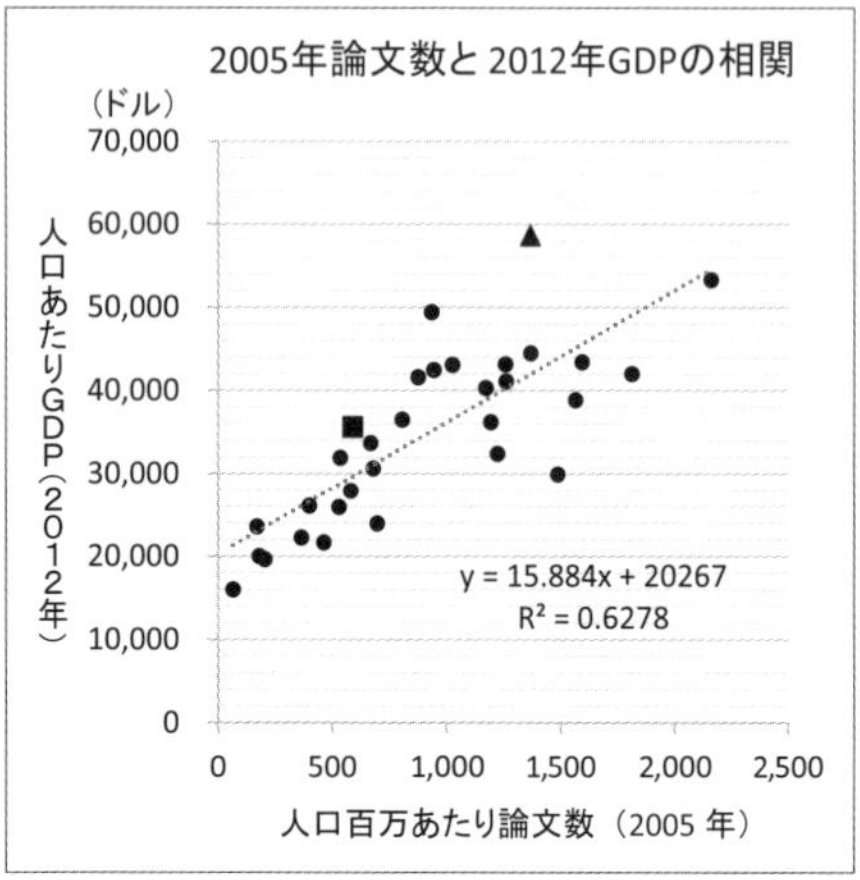

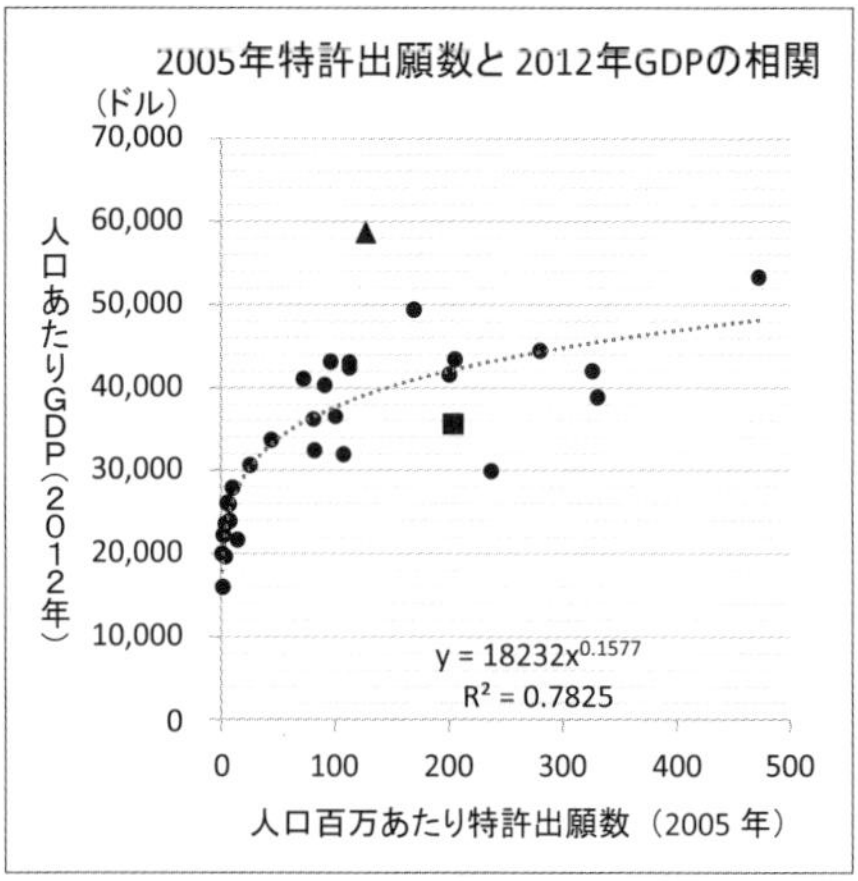

一人あたりGDPの大きい順（2012年）
▲ノルウェー
スイス
米国
オランダ
デンマーク
オーストラリア
オーストリア
アイルランド
スウェーデン
ドイツ
カナダ
ベルギー
フィンランド
フランス
英国
■日本
イタリア
ニュージーランド
韓国
スペイン
イスラエル
チェコ
スロバキア
ポルトガル
ギリシャ
ロシア
ポーランド
ハンガリー
チリ
トルコ
メキシコ

（注）クラリベイト・アナリティクス社 InCites Benchmarking から 2017 年 7 月 9 日に論文数のデータ抽出。文献種原著、分野分類法 ESI、3 年平均値。OECD.Stat から 2017 年 6 月 28 日に特許出願数のデータ抽出。特許出願数は PCT patents, number of applications。Applicant(s)'s country(ies) of residence, Priority date. GDP は購買力平価実質値 2010 年基準（ドル）。OECD 諸国を中心にデータが揃っている 31 か国で分析。

図表1－16　論文数と特許出願数の相関（2011年）

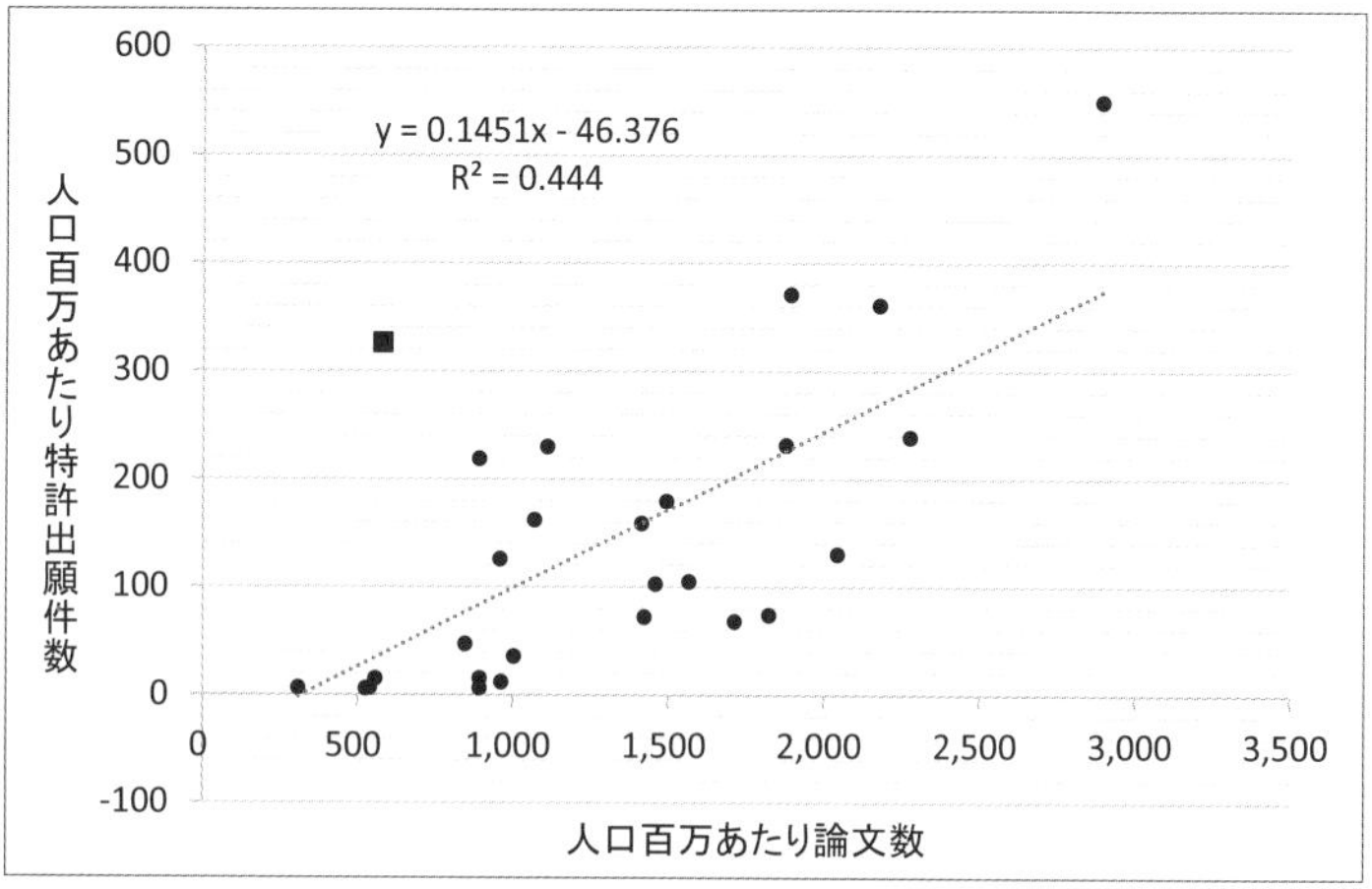

人口あたり特許出願数の多い順（多→少）

スイス	フィンランド	スウェーデン	■日本	デンマーク	オランダ	ドイツ	韓国	イスラエル	米国	オーストリア	ノルウェー	フランス	ベルギー	アイルランド	オーストラリア	英国	ニュージーランド	イタリア	スペイン	チェコ	ハンガリー	ポルトガル	スロバキア	トルコ	ギリシャ	ポーランド

（注）クラリベイト・アナリティクス社 InCites Benchmarking から2017年7月9日に、OECD. Stat から2017年10月19日にデータ抽出。OECD諸国を中心にデータが揃っている27か国で分析。論文数は文献種原著、分野分類法ESI、3年平均値。特許出願数は PCT patents, number of applications, Applicant(s)'s country(ies) of residence, Priority date。

いることがその理由です。このような資源国のGDPはイノベーションよりも持てる者と持たざる者との差がGDPに大きく反映されると考えられます。

図表1－16に論文数と特許出願数の関係を示しました。論文数の多い国ほど特許出願数も多く、統計学的に信頼のおける正相関が認められるのですが、■で示した日本が他の国々の集団から大きく外れています。日本は、この図の27か国の中で、人口あたり論文数で

図表1－17　2008年企業研究開発費と2013年人口百万あたり特許出願数の相関

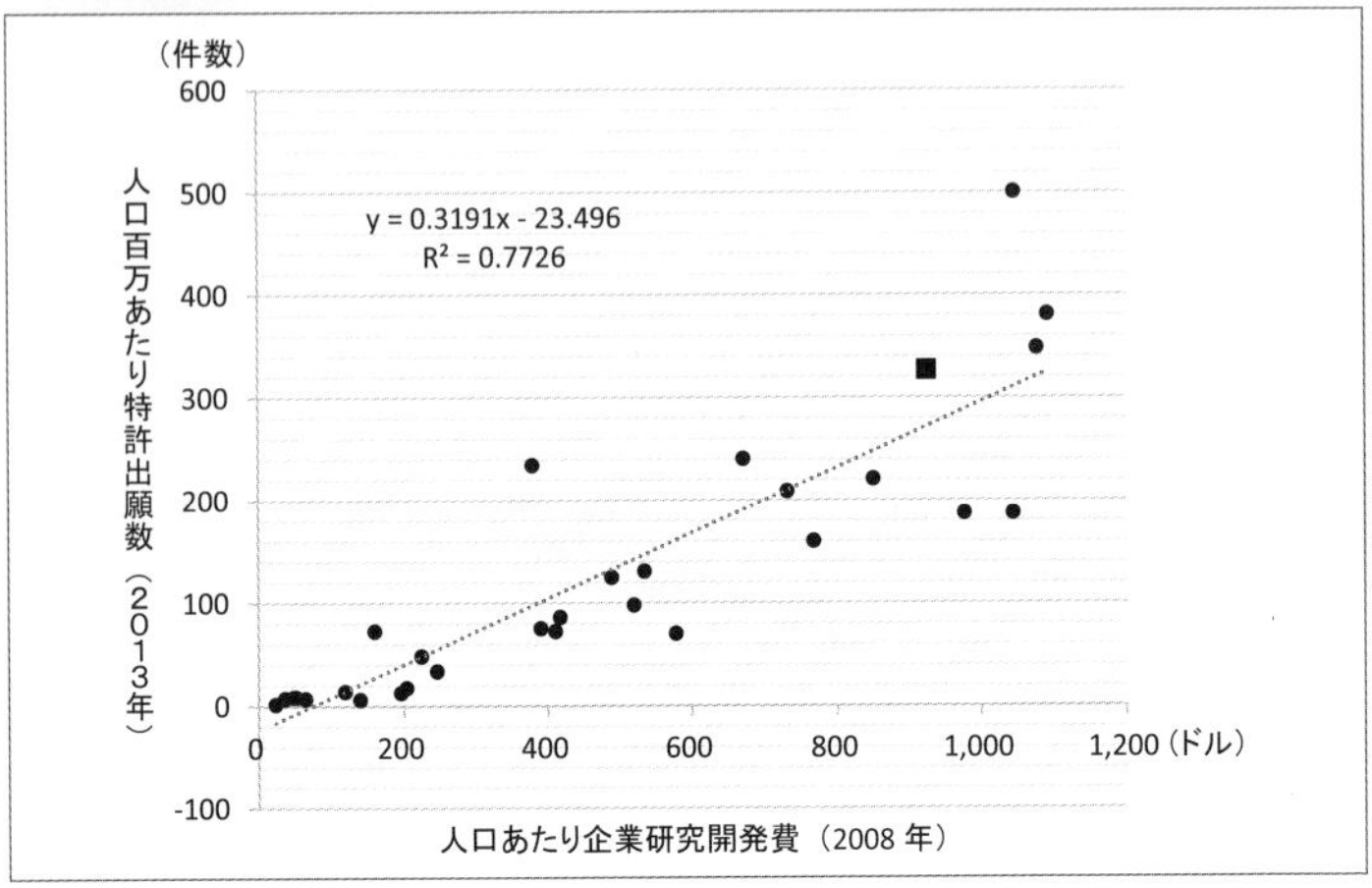

特許出願数の多い順（多→少）

スイス	スウェーデン	フィンランド	■日本	韓国	オランダ	デンマーク	ドイツ	米国	イスラエル	オーストリア	ノルウェー	フランス	ベルギー	アイルランド	英国	ニュージーランド	カナダ	オーストラリア	イタリア	スペイン	チェコ	ハンガリー	ポルトガル	トルコ	スロバキア	ポーランド	ギリシャ	ロシア	メキシコ

（注）OECD.Statから2017年6月28日にデータ抽出。特許国際出願件数はPCT patents, number of applications。Applicant(s)'s country(ies) of residence, Priority date. 企業研究費の単位は購買力平価実質値2010年基準（ドル）。OECD諸国を中心にデータが揃っている30か国で分析。

は下から4番目ですが、人口あたり特許出願数では上から4番目であり、その落差が極端に大きいのです。

　では、特許の元になる企業の研究費と特許出願数の相関を見てみましょう。図表1－17にお示ししたように、企業の研究費が多い国ほど特許出願数も多く、ほぼ直線的な関係になっています。これは、図表1－12で政府支出大学研究費と論文数が直線的な関係であったことと同様です。

　つまり、論文数と特許件数はどちらも重要なイノベ指標なのですが、その性格が異なり、論文数は大学研究費と親和性が強く、特許出願数は企業研究費との親和性が強いと考えられます。

このように一口にイノベ指標と言っても、指標によってその性格は異なり、GDPとの関係性も異なってきます。また、各指標の分野や部分によってもその関係性が異なってきます。例えばGDPについても、資源産業のようにイノベーションとの相関が低い分野がありますし、また、論文数についても、各学術分野の違いによりGDPと関係性が異なります。

各種のイノベ指標とGDPとの関係性はたいへん複雑なのですが、それをもう少しわかりやすく整理をしたいと思います。そのために、先にご紹介した〈先行研究①〉で用いられていた因子分析という統計学の分析手法を使ってみます。この分析手法は、各種の因子をお互いの相関関係から、似た者同士のグループに分ける方法です。論文数と特許件数以外にもOECD.Statで利用できるいくつかのイノベ指標について、また、GDP、論文、研究費などについても、分野や構成部分による性格の違いを考慮しつつ分析を試みます。

8．各種イノベーション指標を分析する

この項では、各種イノベ指標を種類分けして、その特徴をつかみ、〈先行研究①〉で用いられていた因子分析という手法を使う準備をします。

(1) 論文にはいくつかの種類分けがある

①「論文数」とは何か？

まず、分析に用いる「論文数」というものについて、説明をしておきましょう。「論文数」は、その国で公表されたすべての論文を数えた数値、と思っておられる読者も多いのではないかと想像しますが、実はそうではないのです。

著者が分析している「論文数」というのは、国際的な文献データベースに収められた論文の数を意味します。本書の分析で用いたクラリベイト・アナリティクス社のウェブ・オブ・サイエンス（Web of Science）というデータベースは、ある一定の質が保たれていると判断される学術誌に掲載され

た論文を収録しています。この他に国際的に有名な文献データベースとして、エルゼビア社のスコーパス（Scopus）があります。こちらの方は、できるだけ広く論文を収録する方針を取っており、ウェブ・オブ・サイエンスの約2倍ほどの論文が収録されています。

今回お示しする論文数の分析は、論文の中で一定の質が担保されていると判断される論文の数についての分析であり、質が担保されていない論文を含めた場合に、同じような結果が得られるという保証はありません。

なお、クラリベイト・アナリティクス社ではInCites Benchmarkingという論文分析ツールが用意されていて、ウェブ・オブ・サイエンスのデータベースを用いてさまざまな論文分析が簡単にできるので、本書ではこのツールを使って分析をしています。

② 文献種について

また、学術文献にはさまざまな形があり、分厚い著書もあれば、簡単な学会発表の要約までありま す。本書では新しいオリジナルな発見をきちんとした形で公表する最も基本的な文献の形である「原著論文」の数を数えています。いくつかの論文をまとめた「総説論文（レビュー）」や学会の発表を簡単にまとめた「短報（プロシーディングズ）」などは含めていません。

③ 学術分野について

次に学術分野による論文の種類分けについて説明します。

図表1－18に、本書で主として用いている学術分野の分類法をお示ししました。これは、クラリベイト・アナリティクス社による学術分野を22に分類する方法で、Essential Science Indicators（ESI）と名付けられています。また、いくつかの分野を括った分野（本書だけで用います）を示しました。各分野の論文数が全体の何％を占めるかという数値が示してありますが、大きな割合を占める医薬バイオ系や物理化学系の論文の動向が、論文数全体を大きく左右しますので、この二つを因子分析に加えることにします。

なお、学術分野の分類については、このＥＳＩ以外にもいくつかあって、例えばＷｏＳと名付けられた分類では、全分野を２５２の分野に分類しています。本書では必要に応じてこの分類も用います。

なお、ほとんどが英語で書かれた論文であり、日本の場合は人文学や社会科学分野の論文の多くが日本語で書かれていますので収録数が少なくなります。つまり、日本の人文社会科学系の論文の分析は困難と言えるでしょう。

図表1－18　学術論文の分野分類

<table>
<tr><th>Essential Science Indicators (ESI)</th><th>分野の日本語訳</th><th>全分野論文数に占める割合（%）</th><th colspan="2">本書で用いる括り分野の名称（%）</th></tr>
<tr><td>Physics</td><td>物理学</td><td>7.9</td><td rowspan="3">物理化学系 25.3</td><td rowspan="5">理工系 36.5</td></tr>
<tr><td>Chemistry</td><td>化学</td><td>11.8</td></tr>
<tr><td>Materials Science</td><td>材料科学</td><td>5.6</td></tr>
<tr><td>Engineering</td><td>工学</td><td>8.7</td><td rowspan="2">工・情報系 11.2</td></tr>
<tr><td>Computer Science</td><td>計算機科学</td><td>2.5</td></tr>
<tr><td>Biology & Biochemistry</td><td>生物・生化学</td><td>4.8</td><td rowspan="6">基礎生命系 16.5</td><td rowspan="7">医薬バイオ系 34.2</td></tr>
<tr><td>Molecular Biology & Genetics</td><td>分子生物・遺伝学</td><td>3.0</td></tr>
<tr><td>Immunology</td><td>免疫学</td><td>1.6</td></tr>
<tr><td>Neuroscience & Behavior</td><td>神経・行動科学</td><td>3.3</td></tr>
<tr><td>Microbiology</td><td>微生物学</td><td>1.3</td></tr>
<tr><td>Pharmacology & Toxicology</td><td>薬・毒物学</td><td>2.4</td></tr>
<tr><td>Clinical Medicine</td><td>臨床医学</td><td>17.6</td><td>臨床医学 17.6</td></tr>
<tr><td>Agricultural Sciences</td><td>農学</td><td>2.8</td><td rowspan="2">農動植物系</td><td rowspan="3">農環境系</td></tr>
<tr><td>Plant & Animal Science</td><td>動植物学</td><td>5.0</td></tr>
<tr><td>Environment/Ecology</td><td>環境・生態学</td><td>3.2</td><td></td></tr>
<tr><td>Geosciences</td><td>地球科学</td><td>3.1</td><td rowspan="2">宇宙地球系</td><td rowspan="3">数理系</td></tr>
<tr><td>Space Science</td><td>宇宙科学</td><td>1.0</td></tr>
<tr><td>Mathematics</td><td>数学</td><td>3.0</td><td>数学</td></tr>
<tr><td>Economics & Business</td><td>経済・経営学</td><td>1.9</td><td rowspan="2">社会科学系</td><td rowspan="3">社会・心理系</td></tr>
<tr><td>Social Sciences, general</td><td>社会学</td><td>6.3</td></tr>
<tr><td>Psychiatry/Psychology</td><td>精神・心理学</td><td>2.7</td><td></td></tr>
<tr><td>Multidisciplinary</td><td>複合分野</td><td>0.1</td><td></td><td></td></tr>
</table>

（注）クラリベイト・アナリティクス社による学術分野分類法の一つである Essential Science Indicators (ESI) の 22 分類。括り分野は筆者が本書で使用する分類であり、公式に認められたものではない。InCites Benchmarking により 2018 年 10 月 26 日データ抽出。2008 － 2017 年の 10 年間の全世界の原著論文数で割合を計算。

図表1－19　主要国における国際共著率の推移

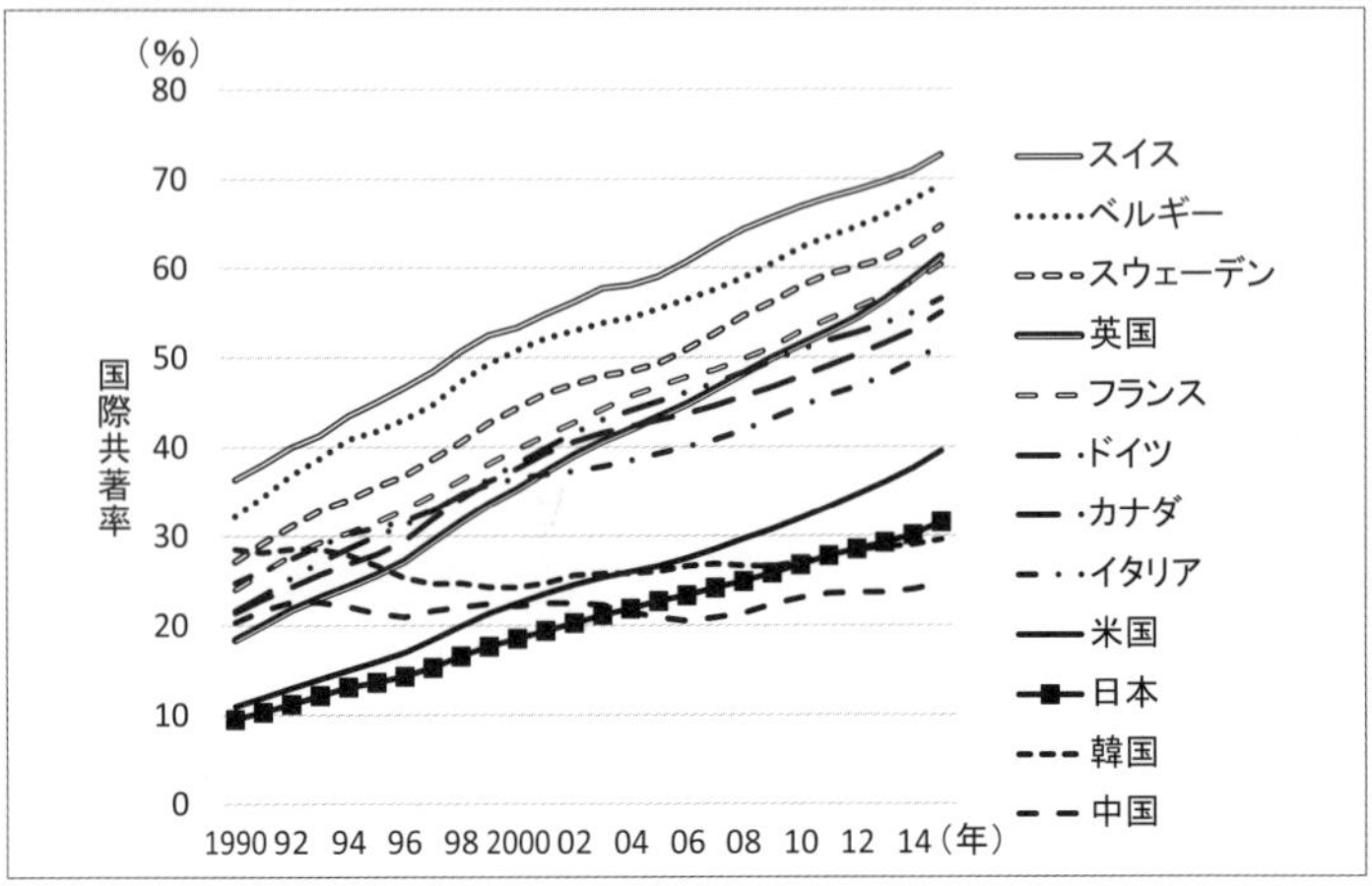

（注）クラリベイト・アナリティクス社 InCites Benchmarking から 2017 年 12 月 10 日にデータ抽出。文献種原著、分野分類法 ESI。3 年移動平均値。

④ 国際共著率、整数カウント法、分数カウント法

さて、論文には一人の著者によって書かれた単著論文と、複数の著者によって書かれた共著論文があります。最近、複数の国の研究機関による国際共著論文が急速に増え、その論文全体に占める割合（国際共著率）が50％を超える国も増えています（図表1－19）。国際共著率は、特に欧州連合（EU）が形成されているヨーロッパの国々で高く、日本やアジアの国々でも急速に高まっています。

国際的な共同研究がさかんになることは好ましいことですが、このような国際共著論文を各国の論文1件として割り当てると、世界全体の論文数としては重複してカウントしていることになります。このような国際共著論

文の重複を補正する方法として、「分数カウント法」という論文の数え方があります。「分数カウント法」では、2か国の研究機関で書かれた共著論文については1／2件を各国に割り当てます。なお、通常の論文の数え方を「整数カウント法」と言います。何も注釈がない場合は、この整数カウント法による論文数です。著者の使用している論文分析ツールで分数カウントを正確に計算するのは難しいので、分数カウントの分析が必要な場合にはいくつかの近似法を使います。各国間の比較の場合には、最も簡単な近似法である「国際共著1／2補正」を使います。これは、整数カウントから国際共著論文数の1／2を差し引く方法です。近似法の詳細は第4章補遺を参照してください。

⑤ 論文の注目度

次に、論文の「注目度」について説明をしておきます。

論文のデータベースの分析ツールInCites Benchmarkingには、「被引用数」に関連した指標がいくつか用意されています。「被引用数」とは、他人の論文に自分の論文が何回引用されたかという数値です。米国のトランプ大統領がつぶやいているツイッターを例にとると、自分のつぶやきが他人にどれだけリツイートされるか、という数値と似ていますね。この「被引用数」が多いということは、その論文の注目度が高いということを意味します。

学術分野ごとに1論文あたりの被引用数（被引用インパクトと言われます）の世界平均を求め、

その何倍であるかを示した指標（Category-Normalized Citation Impact: CNCIと言います）や、学術分野ごとに1論文の被引用数が世界のトップ1％あるいはトップ10％の範囲に入る高注目度論文の数や割合などがよく使われています。タイムズ・ハイヤー・エデュケーション（ＴＨＥ）の世界大学ランキングの指標としては、ＣＮＣＩが大きな比重（30％）を占めています。

このように、一口に「論文数」と言っても、実にさまざまな指標があるわけですが、今回の因子分析では、「論文数」「トップ10％論文数」「国際共著1／2補正論文数」「国際共著率」「医薬バイオ系論文数」「物理化学系論文数」についてお示しします。さらに「博士課程修了者数」も分析に加えて、大学の「研究教育力」を反映する指標のグループとします。

(2) 産業分野別のＧＤＰについて

次に産業分野の分類について説明します。図表1－20に、OECD.Statに用いられている産業分類を示しました。この産業分類では国際標準産業分類のいくつかを括って11に分類しています。産業分類名が長いので、本書では、表に示した略号を使うことにします。

OECD.Statでは、いくつかのＯＥＣＤ諸国について、この分類ごとのＧＤＰが示されています。図表1－21には、いくつかの先進国の産業分野別の付加価値額（２０１５年値を各国の人口で割っ

図表1－20　産業分類（OECD.Statに基づく）

国際標準産業分類 (ISIC rev4)A～Uを組み合わせた分類		日本語訳	本書での略号
A	Agriculture, Forestry and Fishing	農林漁業	（農林漁）
B-E	Industry, including energy	工業・エネルギー産業	（工）
C	of which: Manufacturing	うち　製造業	（製造）
	of which: Non Manufacturing	うち　非製造業	（資源）
F	Construction	建設業	（建）
G-I	Distributive trade, Repairs; Transport; Accommod., Food serv.	卸売小売・修理・運輸・宿泊・飲食業	（流宿食）
J	Information and Communication	情報通信業	（情）
K	Financial and insurance activities	金融保険業	（金）
L	Real estate activities	不動産業	（土）
M-N	Prof., scientific, techn.; admin., support serv. activities	専門・科学技術・管理・支援サービス業	（専）
O-Q	Public admin.; compulsory s.s.; education; human health	公務・国防・教育・保健衛生・社会事業	（公教医）
R-U	Other service activities	その他のサービス業	（他）

（注）OECD.Statより2017年9月11日にデータ抽出。General StatisticsのCountry statistical profilesの中で使われている分類に基づいた。「うち　非製造業（資源）」は、「工業・エネルギー産業」付加価値から「製造業」付加価値を差し引いたもの。

てあります）をグラフで示しました。

なお、このグラフは各産業分野の就業者数あたりの付加価値を示したものではなく、各産業分野の労働生産性を示すものではありません。

このグラフを見ると、国によって強い分野、弱い分野がいろいろあることがわかりますね。その中で飛び抜けて高いピークの見られる国は、個別の事情によってそうなっている場合が多く、たとえば、資源産業で突出しているのは、先ほどもお話ししたノルウェーですね。

論文数はGDPと相関しますが、各産業分野で相関の強い分野と弱い分野があります。図表1－22上図に

図表1－21　主要国の産業分野別GDP（付加価値額）（2015年）

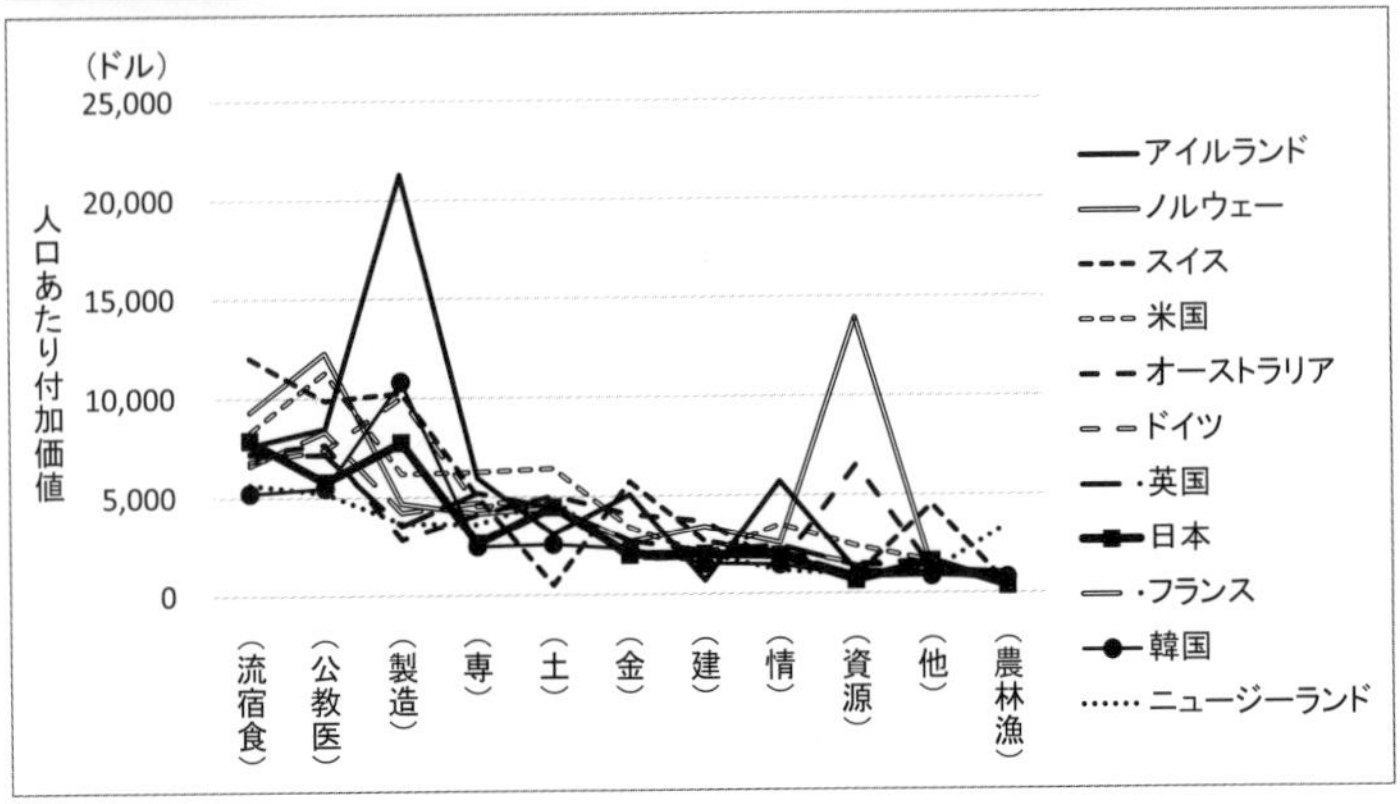

（注）OECD.Statから2017年9月11日に抽出した2015年産業分野別付加価値額（Constant prices, Constant exchange rates, OECD base year2010）をもとに、国ごとに各分野別付加価値額の割合を求め、一人あたりGDP（購買力平価実質値2010年基準）に掛けて、各産業分野の付加価値額を計算した。OECDを中心とした27か国のうち、11か国をグラフに示した。27か国での各産業分野付加価値額の大きい順に左から並べた。右端の11か国の並べ順は2015年一人あたりGDPの大きい順である。

示しましたように、製造業GDPとの相関は不良ですが、非製造業GDPとは良好な相関が認められます。また、下図に示しましたように、非製造業GDPから資源産業および不動産業（土地）のGDPを除くと、さらに相関が強くなります。特許出願数についても資源産業および不動産業のGDPを除いた方が相関が強くなります。

資源産業も不動産業も論文数や特許件数との相関は低いわけですが、イノベーションと関係がないわけではありません。たとえば、シェールガスの開発などはイノベーションの賜物です。しかし、持てる国と持たざる国の影響の方がより大きく出てしまい、論文数や特許件数な

図表 1 − 22　論文数と製造業 GDP および非製造業 GDP との相関

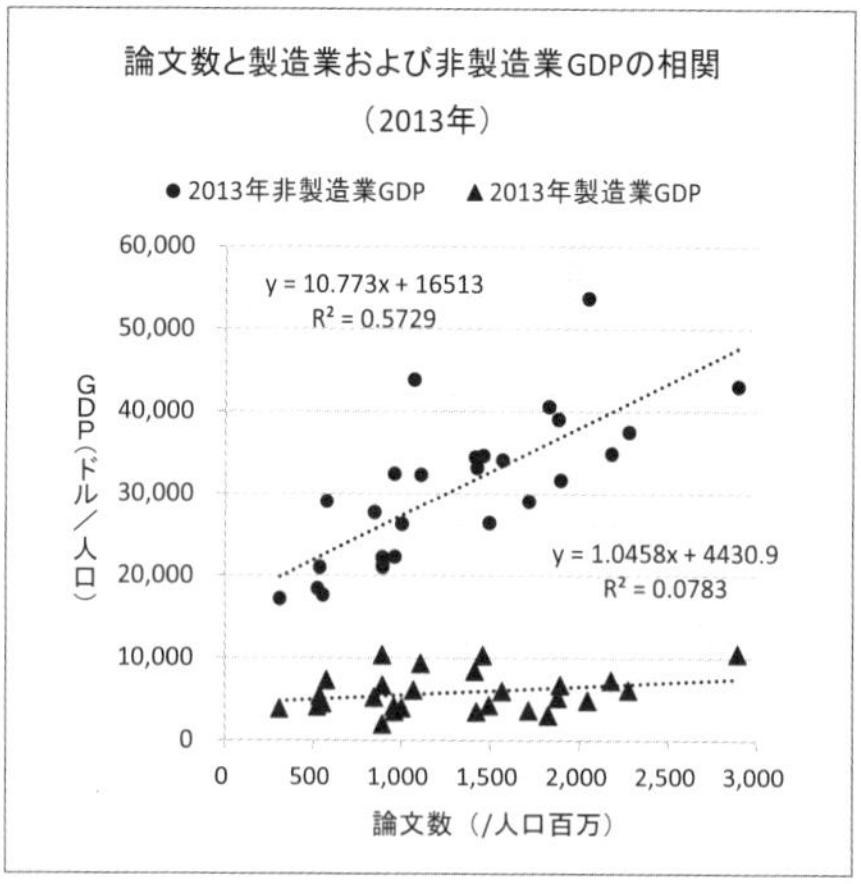

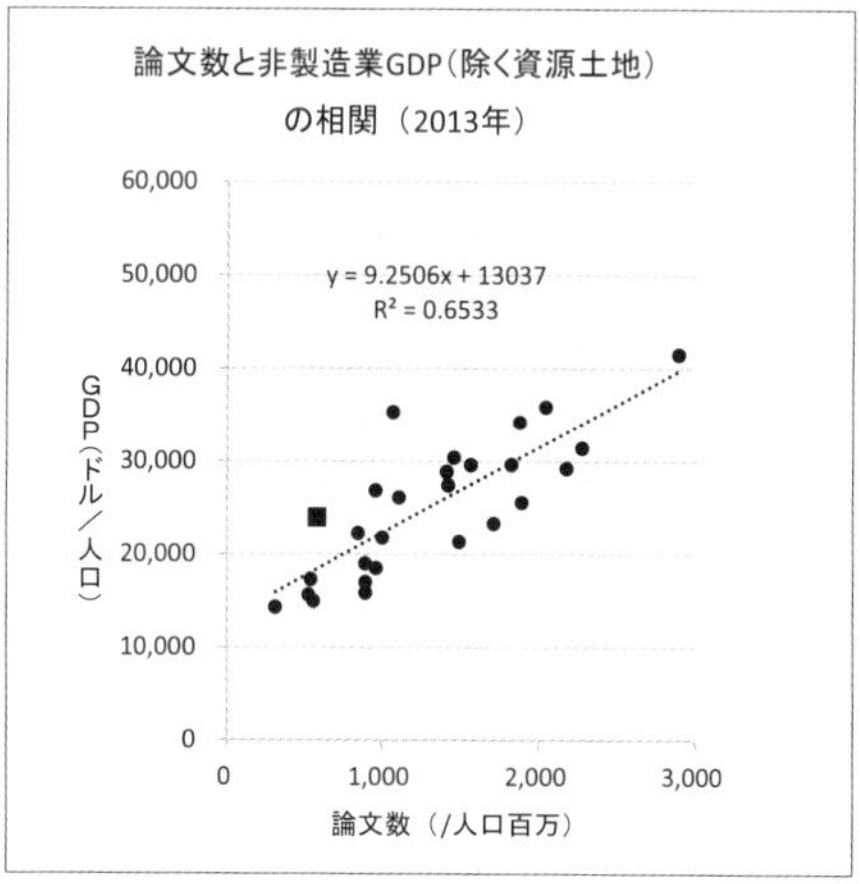

非製造業 GDP（除資源土地）の大きい順
スイス
ノルウェー
米国
オランダ
デンマーク
アイルランド
オーストラリア
ベルギー
スウェーデン
オーストリア
英国
フランス
ドイツ
フィンランド
■日本
ニュージーランド
イタリア
スペイン
イスラエル
韓国
ポルトガル
スロバキア
チェコ
ギリシャ
ポーランド
ハンガリー
トルコ

（注）クラリベイト・アナリティクス社 InCites Benchmarking から 2017 年 7 月 9 日に、OECD. Stat から 2017 年 10 月 19 日にデータ抽出。OECD 諸国を中心にデータが揃っている 27 か国で分析。GDP は購買力平価実質値 2010 年基準（ドル / 人口）。

どのイノベーション指標との相関が低くなるものと考えられます。

本書では、必要に応じてＧＤＰから資源産業と不動産業を除いたＧＤＰ（除資源土地）と、各種イノベ指標との相関を検討します。ただし、除かなくても相関係数がやや低めに出るだけで、結論としては変わりません。

また、OECD.Statには、さらに細分化した産業分野別の付加価値のデータも掲げられているので、必要に応じて参照することにします。

図表1－23に産業分野別のＧＤＰの順位を示しました。

資源産業のＧＤＰではノルウェーでしたが、製造業と情報通信業では、アイルランドが突出しています。アイルランドの急成長は法人税を低く抑えて海外からの投資を呼び込み、特にマイクロソフト社などのＩＴ関連企業の欧州拠点が形成されたことと、そしてそれに対応できる高度な教育をしてきたことであると言われています。また、製薬企業の誘致では、製薬企業の世界上位10社のうち9社、そして医療機器企業の世界上位25社のうち15社が、アイルランドで本格稼働しているとのことで、医薬品の輸出で世界一となっています。アイルランドの急成長は、高度な教育も基盤にあるとはいえ、科学技術以外の政策（海外企業の誘致）の効果による面が大きいと考えられます。

東欧諸国などでは、自動車会社などの海外製造企業の誘致が行われ、例えばスロバキアは人口あたりの自動車の輸出で世界一とのことです。このような海外企業の誘致によるＧＤＰの増加はイノ

図表1－23 主要国の産業分野別人口あたり GDP（付加価値額）順位（2015年）

GDP	（流宿食）	（公教医）	（製造）	（専）	（士）	（金）	（建）	（情）	（資源）	（他）	（農林漁）
アイルランド	スイス	ノルウェー	アイルランド	オランダ	米国	スイス	オーストラリア	アイルランド	ノルウェー	スイス	ニュージーランド
ノルウェー	オーストリア	米国	韓国	米国	オーストラリア	アイルランド	ノルウェー	米国	オーストラリア	ドイツ	トルコ
スイス	ノルウェー	デンマーク	スイス	アイルランド	ギリシャ	オーストラリア	スイス	イスラエル	米国	米国	フィンランド
米国	オランダ	スイス	ドイツ	ベルギー	ニュージーランド	米国	オーストリア	スウェーデン	スウェーデン	■日本	スロバキア
オランダ	デンマーク	オランダ	オーストリア	英国	フランス	オランダ	ベルギー	デンマーク	オランダ	英国	ノルウェー
オーストラリア	スウェーデン	ベルギー	■日本	スイス	イスラエル	英国	スウェーデン	ノルウェー	デンマーク	デンマーク	ギリシャ
デンマーク	米国	アイルランド	チェコ	スウェーデン	ドイツ	ノルウェー	フィンランド	英国	フィンランド	イタリア	オーストラリア
スウェーデン	■日本	スウェーデン	スウェーデン	フランス	イタリア	ベルギー	オランダ	フィンランド	ドイツ	スペイン	ハンガリー
オーストリア	ベルギー	フランス	スロバキア	ドイツ	フィンランド	デンマーク	スロバキア	オランダ	ポーランド	スウェーデン	オランダ
ドイツ	アイルランド	フィンランド	フィンランド	ノルウェー	■日本	韓国	デンマーク	ドイツ	オーストリア	オーストラリア	スペイン
ベルギー	スペイン	オーストラリア	ベルギー	オーストラリア	英国	■日本	英国	フランス	チェコ	オーストリア	韓国
英国	オーストラリア	ドイツ	デンマーク	イスラエル	ノルウェー	スウェーデン	ポーランド	スイス	英国	ノルウェー	デンマーク
フィンランド	英国	オーストリア	米国	オーストリア	デンマーク	ニュージーランド	ニュージーランド	■日本	スロバキア	フィンランド	イタリア
■日本	ドイツ	英国	イタリア	デンマーク	オーストリア	ドイツ	■日本	チェコ	アイルランド	イスラエル	フランス
フランス	イタリア	スペイン	オランダ	ニュージーランド	スウェーデン	イタリア	スペイン	ベルギー	ベルギー	オランダ	スウェーデン
韓国	フランス	イタリア	ハンガリー	フィンランド	ベルギー	オーストリア	米国	スペイン	スペイン	ニュージーランド	ポルトガル
ニュージーランド	ポルトガル	■日本	ポーランド	イタリア	スペイン	フランス	トルコ	オーストリア	ニュージーランド	フランス	オーストリア
イタリア	フィンランド	ポルトガル	ノルウェー	スペイン	アイルランド	イスラエル	フランス	韓国	イタリア	アイルランド	アイルランド
スペイン	ポーランド	韓国	スペイン	■日本	ポルトガル	チェコ	チェコ	オーストラリア	スイス	スロバキア	米国
イスラエル	トルコ	ギリシャ	トルコ	韓国	オランダ	ポルトガル	イスラエル	イタリア	ポルトガル	ギリシャ	ポーランド
チェコ	チェコ	イスラエル	フランス	ハンガリー	チェコ	スロバキア	ドイツ	ハンガリー	ハンガリー	ベルギー	チェコ
スロバキア	ニュージーランド	ニュージーランド	イスラエル	スロバキア	韓国	ポーランド	韓国	ニュージーランド	フランス	韓国	イスラエル
ポルトガル	スロバキア	ハンガリー	ポルトガル	チェコ	トルコ	ギリシャ	イタリア	スロバキア	トルコ	ポルトガル	スイス
ポーランド	ギリシャ	チェコ	ニュージーランド	ポルトガル	ハンガリー	スペイン	ポルトガル	ポーランド	韓国	ハンガリー	■日本
ハンガリー	韓国	ポーランド	英国	ポーランド	スロバキア	フィンランド	ハンガリー	ポルトガル	■日本	チェコ	ベルギー
ギリシャ	イスラエル	スロバキア	オーストラリア	トルコ	ポーランド	ハンガリー	アイルランド	ギリシャ	ギリシャ	ポーランド	英国
トルコ	ハンガリー	トルコ	ギリシャ	ギリシャ	スイス	トルコ	ギリシャ	トルコ	イスラエル	トルコ	ドイツ
100	**18.7**	**18.3**	**17**	**9.7**	**9.6**	**5.8**	**5.3**	**5.3**	**4.9**	**3.2**	**2.2**

（注）OECD.Stat から 2017 年 9 月 11 日に抽出した 2015 年産業分野別付加価値額（Constant prices, Constant exchange rates, OECD base year 2010）をもとに、国ごとに各分野別付加価値額の割合を求め、一人あたり GDP（購買力平価実質値 2010 年基準）に掛けて、各産業分野の付加価値額を計算した。

ベーションとはあまり関係がないので、その国の論文数や特許件数の割りには、ＧＤＰが高めに出るという結果になります。

それでは日本について見てみましょう。

製造業では以前よりも国際競争力が低下し、韓国にも追い越されているのですが、今なお人口あたりで世界第６位（２０１５年時点）につけており、また、（流宿食）、つまり「卸売小売・修理・運輸・宿泊・飲食業」でも他の先進国に引けをとっていません。日本が低いのは（資源）（農林漁）（公教医）（専）の４つの分野のＧＤＰです。

このうち大きな割合を占める（公教医）の付加価値が低いことについては、先進国に比べて、公務員や医師などの医療関係者の人数・人件費や、高等教育へのＧＤＰあたりの公財政支出が先進国で最も低いレベルであることや、公的・準公的分野に係る人々の数と人件費が他の先進国に比較して政策的に低く抑えられていることが反映されていると思われます。この分野のＧＤＰを上げることができれば、日本も欧米の豊かな国の仲間入りができることになるのではないかと思われます。

ちなみにこの産業分類の中で日本の順位が最も高いのは（他）の分野であり、世界第４位となっています。いったい（他）の分野の何が最も順位が高いのか、もう少し詳しい産業分類でしらべますと、「芸術、エンターテインメント、レクリエーション分野」でした（図表1－24）。

ショービジネスの本場である米国をはるかに超えて日本が第1位なんて、一見信じられないデー

図表1－24　芸術、エンターテインメント、レクリエーション分野GDP（付加価値額）（2013年）

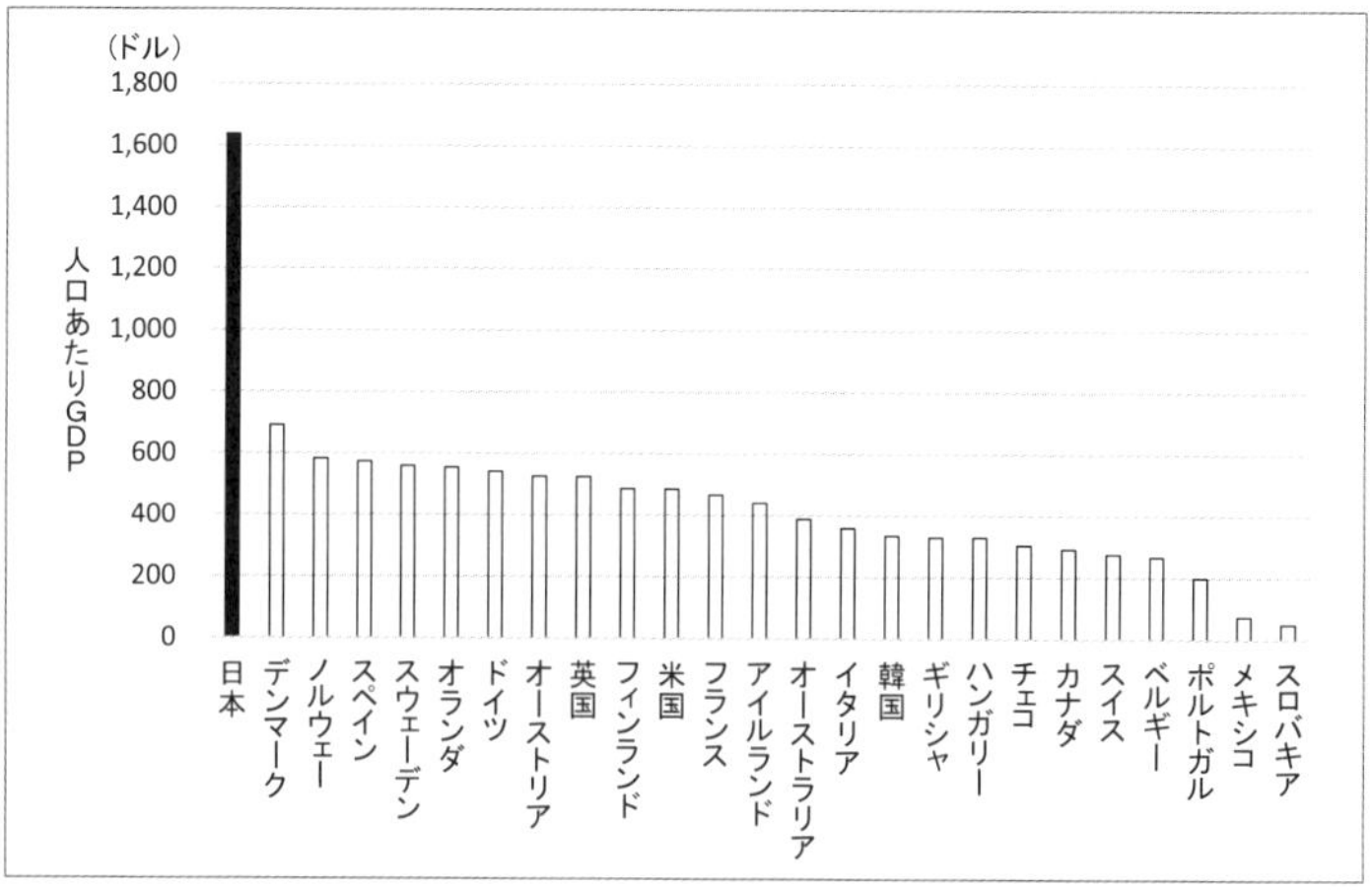

（注）OECD.Statから2017年10月19日に抽出した産業分野別付加価値額（Constant prices, national base year）をもとに、国ごとに分野別付加価値額の割合を求め、一人あたりGDP（購買力平価実質値2010年基準）に掛けて、産業分野の付加価値額を計算した。ISICrev.4 VR: Arts, entertainment and recreationの2013年値を用いた。

タです。実は、この産業分野の中にはギャンブルも含まれており、日本はパチンコ等のギャンブル的な遊戯産業の付加価値が大きく、それがこの分野で世界第1位になっている理由であると考えられます。日本はギャンブル大国であるという人がいますが、間違っていないと思われます。なおスイスの「その他」分野のGDPが高い理由は、さまざまな国際機関の本部が集中しているからであると考えられます。

⑶　非製造業ＧＤＰと製造業ＧＤＰとで、特許出願件数と論文数との関係性が異なる

非製造業ＧＤＰ（除く資源土地）と製造業ＧＤＰの相関関係を見てみましょう。図表１－25にお示ししたように、両者の相関はかろうじて統計学的に信頼のおける値となりましたが、弱い相関です。製造業には非製造業ＧＤＰへの波及効果があるはずですが、その割には両者の相関が弱すぎる感じがします。

図表１－26は、１９９８年における非製造業ＧＤＰ（除く資源土地）と製造業ＧＤＰの相関を検討した図ですが、この頃は、かなり強い正の相関が認められます。それが、最近になるほど相関が不良になってきているのです。

この一つの理由は、先にもお話ししましたように、新興国などでたとえば海外の自動車会社を誘致し、安い人件費のもとで自動車の組み立てを行って輸出することで製造業のＧＤＰを高めた国が増えたことがあります。これらの国では、製造業ＧＤＰの上昇に比較して非製造業のＧＤＰが追いついておらず、相関が不良になっていることが考えられます。

このような海外製造企業の誘致をした新興国では、海外からパーツを持ってきて組み立てをして

図表1－25　非製造業 GDP（除く資源土地）と製造業 GDP の相関（2011年）

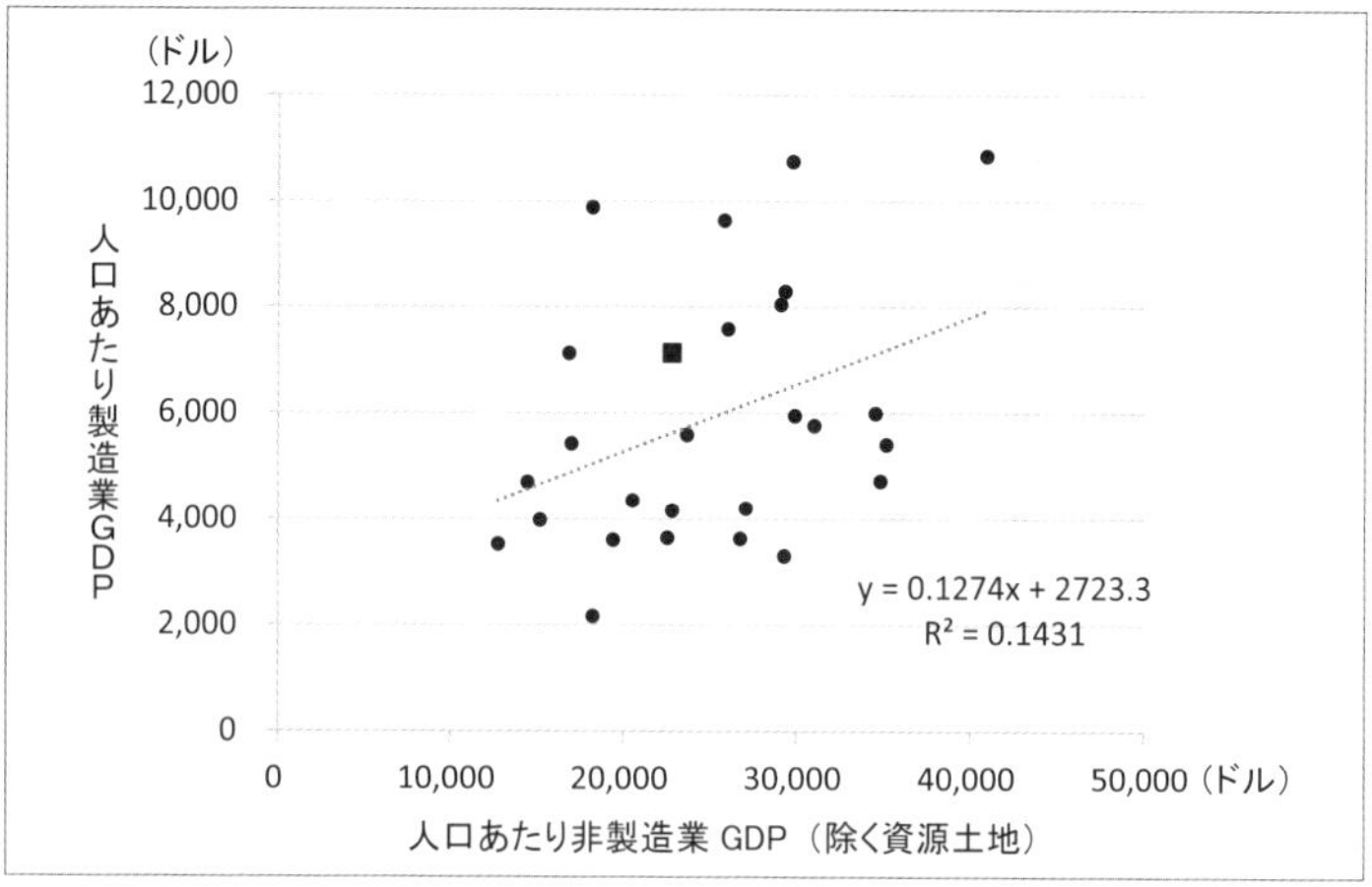

人口あたり製造業 GDP の大きい順（大→小）

スイス	アイルランド	韓国	ドイツ	オーストリア	スウェーデン	フィンランド	■日本	チェコ	米国	ベルギー	デンマーク	イタリア	スロバキア	オランダ	ノルウェー	ハンガリー	イスラエル	フランス	スペイン	ポーランド	ニュージーランド	英国	ポルトガル	トルコ	オーストラリア	ギリシャ

（注）OECD.Stat から 2017 年 10 月 19 日にデータ抽出。OECD 諸国を中心にデータが揃っている 27 か国で分析。非製造業 GDP から資源産業および不動産業の GDP を除いてある。GDP の単位は購買力平価実質値2010年基準（ドル／人口）。回帰分析の検定確率P＜0.05。

いるわけですから、輸出額に占める付加価値（つまり儲け）の割合は小さく、また、自国産の部品等を調達できないので、サービス業への波及効果も小さいと報告されています（文献1－7）。

この報告を参考にして、製造業輸出付加価値比率（Total manufactures : Domestic value added share of gross export）と製造業輸出サービス業付加価値比率（Total manufactures : Domestic service value added share of gross export）の相関関係を調べる

図表1－26　非製造業 GDP（除く資源土地）と製造業 GDP の相関（1998年）

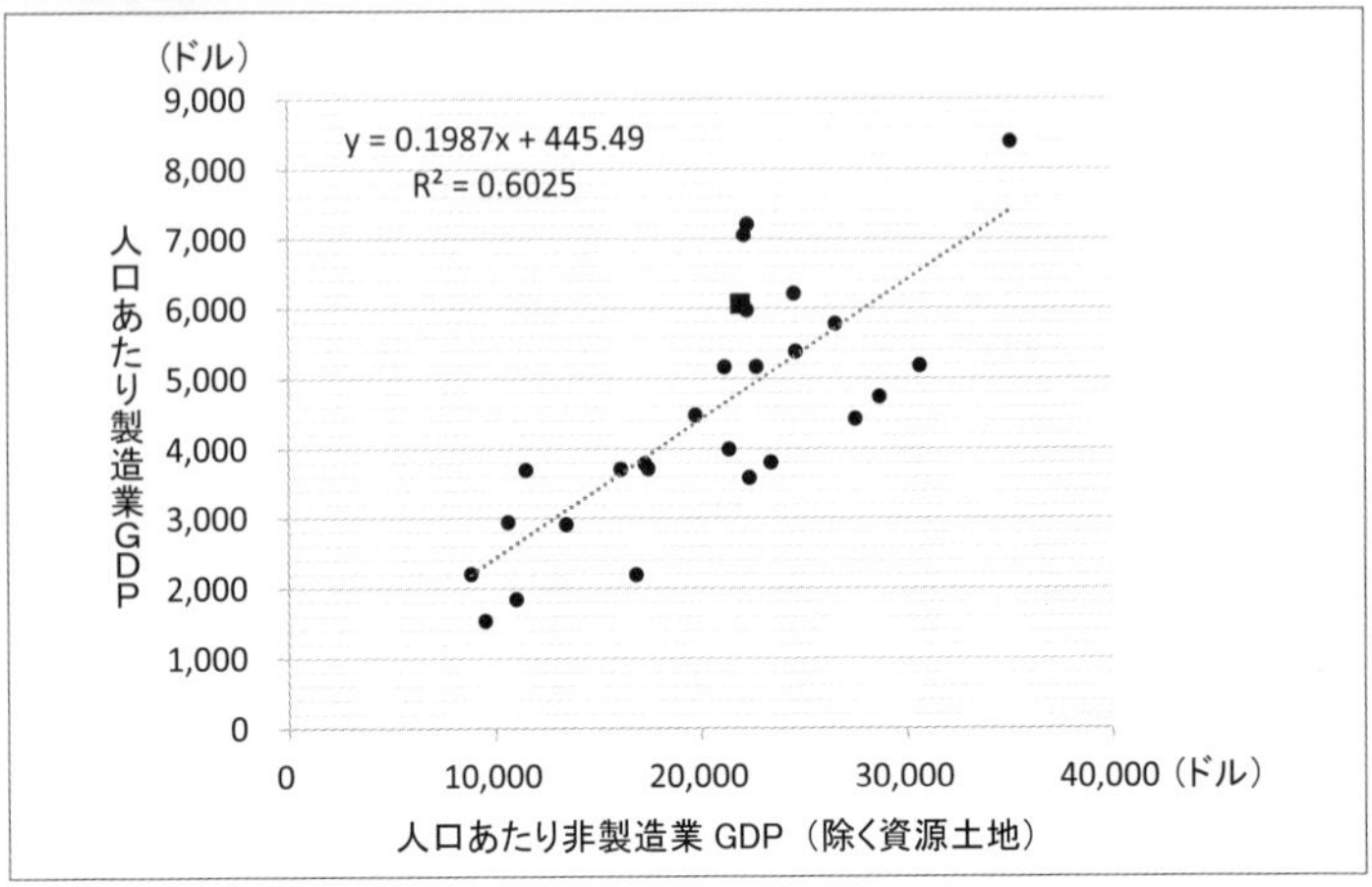

人口あたり製造業 GDP の大きい順（大→小）

スイス	ドイツ	アイルランド	オーストリア	■日本	イタリア	デンマーク	ベルギー	米国	スウェーデン	フィンランド	オランダ	スペイン	ノルウェー	英国	フランス	ポルトガル	ニュージーランド	イスラエル	韓国	オーストラリア	ハンガリー	チェコ	トルコ	ギリシャ	スロバキア	ポーランド

（注）OECD.Stat から 2017 年 10 月 19 日にデータ抽出。OECD 諸国を中心にデータが揃っている 27 か国で分析。非製造業 GDP からは資源産業および不動産業の GDP を除いてある。GDP の単位は購買力平価実質値 2010 年基準（ドル／人口）。検定確率 P<0.0001。

と、図表1－27の上図のように正の相関が認められました。両者とも低い値であるアイルランド、ハンガリー、韓国、チェコ、スロバキアの5か国を除くと、図表1－27の下図のように非製造業GDPと製造業GDPの相関関係はある程度回復します。

　特許出願数と非製造業GDPおよび製造業GDPとの相関を調べると図表1－28上図のようになり、非製造業GDPは曲線が良く当てはまりますが、製造業GDPについては直線的な関係です。そして、

図表1－27　製造業輸出のサービス業付加価値への波及の程度と、非製造業GDPと製造業GDPの相関

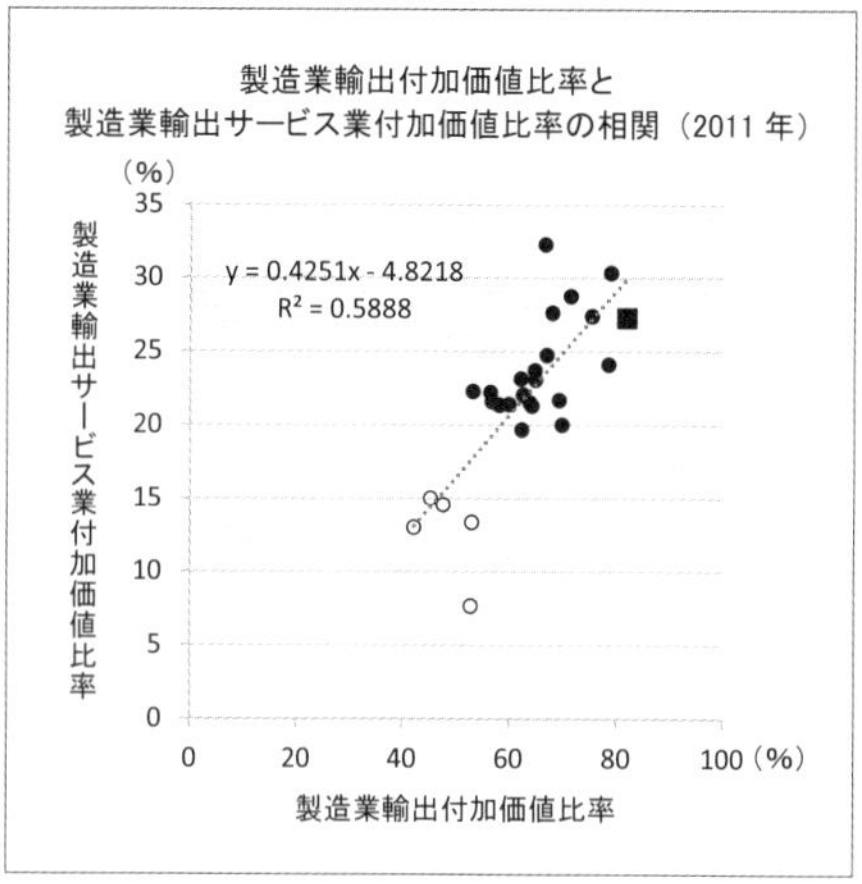

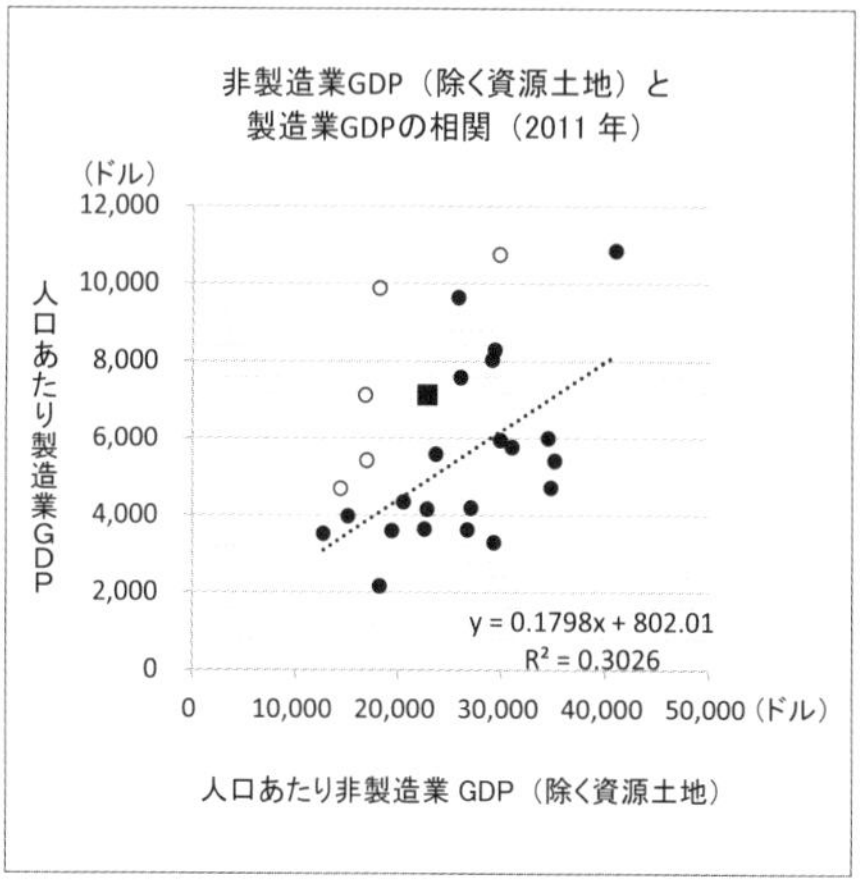

製造業輸出に占めるサービス業付加価値比率の小さい順
○アイルランド
○ハンガリー
○韓国
○チェコ
○スロバキア
ギリシャ
ノルウェー
英国
フィンランド
ポーランド
オーストリア
ポルトガル
ドイツ
スペイン
オランダ
ベルギー
イスラエル
スウェーデン
トルコ
米国
デンマーク
■日本
オーストラリア
イタリア
スイス
ニュージーランド
フランス

（注）OECD.Statから2017年10月19日にデータ抽出。OECD諸国を中心にデータが揃っている27か国で分析。製造業輸出付加価値比率はTotal manufactures: Domestic value added share of gross export、製造業輸出サービス業付加価値比率はTotal manufactures: Domestic service value added share of gross export。非製造業GDPからは資源産業および不動産業のGDPを除いてある。GDPの単位は購買力平価実質値2010年基準（ドル／人口）。

図表1－28　特許出願数と製造業および非製造業GDPの相関

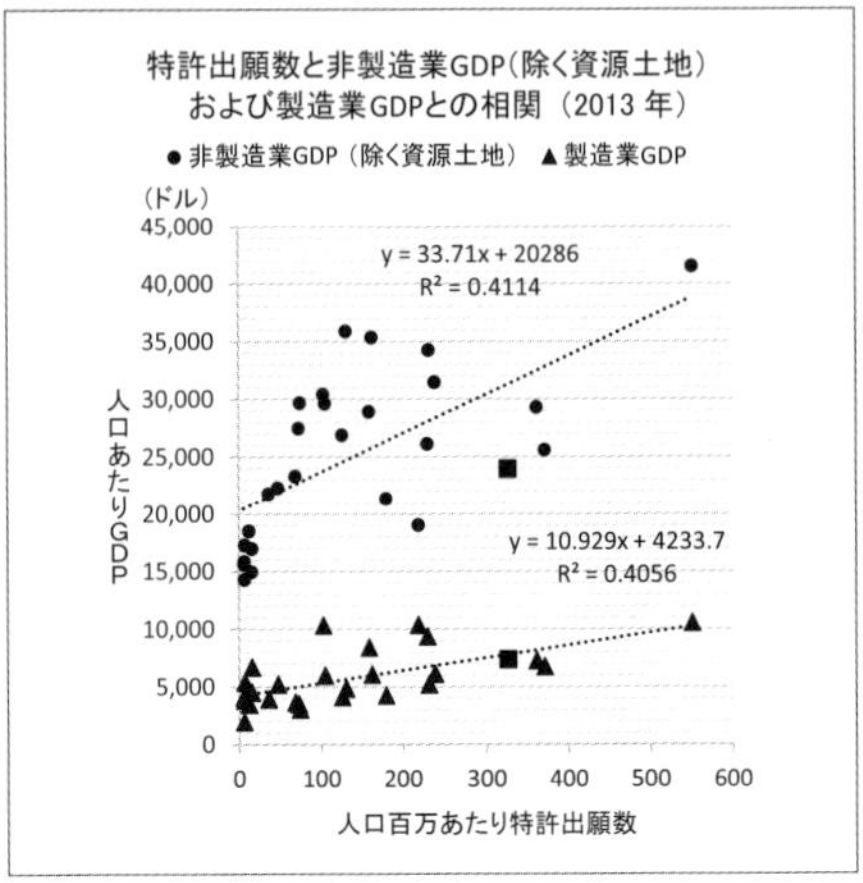

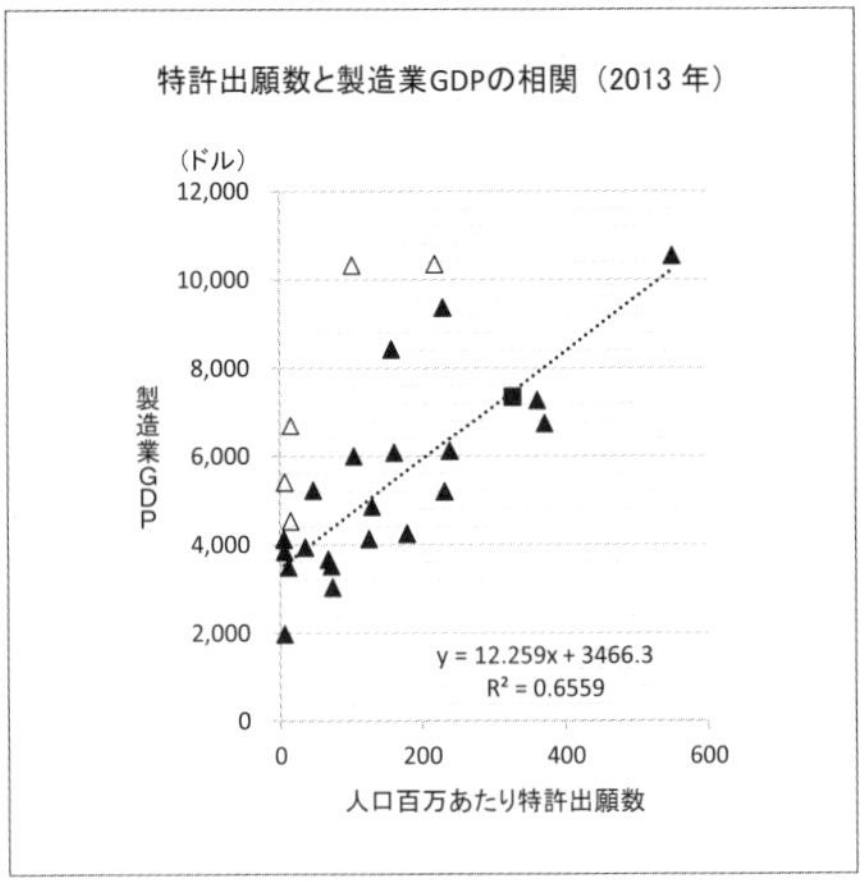

特許出願数の多い順
スイス
フィンランド
スウェーデン
■日本
デンマーク
オランダ
ドイツ
△韓国
イスラエル
米国
オーストリア
ノルウェー
フランス
ベルギー
△アイルランド
オーストラリア
英国
ニュージーランド
イタリア
スペイン
△チェコ
△ハンガリー
ポルトガル
△スロバキア
トルコ
ギリシャ
ポーランド

（注）OECD.Statから2017年10月19日にデータ抽出。OECD諸国を中心にデータが揃っている27か国で分析。特許出願数はPCT patents, number of applications, Applicant(s)'s country(ies) of residence, Priority date。GDPは購買力平価実質値2010年基準（ドル／人口)。下図の△は、製造業輸出総額に占めるサービス業付加価値比率の小さい国（新興国）であり、回帰分析はそれらの国を除いて行った。

図表1－29 医薬バイオ系論文数および物理化学系論文数と製造業および非製造業GDP（除く資源土地）の相関

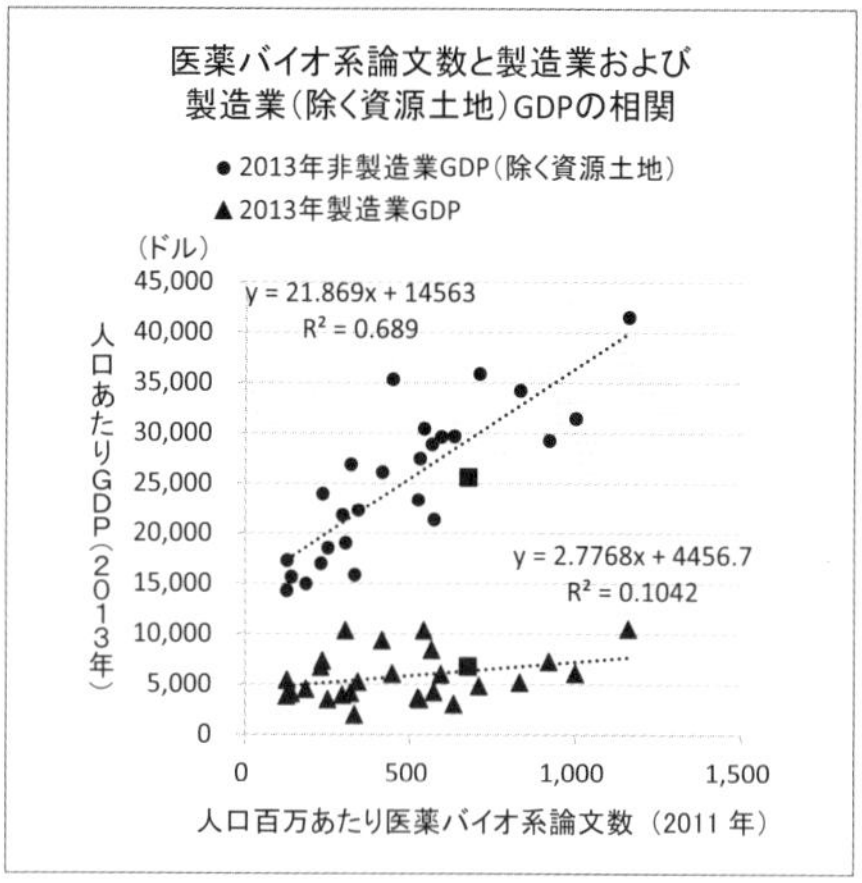

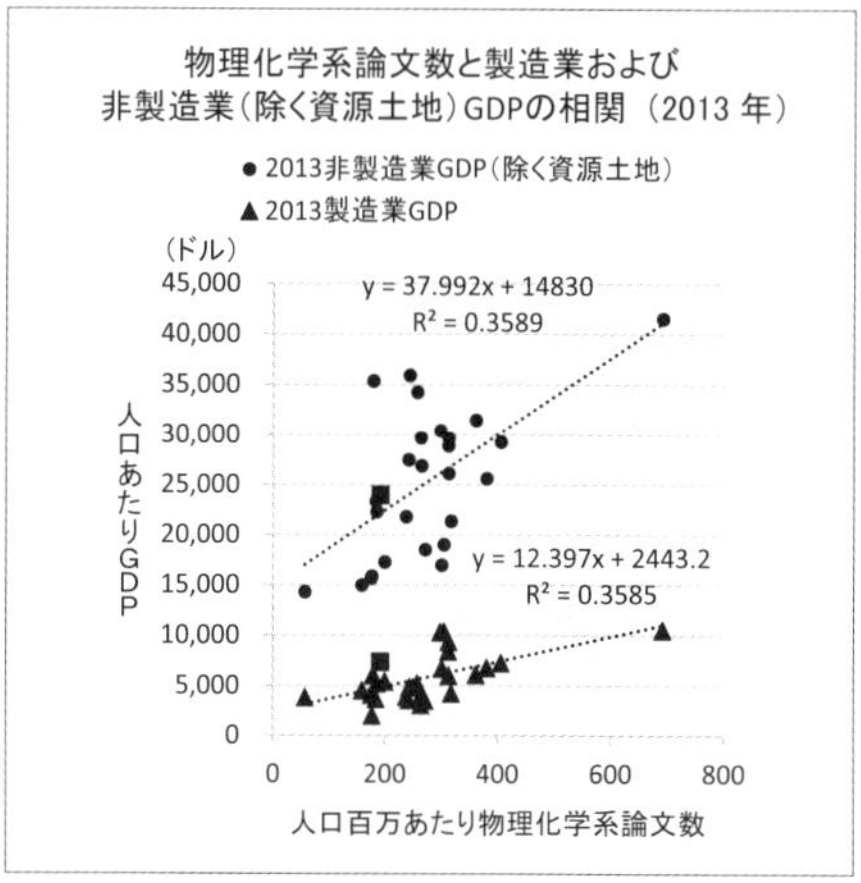

人口あたり非製造業GDP（除資源土地）の大きい順
スイス
ノルウェー
米国
オランダ
デンマーク
アイルランド
オーストラリア
ベルギー
スウェーデン
オーストリア
英国
フランス
ドイツ
フィンランド
■日本
ニュージーランド
イタリア
スペイン
イスラエル
韓国
ポルトガル
スロバキア
チェコ
ギリシャ
ポーランド
ハンガリー
トルコ

（注）クラリベイト・アナリティクス社 InCites Benchmarking から 2017 年 7 月 9 日に、OECD. Stat から 2017 年 10 月 19 日にデータ抽出。OECD 諸国を中心にデータが揃っている 27 か国で分析。GDP は購買力平価実質値 2010 年基準（ドル／人口）。

下図のように△で示した新興5か国については、特許出願数のわりに製造業GDPが高く、つまり、イノベーションと無関係の製造業GDPが大きく影響しており、これらの5か国を除くと特許出願数と製造業GDPの相関は改善します。

分野別に分けた論文数と非製造業および製造業GDPとの相関も見ておきましょう。図表1－29の上図は医薬バイオ系論文数との相関ですが、この場合は非製造業GDPと良好な正の相関が認められますが、製造業GDPとの相関は不良です。全分野論文数についても、医薬バイオ系論文数と同様の結果になります。

一方、物理化学系論文数においては、非製造業および製造業GDPの両方に中等度の正相関が認められますので、製造業にも関連の強い学術分野と考えられます。

(4) 学術論文は特許と直接的にリンクしている

ここで、学術論文と特許とのより直接的な連関（リンク）を示すデータがOECDにありましたので、それも見てみましょう。

科学研究と特許の関連性を示唆する研究として、特許申請書類に引用されている学術文献の分析があります。特許申請書類には、過去の特許事例や、特許事例ではない文献（Non-Patent

図表1－30　特許申請書類に引用される学術論文の分野の割合

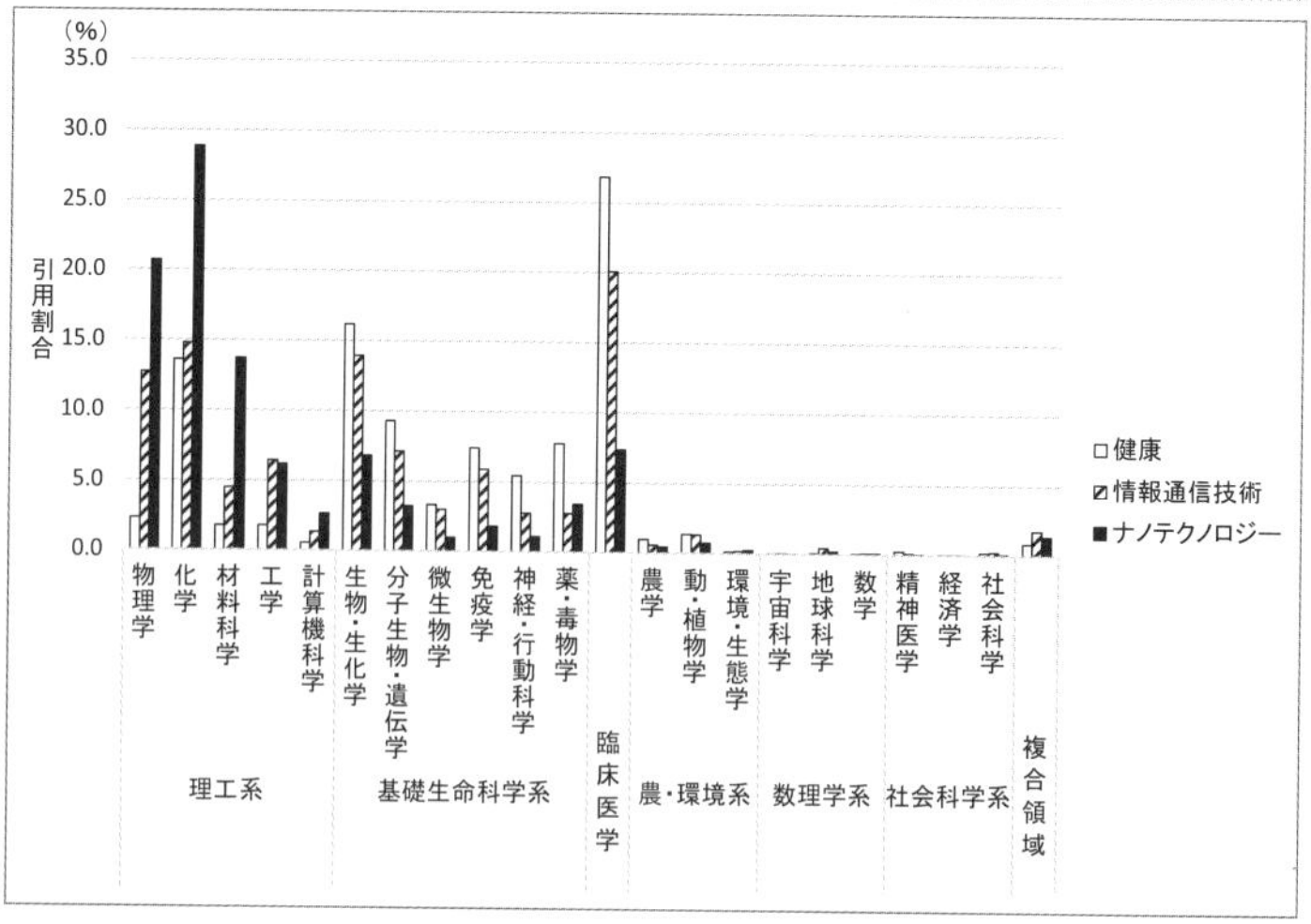

（注）2017年6月22日にOECD.StatからOECD Science, Technology and Industry Scoreboard 2015を参照しデータ抽出。2007-13年の調査。

Literature: NPL）、あるいはその他の資料が引用されます。特許事例ではない文献が、学術論文や学会報告などになります。

この特許申請時に引用された、特許事例ではない文献を調べることにより、科学研究と特許がどの程度関連（リンク）しているかが推測できます。

ＯＥＣＤのサイト"OECD Science, Technology and Industry Scoreboard / 2015 / Science and technology links"にはそのデータが公開されています。分野や国によって差があるのですが、２００７～13年の調査で「健康」の分野では平均27％、「情報通信技術（ＩＣＴ）」の分野では20％、全分野では14％の特許申請書類に学術文献が引用されています。スペインではそれぞれ30・2%、41・1%、20・3%となり、けっこう高い割合に達しています。

また、特許申請書類に引用される学術文献には、どのような分野が多いのでしょうか？

図表1－30に健康、情報通信技術、ナノテクノロジーの分野の特許で、どのような分野の学術文献が引用されているかを示しましたが、物理化学系、医薬バイオ系の文献が多く引用されています。

情報通信分野の特許にも基礎生命科学や臨床医学の論文が多く引用されていることはちょっと驚きですが、電子カルテをはじめとして、情報通信技術の応用分野としての医療の重要性を思い浮かべると、それほど不思議なことではないのかもしれません。また、理工系論文の中でも計算機科学の論文数が多いのではないかと予想していたのですが、意外にも物理化学系の論文の引用が多くなされています。

このように、特許という実用的な発明の元になっている学術論文としては、工学や計算機科学などの、比較的応用的な分野もありますが、物理・化学というような比較的基礎的な分野の論文が多く引用されていることから、応用研究とともに基礎研究が重要な役割を果たしていることが示唆されます。

(5) 中小企業のイノベーション実現割合がＧＤＰと相関する

イノベ指標としては特許件数以外に、企業のイノベーション実現割合（以下イノベ実現割合）という指標があります。OECD Science, Technology, and Industry Scoreboard 2015には、各国の企業のイノベ実現割合が掲載されています。これはＯＥＣＤ加盟国それぞれにおいて、統一的な基準で全国的なイノベーション調査が行われ、それを集計したデータです。日本の詳しいデータは科政研のウェブサイトで見ることができます（文献１－８）。

日本のデータは56産業区分にわたる2万４０５社を調査対象とし、有効回答企業数６１９９社の分析を行った調査報告です。そして、小規模企業（常用雇用者数10～49人）２９６２社、中規模企業（50～２４９人）２０２１社、大規模企業（２５０人以上）１２１６社に分けて分析されています。

ここでの「プロダクト・イノベーション」とは、「自社にとって新しい製品・サービス（プロダクト）を市場へ導入すること」を指します。そして２００９～11年の3年間に新しい製品・サービスを市場に導入した企業の割合（％）を、プロダクト・イノベーション実現割合としています。また、プロダクト・イノベーション以外の各種のイノベーションについても調べられています。例え

図表1－31　プロダクト・イノベーション実現割合

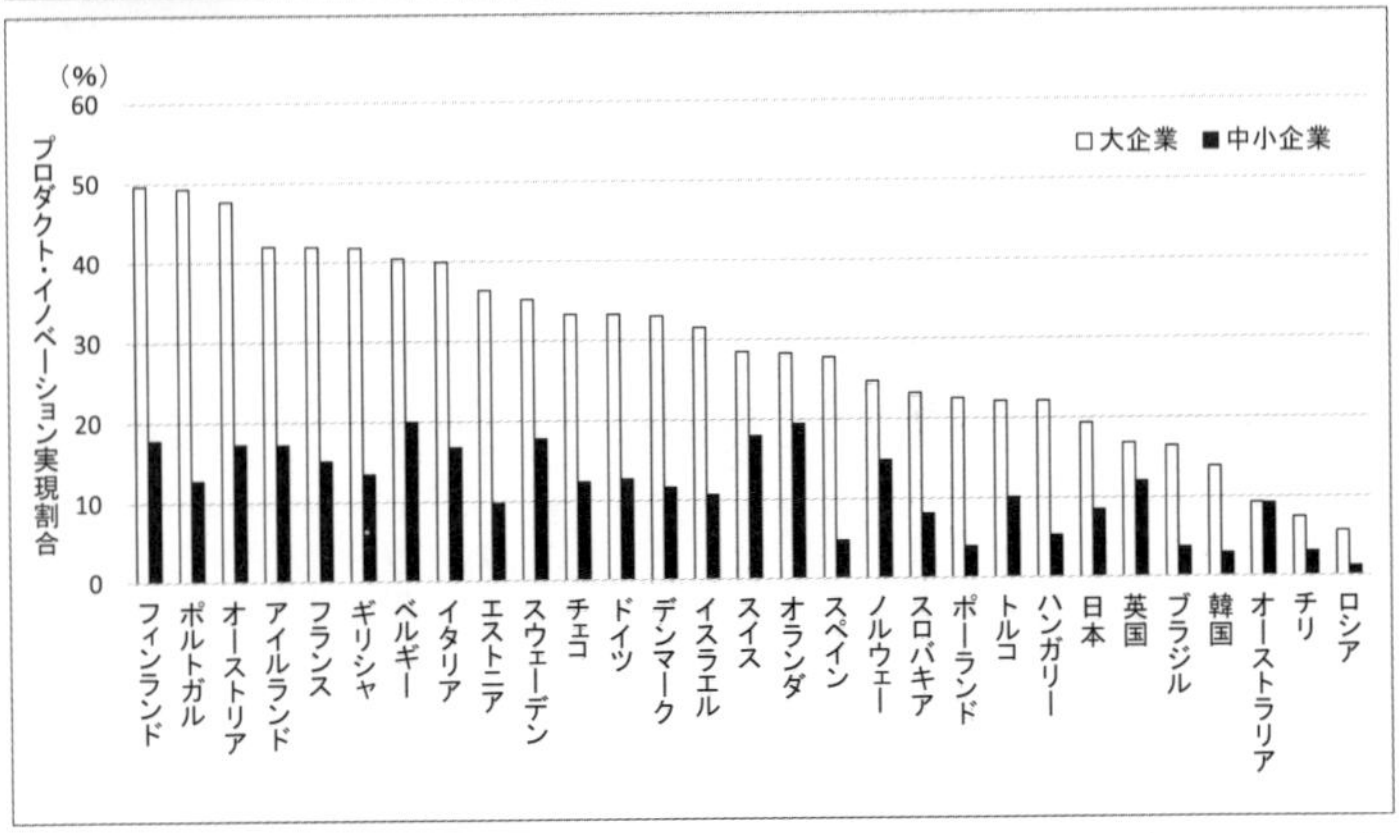

（注）OECD Science, Technology and Industry Scoreboard 2015 から 2017 年 6 月 22 日に抽出したデータに基づく。OECD 諸国を中心にデータが揃っている 29 か国（ルクセンブルクを除く）のデータ。多くの国は 2010-12 年のデータ。ブラジル、日本：2009-11 年、チリ：2011-12 年、韓国：2011-13 年、オーストラリア：2012-13 年。

ば「プロセス・イノベーション」は「新プロセスの導入または既存プロセスの改良」と定義されています。本書ではプロダクト・イノベーション実現割合を検討します。

図表1－31に、OECDの諸国を中心とした国々のイノベ実現割合を大企業、中小企業別に示しました。日本の企業の実現割合は大企業も中小企業もあまり芳しくありません。

なお、残念ながらこのOECD.Statには米国のデータはありません。本書のデータ分析における国々の選択は、基本的にはOECD.Statにデータが掲載されているかどうかによります。OECD.Statのデータは、主としてOECD加盟国のデータですが、一部非加盟国のデータが掲載されている場合もあり、また、ＯＥＣＤ加盟国でも、データが欠損している場合がしばしばあります。ＯＥＣＤにデータが掲載されている国々のうち、本書のデータ分析に加えない場合は、その理由を注記することにしています。

そして、ＧＤＰとの相関を調べてみると、相関したのは中小企業イノベ実現割合の方で、大企業イノベ実現割合は相関しませんでした（図表１－32）。これは、どういうふうに理解すればいいでしょうか？

イノベ実現割合は、仮にAという国に企業が１００あるとしますと、その中でいくつの企業が新しい製品やサービスを世に出したかという数値であり、イノベーションの「広がり」を示す指標です。仮に10個のイノベーションを実現した企業が一つ、１個だけ実現した企業が一つあったとしましょう。この場合、A国全体としてのイノベーションの量は11個ですが、イノベ実現割合は、10個実現しようが、１個実現しようが、それぞれを「１」と数えますので２％という数値になります。

別の国Bにも企業が１００あるとして、B国では1個だけイノベーションを実現した企業が二つあったとしましょう。この場合、B国のイノベーション量は2個でA国よりも少ないのですが、実現割合は２％となりA国と一致します。

つまり、イノベ実現割合という指標は、必ずしもイノベーションの量と一致するとは限らない指標であり、企業の間でイノベーションの集中や偏りがあるほど、イノベーション量と実現割合の乖

図表1－32 大企業および中小企業のプロダクト・イノベーション実現割合とGDPの相関（2011年）

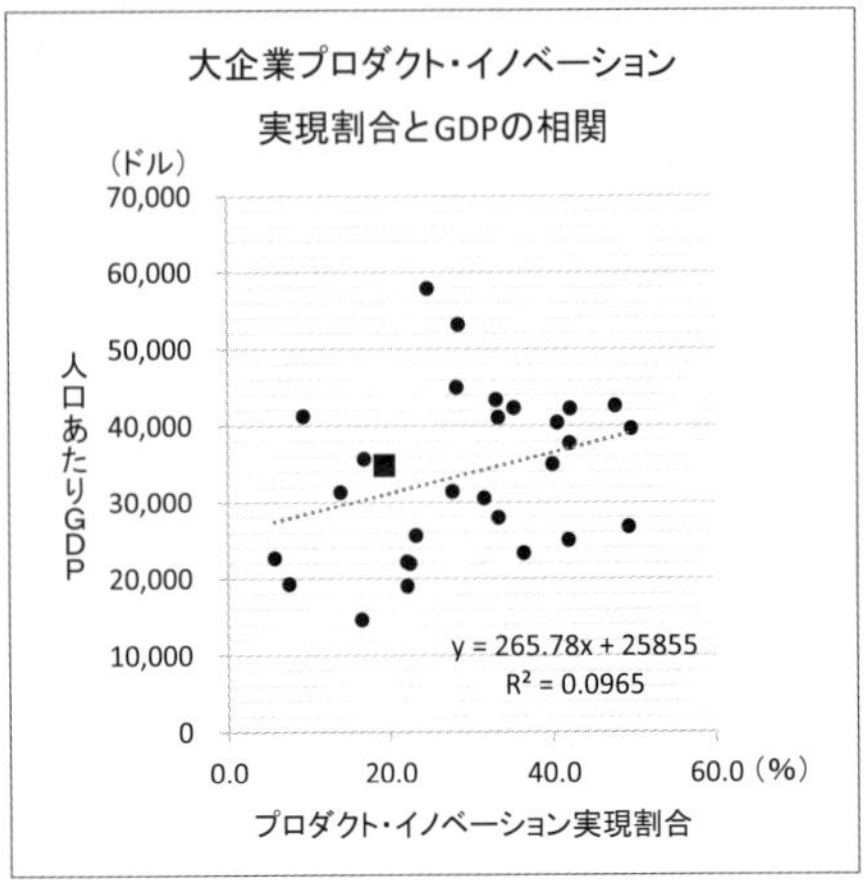

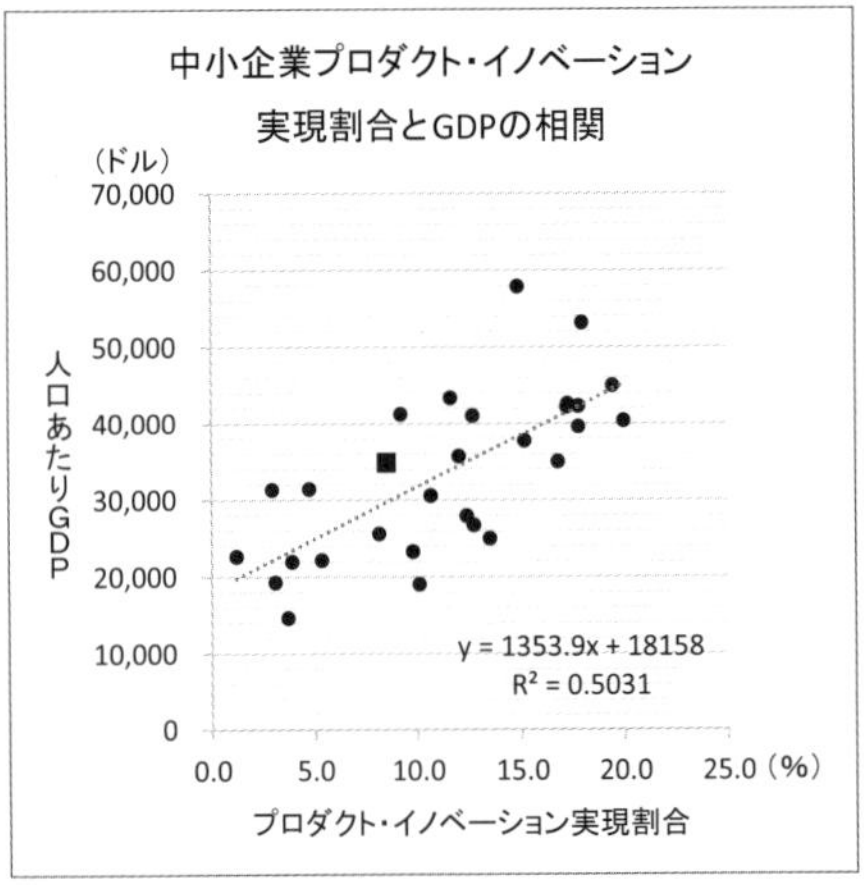

中小企業プロダクトイノベーション実現割合の大きい順
ベルギー
オランダ
スイス
スウェーデン
フィンランド
オーストリア
アイルランド
イタリア
フランス
ノルウェー
ギリシャ
ポルトガル
ドイツ
チェコ
英国
デンマーク
イスラエル
トルコ
エストニア
オーストラリア
■日本
スロバキア
ハンガリー
スペイン
ポーランド
ブラジル
チリ
韓国
ロシア

（注）OECD Science, Technology and Industry Scoreboard 2015から2017年6月22日に抽出したデータに基づく。OECD諸国を中心にデータが揃っている29か国（ルクセンブルクを除く）のデータ。多くの国は2010-12年のデータ。ブラジル、日本：2009-11年、チリ：2011-12年、韓国：2011-13年、オーストラリア：2012-13年。

離が大きくなることになります。

大企業イノベ実現割合は、ごく一部の企業（日本の場合0・3％）の中のイノベーションの広がりの指標であり、国全体のイノベーションの広がりを反映していません。そして、企業の規模は、従業員数250人の中堅企業から、数十万人の超大企業まであり、その差は極端に大きく、したがって、企業間のイノベーションの量にも大きな偏りがあります。そうすると、イノベーションの総量と実現割合の間に大きな乖離が生じることになります。

それに対して、中小企業は、その国の企業の大多数を占めているので（日本の場合99・7％）、イノベーション実現割合は国全体の企業のイノベーションの広がりを反映していると考えられます。また、従業員数が250人未満であり、規模に上限があるのでイノベーションの集中や偏りの程度が大企業に比べて小さくなると考えられます。

中小企業のイノベ実現割合がGDPと相関することは、イノベーションの「量」とともに「広がり」が大切であることを示唆していると考えます。

(6) 日本の大企業研究費は世界一流、中小企業研究費と政府支出大学研究費は三流

学術論文や特許を生み出す研究をしようと思えば、当然のことですが、お金、つまり研究費（あるいは研究資金）が必要です。OECD.Stat には、各研究機関別の研究費のデータが掲載されています。

企業の研究費については、大企業、中小企業、製造業、サービス業に分けたデータが掲載されています。このうちGDPと最も強く相関するのは中小企業研究費でした。ただし、もう少し詳しく説明しますと、大企業研究費は非製造業GDPとの相関は弱いですが製造業GDPとは良く相関し、中小企業研究費は製造業GDPとの相関は弱いですが、非製造業GDPとは良く相関し、トータルのGDPとも良く相関します（図表1－33）。

このような結果は、大企業だけではなく、企業の大多数を占める中小企業の研究費も、経済成長にとって重要であることを示唆しています。大企業研究費は、ごく一部の企業へ集中しているイノベーションの「量」を反映している指標と考えますが、中小企業研究費はイノベーションの「広がり」も反映された指標であると考えます。

図表 1 − 33　大企業研究費および中小企業研究費と GDP の相関

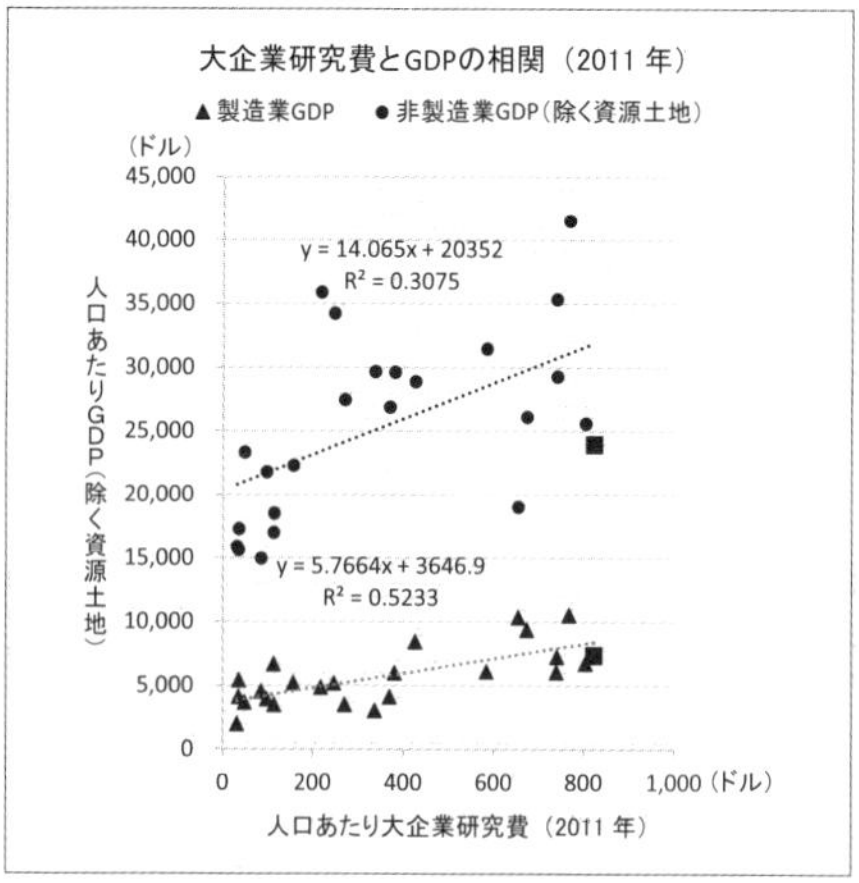

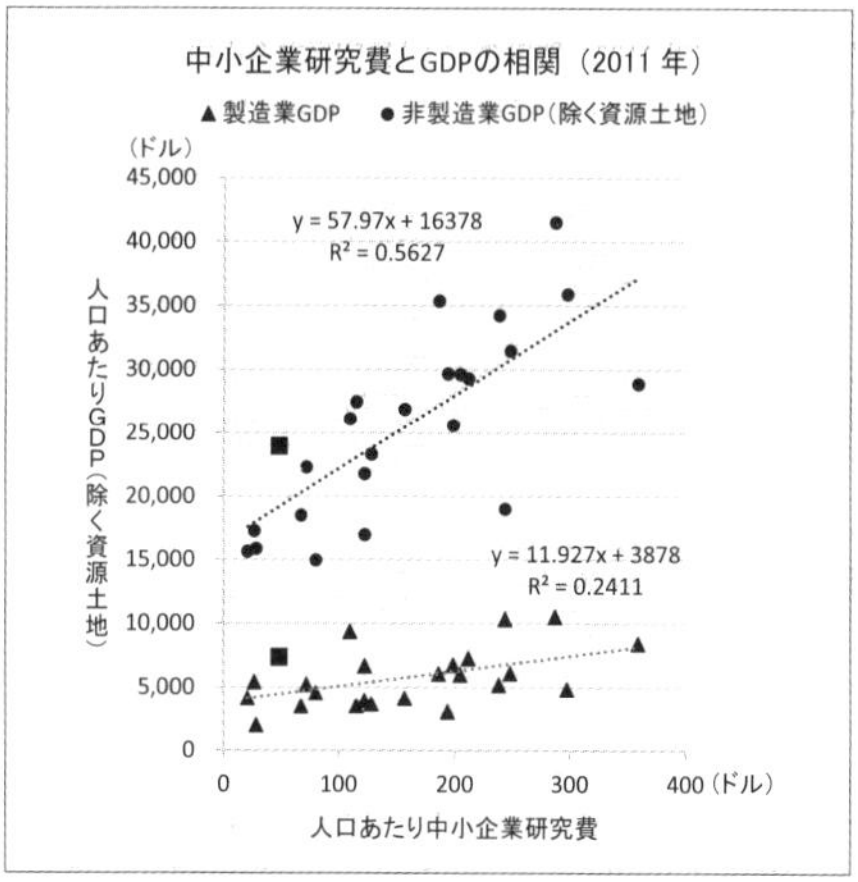

中小企業研究費の多い順
オーストリア
ノルウェー
スイス
デンマーク
韓国
オランダ
スウェーデン
ベルギー
フィンランド
オーストラリア
米国
フランス
ニュージーランド
チェコ
スペイン
英国
ドイツ
ハンガリー
イタリア
ポルトガル
■日本
ギリシャ
スロバキア
ポーランド

（注）OECD.Stat から 2017 年 6 月 28 日に抽出したデータに基づき分析。OECD 諸国を中心にデータが揃っている 24 か国。多くの国の企業研究費は 2011 年値であるが、スイスとポーランドは 2012 年値。研究費の単位は購買力平価実質値（2010 年基準）。

図表1－34　大企業研究費と中小企業研究費（2011年）

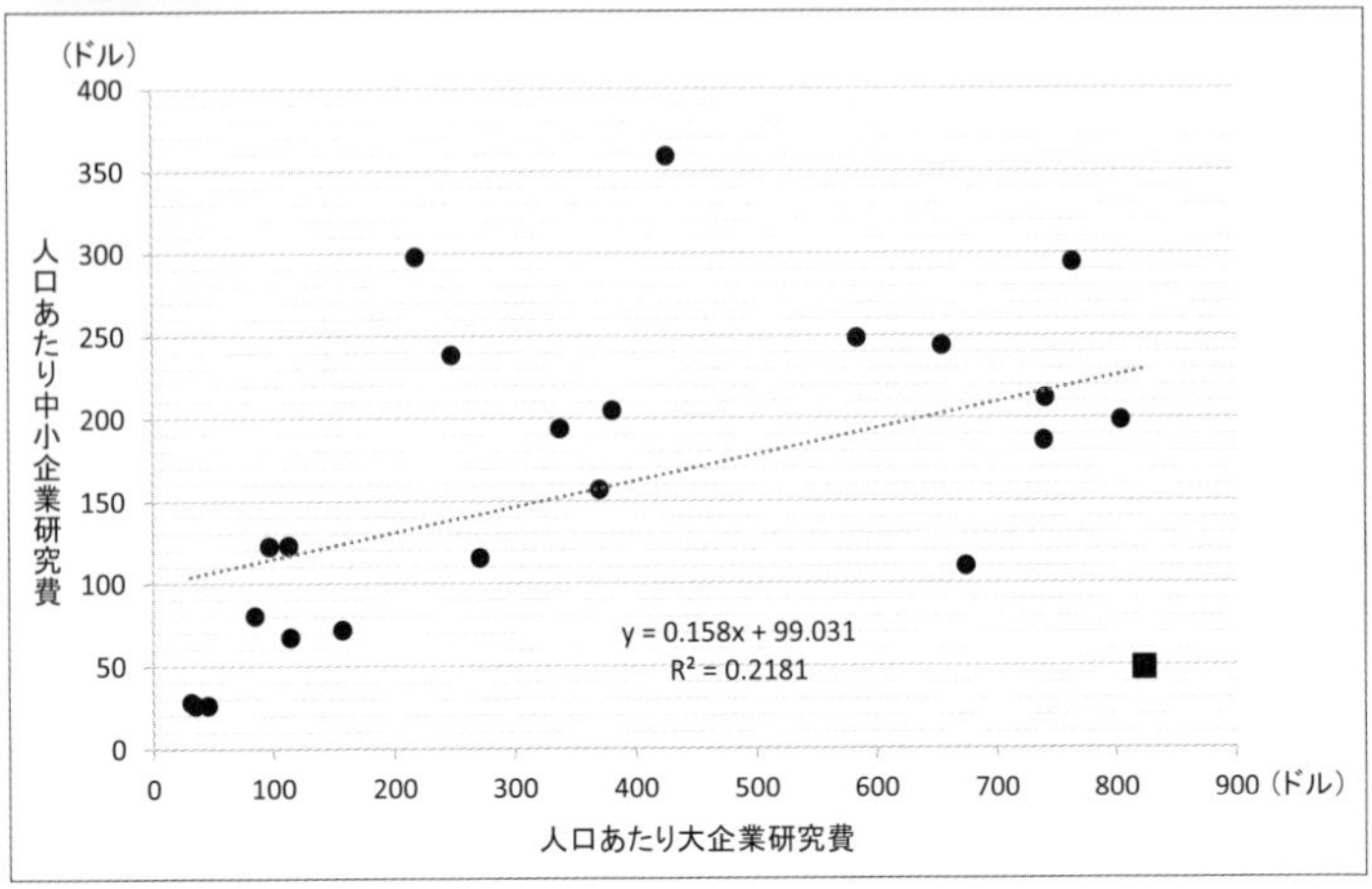

中小企業研究開発費の多い順（多→少）

オーストリア	ノルウェー	スイス	デンマーク	韓国	オランダ	スウェーデン	ベルギー	フィンランド	オーストラリア	米国	フランス	チェコ	スペイン	英国	ドイツ	ハンガリー	イタリア	ポルトガル	■日本	ギリシャ	スロバキア	ポーランド

（注）OECD.Statから2017年6月28日に抽出したデータに基づき分析。OECD諸国を中心にデータが揃っている23か国。多くの国の企業研究費は2011年値であるが、スイスとポーランドは2012年値。研究費の単位は購買力平価実質値（2010年基準）。

ちなみに、図表1－34に示しますように、大企業研究費と中小企業研究費の関係を調べますと、日本は、人口あたり大企業研究費は世界一でしたが、中小企業研究費の場合は、先進国の中で最低グループです。日本は、イノベーションの量については世界一流の国ですが、その広がりとなると、世界三流と言わざるを得ません。

また、OECD.Statには、大学の研究費およびその資金源についてのデータがあります。図表1－35上図に示しました

図表1－35　大学研究費とGDPおよび政府支出大学研究費の相関

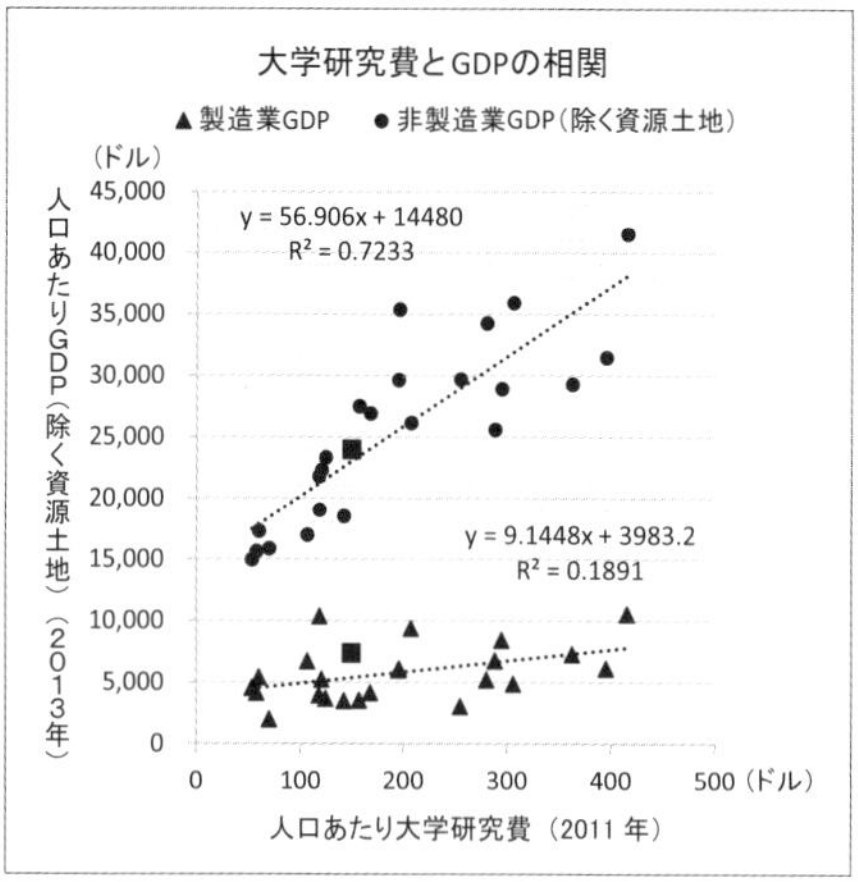

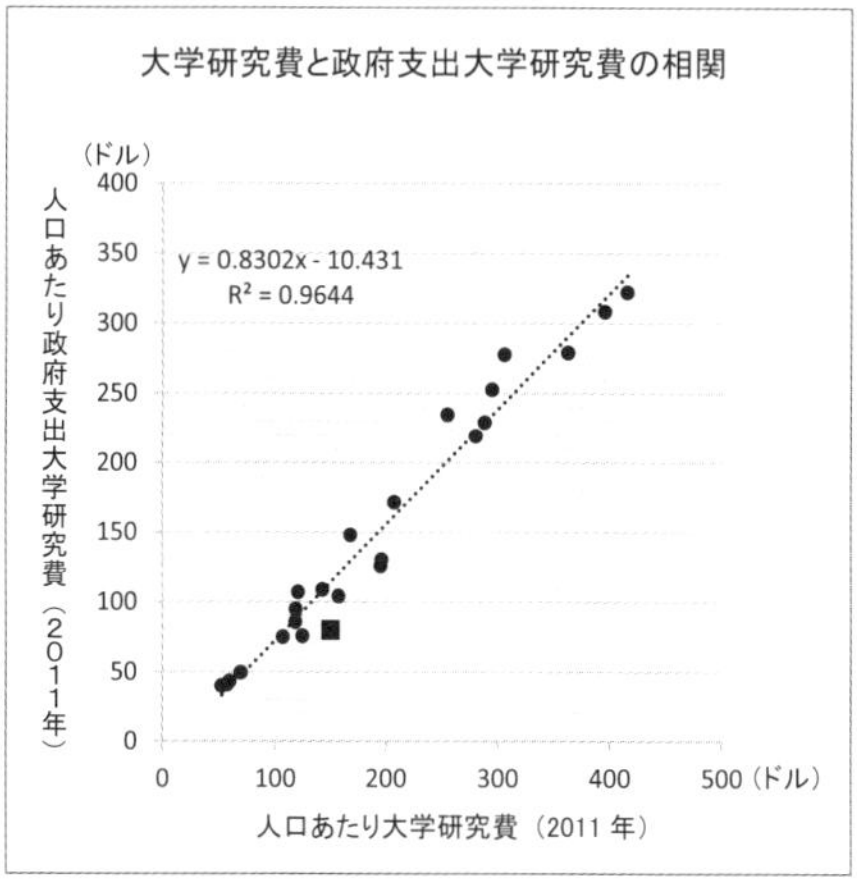

政府支出大学研究費の多い順
スイス
デンマーク
スウェーデン
ノルウェー
オーストリア
オーストラリア
フィンランド
オランダ
ドイツ
フランス
米国
ベルギー
ポルトガル
イタリア
英国
韓国
スペイン
■日本
ニュージーランド
チェコ
ギリシャ
スロバキア
ポーランド
ハンガリー

（注）OECD.Statから2017年6月28日に抽出したデータに基づき分析。OECD諸国を中心にデータが揃っている24か国。研究費の単位は購買力平価実質値（2010年基準）。

が、大学研究費もＧＤＰと良く相関し、製造業ＧＤＰとの相関は弱く、非製造業ＧＤＰとの相関が良い点については、先ほどの中小企業研究費と似ています。

また、大学研究費の資金源としては、政府からの研究資金、非営利団体（財団など）からの研究資金、企業からの研究資金、大学が独自の予算の中から出す研究資金などがあります。この中で、最も大きな割合を占めるのが、政府が支出する研究資金であり、論文産生に最も大きく影響します。図表１－35下図は、大学研究費と政府支出大学研究費の相関図ですが、両者には強い正相関が認められます。日本は先進国の中で最低のグループに属し、よく見ると他の国よりも回帰直線からの下へのずれが大きいですね。つまり、大学研究費のわりに政府が支出する研究費が他の国よりも少ないということです（第３章図表３－11参照）。

9．イノベーション指標の3つのグループ化

かなりのページ数を割いてイノベ指標とその種類分けの説明をしてきましたが、数が多い上にお互いの関係性もずいぶんと複雑でしたね。読者の中には、頭がこんがらがってしまった人もいるかもしれません。そこで、たくさんあるイノベ指標を、先にお話しした因子分析という統計学的手法を用いてグループ分けをして、整理をしてみることにしましょう。

図表1－36に、各データがすべてそろっている23か国（図表1－34と同じ国）で分析した結果を示します。

たくさんの指標の複雑なお互いの相関関係から、コンピュータは3つの似た者同士のグループに分かれるという計算結果を示しました。構造因子1、2、3の値からグループ分けをして、それぞれグループA、グループB、グループCと名付けましょう。

グループAには、各種論文数、博士課程修了者数などの大学の研究教育力と関係の深い指標、サービス業および中小企業研究費、GDP、非製造業GDPなどが並んでいます。これらはGDPとの関係性の深いグループであると考えられます。

図表1－36　イノベーション指標は3つのグループに分かれる（因子分析）

	構造因子 1	構造因子 2	構造因子 3	
論文数	0.977	0.477	0.46	グループ A
トップ 10%論文数	0.971	0.466	0.467	
医薬バイオ系論文数	0.967	0.512	0.465	
大学研究費	0.967	0.61	0.482	
国際共著 1/2 補正論文数	0.965	0.481	0.413	
政府支出大学研究費	0.956	0.549	0.468	
非製造業 GDP（除く資源土地）	0.946	0.492	0.438	
GDP（除く資源土地）	0.928	0.678	0.402	
サービス業研究費	0.922	0.426	0.435	
GDP	0.907	0.539	0.368	
中小企業研究費	0.826	0.528	0.358	
物理化学系論文数	0.774	0.705	0.383	
博士課程修了者数	0.726	0.561	0.399	
製造業研究費	0.462	0.986	0.163	グループ B
大企業研究費	0.549	0.958	0.167	
企業研究費	0.703	0.949	0.253	
特許出願数	0.707	0.912	0.272	
製造業 GDP	0.368	0.886	0.074	
中小企業イノベ実現割合	0.634	0.248	0.949	グループ C
製造業イノベ実現割合	0.518	0.257	0.91	
サービス業イノベ実現割合	0.708	0.198	0.909	
大企業イノベ実現割合	0.088	0.033	0.821	
国際共著率	0.644	0.034	0.711	

（注）OECD.Stat から 2017 年 6 月 28 日に抽出したデータに基づき分析。因子分析は College Anasysis ver6.6 を用いて行った。因子推定法は主成分分析、プロマックス回転、因子数は固有値が 1 を超える 3 因子とした。分析した国は、データのそろっている 23 か国。GDP は 2013 年値、イノベ実現割合は主として 2010 － 12 年値、他の指標は 2011 年値。

グループBは、特許出願数、企業研究費、大企業研究費、製造業研究費、製造業GDPからなります。企業研究費や特許出願数は、その国全体のイノベーションの「量」を反映している指標であると考えられます。ただし、大企業研究費が仲間に入ることからも、イノベーションの集中や偏りの大きいグループであると考えられます。製造業GDPや製造業研究費も「製造業」という産業分野への偏りが反映されていると考えられます。

グループCは前項でも説明しましたように、イノベーションの「広がり」を反映する指標と考えられます。論文の「国際共著率」がこのグループに入っているのも興味深いことです。学術の国際間の交流がイノベーションの「広がり」に関係していることが示唆されます。

図表1－37に、構造因子1の数値を縦軸に、構造因子3の数値を横軸にして、各指標をプロットしました。縦軸はGDPとの関係の強さと弱さを表していると考えられ、横軸はイノベーションの広がりと集中を表していると考えられます。

イノベーションの「広がり」を示すグループCの因子は右側に位置しており、グループBは、グループCから最も遠い左側に位置しています。つまり、グループBの指標は「広がり」とは最も遠くて、「集中」や「偏り」が大きいことを意味すると考えられます。

最もGDPと関係の深いグループAの指標は、左右の中央にあり上部に位置しています。その中の論文数は、イノベーションの基盤となる学術情報の「量」を示す指標ですが、イノベーションの

図表1－37　構造因子1と3の関係によるグループ分け

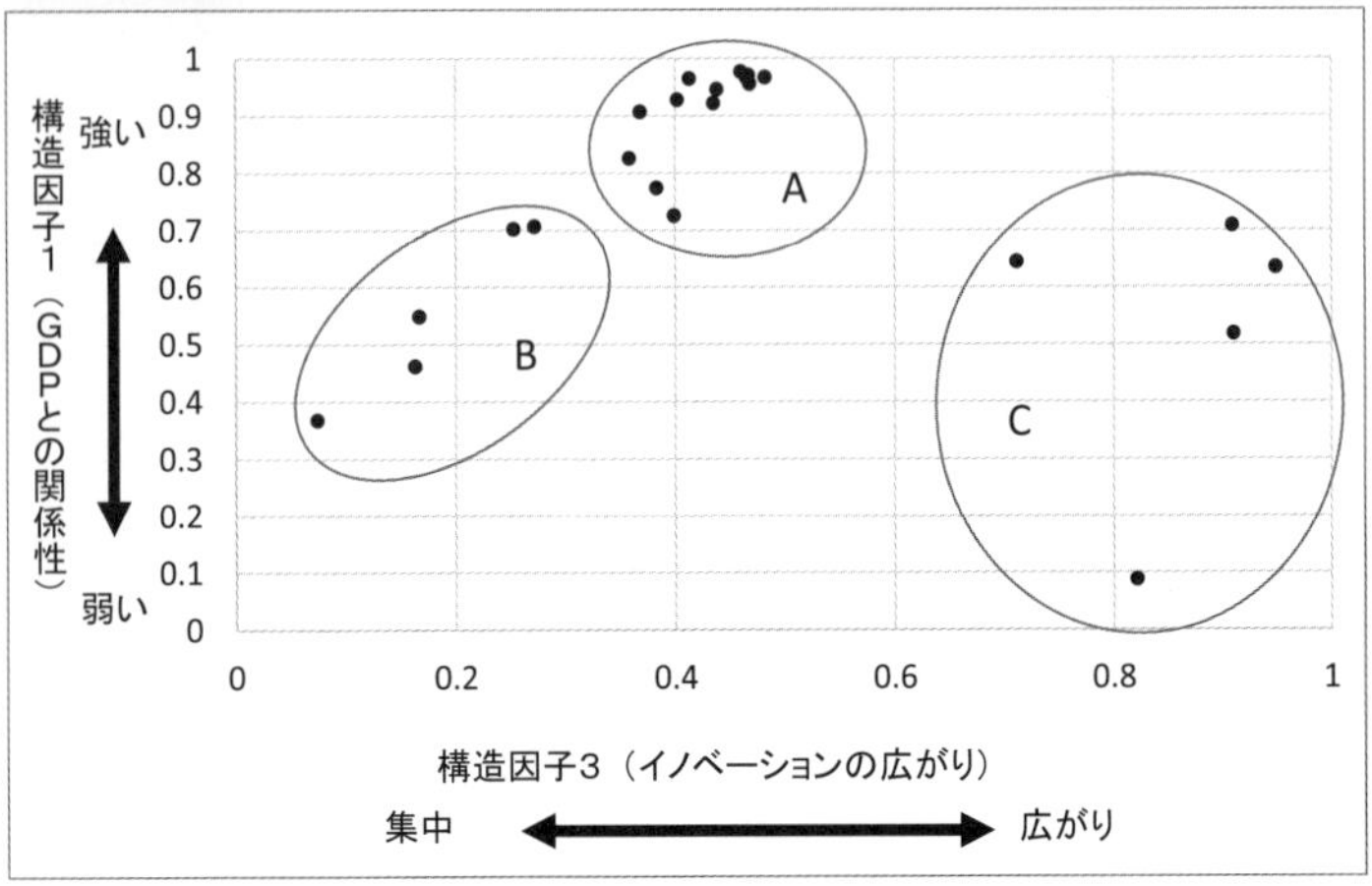

各グループにおいて構造因子1の大きい順（大→小）

グループA	論文数	トップ10％論文数	医薬バイオ系論文数	大学研究費	国際共著1／2補正論文数	政府支出大学研究費	非製造業GDP（除資源土地）	GDP（除資源土地）	サービス業研究費	GDP	中小企業研究費	物理化学系論文数	博士課程修了者数	グループB	特許出願数	企業研究費	大企業研究費	製造業研究費	製造業GDP	グループC	サービス業イノベ実現割合	国際共著率	中小企業イノベ実現割合	製造業イノベ実現割合	大企業イノベ実現割合

（注）OECD.Statから2017年6月28日に抽出したデータに基づき分析。因子分析はCollege Anasysis ver6.6を用いて行った。因子推定法は主成分分析、プロマックス回転、因子数は固有値が1を超える3因子とした。分析した国は、データの揃っている23か国。構造因子1および3は前図参照。

「広がり」も併せ持っていると考えられます。中小企業研究費やサービス業研究費も、イノベーションの「量」とともに、「広がり」を併せ持っている指標と考えられます。このように、イノベーションの「量」に加えて「広がり」を併せ持つ指標が、GDPにより大きく貢献していることが考えられます。

一方、イノベーションの「量」が多かったとしても、それが一部の企業や産業に集中し偏っていると、その国全体のGDPに対する効果は期待されるほど大きくならないのではないかと考えられます。

10. 結論：大学の「研究教育力」は経済成長に貢献する

これまでの分析で、イノベーションに関係するたくさんの指標を、「広がり」という概念でもって3つに分類することができ、そして、イノベーションの「量」とともに「広がり」を併せ持っている指標が、GDPにより大きな影響を与えることが示唆されました。一方、イノベーションの「量」はあったとしても集中や偏りがある指標については、GDPへの影響が、その量に期待されるほど大きくないことが示唆されました。

先にお示しした因子分析では、原因となる指標（研究費など）と結果となる指標（GDPなど）

が混在しています。研究費↓（論文数・特許件数）↓GDPという因果関係のモデルは、先行研究やこれまでの分析で正しいように思われますが、それを、共分散構造分析という統計学の手法を用いて、確認することにしました。

先ほどの因子分析を行った各種指標の中で、大企業研究費、中小企業研究費、大学研究費が元になって、その結果、論文数や特許件数が増えて、GDPを成長させるという経路の図式を描き、各種指標を入れ替えるなどして、最も適合度の高くなる組み合わせを探りました。その結果が図表1－38の因果関係の経路を示したパス図です。

これらの指標は、著者の好みで選んだのではなく、たとえば「政府支出大学研究費」を「大学研究費」に替えたり、「論文数」を「トップ10％論文数」などに替えたり、「中小企業イノベ実現割合」を「サービス業イノベ実現割合」などに替えたり、「GDP（除く資源土地）」を「GDP」などに替えたりすると、コンピュータが計算して出してくるモデル適合度の数値が低下するのです。

図中の指標を囲む四角の右肩の数字は決定係数で、片方矢印の数値はパス係数と呼ばれる因果の強さを表す推定値です。このパス図のモデルの表していることは、GDP（除資源土地）の87％は、このモデルで説明でき、各指標のGDP（除資源土地）に影響する総合的な効果（直接効果および間接効果）は、論文数が44・5％、政府支出大学研究費が41・1％、特許出願数が36・5％、中小企業研究費が34・8％、大企業研究費が27％、中小企業イノベ実現割合が11・2％ということにな

図表1－38　イノベーション指標によってGDPを説明するパス図（共分散構造分析による）

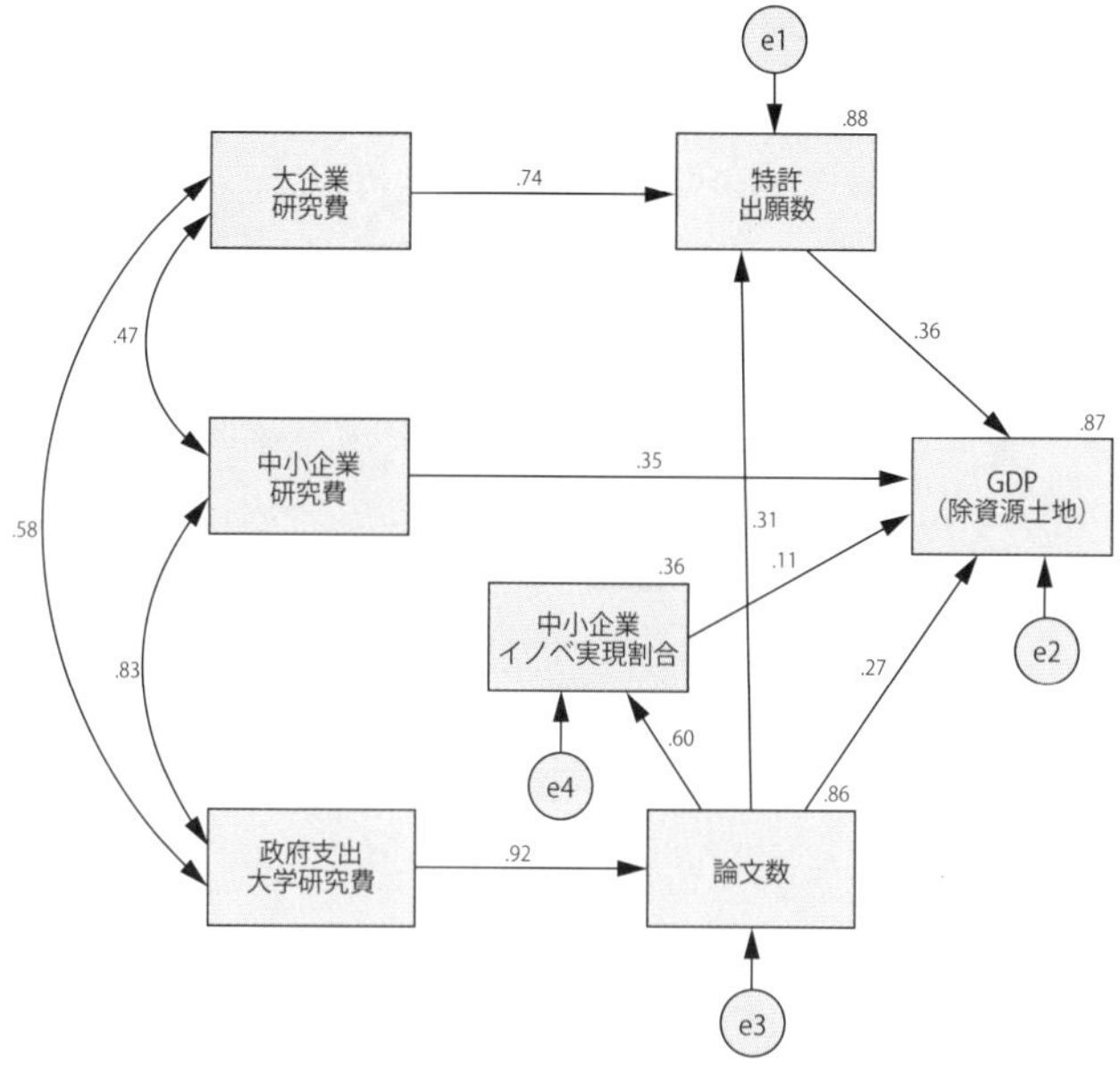

GDP(除く資源土地)への標準化総合効果	
論文数	0.445
政府支出大学研究費	0.411
特許出願数	0.365
中小企業研究費	0.348
大企業研究費	0.27
中小企業イノベ実現割合	0.112

モデル適合指標	
カイ2乗検定	カイ2乗＝1.947、自由度＝10、有意確率＝.997
GFI	0.977
AGFI	0.934
RMSEA	0
NFI	0.989
AIC	37.947

（注）OECD.Statから2017年6月28日に抽出したデータに基づき分析。IBM®SPSS®AMOS25.0.0を用いて共分散構造分析を行った。分析した国は、データの揃っている23か国。GDPは2013年値、イノベ実現割合は主として2010－12年値、他の指標は2011年値。

図表1－39　大学の研究教育力が、イノベーションの量と広がりを促し経済成長に貢献する正循環モデル（仮説）

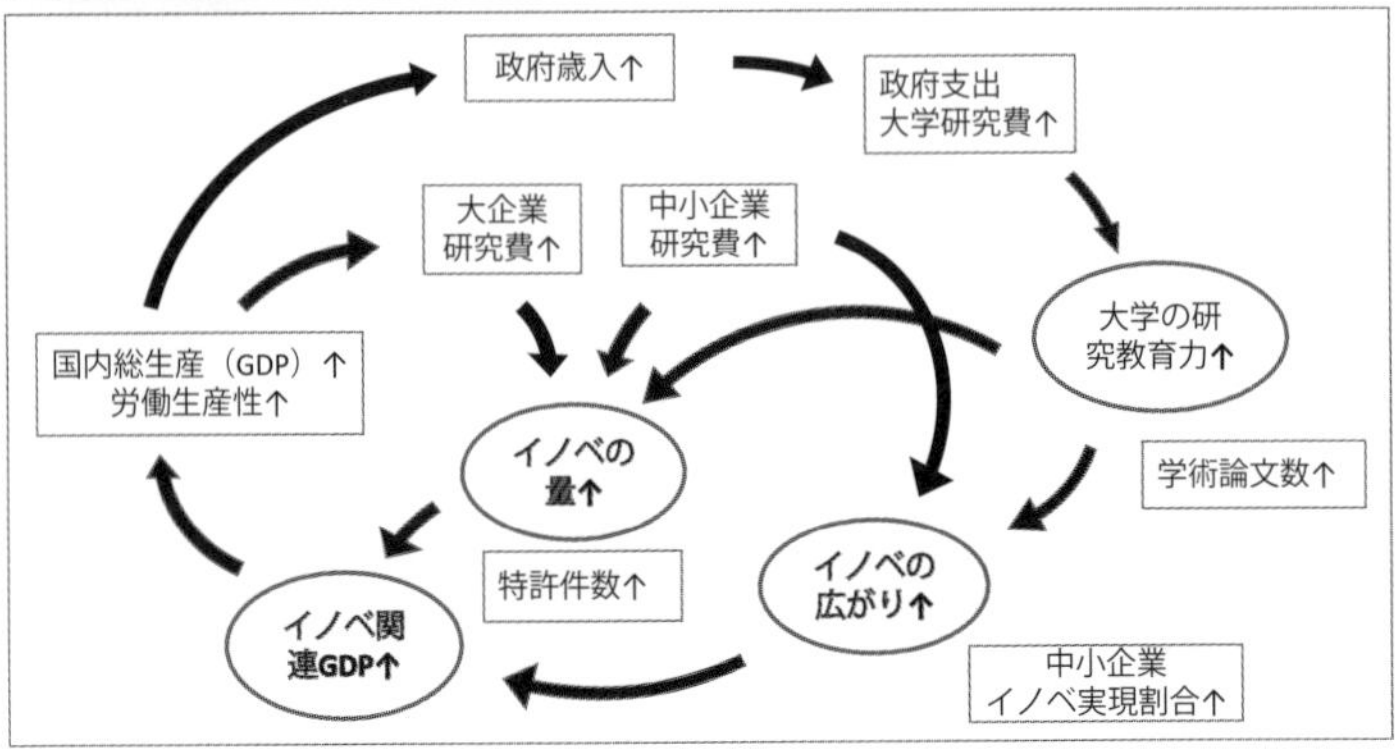

（注）「イノベ」はイノベーションの略。イノベーションとは新しい技術の発明だけでなく、それまでのモノや仕組みなどに対して新しい技術や考え方を取り入れて新たな価値を生み出し、社会に普及させるという広い意味で使われる。イノベ関連GDPはイノベーション・科学技術の進歩によって左右されやすいGDPの部分を指す。

ります。ただし、論文数の総合効果44・5％には、特許件数および中小企業イノベ実現割合を介する間接効果17・8％が含まれます。

大企業研究費は中小企業研究費や政府支出大学研究費よりも多額（特に日本では大企業研究費が圧倒的に多く、政府支出大学研究費の約10倍以上）であるにもかかわらず、その国全体のGDPに与える効果は、金額に期待されるほど大きくなく、イノベーションの「広がり」を反映する政府支出大学研究費や中小企業研究費の方が大きい、ということになります。つまり、「量」とともに「広がり」を有するイノベーション・システムの方が、「集中」や「偏り」のあるイノベーション・システムよりもはるかに生産性が高いということになります。

もちろん、このような結果はヨーロッパを中心とした23か国について、２０１１年前後のデータから得られた結果であり、国や時代やその他の状況が違った場合にもこのモデルが当てはまるかどうかについては、今後の研究課題です。さらに、他の多くの研究者による検証も必要です。

先行研究や今回の分析結果を参考にして、図表１‐39に「大学の研究教育力」がイノベーションの「量」および「広がり」を促し、ＧＤＰを成長させるという正循環モデル（仮説）を描いてみました。この図の中で四角で囲んだ指標は直接測定できる指標ですが、楕円で囲んだ「大学の研究教育力」「イノベの量」「イノベの広がり」「イノベ関連ＧＤＰ」は、概念的な「潜在因子」です。

日本は、ヨーロッパ先進国に比較して大企業研究費や特許出願数は一流ですが、イノベーションの「量」とともに「広がり」を反映する中小企業研究費、政府支出大学研究費、および論文数は三流です。今後、日本が重点的に強化するべきイノベーション・システムは、「集中」ではなく「広がり」であり、大学と中小企業であると考えます。

第2章

日本の科学研究力が危ない
——ノーベル賞ゼロ時代の危機

1．暴落する日本の大学ランキング

(1) 日本に衝撃が走った2015年の世界大学ランキング

前章では論文数の多寡がイノベーションの実現や経済成長に大きな影響を持つことを分析しました。では、論文数や被引用数で日本はどのような状況にあるのか。その実態を詳しく報告するのがこの章のテーマです。章のタイトルが示す通り、実態は決して芳しくはありません。

論文数の状況を見る前に、まず、一般の関心がより高いと思われる世界大学ランキングについてご紹介しておこうと思います。論文を産生しているのは圧倒的に大学の研究者が多いわけですから、日本の大学の国際競争力を知っておくことは、この論考にとって重要です。

2015年10月1日のことでした。タイムズ・ハイヤー・エデュケーション（THE）社の世界大学ランキングが発表され、上位200位に入った日本の大学が東大と京大の2校だけになったことが、関係者に大きな衝撃を与えました。前年までは東京工業大学、大阪大学、東北大学もトップ200の常連で、多くの日本の大学がトップ200入りを目指して切磋琢磨していたのですから、

図表2－1　日本の大学のTHE世界大学ランキング推移

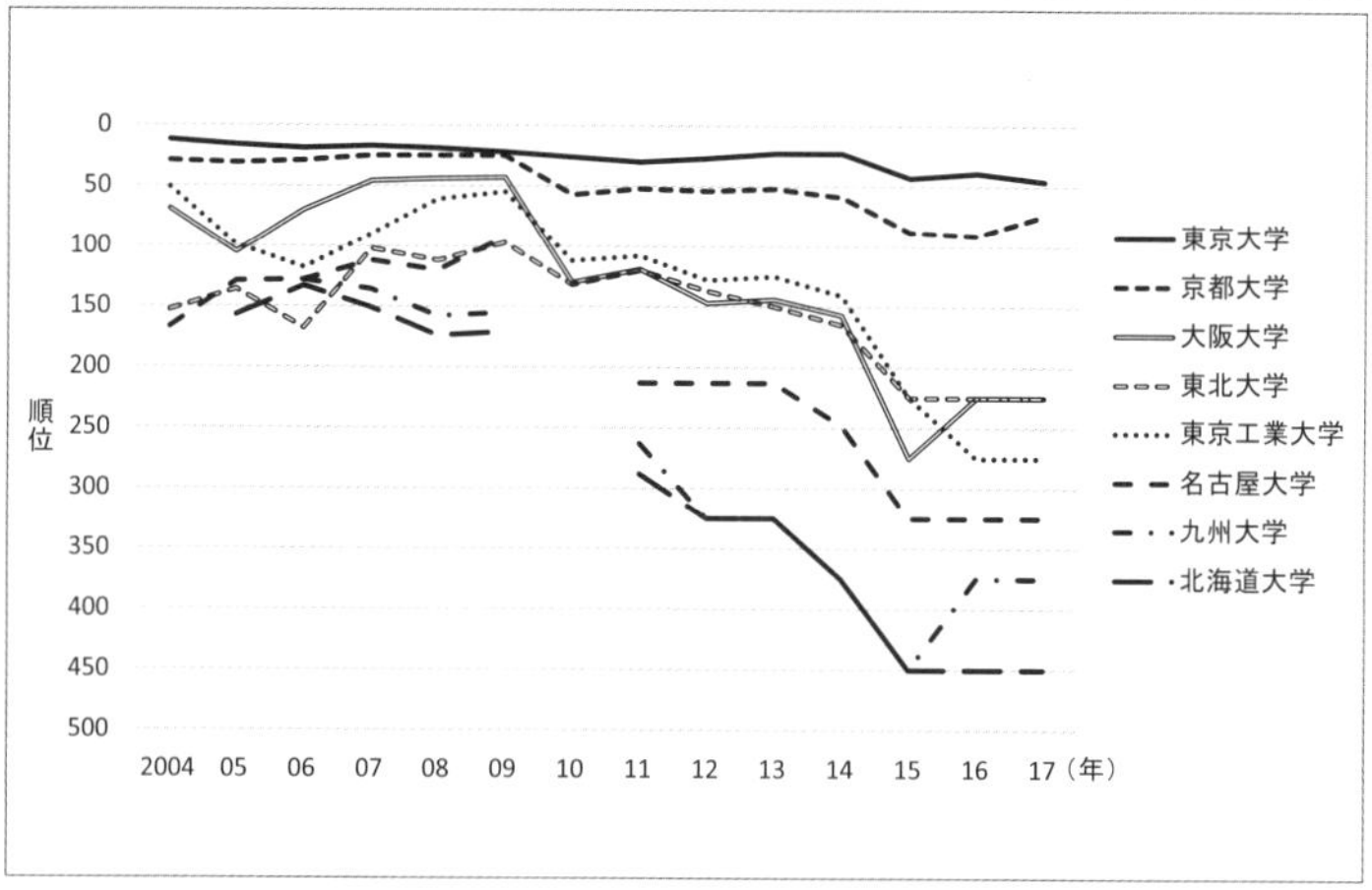

（注）2018年1月24日Times Higher Education, World University Rankings（https://www.timeshighereducation.com/world-university-rankings）よりデータ抽出。順位について、例えば201－250位と表示されている場合には225位としてプロットした。THEのウェブサイトで例えば2018年のランキングとされているのは、2017年以前のデータに基づいて2017年に発表されているので、本図では2017年とした（分析担当機関：2004-09年QS社、2010-14年トムソン・ロイター社、2015-17年エルゼビア社）

当然です。

　当時の下村博文・文部科学大臣は会見を開き、論文引用のスコアが低下したこと、評価指標を導き出すデータのとり方が変更されたことなどを日本の大学が苦戦した原因と分析し、10大学がトップ100に入ることが国としての目標であり、そのためには文系の研究論文を英語で執筆することの推奨を含め、大学の国際化と研究力の強化を一層進める必要があると言及しました。

　世界の大学を格付けするランキングはいくつかありますが、最も有名かつ影響力を持っているのがTHE社の世界大学ランキングです。図表

2－1は、THE世界大学ランキングのウェブサイトで見ることのできるデータから、日本の主要大学のランキングの推移を作図したものです。2010年と2015年に階段状にランキングが低下していることがわかりますね。この年は分析を担当する機関が、それぞれQS社からトムソン・ロイター社（現クラリベイト・アナリティクス社）へ、そしてエルゼビア社に変更されている年にあたります。分析担当機関によってランキングの元になる指標の分析方法やデータベースが変更されると、それがランキングに大きく影響する可能性があります。ただし、日本のランキングの低下を分析機関の変更だけのせいにするのは間違っています。

この項では、THE社の世界大学ランキングのウェブサイトから利用できるデータを分析して、なぜ、日本の大学のランキングが暴落したのか、その理由を読み解きます。

なお、細かいことですが、THE世界ランキングのウェブサイトで例えば2018年となっているランキングを、図表2－1では2017年で示しています。2017年以前のデータでもって2017年に発表されているからです。

(2) ランキングから分かること

THE世界大学ランキングは非常に複雑であり、各大学の順位の動きを理解するためには、少し

図表2－2　THE世界大学ランキングの13の評価指標とその重み付け

大項目	項目	重み（%）	
教育	教育評判	15	30
	教員／学生比率	4.5	
	博士／学士比率	2.25	
	博士取得者／教員比率	6	
	大学収入／教員比率	2.25	
研究	研究評判	18	30
	研究資金／教員比率	6	
	論文数／教員比率	6	
論文被引用数	分野調整被引用インパクト（被引用数／論文）	30	
国際性	留学生／国内学生比率	2.5	7.5
	外国人教員／国内教員比率	2.5	
	国際共著率	2.5	
企業研究資金	企業研究資金／教員比率	2.5	

（注）2018年1月24日Times Higher Education, World University Rankings (https://www.timeshighereducation.com/world-university-rankings) よりデータ抽出。

ばかり難しいお話をしなければなりません。まず、ランキングが何を見ているのか、その大まかな特徴をつかんでおきましょう。

まず、ランキングの元になっている指標の点数について知っておく必要があります。THE世界大学ランキングでは、教育、研究、論文被引用数、産業界からの収入、国際性の5分野に分類される13の基準で評価されます。各分野の点数（score）は教育、研究、論文被引用数30％ずつ、国際性7・5％、産業界からの収入が2・5％の比率で総合点に反映されます（図表2－2）。

この表を見ただけで、ややこしさを感じる読者もおられると思いますが、少し我慢をしていただいて、とりあえず、このランキングの特徴として、次の3つのことに注意していただければと思います。

① 主として大学の研究機能を見ており、中でも論文被引用数が重視されている

図表2－2からわかるように「研究」「論文被引用数」の2つで総点数の60％を占めています。また、「教育」の中にも「博士/学士比率」や「博士取得者/教員比率」のように、研究と関係の深い項目があり、これが8・25％あります。「国際化」の中にも、論文の「国際共著率」が2・5％あり、また、「企業研究資金」2・5％も研究に関係していると考えると、全部で73・25％が研究に関係する指標です。

さらに、「教育」の中の「教員/学生比率」（4・5％）については、学生あたりの教員数が多い大学ほどきめの細かい良い教育ができるという点では教育に関係するのかもしれませんが、それと同時に、教員の教育負担が少なく、それだけ研究時間が確保できるので、研究に寄与する指標でもあると考えられます。

これらの中でも「論文被引用数」の指標は単独で30％の重みがあり、ランキングに最も大きな影響を与えます。論文被引用数に関連する指標単独にこれだけ大きい重みをつけているのは、ＴＨＥ社のランキングだけです。

②「教員数」で標準化した指標が多い

規模の異なる大学を比較するためには何らかの標準化した指標で比較をすることが必要ですが、ここには「教員」あたりの指標がいくつかあります。「博士取得者／教員比率（6％）」「大学収入／教員比率（2・25％）」「研究資金／教員比率（6％）」「論文数／教員比率（6％）」「外国人教員／国内教員比率（2・5％）」「企業研究資金／教員比率（2・5％）」で、全部で25・25％を占めています。これらの指標は大学の教員数が多くなれば下がり、少なくなれば上がります。ただし、「教員／学生比率（4・5％）」については、教員数が分子になっているので逆の動きをし、教員数が多くなれば上がり、少なくなると下がります。

何が言いたいのかというと、仮に教員数が半分に減った場合、「教員／学生比率」を除く25・25％の指標の値は2倍大きくなり、「教員／学生比率」の4・5％の指標の値は1／2小さくなり、差し引き20・75％の指標の値が2倍大きくなるという効果が出るということです。そのために、教員数の減少は、全体の点数の増加に大きく貢献します。

教員数が急に半減する大学なんてありえないとおっしゃる人もおられるでしょう。著者も、そのようなことは実際には起こらないと考えますが、データ分析上は起こります。その理由は、大学でどういう人をもって「教員（academic staff）」と呼ぶか、ということが、大学によって、あるいは国によってけっこう異なるからです。大学には正規常勤教員の他にも、非正規の常勤教員や非常勤の教員もおり、また、研究員もいます。特に英語で「academic staff」と言われた場合にどこまでを含めるのか迷うところです。大学が途中でカウントする「教員」の解釈を変えると、その大学の教員数のデータが突然増えたり減ったりすることになります。

大学の「教員数」や「研究者数」、あるいはそれが含まれた指標を分析する時には、その定義や解釈が国や大学によって、あるいは時期によって異なっている可能性があることを念頭に置いた上で、細心の注意をもって分析することが必要です。「教員数」や「研究者数」という指標は、なかなかの曲者なのです。

③「評判」というやや曖昧な指標

3つ目の注意点は「評判（Reputation）」という指標が、「教育」と「研究」に含まれ、その合計の重みが33％あることです。英語のReputationの日本語訳が〝評判〟というのは適切かどうかわかりませんが、辞書の最初に出てくる訳なので、これを使うことにします。

「評判」のデータは、THE世界大学ランキングのウェブサイトの中の、「世界評判ランキング（World Reputation Ranking）」というサイトに上位大学に限ってデータが示されています。これは世界中のいろいろな分野の大学教員に、自分の分野において、最も優れていると思う大学を、教育と研究について15挙げてもらい、それを集計したということです。点数化するに当たっては、11

の学術分野による調整、そして、世界の地域による調整がなされています。

この「評判」という指標については次の2つの性質に注意してください。

1つ目は、「評判」の点数は、ハーバード大学、マサチューセッツ工科大学（MIT）、スタンフォード大学、オックスフォード大学、ケンブリッジ大学などの特定の超有名大学に非常に偏って高くなるということです。指数関数的に高くなる、あるいは「べき乗分布」をすると申し上げてもいいでしょう。ベストセラーの本の売り上げや、ヒット曲のダウンロード数、ユーチューブの閲覧数など、大ヒットした場合とそうでない場合とで、極端な数の差が出る例を思い浮かべてください。

このような極端に偏った分布を示す指標では、一部の限られた数の高得点の大学があって、それ以外の大多数の大学は、低い点数が尾を引く「ロングテール」と呼ばれる部分に属することになります。したがって、この指標は、限られた上位大学のランキングには大きく影響しますが、それ以外の大学のランキングには、それほど大きくは影響しません。

2つ目は、「評判」のアンケート回答者の世界の分布バランスによって、点数が変わってくるということです。米国のアンケート回答者の数を増やせば、米国の大学の点数が上がりやすくなりますし、アジアのアンケート回答者の数を増やせば、アジアの大学の点数が上がりやすくなります。

⑶ ランキングに見る日本の大学の特徴

図表2－3～2－5はランキングの元になる5つの評価指標の点数（score）の推移を示しています。この点数を図表2－2の重みづけをした上で合計した点数でもって、ランキングが決められます。

この点数の数値は、さまざまな値をとる指標を比較するために〝標準化〟の処理がなされたものです。THE世界大学ランキングのウェブサイトには、累積確率関数（cumulative probability function）で示したと、難しい言葉で書かれています。簡単に言えば、例えば東京大学の被引用数の点数が60点ということは、他の60％の大学は東京大学よりも下にある、言い換えれば40％の大学が上にあるということを意味します。つまり、東京大学はエントリーした大学の中で上位40％の位置にあるということです。ただし、細かいことですが、「評判」については指数関数的な分布をするので、それが含まれている「教育」や「研究」の点数については、例えば東京大学が80点の場合、上位20％よりも、もう少し上のランクになります。

まず、図表2－3の日本の主要大学の「教育」と「研究」の点数のグラフですが、東京大学と京都大学は概ね80点、70点ですが、他の大学は50点以下になっています。そして、日本の大学は

図表2－3　日本の主要大学の「教育」と「研究」の点数の推移

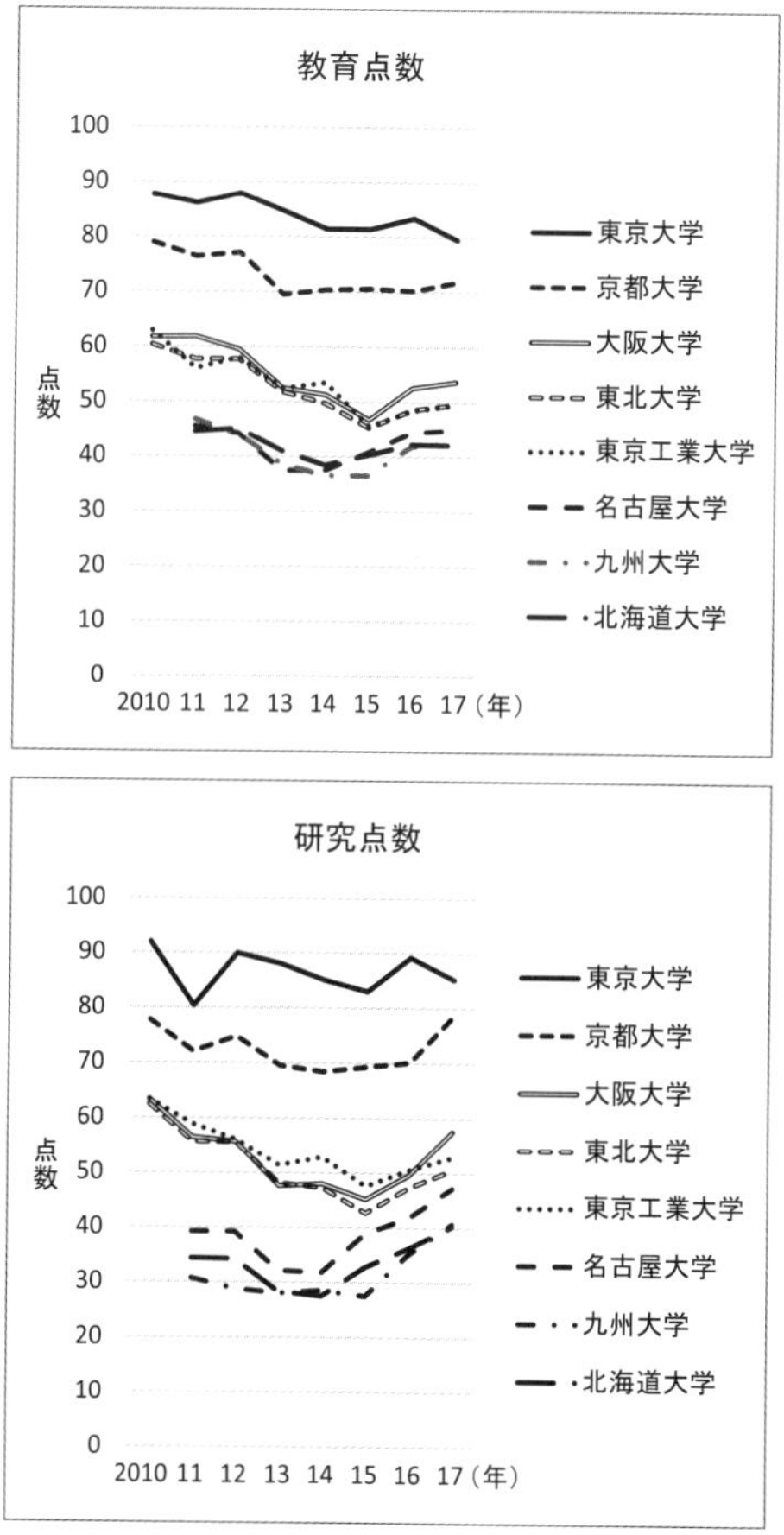

（注）2018年1月24日Times Higher Education, World University Rankings (https://www.timeshighereducation.com/world-university-rankings) よりデータ抽出。THEのウェブサイトで例えば2018年のランキングとされているのは、2017年以前のデータに基づいて2017年に発表されているので、本図では2017年とした。

図表２－４　日本の主要大学の論文被引用数の点数の推移

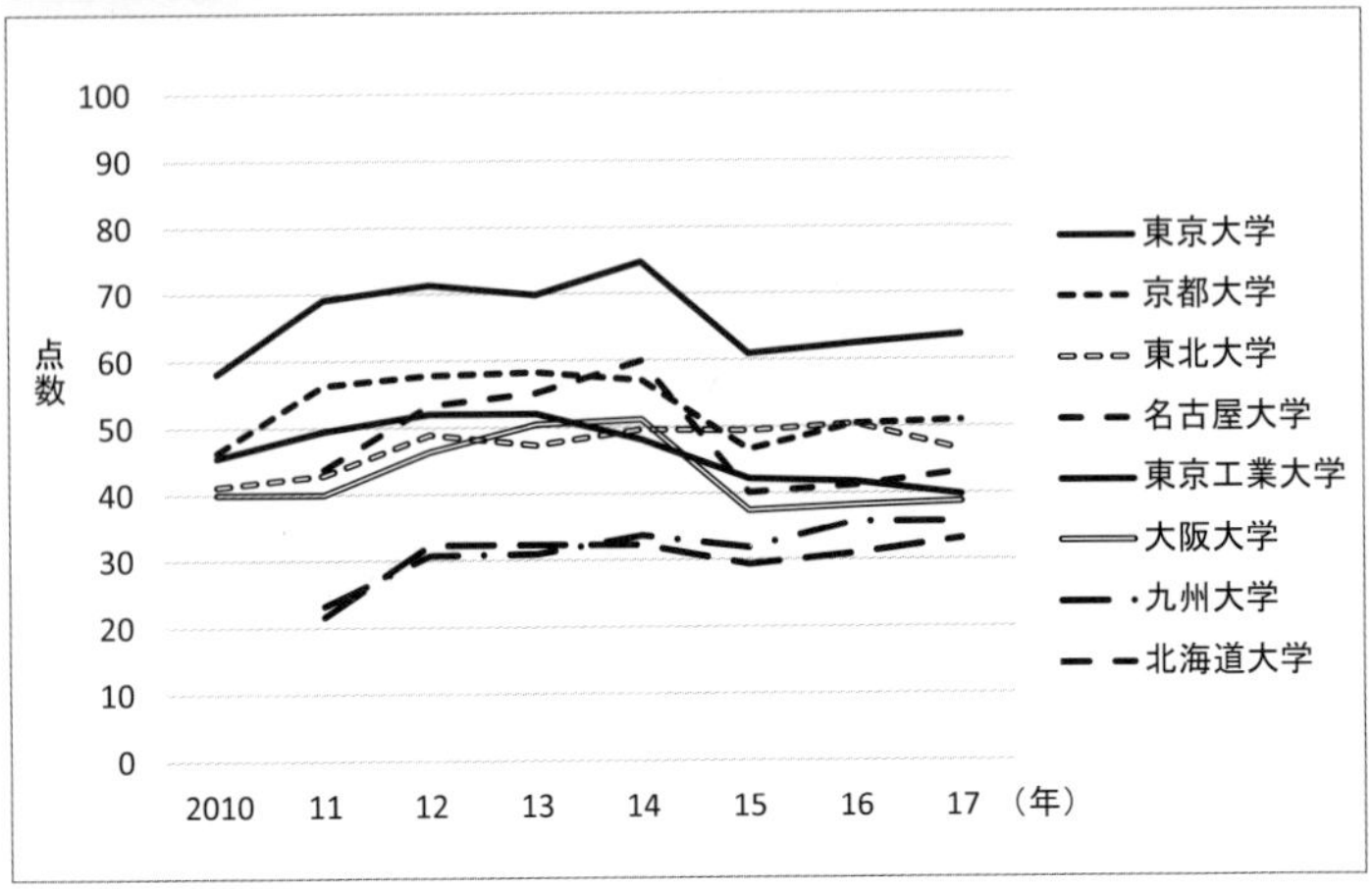

（注）2018年1月24日Times Higher Education, World University Rankings (https://www.timeshighereducation.com/world-university-rankings) よりデータ抽出。THEのウェブサイトで例えば2018年のランキングとされているのは、2017年以前のデータに基づいて2017年に発表されているので、本図では2017年とした。

２０１５年まで低下を続けていましたが、それ以後の2年間は上昇に転じ、回復傾向にあるように見えます。しかし、後で説明をしますが、実はこれを回復傾向にあると読んではいけないのです。

次に図表２－４の日本の主要大学の被引用数の点数を見てみましょう。東京大学は60点くらいですが、他の大学は50点以下です。つまり、エントリーした大学の中で、東京大学は上位40％の位置にあり、他の日本の大学はすべて50％、つまり半分以下ということなのです。被引用数の重みは30％あるので、この被引用数の点数の低さが、日本の大学のランキングの大きなマイナス要因となっています。

被引用数については2015年の点数が急激に低下していることが目に付きます。そして、その後の3年間についてはあまり変わっておらず〝安定〟しているように見えます。しかし、実はこれを〝安定〟していると読むのは間違っているのです。その理由も後でお話しします。

次に、図表2-5の国際化と企業からの研究資金の点数のグラフです。上の国際化の点数については、日本の最高クラスの大学がすべて下位30%くらいに留まっています。徐々に上昇しているようですが、かなり絶望的な感じを受けてしまいます。ただし、重みが7・5%しかないので、その点では日本の大学は助かっています。

下の企業からの研究資金の点数については、全主要大学が50点以上であり、5つの指標の中では日本の大学が一番健闘している項目です。ただし重みが2・5%しかないので、残念ながら全体の点数にはあまり影響しません。

以上のような5つの指標の点数の重みづけをした合計点で、最終的なランキングが決められるわけですが、各指標とも日本の大学はあまり芳しい点数とは言えず、100位以内に東大と京大が入っているのが、また他の主要大学が500位以内に入っているのが不思議なくらいです。

図表 2－5　日本の主要大学の「国際化」と「企業研究資金」の点数の推移

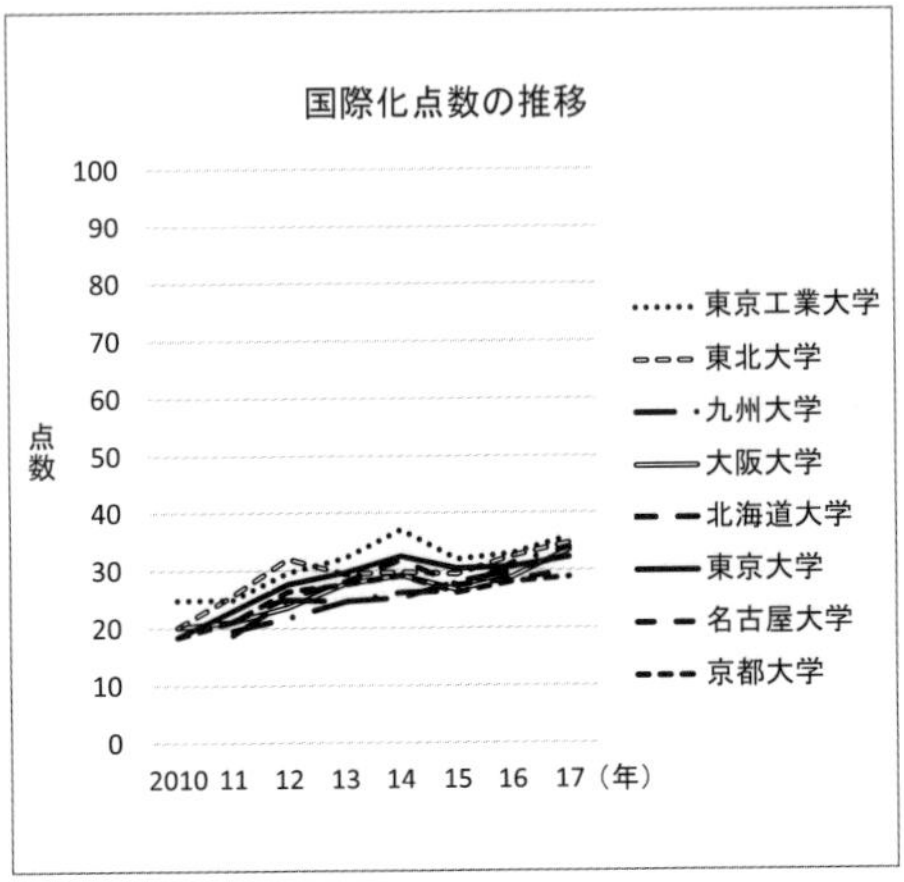

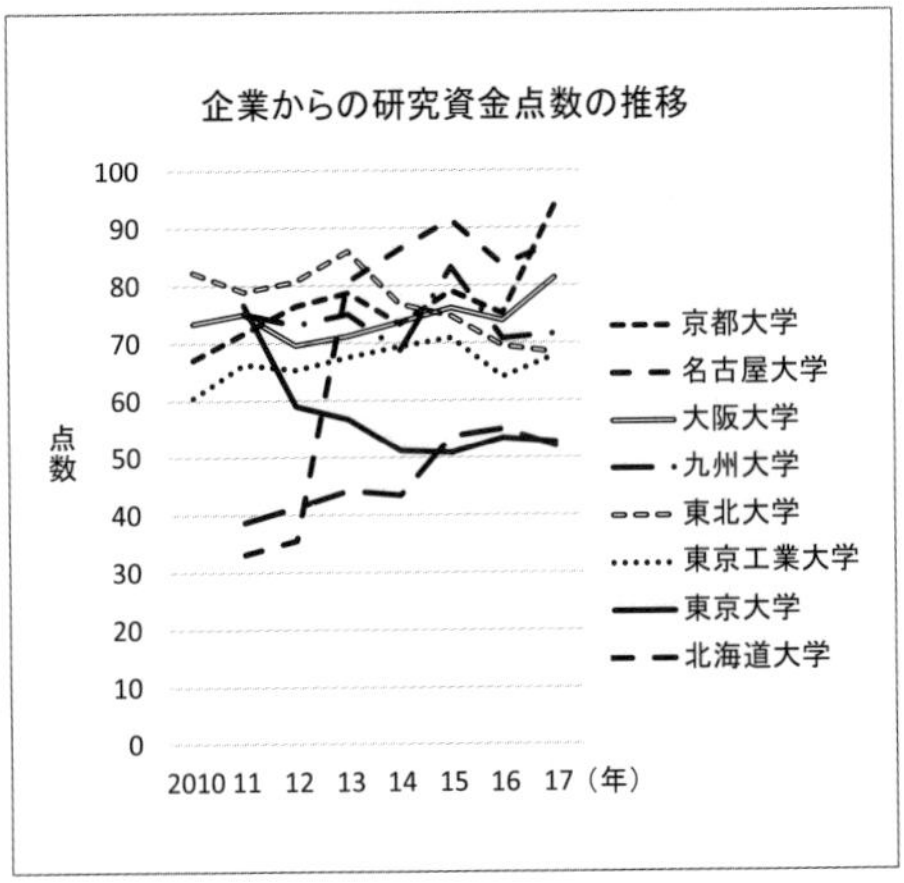

（注）2018年1月24日 Times Higher Education, World University Rankings (https://www.timeshighereducation.com/world-university-rankings) よりデータ抽出。THE のウェブサイトで例えば 2018 年のランキングとされているのは、2017 年以前のデータに基づいて 2017 年に発表されているので、本図では 2017 年とした。

(4) ランキングに隠された裏を読み解く

さて、ここではランキングで示された数値を、そのまま鵜呑みにしてはいけないということをお話しします。少々複雑で、できるだけわかりやすい説明を心がけますが、データ分析に慣れていない読者の皆さんには、少しばかり我慢をお願いいたします。

それでは、ランキングに隠された裏を読み解く作業を始めます。

① エントリー大学数増加が点数に与える影響

図表2－4の論文被引用数の点数のグラフを例にとって説明しましょう。

2015年の東京大学の点数が60ということは、東京大学がエントリーした大学の中で上位40％の位置にあることを意味しましたね。そうすると、世界大学ランキングにエントリーした大学が仮に800あったとすると、東京大学の被引用数のランキングは800の40％ということなので320位ということになります。もし、エントリーした大学が1000に増え、点数が40のままであった場合は、ランキングは1000大学の40％の400位、1100大学に増えたらランキングは440位になります。

実は、実際のエントリー大学数は、2015年では800でしたが、2016年は981、2017年は1102と増えているのです。なお、エントリーには制限があって、学部教育をやっていない大学（大学院大学など）、5年間で1000未満の論文数しか産生していない大学、80％以上のアクティビティーが11の学術分野（Arts & Humanities, Clinical, Preclinical & Health, Engineering & Technology, Computer Science, Life Sciences, Physical Sciences, Business & Economics, Social Sciences, Psychology, Law, Education）の一つに限定されている大学（単科大学など）は除かれています。

仮に、2015年のエントリー大学800に対して、2017年にそれよりも下位の大学が新たに300増えて1100大学になった場合に、もともとの800大学の点数と順位がどの程度変化するのかを計算してみました（図表2－6）。ただし、新たに参入する下位の大学は、2015年に下位100位であった大学のグループに新たに200大学が入り込み、2015年に下位100－200位にあったグループに新たに100大学が入り込むと仮定しました。

図表2－6を見ていただくとわかると思いますが、新たに参入した大学よりもすでに上位にあった大学は、何もしなくても2017年の点数が上がることがわかります。一方、順位は、下図にお示ししたように変わりません。ただし、もともとの800大学の中で下位にあった大学については、自分よりも上位の大学が参入してくるわけですから順位が下がります。

図表2－6　下位の大学がエントリーすることによる、点数と順位の変化

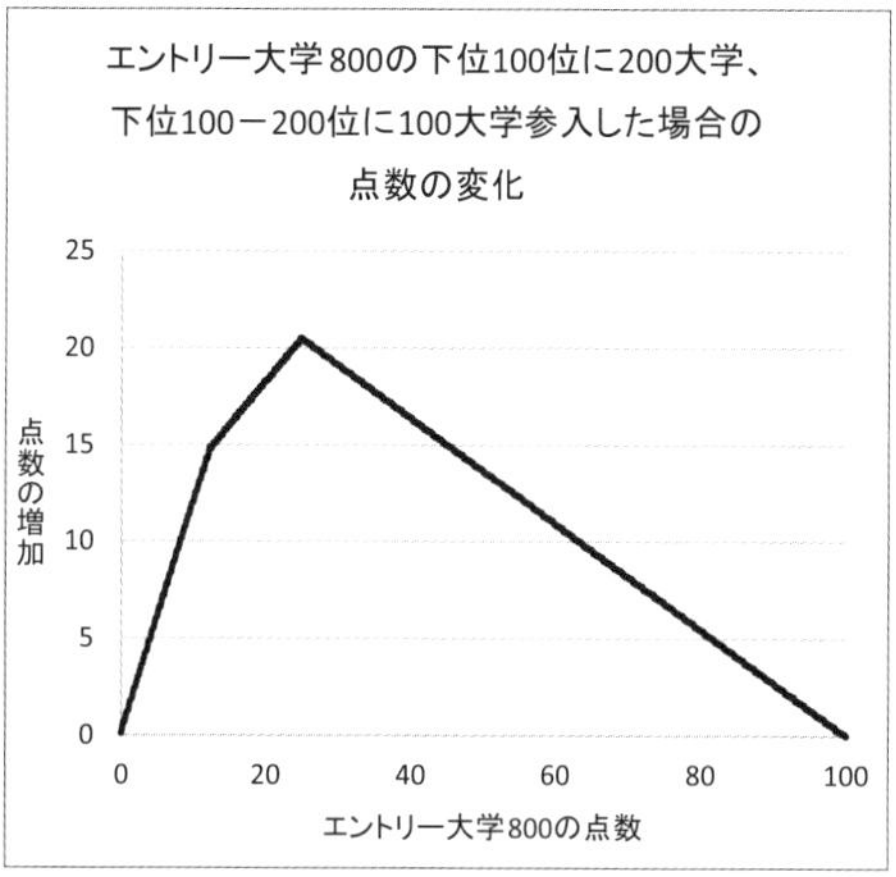

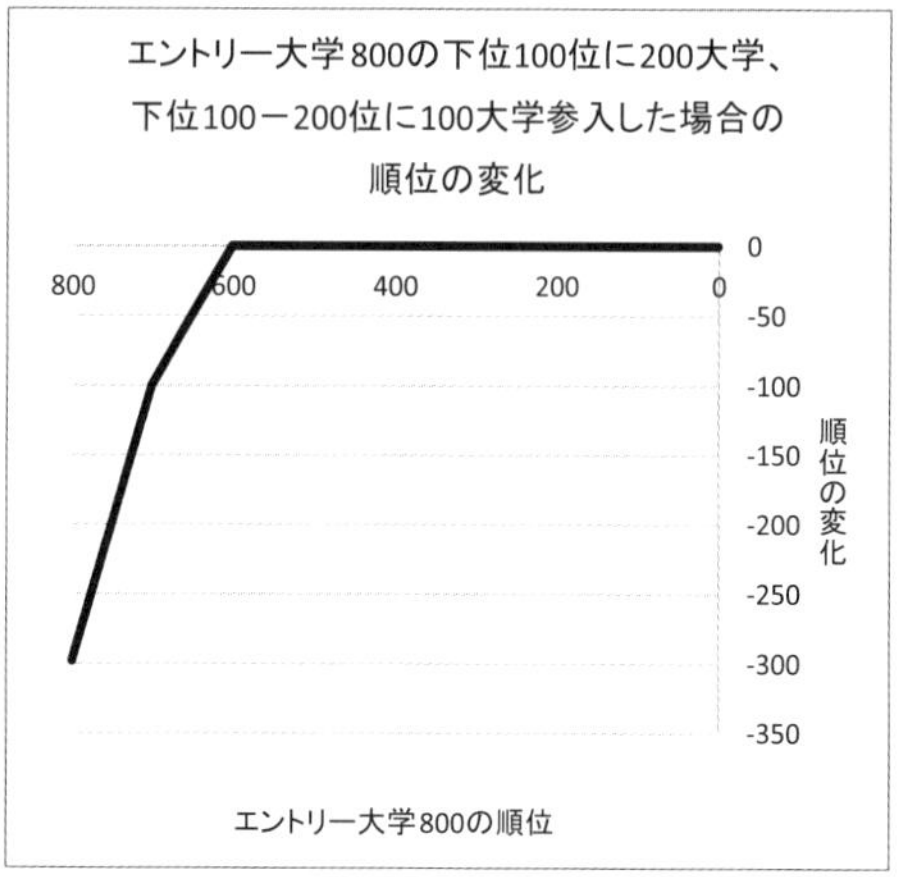

（注）Times Higher Education, World University Rankings の methodology を参考にして著者が作図。

図表2－3の「教育」と「研究」の日本のいくつかの大学の点数が2015～17年にかけて上がっているのは、実際に「教育」や「研究」が向上したのではなく、このエントリー大学の増加によると考えられます。同様に、図表2－4の被引用数の点数が3年間安定しているということは、何もしなければ下位のエントリー大学の増加によって上がるはずの点数が上がっていないわけですから、順位は低下しているはずです。

② 評判のアンケート回答者の地域バランスの影響

THE世界大学ランキングの指標の一つである評判について、そのアンケート回答者の地域バランスが変更されると点数に影響することをお話ししました。図表2－7は、教育評判と研究評判を合わせたトータルの「評判」が100位以内に入った大学の国別の数を示しています。2015～17年にかけてアジアの大学はこの2年間に11大学増えて21大学になりました。日本も2大学であったものが6大学に増えています。アジアの大学を重視した地域バランスの変更がなされたことがわかります。

この「評判」の点数は研究と教育とを合わせると全体の点数の33%を占めているので、今回の地域バランスの変更は日本の上位大学のランキング維持のためにプラスに働きました。日本の大学が100位以内に6つも入っている指標は「評判」以外には無いのですからね。前の項で、東京大学

図表2－7　THE世界大学ランキングにおける評判点数が100位以内の大学数

国名	評判100位以内大学数			
	2015年	2016年	2017年	2015-17年増減
米国	43	43	42	-1
英国	12	10	10	-2
ドイツ	6	6	6	0
オーストラリア	5	3	3	-2
フランス	5	5	3	-2
オランダ	5	5	4	-1
カナダ	3	3	3	0
中国	2	5	6	4
香港	2	3	3	1
日本	2	5	6	4
ロシア	2	3	1	-1
シンガポール	2	2	2	0
スウェーデン	2	2	2	0
ベルギー	1	1	1	0
ブラジル	1	1	1	0
デンマーク	1	0	1	0
フィンランド	1	0	0	-1
メキシコ	1	0	0	-1
韓国	1	2	3	2
台湾	1	1	1	0

（注）2018年1月24日Times Higher Education, World University RankingsのWorld Reputation Rankingsよりデータ抽出。教育評判と研究評判を合わせたトータルの評判の順位を示す。

と京都大学が100位以内に、他の日本の主要大学が500位以内にとどまったのは不思議な感じがすると言いましたが、それはこの「評判」のおかげであると考えられます。

ただし、「評判」の影響が大きく出るのは一部の上位大学に限られています。その理由は、図表2－8の上図をご覧いただくとわかるよう

図表2－8　研究評判点数および教育評判点数との相関

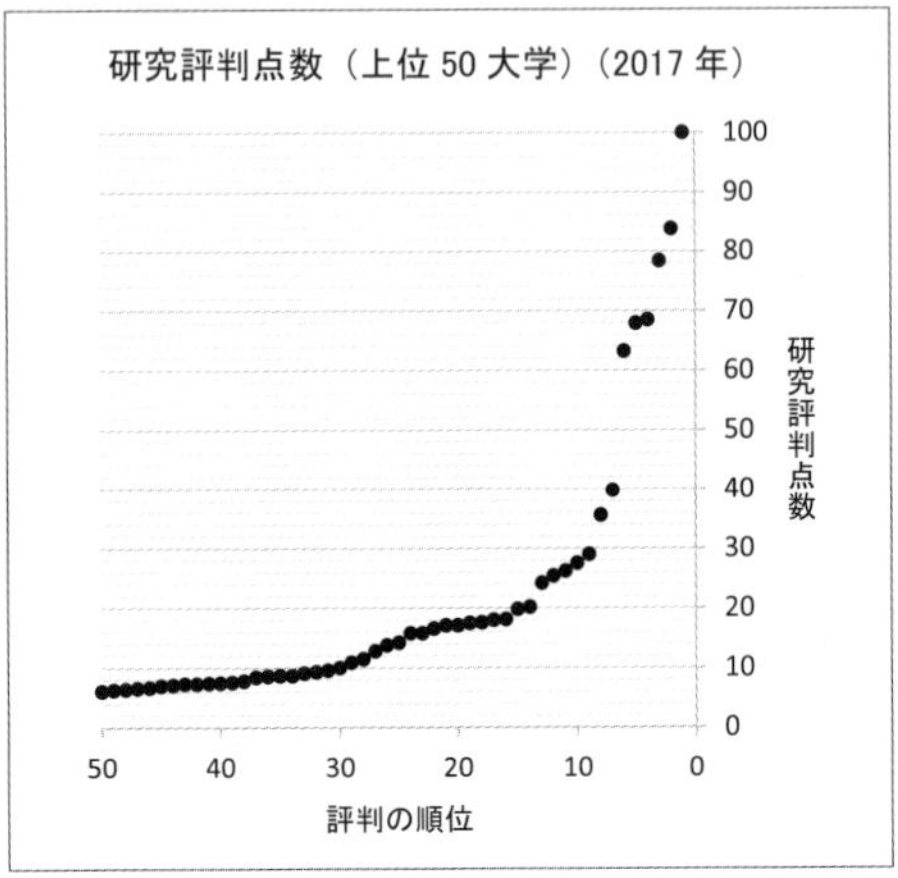

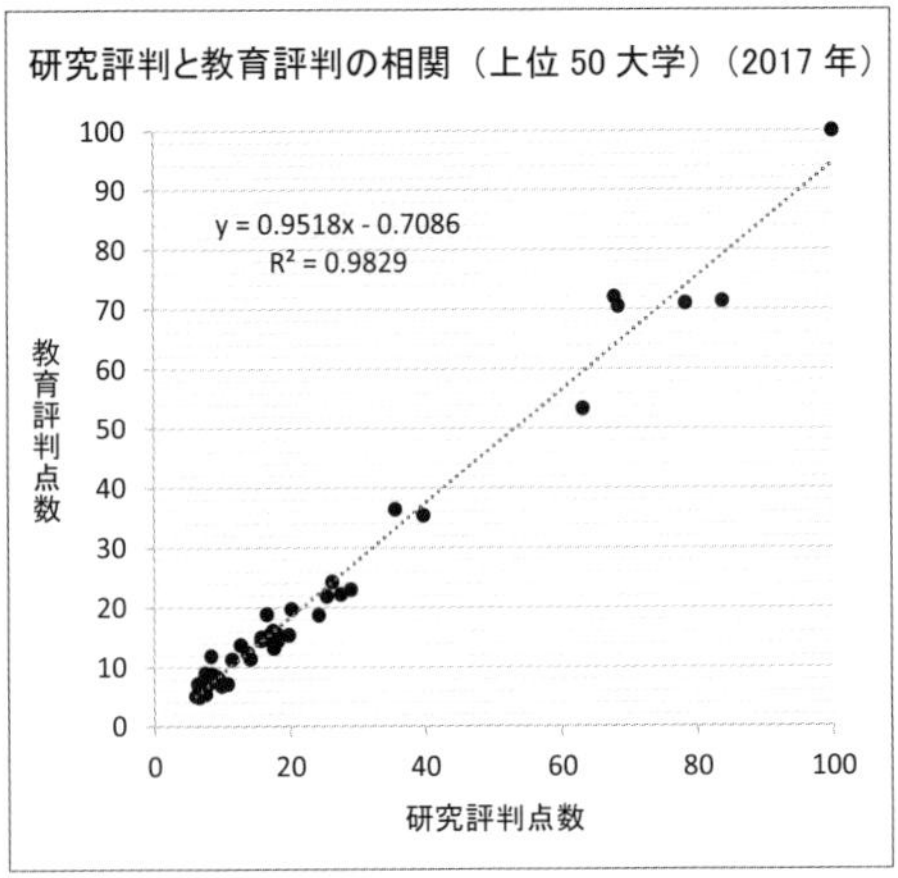

（注）2018 年 1 月 24 日 Times Higher Education, World University Rankings の World Reputation Rankings よりデータ抽出。

図表2－9　研究評判（対数表示）と研究点数の相関

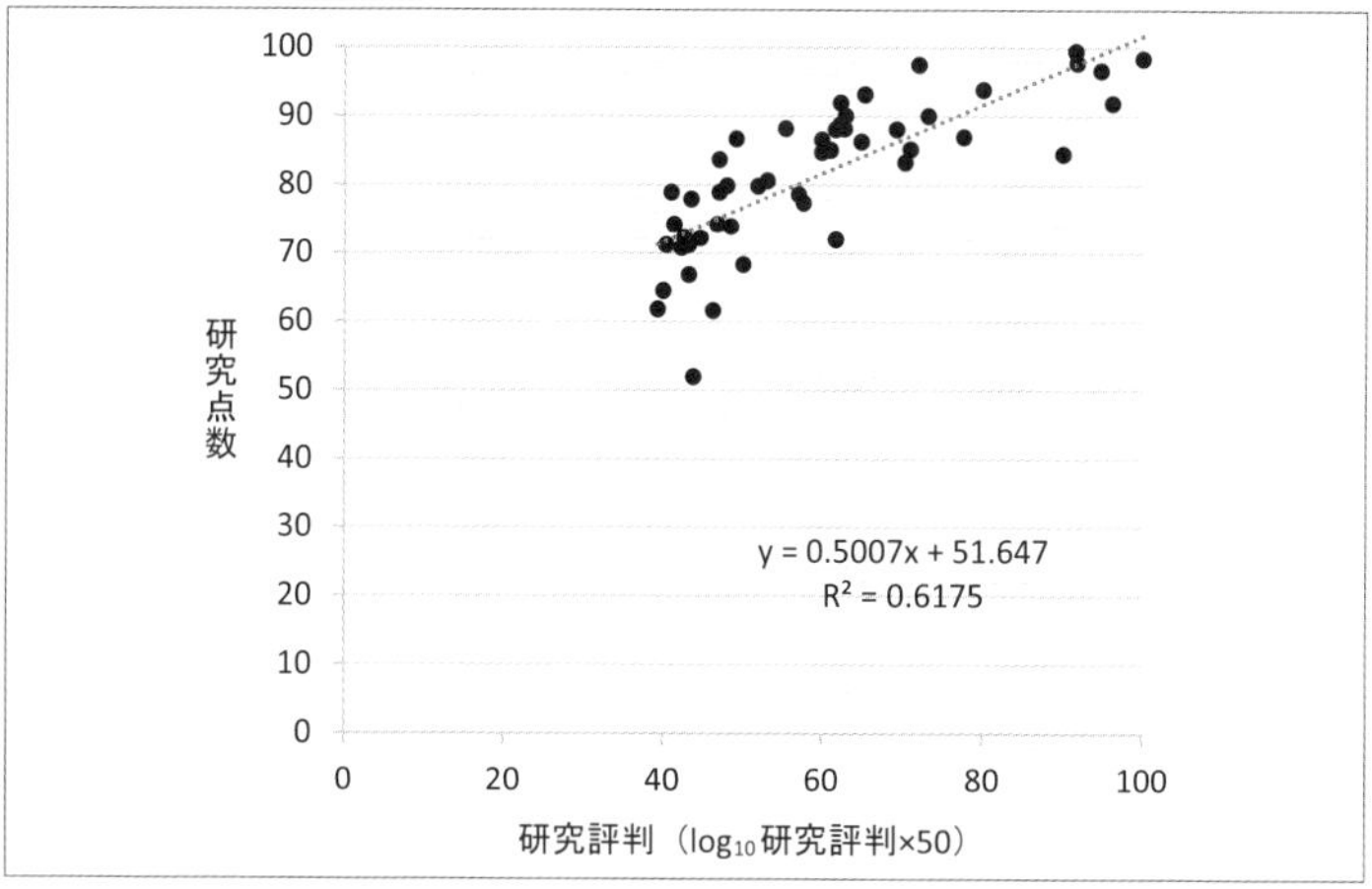

（注）2018年1月24日 Times Higher Education, World University Rankings の World Reputation Rankings よりデータ抽出。Reputation の Research の点数を対数表示して著者作図。

に、「評判」の点数の分布が上位大学に極端に偏っているからです。そして、THE世界大学ランキングのウェブサイトには、上位50大学の点数しか示されていません。

また、下図に示しましたように「研究評判」と「教育評判」の点数の相関を見ますと、とても強い相関があり、両者はほとんど同じものを見ていると言っても過言ではありません。つまり「教育」の評価をしているとは言っても、「研究」の点数とほとんど変わらないわけですから、本当の意味での教育の評価をしているのかどうか疑問です。

そして、図表2－9にお示ししたように、上位大学の「研究評判」（対数表示したもの）と「研究」の点数とはまずまずの相関を示しますので、上位大学の「研究」の点数は、「評判」の点数によって左右されることがわかります。同じことは「教育」の点数についても言えます。先ほど図表2－3の「教育」と「研究」の日本のいくつかの大学の点数が2015～17年にかけて上がっているのは、エントリー大学の増加が影響している可能性があると申し上げましたが、上位大学においては、アンケートの地域バランスの変更による「評判」の点数の上昇も加わってプラスに働きました。

③ 大学の「教員数」は〝曲者〟

先に、教員あたりで表した指標が多いこと、そして「教員」の解釈が大学や国によって異なるので、「教員数」という指標はなかなかの曲者であることをお話ししました。

図表2－10には、2016年から2017年にかけての各大学の教員数の増加率と「研究」の点数の増加率の相関をお示ししました。「研究」という指標は、「研究評判」と「教員あたり論文数」と「教員あたり研究資金」の3つから構成されていましたね。もし教員数が減った場合には、「教員あたり論文数」と「教員あたり研究資金」の2つの値が大きくなり、その結果「研究」の点数が上がります。図表2－10を見ていただくと、教員数が40％減少した大学では「研究」の点数は10％くらい上がっています。

図中の■で示した大学が京都大学なのですが、2016年から2017年にかけて教員数が

図表2－10　教員数増加率と研究点数増加率の相関（2016-17年）（研究点数順位11－100位の大学）

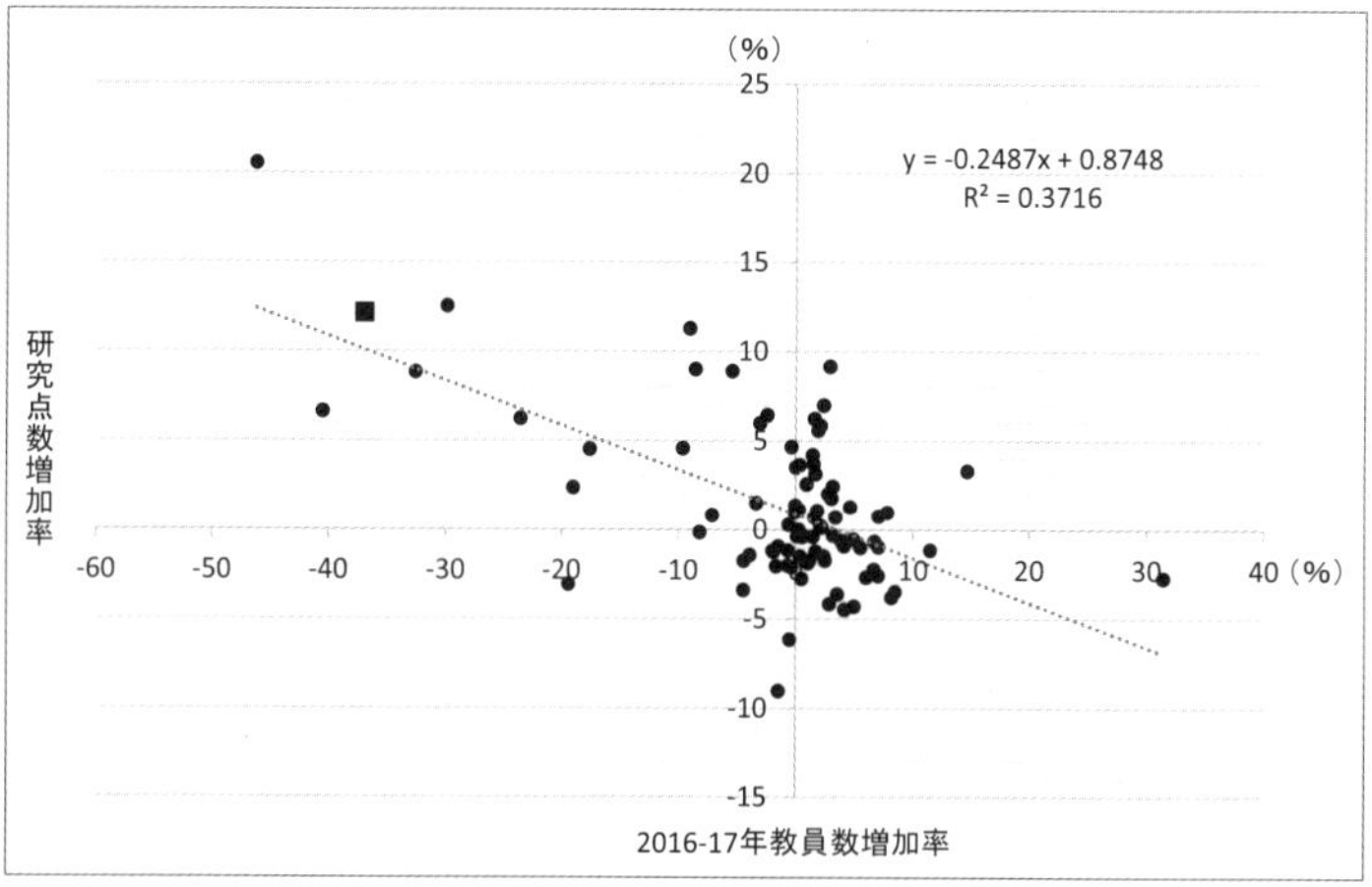

（注）2018年1月24日Times Higher Education, World University Rankingsからデータ抽出。教員数は、「学生数」および「教員あたり学生数」のデータより著者が計算し、作図。

4099人から2584人へと37%も減少しており、「研究」の点数は70・1から78・6へと12%（8・5）増えています。京都大学の教員数が37%も急減することは実際にはありえないことであり、これは、「教員」の定義の解釈の変更によって、THE社に申告する教員数を2017年に大幅に下方修正したものと考えられます。京都大学の「研究」の点数の増加は、教員数の申告の下方修正によって大部分が説明でき、それにエントリー大学数の増加による点数の増加効果も加わっているものと考えられます。

ここで、日本、韓国、中国の「研究」の点数および順位の2015年から2017年にかけての変化を見ておきましょう（図

図表2－11　2015年から2017年にかけての「研究」の点数と順位の変化

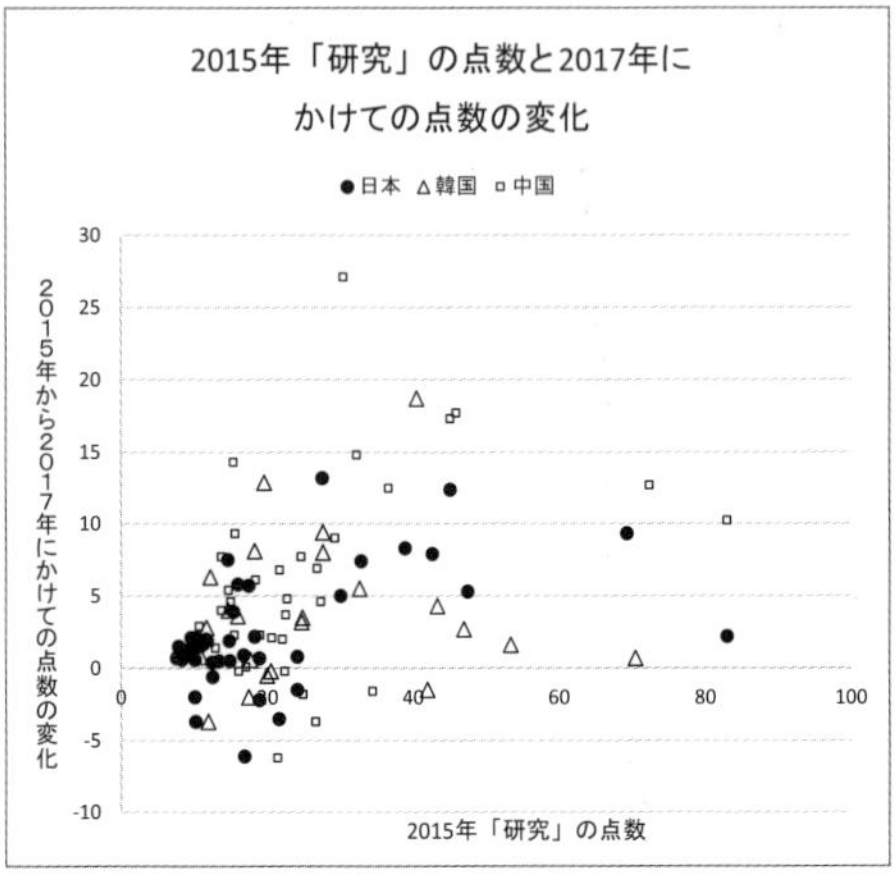

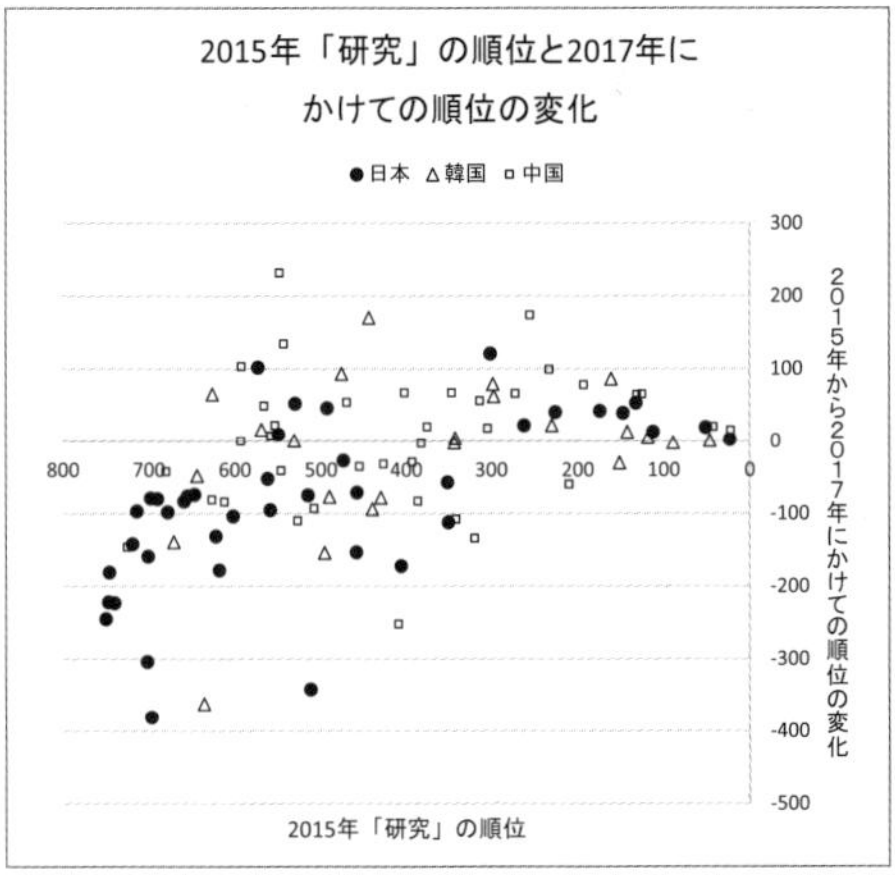

（注）2018年1月24日Times Higher Education, World University Rankingsよりデータ抽出。World University Rankingsで例えば2018年のランキングとされているのは、2017年以前のデータに基づいて2017年に発表されているので、本図では2017年とした。

表2－11)。
図表2－6のエントリー大学800に新たに300大学が参入した時の計算によるカーブとよく似た傾向の分布になっていますね。上図で日本の主要大学の点数が大きく上がっているのですが、同じような上昇は他の国の大学でも観察され、日本の主要大学だけの研究力が上がったわけではないことがわかります。この上昇は、エントリー大学が増えたことによる自動的な点数の上昇によるものです。なお、日本の黒丸の右から2番目は京都大学ですが、教員数の下方修正申告による上昇効果が加わっています。

下図の順位（ランキング）の変化では、中位～上位の大学は、ばらつきはあるもののあまり変化せず、下位の大学になると下がっています。これは図表2－6の計算のカーブとよく似た傾向です。ただ、よく見ると上位の大学がやや上がっています。これは、「評判」におけるアンケート回答者の地域バランスの変更によるアジアの大学の順位上昇効果と考えられます。

THE社の世界大学ランキングで、2015年以降の3年間で、日本の主要大学の「研究」や「教育」の点数が上がっていること、京都大学の点数やランキングが上がっていることなど、一見日本の大学が持ち直したように見えたのですが、実はこのような変化は、実際の大学の教育や研究力の変化が反映されているわけではなく、エントリー大学数の増加、「評判」アンケート回答者の地域バランスの変更、教員数の下方修正申告というような、データあるいはデータ処理の変更が反映されたものであり、言わば幻を見ていることになります。

(5) 最も深刻な被引用数の低下

さて、いよいよ日本の大学のランキングに最も深刻な影響を与えている論文被引用数についてお話をしましょう。

Citations（被引用数）に関係する指標はいくつかあります。そのうち、ＴＨＥ世界大学ランキングが採用している指標は、論文あたりの被引用数を学術分野や論文公表後の年数ごとに、世界平均が「１」になるように調整した数値です。このような調整がなされる理由は、論文がどれだけ他の論文に引用されるかは、学術分野によっても異なり、また、論文が発表されてからの年月によっても大きく変化するからです。このように調整した1論文あたりの被引用数をウェブ・オブ・サイエンスのデータベースでは、category normalized citation impact（ＣＮＣＩ）、スコーパスのデータベースでは field weighted citation impact（ＦＷＣＩ）と呼んでいます。被引用インパクト（citation impact）という表現は、論文あたりの被引用数という意味です。

また、被引用数は「評判」のアンケートと同様に、注目度の高い論文は非常にたくさん引用され、注目度の低い論文との差が極端に大きく、べき乗分布をします。論文数産生の多い大規模大学（論文数6000以上）ではそれほど目立ちませんが、比較的規模の小さい大学ですと、一件の高注目度論文が出ただけで、その大学全体のCNCI（FWCI）が高くなり、有名大学を追い抜いたりすることもあります。年による変動も大きく、そのために5年間の平均値がランキングの分析に使われています。

① 2015年の日本の大学の被引用数の点数の急落は、優遇措置が半減したことによる

図表2－4では、日本の主要大学の被引用数の点数が2015年に急落しており、これが図表2－1の世界大学ランキングの急落の最も大きな理由と考えられます。

この年は、THE世界大学ランキングの分析担当機関がトムソン・ロイター社からエルゼビア社に変更され、論文分析の元になる文献データベースもウェブ・オブ・サイエンスからスコーパスに変更された年です。ウェブ・オブ・サイエンスは、一定の質が担保された学術誌の論文を収録していますが、スコーパスの方は広く論文を収録するという方針をとっており、収録論文数が倍近く多くなっていましたね。また、分析する文献も「原著論文と総説」に加えて、さらに「会報（プロシーディングズ）」を含めるという変更がなされています。このようなデータベースや分析方法の変更はランキングに微妙に影響しますが、この時の分析方法の変更で、日本の大学のランキングに最も大きな影響を与えたのは、被引用数指標の優遇措置が半減したことでした。

実は、日本の大学の被引用数は、海外の大学に比較すると芳しくなく、なかなか先進国に追いつけないでおり、新興国にも追い抜かれつつあります。このような国の違いによる被引用数の差を縮めるために、各大学の分野調整被引用インパクト（ＣＮＣＩまたはＦＷＣＩ）の値を、その大学の属する国や地域全体の分野調整被引用インパクトの平方根で割る（＝平方根の逆数を掛ける）という調整がなされてきました。ところが２０１５年には、その方針が変更され、調整した値と調整していない値をブレンドしたと書かれています。

図表２－12にその方法をお示ししました。これはあくまで著者が２０１５年12月時点でウェブ・オブ・サイエンスのデータベースから InCites Benchmarking によって利用できるデータに基づいて行った試算であり、実際のＴＨＥ社の値とは異なっていますが、概ね近い傾向になっているものと考えます。

まず、２０１４年ですが、各大学のＣＮＣＩに、その大学の属する国・地域のＣＮＣＩの平方根の逆数（地域調整係数）が掛けられることになります。そうすると図表２－12の右の表にありますように、たとえばスイスの地域調整係数は０・80であり、スイスの本来ＣＮＣＩの約８掛けの値がランキングに用いられることになります。日本は１・07ですから、これを掛けるとＣＮＣＩが若干大きい値となり、優遇されていることになります。

２０１５年にはどうなったかと言いますと、地域調整係数の効果を半分にするために、国・地域

図表2－12　被引用数指標の国・地域調整の方法（著者試算）

1. 2014年 Citations推定値を計算する場合
   国・地域全体のCNCIの平方根の逆数

$$2014年\ 地域調整係数=\frac{1}{\sqrt{国・地域全体のCNCI}}$$

2. 2015年 Citations推定値を計算する場合
   国・地域全体のCNCIの平方根の逆数と「1」との平均

$$2015年\ 新地域調整係数=\frac{\left(\frac{1}{\sqrt{国・地域全体のCNCI}}+1\right)}{2}$$

InCites Benchmarkingから求めた地域調整係数

国・地域	2014年地域調整係数	2015年新地域調整係数	変化率（%）
スイス	0.80	0.89	11.9
オランダ	0.81	0.90	11.2
ベルギー	0.85	0.92	8.1
スウェーデン	0.85	0.92	8.2
イングランド	0.85	0.92	8.2
オーストラリア	0.88	0.93	6.0
米国	0.86	0.94	8.3
カナダ	0.88	0.94	6.6
ドイツ	0.9	0.94	4.1
イタリア	0.92	0.95	2.5
フランス	0.92	0.95	3.3
スペイン	0.94	0.96	2.5
中国	1.02	1.04	2.1
台湾	1.04	1.03	-0.7
韓国	1.06	1.03	-2.8
日本	1.07	1.02	-3.9
ポーランド	1.18	1.02	-13.6
イラン	1.15	1.06	-7.4
インド	1.18	1.08	-8.3
ブラジル	1.19	1.09	-8.2
トルコ	1.21	1.09	-10.2
ロシア	1.40	1.13	-19.7

（注）2015年12月にトムソン・ロイター社（現クラリベイト・アナリティクス社）のInCites Benchmarkingにより分析。被引用数は、論文の発行（または収載）された時点から現在までの数値であり、THE社Citationsが計算された時点の被引用数とは異なっている。したがって、上記の計算式で求める地域調整係数についても、THE社Citationsが計算された時点の値とは異なっている。
CNCI: Category Normalized Citation Impact（分野調整被引用インパクト）

全体のCNCIの平方根の逆数と「1」との平均が、新たな地域調整係数ということになると考えられます。本書では、これを「新地域調整係数」と名付けました。図表2－12の右の表を見ていただきますと、スイスの場合は新地域調整係数が0・89となっており、8掛けから9掛けに軽減されています。一方、日本は新地域調整係数1・02となっており、優遇の程度がわずかに小さくなっています。

日本の優遇措置の半減の変化は小さいようにお感じになるかもしれませんが、他の上位にある国々の大学のCNCIが一斉に上がりますので、日本の順位は大きく下がります。2015年の日本の主要大学の被引用数の点数の急減は、地域調整係数の半減により、概ね説明できます。今後、仮に地域調整係数という優遇措置が完全になくなった場合には、日本の被引用数の順位はさらに急落することになります。

② 日本の大学の被引用数の点数の順位は、その後もどんどん低下している

さて、図表2－4の被引用数の点数の推移のグラフでは、2015年に日本の主要大学の点数が急減し、その後は安定しているように見えますが、それをそのまま鵜呑みにしてはいけないことを申し上げました。実は、その後も日本の大学の被引用数の順位はどんどん下がり続けているのです。

図表2－13は被引用数指標について図表2－11と同様の図を描いたものです。上図が被引用数指標の点数ですが、図表2－6の計算で求めたカーブや図表2－11と同様に、下位のエントリー大学300の参入に伴って被引用数指標の点数が上がっています。しかしながら、黒丸で示した日本の大学の上昇の程度は、韓国や中国の大学に比べて不良です。平均の点数増加は、日韓中の順にそれぞれ1・98、4・53、10・83となっています。

下図は順位の変化です。新規エントリー大学の参入によりある程度順位が下がるのはやむをえないのですが、低下の平均は、日韓中の順に▲151、▲102、▲49と日本が一番ひどく低下しています。日本の主要大学では、東大：▲69、名大：▲85、京大：▲88、九大：▲102、北大：▲

図表2－13　日本の大学の被引用数の点数と順位の変化

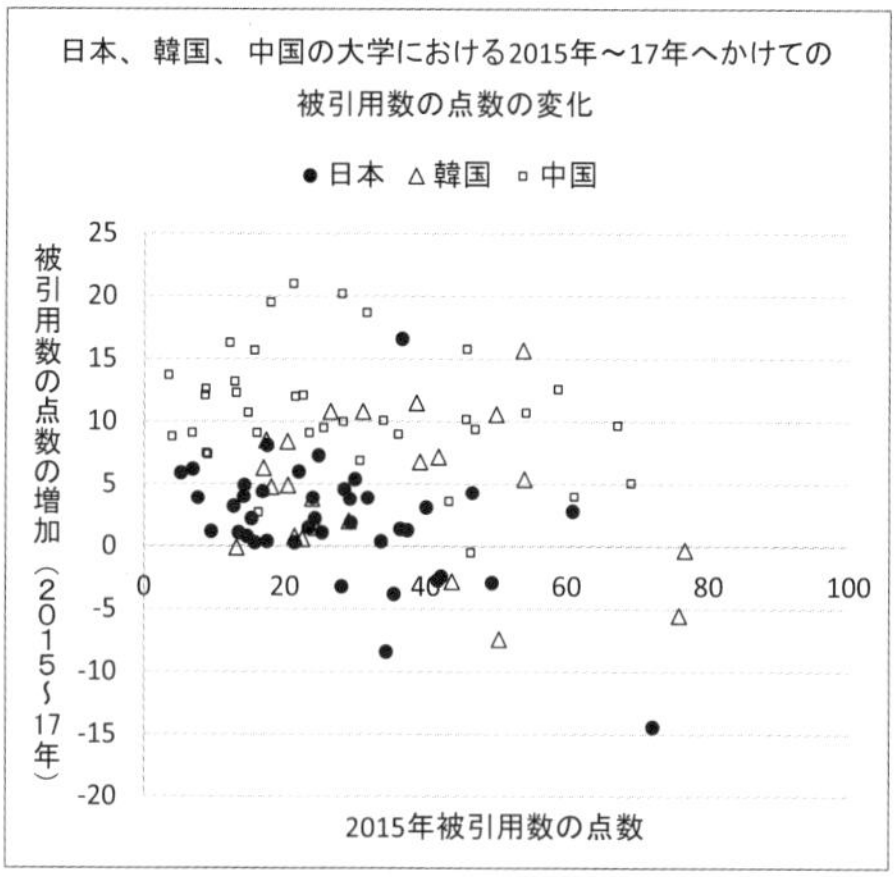

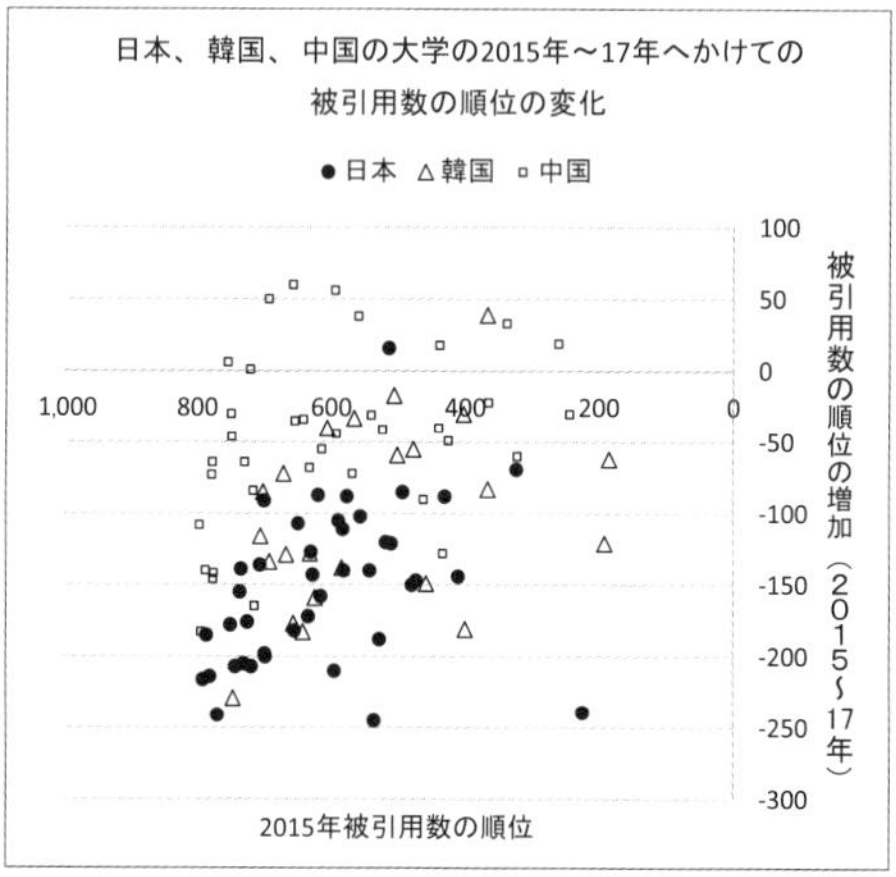

（注）2018年1月24日Times Higher Education, World University Rankingsよりデータ抽出。被引用数は、分野調整被引用インパクト（CNCI, FWCI）に国・地域調整を従来の半分施した値であり、その点数（score）とは累積分布確率である。2015年の全エントリー大学数は800、2017年は1202である。

111、阪大：▲121、東北大：▲144となっています。このような大きな低下を示す国は先進国で日本だけです。この低下は、先ほどの被引用数指標の優遇措置の解除とは無関係の現象です。

以上で、THE社の世界大学ランキングの裏読みの作業を終わりますが、けっこう大変な作業でしたね。読者のみなさんたいへんお疲れ様でした。

これでお分かりになったように、データの変更や収集方法の変更によって各大学の点数や順位がけっこう変動するということです。2015年の被引用数指標の優遇措置軽減によって日本の大学のランキングが急落した時には、マスコミが大騒ぎをしました。しかし、この3年間は日本の大学は平穏そうに見え、マスコミもあまり騒ぎませんでした。しかし、この平穏さは、いくつかのデータの変更や収集方法の変更によって保たれていたのであり、実態は、THE世界大学ランキングの最も重要な指標である被引用数について、日本の大学のランキングが急速に低下していたということなのです。

(6) 他の世界大学ランキングも見てみよう

THE社の世界大学ランキングの指標については批判もあり、他にもいくつかの大学ランキングが公表されています。

世界大学学術ランキング（Academic Ranking of World Universities: ARWU）は２００３～08年までは上海交通大学が、２００９年以降は Shanghai Ranking Consultancy という独立した機関が発行しているランキングです。

その評価指標は図表２－14のようになっており、ＴＨＥ社が採用していたやや曖昧な「評判」という指標がありません。大半の重みは、ノーベル賞やフィールズ賞、被引用数の多い教員数、ネイチャー誌とサイエンス誌の論文という、超一流の研究者をどれだけ擁しているか、という指標で占められています。また、それらのほとんどが教員あたりではなく絶対数になっていますので、大規模大学が有利になります。被引用数の指標にしても、ＡＲＷＵでは被引用数の多い研究者の数、となっており、ＴＨＥ社の被引用インパクト、つまり論文１本あたりの被引用数という指標に比べて、大学の規模の影響が大きく反映されます。

また、中・下位の大学では、超一流の研究者の数というよりも、ウェブ・オブ・サイエンスのデータベースに収録される論文数、つまりある一定の質が担保された論文の数が、ランキングを大きく左右することになると思われます。

このＡＲＷＵのランキングの方が、ＴＨＥ社のランキングよりも、日本の大学がランクインする数が多いようです。２０１７年に公表されたランキングで２００位以内に入る日本の大学は、ＴＨＥ社の場合は２大学しかありませんでしたが、ＡＲＷＵでは７大学あります。５００位以内に入る

図表2－14 世界大学学術ランキング（Academic Ranking of World Universities）の評価指標とその重み付け

世界大学学術ランキング（ARWU）の指標と重み			
基準	指標	コード	重み
教育の質	ノーベル賞もしくはフィールズ賞を受賞した卒業生数	Alumni	10%
教員の質	ノーベル賞もしくはフィールズ賞を受賞した教員数（受賞時に当該大学に所属していた教員）	Award	20%
	クラリベイト・アナリティクス社が選んだ引用数の多い研究者の数	HiCi	20%
研究実績	ネイチャー誌とサイエンス誌論文数	N&S	20%
	クラリベイト・アナリティクス社のScience Citation Index-expandedとSocial Science Citation Indexに収録された原著論文数	PUB	20%
教員あたり実績	上記5つの指標の常勤教員数あたりの値	PCP	10%
合計			100%

（注）2018年2月9日、Academic Ranking of World Universities (ARWU) のウェブサイトのmethodologyを参照し、著者が和訳。

大学はＴＨＥ社10大学に対してＡＲＷＵは17大学となっています。これを見て、ＴＨＥ社ほどひどくはないので、ちょっと安心をされた読者もおられるかもしれません。あるいは、ＴＨＥ社は日本の大学が不利になるような指標を使っているのではないかと疑われた方もいらっしゃるかもしれませんね。これからはＴＨＥ社のランキングを使わずにＡＲＷＵのランキングを使えばいいじゃないか、と。

しかし、ちょっと待ってください。図表２－15を見ていただきましょう。これは、ＡＲＷＵのランキングで５００位以内に入る大学数の推移を示したグラフです。中国の大学が５００位以内に入る数が年々急速に増え、それに伴って米国の大学が２００４年時点から約20％減っています。これはある程度やむを得ない現象です。そして、日本

図表2－15　主要国のARWUトップ500位大学数の推移

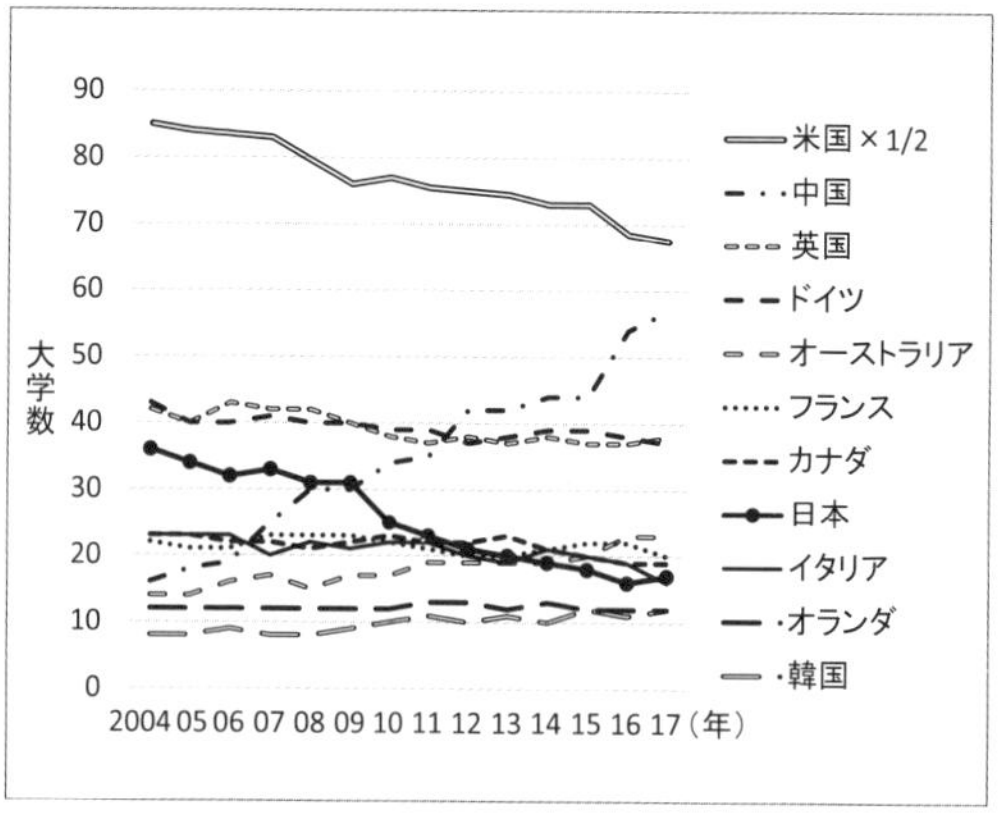

2017年日本の大学の順位	
順位	大学名
24	東京大学
35	京都大学
84	名古屋大学
101-150	大阪大学
101-150	東北大学
151-200	北海道大学
151-200	東京工業大学
201-300	九州大学
201-300	筑波大学
301-400	千葉大学
301-400	広島大学
301-400	慶応大学
301-400	岡山大学
401-500	神戸大学
401-500	大阪市立大学
401-500	徳島大学
401-500	東京理科大学

（注）2018年2月9日、Academic Ranking of World Universities (ARWU) のウェブサイトよりデータを取得。米国の大学数は1／2の値をプロットした。2004年～17年にかけての減少率は米国20.6%、日本52.8%である。

の大学と言えば、実に50％以上も減っているのです。多少減るのはやむを得ないとしても、これだけ減っているのは日本だけであり、異常です。

ＡＲＷＵの他にもいくつかの世界大学ランキングがあります。サウジアラビアの世界大学ランキングセンター（The Center for World University Rankings: CWUR）のランキングは、ＡＲＷＵと同様に「評判」のような指標はなく客観的な数値で評価し、また、国際的な賞の受賞もＡＲＷＵほどノーベル賞とフィールズ賞にこだわっていないようです。日本の大学には比較的有利とされているのですが、しかしながら、詳細は紙面の関係上省きますが、２０１４年に５００位以内の大学が27大学あったものが、２０１７年には

19大学に減っているのです。CWURよ、おまえもか!! という感じですね。

ランキングによっては多少日本の大学に有利なものもありますが、所詮、どれを選んでも日本の大学のランキングが急落しているという事実は変わりません。世界大学ランキングの100位以内に10大学入ることが、日本政府の目標ということですが、この目標はすでに非現実的なものとなってしまいました。

(7) 大学ランキングは無視できるか?

今までの説明でもお分かりになったように、大学ランキングは何を評価基準にするかによって、順位が大きく影響されます。このような人為的にどうとでもなる数字をこねくり回す指標でもって、各大学の価値がランクづけられることに対しては、違和感や嫌悪感を抱く人も多いことでしょう。ランキングの低い大学の中にもすばらしい大学はいくらでもあるし、また、すばらしい教員も、学生もたくさんいます。まったく罪作りな大学ランキングです。

しかしながら、毎年世界大学ランキングは公表され、マスコミは各大学の順位の変動を大きく取り上げ、世間の人々にとっては、日本の大学のランクの上下が大きな関心事になっています。また、留学生が海外の大学を選ぶ場合に、ランキングが大きく影響することが考えられ、日本の大学のラ

図表2－16　トップ400位以内大学数とGDPの相関（2016年）

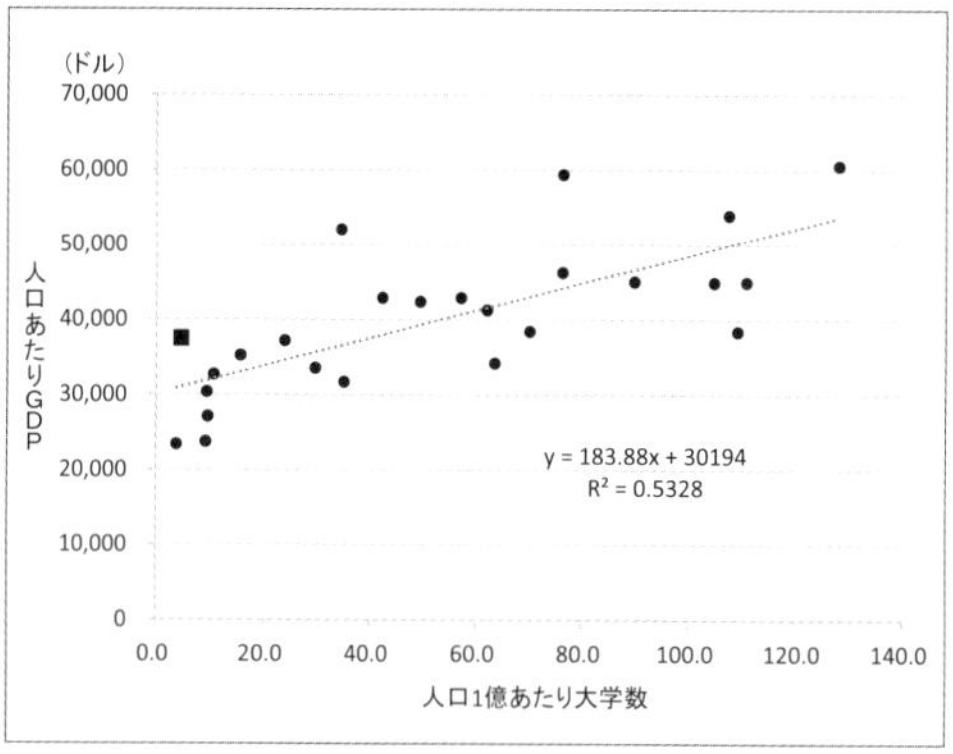

	400位以内大学数（人口1億あたり）
アイルランド	128.1
スウェーデン	110.9
フィンランド	109.2
スイス	107.5
デンマーク	104.7
オーストラリア	89.9
ノルウェー	76.4
オランダ	76.3
英国	70.2
ニュージーランド	63.6
ベルギー	62.1
オーストリア	57.2
カナダ	49.6
ドイツ	42.4
イスラエル	35.1
米国	34.6
イタリア	29.7
フランス	23.9
韓国	15.7
スペイン	10.8
ポルトガル	9.7
チェコ	9.5
ギリシャ	9.3
■日本	4.7
トルコ	3.8

（注）2018年1月24日Times Higher Education, World University Rankingsより大学ランキングのデータ抽出。GDPはOECD.Statよりデータ抽出。単位はドル（購買力平価実質値、2010年基準）。

ンキングの低下は、海外からの優秀な留学生の獲得にも悪影響を及ぼすと考えられます。アジアの優秀な学生は日本の大学ではなく、ランキングの高い欧米の大学を目指します。罪作りな大学ランキングですが、その社会に与える影響は非常に大きく、無視するわけにもいきません。

もう一つ世界大学ランキングが無視できない理由があります。図表2－16はTHE社の世界大学ランキング400位以内に入る大学の数と、GDPとの相関を見たグラフです。どちらも人口あたりの数値で相関を検討しています。ヨーロッパの小国はそもそも大学の数が少なく、このような相関分析をするにはやや問題があるのですが、それを承知で相関分析をしてみると、有意の正相関が認められます（５００位以内でも同様です）。同様にＡＲＷＵやＣＷＵＲでも、相関の程度はそれぞれ異なりますが、ＧＤＰとの正相関が認められます。前章では、論文数や研究費がＧＤＰと相関するデータをお示ししましたね。世界大学ランキングは主として大学の研究機能を見ているわけですから、ＧＤＰと相関しても、まったくおかしくありません。

ただし、注意しておかねばならないのは、このＧＤＰと有意の相関をする大学ランキングは、日本政府が目標としマスコミが最も関心を抱く、１００位以内に入る超一流大学の数や順位がどうか、ということとは関係ありません。この相関図の意味するところは、世界と戦うことのできる大学の数が多い国ほどＧＤＰも高いということです。

(8) 論文数と被引用数で急落する日本の大学

ＴＨＥ世界大学ランキングの〝裏分析〟から、日本の大学の被引用数のランキングがどんどん低下していること、また、各種の大学ランキングで、５００位以内に入る日本の大学が急減していることがわかりましたが、あまりの複雑さに、ちょっと嫌気がさしてしまわれた読者がいるかもしれないと心配します。

それでは、もっとわかりやすいデータで見てみることにしましょう。図表２－17は日韓中の主要

図表2－17　日韓中主要大学CNCIの推移（5年移動平均値）

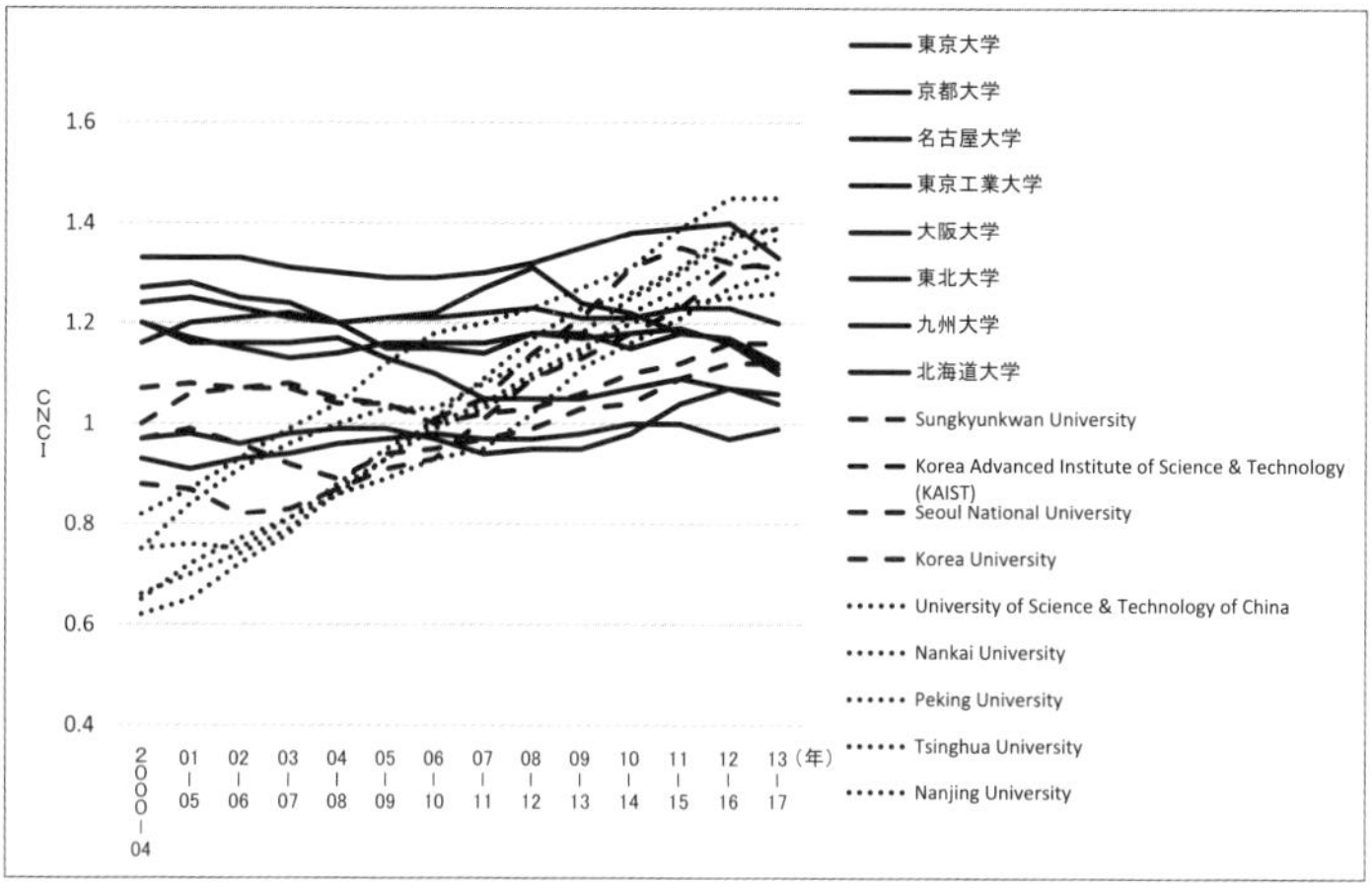

（注）2018年2月8日InCites Benchmarkingよりデータ抽出。文献種原著、分野分類法ESI、CNCI：Category normalized citation impact、5年移動平均値。

大学の被引用数指標であるCNCI（分野調整被引用インパクト）の推移を示したグラフです。なお、このデータはクラリベイト・アナリティクス社のウェブ・オブ・サイエンスに基づいています。

このグラフを見ると、実線で示した日本の主要大学は停滞～低下をしており、破線で示した韓国、そして点線で示した中国の大学にどんどん追いつかれ、追い抜かれていることがわかりますね。この図には示していませんが、欧米の大学との差もどんどん開いています。THE社の世界大学ランキングでは、被引用数の占める重みは大きいので、日本の大学が「評判」の点数で多少稼いだとしても、今後も順位がどんどんと低下していくことが予想されます。

図表2－18　日韓中主要大学の論文数の推移（5年移動平均値）

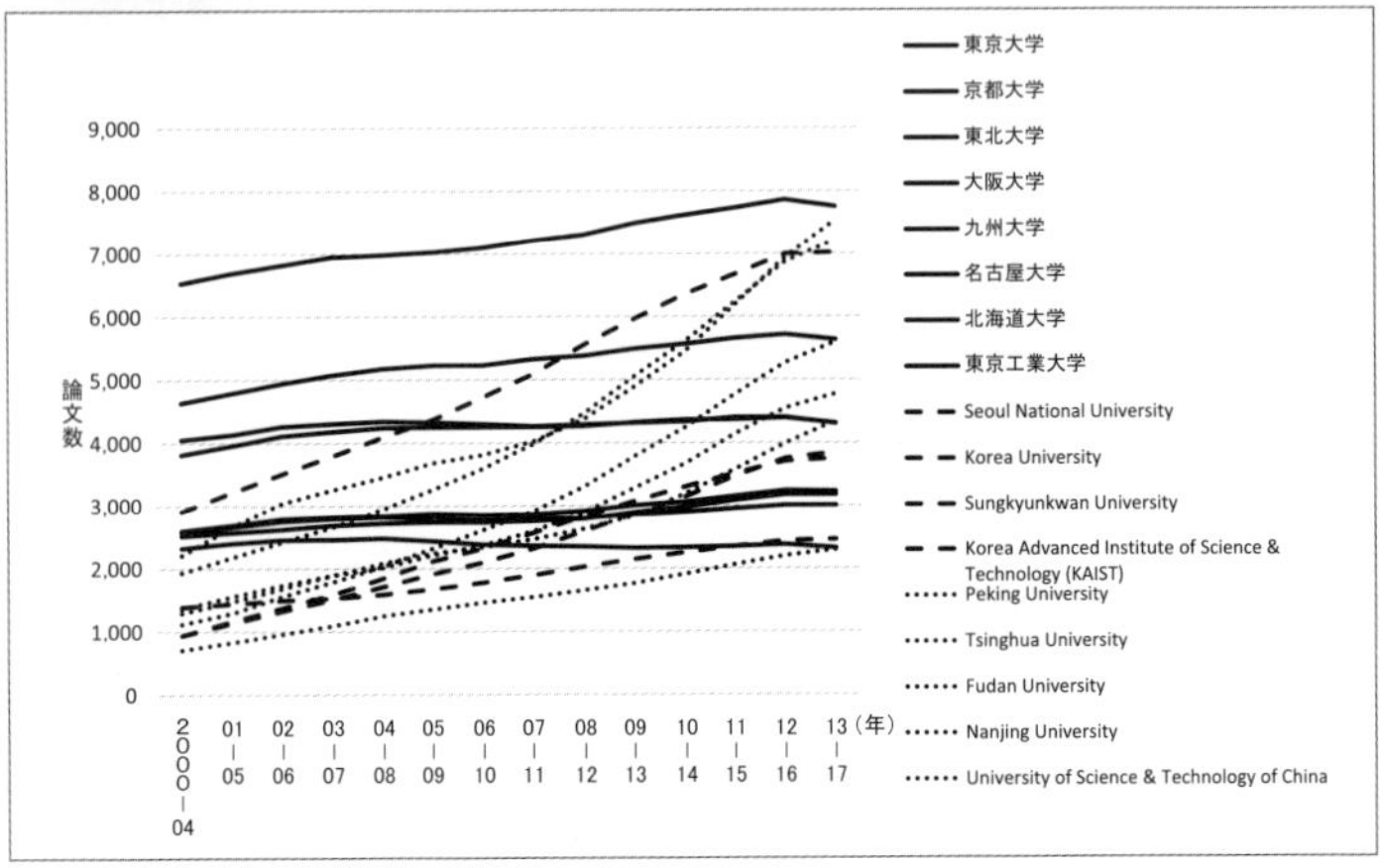

（注）2018年2月8日InCites Benchmarkingよりデータ抽出。文献種原著、分野分類法ESI、整数カウント、5年移動平均値。

ついでに、論文数のデータも見ておきましょう。

この図表2－18は、先ほどお示ししたのと同じ大学の論文数の変化を示したグラフです。なお、何度も注釈をつけていますが、ここでの論文数は一定の質のレベルが担保された論文の数です。東京大学がトップを維持しているものの、もうじき追い抜かれそうですし、他の日本の大学は論文数が停滞～減少しており、韓国、中国の大学にどんどん追い抜かれています。つまり、論文の質（注目度）も量も同時に追い超されているということです。

(9) 世界と戦える中堅大学が少ないという問題点

世界大学ランキングで500位からぼろぼろとこぼれ落ちる日本の大学ですが、その理由の一つは、世界と戦える中堅の大学が少なすぎることにあります。

図表2－19は、日本、韓国、ドイツ、米国の大学の格差の傾斜を、論文数に基づいて調べたグラフです。横軸は日本の大学の論文数の多い順に並べた順位で、70大学まで示してあります。論文数は、後の章でお話ししますが、（研究時間を考慮に入れた）大学教員の数と比例します。教員数の多い大学、つまり大規模大学ほど論文数が多く、規模が小さくなるほど論文数は少なくなります。日本の大学は黒丸で示しましたが、東京大学を頂点に急峻なカーブを描いています。

他の国についても同様の作図をしましたが、人口が異なるので、人口1億（2053年の日本の推計人口）に相当するように横軸の順位を調整してあります。つまり、韓国の場合は人口が約5000万人ですので、日本の20大学目が、韓国では10大学目になっています。ドイツと米国も同様の調整がしてあります。なお、米国の頂点であるハーバード大学の論文数はきわめて多く、その1／2の値がプロットしてあります。

韓国も、ドイツも、米国も同じような傾斜であり、日本の傾斜よりもずいぶんと緩くなっていま

図表2－19　論文数による大学の格差曲線

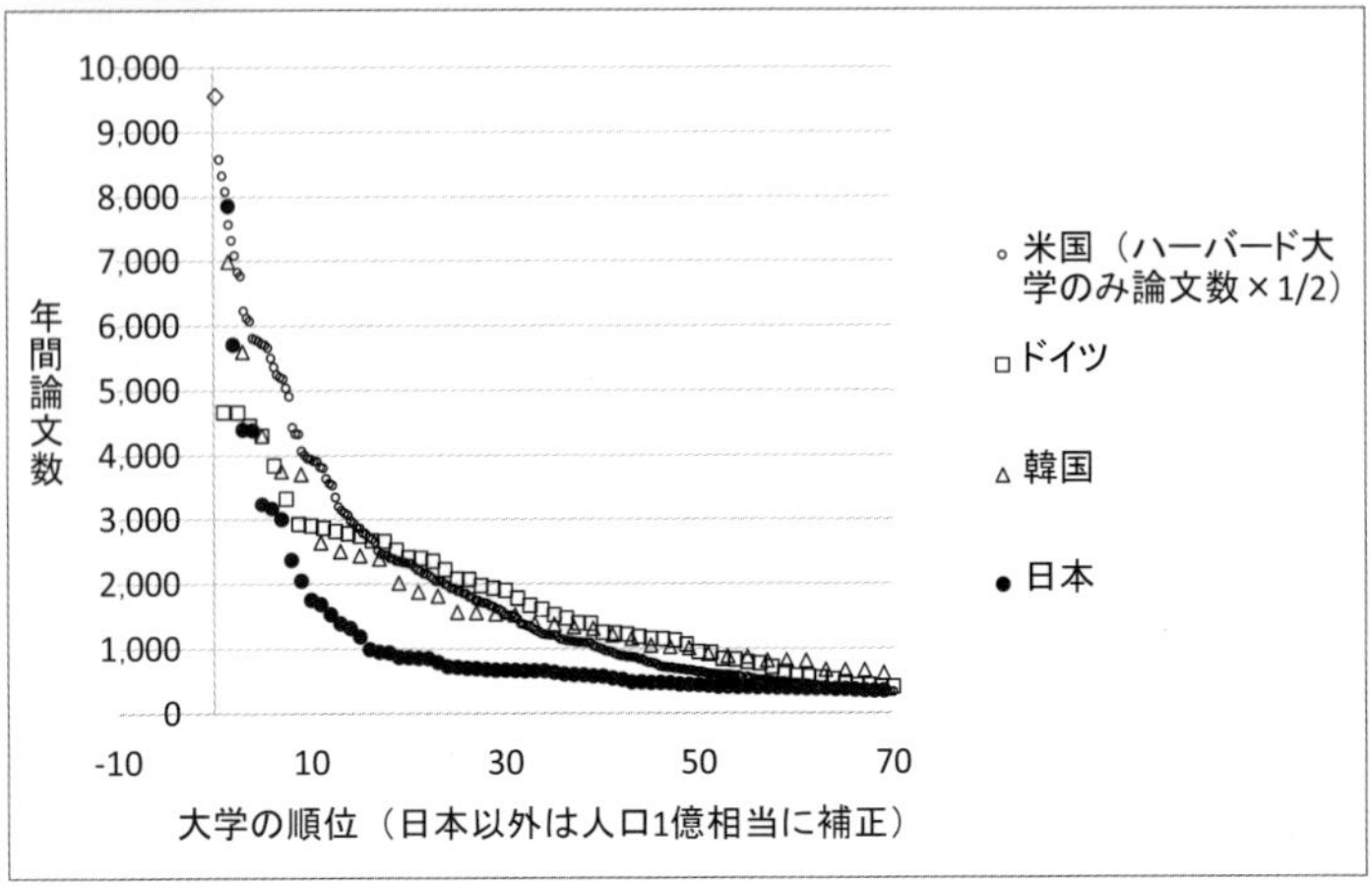

（注）クラリベイト・アナリティクス社 InCites Benchmarking より 2018 年 2 月 8 日データ抽出。文献種原著、分野分類法 ESI、2013 － 17 年の平均値、整数カウント。日本以外の国の順位は、人口 1 億あたりに補正。例えば韓国の場合、人口約 5 千万が 1 億に相当するように順位に 2 を掛けている。米国の大学のうち◇で示したハーバード大学の論文数は 1/2 の値を示した。

す。この3か国以外の他の国の傾斜もほぼ同様であり、日本の大学の格差の傾斜は、世界の先進国中でダントツに激しいのです。つまり、日本の大学の「選択と集中」はすでに十二分になされていることになります。

論文数について言えば、世界の大学の500位以内に入ろうとすると、一定の質が担保された論文を最低でも年間1000件産生することが不可欠です。そのような大学は、日本ではたった15大学しかありませんが、韓国は25大学（人口1億で調整すると50大学）、ドイツは39大学（人口1億で調整すると49大学）、米国は127大学（人口1億で調整すると39大学）あります。

世界大学ランキングでボロボロの日本の大学を韓国やドイツや米国並みに立て直すためには、日本の急峻な大学格差のカーブを韓国やドイツや米国並みに近づける必要があります。

日本の政府の今までの大学政策は、全体の高等教育予算の抑制下のもとでの「選択と集中（＝メリハリ）」政策でした。大学ランキング１００位以内に10大学を入れるという政府の目標も、財政抑制下では10大学以外の大学の予算を削減して、10大学に集中させるということになります。このような「選択と集中（＝メリハリ）」政策は図表２－19の日本の急峻なカーブをさらに急峻にするということになります。十二分に「選択と集中」がなされている日本の大学に、さらに輪をかけて「選択と集中」政策をしても、韓国やドイツや米国のカーブからはますます遠ざかることになり、世界の大学と戦えないことは自明ですね。また、「選択と集中（＝メリハリ）」政策に伴って、大学の評価に相当な労力と予算を投じて、評価結果に基づいた予算の傾斜配分も行われるようになりましたが、限られた予算を大学間で移動させているだけですから、日本のカーブが韓国やドイツや米国のカーブに近づくはずがないことも自明です。

ＧＤＰとも関係する世界大学ランキングで、日本がボロボロにならずに世界と戦えるようになるためには、日本の極端に急峻な大学間格差のカーブを、韓国やドイツや米国のカーブに近づけることが必要であり、そのためには上位大学とともに中小規模大学の研究規模を格段に引き上げることが必要です。

2．惨憺たる日本の研究力
――論文数世界ランキングはどこまで下がる？

ではいよいよ、日本の国全体の論文数について、その実態をご報告しようと思います。先ほどは日本の個々の大学のランキングについて惨憺たる状況であることをお示ししましたが、日本国全体としても、残念なことにその研究力の実態は、惨憺たる、と形容するのが最も適切です。

(1) 人口1人あたり論文数で日本は低迷

まず、図表2－20をご覧ください。2000年から2016年までの主要国の論文の絶対数の推移を示しています。一見して明らかなように、主要国の中で唯一日本だけが、論文の数が停滞しています。とはいえ、いまだ世界第5位は死守しており、まだまだ健闘していると思われる方もおられるかもしれません。

でも、ちょっと考えてみてください。米国や中国は日本よりもはるかに人口が多いため、論文数が日本より多いのは当然ですが、日本より上位にいる英国やドイツはどうでしょうか。英国の人口

図表2－20　米国、中国および主要国の論文数の推移

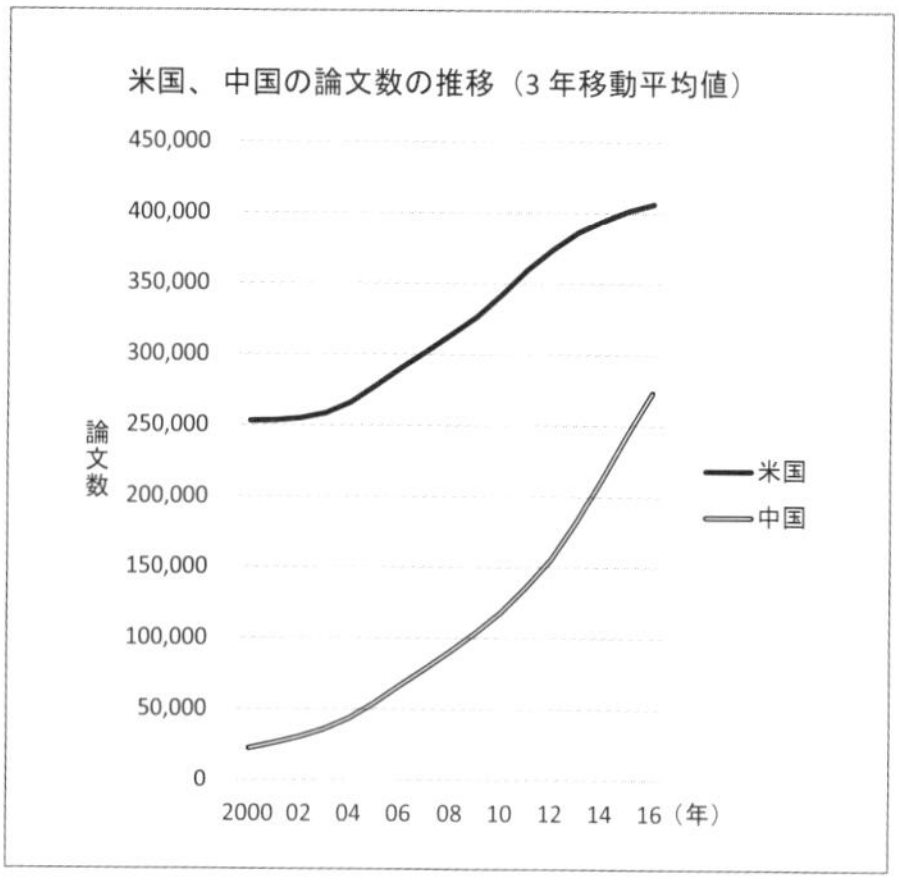

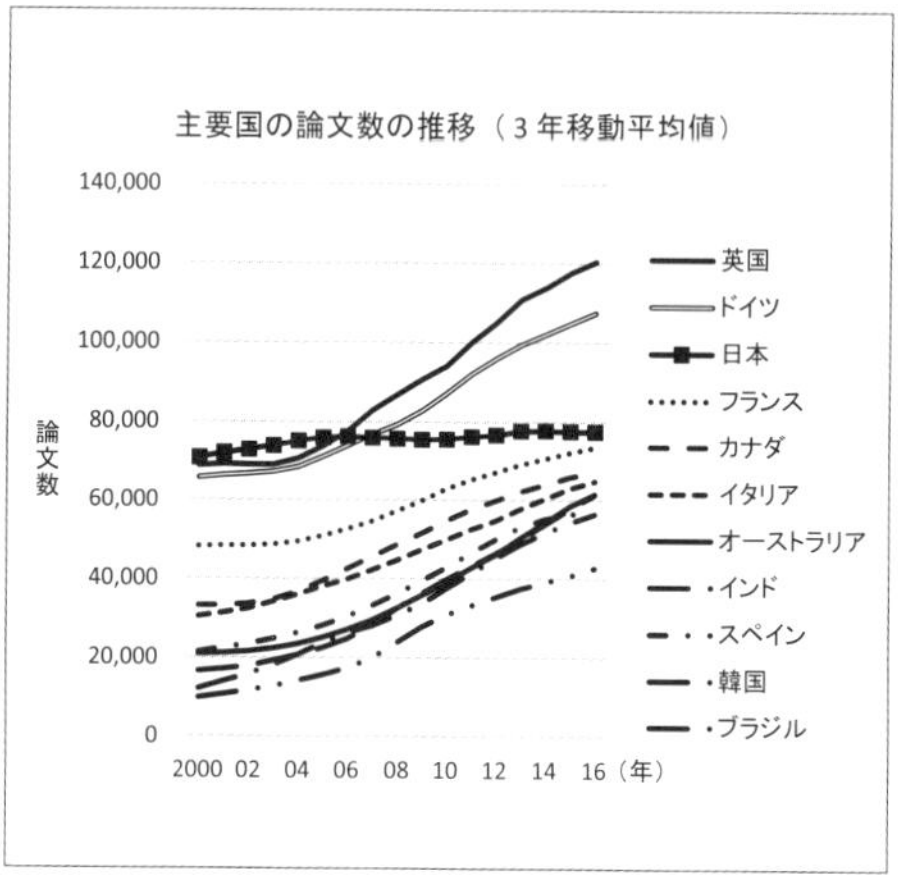

（注）クラリベイト・アナリティクス社 InCites Benchmarking より 2018 年 2 月 15 日データ抽出。文献種原著、分野分類法 WoS、整数カウント、3 年移動平均値（表示年から過去3 年間）。

図表2－21　主要国における人口あたり論文数の推移

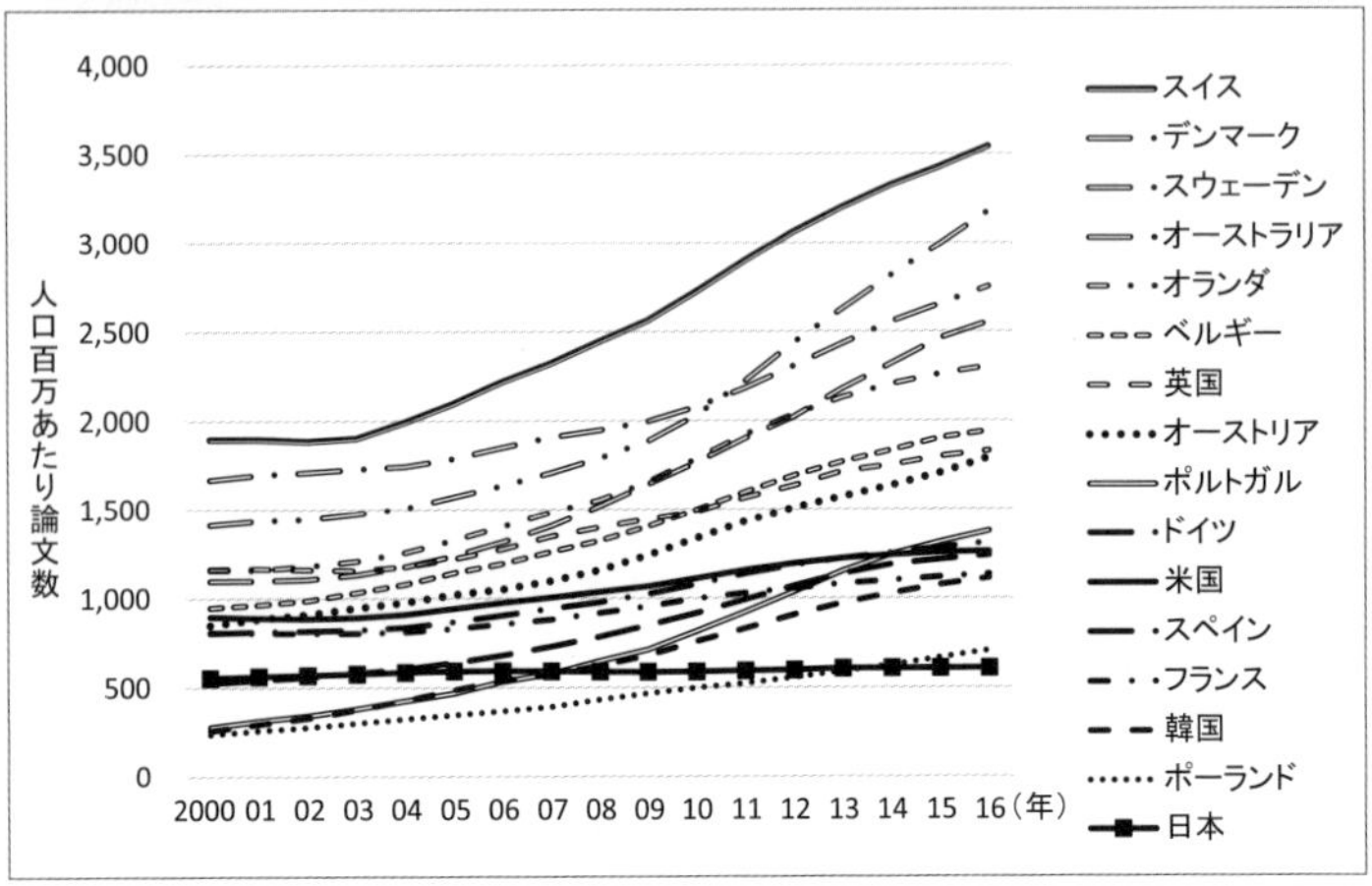

（注）クラリベイト・アナリティクス社 InCites Benchmarking より 2018 年 2 月 15 日データ抽出。文献種原著、分野分類法 WoS、整数カウント、3 年移動平均値（表示年から過去 3 年間）。人口は United Nations のウェブサイトより抽出。

は６４００万人で日本の約半分です。ドイツは８０００万人で約３分の２です。さらに、論文数で日本に迫ってきているフランスの人口は英国とほぼ同じでやはり日本の半分です。人口が半分の国と絶対数で激しく競い合っている状況で、研究力で上回っていると言えるでしょうか。

国際比較では人口や国内総生産（ＧＤＰ）あたりなど、規模を表す指標で標準化するのが一般的です。例えば、ＧＤＰで順位をつけて国の経済力は比較できても、国民の豊かさを比較することはできません。その場合は国民一人あたりのＧＤＰを比較するのが普通です。「研究力」を国際比較する場合も、ＧＤＰあたりや人口あたりなど何らかの標準化をした論文数を比較すること

図表２－22　各国の人口あたり論文数（2014－16年平均値）

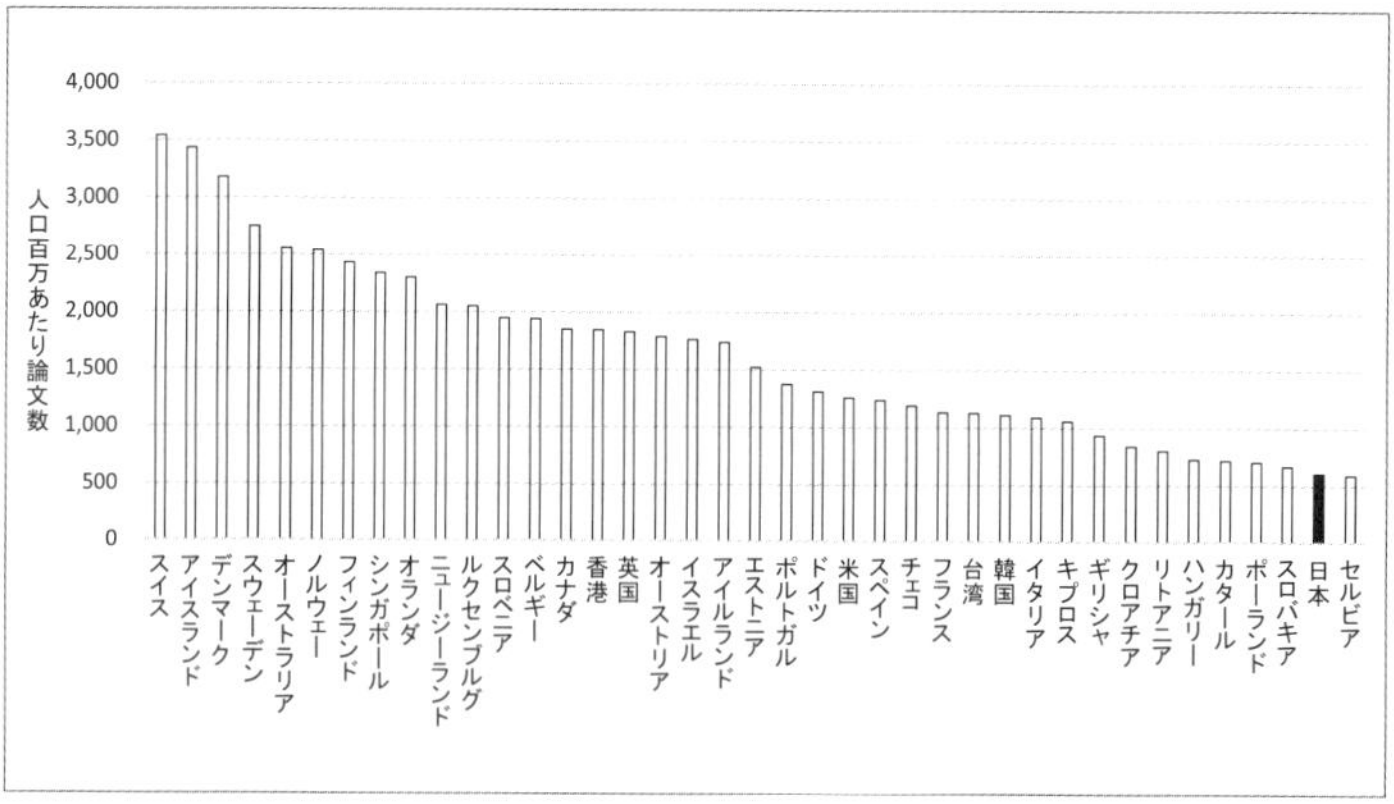

（注）クラリベイト・アナリティクス社 InCites Benchmarking より 2018 年 2 月 15 日データ抽出。文献種原著、分野分類法 WoS、整数カウント、2014 ～ 16 年の平均値。2015 年人口を United Nations のウェブサイトより抽出。

が必要です。

そこで、人口あたりの論文数で国際比較をしたのが図表２－21です。ご覧の通り、ほとんどの国が論文数を増加させる中、日本だけが停滞し、他の国にどんどん追い越され、引き離され、ここでお示しをした16か国中で最下位です。

実は、図表２－21はグラフが込み合うので16か国だけプロットしたもので、日本の順位はもっと低いのです。図表２－22は、人口あたり論文数（２０１４－16年の平均値）を、人口の少ない国々（アイスランド、ルクセンブルク、エストニア、キプロスなど）や地域（台湾、香港）も含めてお示しをした棒グラフです。日本は実に38位に転落しています。同じアジアの韓国は日本の約１・83倍、台湾は約１・86倍、シンガポールは約３・85倍の論文を産生しています。人口あたりの論文数で見ると、日本と競っているのは東欧の旧社会主義諸国というのが現実の姿です。

(2) 生産年齢人口あたりの論文数でも下位

でも、日本は超高齢社会となっており、人口あたりで計算するのは適切ではないという意見もあるかもしれませんね。そこで、生産年齢人口あたりの論文数も計算してみました。すると、図表2−23のように、いくつか日本の順位は上がるようですが、36位という順位であり、ほとんど日本の状況は変わりません。なお、人口と生産年齢人口とどちらが適切かということについては、論文数をイノベーション力の指標とし、イノベーション力でもって高齢者も含めて国民を養わなければならないことを考えると、著者は生産年齢人口あたりよりも人口あたりで計算する方が適切であると考えています。

また、日本は人口減少社会に突入していることから、将来の人口減少も見据えた論文数で比較するべきであるという意見もあるでしょう。現在約1億2700万人の日本の人口は、今から35年後の2053年には約1億人と推計されているので、この値でも計算してみました。すると、日本の順位は現時点で38位から34位に上がります。しかし、この場合でも、現在の東欧旧社会主義国と競っ

図表2－23　生産年齢人口あたり論文数（2014－16年平均値）

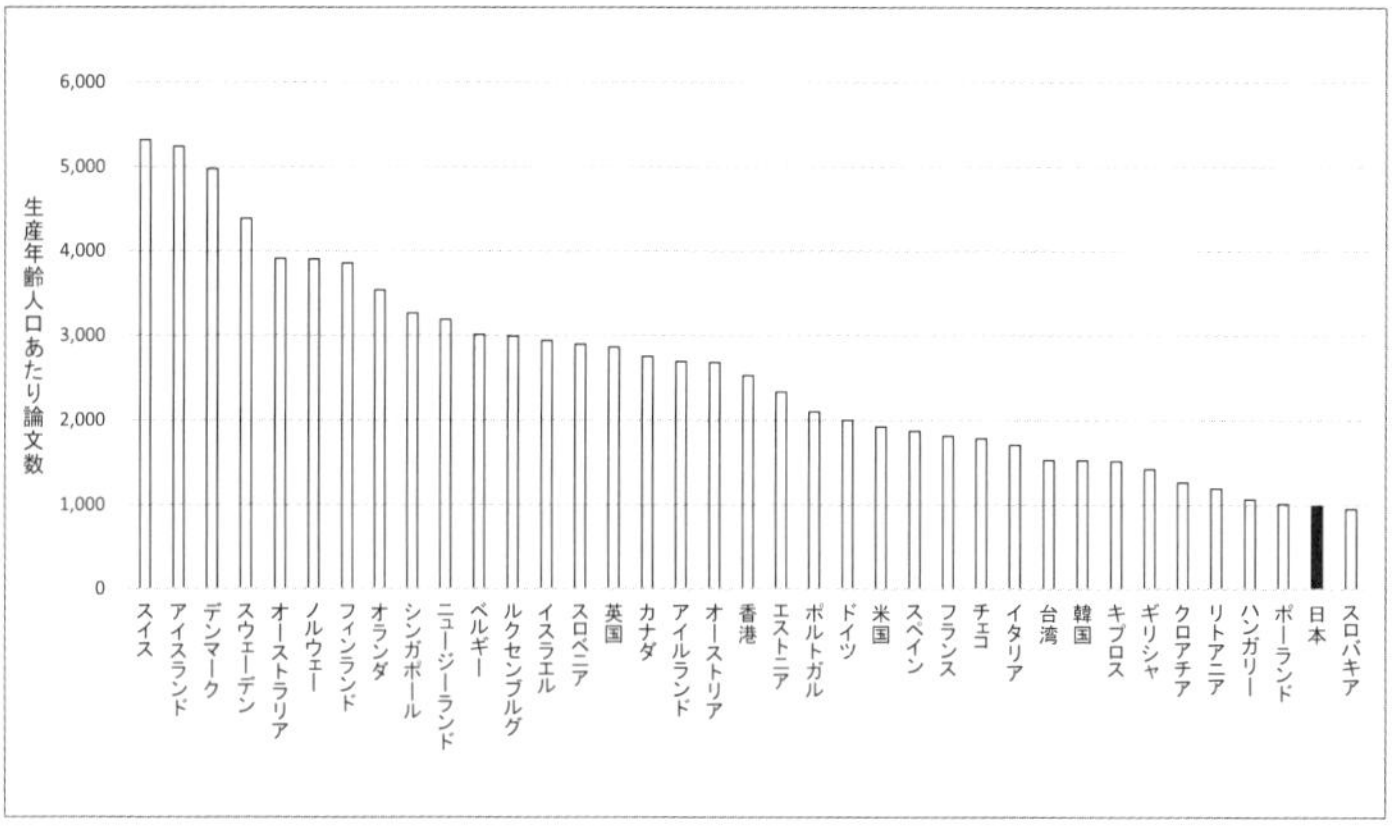

（注）クラリベイト・アナリティクス社 InCites Benchmarking より 2018 年 2 月 15 日データ抽出。文献種原著、分野分類法 WoS、整数カウント、2014～16 年の平均値。2015 年生産年齢人口（15－64 歳人口）を United Nations のウェブサイトより抽出。

ている状況は変わりません。もっとも、その頃には、図表2－21のグラフのカーブから想像がつくと思いますが、東欧諸国も日本をはるかに追い越しているので、日本の順位はさらに下がるはずです。日本の論文数が引き続き停滞し、日本よりも下位の国が、過去10年間の増加ペースで今後も論文数を増やすと仮定すると、2053年の日本の論文数の順位は52位になります。過去のペースで今後も論文数が増えるという仮定は少々乱暴な仮定であって、日本よりも上位の国には必ずしも当てはめられないと思いますが、今までの中国、韓国や東欧諸国の論文の伸びからすると、それほど間違っている仮定ではないと考えています。

また、人口が約1億2700万から1億に

減るわけですから、大学や教員の数も今の数ほどは必要なく、人口減少に見合った数にするべきである、という意見も当然出てくるでしょう。もし仮に、その意見に基づいて大学の教員数を1／1・27に減らす政策が実行されたとしますと、それに比例して論文数も減ることになり、2053年の日本の順位はさらに低下して58位になるという推計結果になります。

(3) 日本のGDPあたり論文数は世界第47位

さらに、GDPあたりの論文数でも比較してみました。図表2－24がそれです。GDPは購買力平価実質値を用い、2014～16年の平均論文数が上位100位の国・地域で調べました。日本の順位は47位であり、まったくもって富に見合った論文を産生していないということになります。学術論文は、新しい知見を世界中で共有するという機能があることから、論文を産生するということは、世界への貢献という意味もありますが、日本は学術の競争力に劣るばかりではなく、その富に見合った国際社会に対する責務を果たしていないということにもなります。

図表2－24　GDPあたり論文数（2014－16年平均値）

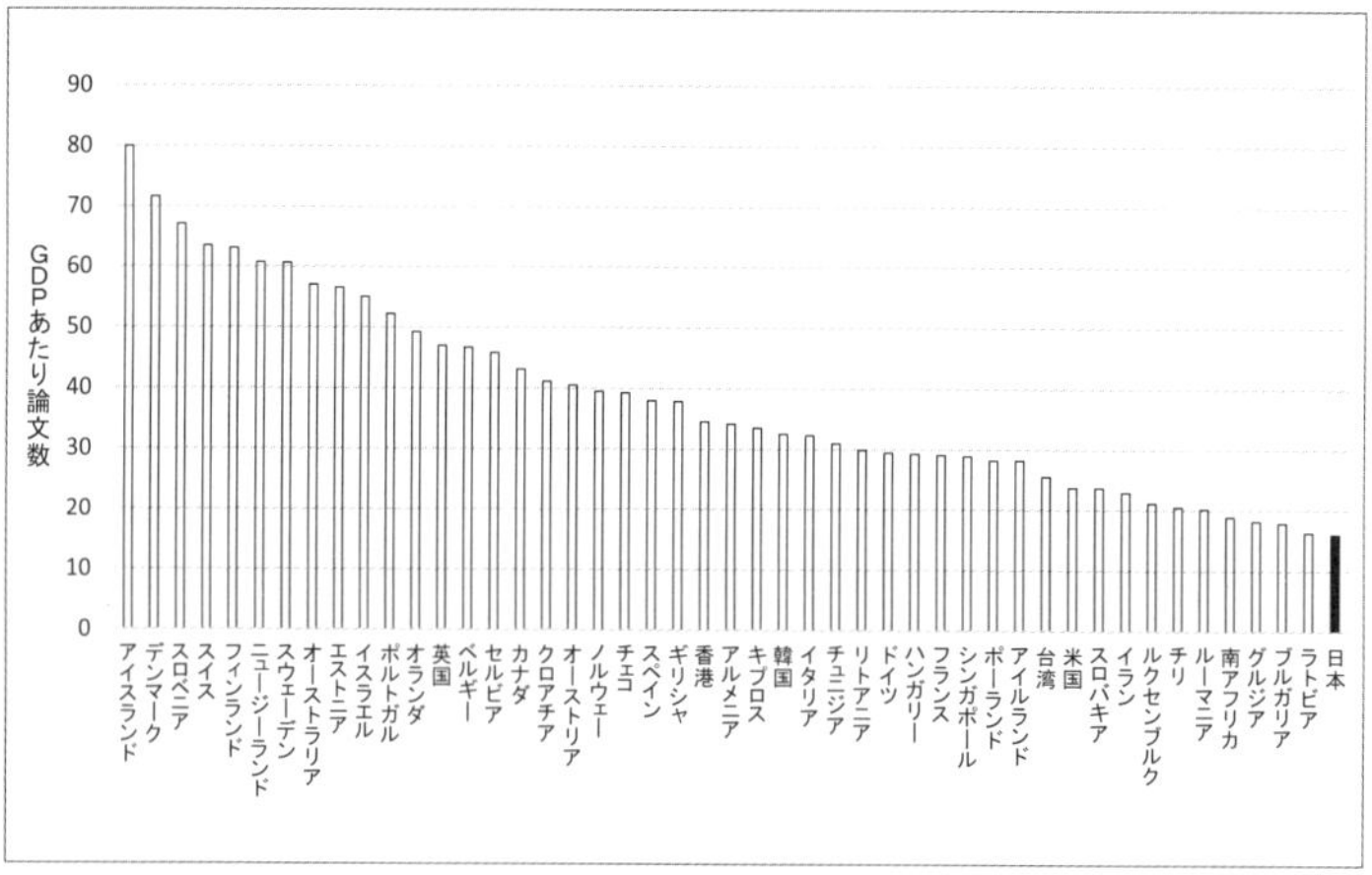

（注）クラリベイト・アナリティクス社 InCites Benchmarking より 2018 年 2 月 13 日データ抽出。文献種原著、分野分類法 WoS、整数カウント、2014 ～ 16 年の平均値。GDP（購買力平価実質値、2011 年基準、単位国際ドル）は IMF のウェブサイトの Economic Outlook database よりデータ抽出し著者計算。

(4) 目を覆わんばかりの日本の論文の注目度

さて、今までは、日本の論文の「数」についてのデータをお見せし、惨憺たる状況であることをお示ししました。

でも、論文の「数」ではなく「質」が重要であるという人もおられると思います。たとえ「数」は少なくても「質」の高い論文を産生していれば、日本は大丈夫だ、と。それでは論文の「質」についての日本のデータを見てみましょう。

ところで論文や研究の「質」をどう評価するのか、という点についてはいろいろと議論があり難しい面をもっています。「質」の評価には主観が入る余地があり、たとえばノーベル賞は研究の「質」を評価しているものと考えられますが、ノーベル賞選定委員会の「主観」によって大きく左右される側面をもっています。

この論文の「質」を測る一つの方法として、論文の被引用数というものがあります。これは、他の論文にどれだけ引用されたかという数値で、引用回数が多い論文ほど、質の高い論文であると判断するのです。この章の初めにお話をした大学ランキングにおいても、この被引用数に関連する指標が使われていましたね。また、ノーベル賞受賞者を予想する場合も、この被引用数が重要な判断材料の一つとして使われています。さらに、最近では、SNSやネット上での閲覧回数やダウンロード回数でもって、論文の質を測ろうとするAltmetricsという手法が開発されており、将来は、被引用数以外の手法も使われる可能性があります。

一方で、このような被引用数やダウンロード回数でもって、果たして「質」を判断できるのか、という反論もあり、また、いくつかの副作用も指摘されています。しかしながら、他に代わる良い方法がないので、現段階では被引用数が論文の「質」を定量的に測る方法としてもっぱら用いられています。ただし、被引用数やダウンロード回数イコール論文の「質」とすることは、さすがに適切ではないと思われますので、本書では科政研の見解に従って、論文の「注目度」という言葉を使っています。「注目度」イコール「質」ではありませんが、「質」を評価する上での一つの参考資料になると考えられます。

それでは、日本の論文の「注目度」を見てみることにしましょう。すでに世界大学ランキングからも、日本の論文の「注目度」が芳しくないことは読者の皆さんも想像しておられると思いますが、ここではどれほどまで芳しくないかというデータをお見せします。

現在使われている被引用数に関連する指標は、一つではなく複数あり、それぞれ一長一短があります。まず、THE社世界大学ランキングで30％もの重みがある被引用インパクト（CNCI）から見ていきましょう。これは論文1件あたりの被引用数を学術分野で調整し、データベースに収録された全論文の平均を「1」として表した数値でした。つまり、1以上であれば世界平均よりも上、下であれば世界平均よりも下、ということになります。

図表2－25は、主要国の被引用インパクトの推移を示しています。日本は1未満の値、つまり世界平均未満の値で、停滞をしています。欧米諸国はすでに高い位置にあるか、上昇しており、日本との差が開いています。また、中国、韓国については、数年前までは日本よりも低かったのですが、最近日本を追い抜きました。以前は米国が注目度においても圧倒的に強かったのですが、最近はヨーロッパ諸国が追い抜くようになってきました。ただし、米国は1・3以上の高得点であることに変わりはありません。

実はこの図は、グラフが込み合うので、ごく一部の主要国しかお示ししていません。次のグラフ

図表2－25　主要国におけるCNCIの推移

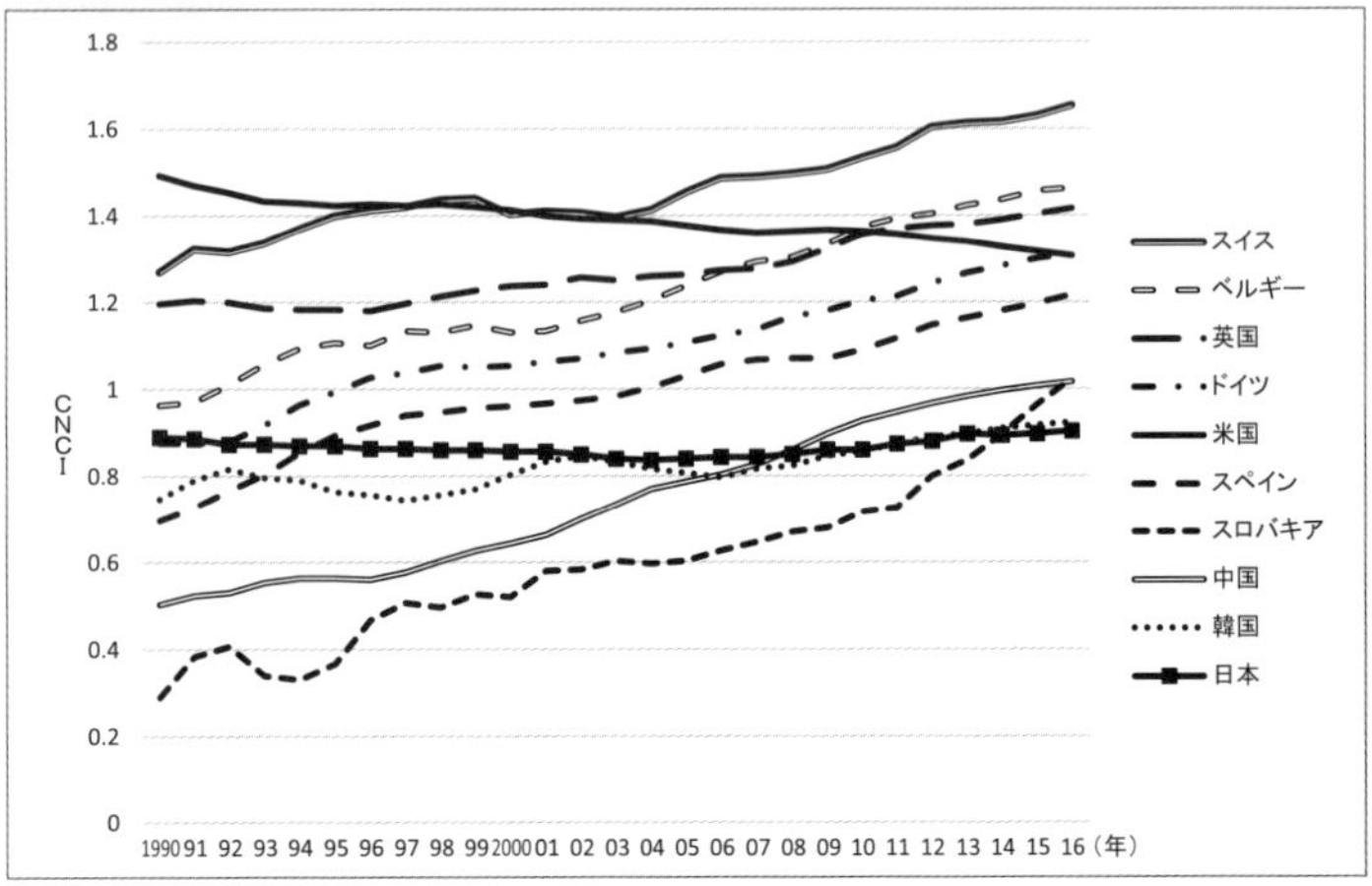

（注）クラリベイト・アナリティクス社InCites Benchmarkingより2018年2月15日データ抽出。文献種原著、分野分類法WoS、CNCI：Category Normalized Citation Impact、3年移動平均値（表示年から過去3年間）。

で、他の国の値もお示ししたいと思います。

図表2－26は、日本の被引用インパクト（2014～16年の平均）の世界順位を示しています。これは、論文数の産生が上位100位に入る国・地域を抽出し、その中で被引用インパクトの高い順に国を並べたデータです。国の名前が小さくて読めないかもしれませんが、日本はこのグラフの右端、実に世界第78位なのです。これを、いったいどう表現すればいいのでしょうか？　まさに驚愕的な順位です。

被引用数に関連する指標にはいくつかあるとお話ししましたね。もう一つの指標である「トップ10％論文数割合（Documents in Top10%）」という指標のデータもお示しします。これは、「被引用数が世界でトッ

図表2－26　CNCI（2014－16年平均値）

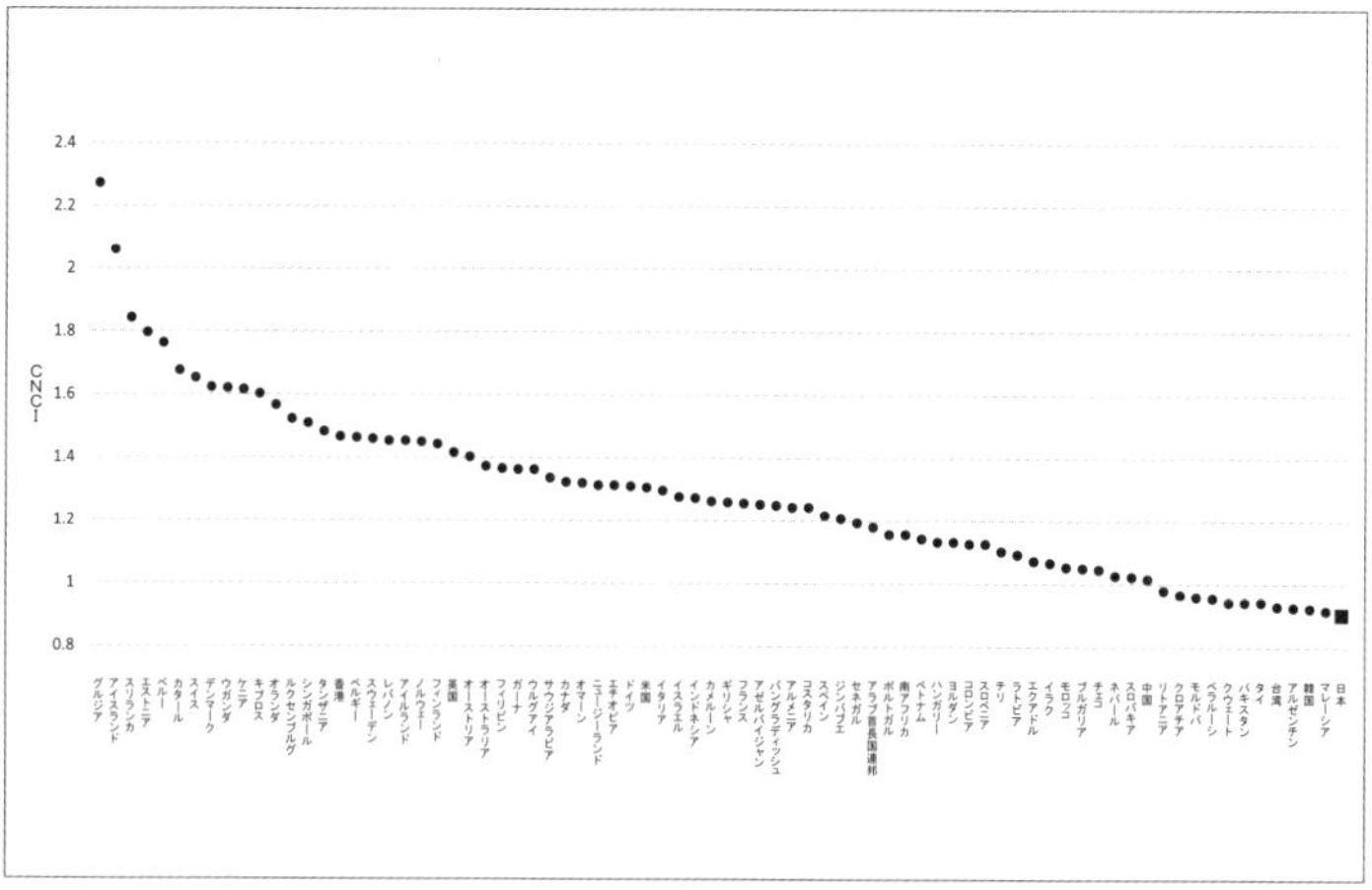

（注）クラリベイト・アナリティクス社 InCites Benchmarkingより2018年2月15日データ抽出。文献種原著、分野分類法WoS、CNCI：Category Normalized Citation Impact、2014－16年平均値。論文数上位100位の国・地域についてCNCIの順位を検討。

プ10％に入る高注目度論文数の、その国の論文に占める％」という意味です。例えば、その国全体の論文が仮に１００件あって、世界トップ10％に入る高注目度論文が15件あった場合は、15％になります。つまり、「10％」だったら世界平均並みの国であり、10％よりも高いと世界平均よりも上、10％よりも低いと世界平均よりも下の国ということになります。

先ほどの「被引用インパクト」という指標の欠点としては、論文数が少ない国では、1件の大ヒットした論文があると、全体の数値が引き上げられるという現象が起こることがあります。被引用数やダウンロード回数は、ヒットした論文とそうでない論文との差が極端に大きく、べき乗分布をする

図表2－27 トップ10%論文数割合（2014－16年平均値）

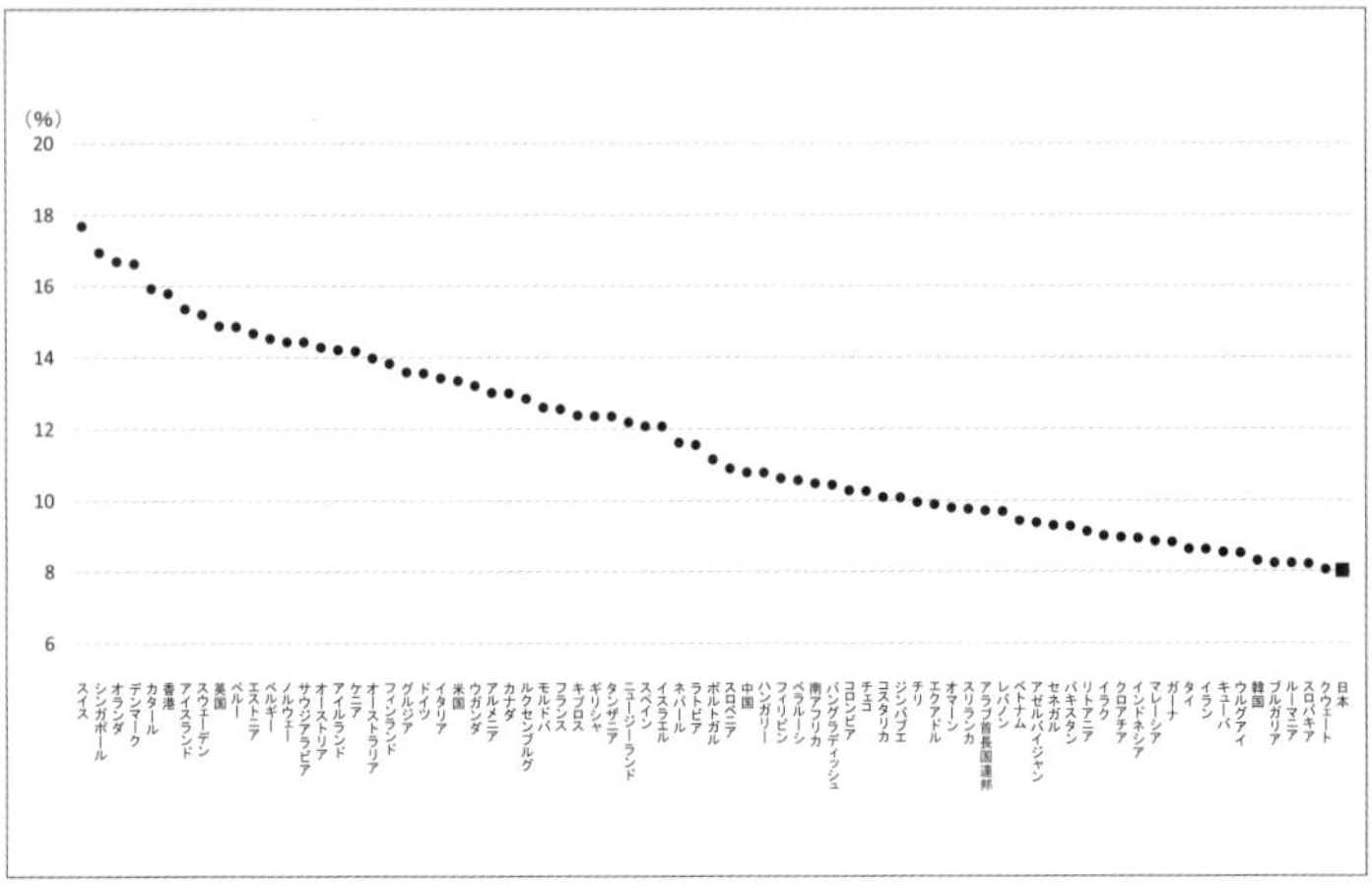

（注）クラリベイト・アナリティクス社 InCites Benchmarking より 2018 年 2 月 15 日データ抽出。文献種原著、分野分類法 WoS、% Documents in Top 10%、2014 － 16 年平均値。論文数上位 100 位の国・地域について % Documents in Top 10% の順位を検討。

ので、1件の大ヒット論文があるかどうかで、全体が大きく左右されるのです。図表2－26でいうと、2014～16年の被引用インパクトが第1位の国は、グルジアの2・27です。しかし「トップ10%論文数割合」は13・6%であり、その順位は20位となっています。グルジアの論文数は644しかなく、大ヒットした少数の論文で全体が引き上げられてしまうのです。

「トップ10%論文数割合」では、被引用数が世界トップ10%に入る論文を、被引用数が1万でも、千でも、百でも「1」と数えますので、大ヒット論文1件のべき乗分布の影響を避けることができます。なお、論文数が多い場合は大ヒット

図表2－28　人口あたり高注目度論文数（2014－16年平均値）

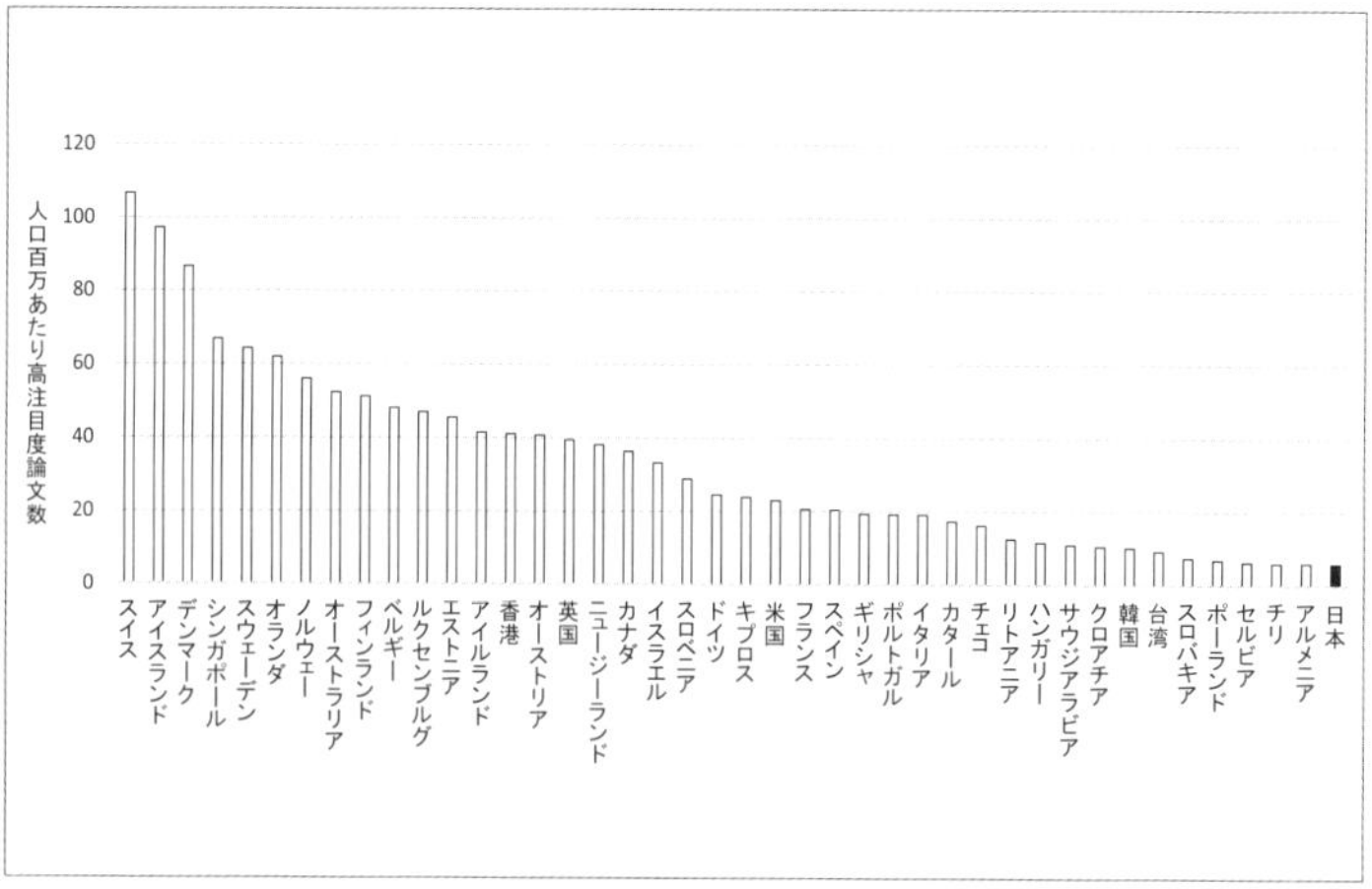

（注）クラリベイト・アナリティクス社 InCites Benchmarking より 2018 年 2 月 15 日データ抽出。文献種原著、分野分類法 WoS、Highly Cited Papers 2014 － 16 年平均値。論文数上位 100 位の国・地域について Highly Cited papers の順位を検討。

論文1件の影響は薄まり、経験上は大体論文数6000以上あれば、「被引用インパクト」と「トップ10％論文数割合」はまずまず相関します。

さて、「トップ10％論文数割合」の順位を図表2－27にお示ししましたが、日本の順位は世界第75位でした。被引用インパクトよりも多少ましですが、ほとんど変わりません。

最後に、論文の量と質を両方兼ね備えた指標をお示ししましょう。それは、被引用数が世界のトップ1％（または10％）に入る高注目度論文の数です。図表2－28に人口あたりのトップ1％に入る高注目度論文数の順位をお示ししました。日本は世界第44位になります。通常の論文の場合よりも順位が下がりますね。なお、人口あたりではない高注目度論文数では、日本は世界第12位になります。米国、中国、英国、ドイツ、フランス、カナダ、オーストラリア、イタリア、オランダ、スペイン、スイス、日本の順であり、日本よりも人口がはるかに少ない国に追い越されています。

日本は「数」も「質」も総崩れです。

国土が狭く資源に乏しい日本は科学技術やイノベーションを海外に売って稼がなくてはなりません。政府も日本を科学技術創造立国にすると謳っていたはずです。しかし、どの論文数のデータを分析しても、とても科学技術創造立国とは言えません。まさに、惨憺たる状況なのです。

3．理工系でも目を疑う弱体化

日本の公的研究力が論文の絶対数でも被引用数でも世界から取り残されつつある「惨憺たる」状

況を少しはご理解いただけたものと思います。では、この研究力劣化状況は学術分野全般なのか、それとも研究分野の別で劣化の状況に濃淡があるのか、もう少し詳しく分析したいと思います。

それでは、まず、各学術分野ごとの論文数の世界ランキングを見てみましょう。図表2－29は、21の学術分野別の論文数（2014～16年の平均）の各国の順位を示しています。

まず、日本がノーベル賞を取っている物理や化学については、日本は世界4位、5位とそれなりに高い順位を維持しています。ただし、日本のお家芸と言われた材料科学については、人口5千万の韓国に論文の絶対数で追い抜かれてしまいました。工学、特に計算機科学の日本の順位は低く、韓国はもちろん、他の日本よりも人口の少ない国に追い抜かれています。

山中伸弥先生によるiPS細胞の研究などを含めた基礎生命系や臨床医学については、日本の順位は3位～6位と、それなりの順位を保っています。

農動植物系、数理系については、日本の順位は、それほど高くなく、人社系に至っては、たいへん低い順位になっています。経済・経営学、社会科学では韓国の方が日本よりも上になっています。

先ほどの論文数の世界ランキングをご覧になって、物理や化学は、世界第4位、5位を維持しており、ノーベル賞も受賞しているので、日本はなかなかがんばっているじゃないか、と思われた読者もおられると思います。しかし、逆に、非常に心配な状況であることは、次の図をご覧になればおわかりになると思います。図表2－30は物理、化学、材料科学、工学の4つの分野を合わせた「理

	臨床医学	農	動植物	環境	地球	宇宙	数学	精神・心理	経済経営	社会	総合
1	米国	米国	米国	米国	米国	米国	中国	米国	米国	米国	米国
2	中国	中国	中国	中国	中国	英国	米国	英国	英国	英国	中国
3	英国	ブラジル	ブラジル	英国	英国	ドイツ	フランス	ドイツ	ドイツ	オーストラリア	英国
4	ドイツ	インド	英国	ドイツ	ドイツ	フランス	ドイツ	カナダ	オーストラリア	カナダ	ドイツ
5	**日本**	スペイン	ドイツ	カナダ	フランス	イタリア	英国	オーストラリア	中国	ドイツ	インド
6	イタリア	イタリア	オーストラリア	オーストラリア	カナダ	中国	イタリア	オランダ	フランス	オランダ	**日本**
7	カナダ	ドイツ	**日本**	スペイン	オーストラリア	スペイン	ロシア	スペイン	カナダ	スペイン	フランス
8	フランス	韓国	カナダ	フランス	イタリア	**日本**	スペイン	イタリア	スペイン	中国	カナダ
9	韓国	オーストラリア	スペイン	イタリア	ロシア	ロシア	**日本**	中国	イタリア	スウェーデン	オーストラリア
10	オーストラリア	**日本**	フランス	ブラジル	**日本**	オーストラリア	カナダ	フランス	オランダ	イタリア	イタリア
11	オランダ	フランス	イタリア	インド	スペイン	オランダ	インド	スイス	台湾	フランス	スペイン
12	トルコ	カナダ	インド	オランダ	インド	カナダ	イラン	ベルギー	韓国	南アフリカ	韓国
13	スペイン	英国	ポーランド	**日本**	スイス	チリ	韓国	スウェーデン	スイス	ブラジル	オランダ
14	ブラジル	イラン	メキシコ	ポーランド	オランダ	インド	ポーランド	イスラエル	スウェーデン	ベルギー	ブラジル
15	スウェーデン	トルコ	韓国	スウェーデン	ノルウェー	スイス	ブラジル	**日本**	**日本**	韓国	スイス
16	スイス	ポーランド	トルコ	スイス	ブラジル	スウェーデン	トルコ	韓国	ベルギー	トルコ	スウェーデン
17	インド	オランダ	オランダ	韓国	スウェーデン	ブラジル	サウジアラビア	ブラジル	香港	ノルウェー	マレーシア
18	台湾	メキシコ	アルゼンチン	ポルトガル	イラン	ポーランド	オーストラリア	ノルウェー	デンマーク	スイス	台湾
19	ベルギー	ベルギー	南アフリカ	トルコ	ポーランド	ベルギー	ルーマニア	トルコ	ノルウェー	デンマーク	ベルギー
20	デンマーク	パキスタン	スイス	メキシコ	韓国	韓国	イスラエル	台湾	フィンランド	台湾	ブルガリア
21	ポーランド	ニュージーランド	ベルギー	南アフリカ	オーストリア	デンマーク	台湾	デンマーク	トルコ	香港	デンマーク
22	オーストリア	アルゼンチン	イラン	デンマーク	南アフリカ	南アフリカ	スイス	香港	シンガポール	イスラエル	オーストリア
23	イラン	ポルトガル	スウェーデン	イラン	ベルギー	メキシコ	オーストリア	ポルトガル	ブラジル	フィンランド	香港
24	イスラエル	マレーシア	チェコ	ベルギー	トルコ	フィンランド	チェコ	フィンランド	オーストリア	ニュージーランド	南アフリカ
25	ノルウェー	デンマーク	ロシア	ノルウェー	台湾	台湾	ポルトガル	ポーランド	ポルトガル	**日本**	シンガポール

図表2－29　学術分野別論文数ランキング（2014－16年平均値）

	物理	化学	材料	工学	計算機	薬	生物生化学	分子生物	微生物	免疫	神経・行動
1	中国	中国	中国	中国	中国	米国	米国	米国	米国	米国	米国
2	米国	米国	米国	米国	米国	中国	中国	中国	中国	中国	中国
3	ドイツ	インド	韓国	英国	英国	**日本**	ドイツ	英国	ドイツ	英国	ドイツ
4	**日本**	ドイツ	インド	韓国	韓国	インド	**日本**	ドイツ	英国	ドイツ	英国
5	ロシア	**日本**	ドイツ	インド	フランス	英国	英国	**日本**	フランス	フランス	カナダ
6	フランス	フランス	**日本**	イラン	ドイツ	ドイツ	インド	フランス	**日本**	**日本**	**日本**
7	英国	英国	英国	ドイツ	スペイン	イタリア	フランス	カナダ	ブラジル	カナダ	イタリア
8	インド	ロシア	フランス	フランス	カナダ	韓国	カナダ	イタリア	韓国	オランダ	フランス
9	イタリア	韓国	イラン	イタリア	インド	フランス	イタリア	韓国	インド	オーストラリア	オーストラリア
10	韓国	スペイン	ロシア	カナダ	イタリア	ブラジル	韓国	オーストラリア	スペイン	イタリア	オランダ
11	スペイン	イラン	オーストラリア	**日本**	オーストラリア	スペイン	スペイン	スペイン	カナダ	スペイン	スペイン
12	カナダ	イタリア	イタリア	スペイン	台湾	カナダ	オーストラリア	オランダ	オーストラリア	ブラジル	スイス
13	スイス	カナダ	スペイン	オーストラリア	**日本**	オーストラリア	ブラジル	インド	イタリア	スイス	韓国
14	ポーランド	ポーランド	台湾	台湾	イラン	イラン	オランダ	スイス	オランダ	インド	ブラジル
15	ブラジル	オーストラリア	カナダ	トルコ	香港	オランダ	スイス	ブラジル	スイス	スウェーデン	スウェーデン
16	イラン	ブラジル	ポーランド	ブラジル	シンガポール	トルコ	スウェーデン	スウェーデン	イラン	韓国	ベルギー
17	オーストラリア	台湾	トルコ	ロシア	ブラジル	エジプト	ポーランド	台湾	ベルギー	南アフリカ	インド
18	台湾	スイス	ブラジル	香港	トルコ	スイス	ロシア	ロシア	スウェーデン	ベルギー	デンマーク
19	オランダ	サウジアラビア	マレーシア	ポーランド	オランダ	ポーランド	トルコ	デンマーク	ポーランド	デンマーク	イスラエル
20	スウェーデン	トルコ	サウジアラビア	オランダ	サウジアラビア	台湾	デンマーク	ベルギー	ロシア	台湾	トルコ
21	トルコ	オランダ	シンガポール	マレーシア	スイス	サウジアラビア	台湾	イスラエル	メキシコ	タイ	台湾
22	ベルギー	スウェーデン	スウェーデン	スウェーデン	スウェーデン	ベルギー	ベルギー	ポーランド	デンマーク	ポーランド	オーストリア
23	ウクライナ	ベルギー	香港	シンガポール	ギリシャ	スウェーデン	イラン	オーストリア	チェコ	オーストリア	ポーランド
24	イスラエル	チェコ	スイス	サウジアラビア	ポーランド	パキスタン	オーストリア	シンガポール	アルゼンチン	トルコ	フィンランド
25	チェコ	シンガポール	チェコ	スイス	ベルギー	デンマーク	チェコ	フィンランド	タイ	イスラエル	ノルウェー

（注）クラリベイト・アナリティクス社 InCites Benchmarking より 2018 年 2 月 13 日データ抽出。
文献種原著、分野分類法 WoS、2014 － 16 年の平均論文数。

図表 2 − 30　主要国の理工系論文数の推移

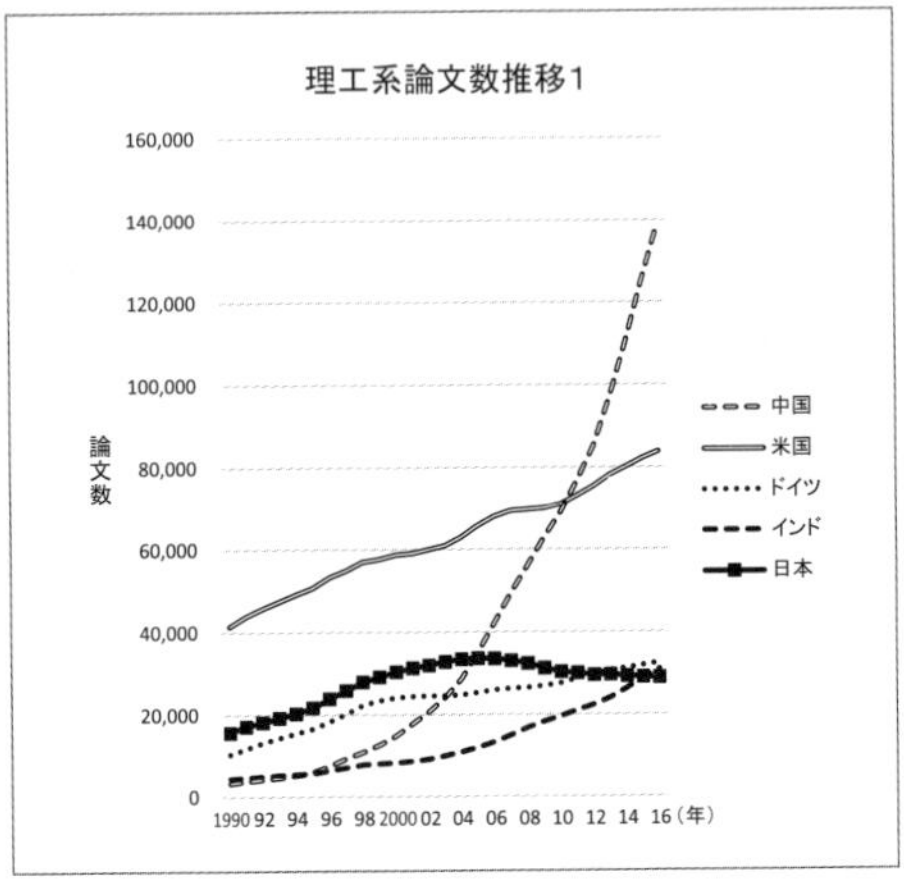

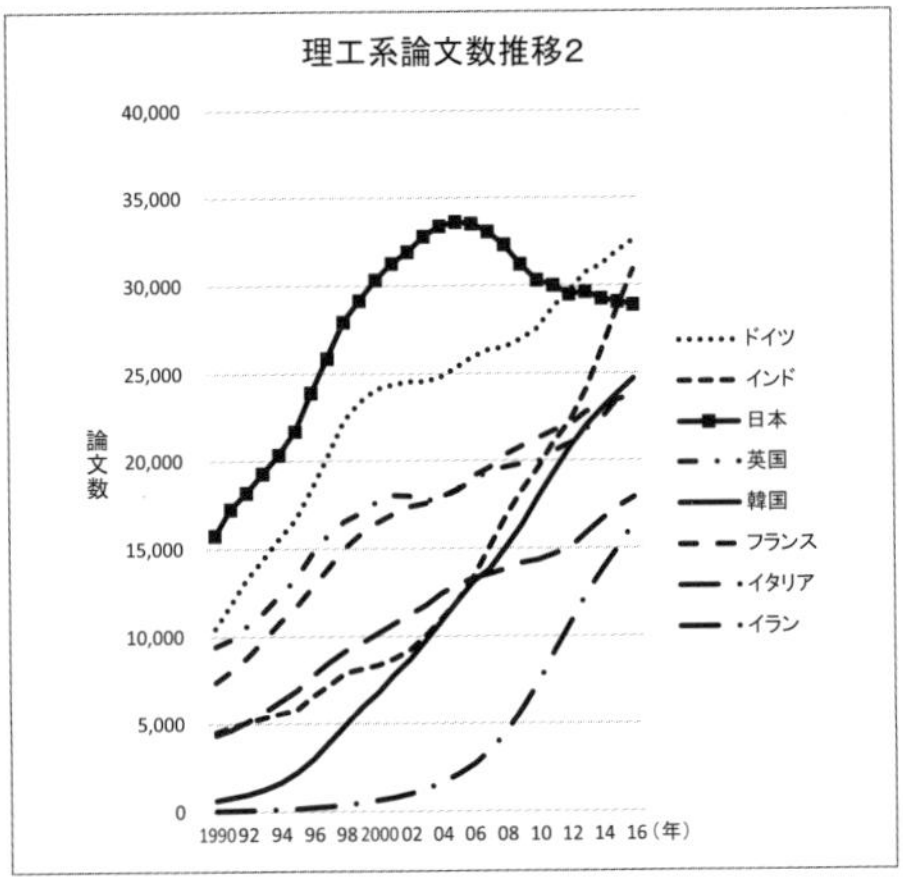

（注）クラリベイト・アナリティクス社 InCites Benchmarking より 2018 年 2 月 13 日データ抽出。文献種原著、分野分類法 ESI、整数カウント、3 年移動平均値（表示年から過去 3 年間）。「理工系」とは、物理学、化学、材料科学、工学の 4 分野の合計。

工系」分野の論文数の推移を示したグラフです。日本は2000年頃までは米国に次いで世界第2位を維持し、中でも材料科学は日本のお家芸とも言われていました。しかし、2004年頃から論文数が急激に減り始めて、中国、ドイツ、インドに追い抜かれて現在5位になっており、英国、韓国、フランスなど、日本よりも人口の少ない国に追いつかれそうです。もちろん、人口あたりで計算すると、すでにこれらの国々に追い抜かれています。

計算機科学（コンピュータ・サイエンス）については、図表2－31にお示ししましたように、そもそも論文数の順位が低い上に、他の人口の少ない国にどんどんと追い抜かれています。なお、この計算機科学のデータは、データベースの〝原著論文〟の集計方法が2007年から変更されているので、2009年値（つまり2007～09年の平均値）以降のデータをお示ししています。政府は今頃になって人工知能（AI）が重要であると言い出していますが、このような学術面での惨憺たる状況が放置されてきたことを、どのように考えているのでしょうか？

図表2－32は「基礎生命系」の論文数の推移を示しています。薬毒物学、生物・生化学、分子生物・遺伝学、微生物学、免疫学、神経科学の6分野の合計です。この「基礎生命系」論文数も2000年頃までは世界第2位を維持してきました。しかし、2000年頃から停滞し、2004年を超えると減少に転じています。中国だけではなく、人口が日本よりも少ないドイツ、英国に追い抜かれました。

図表 2 − 31　主要国の計算機科学論文数の推移

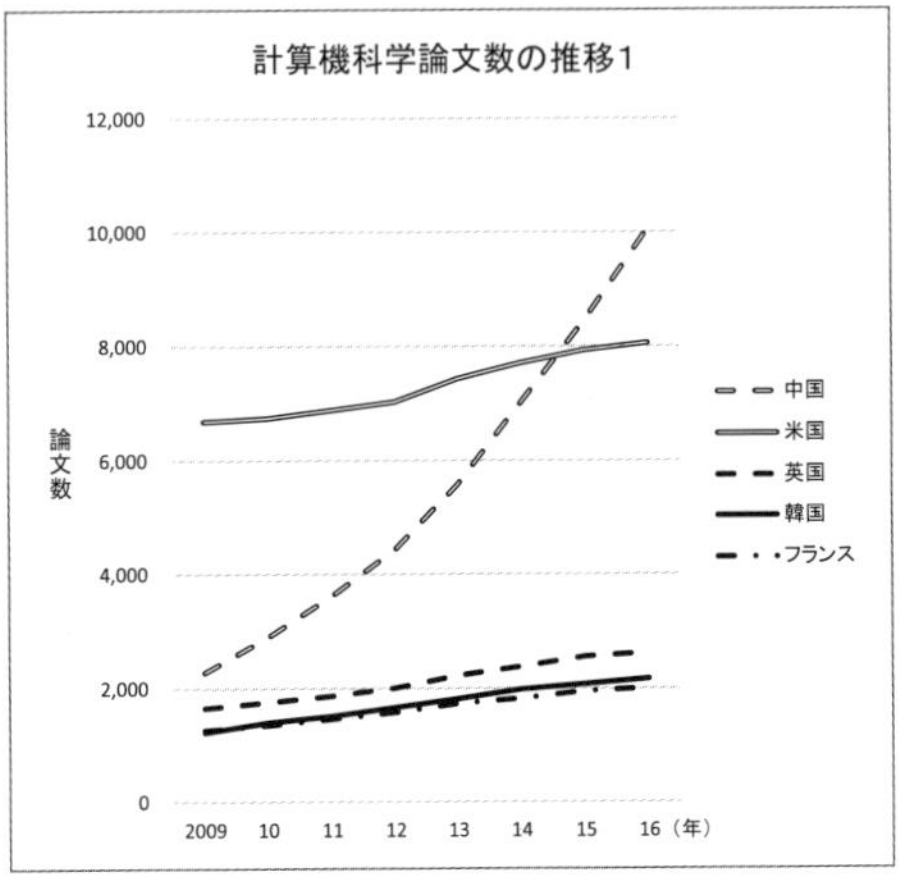

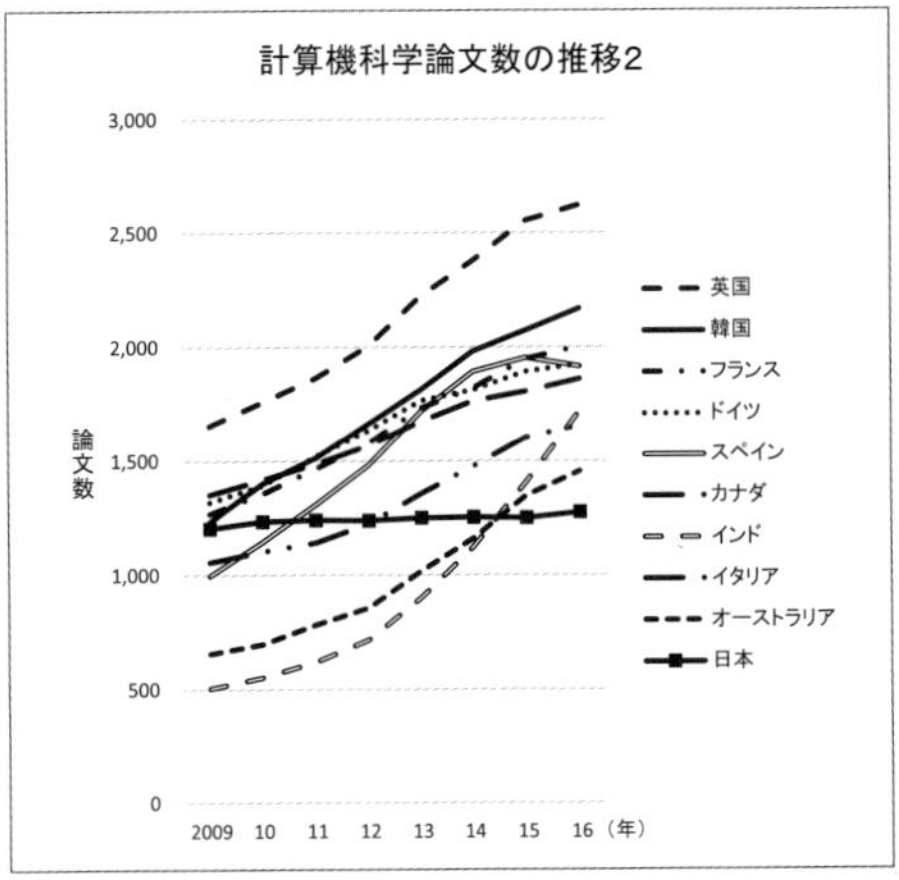

（注）クラリベイト・アナリティクス社 InCites Benchmarking より 2018 年 2 月 13 日データ抽出。文献種原著、分野分類法 ESI、整数カウント、3 年移動平均値（表示年から過去 3 年間）。

図表2－32　主要国の基礎生命系論文数の推移

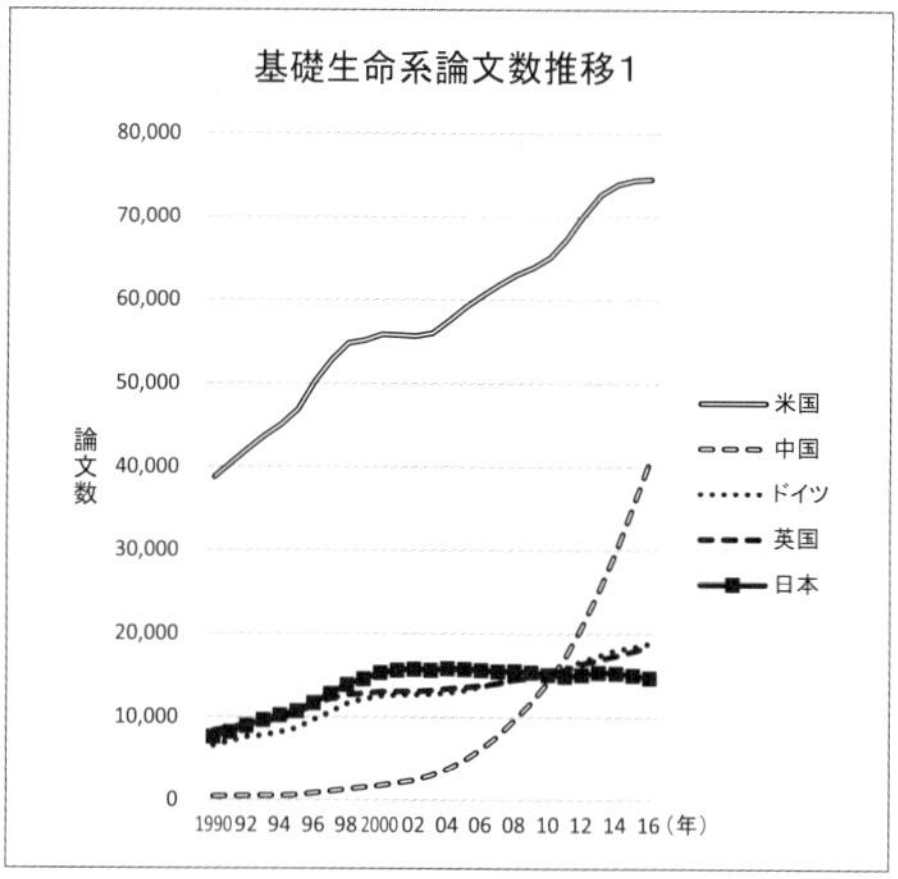

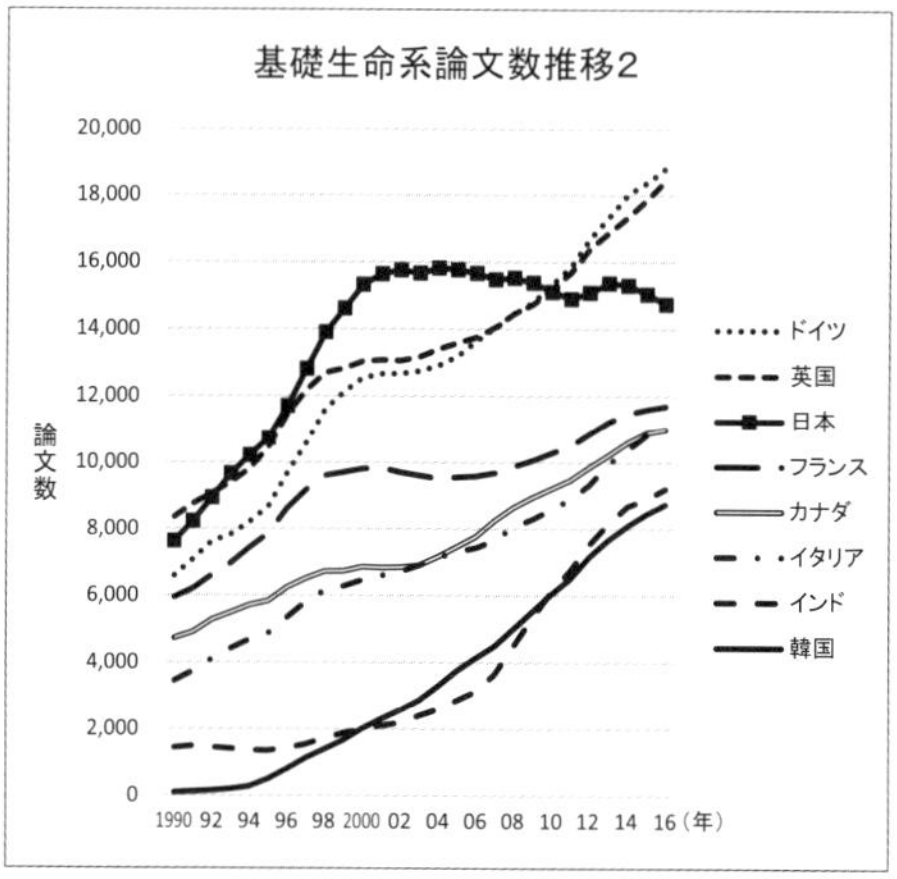

（注）クラリベイト・アナリティクス社 InCites Benchmarking より 2018年2月13日データ抽出。文献種原著、分野分類法 ESI、整数カウント、3年移動平均値（表示年から過去3年間）。「基礎生命系」とは、薬毒物学、生物・生化学、分子生物・遺伝学、微生物学、免疫学、神経科学の6分野の合計。

「農動植物系」は、農学と動植物学の合計です（図表2－33）。もともと日本の順位がそれほど高い分野ではありません。「理工系」や「基礎生命系」が減少に転じた後もやや増加していたのですが、ここに来て減少に転じました。

次は図表2－34の「数理系」の論文数です。数学、宇宙科学、地球科学、環境・生態科学の合計です。この分野の日本の順位も、それほど高くありませんが、日本の論文数は増えているように見えます。しかし、他の国の方が増加の程度が大きく、人口の少ない国にもどんどん追い抜かれている状況は、他の分野と同じです。

次は「社会・心理系」の論文です（図表2－35）。この分野は経済・経営学、社会科学、精神・心理学の合計です。この分野は日本が最も不得意とする分野であり、世界順位もたいへん低い分野です。

この分野の日本の論文数も数理系と同様にやや増えているようですが、最近は停滞しています。他の国の増加率の方が高く、人口の少ない国にどんどんと追い抜かれ、差がつけられている状況は変わりません。

最後に、臨床医学の論文数の推移をお示しします（図表2－36）。臨床医学についてはいったん停滞を示したのですが、立ち直って、他の国の増加と並行して増加しているように見えます。日本が今までがんばってきた「理工系」や「基礎生命系」の論文数が減少し、順位の低い分野では増加

図表2－33　主要国の農動植物系の論文数の推移

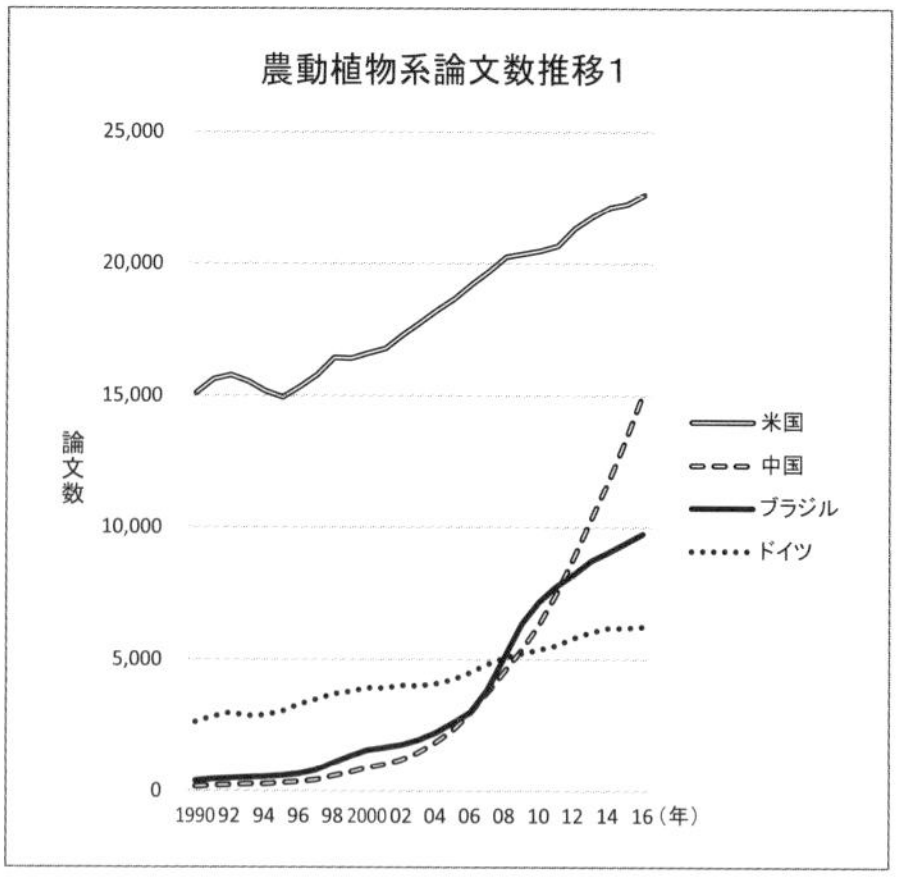

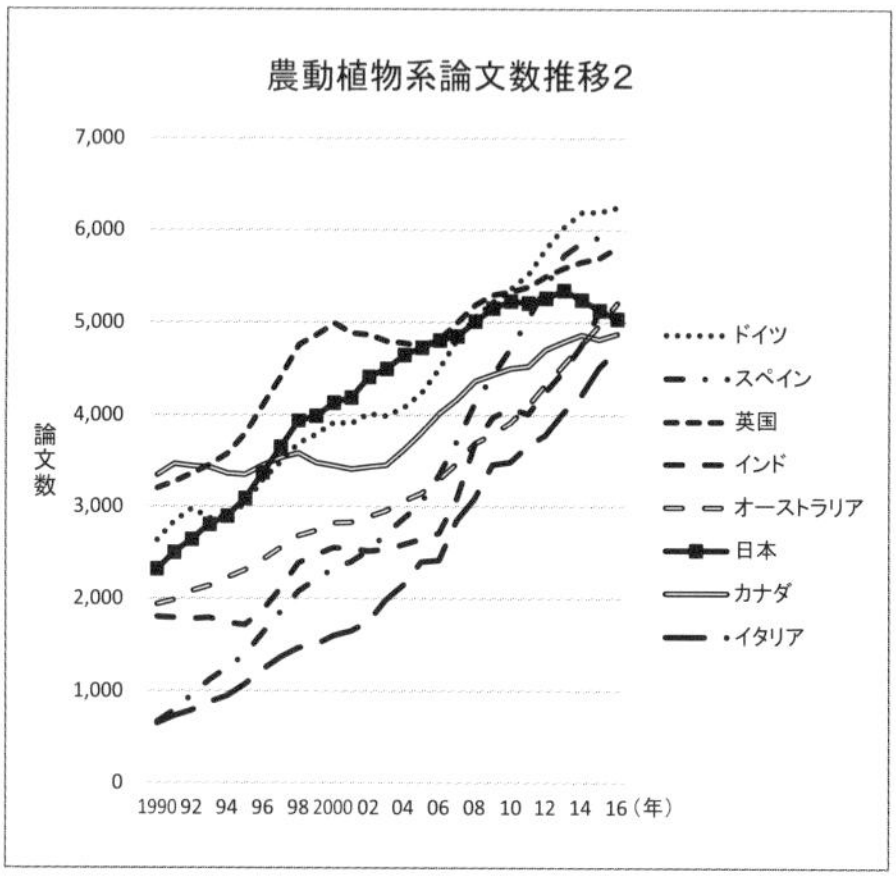

（注）クラリベイト・アナリティクス社 InCites Benchmarking より 2018 年 2 月 13 日データ抽出。文献種原著、分野分類法 ESI、整数カウント、3 年移動平均値（表示年から過去 3 年間）。「農動植物系」とは、農学、動植物学の 2 分野の合計。

図表2－34　主要国の数理系論文数の推移

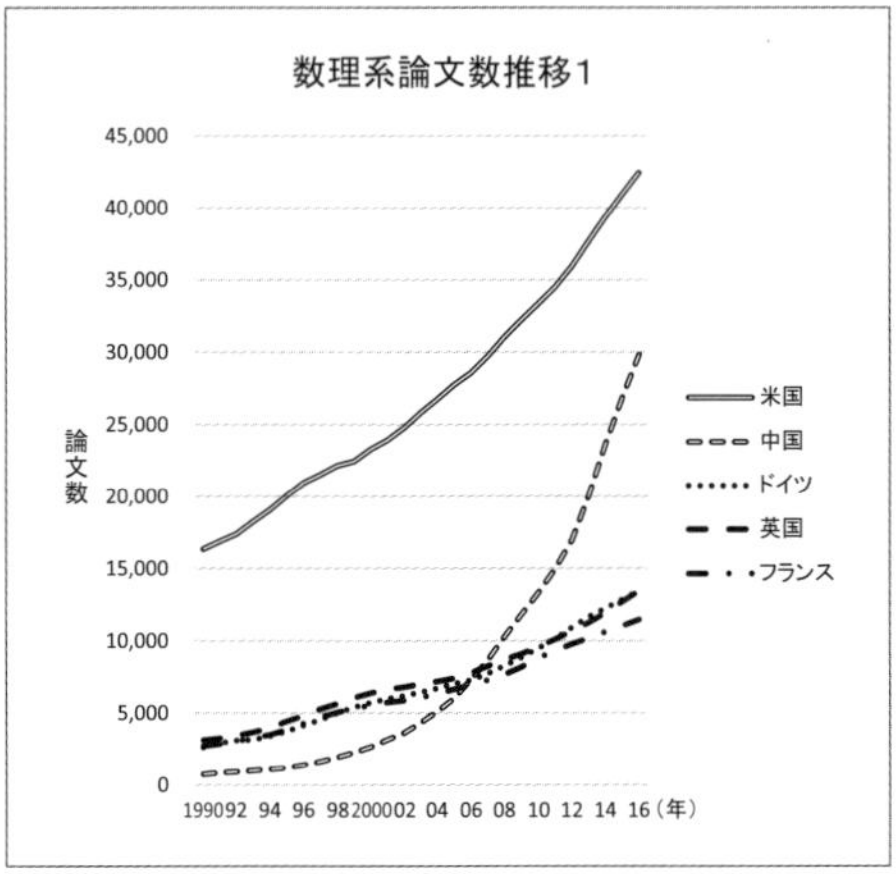

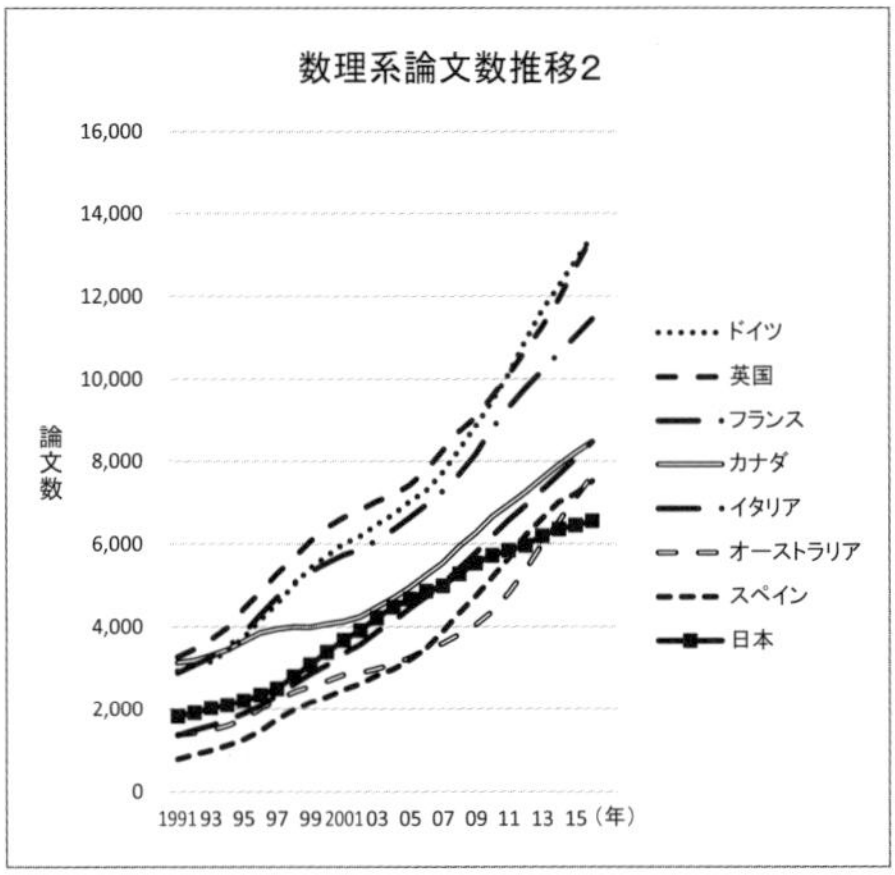

（注）クラリベイト・アナリティクス社 InCites Benchmarking より 2018 年 2 月 13 日データ抽出。文献種原著、分野分類法 ESI、整数カウント、3 年移動平均値（表示年から過去 3 年間)。「数理系」とは、数学、宇宙科学、地球科学、環境・生態科学の 4 分野の合計。

図表2－35　主要国の社会・心理系論文数の推移

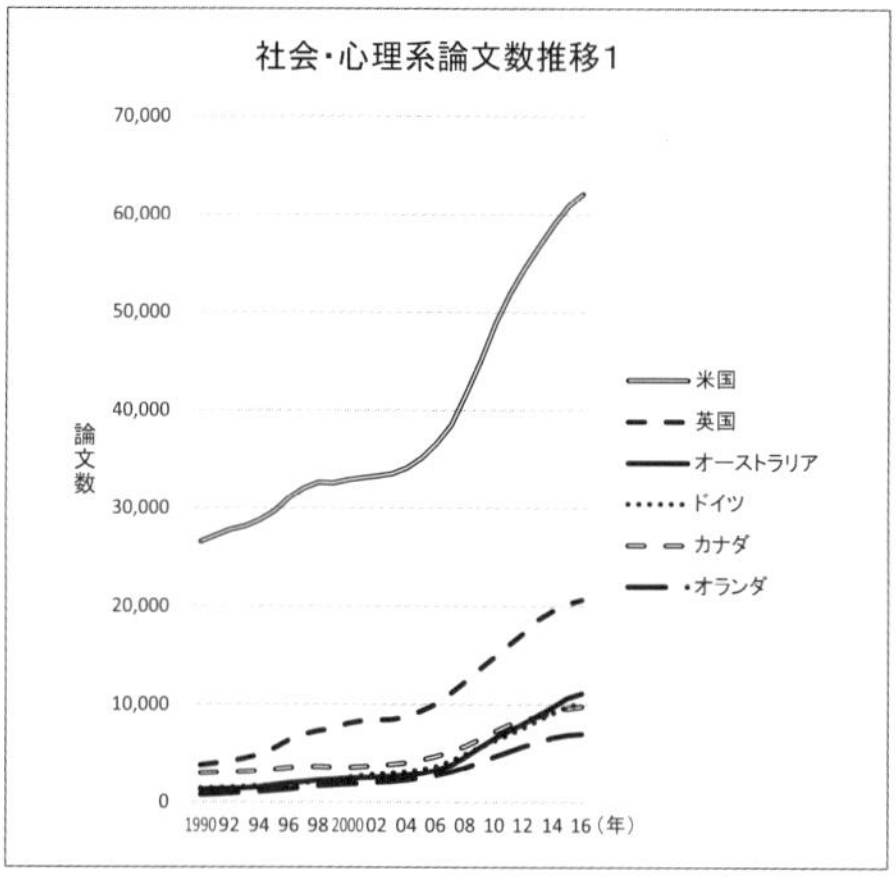

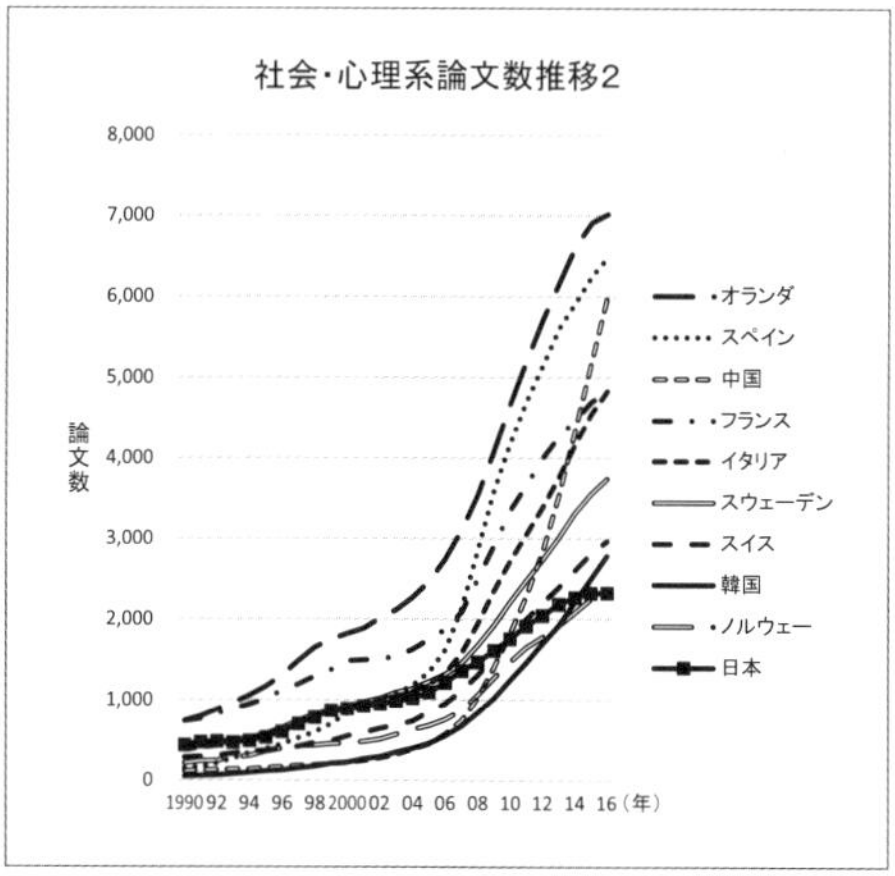

（注）クラリベイト・アナリティクス社 InCites Benchmarking より 2018 年 2 月 13 日データ抽出。文献種原著、分野分類法 ESI、整数カウント、3 年移動平均値（表示年から過去 3 年間）。「社会・心理系」とは、経済・経営学、社会科学、精神・心理学の 3 分野の合計。

図表2－36　主要国の臨床医学論文数の推移

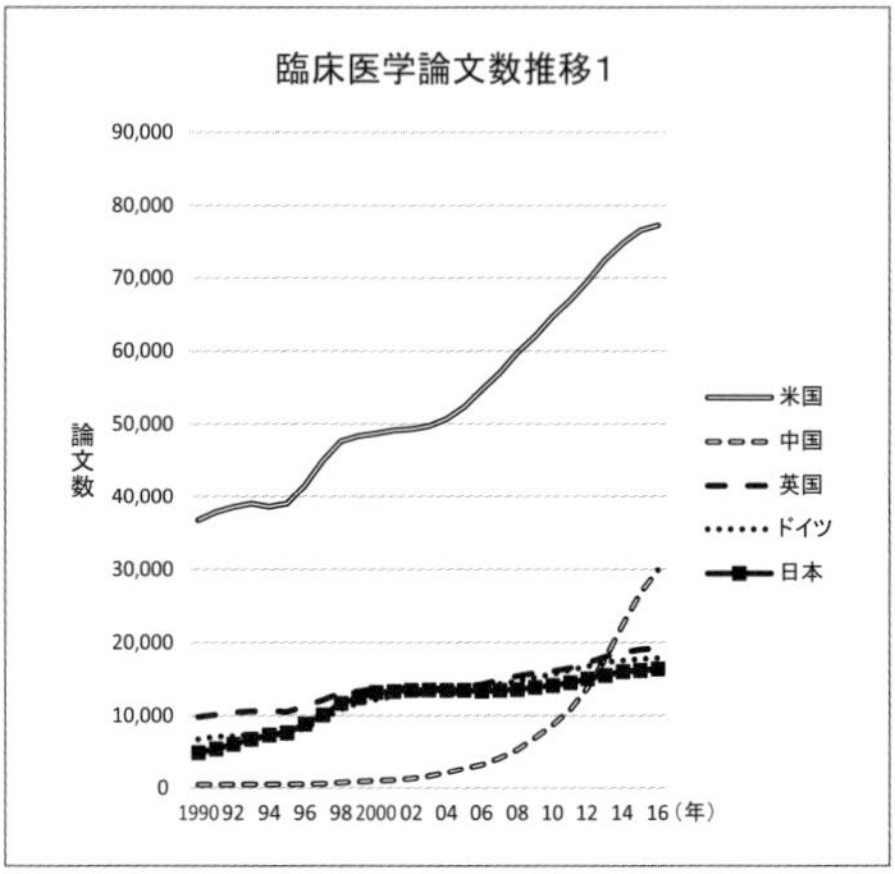

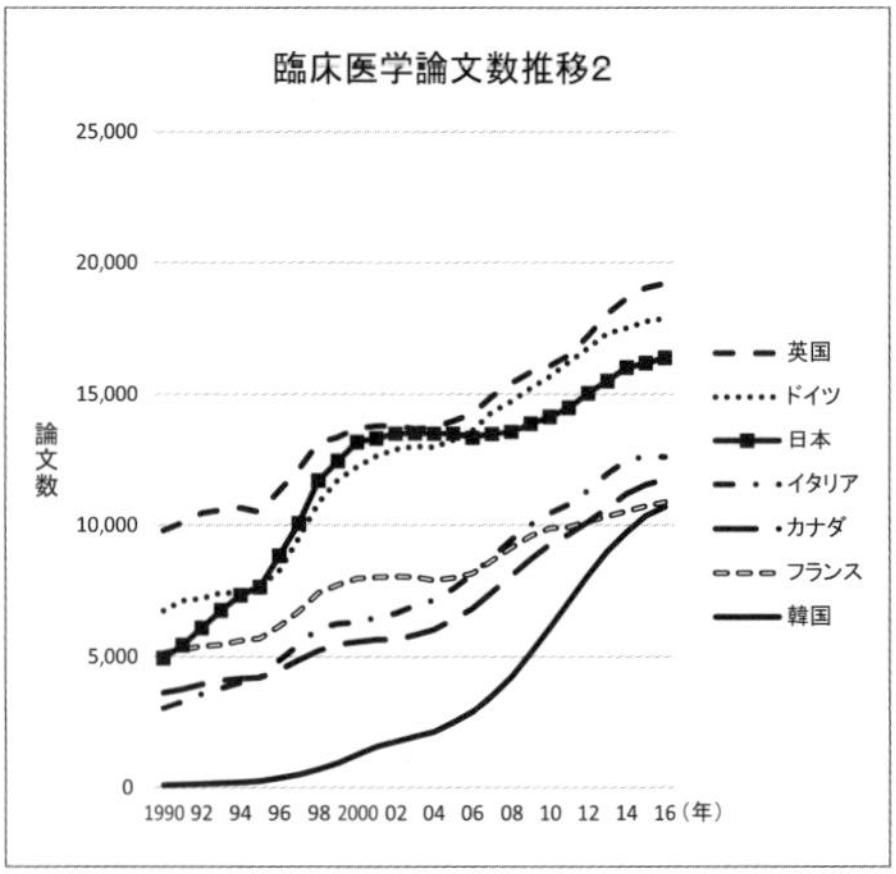

（注）クラリベイト・アナリティクス社 InCites Benchmarking より 2018 年 2 月 13 日データ抽出。文献種原著、分野分類法 ESI、整数カウント、3 年移動平均値（表示年から過去 3 年間）。

図表2－37 日本の括り分野別論文数の推移

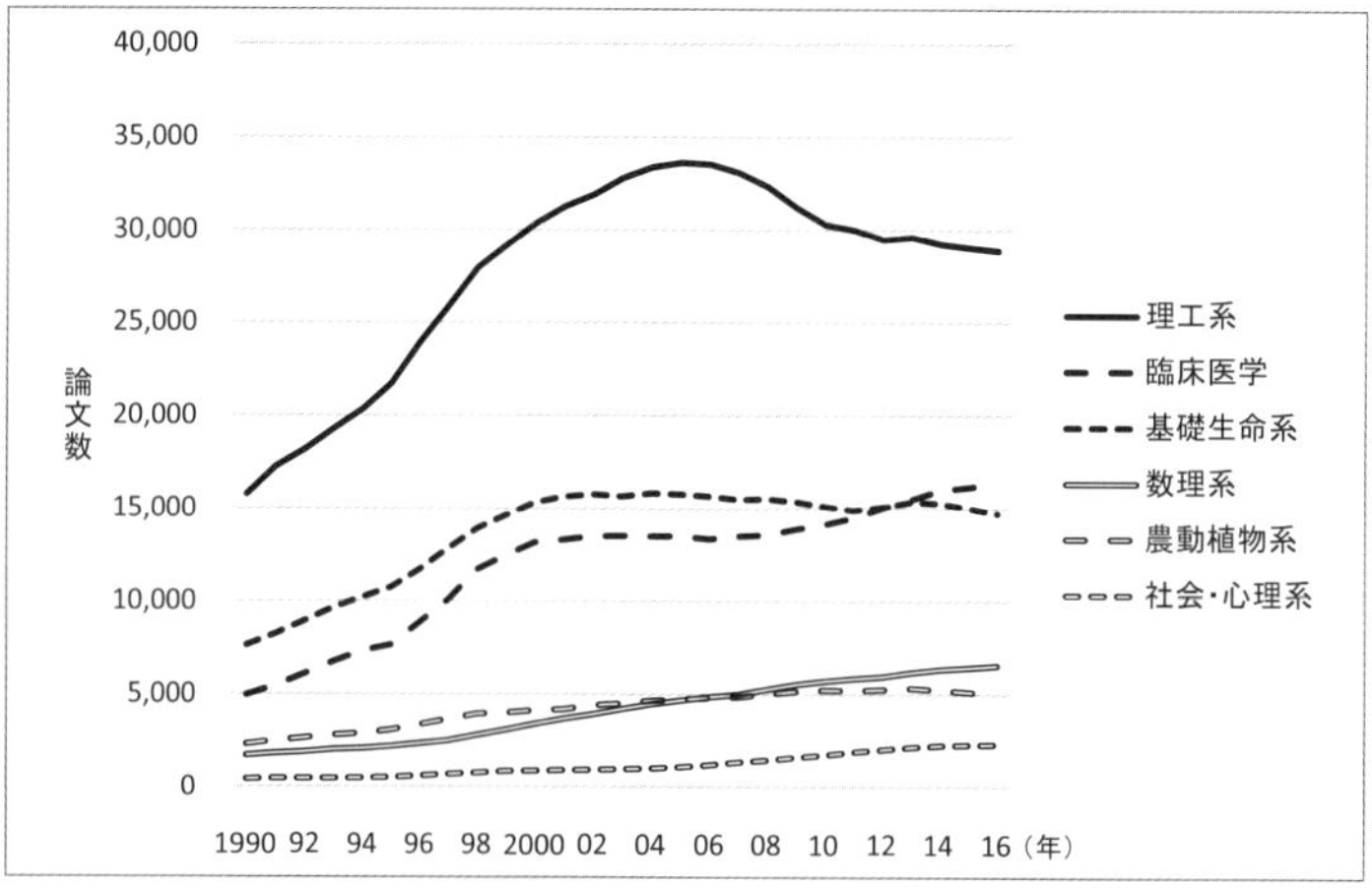

（注）クラリベイト・アナリティクス社 InCites Benchmarking より 2018 年 2 月 13 日データ抽出。文献種原著、分野分類法 ESI、整数カウント、3 年移動平均値（表示年から過去 3 年間）。各括り分野は、図表 1 － 18 を参照。

しているように見えますが、他の国にどんどん追い抜かれている状況で、唯一、他の国の論文数増加と並行して増加を示している主要分野が臨床医学です。なぜ、臨床医学だけが、回復したのか、その理由は、後の章でお話しします。

それぞれの括り分野の論文数の推移をまとめたのが、図表2－37です。今まで日本がいちばん頑張ってきたメジャーの分野である「理工系」「基礎生命系」の論文数の減少が全体に大きな影響を与えていることがわかりますね。

図表2－38は、日本の人口あたり論文数を、G7を構成する日本以外の6か国の平均との比率で示したものです。値が「1」であるということは、6か国の人口あたり

図表 2 − 38　日本および韓国の対主要 6 か国競争力

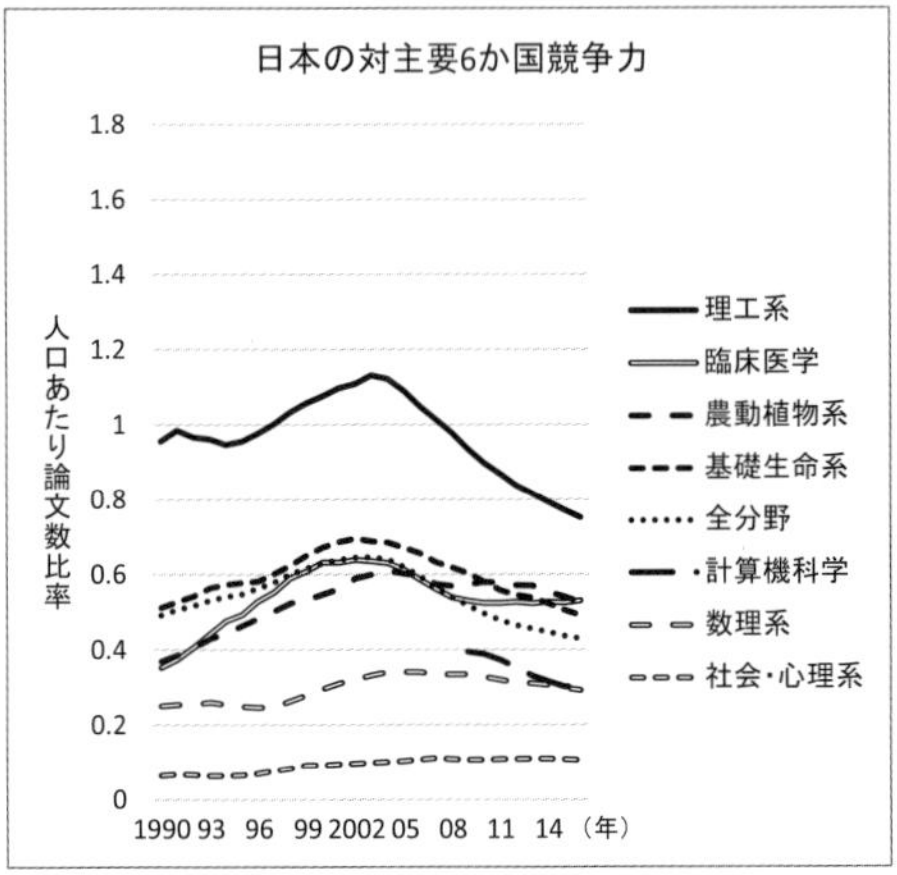

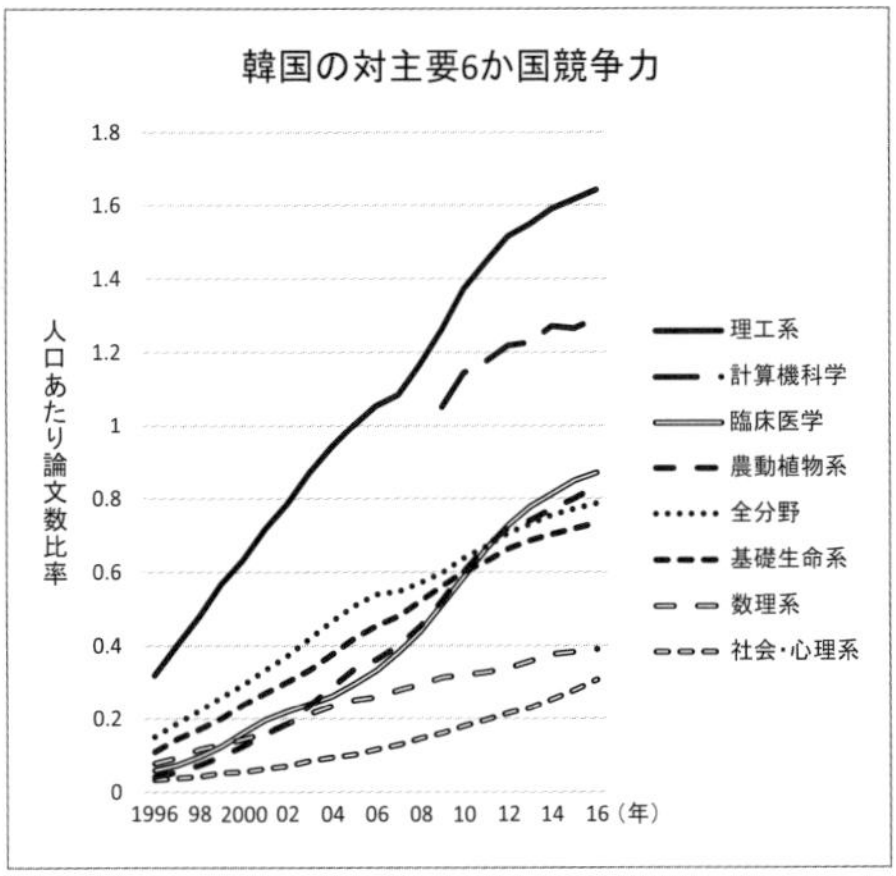

（注）クラリベイト・アナリティクス社 InCites Benchmarking より 2018 年 2 月 13 日データ抽出。文献種原著、分野分類法 ESI、整数カウント、3 年移動平均値（表示年から過去 3 年間）。括り分野については図表 1 − 18 を参照のこと。主要 6 か国とは、米国、英国、ドイツ、フランス、イタリア、カナダ。

論文数の平均と等しいということを意味します。これを「競争力」と表現してもいいでしょう。「理工系」論文数は、一時期「1」以上、つまり主要6か国の平均を上回っていましたが、2004年頃から低下に転じ、急速に競争力が低下したことがわかります。

他の分野では、最高でも「1」に至る分野はなく、また、すべての分野で、程度の差や、若干の時間のずれがありますが、2004年前後から競争力が低下していることがわかります。ただし、唯一臨床医学だけが、いったん競争力が低下したものの、カーブが水平になっており、なんとか主要6か国の増加に付いていっていることがわかります。ただし、臨床医学にしても、人口あたりで主要6か国の平均の半分くらいしかないわけですから、競争力が低いことに変わりはありません。

参考までに、韓国のG7主要6か国に対する競争力を下図に示しました。理工系や計算機科学では、主要6か国の平均を上回っています。他の主要分野でも、主要6か国の8割程度の値まで上昇しており、また、数理系や人社系は低いのですが、日本よりはましですね。

図表2－39には、日本の対韓国競争力をお示ししました。全学術分野にわたって、急速に日本の競争力が低下しており（韓国の競争力が上昇しており）、日本はすべての分野で「1」を切って、引き続きどんどんと低下しています。理工系、計算機科学、社会・心理系では、実に「0・5」を切っており、韓国に2倍以上引き離されているということがわかります。

以上、第2章では、世界大学ランキングとさまざまな角度からの論文数の分析をお示ししました。

図表２－39　日本の対韓国競争力

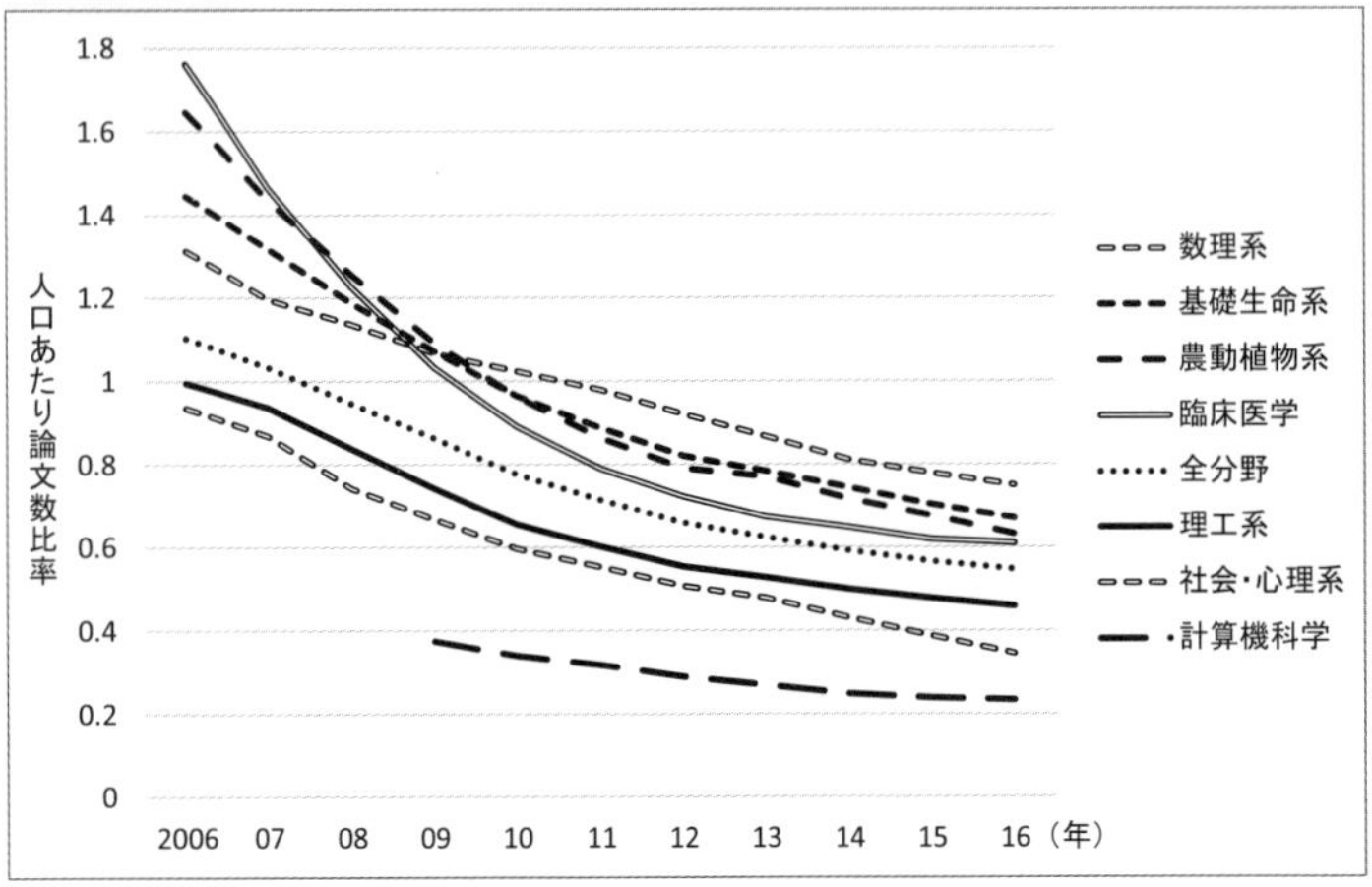

（注）クラリベイト・アナリティクス社 InCites Benchmarking より 2018 年２月 13 日データ抽出。文献種原著、分野分類法 ESI、整数カウント、３年移動平均値（表示年から過去３年間）。括り分野については図表１－18を参照のこと。

日本の学術の競争力が、文字通り惨憺たる状況に陥っていることがお分かりいただけたものと思います。このような状況では日本で研究する研究者のノーベル賞受賞の確率も低下していくはずですね。

次の第３章では、では、なぜ日本がこのような状況に陥ったのか、その原因に迫りたいと思います。

第3章

論文数は〝カネ〟次第
——なぜ日本の論文数は減っているのか

1．何が論文数を決めるのか？

なぜ、日本の論文数が減っているのかを明らかにする前に、いったい何が論文数を決めるのか、ということについて考えてみましょう。

論文数に影響する因子はいくつかあります。まず、研究をする人がいないことには論文は生まれませんね。研究をする人には、研究者とその補助をする研究技術員や事務補佐員がいます。また、研究者には、独立した研究課題と研究スペースを持ち、研究グループを率い、大学院生の指導に責任を持ち、論文発表の責任者である〝主任研究者〟（Principal Investigator: PI と言われます）と、それ以外の研究者に分けられます。

著者は若い頃（１９８４～86年）、米国のバンダービルト大学の医学部で研究員として働いていました。いわゆるポスドク（postdoc）と呼ばれる博士取得後の有期雇用の研究員のことですね。ポスドクは研究室のボスの獲得する競争的研究資金（grant：グラント）から給与が支払われます。ポスドクはボスがグラントを獲得できないと首を切られます。著者の場合も、ボスがグラントを獲得できず、突然日本へ帰国しろと言われました。また、ボスはポスドクとは別に、テクニシャン

(technician）と呼ばれる研究技術員を雇って実験をさせていました。このように、一口に研究をする人と言ってもいろいろなのですが、本書ではそれをひっくるめて〝研究従事者〟と呼ぶことにします。

それから、研究従事者がそろっても、研究をする時間がなければ研究できませんね。著者の場合は、帰国後三重大学医学部の臨床医学講座（産科婦人科学）の教員をしていましたが、通常朝から夕方まで診療と講義のスケジュールで詰まっており、研究できるのは夕方から深夜でした。もう少し研究時間があれば、もっと良い研究ができるのに、と何度思ったことでしょう。もちろんアメリカの研究留学中は、一日中研究することができ、夕方には家に帰ることができるという、研究者にとってたいへん恵まれた環境でした。

さらに、研究に必要な実験機器や試薬類も必要ですし、研究室などの研究施設が必要です。著者の場合は実験機器や試薬類は、〝科研費〟と呼ばれる競争的研究資金や、同窓会や企業からの寄付金で購入していました。研究室などの施設やその維持費は大学（国）が賄っていました。このような研究活動に必要な人件費以外の運営費を本書では〝研究活動費〟、施設設備費は〝研究施設設備費〟と呼ぶことにし、両方合わせて〝狭義の研究費〟と呼ぶことにします。〝狭義〟という言葉をつけたのは、人件費を含んでいないという意味です。

それから、研究者としての能力や適性もありますね。やはり研究に向いた人と向かない人がいると思います。最も多くノーベル賞を獲得しているのはユダヤ系の学者です。また、研究者の中には、論文をやたらとたくさん書く人もいますし、数の少ない人もいます。論文をやたらとたくさん書く研究者ばかりをそろえたら、その国、あるいはその大学の論文数は増えます。ただし、一つの新しい発見をネタにして、手をかえ品をかえて論文数を増やしても、駄文が増えるだけで、果たしてイノベーションやGDPの増に結び付くかどうか疑問ですね。

また、評価制度やインセンティブなどのマネジメント手法によっても論文数が左右される可能性があります。昔から、大学というシステムにおいては研究業績（論文）によって採用や昇任が左右されますから、アカデミックポストを巡って激しい競争的環境にあり、これは現在でも同じです。著者の所属していた医学部では、研究業績があれば若い研究者が先輩の研究者を飛び越えて教授に昇任するという、いわゆる下克上が当たり前でした。昇任したければ必死に論文を書かなければなりません。

ただし、このようなすでに激しい競争的環境に置かれている研究者に対して、評価制度をよりいっそう厳しくして鞭を打っても、また、論文を一つ書いたらその分の給与を上げるという現金なインセンティブを与えても、上記と同様に駄文が増えるだけで、新しい発見に結び付くとは思えません。駄文が増えるだけなら害はそれほどありませんが、論文のねつ造が増える可能性があり、この場合には有害です。

図表3－1　論文数に影響を与える主な要因の関数式

論文数＝f（研究従事者数、研究時間、研究活動費、研究施設設備費、その他）＋誤差

（注）“研究活動費”は、研究費のうち、人件費および施設設備費を除いた研究費の意味で用いた。

また、すでに寝る暇も惜しんで研究をしている研究者にとっては、評価制度を厳しくしても、インセンティブを与えても、それ以上論文数が増える余地が残されていません。このような研究者には、研究時間を確保し、研究補助者をつけることが、論文数増につながります。もっとも、怠けている研究者に対しては評価やインセンティブが有効かもしれませんが、このような研究者は、著者の周りにはごく一部しかおらず、尻を叩いたとしても、そもそも駄文しか書けない研究者かもしれません。

以上のように論文数を決めると考えられる要因はいくつかあるのですが、それを関数の式で表してみました（図表3－1）。

研究者の論文産生能力や評価制度の効果な

どは、現時点では数値で測定しにくいので〝その他〟にまとめることにしました。論文数に限らず、どのような指標にも必ず測定誤差が伴います。誤差が大きいと分析結果の信頼性が揺らぎますから、分析に耐えうる誤差の範囲かどうかというチェックが重要になります。〝論文数〟という指標は、今回GDPとの相関を検討した他の指標に比べると比較的誤差の小さい指標ですが、本書で使用しているデータベースの〝論文数〟にも毎年揺らぎがあって、グラフに書くとギザギザしています。そのギザギザの影響を小さくするために、本書では、通常3年間の平均の論文数を分析に用いて、論文数の傾向（トレンド）を分析するようにしています。

また、分析できる論文数は、あくまでデータベースに収録された学術誌の論文数であって、実際の論文数と異なることは第2章でもお話ししましたね。〝論文数〟は研究力を反映する良い指標ですが、実際の研究力との間に〝ずれ〟や誤差が生じる可能性があります。

ところで、この章のタイトルに「論文数は〝カネ〟次第」と書きましたが、この数式にはおカネ以外の因子も入っているではないか、と不思議に思われる方もおられると思います。でも、この因子の中の研究従事者数も研究時間も、実はおカネ次第ですし、逆に、おカネの勘定をしないといけないのです。日本は、今まで、研究従事者数や研究時間を、きちんとした形で研究費というおカネの勘定に入れてきませんでした。

それではこれから、ＯＥＣＤの公開データを使って何が論文数を決めるのかを明らかにし、図表

3－1の $y=f(x)$ をできるだけ単純な数式で表現できないか、試みてみることにしましょう。それと同時に、日本の論文数がひどい状況になっている理由を探っていきます。

2. 日本の研究者数のデータ

まず、大学の研究者あるいは研究従事者について分析します。OECD.Statには、研究者数に関係するデータがいくつかあり、「研究者（Researchers）」と「研究従事者（Total R&D（internal）personnel）」を区別してデータが載っています。

第2章の世界大学ランキングの説明で、大学の〝教員数〟は〝曲者〟であると申し上げました。各国や大学によって定義がまちまちで、京都大学のほか、急に教員数の申告を約50％近くも減らした大学がいくつもありましたね。これは〝研究者数〟についても当てはまります。研究者数の定義も国によってまちまちであり、国際比較をする場合には細心の注意が必要です。

日本では「医局員」と呼ばれる大学の雇用者ではない医者も研究者に数えることになっていますが、これを海外の研究者に説明することはなかなか難しいのです。

さらに、大学教員は研究以外にも教育、社会貢献、管理運営などの業務、そして大学付属病院の教員は診療業務にも携わっています。そして、大学に付属している研究所（附置研究所）で研究ばかりやっている教員もいる一方で、研究したくてもわずかの時間しか研究ができない教員もいます。それを、果たして研究者として同じ「1人」として数えていいものか、という疑問は当然起こってきます。OECDでは以前から研究時間を考慮した研究者の数をデータとして載せてきました。それが「フルタイム相当研究者数（Full-time equivalent: FTE）」と呼ばれる指標です。つまり、教員が50％の時間を研究に充てている場合は1／2人とカウントするのです。

それに対して、研究時間にかかわらず研究者を数える方法は、頭数（Head count: HC）と言われます。そして、FTEの方が、HCよりも論文数と良く相関します。ちなみに、日本は従来HCで数えたデータしか用いておらず、HCだけをOECDに提出してきました。ようやく、2002年、2008年、2013年の3年間、文部科学省が研究者の研究時間を推定してFTEのデータを提出しました。ただし、それ以外の年のFTEは、HCの値から大まかな案分で推定した値となっています。

図表3－2にOECD.Statに掲載されている日本の大学の研究者数および研究従事者数のデータ

をお示しします。なお、上図も下図もOECD.Statから抽出しましたが、データが掲載されている箇所が異なります。上図は日本のＦＴＥ研究従事者数とＦＴＥ研究者数のデータで、下図はＨＣとＦＴＥのデータをいっしょにグラフ化したデータですが、実にデコボコしていますね。日本が大学教員の研究時間を推計したのは２００２年、２００８年、２０１３年の３回ですから、この年には階段状になっています。下図の１９９６年の段差は、研究時間は測定されていないはずなので、ＨＣのデータを誰かが適当に案分したものと想像します。上図の１９９６年以前のＦＴＥのデータは、下図の１９９６年以前のＨＣのデータを、やはり誰かが適当に案分したものと想像しますが、どのように案分したのかよく分かりません。

このような日本のデータを見ると、誤差が大きいので、果たして分析に用いてもいいものかどうか迷うところです。実は他の国のデータにも、前年のデータと不連続であるとか、推定によるデータであるとか、過大評価であるとか、定義の変更とかの注釈が、けっこうつけられています。ちなみに日本のデータについては、階段状になっている年に不連続（Break）という注釈がつけられていることと、そして、すべての年にわたって過大評価（Overestimate）という注釈がつけられています。

図表3－2　OECDによる日本の大学研究者数の推移

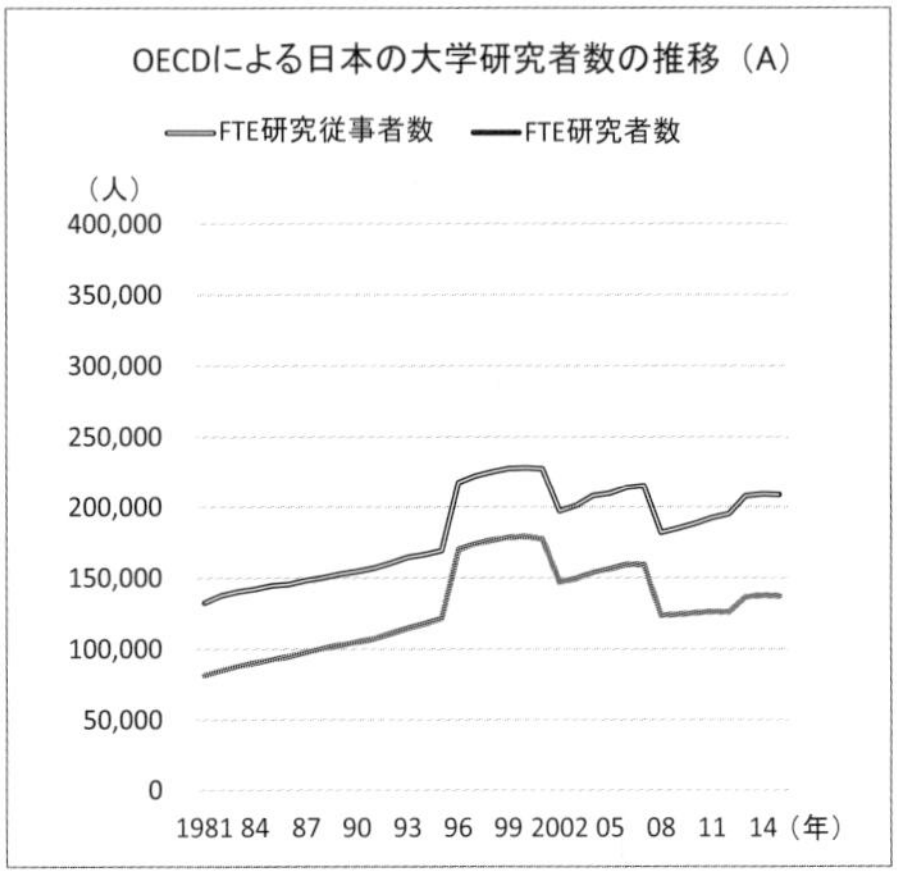

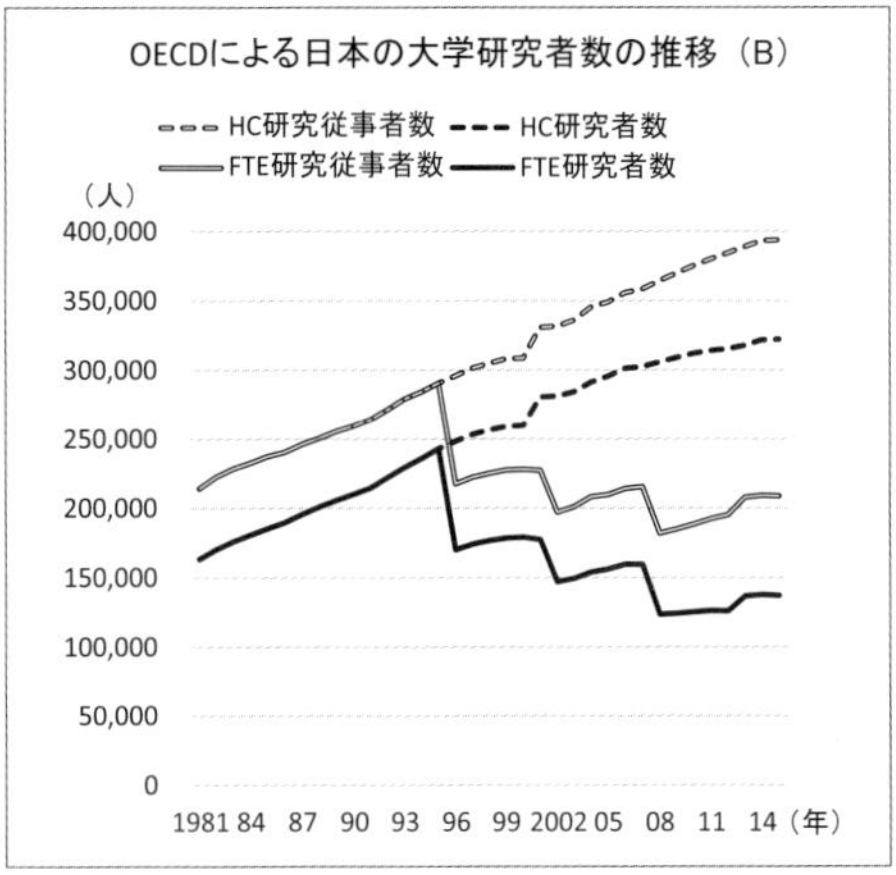

（注）OECD.Statから2017年12月9日に「Science, Technology and Patents」にある２つのデータセット「Main Science and Technology Indicators」（A）と「R-D personnel by sector of employment and occupation」（B）から、日本の大学の研究者数（Researchers）および研究従事者数（Total R&D personnel）のデータを抽出。FTE：Full-time equivalent（フルタイム換算値）、HC: Headcount（頭数）。

3．研究者数は頭数ではなくＦＴＥが重要

ＦＴＥは、研究者の数だけではなく、研究時間も大切であるという考え方に基づくものであり、研究者数（研究従事者数）と研究時間とを組み合わせた指標で、非常に重要です。

ＯＥＣＤでは、以前からＦＴＥで研究者数をカウントすることを基本にしてきました。日本では、一人の大学の教員が教育も研究も（臨床医学の教員ではさらに診療も）並行して行っており、それぞれの時間を厳密に区別できないとして、残念ながら今まで測定してきませんでした。卒研やゼミなどは、いったい教育時間に分類するのか研究時間に分類するのか？　大学院生の研究指導は教育時間なのか研究時間なのか？　家に帰って、ああでもないこうでもないと研究のアイデアをめぐらす時間は研究時間なのか、そうでないのか？　などなど、研究時間を区別することには曖昧さが伴います。また、研究時間を実際に測定することはなかなか困難ですので、各研究者が１週間の時間の使い方を思い出して、だいたいの研究時間を提出しますと、人によってずいぶんとデータがばらつく可能性があります。

しかし、研究時間のデータのばらつきや不正確さというデメリットと、ＦＴＥで研究者数をカウ

ントすることのメリットを天秤にかけると、メリットの方が大きいのです。

図表3－3の上図は、ＨＣで数えた研究者数と論文数（いずれも人口あたり）との相関を調べた図です。研究者の頭数が多い国ほど論文数が多いことがわかります。■で示した日本は先進国の中では少ないことがわかります。

ここで、研究時間の長短によって、論文数に差が出るかどうかを調べるために、各国のＨＣとＦＴＥの比率（ＦＴＥ／ＨＣ、ＦＴＥ係数と言われます）を調べてみました。これは、職務時間における研究時間の割合を示します。そして、ＨＣとＦＴＥの比率（ＦＴＥ／ＨＣ）、つまり研究時間の割合が、55％以上の国々（△）と45％以下の国々（●）に分けて、論文数との相関をお示ししたのが下図です。それぞれのグループで、研究者の頭数と論文数には正の相関が認められますが、研究時間の割合が多い国の方が、少ない国々よりも高い位置に分布していることがわかりますね。つまり、同じ研究者の頭数であっても、研究時間の多い国は少ない国よりも論文を多く産生していることを示しています。

このようなデータから、大学研究者数は頭数（ＨＣ）ではなくＦＴＥで数えるべきであることがわかります。そして、日本はと言えば、研究者の頭数も少なく、研究時間も短いので、ＦＴＥ研究者が少なく、そのために論文数が少ない、ということになります。

なお、大学以外の研究所の研究者については、研究時間は確保されていると想定され、ＦＴＥを

図表３－３　大学研究者数（HC）と論文数の相関、および研究時間（FTE比率）による論文数の違い

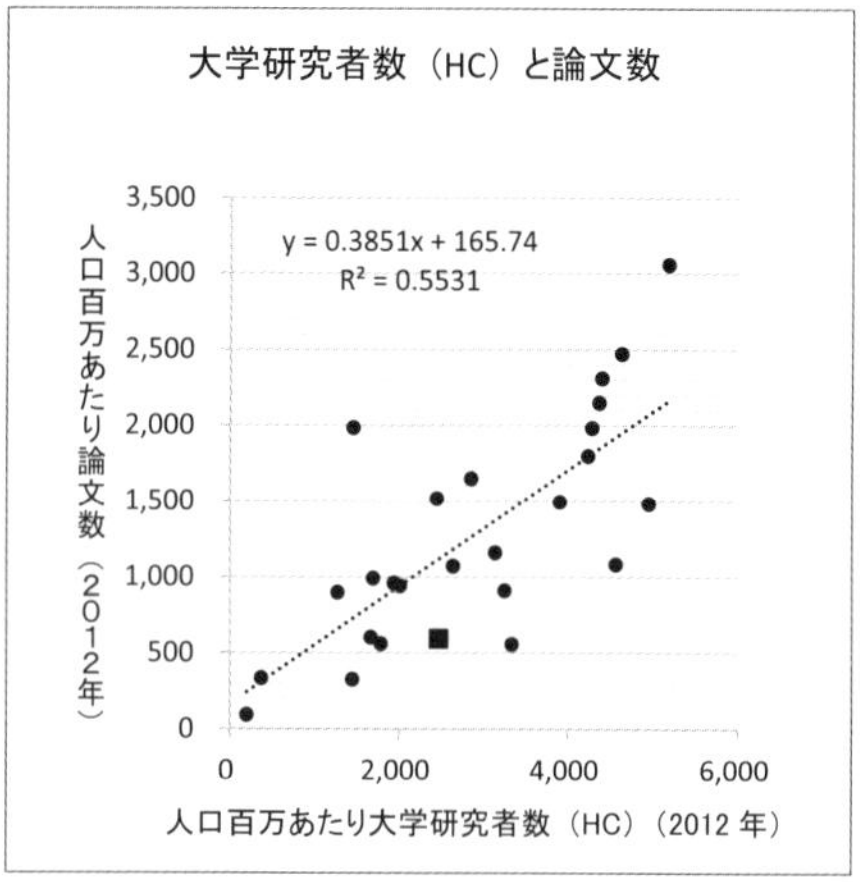

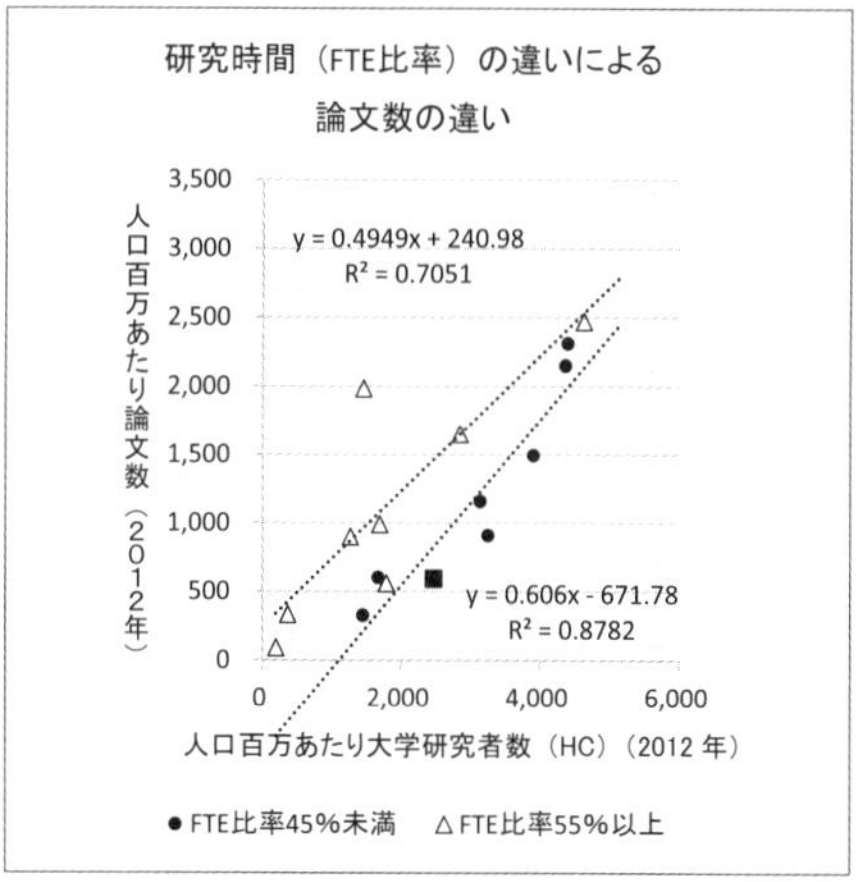

人口あたり論文数の多い順	FTE 比率
スイス	45.3
△デンマーク	55.3
●スウェーデン	39.6
●ノルウェー	45.0
△オランダ	86.0
フィンランド	53.4
ニュージーランド	50.9
△ベルギー	58.4
アイルランド	53.5
●オーストリア	38.7
英国	48.8
●ドイツ	38.6
ポルトガル	49.6
スペイン	48.5
△フランス	64.7
韓国	45.2
チェコ	54.4
●ギリシャ	43.9
△イタリア	59.0
●ハンガリー	35.8
■日本	39.9
△ポーランド	55.4
スロバキア	54.3
△チリ	55.4
●トルコ	37.6
△メキシコ	60.5

（注）クラリベイト・アナリティクス社 InCites Benchmarking より 2017 年 7 月 9 日に、OECD.Stat より 2017 年 12 月 18 日にデータ抽出。文献種原著、分野分類法 ESI、論文数は 2011 － 13 年の 3 年平均値。HC 大学研究者数は 2012 年値。ただし、オーストリア、ギリシャ、ニュージーランド、スウェーデンについては 2011 年値と 2013 年値の平均値。大学研究者数：Higher Education researchers 、HC :Head count

用いてもHCを用いても、それほど大きな問題は起こらないと考えられます。

また、次の図表3－4は、大学の研究者数（FTE）、および研究従事者数（FTE）と論文数の相関を調べた図ですが、研究従事者数の方がより良い相関が得られます。

そして、主な国々の大学研究従事者数（FTE）の変化を図表3－5にお示ししました。多くの国では右上がりで増えています。過大評価している割には、日本のデータは先にも説明した通りデコボコで、過大評価の注釈がついていますね。日本の大学研究従事者数（FTE）は先進国の中では少ないですね。2002年、2008年、2013年のデータは、大学研究者の研究時間の推計がなされた年のデータなので、この3つのデータから傾向を読み取ると、2002年から2008年にかけては減少、2008年から2013年にかけてはやや回復傾向ですが、全体としては減少～停滞しているということでしょう。

それと、デコボコなのは日本だけかと思っていたら、スウェーデンのデータも2005年に急激な段差がありました。段差のデータには時系列中断（Time series break）の注釈がつけられています。ただし、この原因は日本のデコボコの原因とは異なります。2005年のスウェーデンの研究者の頭数（Head count）のデータを見るとやはり段差があるので、この原因は、日本のようなFTEの計算の仕方ではなく、研究者の定義の変更によるものと推測されます。

以上の分析結果から、多くの国で大学の研究従事者数（FTE）が増えているのに対して、日本

図表3－4　大学の研究者および研究従事者数と論文数の相関

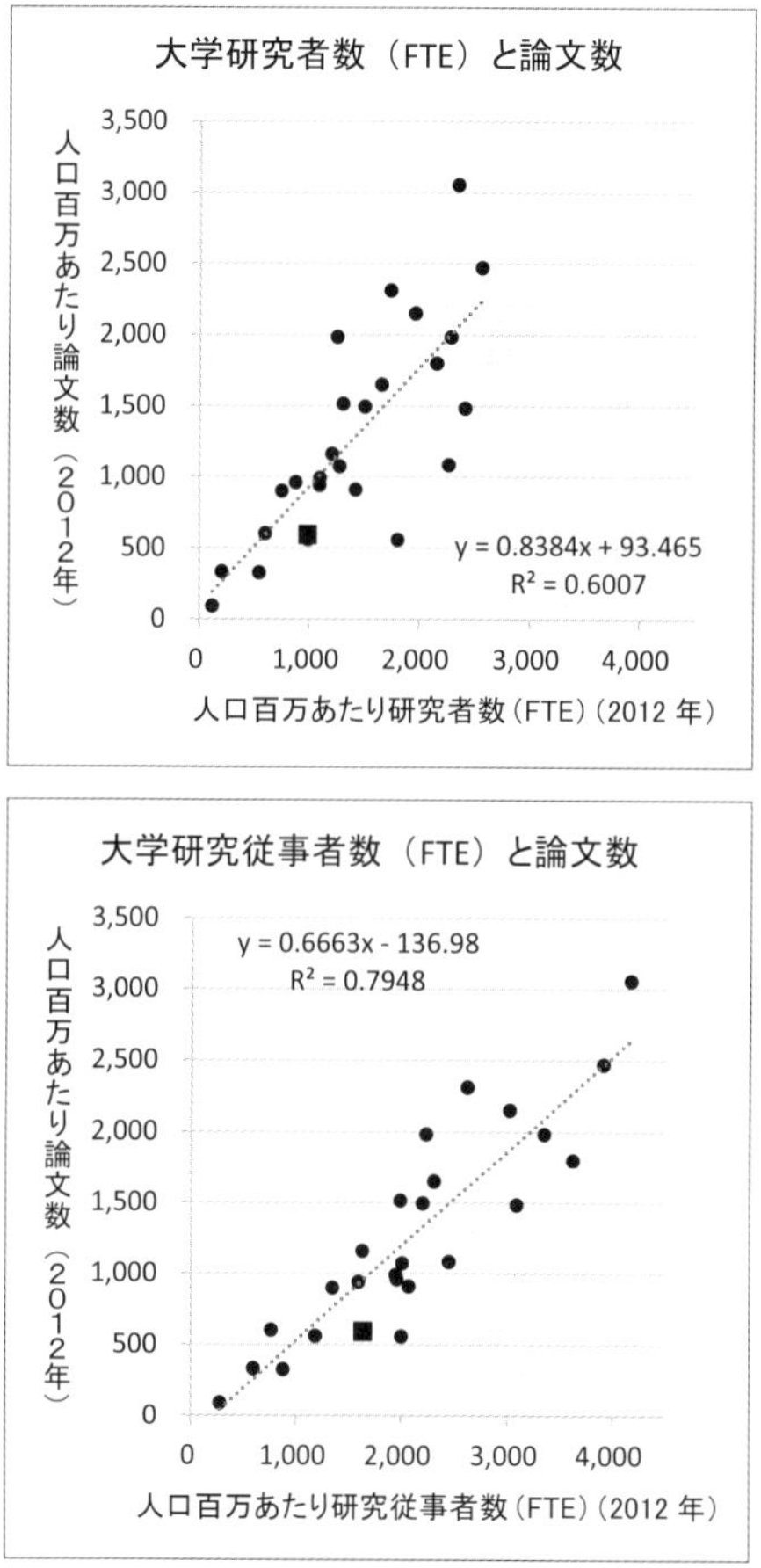

人口あたり論文数の多い順
スイス
デンマーク
スウェーデン
ノルウェー
オランダ
フィンランド
ニュージーランド
ベルギー
アイルランド
オーストリア
英国
ドイツ
ポルトガル
スペイン
フランス
韓国
チェコ
ギリシャ
イタリア
ハンガリー
■日本
ポーランド
スロバキア
チリ
トルコ
メキシコ

（注）クラリベイト・アナリティクス社 InCites Benchmarking より 2017 年 7 月 9 日に、OECD. Stat より 2017 年 12 月 18 日にデータ抽出。文献種原著、分野分類法 ESI、論文数は 2011 － 13 年の 3 年平均値。 FTE 大学研究者数および研究従事者数は 2012 年値。ただし、ニュージーランドについては 2011 年値と 2013 年値の平均値。FTE; full-time equivalent、大学研究者数：Higher Education researchers 、大学研究従事者数：Higher Education Total R&D personnel。

図表3－5　主要国における大学研究従事者数（FTE）の推移

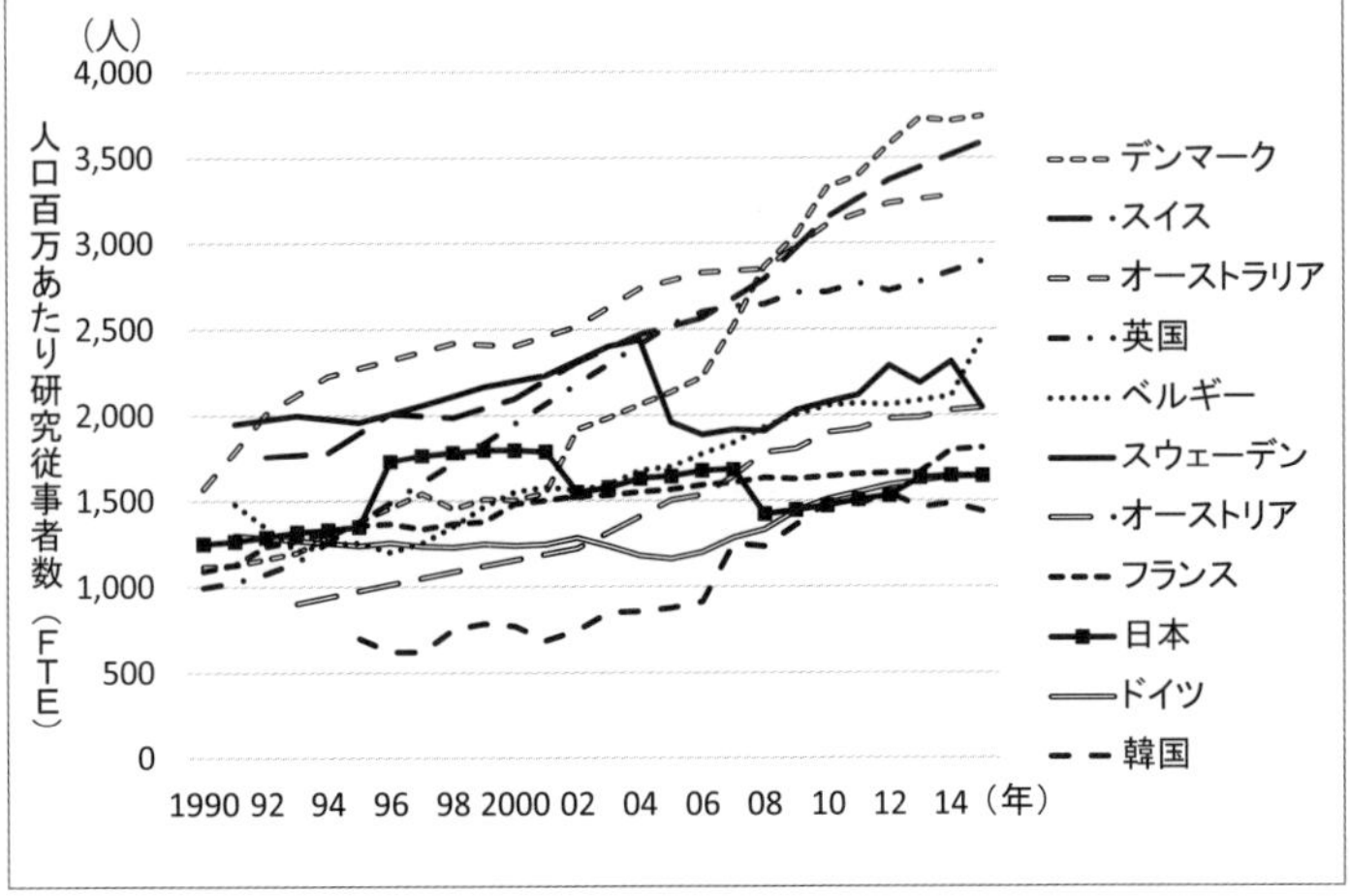

（注）OECD.Stat, Main Science and Technology Indicators より2017年12月28日にデータ抽出。日本のデータには、すべての年に過大評価の注釈（Overestimated or based on overestimated data）がつけられている。日本およびスウェーデンの段差には時系列中断（Time series break）の注釈あり。

は減少～停滞して他国との差が大きくなり、そのために論文数が減少～停滞して、研究国際競争力が低下した、と考えられます。

なお、日本の研究従事者数（FTE）がドイツやフランスと同程度になっているのは、日本の過大評価によると考えられます。

4．なぜ日本の大学の研究従事者数（ＦＴＥ）は停滞したのか？

では、なぜ、日本の大学の研究従事者数（ＦＴＥ）が停滞し、他国との差が開いたのでしょうか？研究従事者数には、カネ、特に人件費が深く関係します。OECD.Stat には、大学の研究費の内訳のデータが掲載されているので、その人件費（以後、研究人件費と言うことにします）を調べてみましょう。

図表３－６は大学の研究人件費の推移を示したグラフです。多くの国では右上がりですが、日本は減少～停滞して、他の国との差がどんどんと開いていますね。日本の研究人件費が減少～停滞したことが、ＦＴＥ研究従事者数の停滞を招き、そして、論文数の差が開いたと推定されます。

ところで、日本の研究人件費のカーブは、研究従事者数（ＦＴＥ）と同様に、デコボコしています。なぜ、デコボコしているのかというと、研究人件費が、研究従事者数（ＦＴＥ）に基づいて計算されているからです。つまり、50％の時間を研究にあてている大学教員の研究人件費は、その教員の給与の50％として計算するのです。

この方式は研究力を判断するために合理的であり、日本の行政もＯＥＣＤの方式を参考にするべ

図表3－6　大学研究人件費の推移

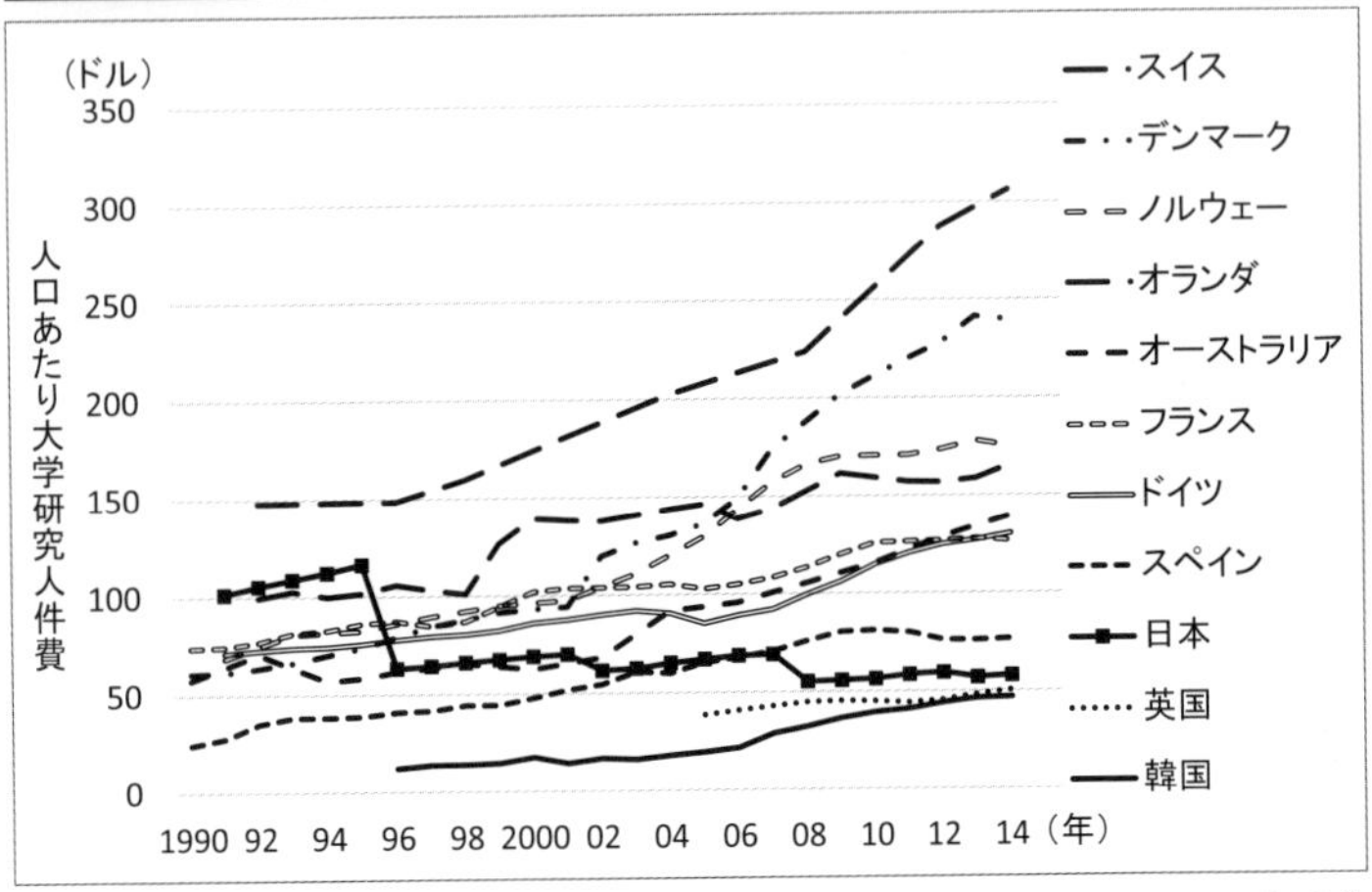

（注）OECD.Stat, Main Science and Technology Indicators より 2017 年 12 月 28 日にデータ抽出。Research and Development Statistics、Gross Domestic Expenditure on R-D by sector of performance and type of cost 。人件費の単位は購買力平価実質値 2010 年基準（ドル）（2010 Dollars - Constant prices and PPPs）。なおスウェーデンのデータは欠損している。

きではないかと思います。現在の日本政府の予算の分け方を見ると、例えば国立大学法人への運営費交付金は、日本の研究に関する予算を考える場合には、その全額を含め、教育に関する予算を考える場合にも、その全額を含めます。つまり、運営費交付金は、ある時は研究資金として、また、ある時は教育資金として計上されるのです。これでは、日本の研究（あるいは教育）のためにいくら国費が投入されているのか、判断ができません。また、後からデータが出てきますが、マクロで見ると研究機能と教育機能は相いれない関係にあります。つまり、資源が限られている場合には、教育機能を高めようとすると研究機能が低下するのです。

ここで、研究従事者数（ＦＴＥ）と研究人件費の相関を確認しておきましょう。図表３－７がそのグラフですが、実は予想したよりも点がばらついていました。各国によって大学教員の給与は違いますから、ある程度研究従事者数と人件費の相関がばらつくことは予想されますが、それにしても、ちょっとばらつきが大きいのです。それで、研究人件費を研究従事者数（ＦＴＥ）で割れば、大学の研究従事者の平均給与が計算できますから、その推定給与と、その国の国民平均給与と比べてみることにしました。そうすると、大学の研究従事者の給与が、国民平均給与に比べて非常に低い国があることがわかりました。特に英国の０・28という値は、所得の中央値の半分を下回っていると相対的貧困者に分類され、大学研究従事者がかなりひどい貧困層ということになるので、到底考えられない数字です。これは、その国の研究従事者数（ＦＴＥ）のデータ、または、研究人件費のデータのいずれか、または両方のデータに大きな誤差が存在することを意味します。それで、推定大学研究従事者給与が、国民平均給与の75％を下回る５か国には△印をつけて、研究従事者数や研究費、研究資金の相関分析を行う時に注意し、必要に応じて分析から除くことにしました。

ちなみに、多くの国では大学の研究従事者の推定給与は、国民平均給与よりも高い値ですが、日本は０・97と、ほぼ国民平均給与並みということになります。大学の研究従事者には高学歴者が多いわけですが、日本の場合は海外の研究従事者に比較して、あまり恵まれていませんね。日本では

図表3－7　研究従事者数（FTE）と研究人件費の相関

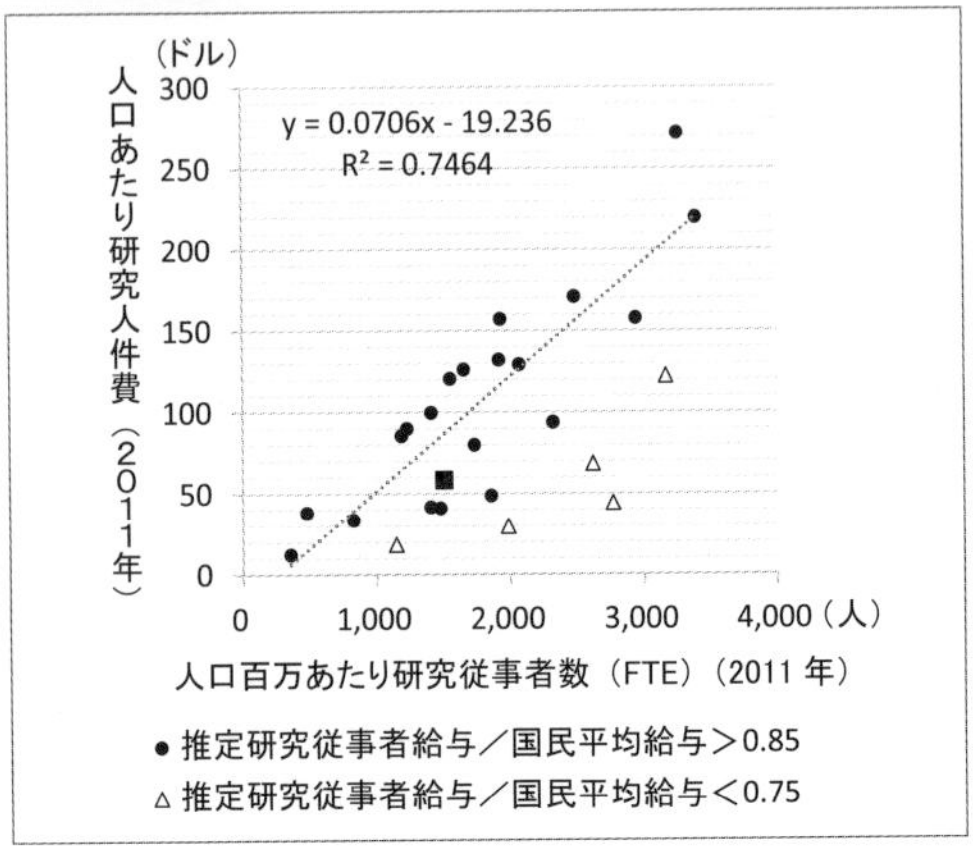

人口あたり研究関係人件費の多い順	推定研究従事者給与／国民平均給与
スイス	1.42
デンマーク	1.30
ノルウェー	1.33
フィンランド	1.28
オランダ	1.57
オーストリア	1.45
ベルギー	1.27
フランス	1.86
オーストラリア	△0.74
ドイツ	1.81
アイルランド	1.39
ポルトガル	1.56
イタリア	2.05
イスラエル	2.33
スペイン	1.22
ニュージーランド	△0.70
日本	■0.97
ギリシャ	0.94
英国	△0.28
チェコ	1.33
韓国	0.88
トルコ	1.86
ハンガリー	1.93
スロバキア	△0.69
ポーランド	△0.69
チリ	1.30

（注）OECD.Stat、Main Science and Technology Indicators および Dataset: Average annual wages より 2017 年 12 月 28 日にデータ抽出。人件費の単位は購買力平価実質値 2010 年基準（ドル）、国民平均給与の単位は購買力平価実質値 2016 年基準（ドル）。推定研究従事者給与は、研究人件費／ FTE 研究従事者数とした。回帰分析は推定研究従事者給与／国民平均給与＜ 0.75 の国（△）を除いて行った。

研究者に対して他国ほど敬意が払われていないことの反映かもしれませんし、いわゆるポスドクと呼ばれる高学歴ワーキングプア層や、無給で研究している医局員の存在が影響しているのかもしれません。

図表3－8にFTE研究従事者数および研究人件費と論文数の相関を示します。FTE研究従事者数および研究人件費ともに数年後の論文数と良く相関します。△で示した、推定研究従事者給与が国民平均給与の75％未満の国では、研究従事者数（FTE）がやや高めに、研究人件費がやや低めにずれる傾向にあります。図中の相関係数や回帰分析は、これらの△の国を除いて計算しています。た

図表3－8　研究従事者数（FTE）および研究人件費と論文数との相関

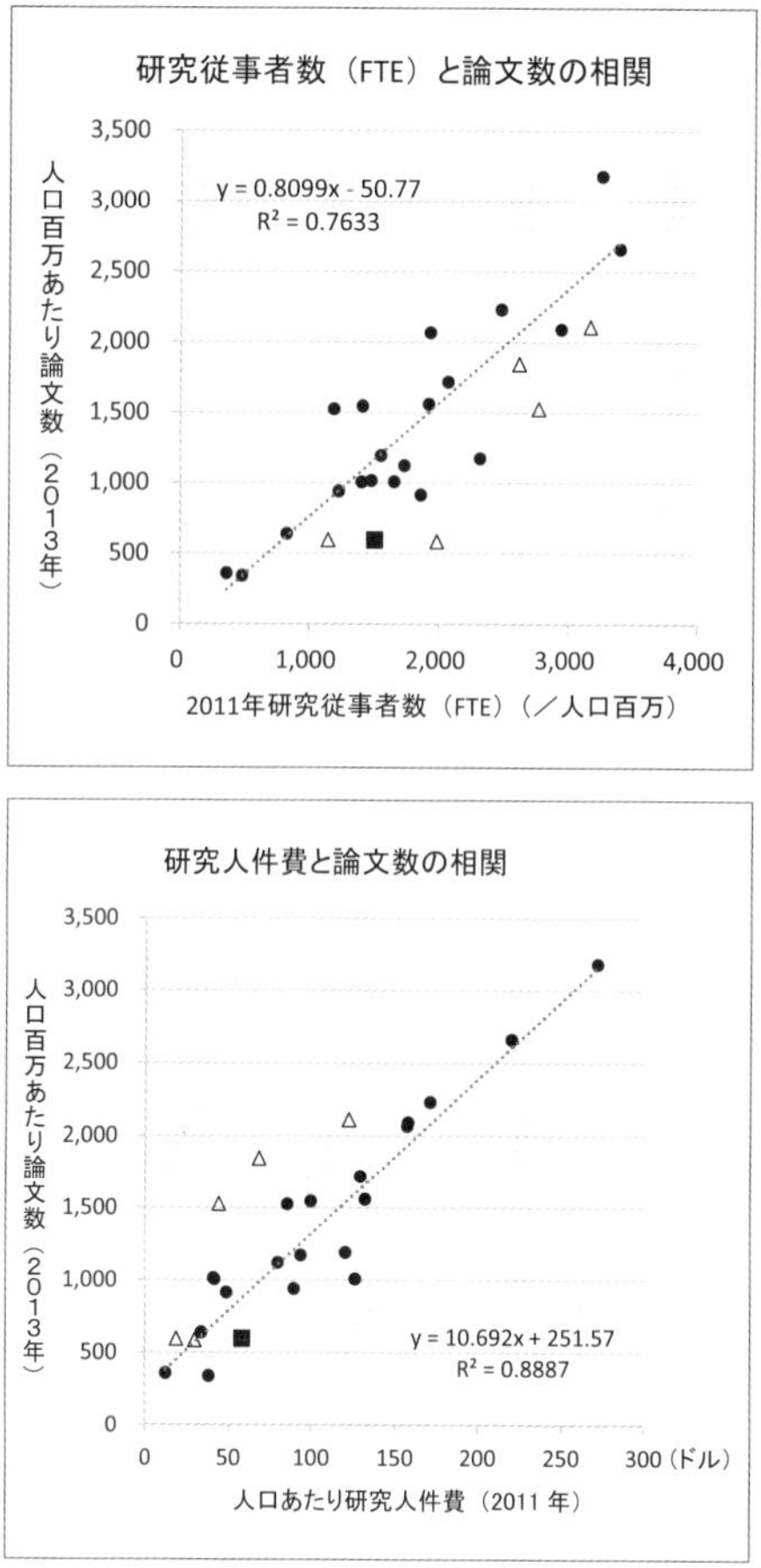

人口あたり論文数の多い順、△は推定研究従事者給与／国民平均給与＜0.75の国
スイス
デンマーク
ノルウェー
△オーストラリア
フィンランド
オランダ
△ニュージーランド
ベルギー
オーストリア
アイルランド
△英国
イスラエル
ドイツ
ポルトガル
スペイン
韓国
フランス
チェコ
イタリア
ギリシャ
ハンガリー
△ポーランド
■日本
△スロバキア
チリ
トルコ

（注）クラリベイト・アナリティクス社 InCites Benchmarking より 2017 年 7 月 9 日に、OECD. Stat 、Main Science and Technology Indicators および Dataset: Average annual wages より 2017 年 12 月 28 日にデータ抽出。人件費の単位は購買力平価実質値 2010 年基準（ドル）、国民平均給与の単位は購買力平価実質値 2016 年基準（ドル）。推定研究従事者給与は、研究人件費／ FTE 研究従事者数とした。回帰分析は推定研究従事者給与／国民平均給与＜0.75 の国（△）を除いて行った。

だし、△の国を含めたとしても、相関係数がやや低くなるだけで、結論は変わりません。

次の図表3－9のグラフは、研究従事者数（FTE）の増加率と論文数の増加率の相関を示したグラフです。10年間の年平均増加率で相関分析をしています。このような時期をずらした増加率の相関分析で相関が認められれば、原因と結果の関係がより確からしくなります。上図は論文数増加率の相関、下図は国際共著1／2補正論文数の増加率との相関を見ています。研究従事者数（FTE）が大きく増えた国ほど、論文数も大きく増え、研究従事者数（FTE）が10％増えた国は、論文数も概ね10％程度増えています。

ただし、回帰直線が原点よりも少し上を通過しています。これは、研究従事者数（FTE）が増えなくても、〝論文数〟が少し増える国があることを示しています。そして、下図の国際共著1／2補正論文数では、通常の論文数の場合よりも、少し原点に近づきます。国際共著1／2補正論文数というのは、通常の整数カウントの論文数から、国際共著論文数の1／2を差し引いた論文数であり、分数カウント論文数を近似する一つの方法です。分数カウントというのは国際共著論文を、それぞれの国に分数を割り当てて論文数の補正を行う方法でしたね。研究従事者数が増えなくても、他の研究機関の共著論文に名前を載せてもらうことができれば、論文数を増やすことができます。分数カウントではそれが補正されますので、論文数が増えにくくなるのです。国際共著1／2補正論文数で回帰直線が原点に近づくのは、これで説明ができます。〝近似〟ではない本来の分数カウ

図表３－９　研究従事者増加率と論文数増加率の相関：国際共著 1/2 補正の影響

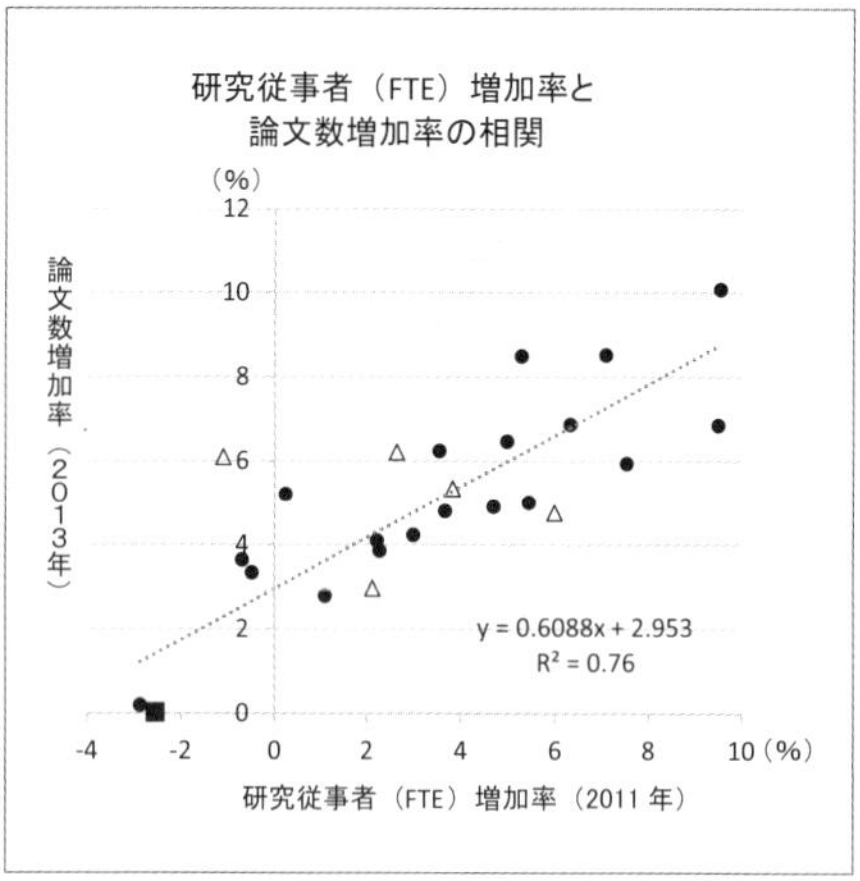

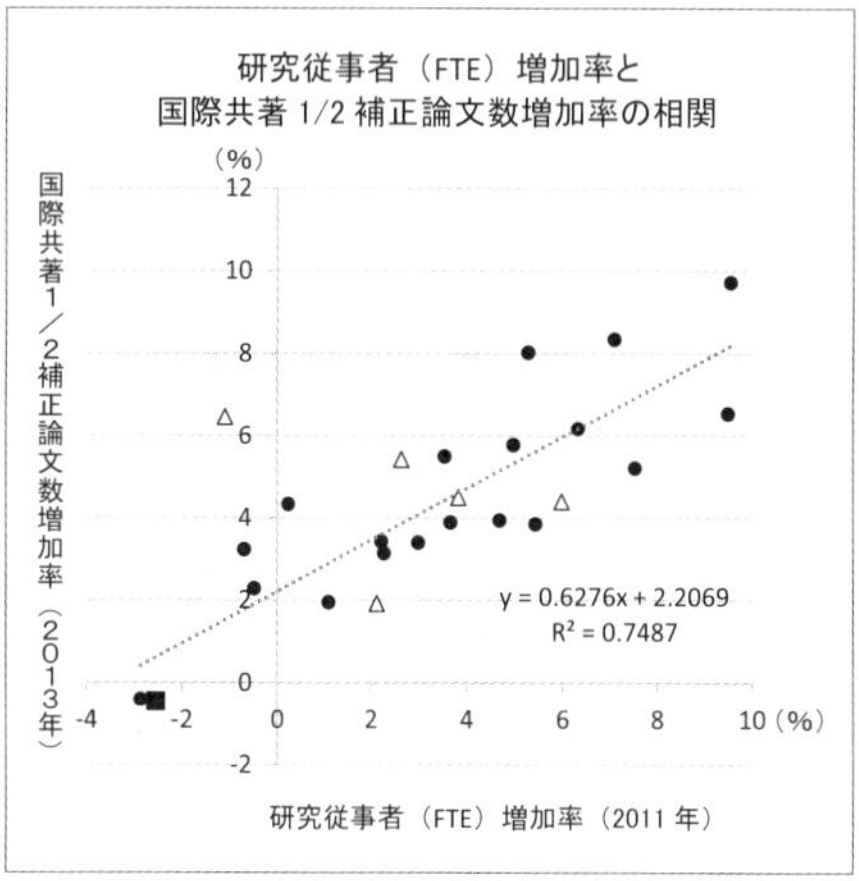

論文数（近似分数カウント）増加率の大きい順
ポルトガル
韓国
チリ
チェコ
△ポーランド
アイルランド
ノルウェー
スペイン
△オーストラリア
デンマーク
△ニュージーランド
△スロバキア
オランダ
スイス
ベルギー
オーストリア
イタリア
ギリシャ
ハンガリー
ドイツ
フィンランド
フランス
△英国
イスラエル
■日本

（注）クラリベイト・アナリティクス社 InCites Benchmarking より 2017 年 7 月 9 日に、OECD. Stat, Main Science and Technology Indicators より 2017 年 12 月 28 日にデータ抽出。回帰分析は推定研究従事者給与／国民平均給与＜ 0.75 の国（△）を除いて行った。増加率は 10 年間平均年増加率。2013 年増加率の場合、2003 ～ 13 年の当該指標増加の傾き（SLOPE）を当該指標の平均値で除して求めた。国際共著 1/2 補正論文数は（論文数－国際共著論文数 /2）で求めた。

ント法で計算すれば、もう少し原点に近づくはずです。

なお、研究従事者数が増えなくても、論文数がわずかに増える現象については、この国際共著論文が急速に増えているということ以外にもいくつか考えられます。たとえば、研究者が論文を投稿していた学術誌が、新たにデータベースに収録された場合です。また、研究従事者も研究時間も確保されているが、狭義の研究費が獲得できずに研究が進んでいない研究室では、研究に必要な器具や試薬類の研究資金が増えたために、論文数が増える場合もあるかもしれませんし、今まで自国語で論文を書いていた研究者が英語で論文を書くようになれば、データベースに収録される論文数が増えることになります。

このように論文数が増える原因はいくつも考えられるのですが、マクロでみれば、研究従事者数（FTE）が2倍に増えた国は、論文数も概ね2倍に増えています。そして、日本は、研究従事者数（FTE）が増えなかったので、論文数も増えなかったと結論されます。

5.「人件費」は先進国で最低レベル

研究人件費以外の研究費についても調べておきましょう。

図表3－10は、研究活動費と、研究施設設備費の推移を示しています。研究活動費には研究に必要な試薬類や材料費、光熱費、旅費、その他の運営費が含まれます。施設設備費には、土地建物代と研究に必要な機器類や設備の費用が含まれます。

上図の研究活動費を見ると、日本のカーブは最低ということではなく、真ん中くらいにあり、また徐々に増えているようです。研究施設設備費については、日本はむしろ他の国よりも上位にあるようです。ただし、英国は、研究人件費は最低でしたが、研究施設設備費は極端に多くなっており、データに大きな誤差があることが疑われます。

2013年の研究費の内訳を示したグラフが図表3－11ですが、日本の人件費は先進国で最低のレベルであり、研究費に占める人件費の割合も最低であることが分かります。なお、英国のデータは、先ほどからお話ししているように、誤差が大きすぎると考えられます。

そして、研究活動費は論文数と相関しますが、施設設備費は、相関しません（図表3－12）。

図表3－10　日本の大学研究活動費および研究施設設備費の推移

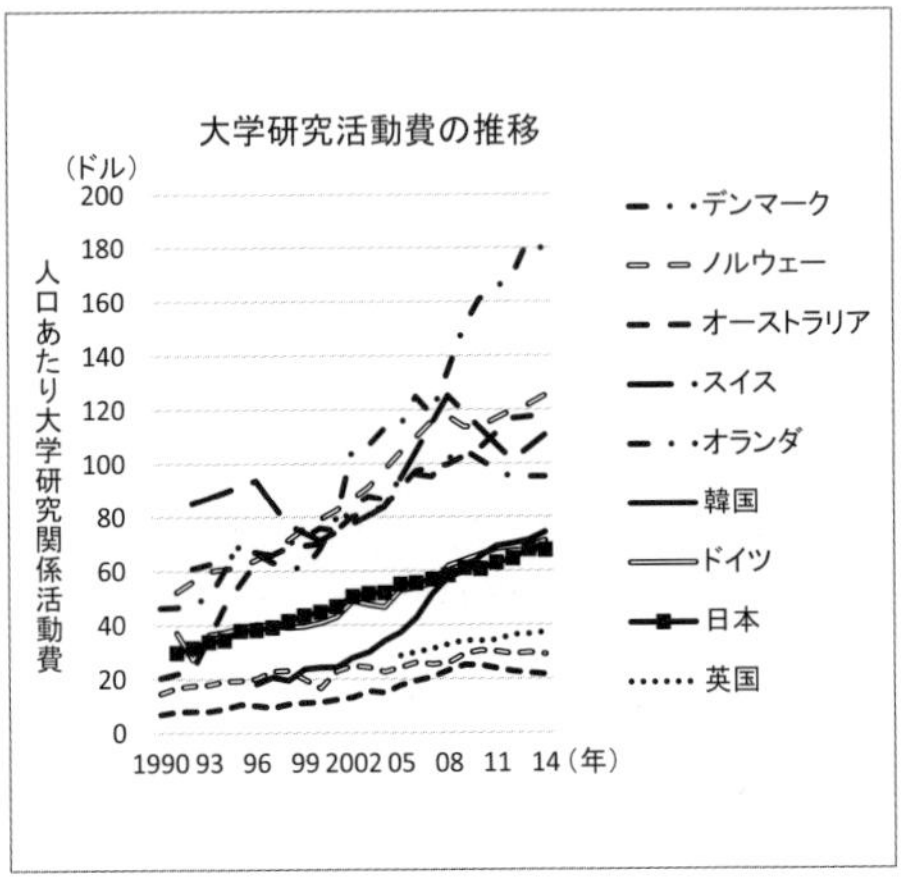

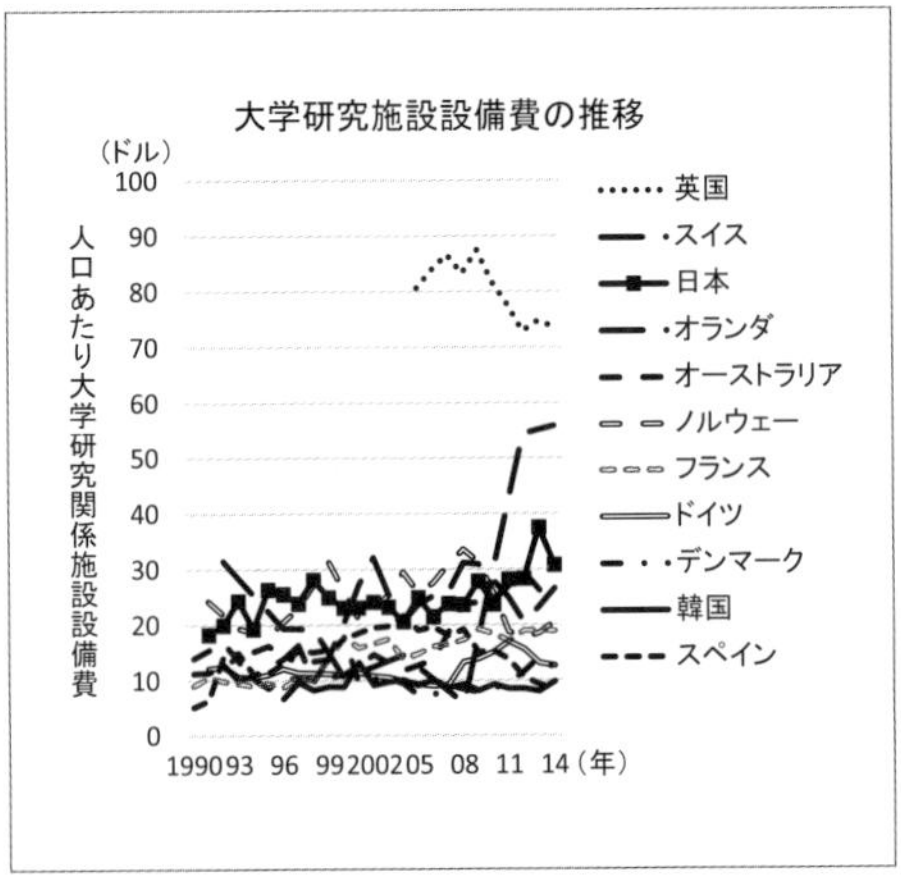

(注) OECD.Stat, Main Science and Technology Indicatorsより2017年12月28日にデータ抽出。Research and Development Statistics、Gross Domestic Expenditure on R-D by sector of performance and type of cost。費用の単位は購買力平価実質値2010年基準（ドル）(2010 Dollars - Constant prices and PPPs)。

図表3－11　人口あたり大学研究費内訳および大学研究費内訳割合（2013年）

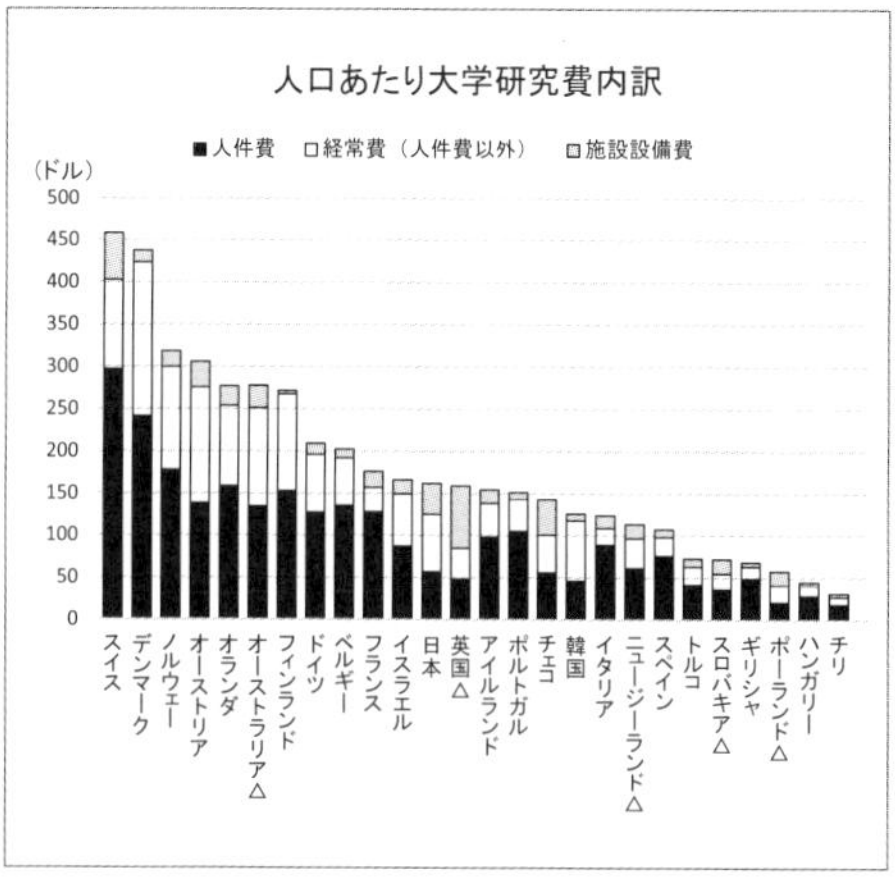

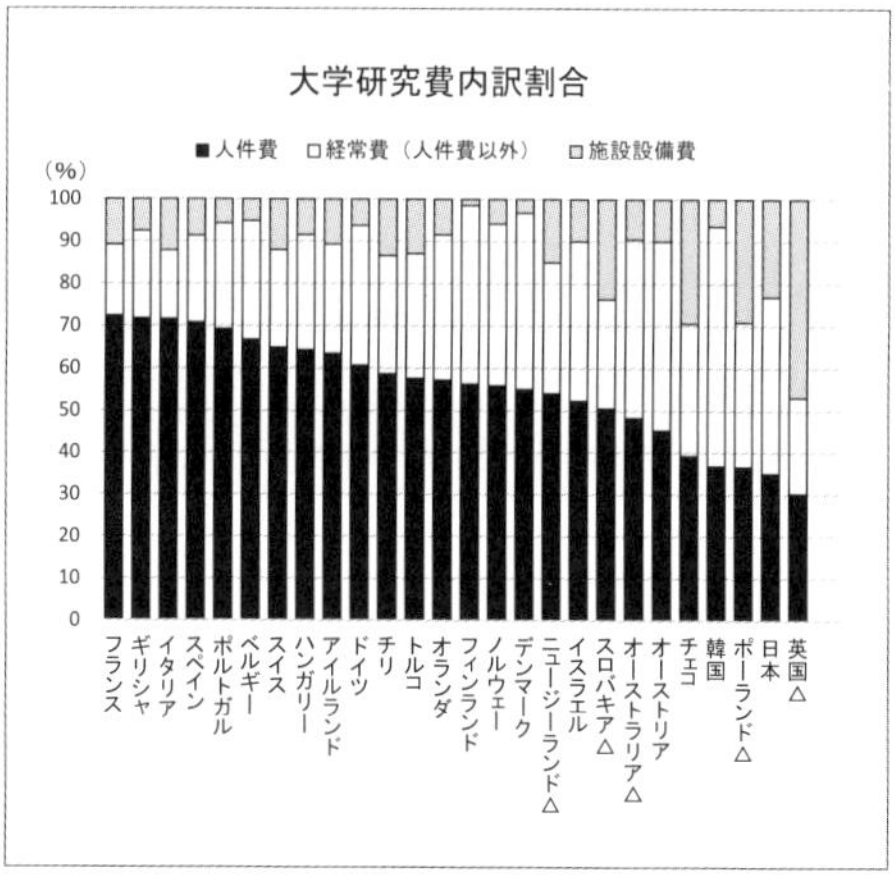

（注）OECD.Stat, Main Science and Technology Indicatorsより2017年12月28日にデータ抽出。人件費の単位は購買力平価実質値2010年基準（ドル）。△は研究人件費／FTE研究従事者数で求めた推定研究従事者給与が、国民平均給与の0.75未満の国。なお米国のデータは掲載されていない。

図表3－12　大学の研究活動費および研究施設設備費と論文数の相関

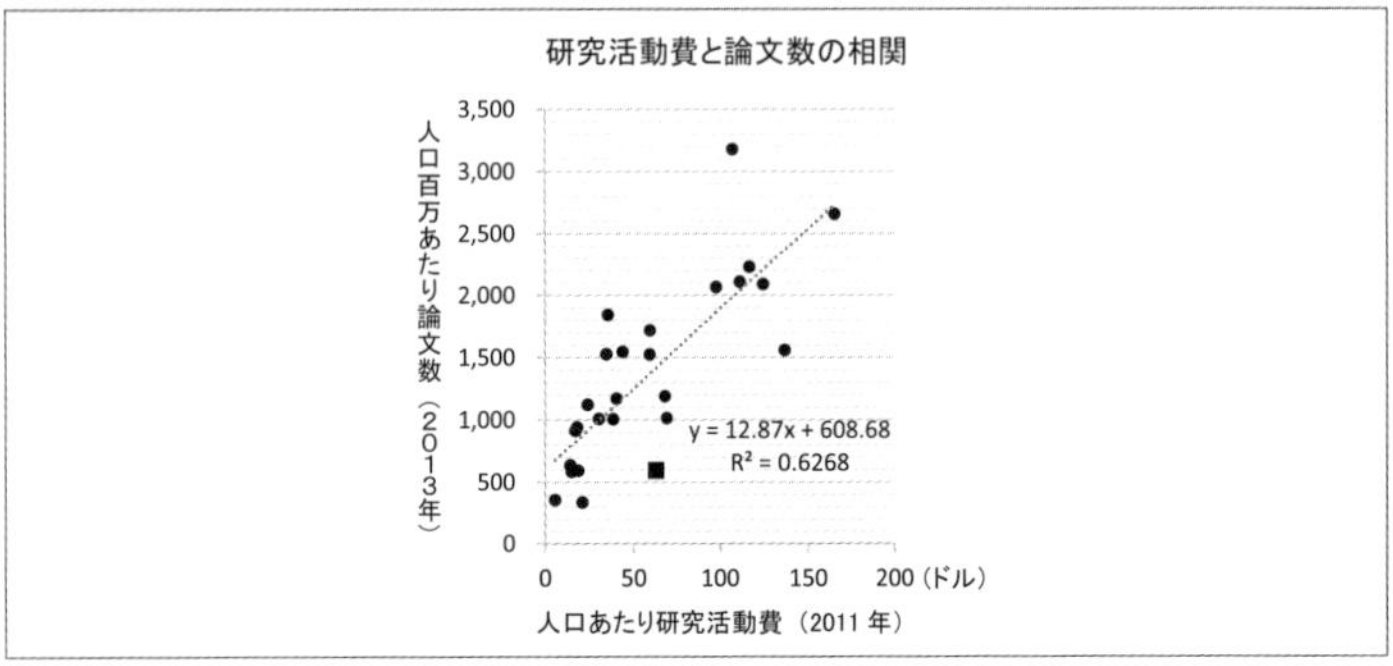

研究活動費の多い順（多→少）

デンマーク	オーストリア	フィンランド	ノルウェー	オーストラリア	スイス	オランダ	韓国	ドイツ	■日本	ベルギー	イスラエル	アイルランド	ポルトガル	チェコ	ニュージーランド	英国	フランス	スペイン	トルコ	ポーランド	イタリア	ギリシャ	スロバキア	ハンガリー	チリ

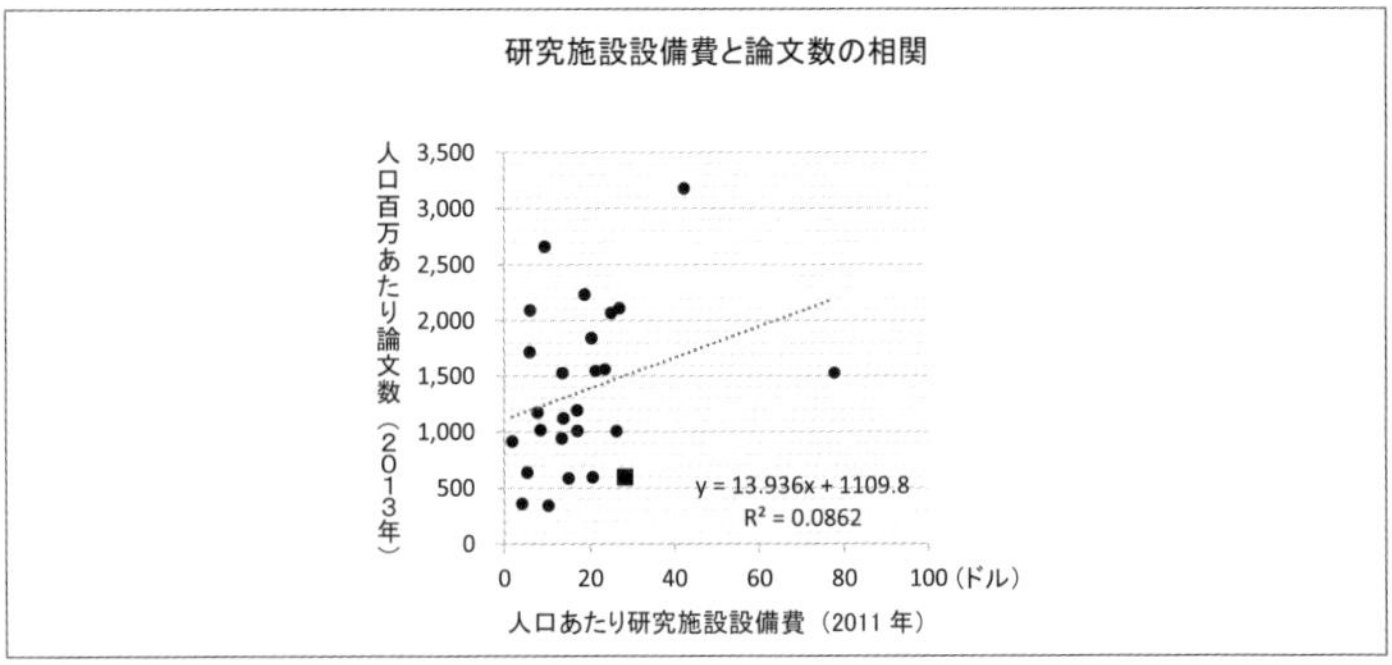

研究施設設備費の多い順（多→少）

英国	スイス	■日本	オーストラリア	チェコ	オランダ	オーストリア	アイルランド	ポーランド	ニュージーランド	ノルウェー	フランス	ドイツ	スロバキア	スペイン	イスラエル	イタリア	トルコ	デンマーク	韓国	ポルトガル	フィンランド	ベルギー	ハンガリー	チリ	ギリシャ

（注）クラリベイト・アナリティクス社 InCites Benchmarking より 2017 年 7 月 9 日に論文数データ抽出。OECD.Stat, Main Science and Technology Indicators より 2017 年 12 月 28 日にデータ抽出。費用の単位は購買力平価実質値 2010 年基準（ドル）。

施設設備費のデータが載っている国の中で、さらに施設設備費を施設費（土地・建物）と設備費（研究機器類）に分けたデータが載っている国がありましたので、それぞれと論文数の相関も調べてみました（図表3－13）。

そうすると施設費の方は、論文数と統計学的に信頼できる正の相関をしていますが（P＜0.05）、設備費の方は認められませんでした。設備費の方は、相関がないというよりも、むしろ上に凸の曲線になるのかもしれません。つまり、研究には研究設備が不可欠ですので、当初は研究設備費が多くなるほど研究成果が上がって論文数が増えますが、たとえば原子力や宇宙などの研究に必要な高額の設備が増えてくると、論文数は必ずしも設備の金額に比例して増えるわけではないので、頭打ちとなってきます。

図表3－14は大学の総研究費に占める設備費の割合と論文数の相関を調べたデータですが、設備費の割合が高い国ほど論文数が少なくなっています。全体の研究費が限られている中で、高額の研究設備にお金を使うと、その分、論文数と良く相関する研究従事者の人件費や研究活動費に回すお金が減るわけですから、高額の研究設備にたくさんお金を使っている国は、そうでない国に比べて論文数が少なくなるのではないかと考えられます。

ただし、注意しておきたいことは、論文数と相関しないからと言って、高額の研究設備費が重要でないということを意味するものではないことです。例えば東大の小柴さんがノーベル賞を受賞し

図表3－13　大学の研究施設費および研究設備費と論文数の相関

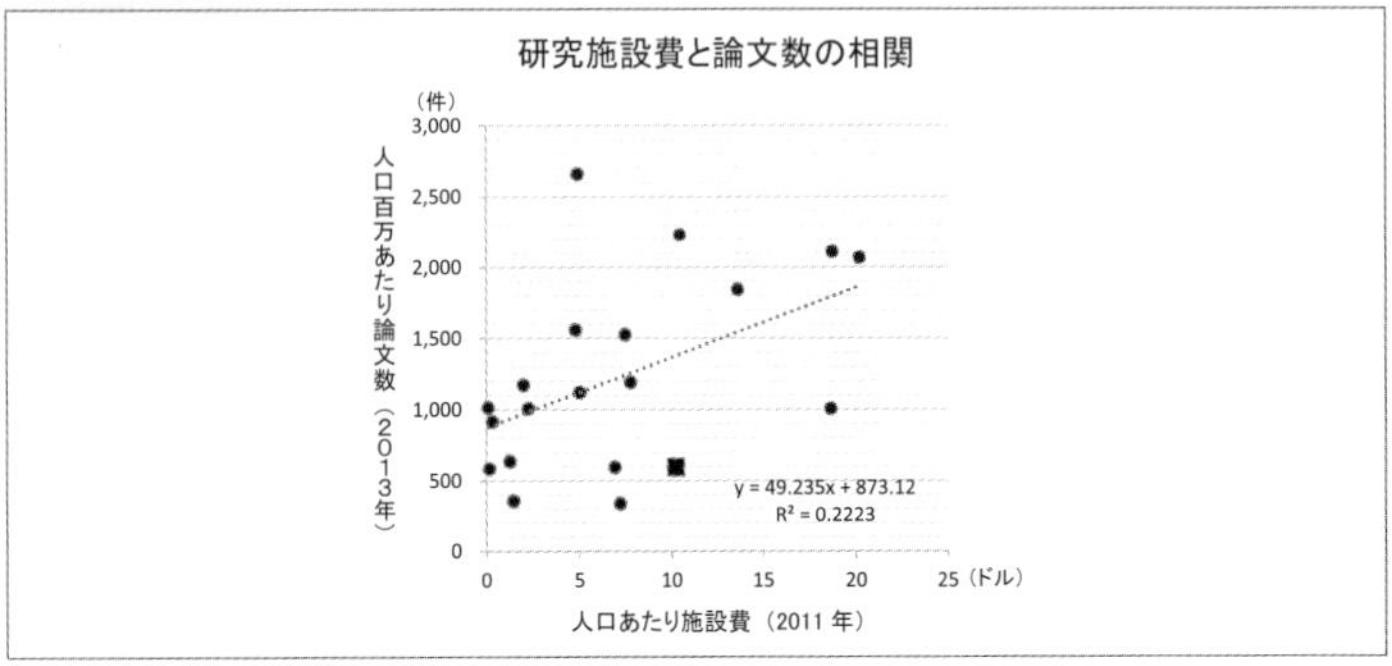

研究施設費の多い順（多→少）

オランダ	オーストラリア	チェコ	ニュージーランド	ノルウェー	■日本	ドイツ	イスラエル	トルコ	ポーランド	スペイン	デンマーク	オーストリア	フランス	ポルトガル	チリ	ハンガリー	ギリシャ	スロバキア	韓国

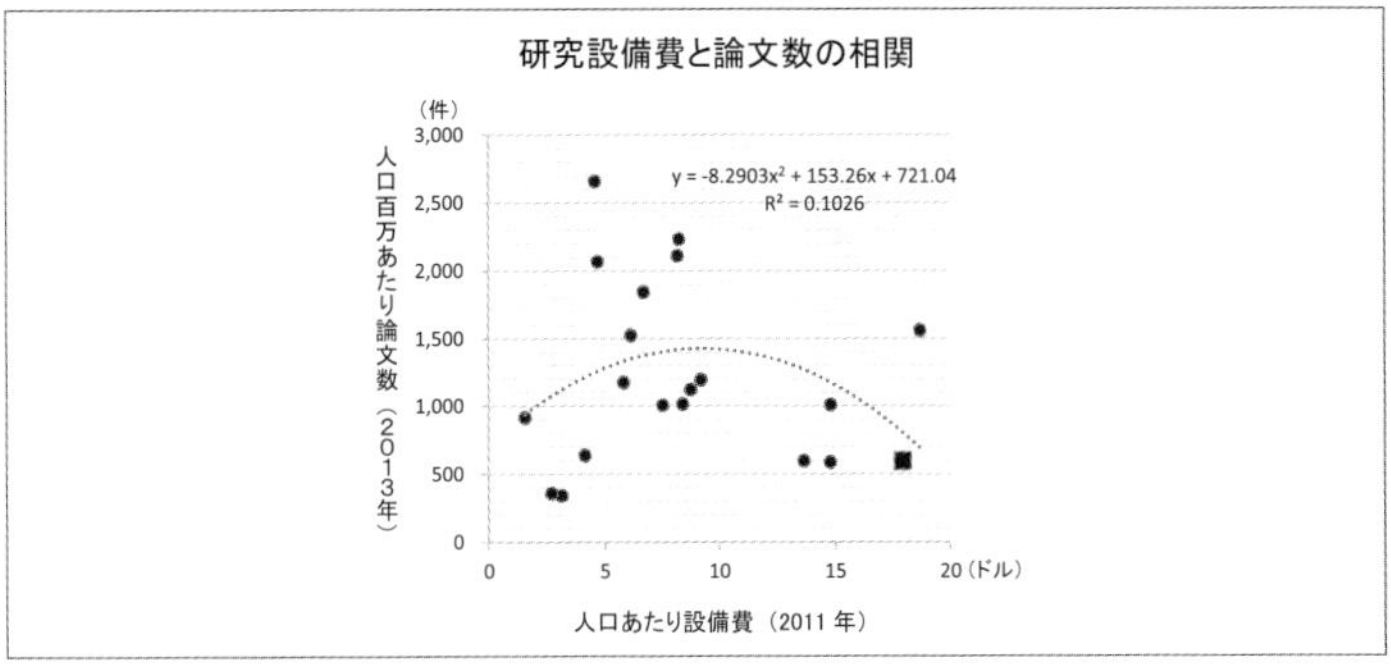

研究設備費の多い順（多→少）

オーストリア	■日本	フランス	スロバキア	ポーランド	ドイツ	スペイン	韓国	ノルウェー	オーストラリア	チェコ	ニュージーランド	イスラエル	ポルトガル	オランダ	デンマーク	ハンガリー	トルコ	チリ	ギリシャ

（注）クラリベイト・アナリティクス社 InCites Benchmarking より 2017 年 7 月 9 日に論文数データ抽出。 OECD.Stat 、Main Science and Technology Indicators より 2017 年 12 月 28 日にデータ抽出。費用の単位は購買力平価実質値 2010 年基準（ドル）。

図表3－14　大学の総研究費に占める設備費の割合と論文数の相関

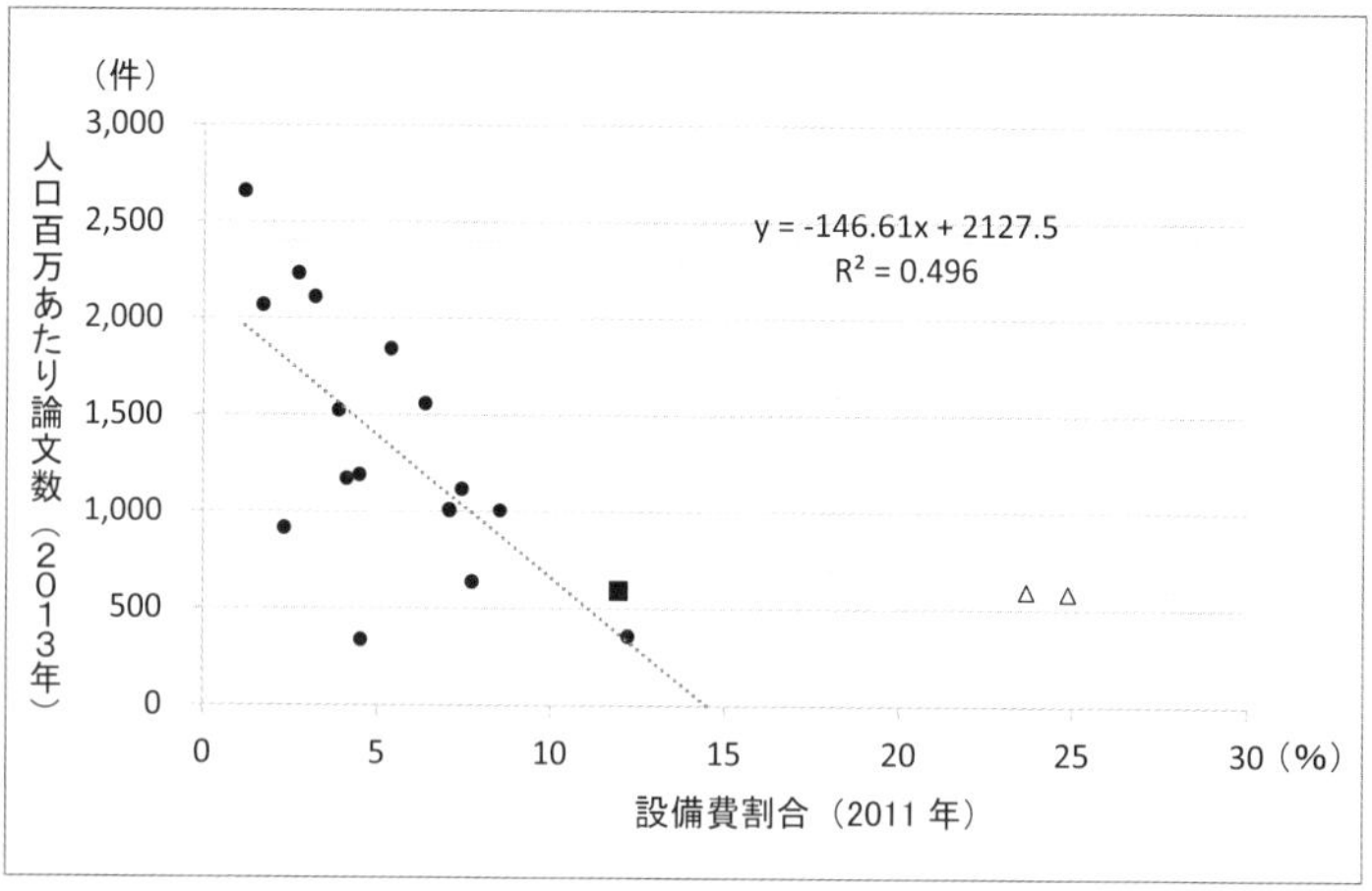

設備費割合の多い順（多→少）

△スロバキア	△ポーランド	チリ	■日本	フランス	ハンガリー	スペイン	チェコ	韓国	オーストリア	ニュージーランド	トルコ	ドイツ	ポルトガル	イスラエル	オーストラリア	ノルウェー	ギリシャ	オランダ	デンマーク

（注）クラリベイト・アナリティクス社 InCites Benchmarking から 2017 年 7 月 9 日に論文数データ抽出。OECD.Stat 、Main Science and Technology Indicators より 2017 年 12 月 28 日にデータ抽出。費用の単位は購買力平価実質値 2010 年基準（ドル）。スロバキアとポーランドは設備費割合が外れ値となる。回帰分析は外れ値の国を除いた値を示した。

たニュートリノの研究でも、「スーパーカミオカンデ」という研究装置を使って初めて可能になりました。重力波の研究にも「かぐら」などの重力波望遠鏡が必要です。このような高額研究装置による研究は、論文数やGDPというよりも、国家が戦略としてその重要性を判断するべきものです。

次に、研究人件費、研究活動費、研究施設設備費のそれぞれが、論文数にどの程度寄与するのかを調べるために、重回帰分析という手法を用いて分析しました。重回帰分析は複数の指標（説明変数と言います）を組み合わせて、論文数（目的変数と言います）を予測する手法です。

今までたくさん出てきた相関図は、単線形回帰分析と言われる方法であり、目的変数Yを一つの説明変数Xでもって

$$Y = aX + b$$

という直線の一次式（単線形回帰式）で予測する（言い当てようとする）方法でした。そして予測の精度は決定係数という数値が「1」に近いほど優れているということでしたね。

重回帰分析では

$$Y = a_1X_1 + a_2X_2 + a_3X_3 + b$$

というふうに複数の説明変数をさらに加えた一次式で目的変数を予測しようとします。

図表3－15に、目的変数を2013年の論文数、説明変数を2011年の研究人件費、研究活動費、研究施設設備費とする重回帰分析の結果をお示ししました。なお、人件費に問題のある5か国

図表3－15　各研究費（2011年）による論文数（2013年）の予測（重回帰分析）

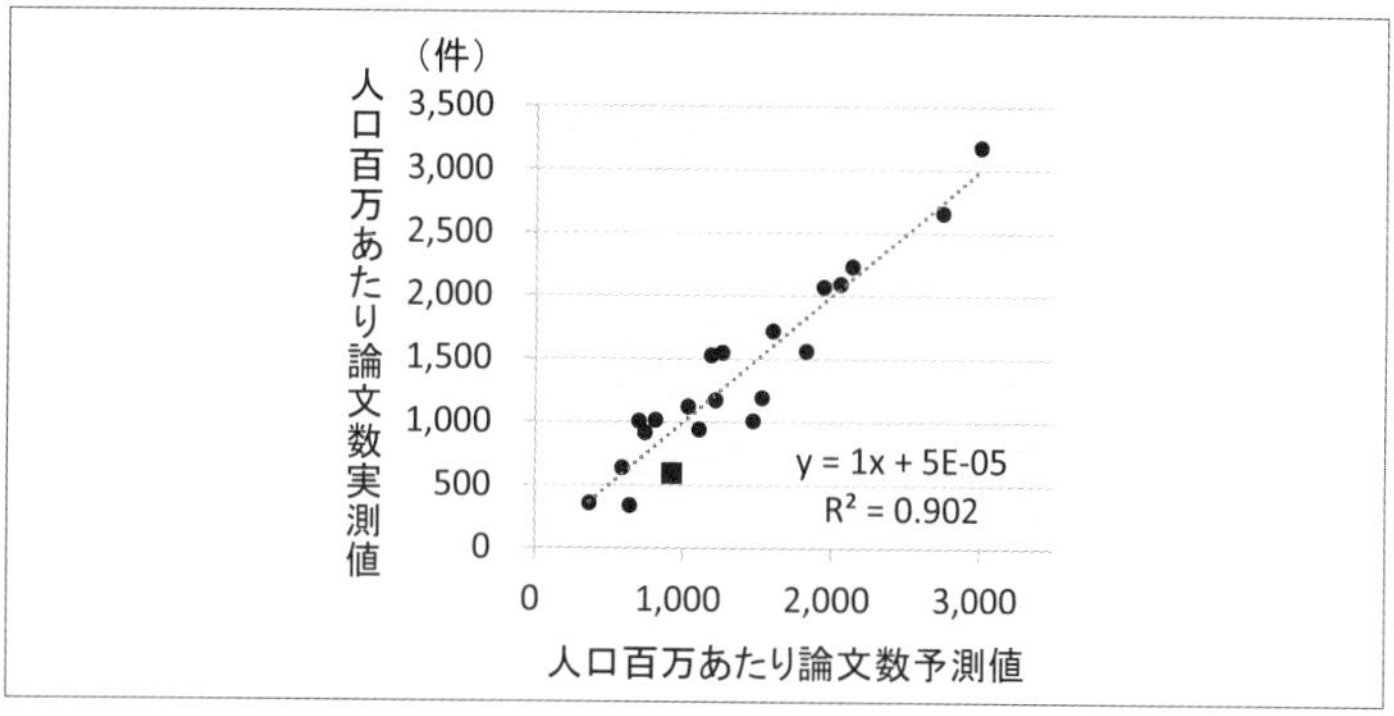

論文の多い順（多→少）

スイス	デンマーク	ノルウェー	フィンランド	オランダ	ベルギー	オーストリア	アイルランド	イスラエル	ドイツ	ポルトガル	スペイン	韓国	フランス	チェコ	イタリア	ギリシャ	ハンガリー	■日本	チリ	トルコ

2013年論文数	偏回帰係数	標準化係数	t検定値	自由度	確率値	相関係数	偏相関係数
2011年研究人件費	9.2247	**0.8134**	6.224	17	0	0.943	0.834
2011年研究活動費	2.9135	**0.1789**	1.474	17	0.1588	0.805	0.337
2011年研究施設設備費	-1.5301	**-0.0204**	-0.2352	17	0.8169	0.43	-0.057
切片	246.2204	0	2.0919	17	0.0518		
R^2	0.902	R	0.95	調整済R	0.941		

（注）データソースは図表3－14と同じ。重回帰分析はCollege Analysis ver.6.6、Masayasu Fukui, Fukuyama Heisei Univ. による。

は分析から除いています。たくさんの数値が並んでいますが、この説明は紙面の関係で省略します。相関図は、研究人件費、研究活動費、研究施設設備費という3つの変数でもって、表の中の偏回帰係数をそれぞれの係数とした一次式（重回帰式）で論文数を計算し、その予測した数値（横軸）と実際の論文数（縦軸）とをプロットしたグラフです。良好に予測ができることがわかります。

そして、3つの指標のそれぞれの寄与の程度は、下の表の標準化係数という数値を見ていただくとわかります。研究人件費、研究活動費、研究施設設備費の標準化係数はそれぞれ約0・81：0・18：▲0・02となっており、研究人件費が論文数の予測に約8割程度寄与していることが分かります。また、確率値というところを見ていただくと、それぞれ0、0・1588、0・8169となっています。この確率値が0・05未満であれば、統計学的に信頼できる相関ということになります。研究人件費は統計学的に信頼できる相関をしていると言えますが、研究活動費や研究施設設備費については、信頼できるとは言えません。

次に論文数（国際共著1／2補正）の10年間の増加率を目的変数とした重回帰分析を行いました（図表3－16）。研究人件費増、研究活動費増、研究施設設備費増の標準化係数は、約0・66：0・28：0・14となっており、論文数の増加率にも研究人件費の増加が最も大きく寄与したことがわかります。また、他の二つについては統計学的に信頼がおける有意の相関は認められませんでした。なお、論文数を用いても国際共著1／2補正論文数を用いても寄与率等に若干の違いが生じますが、結論は変わりありません。本書では両者に意味のある差が生じる場合には、その旨を記載することにします。

このように研究費の内訳の中で、欧米先進国の論文数とその増加に最も大きく寄与したのは研究従事者の人件費であり、そして、この10年余りの間に、日本の論文数が停滞して、研究国際競争力

図表 3 − 16　各研究費増加率による論文数増加率の予測（重回帰分析）

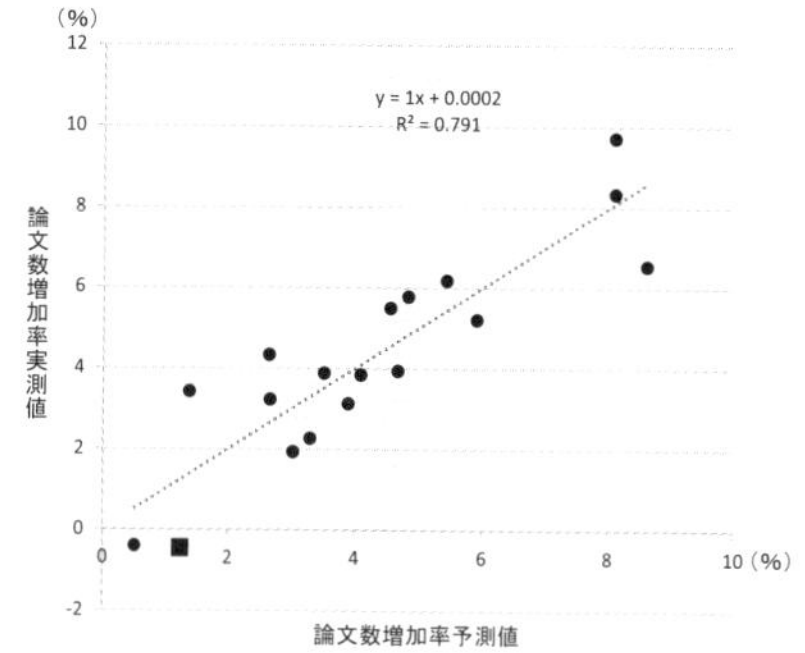

論文数（国際共著 1/2 補正）増加率の多い順（多→少）

ポルトガル	韓国	チェコ	アイルランド	ノルウェー	スペイン	デンマーク	オランダ	スイス	ベルギー	オーストリア	イタリア	ハンガリー	ドイツ	フィンランド	フランス	イスラエル	■日本

2013 年国際共著 1/2 補正論文数増加率	偏回帰係数	標準化係数	t 検定値	自由度	確率値	相関係数	偏相関係数
2011 年研究人件費増加率	0.4499	**0.6639**	4.4727	14	0.0005	0.848	0.767
2011 年研究活動費	0.1598	**0.2827**	1.9493	14	0.0716	0.654	0.462
2011 年研究施設設備費	0.0576	**0.1354**	1.0764	14	0.3	0.32	0.276
切片	1.4994	0	2.9842	14	0.0099		
R^2	0.791	R	0.889	調整済 R	0.864		

（注）データソースは図表 3 − 14 と同じ。論文数は国際共著 1/2 補正。重回帰分析は College Analysis ver.6.6、Masayasu Fukui, Fukuyama Heisei Univ. による。増加率は表示年までの過去 10 年間の平均増加率（年率）。

が低下した最大の原因は、研究人件費が先進国で最低であるとともに、諸外国が研究人件費を増やし、研究従事者数（ＦＴＥ）を増やしたのに対して、日本は増やさなかったことであると結論されます。

6．研究人件費と研究活動費のバランス

今までの分析で、論文数を決める要素としては、研究人件費（≒ＦＴＥ研究従事者数）が論文数と強く相関し、研究活動費も論文数と相関することがわかりました。先にお示しした重回帰分析は、論文数と、論文数を左右する要因の関係を

$$Y（論文数）＝a_1 \times X_1（研究人件費）＋a_2 \times X_2（研究活動費）＋b$$

というような一次式で表し、要因の値から論文数を予測しようとする方法でした。そして、研究人件費と研究活動費の重みの違いは、およそ0・7対0・3となり、人件費の効果がより強く論文数に反映されることがわかりました。でも、この数式のモデルでは、ある範囲では良く論文数を推定できるのですが、ちょっとまずいところがあるのです。

研究人件費と研究活動費を両方ともバランスよく増やしていけば、論文数は、それに比例して増えていくと考えられますが、たとえば、人件費（研究者数）を固定して活動費だけをどんどんと増やした場合や、活動費を固定して人件費（研究者数）をどんどん増やした場合はどうなるのか考えてみましょう。

たとえば仮に研究者が100人いたとしましょう。研究するためには、いくらお金がかからない研究といっても、紙と鉛筆代、コピー代、光熱費、通信費などは要りますし、学会への参加費や旅費、論文の学術誌への投稿代などもばかになりません。今では、パソコンがないとほとんど仕事にならないでしょう。全体で1000万円、一人あたり10万円の研究活動費を配分しても、ほとんど論文は増えないと思います。これを一人あたり50万円、100万円、と増やしていくと、論文を書くのに最低限の研究活動費が満たされる研究者が増えて、急速に論文数が増え始めます。さらに200万円、300万円と増やしていくと、研究費の増加に比例して論文数が増え始めますが、多くの研究者が論文を書ける研究費に達してしまったら、それ以上研究費を配分しても、論文数が増える効果はしだいに弱くなっていきます。研究時間が限られている一人の研究者が生み出せる新しい研究成果（論文数）には限界があるからです。このような、生産要素を一単位増やした場合の生産量の増加の程度が次第に小さくなっていく現象を、経済学の教科書では収穫逓減の法則と名付けています。

もっとも、配分された研究活動費でポスドクなどの研究補助者を雇えば論文数は増えるかもしれません。しかし、それは〝研究人件費〟を増やすことになります（日本の大学では、財務会計上の仕訳が人件費になっていないかもしれませんが……）。

そして、一次式では、たとえば、研究人件費を一定にしておいて、研究活動費をどんどん増やしていけば、それに比例して論文数が増えるということになってしまい、収穫逓減の法則が反映されないのです。この収穫逓減の法則が反映されるような数式としては、どの経済学の教科書にも載っているコブ・ダグラス型生産関数と呼ばれる数式があります（文献３－１）。

図表３－17に示しましたが、経済学の教科書ではYは生産量、Kは資本、Lは労働を意味します。生産に関わる要素の資本や労働は生産要素と呼ばれます。そして、係数Aは、技術進歩や効率の向上などによって変わる係数とされ、全要素生産性（TFP）と呼ばれる指標にあたるものです。

この経済現象を表す数式のモデルを、論文数にもあてはめてみることにしました。Yは論文数とし、KとLには研究活動費と研究人件費をあてはめてみます。経済学の教科書では、Kは資本です

図表3－17　コブ・ダグラス型生産関数

$$Y = AK^{\alpha} \times L^{\beta}$$

（対数表示　$LnY = LnA + \alpha LnK + \beta LnL$）

Y：生産量
K：資本
L：労働
A：全要素生産性：技術進歩・効率化などで変化する係数
α：資本分配率　$0 < \alpha < 1$
β：労働分配率　$0 < \beta < 1$

ので、先ほどの論文数の分析でいうと研究施設設備費をあてはめるべきなのですが、先ほどお示ししたように論文数と相関しないので省きました。

なお、コブ・ダグラス型生産関数にしても、今まで頻繁に出てきた回帰分析にしても、すべて、実際の現象を説明し、予測をするために、数式の〝モデル〟をあてはめるという行為であることに注意してください。ですから、この〝数式が正しい〟という言い方ではなく、〝数式が適合（フィット）する〟というような言い方になります。

コブ・ダグラス型生産関数は、生産要素を足し合わせる形ではなく、掛け合わせた形になっていますね。また、KとLについているαとβの累乗が1よりも小さいので、生産要素の片方を一定にして、もう片方を増やしていった場合には、生産量（論文数）のカーブが次第に寝てきて、収穫逓減の法則が反映されるのです。

なお、研究者の数が一定との仮定のもとで、研究活動費をゼロから増やし始めた時に、論文を書くのに必要な最低限の金額に達すると急速に論文数が増え始めると想定されますが、この時期には収穫が加速度的に増えて〝収穫逓増〟が起こると考えられます。その後に研究活動費を増やせばそれに比例して論文数が増える時期となり、そしてその後に、増える程度が次第に小さくなって収穫逓減が起こることになります。研究者の数（研究人件費）と研究活動費の両方をバランスよく同時に増やした場合は、論文数はそれに比例して直線的にどんどん増える、つまり規模に関して収穫一定（不変）になると考えられます。コブ・ダグラス生産関数においてαとβの和を1にしておけば、研究活動費と研究人件費を同時に増やした場合に収穫一定になることが反映されます。

α、βについては、対数変換した式を重回帰分析し、その結果得られた偏回帰係数の値に基づいて0・3、0・7としました。そうすると図表3－18に示しましたように、

$$論文数 ＝ A × (研究活動費)^{0.3} × (研究人件費)^{0.7}$$

となります。これは、研究人件費の方が、研究活動費よりも大きく論文数の生産に影響することを

意味しています。

その下に$y=x^{0.3}$と$y=x^{0.7}$のカーブをお示ししました。$y=x^{0.3}$のカーブの方が強く寝てきていますね。つまり、研究活動費の方が収穫逓減がより強く起こるモデルになります。

（研究活動費）$^{0.3}$×（研究人件費）$^{0.7}$を計算して論文数との相関分析をしたのが図表3－19です。良好な正の直線的な相関が得られました。つまり収穫一定です。この回帰分析から、係数Aは12・6という値になりました。

日本はと言えば、（研究活動費）$^{0.3}$×（研究人件費）$^{0.7}$の値が小さく、そのために論文数が少ないと考えられます。なお、この10年前についても調べてみましたが（図表3－20）、先ほどと同じような良好な正の相関関

図表3－18　論文数のコブ・ダグラス型生産関数表示と収穫逓減の法則

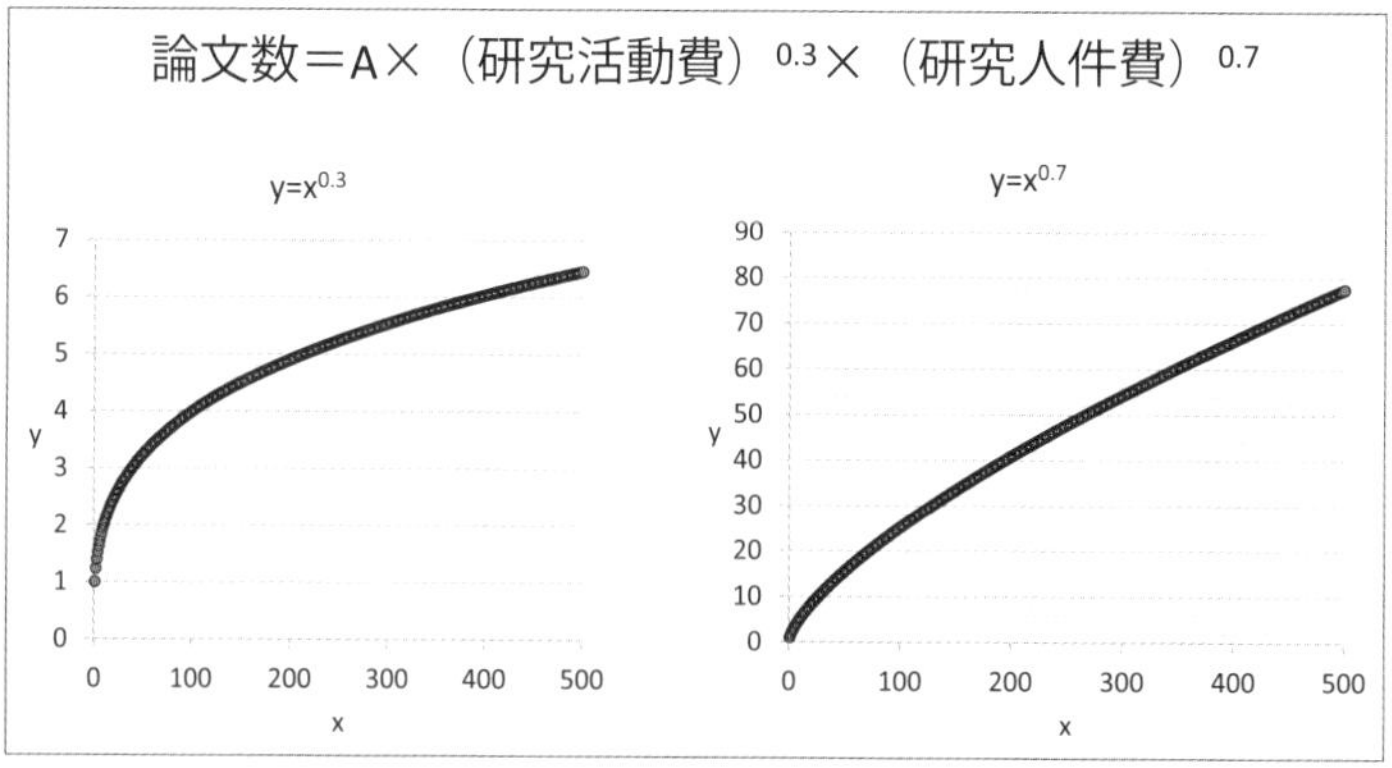

（注）αとβは図表3-17、3-18に示した国々（2001および2011年の両方のデータが揃っている国）におけるコブ・ダグラス型生産関数対数変換の重回帰分析の偏回帰係数から、$\alpha = 0.3$、$\beta = 0.7$を求めた。係数Aについては、図表3-17、3-18より、2011～13年については12.623、2001－03年については10.476という値が得られた。

図表3－19　2011年研究人件費と研究活動費からなるコブ・ダグラス型生産関数値による2013年論文数の予測

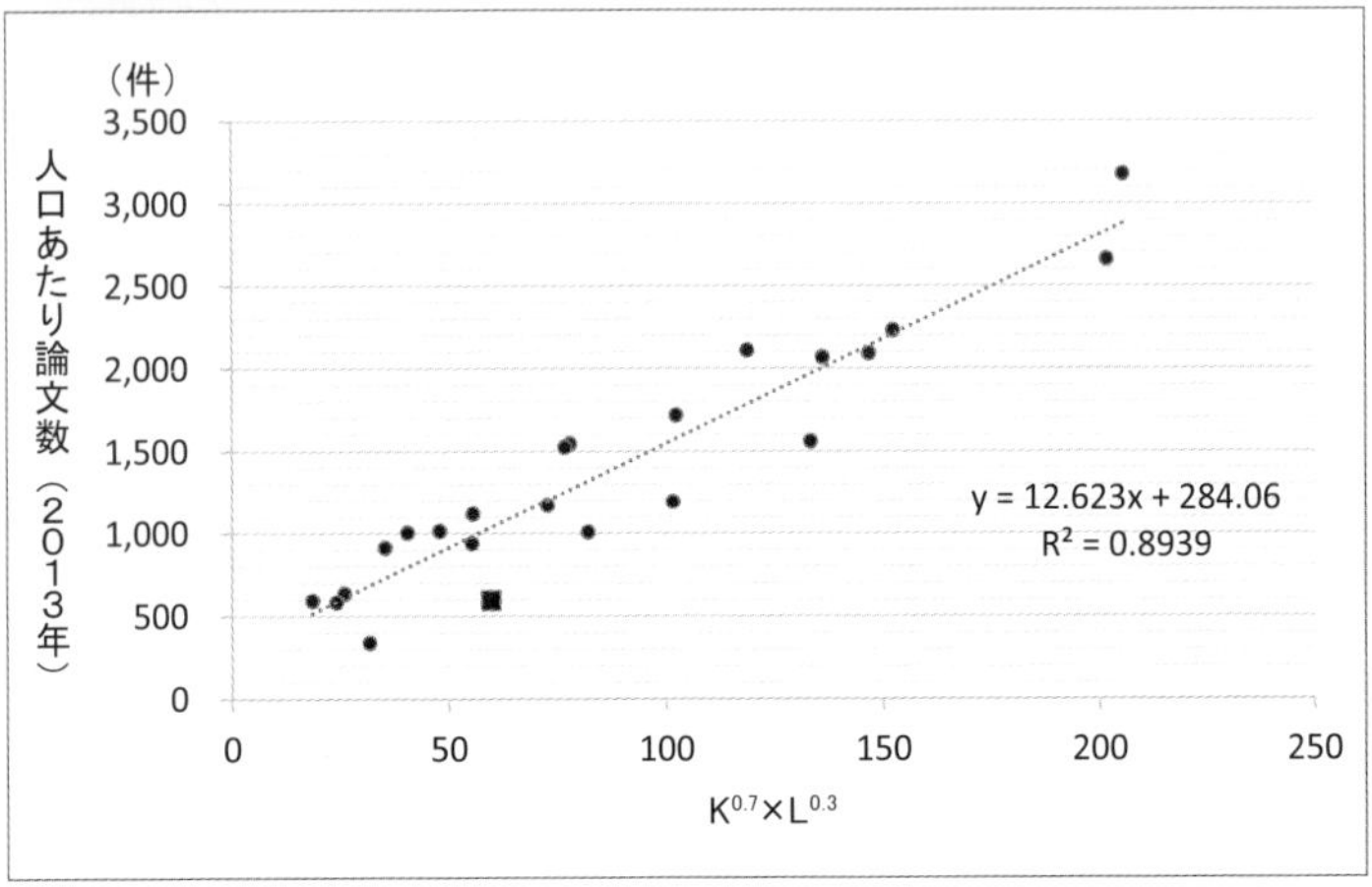

人口あたり論文数の多い順（多→少）

スイス	デンマーク	ノルウェー	オーストラリア	フィンランド	オランダ	ベルギー	オーストリア	アイルランド	イスラエル	ドイツ	ポルトガル	スペイン	韓国	フランス	チェコ	イタリア	ギリシャ	ハンガリー	ポーランド	■日本	スロバキア	トルコ

（注）クラリベイト・アナリティクス社InCites Benchmarkingより2017年7月9日に、OECD.Statより2017年12月18日にデータ抽出。文献種原著、分野分類法ESI、論文数は2011－13年の3年平均値。OECD.Stat, Main Science and Technology Indicatorsより2017年12月28日にデータ抽出。金額の単位は購買力平価実質値2010年基準(ドル)。この場合の係数Aは12.6。なお、国際共著1/2補正論文数の場合は、係数Aは8.1となる。

係が得られます。係数Aは10・5とやや小さい値です。ちなみに日本は、この頃は、まだ、（研究活動費）$^{0.3}$ ×（研究人件費）$^{0.7}$ の値が、ある程度の順位であり、論文数もそれなりの順位にありました。この10年後には、海外諸国の多くが人件費×活動費を伸ばし、それがほとんど伸びなかった日本は、世界の中で取り残されてしまったことがわかります。

２００１～03年と２０１１～13年とで係数A

図表3－20　2001年研究人件費と研究活動費による2003年論文数のコブ・ダグラス型生産関数値による予測

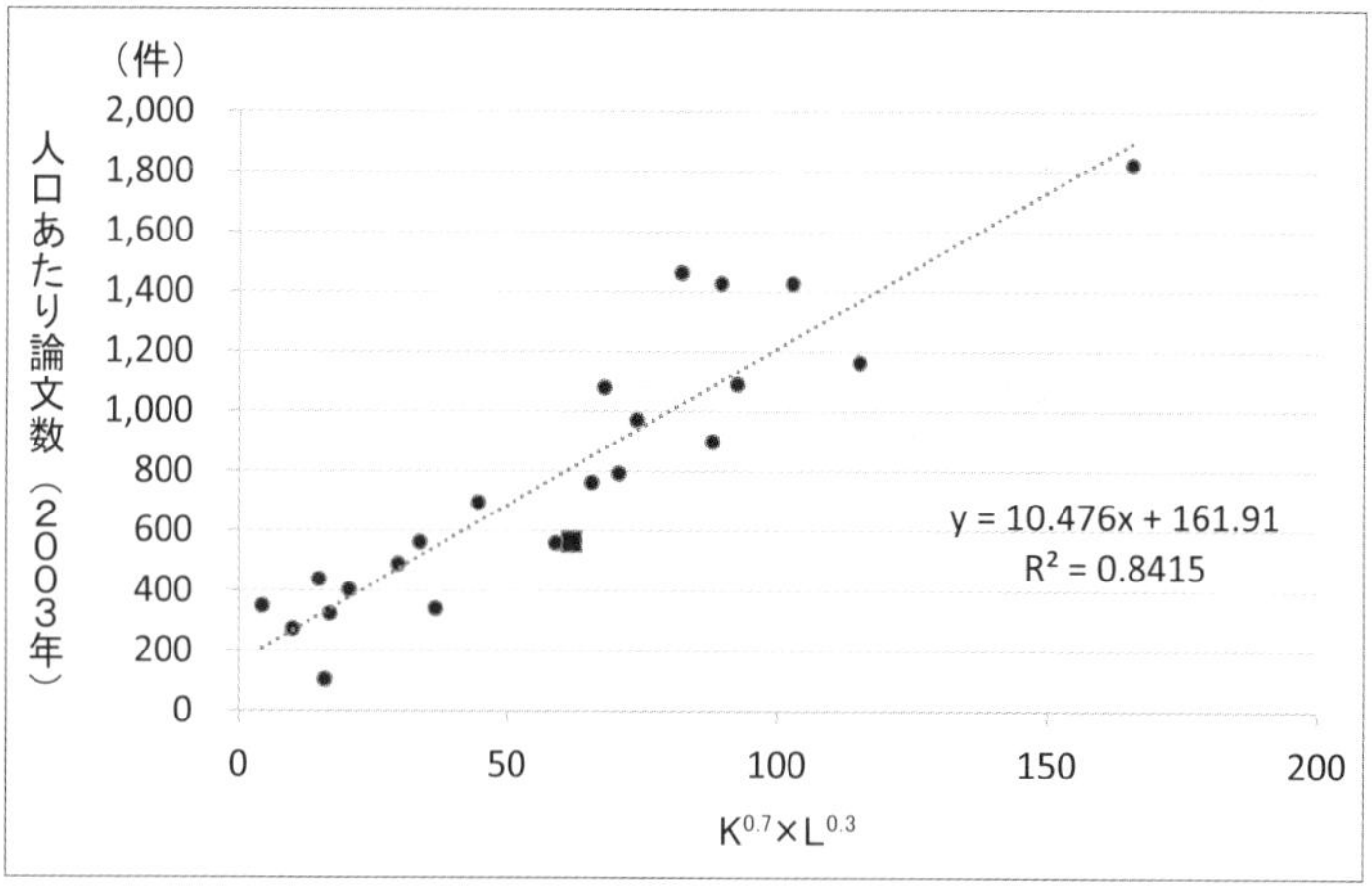

人口あたり論文数の多い順（多→少）

スイス	イスラエル	フィンランド	デンマーク	オランダ	ノルウェー	オーストラリア	ベルギー	オーストリア	ドイツ	フランス	アイルランド	■日本	スペイン	イタリア	ギリシャ	チェコ	ハンガリー	スロバキア	ポルトガル	韓国	ポーランド	トルコ

（注）クラリベイト・アナリティクス社 InCites Benchmarking より 2017 年 7 月 9 日に、OECD.Stat より 2017 年 12 月 18 日にデータ抽出。文献種原著、分野分類法 ESI、論文数は 2001 － 03 年の 3 年平均値。 OECD.Stat, Main Science and Technology Indicators より 2017 年 12 月 28 日にデータ抽出。金額の単位は購買力平価実質値 2010 年基準（ドル）。この場合の係数 A は 10.5。国際共著 1/2 補正論文数の場合の係数 A は 7.8 となる。

が10・5～12・6と少し大きくなっていますが、論文数を国際共著論文数の1／2で補正した論文数で係数Aを求めますと、それぞれ7・8～8・1となり、ほんのわずかしか大きくなっていません。国際共著論文の影響を1／2補正により弱くすると係数Aの増加率が小さくなるので、この10年間の係数Aの伸びの大部分は、国際共著論文数の増による影響と考えます。

7．政府支出大学研究資金も先進国で最低

次は、同じおカネの話でも、研究費ではなく、研究資金源のお話です。研究費にも内訳があったように、研究資金源にも内訳があります。政府からの研究資金、大学自らが出す研究資金、非営利団体からの研究資金、海外からの研究資金、そして企業からの研究資金があります。図表3－21に示しますように、多くの国における大学の最大の研究資金源は政府です。ヨーロッパの国々では海外からの研究資金が比較的多いのですが、これは欧州連合（EU）からの研究資金が大部分を占めています。EUからの研究資金は、加盟国の拠出金から支払われるので、政府が出している研究資金と考えられます。非営利団体からの研究資金も公的な研究資金と考えれば、ヨーロッパ諸国の大学の研究資金のほとんどは公的研究資金ということになります。

一方、日本は、政府支出研究資金は先進国で最低のレベルであり、また、大学の自己研究資金の割合が非常に大きい国となっています。日本の場合、大学の自己研究資金というのは、主に私立大学の自己研究資金です。私学助成金の私立大学予算に占める割合は小さいので、日本では学生納付

図表3－21　大学研究資金源内訳および大学研究資金源割合（2013年）

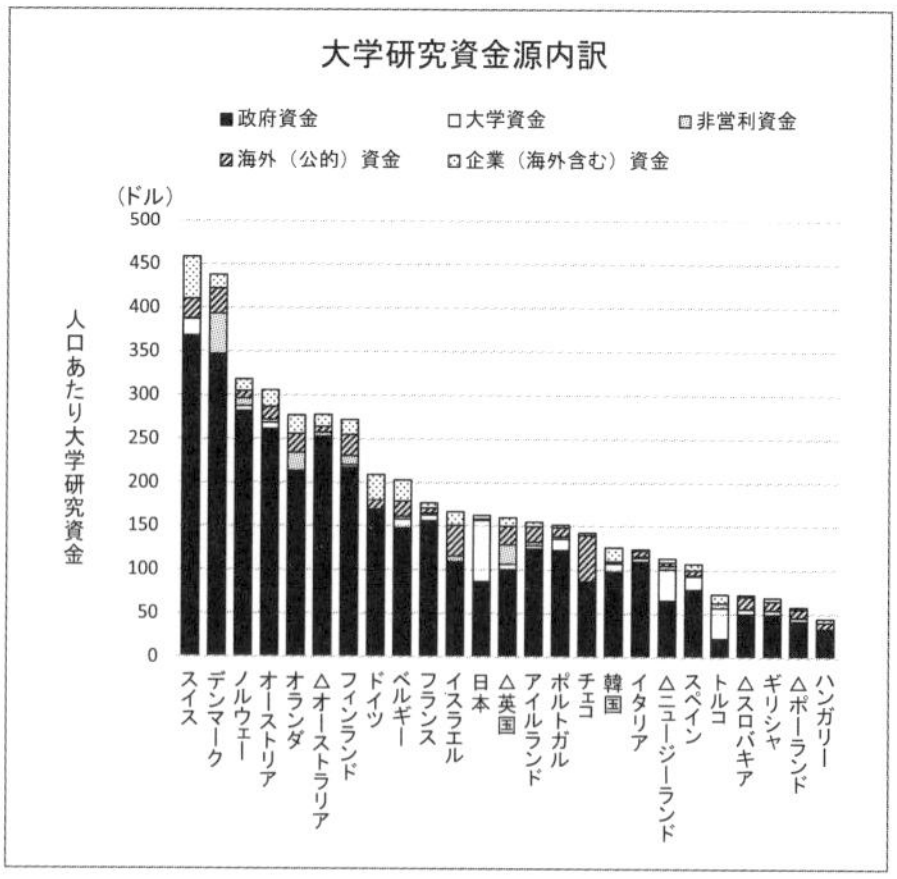

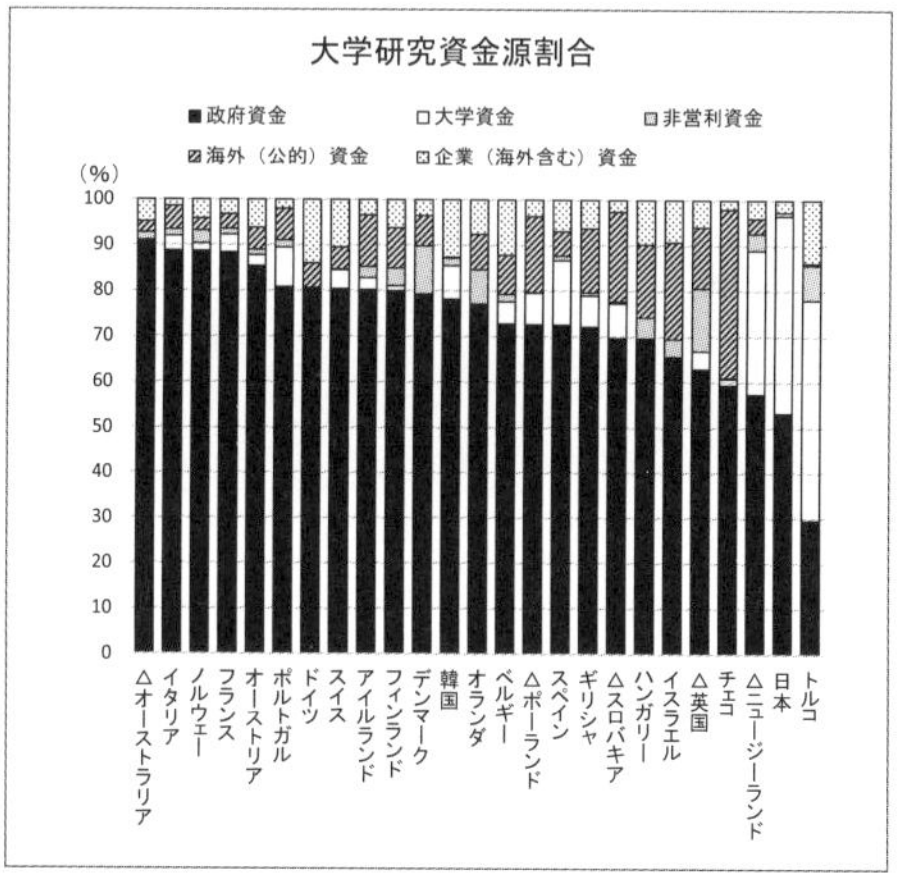

（注）OECD.Stat, Main Science and Technology Indicators より 2017 年 12 月 28 日にデータ抽出。金額の単位は購買力平価実質値 2010 年基準（ドル）。△は研究人件費／研究従事者数（FTE）で求めた推定研究従事者給与が、国民平均給与の 0.75 未満の国。なお米国のデータは掲載されていない。

金が日本の大学研究資金源の半分近くを占めているということになります。なお、国公立大学の場合も外部からの研究資金と大学内での〝内部研究資金〟とがありますが、国公立の場合の、〝内部研究資金〟は国や地方自治体からの交付金が主な資金源と考えられ、政府からの研究資金という位置づけになります。

図表3－22の上図は大学の総研究費と論文数の相関を見たグラフですが、強い正相関が認められます。下図は政府支出大学研究資金と論文数の相関を見たグラフですが、総研究費と論文数との相関とほぼ同程度の相関関係が認められます。

次に重回帰分析で大学の研究資金源内訳の論文数に対する寄与の大きさを検討したところ（図表3－23）、政府資金が約0・67、海外資金が0・25、企業資金が0・16、非営利団体が0・12という比率でした。

政府資金と海外資金は統計学的に信頼のおける相関が認められましたが、他の資金源には認められませんでした。なお「海外資金」の大部分は欧州連合（EU）からEU加盟国に配分される研究資金であり、各国政府が拠出している資金なので、政府資金の一部と考えていいでしょう。

次は増加率についての相関分析ですが（図表3－24）、政府支出大学研究資金が多く増加した国では、それに比例して論文数が多く増加しています。政府支出大学研究資金が2倍になれば、論文数も概ね2倍に増えていることがわかります。

図表3－22　大学総研究費および政府支出大学研究資金と論文数との相関

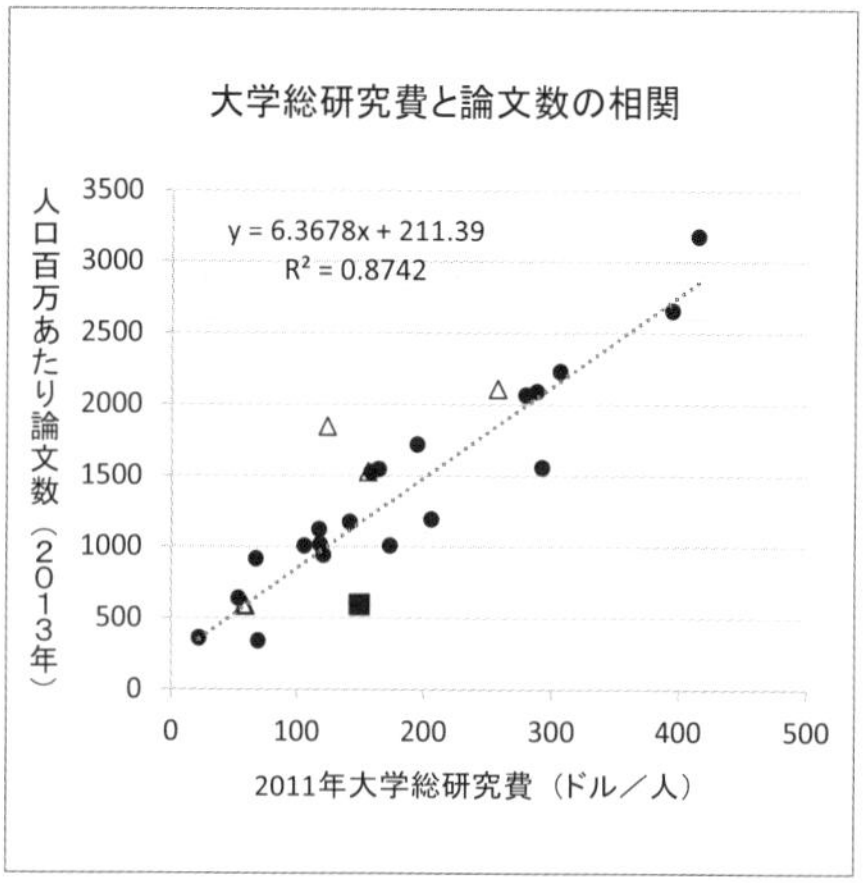

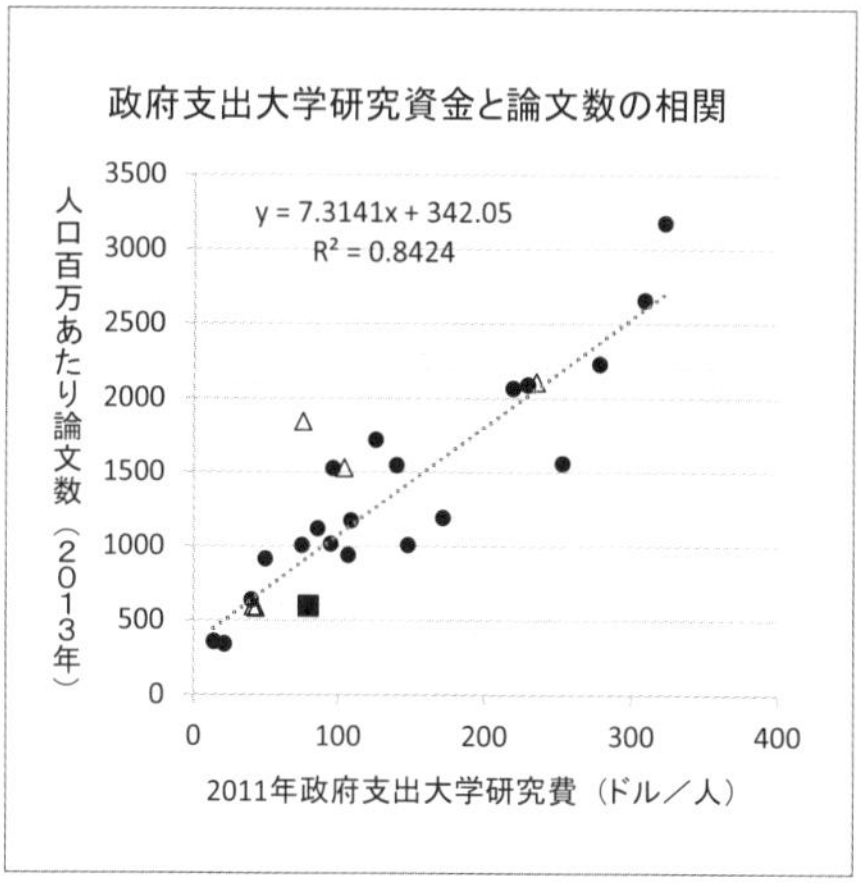

人口当り論文数の多い順、△は推定研究従事者給与／国民平均給与＜0.75の国
スイス
デンマーク
ノルウェー
△オーストラリア
フィンランド
オランダ
△ニュージーランド
ベルギー
オーストリア
アイルランド
△英国
イスラエル
ドイツ
ポルトガル
スペイン
韓国
フランス
チェコ
イタリア
ギリシャ
ハンガリー
△ポーランド
■日本
△スロバキア
チリ
トルコ

（注）論文数のデータソースは図表3－19と同じ。OECD.Stat 、Main Science and Technology Indicators および Dataset: Average annual wages より2017年12月28日にデータ抽出。金額の単位は購買力平価実質値2010年基準（ドル）、国民平均給与の単位は購買力平価実質値2016年基準（ドル）。推定研究従事者給与は、研究人件費／研究従事者数（FTE）とした。回帰分析は推定研究従事者給与／国民平均給与＜0.75の国(△)を除いて行った。

図表３－23　各種大学研究資金による論文数の予測（重回帰分析）

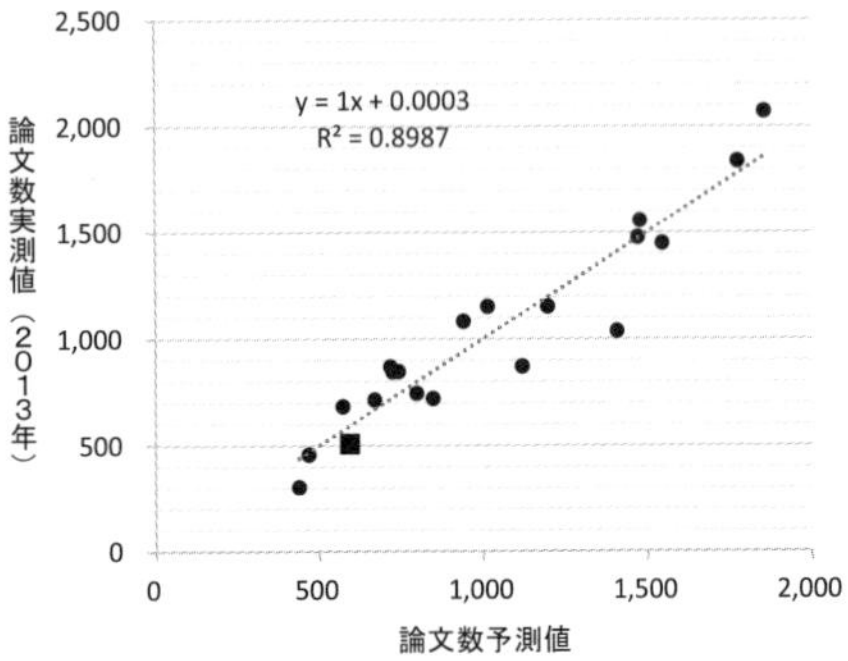

2013年人口百万人あたり国際共著1/2補正論文数	偏回帰係数	標準化係数	t検定値	自由度	確率値	相関係数	偏相関係数
2011年政府資金	3.8835	**0.6682**	5.4859	14	0.0001	0.887	0.826
2011年企業資金	8.1287	**0.159**	1.4355	14	0.1731	0.644	0.358
2011年海外資金	12.4656	**0.2497**	2.4496	14	0.0281	0.548	0.548
2011年大学資金	0.4398	**0.0137**	0.1498	14	0.883	-0.255	0.04
2011年非営利団体資金	7.4263	**0.1235**	1.1536	14	0.268	0.567	0.295
切片	243.8646	0	2.4642	14	0.0273		
R^2	0.899	R	0.948	調整済R	0.929		

（注）データソースは図表３－22と同じ。重回帰分析はCollege Analysis ver.6.6、Masayasu Fukui, Fukuyama Heisei Univ. による。

　重回帰分析（図表３－25）では、論文数増加には、政府資金の増加が約０・83、企業資金の増加が約０・19寄与したことがわかります。ただし、統計学的に信頼のおける相関が認められたのは政府資金の増だけで、あとは認められませんでした。日本以外の国が論文数を増やした最大の原因は政府による大学研究資金を増やしたからであると結論されます。

　次に、念のためですが、研究資金と研究費の関係を確認しておきます。

　図表３－26に示しましたよう

図表3－24　政府研究資金増加率と論文数増加率の相関

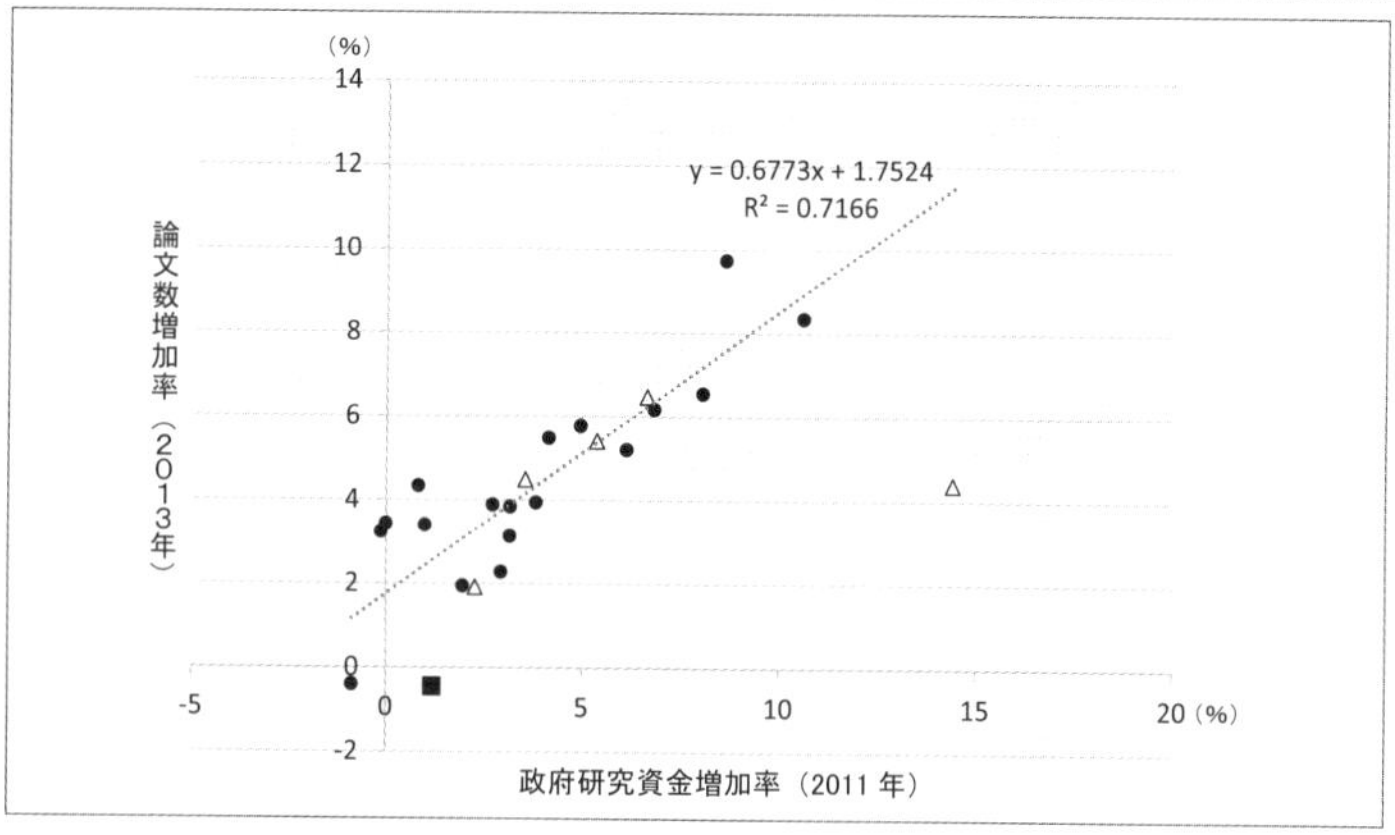

国際共著 1/2 補正論文数増加率の高い順（高→低）

ポルトガル	韓国	チェコ	△ポーランド	アイルランド	ノルウェー	スペイン	△オーストラリア	デンマーク	△ニュージーランド	△スロバキア	オランダ	スイス	ベルギー	オーストリア	イタリア	ギリシャ	ハンガリー	ドイツ	フィンランド	フランス	△英国	イスラエル	■日本

（注）論文数のデータソースは図表3－19と同じ。OECD.Stat, Main Science and Technology Indicators より 2017 年 12 月 28 日にデータ抽出。回帰分析は推定研究従事者給与／国民平均給与＜0.75 の国（△）を除いて行った。増加率は 10 年間平均年増加率。2013 年増加率の場合、2003－13 年の当該指標増加の傾き（SLOPE）を当該指標の平均値で除して求めた。

に、政府支出大学研究資金と大学研究人件費は強く相関します。

そして、図表3－27に示しますように、政府支出大学研究資金が2倍に増えた国は研究人件費も約2倍に増えており、そしてＦＴＥ研究従事者数も約2倍に増えていることがわかります。つまり、大学の研究従事者の数は研究人件費で決まり、それを賄う資金源は、どの国も政府であったということになります。

そして日本の政府支出大学研究資金と言えば、図表3－

図表3－25 各種研究資金増加率による論文数増加率の予測（重回帰分析）

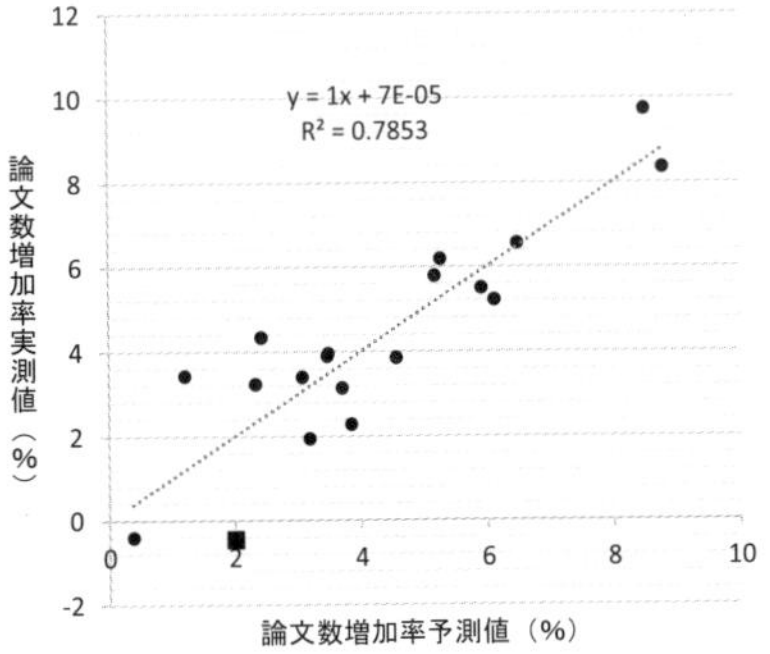

2013年人口百万人あたり国際共著1/2補正論文数増加率	偏回帰係数	標準化係数	t検定値	自由度	確率値	相関係数	偏相関係数
2011年非営利資金増加率	0.029	**0.0699**	0.4945	13	0.6292	-0.155	0.136
2011年大学資金増加率	0.0172	**0.0524**	0.3255	13	0.7499	0.456	0.09
2011年海外資金増加率	-0.0678	**-0.1745**	-1.0412	13	0.3168	0.208	-0.277
2011年企業資金増加率	0.1274	**0.1936**	1.0611	13	0.308	0.46	0.282
2011年政府資金増加率	0.6294	**0.8331**	5.4934	13	0.0001	0.864	0.836
切片	1.7743	0	2.3849	13	0.033		
R^2	0.785	R	0.886	調整済R	0.838		

（注）データソースは図表3－22と同じ。重回帰分析はCollege Analysis ver.6.6、Masayasu Fukui, Fukuyama Heisei Univ. による。

28に示しますように、諸外国が急速に増えたのに対して、ほとんど停滞あるいはわずかしか増えていません。

以上のOECD諸国における研究従事者数、研究費および研究資金源の検討から、多くの先進国において論文数が増えたメカニズムは、「政府からの大学研究資金→研究人件費→研究従事者数（FTE）→論文数」であることがわかりました。そして、日本は政府が支出する大学研究資金が先進国で最低であり、しかも、諸外国が増やしたのに対して

図表3－26　政府支出大学研究資金と研究人件費の相関（2011年）

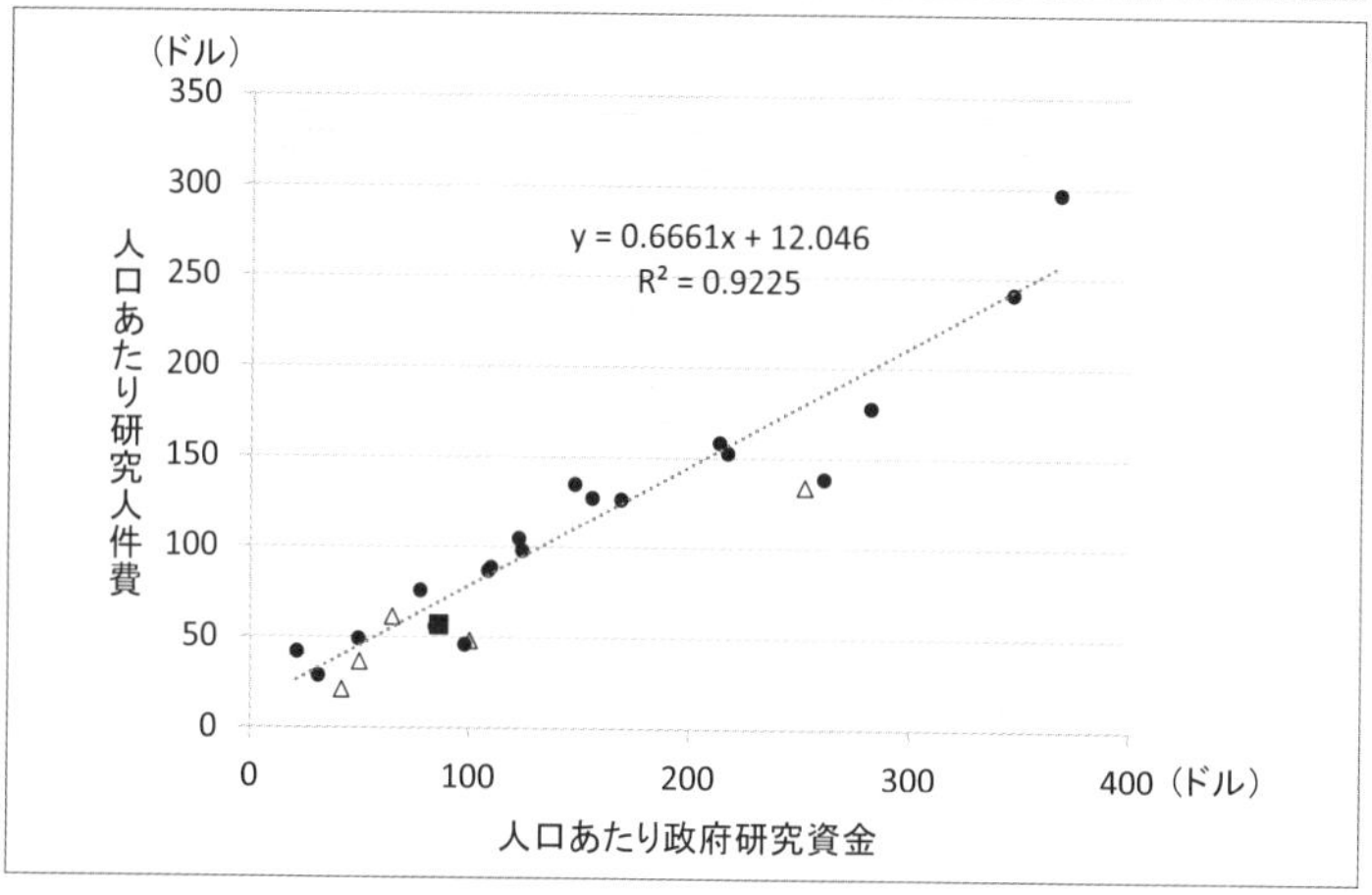

人口あたり研究人件費の多い順（多→少）

スイス	デンマーク	ノルウェー	オランダ	フィンランド	オーストリア	ベルギー	△オーストラリア	フランス	ドイツ	ポルトガル	アイルランド	イタリア	イスラエル	スペイン	△ニュージーランド	■日本	チェコ	ギリシャ	△英国	韓国	トルコ	△スロバキア	ハンガリー	△ポーランド

（注）OECD.Stat, Main Science and Technology Indicatorsより2017年12月28日にデータ抽出。人件費の単位は購買力平価実質値2010年基準（ドル）。△は研究人件費／研究従事者数（FTE）で求めた推定研究従事者給与が、国民平均給与の0.75未満の国。

日本は増やさなかったので、その結果、研究人件費も増えず、FTE研究従事者数も増えず、したがって論文数も増えず、諸外国との差が開いてしまった、と結論されます。

以上で「論文数は〝カネ〟次第」であることがお分かりいただけたでしょうか？　そして、そのおカネの使い道としては、日本はもっとヒトやヒマ（研究時間）の確保に使わないといけないということです。研究費以外においても、日本人のおカネの使い方は、モノに重点が置かれ、ヒトが

図表3－27　政府支出大学研究資金増加率と研究人件費増加率、および研究人件費増加率と研究従事者数（FTE）増加率の相関

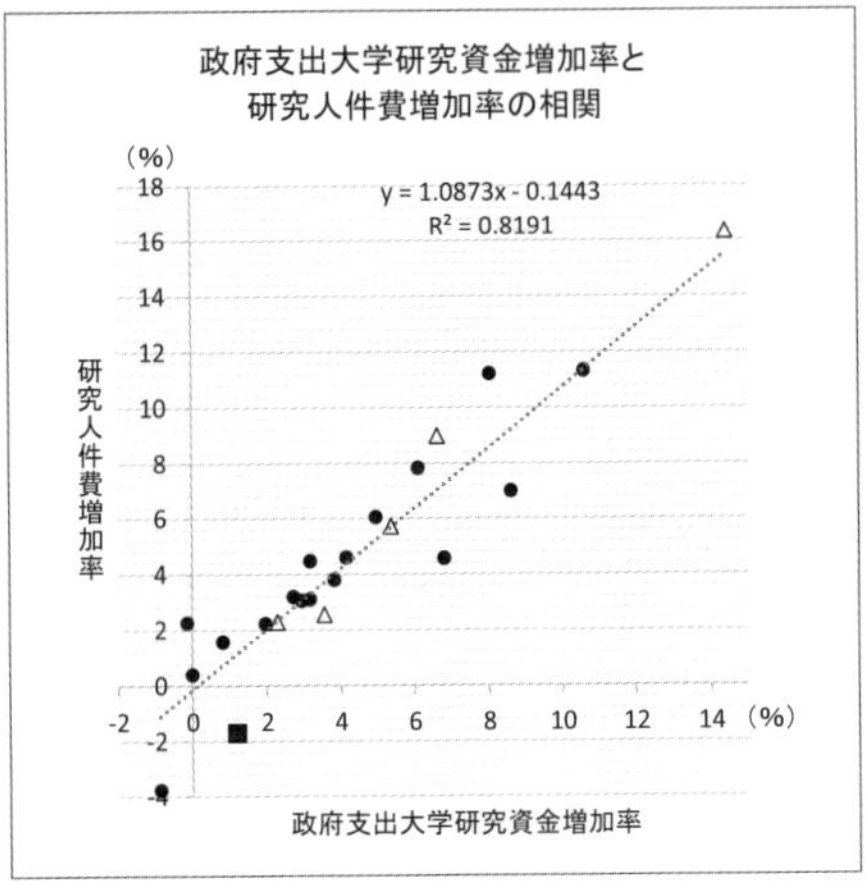

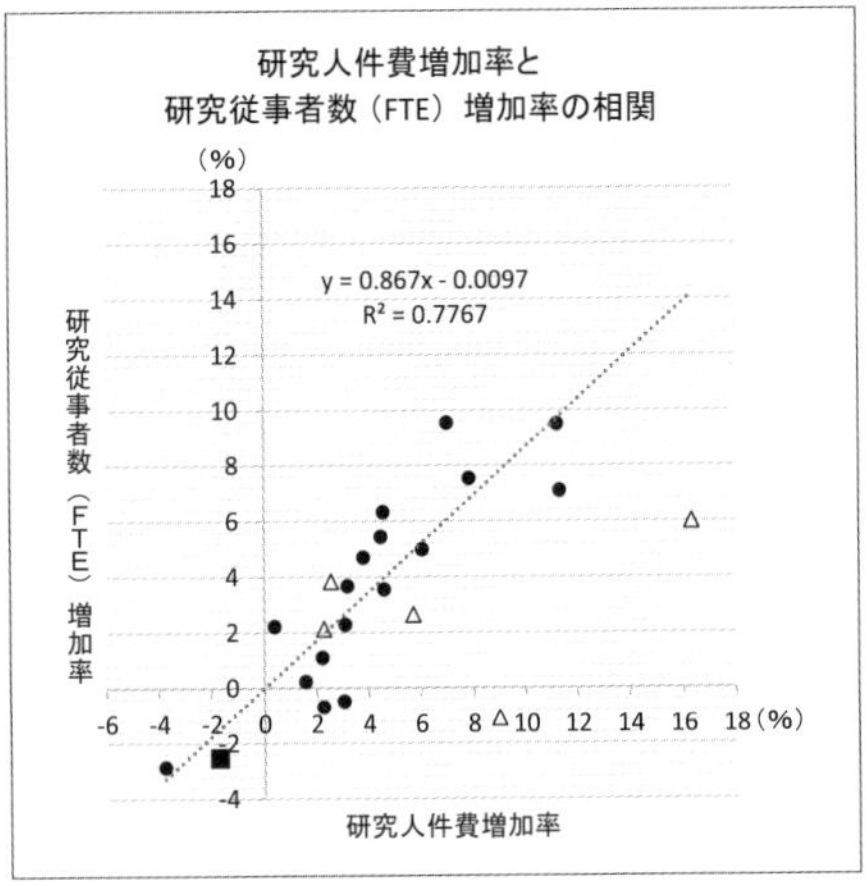

研究人件費増加率の大きい順
△スロバキア
韓国
チェコ
△ポーランド
デンマーク
ポルトガル
ノルウェー
△オーストラリア
スペイン
アイルランド
オーストリア
スイス
ベルギー
ドイツ
フィンランド
△ニュージーランド
△英国
ハンガリー
フランス
オランダ
イタリア
■日本
イスラエル

（注）OECD.Stat, Main Science and Technology Indicators より 2017 年 12 月 28 日にデータ抽出。回帰分析は推定研究従事者給与／国民平均給与＜ 0.75 の国（△）を除いて行った。増加率は 10 年間平均年増加率。2001 － 11 年の当該指標増加の傾き（SLOPE）を当該指標の平均値で除して求めた。

図表3－28　政府支出大学研究資金の推移

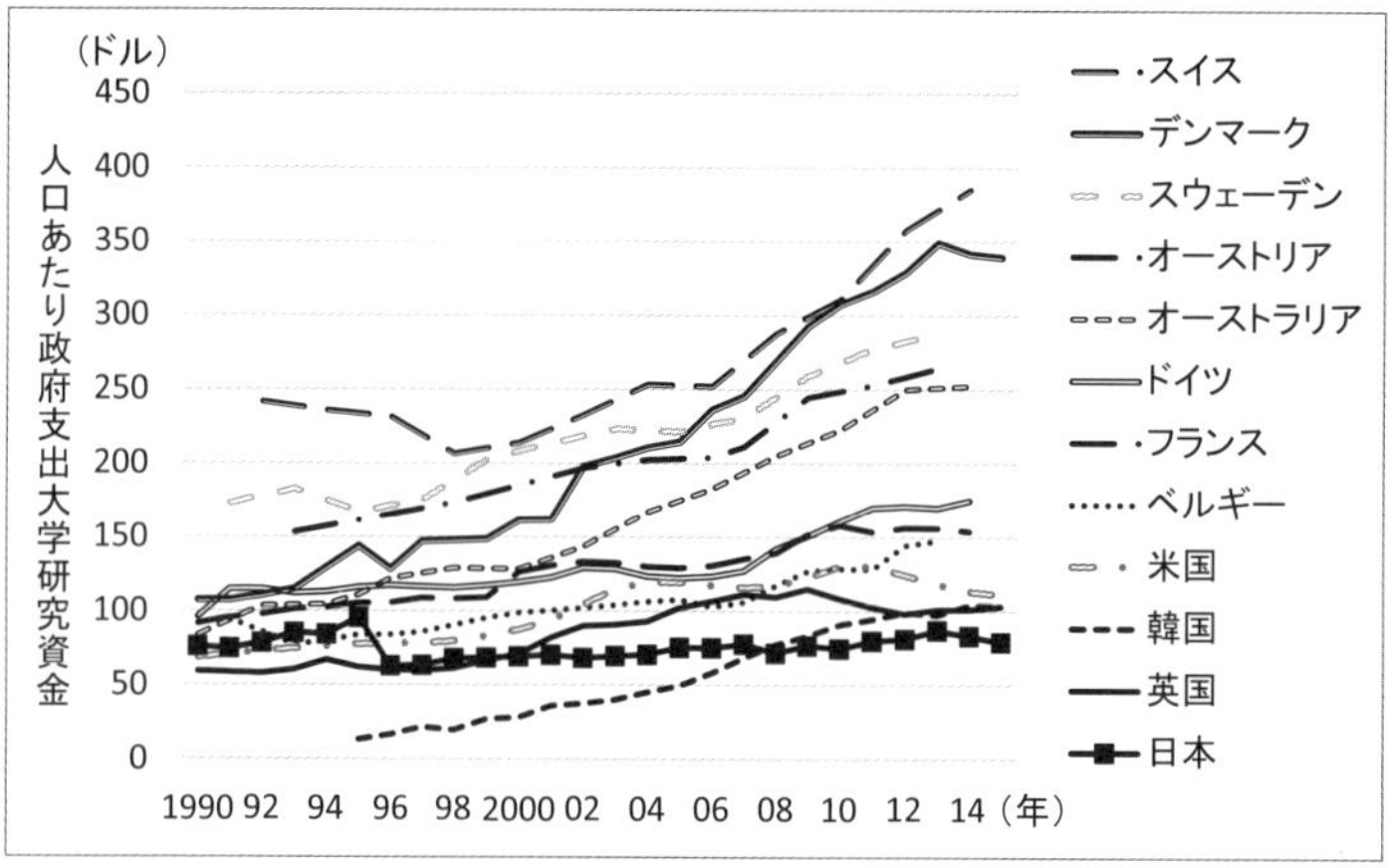

（注）OECD.Stat Dataset: Science Technology and Innovation Outlook 2016、HERD, financed by government, million constant USD PPPs より2017年12月15日にデータ抽出。政府支出大学研究資金の単位はドル（購買力平価実質値2010年基準）。

軽視されてきた面があると思います。サービス業の生産性やGDPが低いこともその表れでしょう。

研究をするのはヒト、論文を書くのもヒト、イノベーションを生み出すのもヒト、そのためにヒマも必要です。研究の国際競争力を高めるためにはヒトとヒマへの公的な投資が不可欠です。

さて、これで、第3章でお伝えしたかったおカネについて一通りお話をしましたが、ヒトの話に関連して大学院博士課程についてもお話ししておきましょう。

8. 日本の大学の〝職業学校化〟と減少する博士課程学生数

ところで読者の皆さんは「高等教育（Higher Education）」に「大学型高等教育」と「非大学型高等教育」があるのはご存知でしょうか？

簡単に言えば、大学型高等教育とは教育とともに「研究」を行っている大学であり、非大学型高等教育は、専門学校や職業訓練校のように研究がほとんど行われていない高等教育機関と考えていいでしょう。大学では、教員の採用や昇任に、学術論文に基づく研究業績の評価が重視されますが、専門学校や職業訓練校ではそれほど重視されません。したがって、学術論文数や高等教育研究費という指標は「大学型高等教育」機関の研究機能を反映する指標であると考えられます。それで本書では例えば「高等教育研究費」という言葉については「大学研究費」と読み替えて使ってきました。

今、日本で起こっていることは、研究または研究と教育の両方を重視する「大学型高等教育」から、教育のみを重視する「非大学型高等教育」への移行です。別の言い方をすれば〝大学〟の〝専門学校化〟〝職業学校化〟が、ごく一部の上位大学を除いて、国公私立大学すべてで進行しつつあるのが、今の日本の高等教育の姿ということになります。

大学の職業学校化は、『週刊東洋経済』2015年1月31日号で紹介されている記事における有識者の発言などが政策に影響を与えて、いっそう後押しされることになります。

「発端は文部科学省が昨年10月7日に開いた有識者会議だ。委員を務める経営共創基盤の冨山和彦CEOが、『日本の大学の大半を職業訓練校にするべきだ』と提言したのだ。スライド10枚にまとめられた提言の内容はこうだ。大学をG（グローバル）型とL（ローカル）型に二分する。G型はごく一部のトップ大学・学部に限定し、グローバルに通用する極めて高度な人材輩出を目的とする。そのほか大多数の大学・学部は、地域経済の生産性向上に資する職業訓練を行う――。

L型大学では、経営学部ではマイケル・ポーターの戦略論よりも簿記・会計ソフトの使い方を学ぶ、法学部は憲法や刑法を学ぶのではなく宅地建物取引士（宅建）資格を取得する、といったカリキュラムを想定。教員は民間企業の実務経験者から主に選抜し、既存の教員は再教育を受けてもらう、としている。」

また、政府は2017年5月24日に改正学校教育法を可決・成立させ、「専門職大学」および「専門職短期大学」という新たな枠組みの大学を2019年4月より開設することにしました。つまり、「大学」という名前を冠した「非大学型高等教育」に舵を切ろうとしていることが反映された一つの政策であろうと感じられます。

さて、ここで、大学型高等教育、つまり研究を重視する大学の代表的教育指標である博士課程修了者数と、非大学型高等教育においても教育機能の指標となりうる学士課程修了者数とGDPとの相関を見ておきましょう。

OECDのデータの中に、国際標準教育分類（International Standard Classification of Education: ISCED）の各課程の修了者数のデータ（2015年）があります。ISCEDは国際連合教育科学文化機関（UNESCO）が策定している統計のための分類です。この分類でレベル6というのが学士課程、レベル7というのが修士課程、レベル8というのが博士課程に相当します。ただし、国によって高等教育制度には違いがあるので、ぴったり分類できない部分もあります。

レベル8、つまり博士課程についてのUNESCOの定義は、ウェブサイトで以下のようになっています。

「ISCEDレベル8のプログラムは、博士課程またはそれに相当するレベルであり、主として上級の研究能力を育てるためにデザインされている。このレベルのプログラムは、先進的でオリジナルな研究に専念するように仕向けられ、典型的には〝大学〟のような研究志向型の高等教育機関でのみ提供される。博士プログラムは、学術領域および専門職領域の両方に存在する。」（著者訳）

図表3－29は、レベル6、つまり学士課程修了者数とGDPとの相関、そしてレベル8、つまり博士課程修了者数とGDPとの相関を調べたグラフです。修了者数は2015年、GDPは2016年値で、いずれも人口あたりの値で相関を検討しています。学士課程修了者数とGDPの

図表3－29　学士課程修了者数および博士課程修了者数とGDPの相関

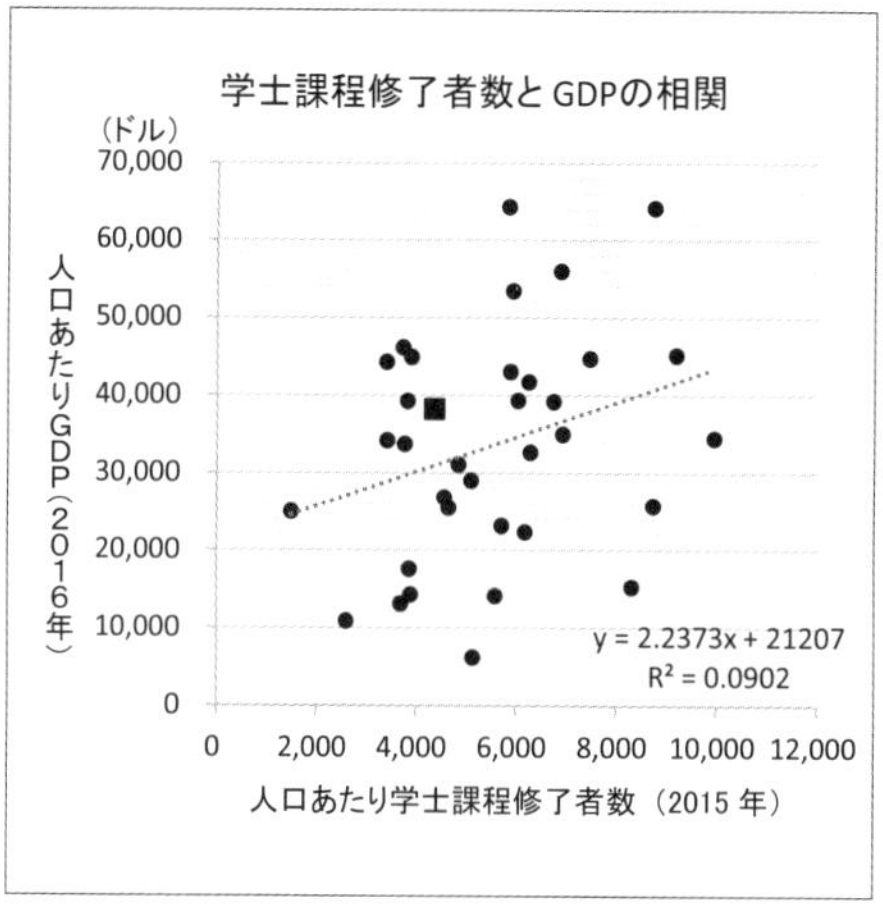

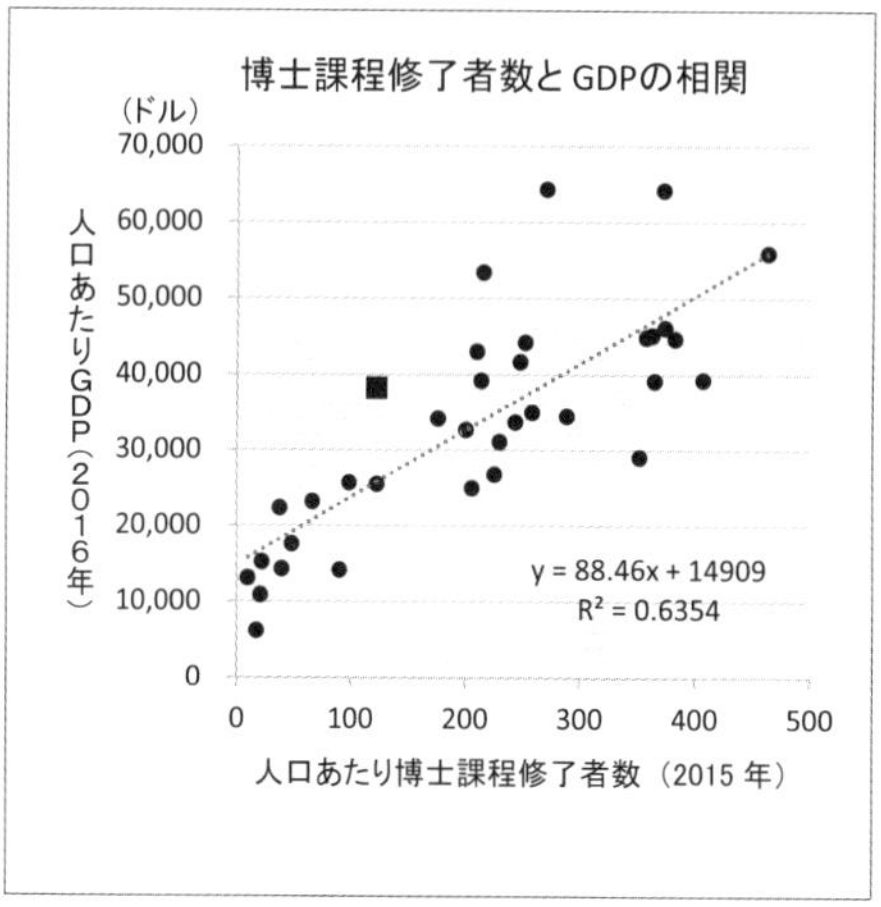

人口あたり博士課程修了者数の多い順
スイス
英国
デンマーク
スウェーデン
アイルランド
フィンランド
オーストラリア
ドイツ
スロバキア
ニュージーランド
ノルウェー
韓国
オーストリア
ベルギー
スペイン
チェコ
ポルトガル
米国
フランス
カナダ
ロシア
イスラエル
イタリア
ハンガリー
■日本
ポーランド
ブラジル
トルコ
メキシコ
中国
チリ
コスタリカ
インドネシア
インド
コロンビア

（注）OECD.StatのDataset: Graduates by fieldより2018年2月22日にデータ抽出。学士課程修了者数はBachelor's or equivalent level (ISCED2011 level 6)、博士課程修了者数はDoctoral or equivalent level (ISCED2011 level 8)。学士課程修了者数とGDPとの相関は統計学的には有意ではないが（P>0.05）、博士課程修了者数は有意（P<0.0001）。GDPは購買力平価実質値2011年基準（IMF、WEO、Oct 2017による）。

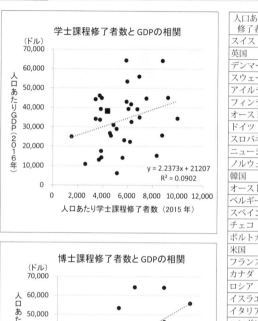

間には、統計学的に信頼のおける相関は認められませんでしたが、博士課程修了者数とＧＤＰの間には、学術論文数とＧＤＰとの相関の場合と同様に、統計学的に信頼のおける相関が認められました。

ただし、図表３－30の上図にお示ししましたように、博士課程修了者数は論文数とも相関し、下図にお示ししたように論文数もＧＤＰと相関します。その相関の度合いは論文数の方が博士課程修了者数よりも強いので、博士課程修了者数とＧＤＰとの相関は、論文数を介した相関である可能性が高いのです。

しかし、もう少し重回帰分析で詳しく調べると、ある条件下では、論文数とは独立にＧＤＰと相関をする部分のあることが示唆されました。

まず、重回帰分析をするにあたって、博士課程修了者数や論文数に対するＧＤＰの値が外れ値を示す国を除くことにします。外れ値を示す国は、ノルウェー、アイルランド、米国の３か国です。統計学の技術的なことなのですが、これらの国を含めると、残差が正規分布をせず、重回帰分析の検定ができなくなるのです。ノルウェーは北海油田を有する資源国ですし、アイルランドは低い税率を設定することにより海外企業誘致に成功してＧＤＰを上げている国であり、米国は資源国であるとともに不動産ＧＤＰが突出して高い国です。これらの国々では、他のイノベーション指標に対するＧＤＰの値も外れ値となるので、イノベーション以外の要因がＧＤＰを押し上げている割合の

図表3－30　博士課程修了者数と論文数の相関、および論文数とGDPの相関

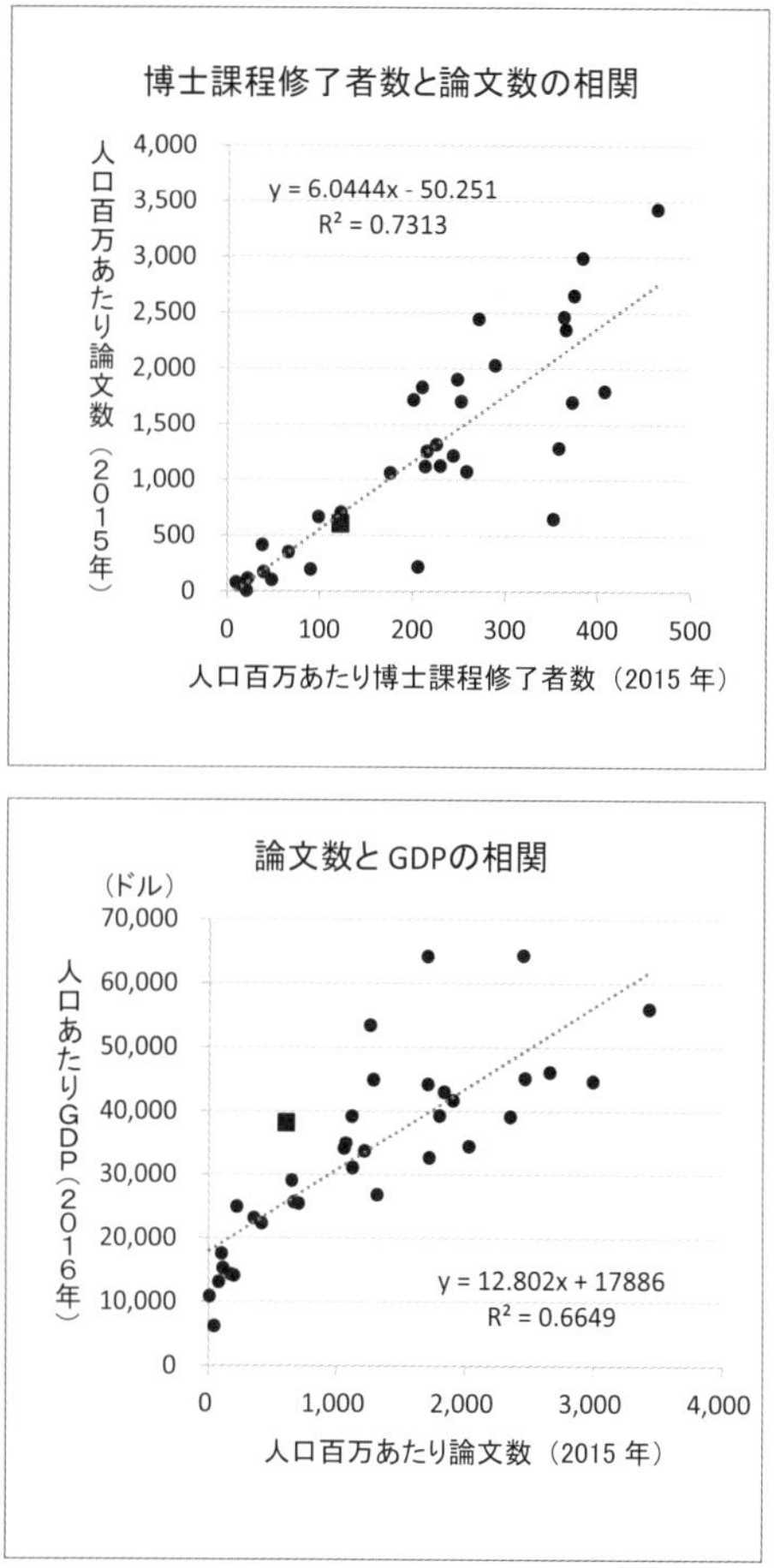

人口あたり論文数の多い順
スイス
デンマーク
スウェーデン
オーストラリア
ノルウェー
フィンランド
ニュージーランド
ベルギー
カナダ
英国
イスラエル
オーストリア
アイルランド
ポルトガル
ドイツ
米国
スペイン
チェコ
フランス
韓国
イタリア
ハンガリー
ポーランド
スロバキア
■日本
チリ
トルコ
ロシア
ブラジル
中国
コスタリカ
メキシコ
コロンビア
インド
インドネシア

（注）InCites Benchmarkingより2018年2月15日論文数データ抽出。文献種原著、分野分類法ESI、整数カウント。 2018年2月22日OECD.StatのDataset: Graduate by fieldよりデータ抽出。博士課程修了者数はDoctoral or equivalent level (ISCED2011 level 8)。GDPは購買力平価実質値2011年基準（ドル）、IMFのWEO、Oct 2017よりデータ抽出。

大きい国々であると考えられます。

すると、図表3－31に示しますように、博士課程修了者数とGDP、そして論文数とGDPの相関は強くなります。この状態で、GDPを目的変数とし、論文数および博士課程修了者数を説明変数とする重回帰分析を行った結果が図表3－32です。難しいことは省いて、まず、グラフを見ていただきますと、論文数と博士課程修了者数という二つの因子を組み合わせて作った数値は、GDPとより強く相関することがわかります。次に標準化係数という数値を見ていただきましょう。博士課程修了者数が0・4132、論文数が0・5231となっています。これは、概ね4対5の割合で、博士課程修了者数と論文数がGDPに寄与していることを意味します。つまり、博士課程修了者数は、論文数を介してだけではなく、独自にGDPに影響している可能性が示唆されるのです。

ただし、博士課程修了者数単独のGDPへの寄与は、GDPの比較的低い新興国を分析に含めた場合に観察されますが、それらの新興国を除くと観察されなくなります。それは、図表3－31上図の博士課程修了者数とGDPとの相関図では、上位にある国々だけを見ると、相関が不良になる（点がばらついている）ことからも想像できると思います。

以上のように、新興国も含めて分析した場合に限りますが、〝大学〟という機関が何でもってGDPに影響を及ぼしているのかを考える場合、「論文数」で測定される「研究力」以外に博士課程の学生を養成する「教育力」の関与も否定できません。博士課程でトレーニングを受けた学生が、

図表3－31　博士課程修了者数および論文数とGDPの相関（外れ値を除く）

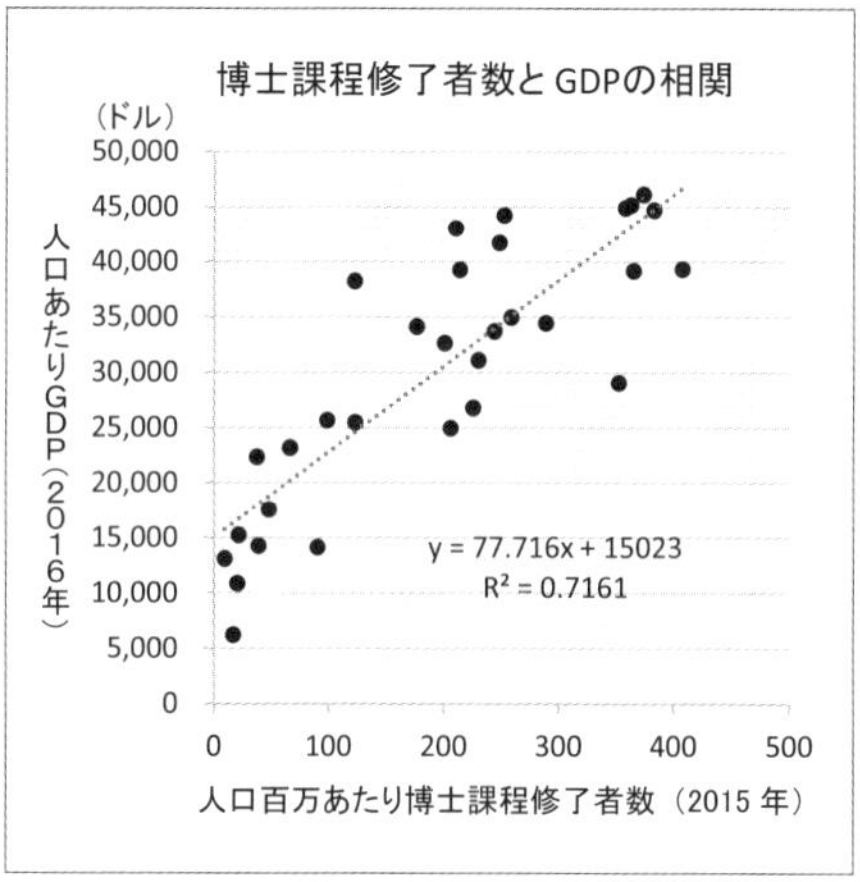

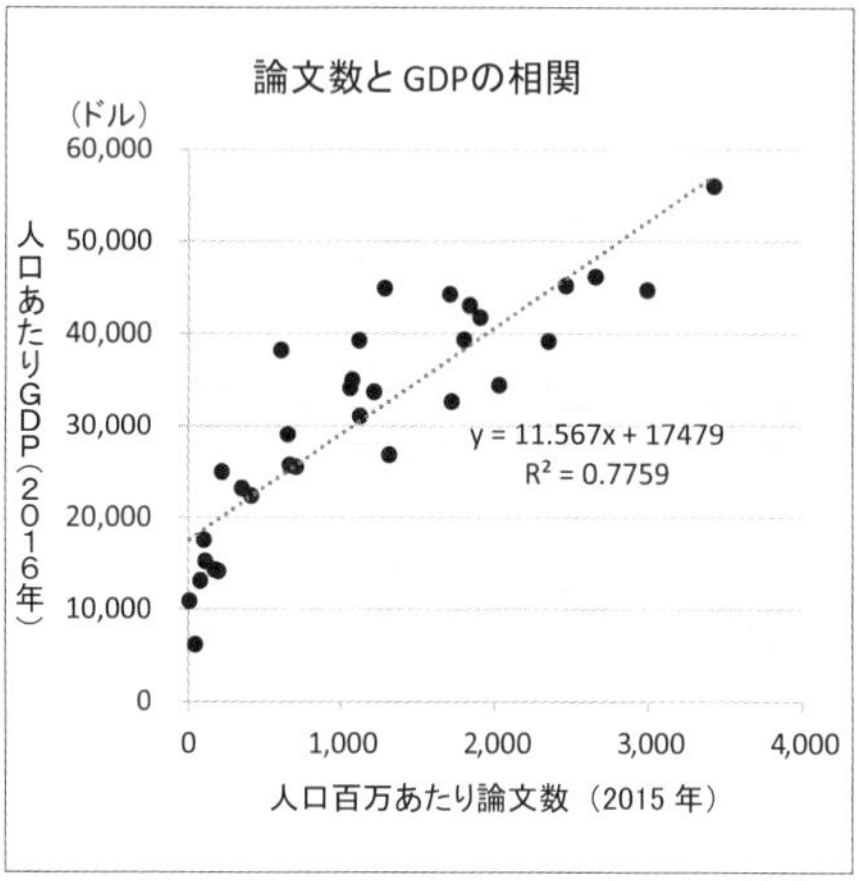

スイス
スウェーデン
オーストラリア
ドイツ
デンマーク
オーストリア
カナダ
ベルギー
英国
フランス
フィンランド
日本
韓国
ニュージーランド
イタリア
スペイン
イスラエル
チェコ
スロバキア
ポルトガル
ポーランド
ハンガリー
ロシア
トルコ
チリ
メキシコ
コスタリカ
中国
ブラジル
コロンビア
インドネシア
インド

（注）InCites Benchmarkingより2018年2月15日論文数データ抽出。文献種原著、分野分類法ESI、整数カウント。2018年2月22日OECD.StatのDataset: Graduate by fieldよりデータ抽出。博士課程修了者数はDoctoral or equivalent level（ISCED2011 level 8）。GDPは購買力平価実質値2011年基準（ドル）、IMFのWEO、Oct2017よりデータ抽出。

図表3－32　論文数および博士課程修了者数による人口あたりGDPの予測（重回帰分析）

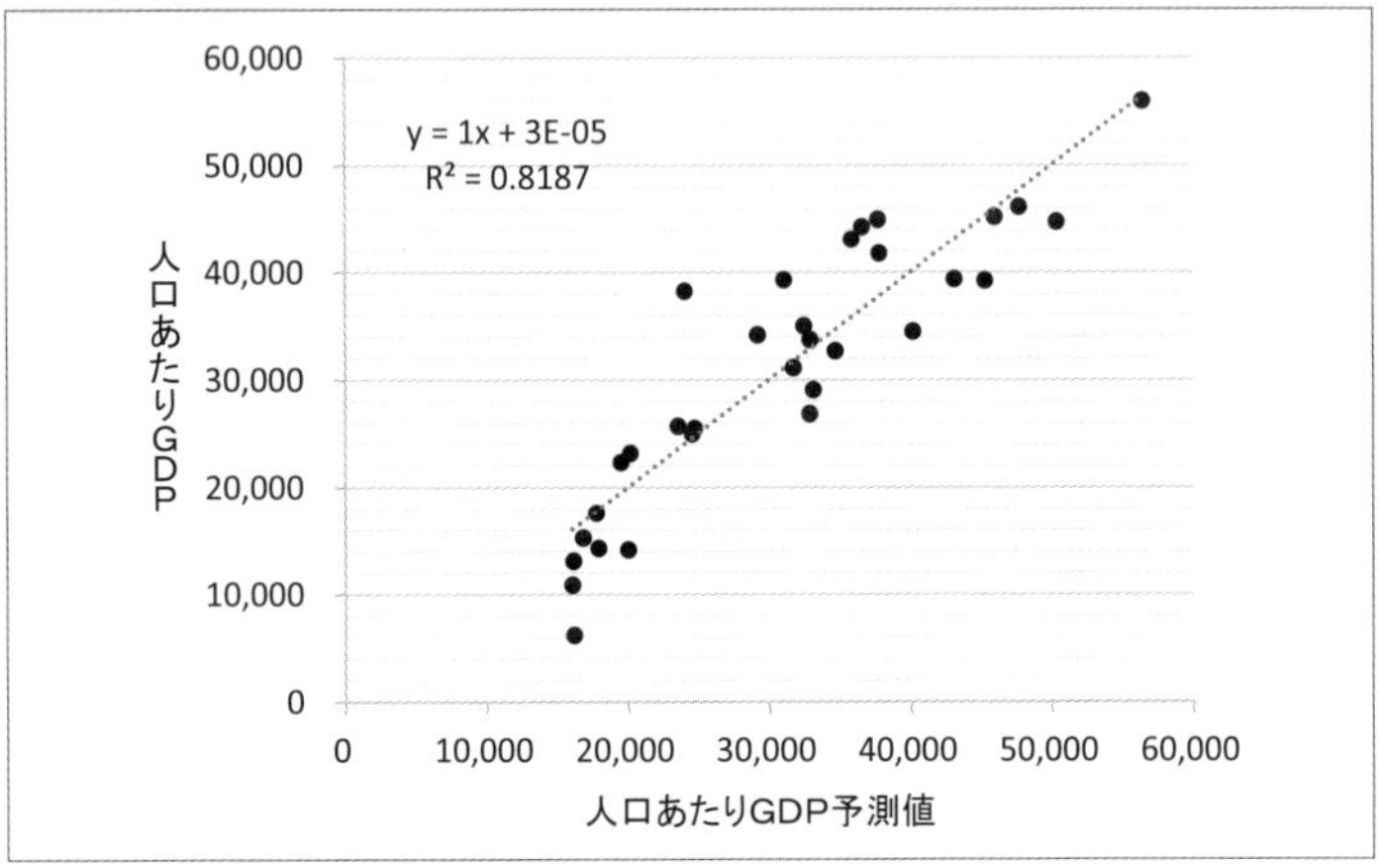

2016年人口あたりGDP	偏回帰係数	標準化係数	t検定値	自由度	確率値	相関係数	偏相関係数
2015年博士課程修了者数	38.1774	**0.4132**	2.6155	29	0.014	0.866	0.437
2015年論文数	6.8695	**0.5231**	3.3114	29	0.0025	0.881	0.524
切片	15198.11	0	8.5445	29	0		
R^2	0.819	R	0.905	調整済R	0.898		

（注）データは前図表3－31の注と同じである。重回帰分析はCollege Analysis ver.6.6を用いて行った。

その後社会に出てイノベーションに貢献することは十分考えられることです。そのために、第1章では、GDPに影響する〝大学〟という機関の持つ力（潜在因子）の表現としては、「大学研究力」ではなく、「大学研究教育力」という表現にしています。

図表3－33に示しますように、経済対策予算、研究開発予算、大学研究資金、学術論文数などと同様に、2005年の博士課程修了者数とGDPとの相関は、その後年もしばらくの間、維持されています。2005年

図表3－33　2005年博士課程修了者数および論文数とその後のGDPとの相関の推移（いずれも人口あたり）

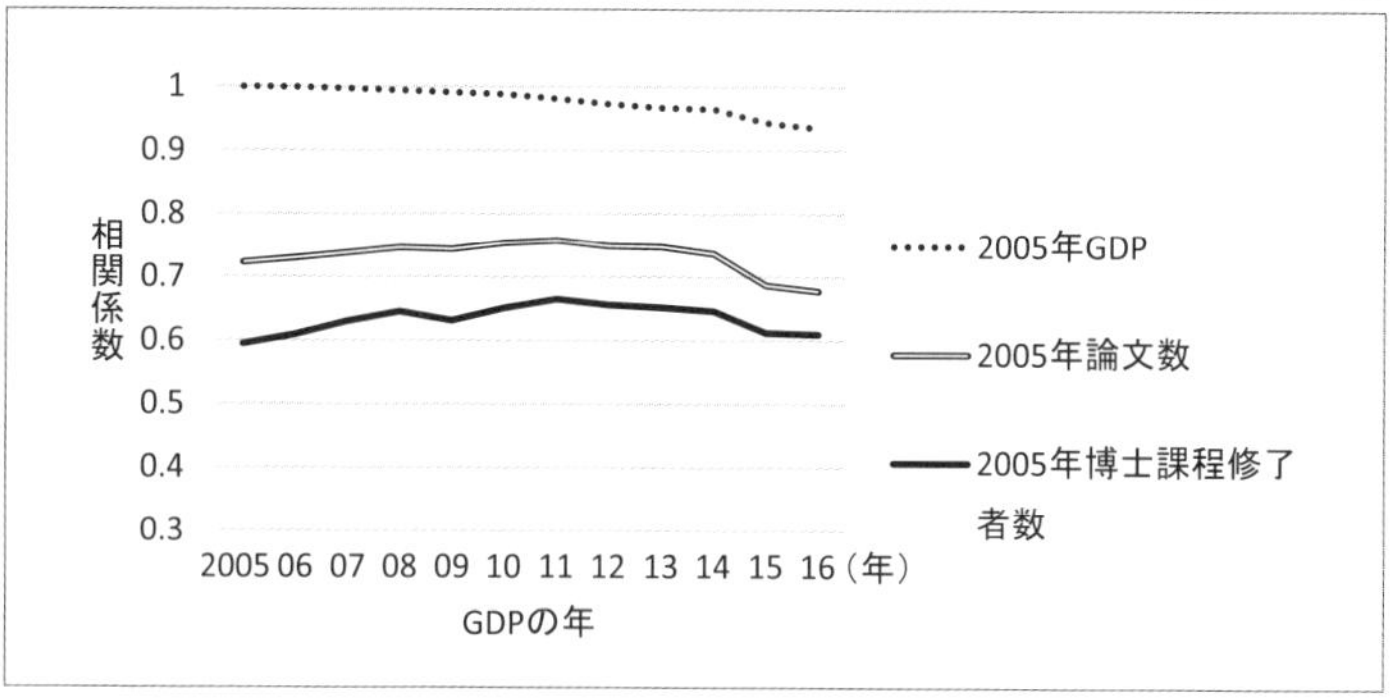

2005年人口あたり博士課程修了者数の多い順（多→少）

スイス	フィンランド	スウェーデン	ドイツ	オーストラリア	オーストリア	英国	アイルランド	スロバキア	デンマーク	チェコ	イスラエル	ノルウェー	米国	韓国	オランダ	イタリア	フランス	スペイン	ベルギー	ニュージーランド	カナダ	日本	ギリシャ	ハンガリー	トルコ	ポルトガル	ポーランド	メキシコ	チリ

（注）InCites Benchmarkingより2018年2月15日論文数データ抽出。文献種原著、分野分類法ESI、整数カウント。2018年2月22日OECD.StatのDataset: Science Technology and Innovation Outlook 2016よりデータ抽出。博士課程修了者数はDoctoral or equivalent level（ISCED2011 level 8)。GDPは購買力平価実質値2011年基準（ドル)、IMFのWEO、Oct2017よりデータ抽出。

のＧＤＰ同士の相関は、その後は徐々に低下していきます。つまり、ＧＤＰの高かった国はその後も高い傾向にはあるのですが、栄枯盛衰が生じて国の順位が入れ替わり、相関が次第に低下していくのです。しかし、博士課程修了者数の多かった国は、その後のＧＤＰもしばらくの間高く維持される国が多く、これは、博士課程修了者数には、経済政策予算と同様に、その後のＧＤＰを押し上げる効果があることを推測させます。

そして、図表３－34に示しますように、日本の人口あたり博士課程修了者数は、そもそも他の主要

図表３－34　人口あたり博士課程修了者数の推移

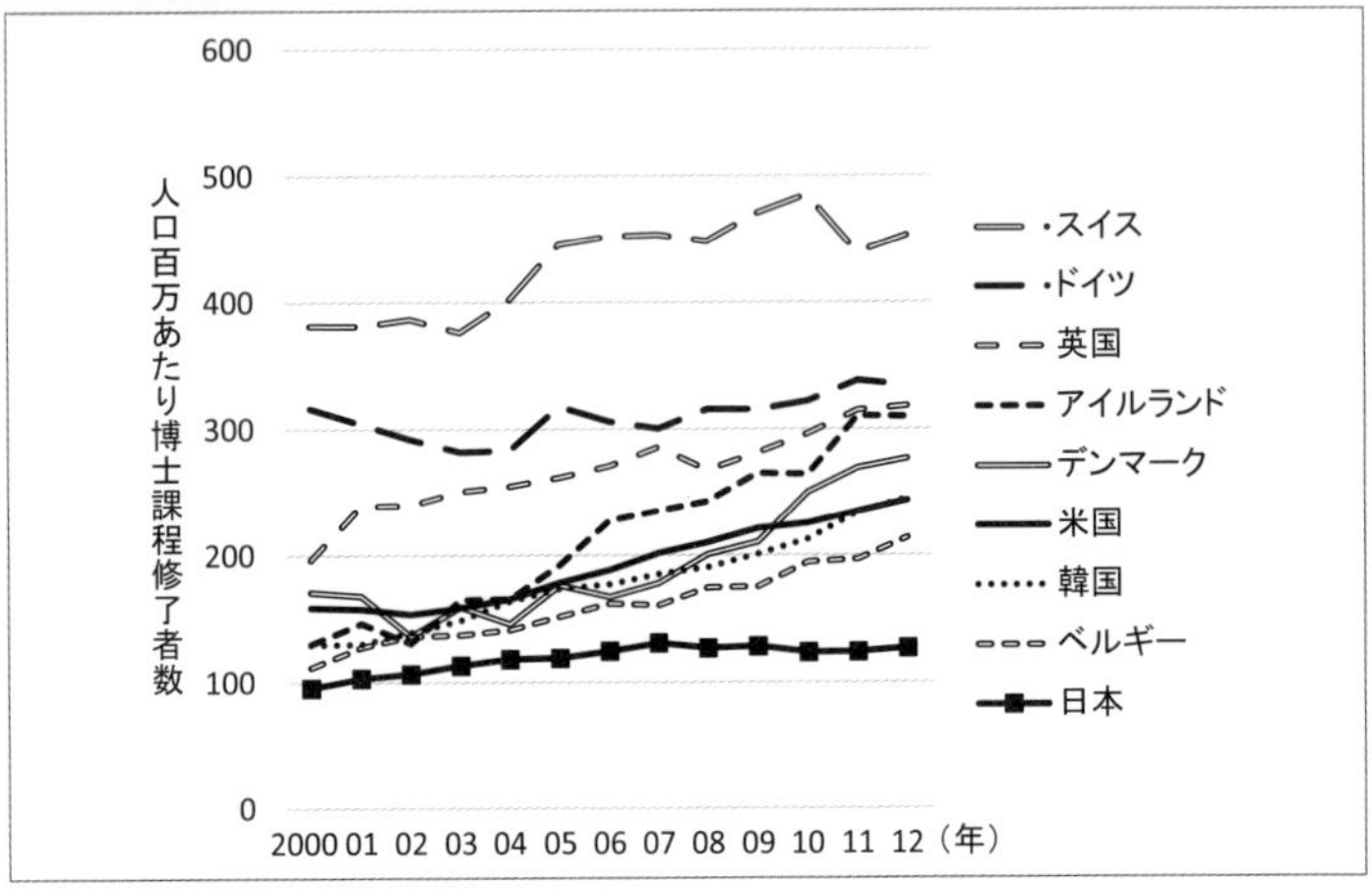

（注）OECD.Stat の Dataset: Graduate by field より 2018 年 2 月 22 日データ抽出。博士課程修了者数は Advanced research programmes。

国に比べて少ない上に停滞して、他国との差がどんどんと開いているのです。なお、このデータシリーズは２０１２年までしかないのですが、OECD.Stat の別のデータセットに、２０１５年のデータがあり、それで計算すると日本の人口百万あたりの博士課程修了者数は１２２・８となるので、２００７年のピーク時の１３０・８よりも明らかに減少しています。

今回検討した35か国においては、〝学士課程修了者数〞とＧＤＰとの相関は認められませんでした。もちろん、ＧＤＰとの相関が得られないということが、即、学士課程の教育が重要ではないということを意味するものではありません。

その理由の一つは、検討に含める国々の

範囲によって、結果が異なる可能性があるからです。本書第1章の先行研究①の Jan Fagerberg と Martin Srholec の論文では、75か国のデータで初等・中等・高等教育への入学者数がＧＤＰと相関することが示されています。ただし、開発途上国を除くと、やはり相関は弱くなるようです。

二つめの理由は、国によってどのような高等教育機関を〝大学〟に分類するのかという、定義が異なる可能性があることです。専門学校や職業学校的な高等教育機関を〝大学〟に分類している国もありますし、そうでない国もあります。ポーランドの〝大学〟への進学率は非常に高いので、おそらく職業学校的な高等教育機関も〝大学〟に位置付けているものと想像されます。ドイツやオーストリアなどの国々は、２０００年頃の人口あたり大学卒業者数（レベル６～８）が日本の半分くらいだったのですが（人口千人あたり日本４・７に対してドイツ２・５、オーストリア２・１）、２０１２年頃には日本を追い抜いています（日本５・３に対して、ドイツ６・０、オーストリア６・３）。また、日本で新たにできた「専門職大学」を〝大学〟に位置付けることになれば、実態は今と変わらなくても日本の〝学士課程修了者数〟は増えることになります。

三つめの理由は、学士課程の教育の良否を、果たして学士課程修了者の〝数〟で測定できるかということです。教育の質や内容を、学生数という指標だけで評価できないことは明らかです。

このような理由から、学士課程修了者数とＧＤＰが相関しないからといって、必ずしも学士課程教育が重要でないということは言えません。しかし、博士課程修了者の場合は、その〝数〟だけで

ＧＤＰと正の相関が認められ、論文数を介して、あるいは研究のトレーニングを受けた学生が社会でイノベーションに貢献して、ＧＤＰを押し上げる効果を持っていることが示唆されます。

大学のユニバーサル化が進む中で、つまり、誰でも大学に入れる時代になって、大学における職業教育がますます重要になる、ということも理解できるのですが、職業教育が重要であるからといって、ＧＤＰとの関連がより明瞭な大学研究機能や博士課程教育機能を弱めることは、もってのほかであり、逆に、もっと強化するべきなのです。

日本政府が進めてきた大学の「選択と集中」政策や、冨山和彦さんが提言されている「Ｇ型Ｌ型大学」政策は、一部の上位大学を除いて、多くの〝大学〟の研究機能の低下を招き、ＧＤＰにマイナスの影響を与える可能性があります。日本のＧＤＰの増のために、喫緊にしなければいけないことは研究機能を重視したイノベーションに貢献する〝大学〟の数を増やし、機能を高めることです。

今までの章では、主としてＯＥＣＤのデータでもって、海外の先進国を中心とした分析をし、その中における日本の惨憺たる位置付けを見てきました。次章では、日本国内のデータでもって、日本の論文数を減らした真犯人をさらに絞り込んでいきます。

第4章

政府の科学研究政策はどうあるべきか

前章まで、日本の大学研究力の惨憺たる状況を説明し、OECD公開データの分析から、論文数を左右する最も大きな要因は、研究時間を考慮した研究従事者数（および研究人件費）であり、政府からの大学研究資金であることをお示ししました。

そして日本の研究力の低下の原因として、

1．研究従事者数（FTE）が先進国で最低クラスであり、かつ、この十数年間停滞していること。

2．大学への公的研究資金が先進国で最低クラスであり、かつ、この十数年間停滞していること。

3．博士課程学生数が先進国で最低クラスであり、かつ、この十数年間停滞していること。

などをあげました。

では、日本がなぜこのような事態になってしまったのか、というのが第4章のテーマです。それには、日本政府の大学に対する財政政策が大きく関係しています。どのような財政政策によってそのような結果がもたらされたのかについて、日本国内の研究機関のデータ、特に国立大学のデータを中心に説明しましょう。

1．国立大学の法人化の意味――04～05年頃をピークに論文数が減少

まず、図表4－1を見てください。これは、日本の研究機関別の論文数の推移を示したグラフです。大規模国立大学（n＝15）、中小規模国立大学（n＝56）、公立大学（n＝14）、私立大学（n＝99）、公的研究機関（n＝46）に分けて、論文数をお示ししました。なお、すべての大学や研究機関ではなく、論文分析ツールであるInCites Benchmarkingで分析できる研究機関の中で、ある程度の論文数を産生している研究機関を分析しています。

また、国立大学については、大規模大学と中小規模大学に分けてお示しをしています。それにどのような大学が含まれるのかについては、図表4－2をご参照ください。一口に国立大学と言っても、その規模や学部等の構成はずいぶんと違います。InCites Benchmarkingで分析できる国立大学を、その規模と学部等の構成によって、自分なりに分類したのがこの表です。

まず、図表4－1の上図では、2004～05年頃から、公的な研究機関、つまり国立大学、公立大学や公的研究所で論文数が停滞していることがわかります。一方、私立大学は増加しています。

また、国立大学の論文数は他の研究機関に比べて圧倒的に多いことが分かります。国立大学の論文

図表４－１　研究機関別の論文数推移および論文数 2000 年基点比率推移

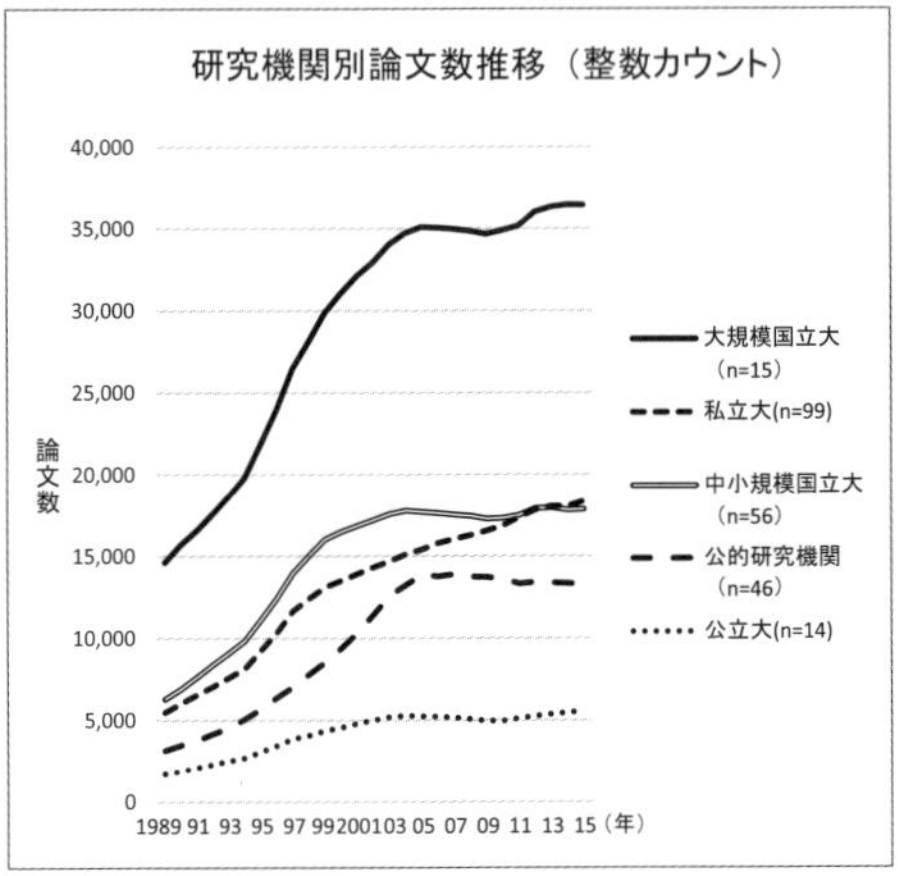

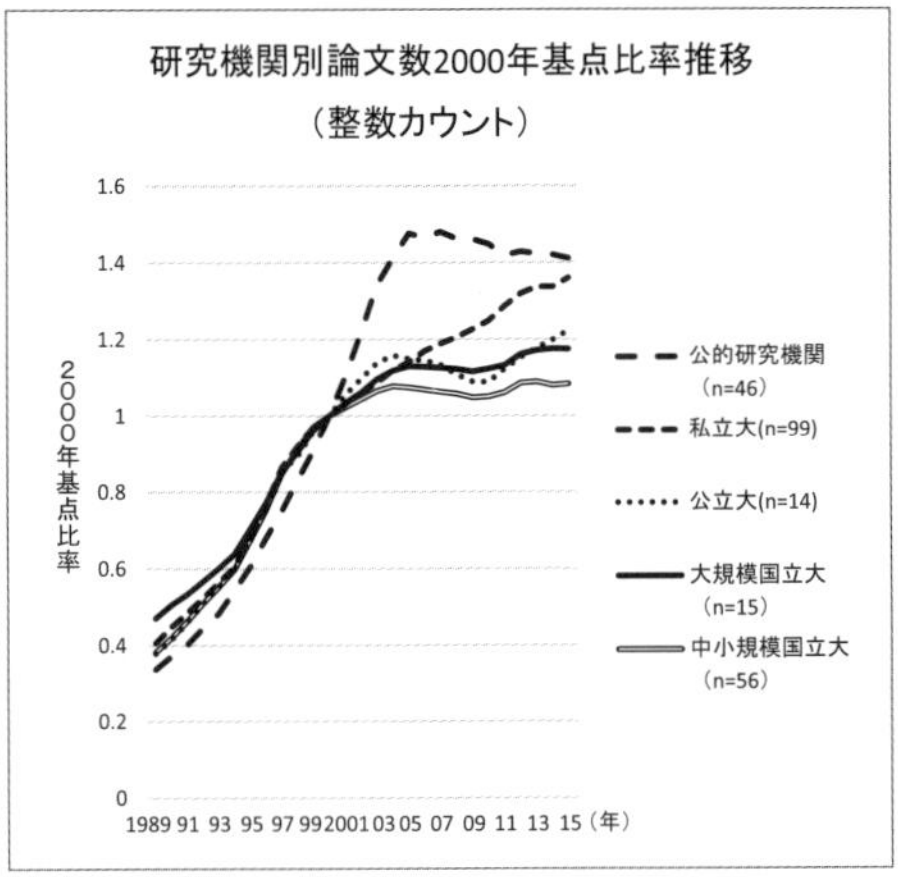

（注）クラリベイト・アナリティクス社 InCites Benchmarking より 2018 年 4 月 10 ～ 20 日にかけてデータ抽出。文献種原著、分野分類法 ESI、3 年移動平均値（表示年は 3 年間の中間年）。InCites Benchmarking に登録されている大学・研究所のうち 1988 ～ 2016 年の論文数上位から私立 99 大学。公立 14 大学、公的研究所 46 研究所を選んだ。

図表4－2 分析に用いた国立大学の分類（規模および学部等の構成の違いに基づく）

規模による分類		学部等の構成による分類（△：有工学系、○：有農林水産学系）							
		有医学系			無医学系				
		総合系		医学系	複合系	工学系	農水系	教育系	社会科学系
大規模大学	旧帝大	北海道大△○	名古屋大△○						
		東北大△○	九州大△○						
		東京大△○	大阪大△						
		京都大△○							
	旧帝以外	筑波大△○	岡山大△○	東京医歯大		東京工大△			
		千葉大△○	神戸大△○						
		広島大△○	金沢大△						
中小規模大学		弘前大△○	鳥取大△○	滋賀医大	静岡大△○	北見工大△	帯広畜産大○	東京学芸大	一橋大
		新潟大△○	佐賀大△○	浜松医大	茨城大△○	京都工繊大△	東京海洋大○	大阪教育大	福島大
		信州大△○	香川大△○	旭川医大	岩手大△○	九州工大△		京都教育大	滋賀大
		山梨大△○	宮崎大△○		宇都宮大△○	名古屋工大△		福岡教育大	小樽商大
		長崎大△○	鹿児島大△○		東京農工大△○	室蘭工大△		奈良教育大	
		徳島大△○	琉球大△○		横浜国立大△	電気通信大△		宮城教育大	
		岐阜大△○	秋田大△		埼玉大△	豊橋技科大△		北海道教育大	
		愛媛大△○	群馬大△		和歌山大△	長岡技科大△			
		島根大△○	富山大△		お茶の水女大	奈良先端科技大学院大△			
		高知大△○	福井大△		奈良女大	北陸先端科技大学院大△			
		山口大△○	大分大△						
		山形大△○	熊本大△						
		三重大△○							

（注）2018年5月25日現在でクラリベイト・アナリティクス社 InCites Benchmarking で論文数を分析できる国立大学のうち、総合研究大学院大学および沖縄科学技術大学院大学を除いた76大学について分類した。分類及び略名は著者独自のものであり、公的に認められた分類や名称ではない。規模は論文数の多寡に基づく。工学系学部（理工学部を含む）のある大学に△、農林水産系学部のある大学に○をつけた。

数の変化が、日本全体の論文数の変化に大きく反映され、国立大学の研究力が低下することは、日本全体の研究力に大きな影響を与えます。

次に図表4－1の下図は、上図の各研究機関の論文数の変化がよく分かるように、2000年の論文数を「1」として、その比率で示したグラフです。公的研究機関ではいずれも2004～05年頃から腰折れを起こしていることがわかりますね。

次に、図表4－3を見ていただきましょう。先ほどと同じよ

図表4－3　研究機関別論文数の推移および2000年基点比率推移

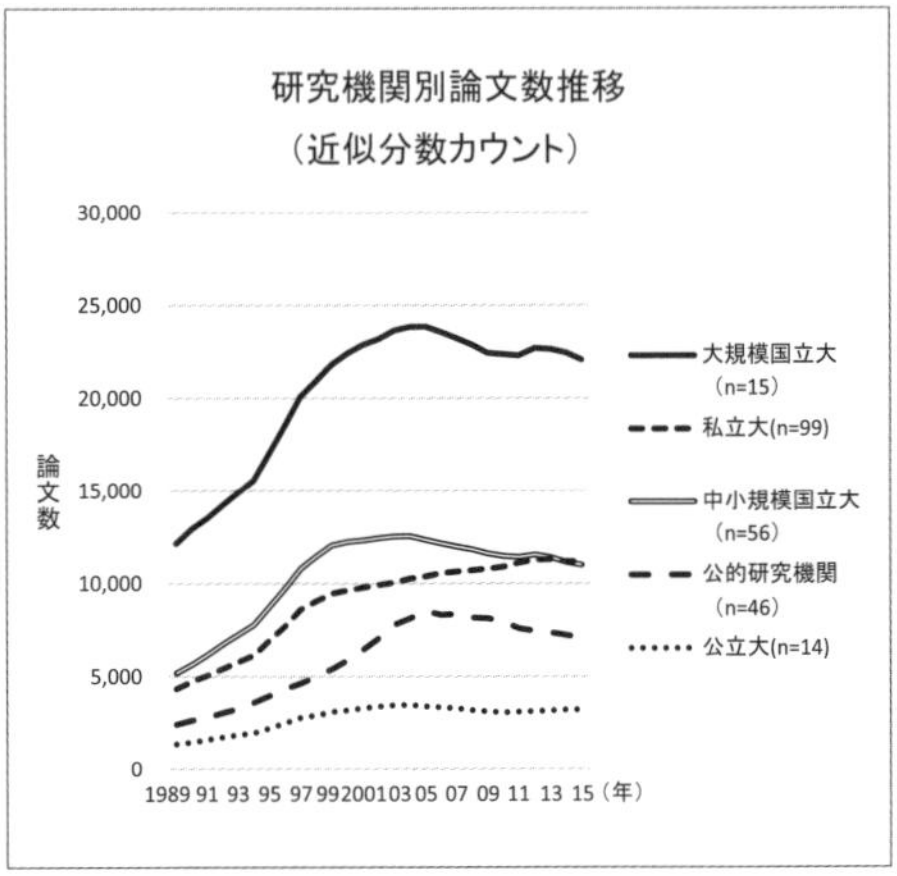

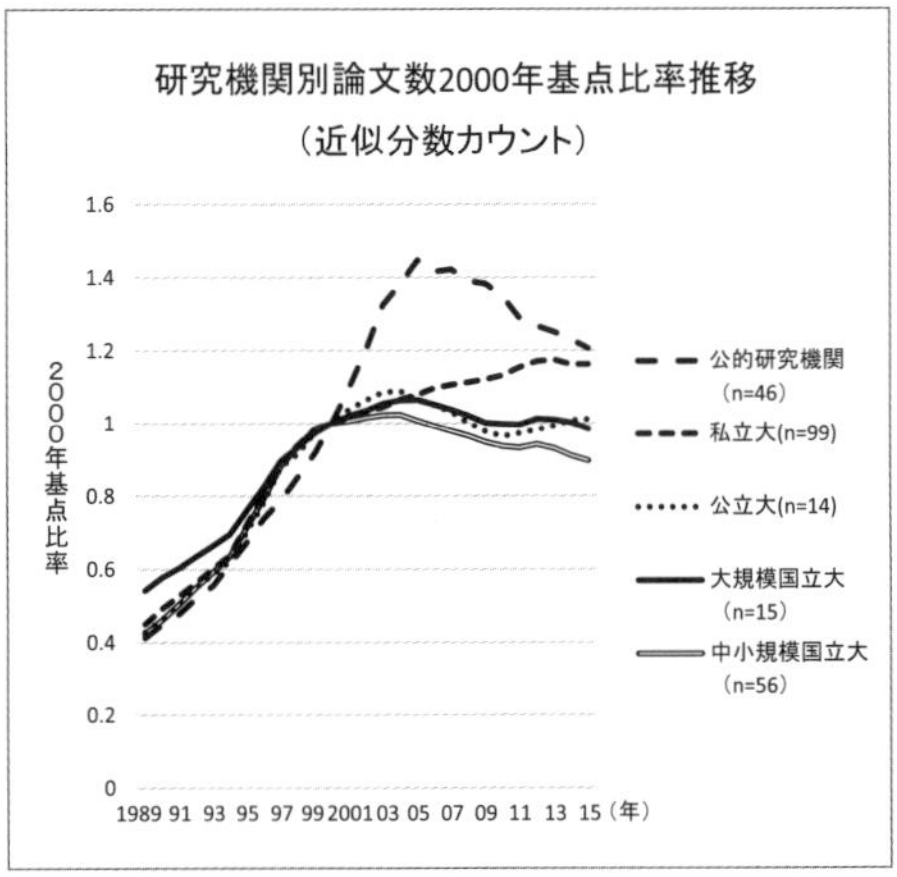

（注）クラリベイト・アナリティクス社 InCites Benchmarking より 2018 年 4 月 10 ～ 20 日にかけてデータ抽出。文献種原著、分野分類法 ESI、3 年移動平均値（表示年は 3 年間の中間年）。InCites Benchmarking に登録されている大学・研究所のうち 1988 ～ 2016 年の論文数上位から私立 99 大学。公立 14 大学、公的研究所 46 研究所を選んだ。近似分数カウントは本章の補遺を参照。

図表4－4　論文数のカウント方法の種類

	整数カウント	分数カウント	責任著者カウント
共著論文数のカウントの仕方	A大学とB大学が関与した共著論文を、A大学「1件」、B大学「1件」と集計	A大学とB大学が関与した共著論文を、A大学「1/2件」、B大学「1/2件」と集計	A大学とB大学が関与した共著論文の責任著者がA大学であれば、A大学「1件」、B大学「0件」と集計
論文数をカウントする意味	「論文への関与度」の把握	「論文への貢献度」の把握	「論文のリード度」の把握

（注）村上昭義、伊神正貫「日本の大学システムのアウトプット構造：論文数シェアに基づく大学グループ別の論文産出の詳細分析」NISTEP RESEARCH MATERIAL, No.271、文部科学省科学技術・学術政策研究所、2018年3月。P14図表 2を参考にして著者改変・加工。責任著者はcorresponding authorの意味であり、原則として1論文につき1名であるが、最近、1論文に複数の責任著者の記載のある論文が増えている。

うなグラフなのですが、このグラフでは公的研究機関の論文数は、停滞というよりも、明らかに減少していますね。これは、論文数を分数カウントで数えたからです。ただし、著者の用いている論文分析ツールでは、分数カウントは計算できないので、近似法を使っています。どのように近似したかについては本章の補遺をご覧ください。

分数カウントというのは、A大学とB大学の研究者が共著で論文を出した場合に、A大学1／2件、B大学1／2件と振り分けて数える方法です。通常の数え方である整数カウントでは、A大学、B大学ともに1件を割り当てます。論文数の数え方についてはいくつかの方法があり、科政研報告書（文献4－1）をもとに著者が改変し、図表4－4にまとめました。整数カウント、分数カウント、責任著者カウントの3つの数え方があり、それぞれのカウント法には意味があります。なお、責任著者カウントは、分数カウントに近い値をとります。最近、宇宙や素粒子物理学などの分野で、共著者数が1000人を超え、共同研究機関数が200を超える論文が多数書かれるということが珍しくなくなりました。そうすると、その巨大研究プロジェクトに参加している研究者が1人大学に在籍しているだけで、整数カウントの論文数が一気に増えるという現象が起こります。多共著者数の論文が多い場合には整数カウントは要注意です。また、前章の図表3－9にお示ししましたように、分数カウントの方が、研究従事者数（FTE）の増減をより適切に反映すると考えられます。つまり、例えば教員数が減って研究時間が減っても、他研究機関との共同研究に名前を連ねることにより整数カウント論文数を維持できる可能性がありますが、分数カウント論文数では、研究環境の悪化がそのまま論文数に反映されると考えられます。なお、THE社の世界大学ランキングでは論文数は分数カウントで評価されています。

近似分数カウントでは、公的研究機関の論文数は明らかに減少しており、2000年値を基点にすると、中小規模国立大学の論文数の減少は最も著しく「1」を切るに至っており、1990年代の研究力に戻ってしまったことがわかります。ピーク時からの低下度では、公的研究機関が約17%、中小規模国立大が約12%、大規模国立大および公立大が約7%の減となっています。

次に、第2章でお話ししましたように、日本全体の論文数が減少しているとはいっても、例えば、文系分野の英語論文が増えているなど、学術分野の違いにより、動きが異なっていましたが、その中で、大きな割合を占める理工・数理系、基礎生命系、そして臨床医学の論文数の動きを見てみましょう。

図表4－5には理工・数理系8分野の論文数の近似分数の推移を示しましたが、国立大学は大規模大も中小規模大も減少し続けていますが、中小規模大の減少が大きく、ピーク時から約20％も減少しています。私立大も一時減少していますが、なんとかとどまっている状況です。

次の図表4－6には基礎生命科学系6分野の近似分数論文数の推移を示しましたが、中小規模国立大では2000年頃から減り始め20％程度の減少を示しています。大規模国立大も中小規模大に遅れて、かなり減少しています。私立大も腰折れを起こしましたが、現在は停滞という状況です。

そして、図表4－7の臨床医学では、中小規模国立大では2000年頃から減り始めましたが、その後停滞しています。大規模国立大は停滞していたものが2012年頃から増加に転じました。私立大が最も増加しています。このように、臨床医学は他の分野とはかなり異なった動きをしています。

分野によって違いますが、国公立大学と公的研究機関の論文数が2004～05年を境にして停滞～減少し、一方私立大学では停滞～増加を示しており、公的研究機関と私立大学とで論文数の動きが違います。この頃に生じた、公的な大学や研究機関に大きな影響を与え、私立大学にはそれほど大きな影響を与えなかった何かの出来事が原因ではないかと疑われます。

この頃に起こった国立大学をめぐる大きな出来事は2004年の法人化です。公立大学や公的研

図表4－5　理工・数理系8分野論文数の推移および2000年基点比率推移

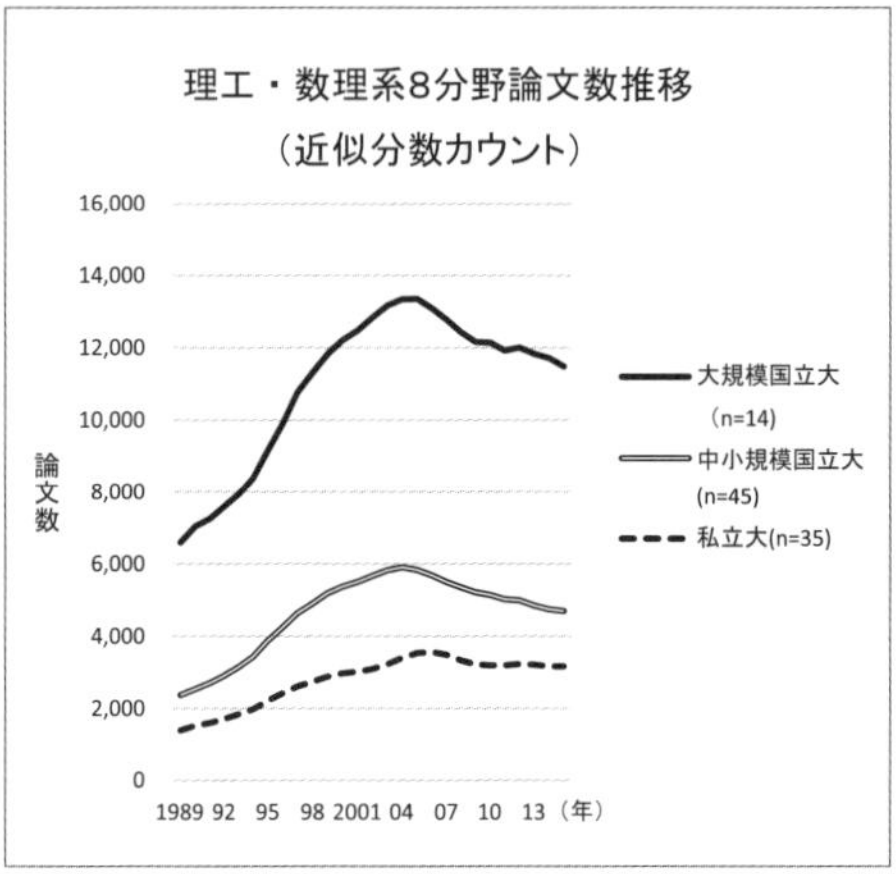

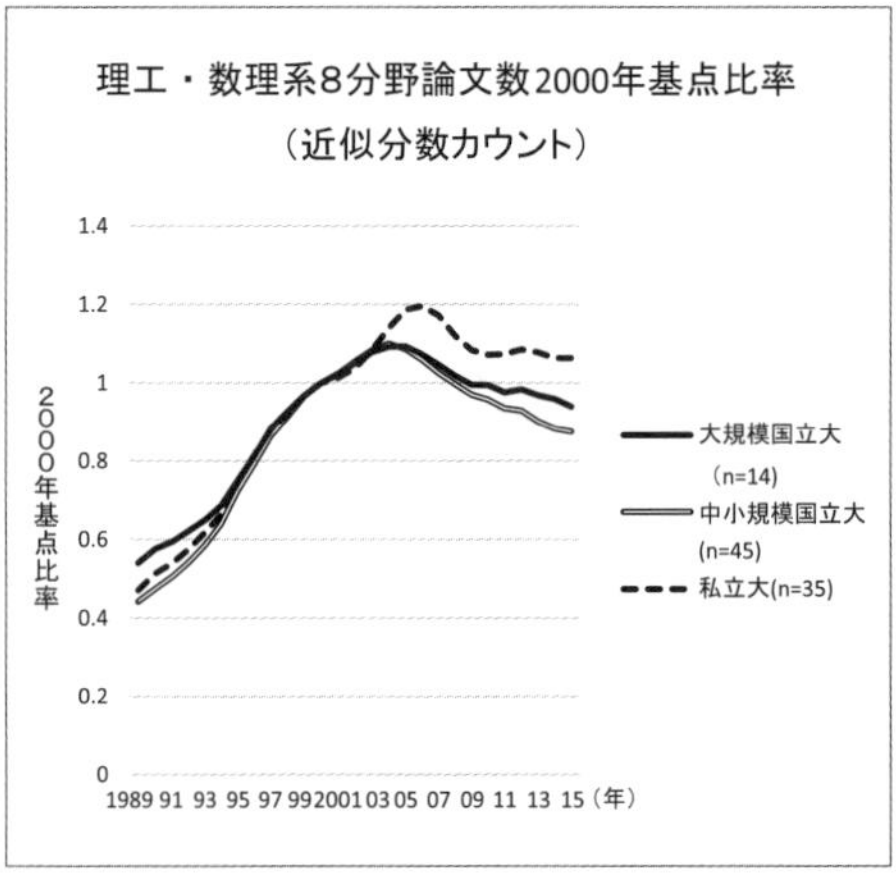

（注）クラリベイト・アナリティクス社 InCites Benchmarking より 2018 年 4 月 10 ～ 20 日にかけてデータ抽出。文献種原著、分野分類法 ESI、3 年移動平均値（表示年は 3 年間の中間年）。InCites Benchmarking に登録されている大学・研究所のうち 1988 ～ 2016 年の論文数が 1000 以上の大学を選んだ。近似分数カウントは本章の補遺を参照。

図表4－6　基礎生命科学系6分野論文数の推移および2000年基点比率推移

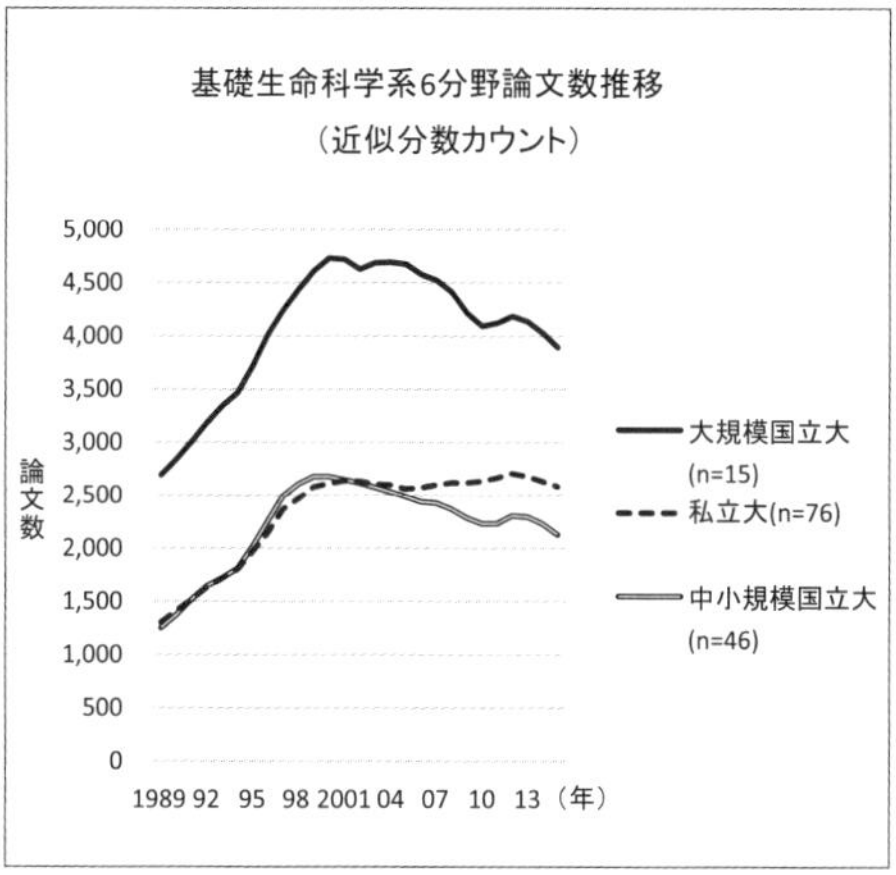

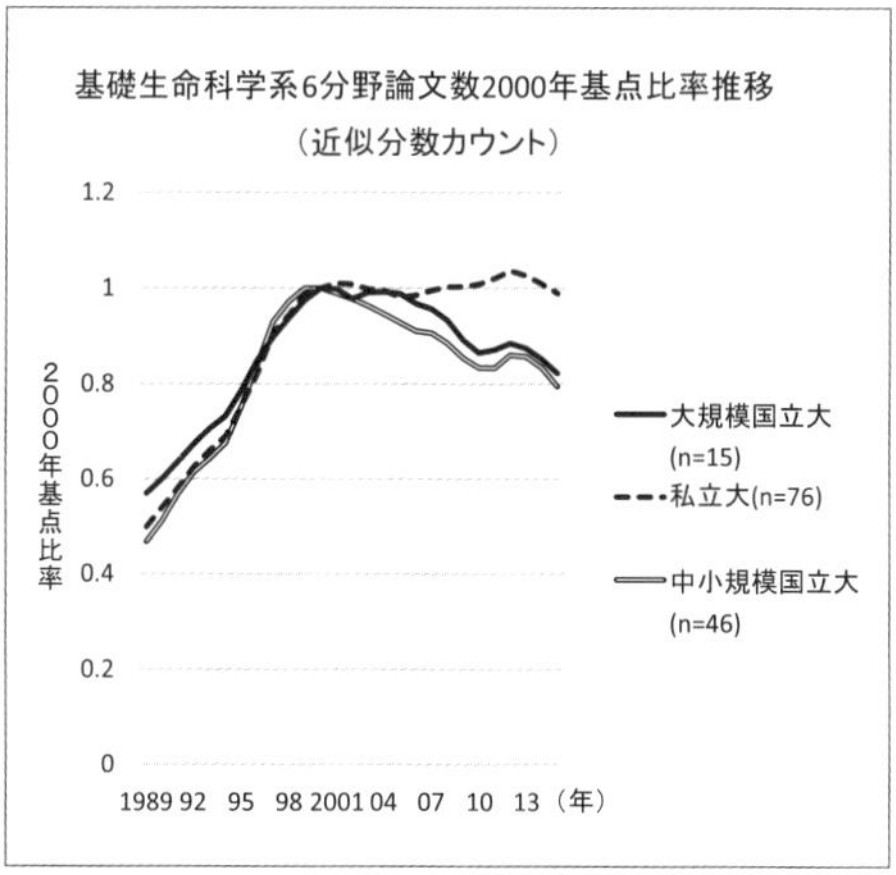

（注）クラリベイト・アナリティクス社 InCites Benchmarking より 2018 年 4 月 10 ～ 20 日にかけてデータ抽出。文献種原著、分野分類法 ESI、3 年移動平均値（表示年は 3 年間の中間年）。InCites Benchmarking に登録されている大学のうち 1988 ～ 2016 年の基礎生命科学系 6 分野論文数が 300 以上の大学を選んだ。近似分数カウントは本章の補遺を参照。

図表4－7　臨床医学論文数の推移および2000年基点比率推移

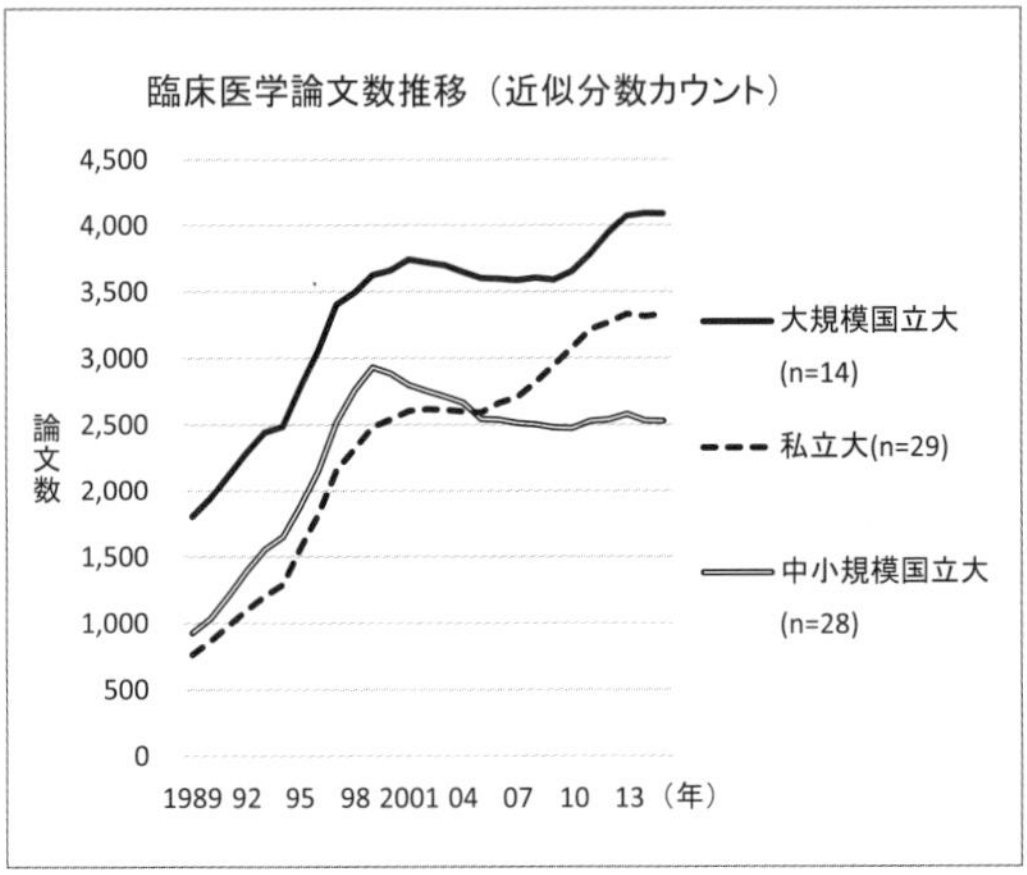

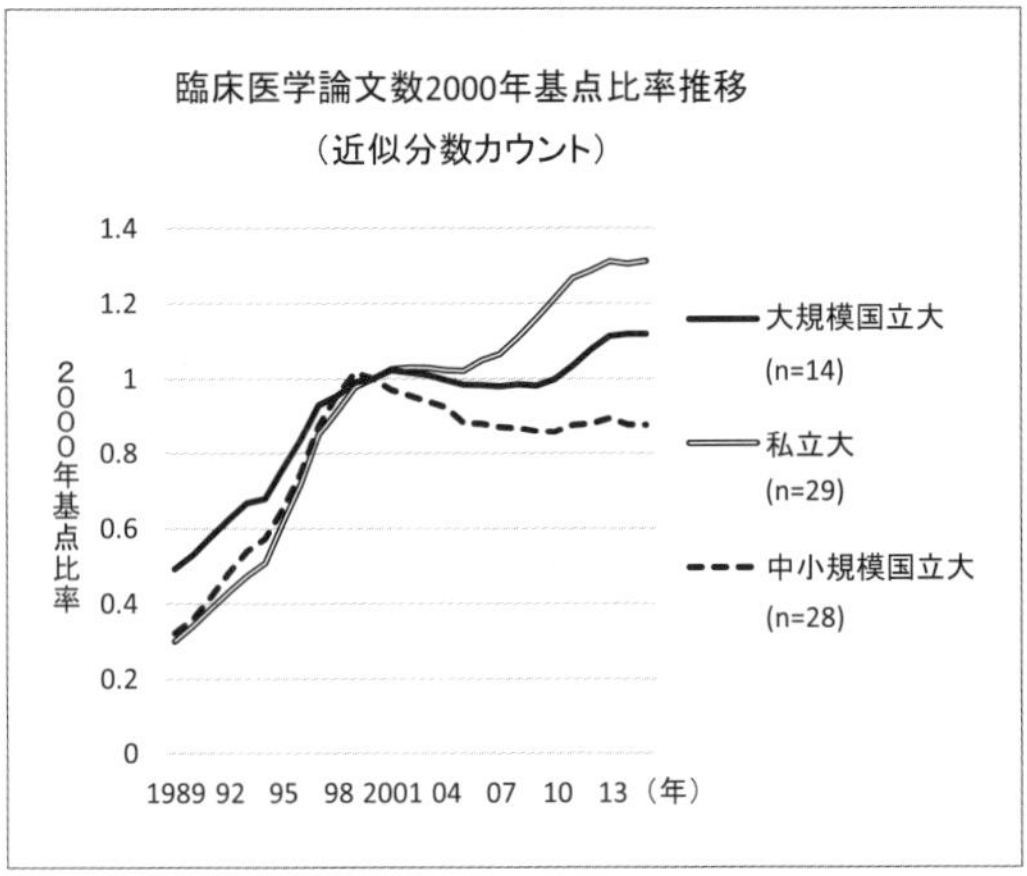

（注）クラリベイト・アナリティクス社 InCites Benchmarking より 2018 年 4 月 10 ～ 20 日にかけてデータ抽出。文献種原著、分野分類法 ESI、3 年移動平均値（表示年は 3 年間の中間年)。医学部を有する大学を選んだ。近似分数カウントは本章の補遺を参照。

究機関でも法人化が進みました。この法人化が、論文数が減少に転じた時期とぴったり一致するので怪しいということになります。ただし、同じ時期に起こったというだけでは、偶然時期が一致しただけという可能性もありますし、また、「法人化」という制度そのものが原因ではなく、並行して実施された何らかの政策が原因である可能性もあり、すぐに法人化が原因と決めつけることはできません。

それでは、まず、法人化というものがどういう制度であったのかを振り返ってみることにしましょう。

2.「バラマキ」の削減と上位大学への「選択と集中」

国立大学の法人化とはいったいどういうことなのでしょうか？　これはかなり複雑であり、一口で説明することは難しいのですが、著者なりにできるだけわかりやすい説明を試みたいと思います。

小泉政権下の２００１年に、行政のスリム化を目指す国の行政改革の一環として、それまで国の機関として省庁に属していた事業実施部門や研究機関を国から切り離し、独立行政法人が誕生しました。国立大学についても法人化が検討され、２００１年６月に当時の経済財政諮問会議において遠山敦子文部科学大臣が説明した「大学（国立大学）の構造改革の方針」（いわゆる遠山プランと呼ばれています）に、その基本方針が示されています（図表４－８）。

そして、２００４年（平成16年）に国立大学が法人化されました。なお、厳密には〝国立大学法人〟は〝独立行政法人〟とは異なる位置づけであり、予算の削減の程度が緩いことや中期目標期間が異なりますが、似たものと考えていただいてよいでしょう。

法人化は大学の現場に対して、ある程度の経営の裁量権を与えると同時に、民間的発想を活用した効率化を求めます。６年間を一つの区切りとして（これを中期目標期間と言います）、中期目標を国が定め、各大学はそれに基づいて中期計画、年度計画を策定して実行し、その達成度等について政府の評価を受けます。すでに法人化されてから14年が経過しており現在法人化第三期に入っています。

それ以前の〝国立〟の時代は、政府が毎年事細かく予算を決めて、その予算通りに過不足なくお金を使い切るという仕組みでしたが、〝法人化〟されると、国からの交付金（運営費交付金など）と自己収入を合わせて、現場がその使い道を決めることができ、剰余金が出た場合は、６年間の中

図表4－8　遠山プラン

平成１３年６月
文部科学省

大学（国立大学）の構造改革の方針

――活力に富み国際競争力のある
国公私立大学づくりの一環として――

１．国立大学の再編・統合を大胆に進める。

○各大学や分野ごとの状況を踏まえ再編・統合
・教員養成系など→規模の縮小・再編（地方移管等も検討）
・単科大（医科大など）→他大学との統合等（同上）
・県域を越えた大学・学部間の再編・統合　など
○国立大学の数の大幅な削減を目指す

――→ スクラップ・アンド・ビルドで活性化

２．国立大学に民間的発想の経営手法を導入する。

○大学役員や経営組織に外部の専門家を登用
○経営責任の明確化により機動的・戦略的に大学を運営
○能力主義・業績主義に立った新しい人事システムを導入
○国立大学の機能の一部を分離・独立（独立採算制を導入）
・附属学校、ビジネススクール等から対象を検討

――→ 新しい「国立大学法人」に早期移行

３．大学に第三者評価による競争原理を導入する。

○専門家・民間人が参画する第三者評価システムを導入
・「大学評価・学位授与機構」等を活用
○評価結果を学生・企業・助成団体など国民、社会に全面公開
○評価結果に応じて資金を重点配分
○国公私を通じた競争的資金を拡充

――→ 国公私「トップ３０」を世界最高水準に育成

（出所）文部科学省「大学（国立大学）の構造改革の方針――活力に富み国際競争力のある国公私立大学づくりの一環として――」（2001年）。

期目標期間内であれば、許された事業の範囲内で現場の裁量で自由に使えるようになりました。このような、現場に一部経営の自主性を与える法人化制度は、一定の経営効率化を国立大学にもたらしたと考えられます。特に附属病院の経営については、大きな効果を生みました。

　法人化されますと、現場へある程度の裁量権が付与されますが、それと同時に、経営の〝効率化〟が求められます。〝効率化〟という

と聞こえはいいのですが、実は予算の削減のことです。国立大学へは〝運営費交付金〟と呼ばれる政府からの基盤的な運営に使われる補助金が配分されますが、法人化第一期においては、その運営費交付金に〝効率化係数〟と称して、毎年約1％削減のルールが適用されました。なお、附属病院への交付金削減については複雑であり、また、附属病院に深く関係する臨床医学論文数の挙動は、他の分野の論文数とは異なる動きをしますので、この説明は別にいたします。

法人化第一期における日本政府の大学財政政策の基本方針は、２００７年（平成19年）6月に出された教育再生会議第二次報告の中の文言に端的に示されていると思います。図表4－9にその一部を抜粋しました。

目的として「我が国が成長力を高め国際競争に打ち勝っていく」が掲げられています。目標としては「我が国の大学・大学院が、世界の上位10校以内を含め上位30校に少なくとも5校は入る」ことが掲げられています。

それを実現するための方策としては、高等教育財政の3本柱として、

①「選択と集中による重点投資」

②「多様な財源の確保への努力」

③「評価に基づく効率的な資源配分」

を挙げていますね。このうち「多様な財源の確保」というのは、「（国は交付金を削減するので）、

図表4－9	教育再生会議第二次報告（2007年6月）抜粋

○我が国が成長力を高め国際競争に打ち勝っていくためには

イノベーションを生み出す世界トップレベルの教育研究拠点としての大学・大学院
－例えば、今後10年以内に、定評ある国際比較において、我が国の大学・大学院が、世界の上位10校以内を含め上位**30**校に少なくとも**5**校は入ることを目指す。

○高等教育財政の３本柱

①「選択と集中による重点投資」

②「多様な財源の確保への努力」

③「評価に基づく効率的な資源配分」

必要な施策については、できる限り効率化を図りつつ、適正な評価に基づき、真に実効性のある分野への「選択と集中」により必要な予算を確保。基盤的経費については確実に措置。基盤的経費と競争的資金の適切な組合せと、一律的配分から評価に基づくより効率的な資金配分へのシフト

○国立大学法人運営費交付金で教育研究の基礎的な部分をきちんと支えると同時に、競争的資金を大幅に拡充。配分については、①教育・研究面、②大学改革等への取組の視点に基づく評価に基づき大幅な傾斜配分を実現

（注）著者により文言は適宜省略形とし、下線を付した。

自分たちで自己資金を稼ぎなさいよ。」ということを意味しています。

次に書かれている「適正な評価に基づき、真に実効性のある分野への『選択と集中』により必要な予算を確保」や、さらに国立大学法人運営費交付金の「大幅な傾斜配分」というのが何を意味していたのかということは、この年の５月の財務省財政制度等審議会の資料（現在は財務省ウェブサイトからアクセスできない）を見ればわかります（図表４－10）。

このグラフは各大学の「科研費」獲得金額に応じて運営費交付金を配分するとどうなるかというシミュレーションをしたものです。なお「科研費」というのは、日本の代表的な競争的研究資金です。科研費を多く獲得している大学は、それだけ研究成果を上げている

図表 4 － 10　国立大「運営費交付金」に関する“財務省シミュレーション”

■国立大「運営費交付金」に関する“財務省”シミュレーション　(図２)
～18 年度「科研費」の配分割合による 19 年度「運営費交付金」の増減割合～

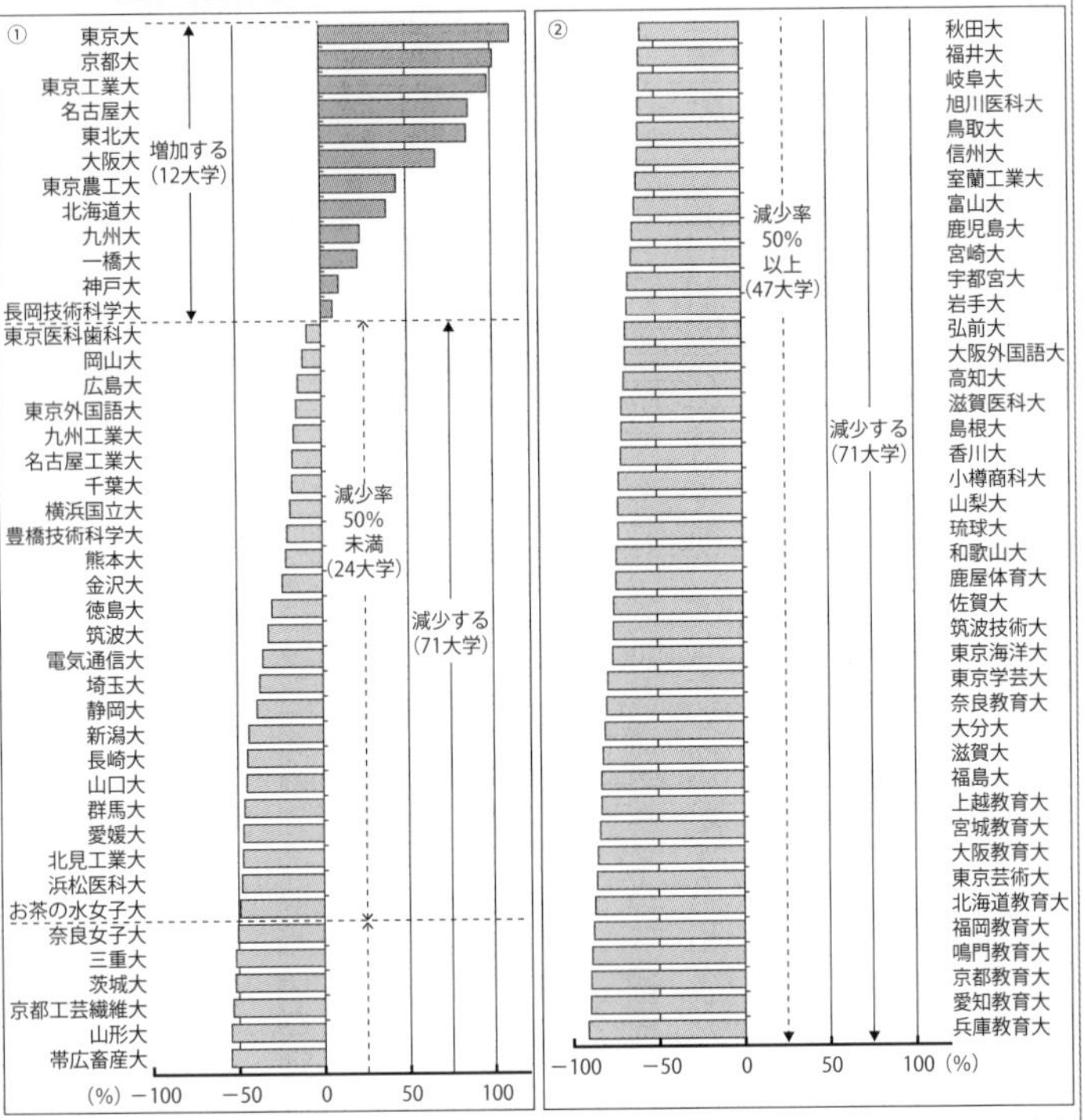

注　①19年度国立大運営費交付金予算額(87大学合計)を各国立大の18年度「科研費」(文科省分)の配分割合に応じて割り戻し、各国立大の19年度運営費交付金予算額との差(増減割合)を算出したもの。
②大阪大と大阪外国語大は10月に統合を予定しており、他大学との比較対象のため、両大学の運営費交付金予算額を組み替えて算定している。
③ここでは、４大学院大学を除いた83大学について、財務省の資料を基に旺文社が概要図として作成した。
〈財務省・財政審資料(19年５月)より〉

(注)　現在は財務省のホームページからはアクセスできない。上記資料は旺文社教育情報センター H19 年 6 月を基に作図。

と考えられますから、成果の少ない大学の運営費交付金を削減して、成果の大きい大学に配分すれば、いっそう成果が上がるだろうという考えですね。一見、非常に理にかなった政策のようにも思われます。

このシミュレーションでは12大学の運営費交付金が増えて、71大学が減ることになり、うち47大学が50%以上減少することになります。実はこの47大学の中に三重大学が入っており、これでは三重大学が半分に縮小してつぶれてしまうということで、当時三重大学の学長をしていた著者は、緊急記者会見を開いて地方大学がいかに重要な役割を担っているかということをマスコミに訴えました。また、それに呼応して、当時の三重県知事の野呂昭彦さんが担当していた近畿知事会で反対決議がなされ、そして全国知事会でも反対決議がなされるにいたりました（これは著者が知事に要請したのではなく、知事が自発的に行動したものです）。その結果、幸いにもこのシミュレーションに示されたような〝大幅〟な傾斜配分がなされることにはなりませんでした。

しかし、「基盤的経費については、確実に措置します」と書かれているにもかかわらず、実際に行われた政策は、基盤的経費の元になる運営費交付金の毎年約1%の削減でした。もっとも、他の独立行政法人は、さらに高い削減率であったので、それに比べると「確実に措置」されていたのかもしれませんが……。

そして、運営費交付金全体が削減される中で、その一部が競争的資金に移行され、評価の高い大学に再配分されることになりました。こういう仕組みによりシミュレーションほどの激しい傾斜配分ではありませんでしたが、国立大学間の「選択と集中」が実行されました。

また、図表4－9に「一律的配分から評価に基づくより効率的な資金配分へのシフト」と書かれています。「一律的配分」は「バラマキ」とも表現されますね。基盤的な運営費交付金は「一律的配分」とされているので、「バラマキ」という烙印がおされ、そして、「バラマキ」＝「悪」と考えられていますので、予算削減のファーストチョイスになります。

以上のようなことから、法人化前後からの国立大学への財政政策の潮流は、

①「バラマキ」である基盤的な運営費交付金の削減

②競争力ある大学への「選択と集中」

の二つであったと考えられます。

なお、国立大学には、法人化される前から国家公務員の定員削減が適用され、教職員数は徐々に減少していましたので、基盤的経費削減と同様の影響を及ぼす政策が、法人化前からすでに始まっていたと考えられます。また、「選択と集中」政策についても、法人化に先立つ2000年頃までの「大学院重点化」政策からすでに始まっていると考えられます。この政策は、一部の上位大学にだけ大学院を重点化し教員数を増やして予算をつけるという政策で、著者が在籍していた三重大学をはじめそれがかなえられなかった多くの中小規模大学は涙を飲みました。これら2つの潮流は、

法人化前から始まり、そして法人化と並行して行われた大学財政政策と言った方がよいでしょう。

このような、国立大学への「バラマキ」である基盤的な運営費交付金を削減し、競争力ある大学に対して「選択と集中」する財政政策は、非常に理にかなった政策のように感じられます。

2014年に文科省有識者会議で、グローバルで通用する高度なプロフェッショナル人材を養成する「G（グローバル）型大学」と、生産性向上に向けた働き手を育てる「L（ローカル）型大学」の大学の二分化を提案された冨山和彦さんは、最近も86国立大学法人に、国が約1兆1000億円も出す正当性はないと断言しておられます（文献4－2）。このような冨山さんのご意見は、国立大学への運営費交付金の削減と、東大などのG型大学に「選択と集中」する政策をいっそう後押しするものと思われます。

しかし、著者はこの2つの財政政策が、図表4－3のような国立大学の論文数の減少を招いたと結論づけています。いったい、どうしてこのような結果を招くのでしょうか？

3．国立大学の「選択と集中」政策の手法

ここでは、国立大学の運営費交付金や外部資金の推移を調べることにより、国立大学の「選択と集中」政策がどのようになされたのか、見てみることにしましょう。

図表4－11は国立大学への運営費交付金の推移を示したグラフですが、この2004年の法人化から2015年までの12年間、運営費交付金は年率約1％で削減され、年1兆1518億円から1兆1141億円へ、1376億円削減されたことが分かります。なお、運営費交付金には基盤的な経費に使われる運営費交付金が最も大きな割合を占めますが、そうではない運営費交付金（特別運営費交付金などの戦略的に配分される資金や、特殊要因経費、附属病院運営費交付金等）も含まれています。附属病院の経営の補助として交付されていた附属病院運営費交付金は当初584億円ありましたが、2013年以降は0円になっています。

このように、法人化後12年間での約1400億円の運営費交付金削減のうち、約600億円の削減は病院分であり、残りの約800億円分の削減が、病院以外の教育研究機能に影響した削減分と

図表４－11　国立大学における運営費交付金収入の推移

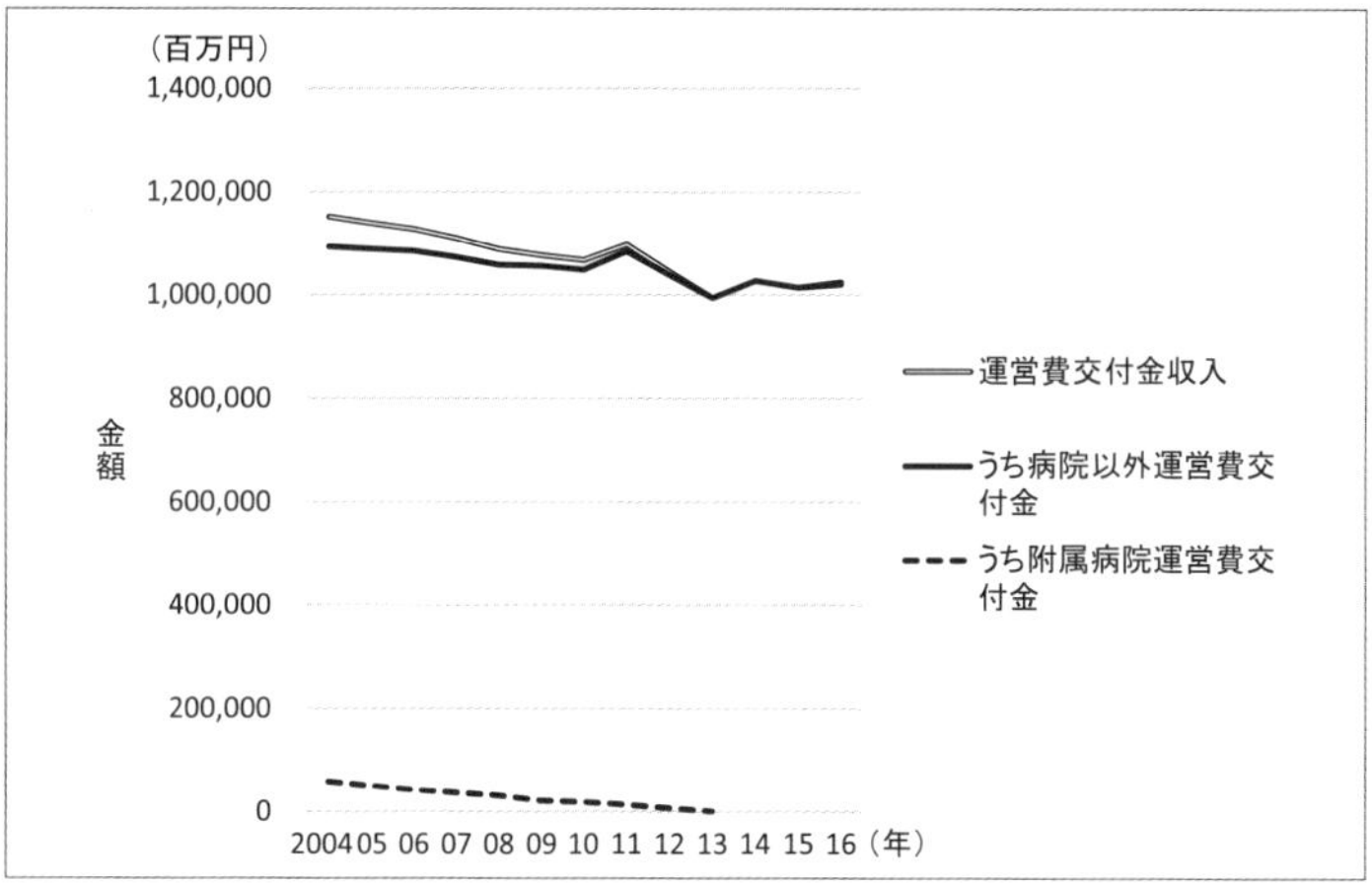

（注）86国立大学のデータ。国立大学法人財務諸表および国立大学協会に基づく。

考えられます。

なお、２０１１年に運営費交付金が増えていますが、これは東日本大震災で被災した東北大学に対する運営費交付金による特別の支援分であり、その直後の年に急減しているのは、国家公務員の大幅な給与削減に倣って、ほとんどの国立大学法人でも職員の給与削減が２年間実施されたことの反映です。

次に、運営費交付金以外の大学外部から得られる各種の資金の変化を見ておきましょう（図表４－12）。

「科研費」は日本の代表的な競争的研究資金です。各種の種目があり、「選択と集中」的な種目もありますが、比較的少額の研究資金を広く配分することに特徴のある競争的資金です。採択率は種目によって異なりますが、

図表4－12　国立大学主要外部資金の推移

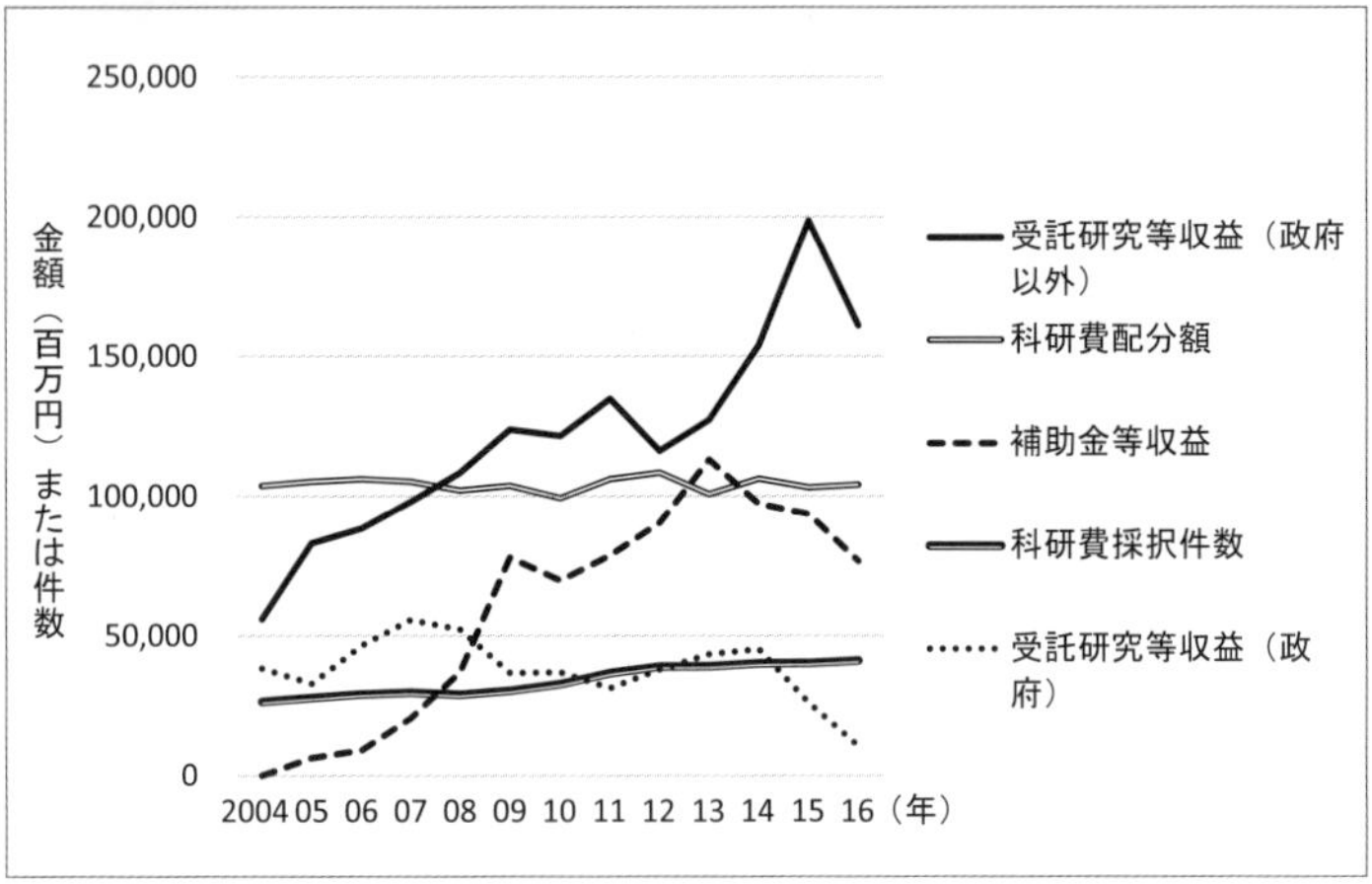

（注）86国立大学のデータ。財務データについては国立大学法人財務諸表および国立大学協会の協力による。科研費のデータについては、（独）日本学術振興会のデータによる。

少額を広く配分する種目でも25～30％程度ですから、簡単に獲得できるわけではありません。法人化後の国立大学の獲得額はほぼ一定しています。採択件数は少し増えています。

受託研究費（政府以外）というのは、主として企業からの研究資金です。法人化後急速に増え、２０００億円程度に達しています。

受託研究等収益（政府）というのは、国または地方自治体から得られる研究資金です。戦略的な研究資金が中心になります。

補助金にはさまざまな公的資金が含まれますが、政府が行おうとする「選択と集中」的な事業の資金、たとえば、「研究大学強化促進費補助金」などは、この補助金に含まれます。補助金は法人化後急速に増えました。つまり、基盤的な大学の運営資金である運営費交付金を減らすとともに、その一部を原資として「選択と集中」的、あるいは戦略的に配分する競争的資金を増やして再配分したわけです。また、公立大学や私立大学も含めて戦略的資金を配分する事業も増やしました。

次に、国立大学の規模および医学部（附属病院）の有無別にグループ分けして、各種の資金の推移を見てみましょう。

図表４－13は、運営費交付金（病院以外）の推移を示したグラフですが、どの規模の大学も、概ね同じような率で削減されています。

図表４－14は、補助金と受託研究費（政府）の推移ですが、補助金は法人化後急速に増えたことがわかります。補助金も受託研究費（政府）も、旧帝大に圧倒的に多額の資金が注入されていることがわかります。

図表４－15の受託研究費（政府以外）は、主として民間企業からの研究資金で、どの群も法人化後増えていますが、旧帝大の伸びが大きくなっています。科研費配分額については、旧帝大は停滞していますが、中小規模大学ではやや増えているようです。ただし、旧帝大の獲得額は圧倒的に多額です。

次に、運営費交付金（病院以外）と、補助金及び受託研究費（政府）を合わせた金額の推移を大学規模別に調べてみました。この目的は、運営費交付金の削減分が、公的な競争的資金でどれだけ

図表4－13　運営費交付金（病院以外）の国立大学群別推移

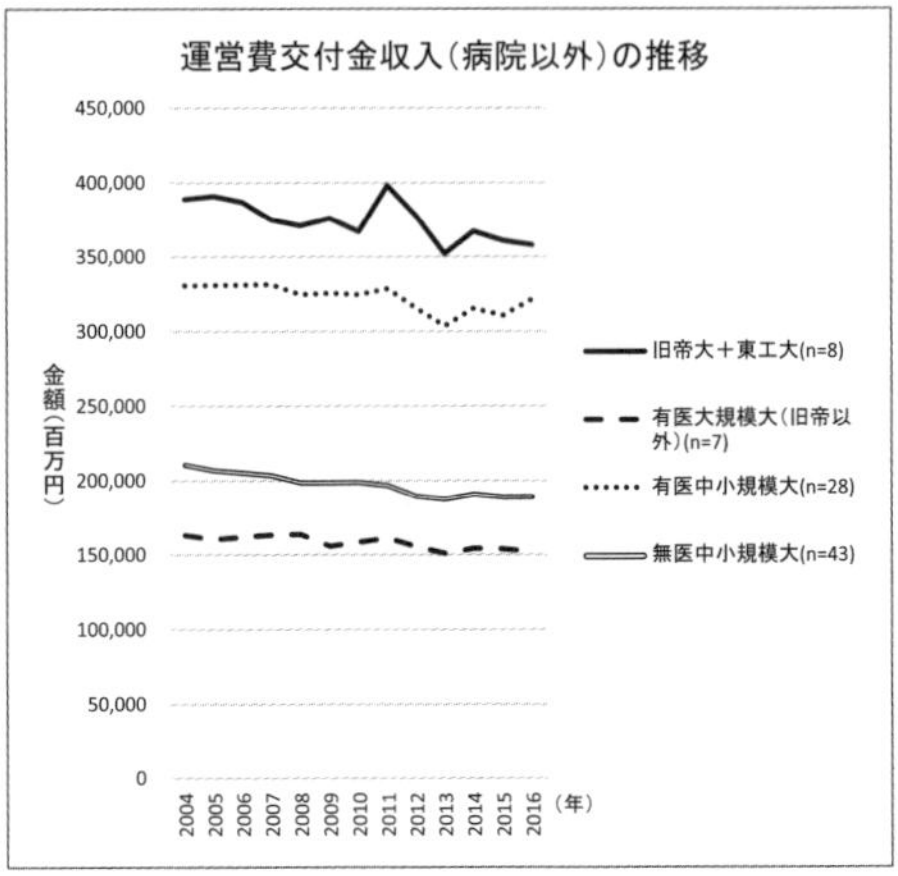

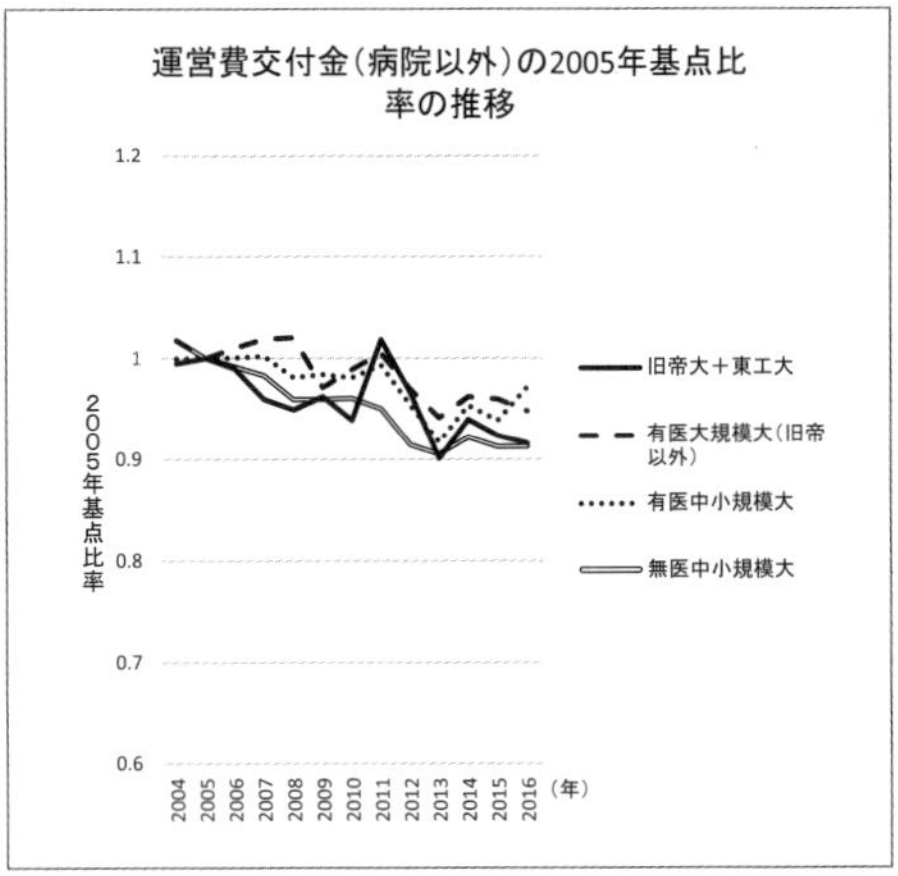

（注）86国立大学のデータ。国立大学法人財務諸表および国立大学協会の協力による。

図表4－14　補助金等収益および受託研究等収益（政府）の国立大学群別推移

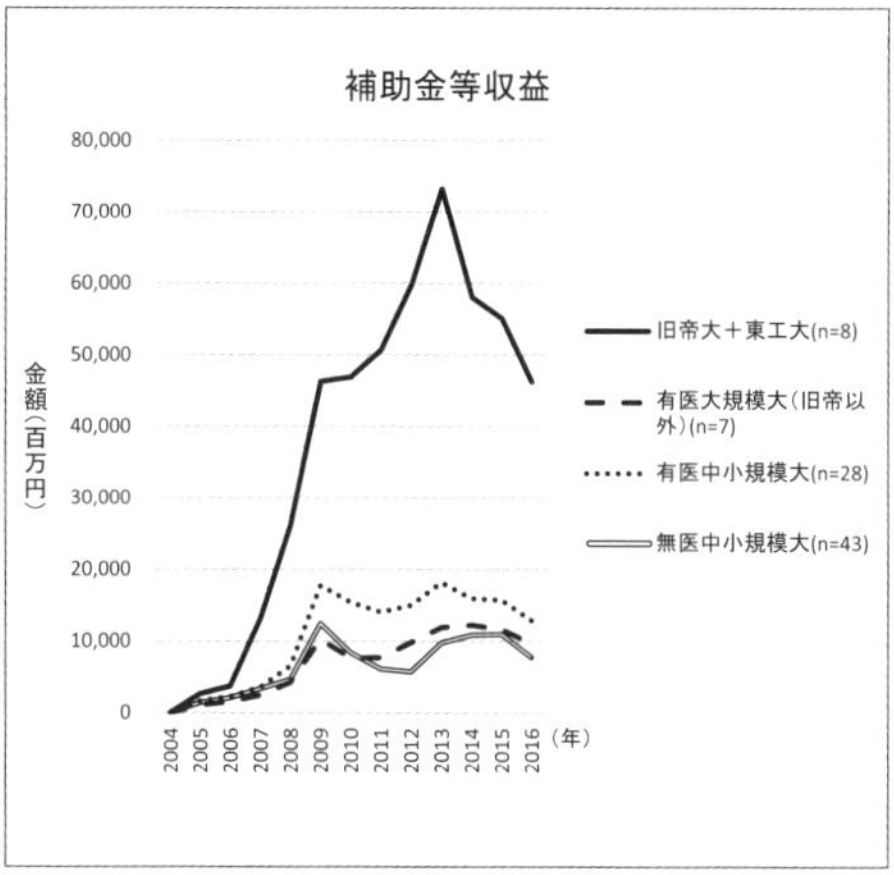

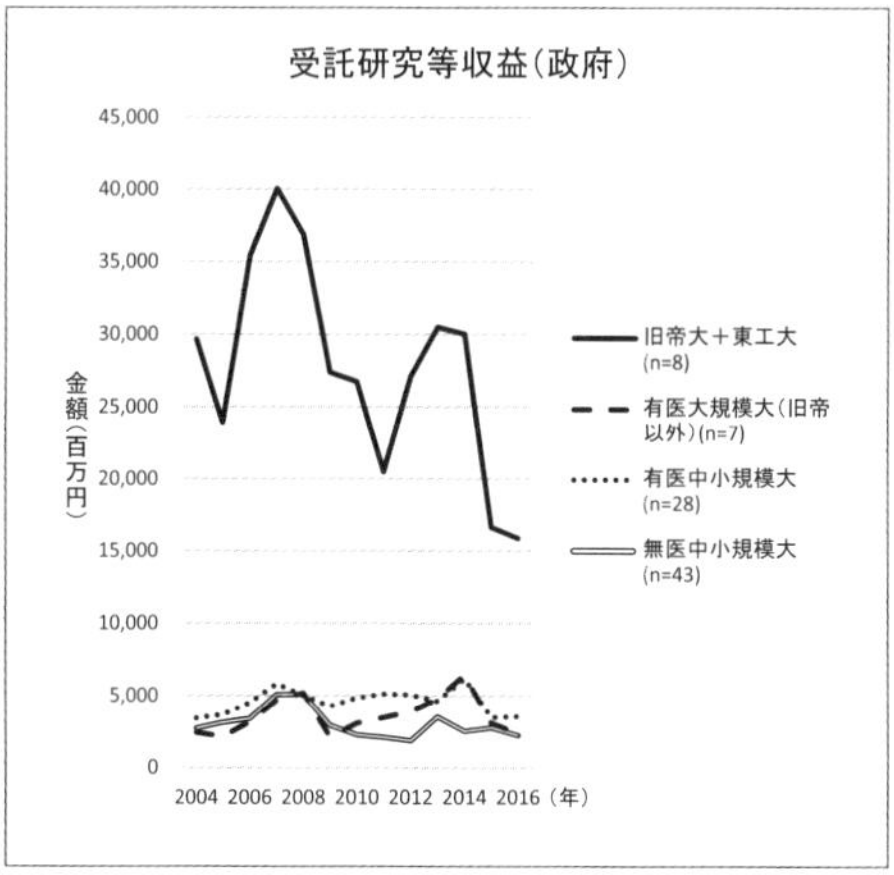

（注）86国立大学のデータ。国立大学法人財務諸表および国立大学協会の協力による。

図表4－15 受託研究費（政府以外）および科研費配分額の国立大学群別推移

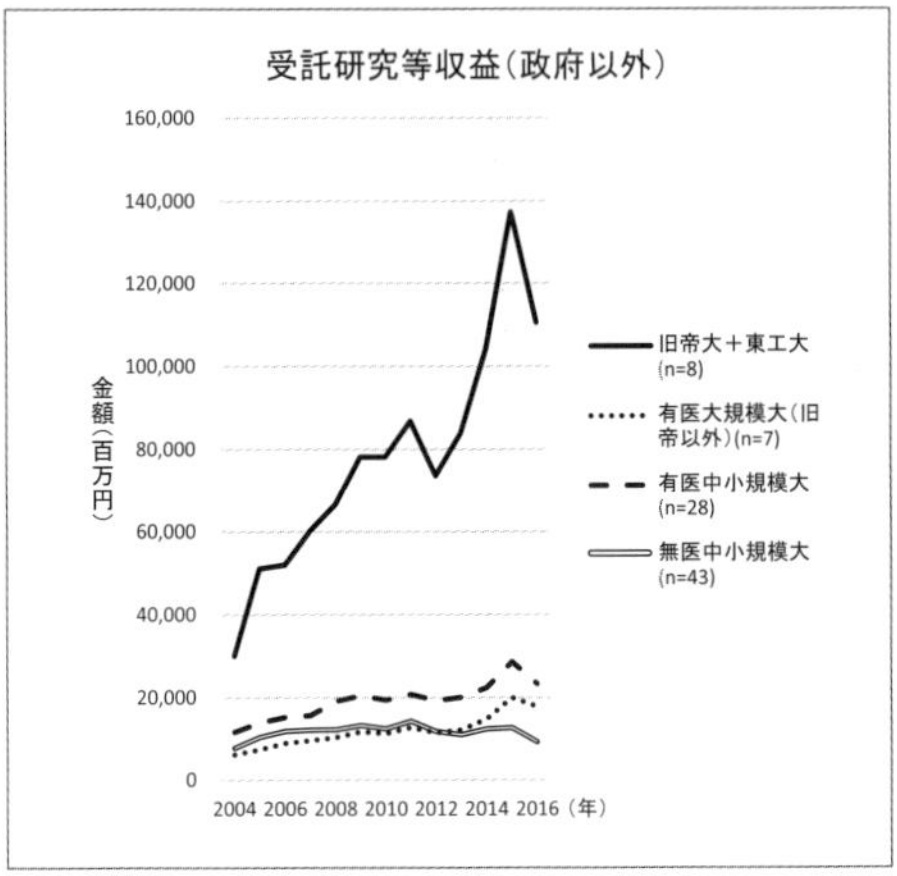

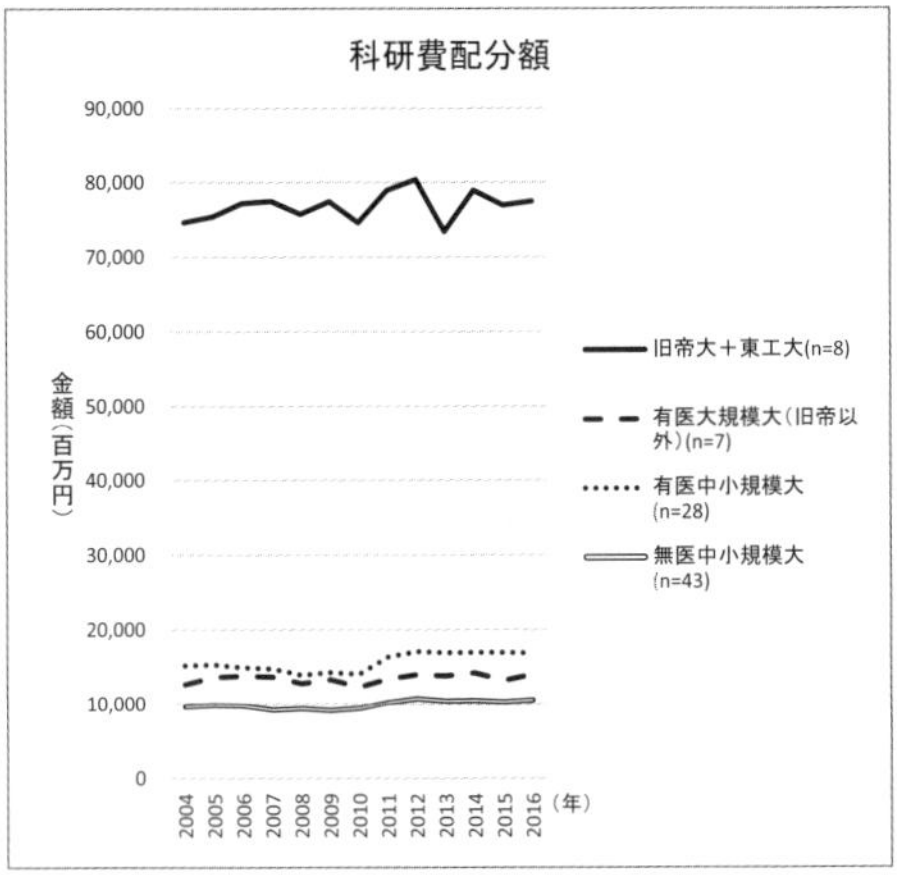

（注）86国立大学のデータ。国立大学法人財務諸表および国立大学協会の協力による。

埋め戻されたかを調べることです。

図表4－16に示しますように、旧帝大では、法人化第一期～第二期においては、運営費交付金削減分が、補助金や受託研究費（政府）といった公的資金で完全に、そして削減分以上に埋め戻されていることがわかります。中小規模大学では埋め戻されておらず、大規模大学との差が拡大しました。

図表4－17は、運営費交付金（病院以外）に、すでに説明をした4種類の外部資金すべてを加えた金額の推移です。この場合には民間企業からの受託研究費（政府以外）が含まれ、各大学の自己努力が反映されます。旧帝大やそれに続く大規模大の民間資金の増は、中小規模大学よりも多く、公的資金による「選択と集中」政策による格差の拡大以上に格差が拡大しています。また、医学部を有する大学と有さない大学との差が開き、医学部のない大学では、運営費交付金削減分が埋め戻されていません。

このように、教育再生会議の掲げた「選択と集中による重点投資」という政策目標自体は、「バラマキ」という烙印がおされた基盤的な運営費交付金をほぼ一律に削減し、戦略的、「選択と集中」的、あるいは競争的研究資金を増やすことにより達成されました。しかし、「バラマキ」を削減して、競争力の高い大学に「選択と集中」するという政策目標が達成されたにもかかわらず、国立大学の論文数（分数カウント）は、臨床医学以外は減少し、世界ランキングも低下しているのは、いった

図表4－16　運営費交付金＋補助金等収益＋受託研究等収益（政府）の国立大学群別推移

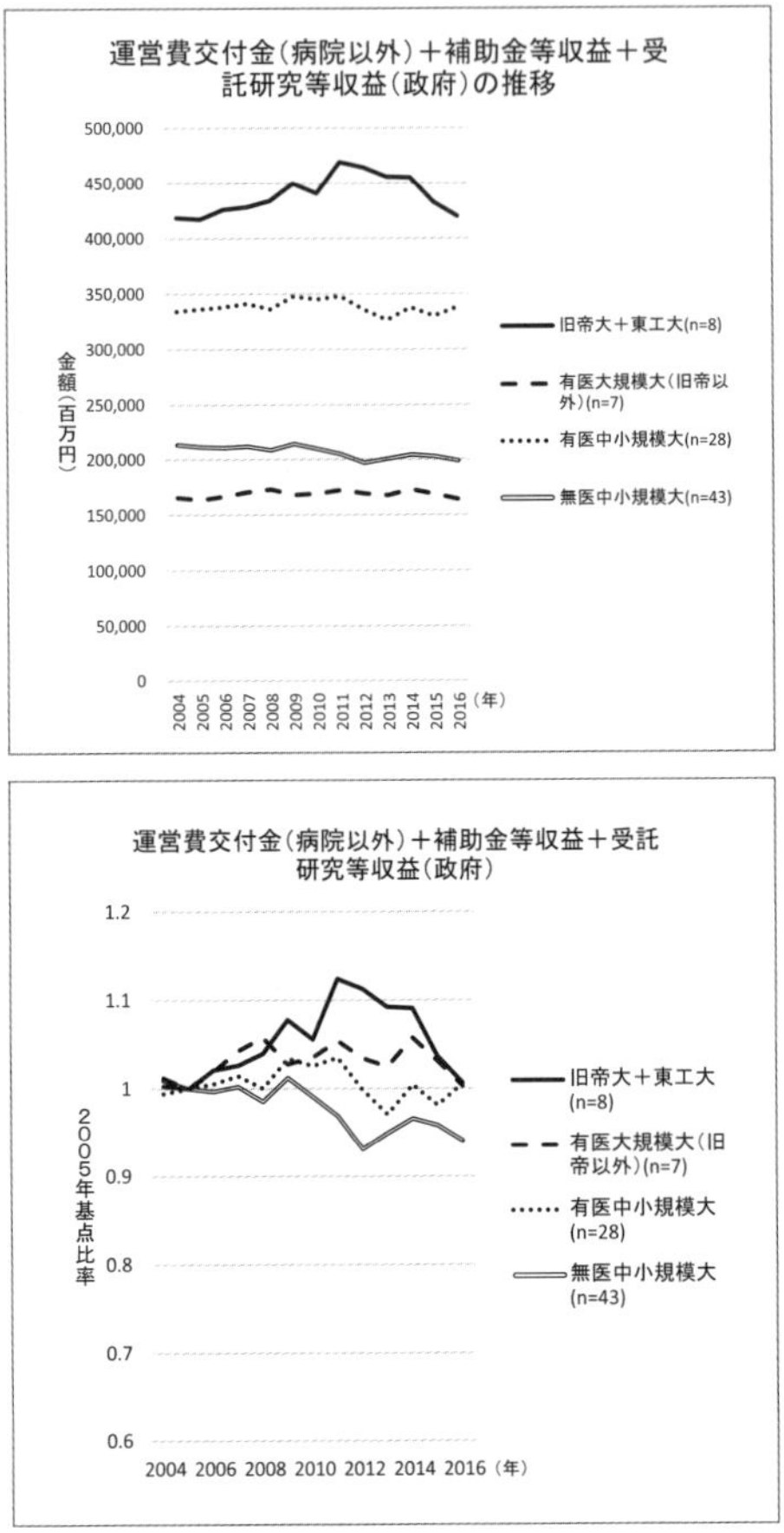

（注）86国立大学のデータ。国立大学法人財務諸表および国立大学協会の協力による。

図表4－17　運営費交付金（病院以外）＋主要外部資金の国立大学群別推移

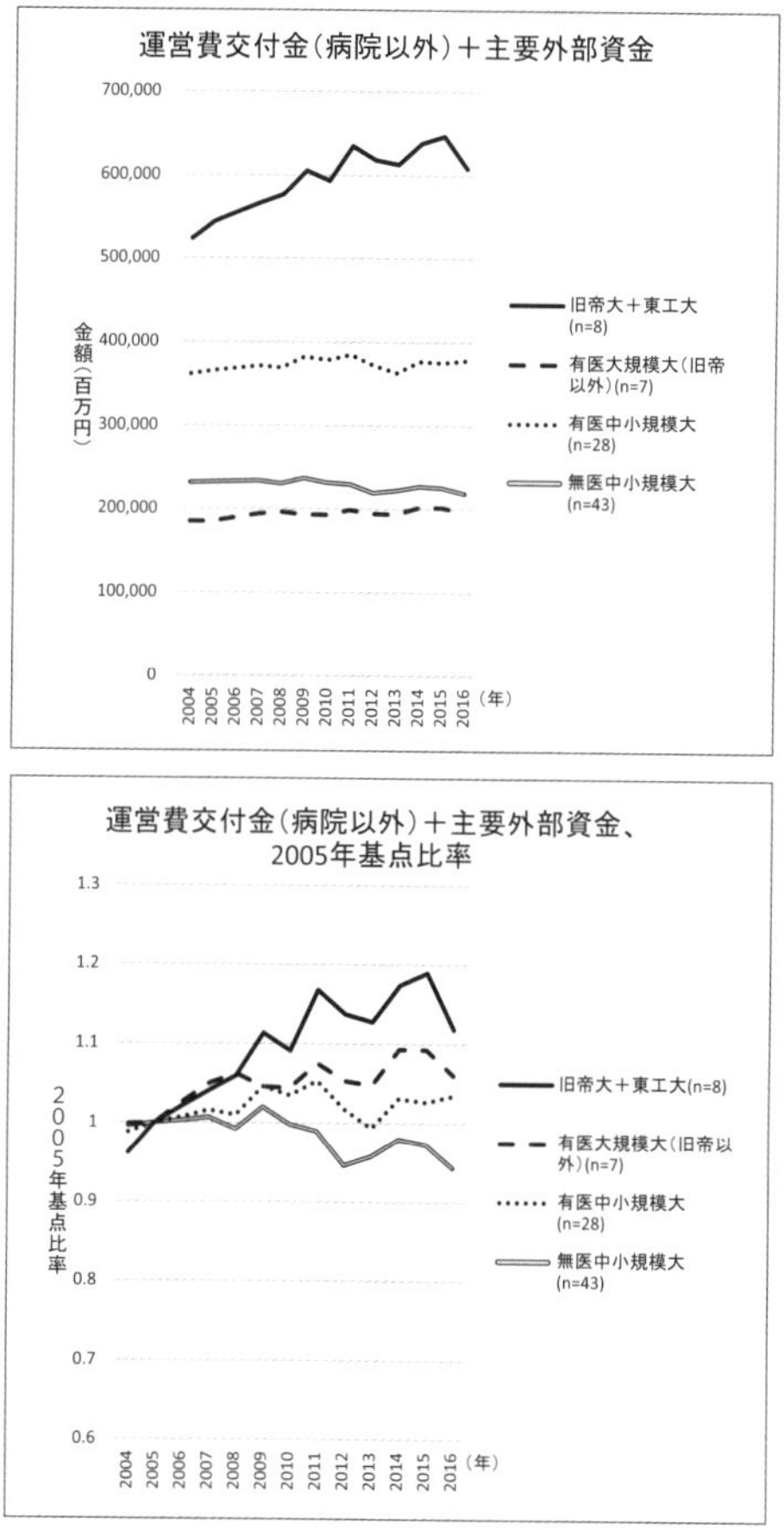

（注）86国立大学のデータ。国立大学法人財務諸表および国立大学協会の協力による。

いどういうことなのでしょうか？

また、大学の規模という要因以外に、医学部（附属病院）を持っているかどうかによっても差が生じました。論文数においても、先にお示ししましたように臨床医学論文数だけは増えていましたね。なぜ、臨床医学論文数だけが増えたのでしょうか？

これから、そのなぞ解きをしていきますが、①基盤的な運営費交付金の削減、②「選択と集中」政策という２つの要因に加えて、③医学部（附属病院）の存在、という３つの要因があるので、少々複雑な分析になります。

4．基盤的運営費交付金が年１％削減された影響

この問いかけは、おそらく多くの政策決定者が不思議に思っていることだと思います。

結論から言うと、研究従事者数（ＦＴＥ）の減少につながったことが主因です。さらに、大学の

内部研究費の減少の影響も加わっていることが考えられます。

第3章のOECD諸国の分析から、研究活動費等の研究資金ももちろん関係しますが、研究従事者数（FTE）または研究人件費が、論文数に最も強く影響する因子でしたね。そして、日本は研究従事者数（FTE）がそもそも海外諸国に比べて少ない値であり、そして停滞（あるいは減少）していました。

研究従事者数（FTE）は、研究者の頭数（HC）と研究時間の二つの部分からなっていますので、まず頭数のデータの分析をしましょう。分析するデータは国立大学の教員数です。なお、〝教員数〟は、〝研究者数〟と微妙に異なります。〝教員数〟は、大規模大学に多数存在する〝ポスドク〟と呼ばれる研究員を含まず、研究チームをリードする主任研究者、あるいは論文の責任著者になりうる研究者数を反映しているものと考えられます。また、教員数や研究者数は、その定義の問題もあり〝曲者〟であることは、第2章でもお話ししましたね。分析には細心の注意が必要です。

(1) 国立大学における教員数の推移

図表4－18は、図表4－2に示した76国立大学について、各大学がホームページ上で公表している事業報告書に掲載されている常勤教員数を、著者が集計したデータのグラフです。上図は、76大

図表4－18　国立大学常勤教員数の推移(1)

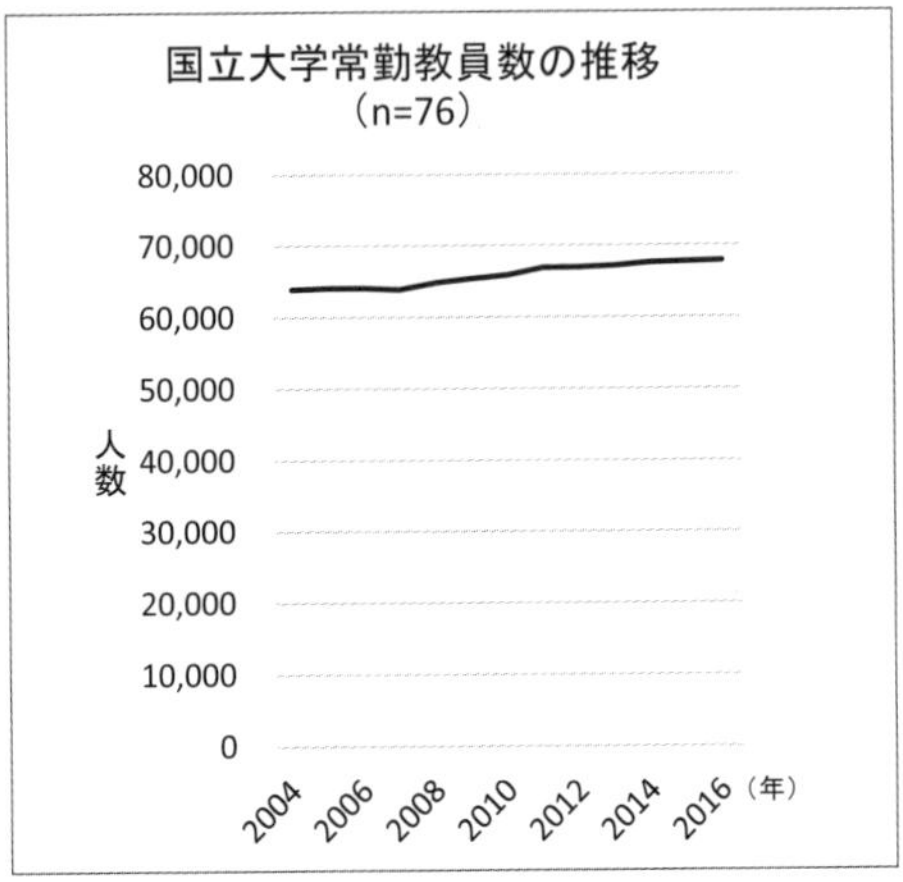

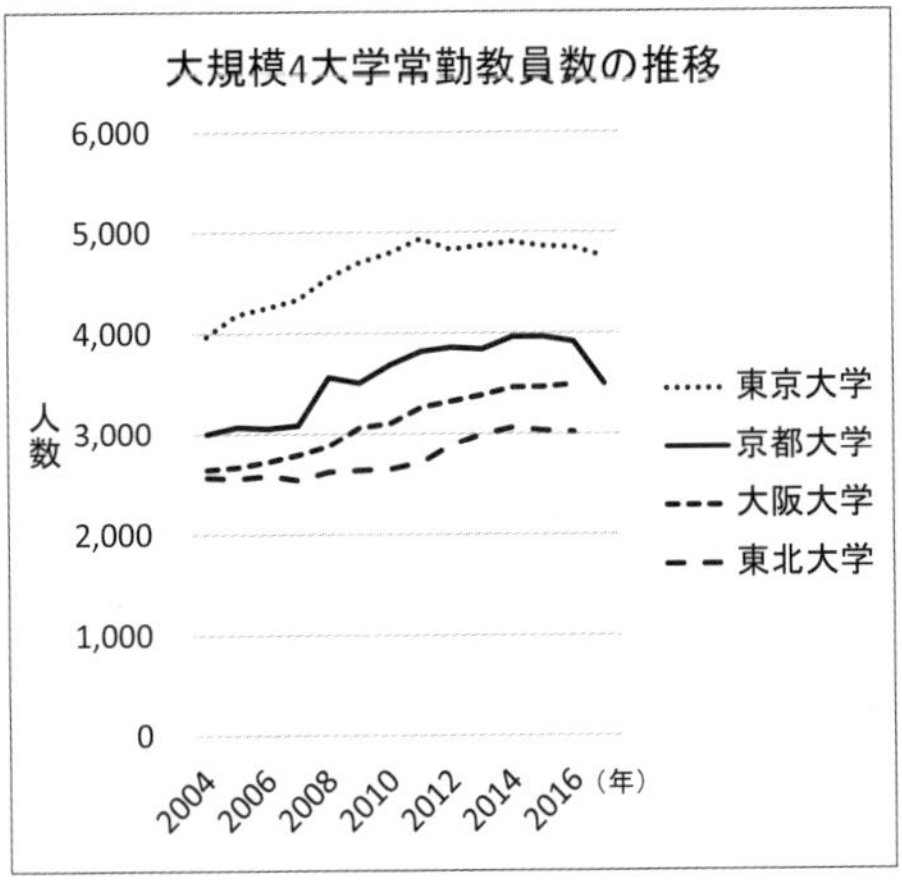

（注）図表４－２に示した76国立大学について、各大学がホームページ上で公表している事業報告書の常勤教員数を著者が集計。

学の教員数の合計の推移を示しています。教員数はわずかに増加しているような感じですね。このデータをもう少し詳しく、分析していきます。

図表4－18の下図は、大規模4大学の常勤教員数の推移を示しています。まず、このような重点化されている大規模大学では、国立大学全体の教員数の増加の程度よりも大きく増加していることがわかります。

そして、もう一つこの下図を見ていて気付くことは京都大学の常勤教員数が２００７年から08年にかけて急激に階段状に増えていること、そして、２０１６年から17年にかけて急激に階段状に減っていることです。第2章の世界大学ランキングのところで、京都大学の教員数が急激に減少しており、そのためにランキングのスコアが上昇した可能性があることをお話ししましたね。京都大学の教員数の急増と急減は、「常勤教員数」の定義の変更によるものと考えられます。法人化後は、さまざまな雇用の形、たとえば「特任教員」と名付けられる教員や任期付きの教員が増え、どこまでを常勤教員として報告するのか、大学によっても解釈が違いますし、また、同じ大学であってもその時期により定義が異なることがあるのです。

京都大学で見られるような教員数の急激な階段状の不連続な変化は、他のいくつかの大学でも見られます。それを図表4－19の上図に示しました。このうち愛媛大学については、常勤教員数が急増した２００９年の事業報告書に以下の記載がありました。「特定職員制度を創設し、非常勤教員、

図表4－19　国立大学常勤教員数の推移(2)

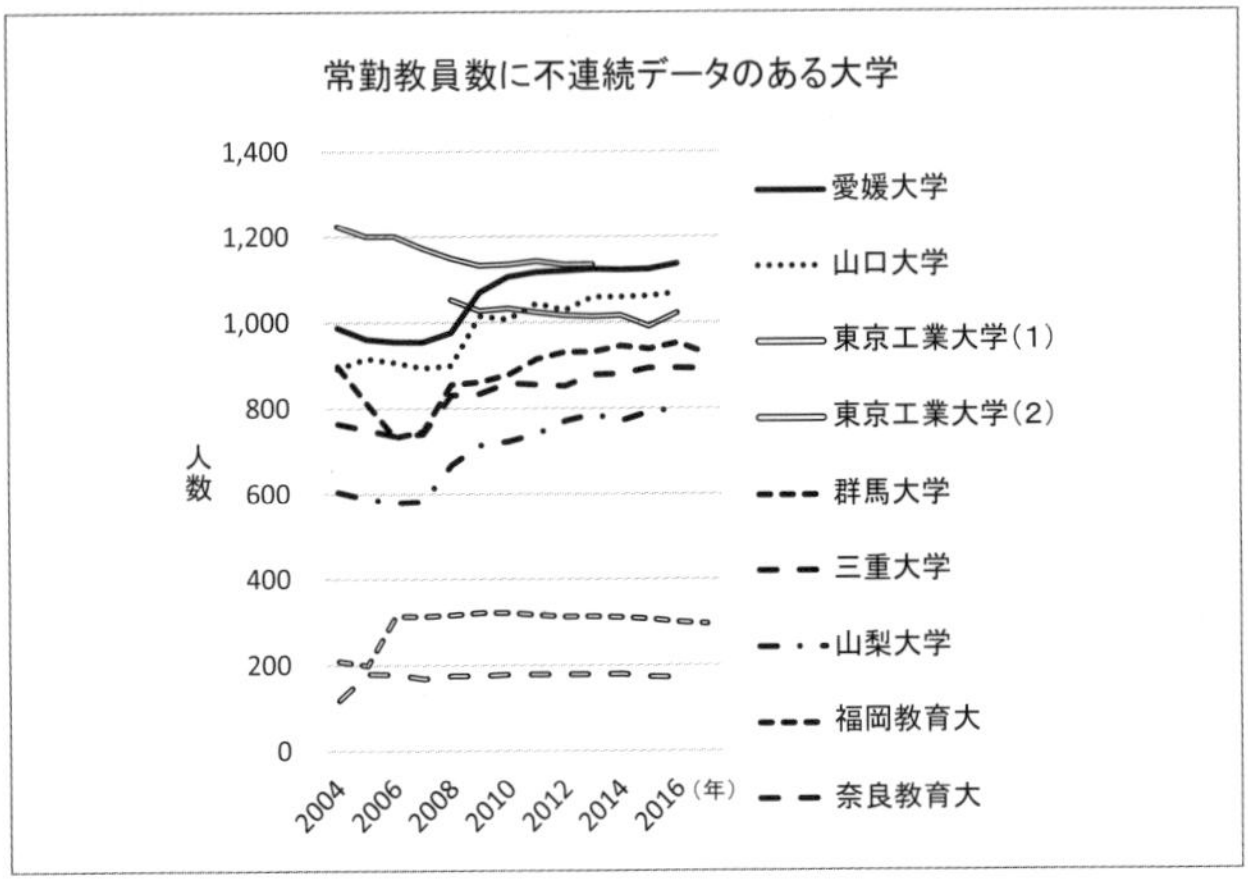

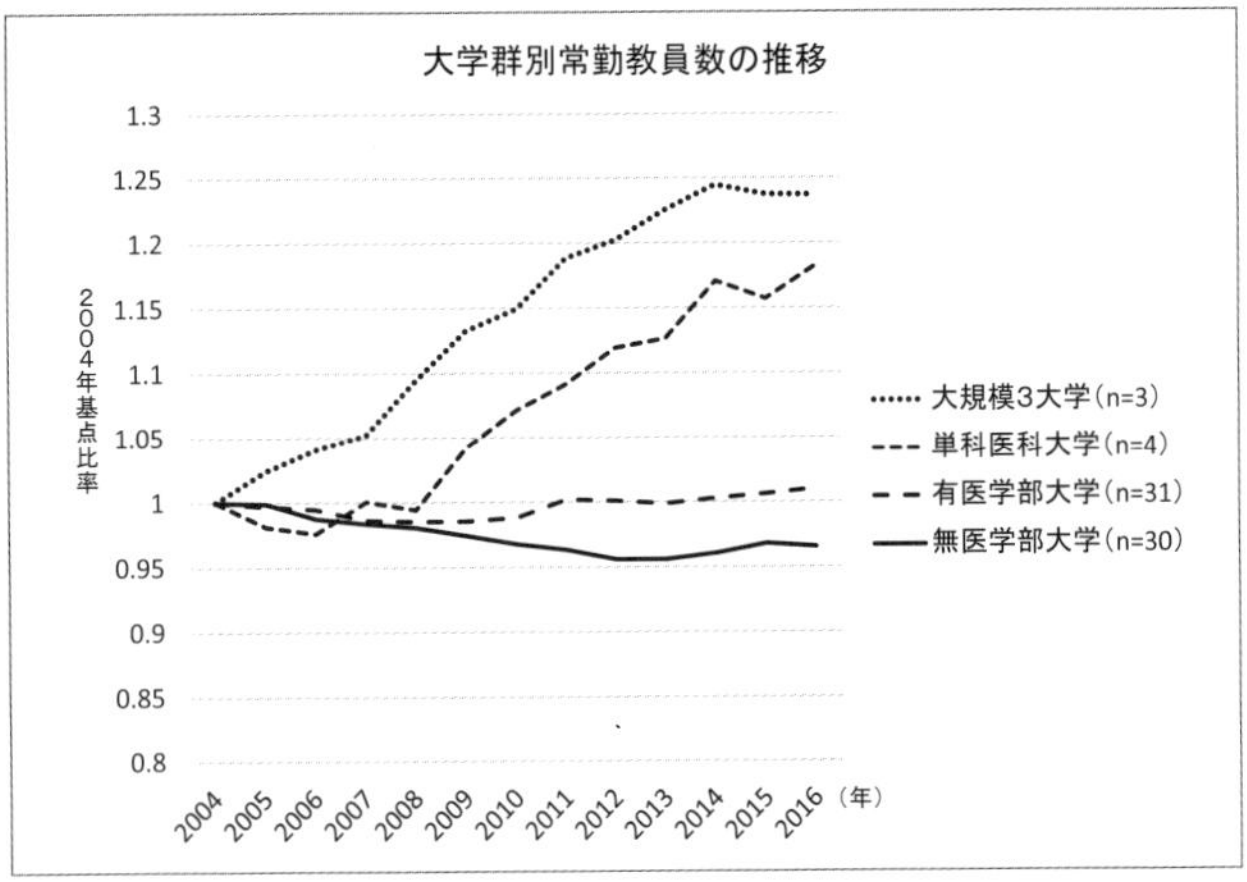

(注) 図表4－2に示した76国立大学について、各大学がホームページ上で公表している事業報告書の常勤教員数を著者が集計。

研究員、医療技術職員を任期付常勤職員に移行したこと、上級研究員センター創設に伴い上級研究員6人を採用したことによる。」非常勤教員や非常勤研究員の中には、雇用形態は日雇い労働者と同じ日々雇用なのですが、毎日、あるいは過半の日数を大学で働いているケースがあり、そのような教職員を日雇いではなく任期付常勤教職員にした、ということと想像します。

また、東京工業大学では、教員数が途中から二通り示されています。これについては、大学のホームページの注釈をご覧いただきますと、常勤教員の定義を変更したことが詳しく書かれています。

また、教育系大学の2つについては、法人化初期に階段状の増加が認められますが、これは、附属学校の教諭の数を教員数に含めるか含めないかの問題です。

このような階段状の不連続な変化を示す大学を除いた上で、大規模3大学、単科医科大学、有医学部大学、無医学部大学に群分けして、常勤教員数の変化を、2004年を基準にした指標で示したグラフが図表4－19の下図です。ただし、除外しなかった大学の中にも、除外した大学ほどではないけれども、「常勤教員」の解釈の変更により、常勤教員数が高めに（一部は低めに）カウントされている大学が存在する可能性があります。

まず、大規模3大学の常勤教員数の増加率が最も高くなっていますね。これは、大規模であるが故の、あるいは、重点化（選択と集中）されているが故の効果を伺わせます。次に、単科医科大学についていては、当初いったん減少しましたが、その後増加に転じ、大規模3大学と平行して増加しています。これは、附属病院の経営改善による医師数増加と関連した臨床医学部門の教員数の増加であると考えられます（医師数の増加の分析は後で説明します）。

次に、無医学部大学を見てみましょう。この場合は、約5％常勤教員数が減少しています。

最後に、有医学部大学ですが、この場合は、法人化当初やや減少し、途中からやや増加しているように見えます。これは、臨床医学以外の部分では、無医学部大学と同様に常勤教員数が減少したが、途中から臨床医学部門の教員数が増加したために、その減少が打ち消されて、単科医科大学と無医学部大学の中間くらいの変化を示しているケースが多いのではないかと解釈します。

国立大学全体としての「常勤教員数」という指標は、常勤教員数の定義の解釈の変更による増（一部については減）、重点化されている大規模大学の常勤教員数の増、臨床医学部門の教員数の増、などが足し合わされた結果を見ており、その合計された指標だけで判断すると研究現場の状況を見誤ることにつながります。

基盤的な運営費交付金が削減された場合、国立大学、特に中小規模大学では人件費を運営費交付金に大きく依存していることから、人件費つまりヒトを減らさざるをえません。実際多くの中小規模国立大学で、計画的に教員数を削減することがなされました。一部の大規模大学では、さまざまな形でヒトを補うことができたかもしれませんが、多くの中小規模大学では臨床医学部門以外では

図表4－20　大学等教員の職務活動時間割合（国公私立大学別）

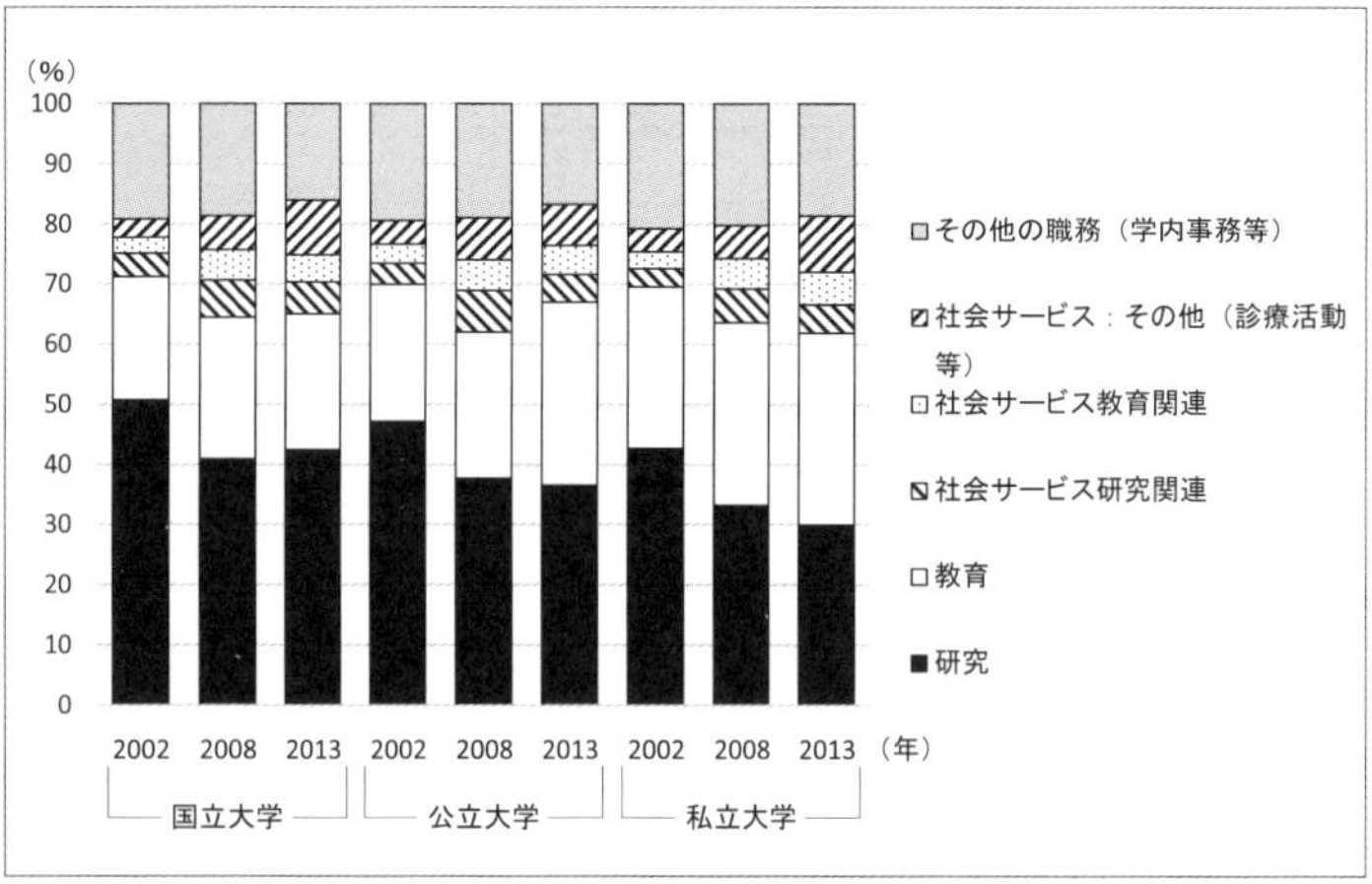

（注）（文献4－3）神田由美子、富澤宏之：大学等教員の職務活動の変化 －「大学等におけるフルタイム換算データに関する調査」による2002年、2008年、2013年調査の3時点比較－、文部科学省科学技術・学術政策研究所、調査資料236、2015年4月のデータに基づき作図。

教員数が減少しました。

(2) 大学教員の研究時間の減少

次に、大学教員の研究時間については、文部科学省が5～6年ごとに調査をしていますので、このデータも見ておきましょう（文献4－3）。この調査は、研究時間を実測したものではなく、抽出した研究者へのアンケート調査に基づく推定です。

図表4－20にお示ししましたように2002～08年にかけて大学教員の研究時間の比率が国公私立大とも減少しており、教育時間が増えています。その中で

図表4－21　大学等教員の職務活動時間割合（国立7大学とその他の国立大学）

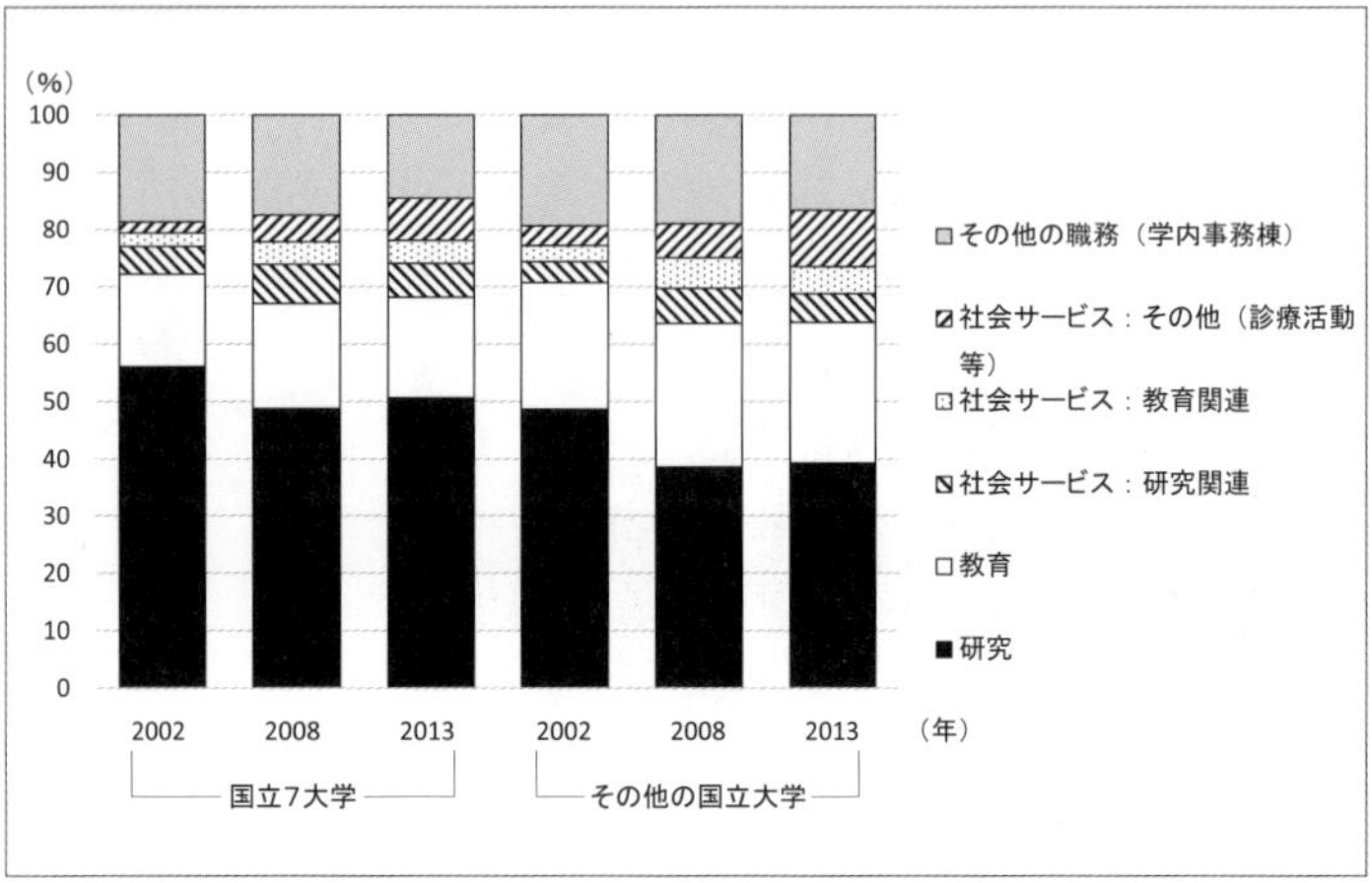

（注）（文献4－3）神田由美子、富澤宏之：大学等教員の職務活動の変化 －「大学等におけるフルタイム換算データに関する調査」による2002年、2008年、2013年調査の3時点比較－、科学技術・学術政策研究所、調査資料236、2015年4月のデータに基づき作図。

も私立大の教育の負担は最も大きいものとなっています。

また、図表4－21のように旧帝大（国立7大学）に比べて、その他の国立大学の方が教育の負担が大きく、かつ、研究時間が大きく減少しています。

図表4－22は学部等の分野ごとのデータですが、研究時間はどの分野でも減少して、教育や産学連携にかける時間が増えています。特に保健分野については診療活動時間の著しい増加により研究時間が減少しています。

ただし、図表4－23にお示ししたように、推定教員数については、工学、理学については減少していますが、保健分野については急速に増えています。保健分

図表4－22　大学等教員の職務活動時間割合（学問区分別）

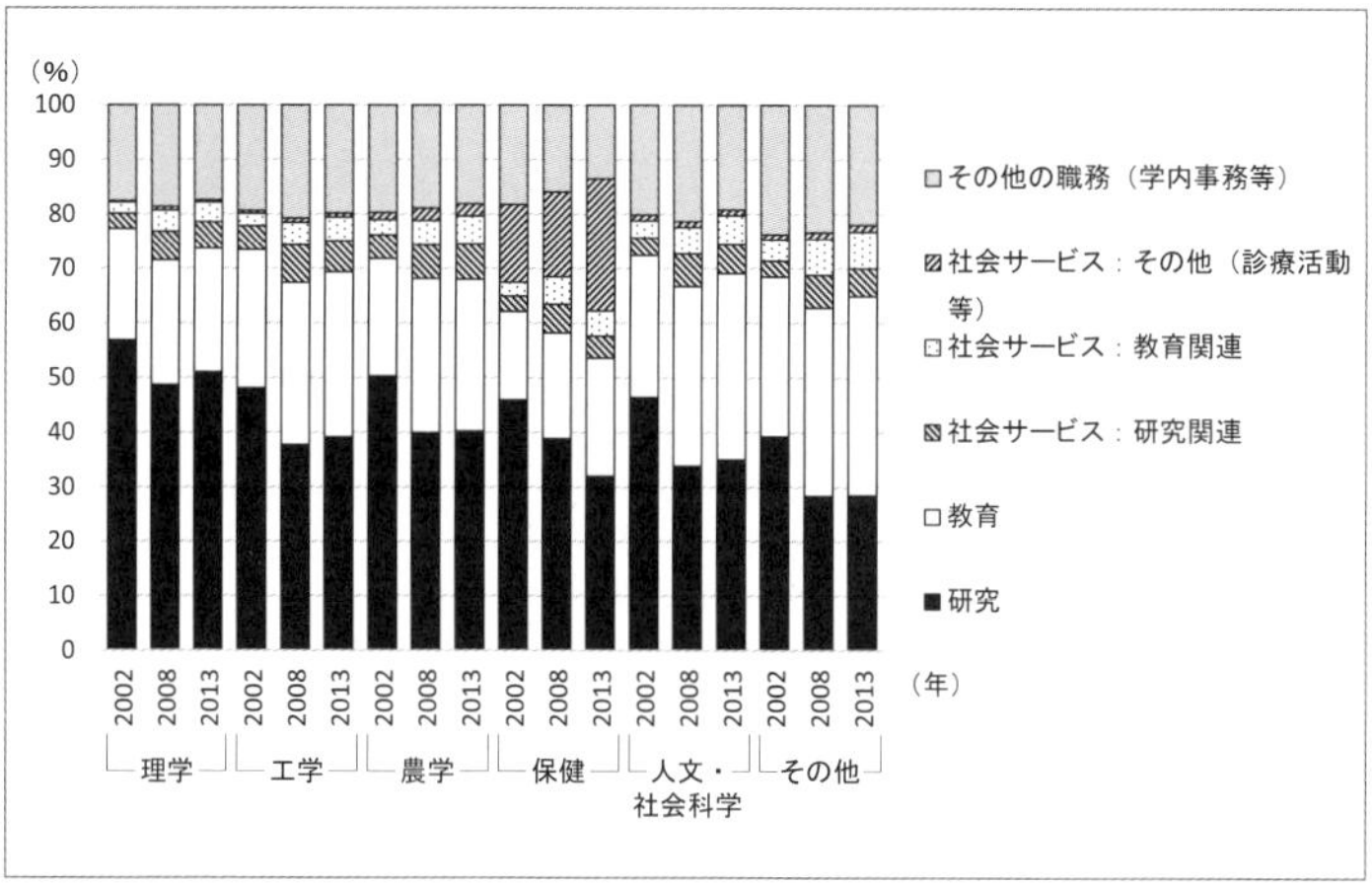

（注）（文献4－3）神田由美子、富澤宏之：大学等教員の職務活動の変化 －「大学等におけるフルタイム換算データに関する調査」による2002年、2008年、2013年調査の3時点比較－、科学技術・学術政策研究所、調査資料236、2015年4月のデータに基づき作図。

野の推定教員数増加の理由としては、大学附属病院における教員数（医師数）の増とともに、看護系をはじめとする医療系大学や学部の新設の影響があると考えます。

研究時間の減少は、研究従事者数（FTE）の減少を招きます。臨床医学以外の部門では、教員の頭数と研究時間の両方が減少しており、研究従事者数（FTE）が減少して、論文数が減少したと考えられます。ただし、臨床医学部門については、教員一人あたりの研究時間が減少したとしても、それ以上に教員数が増え、全体としての研究従事者数（FTE）が増えることになり、臨床医学論文数の

図表4－23　所属組織の学問区分別推定教員数

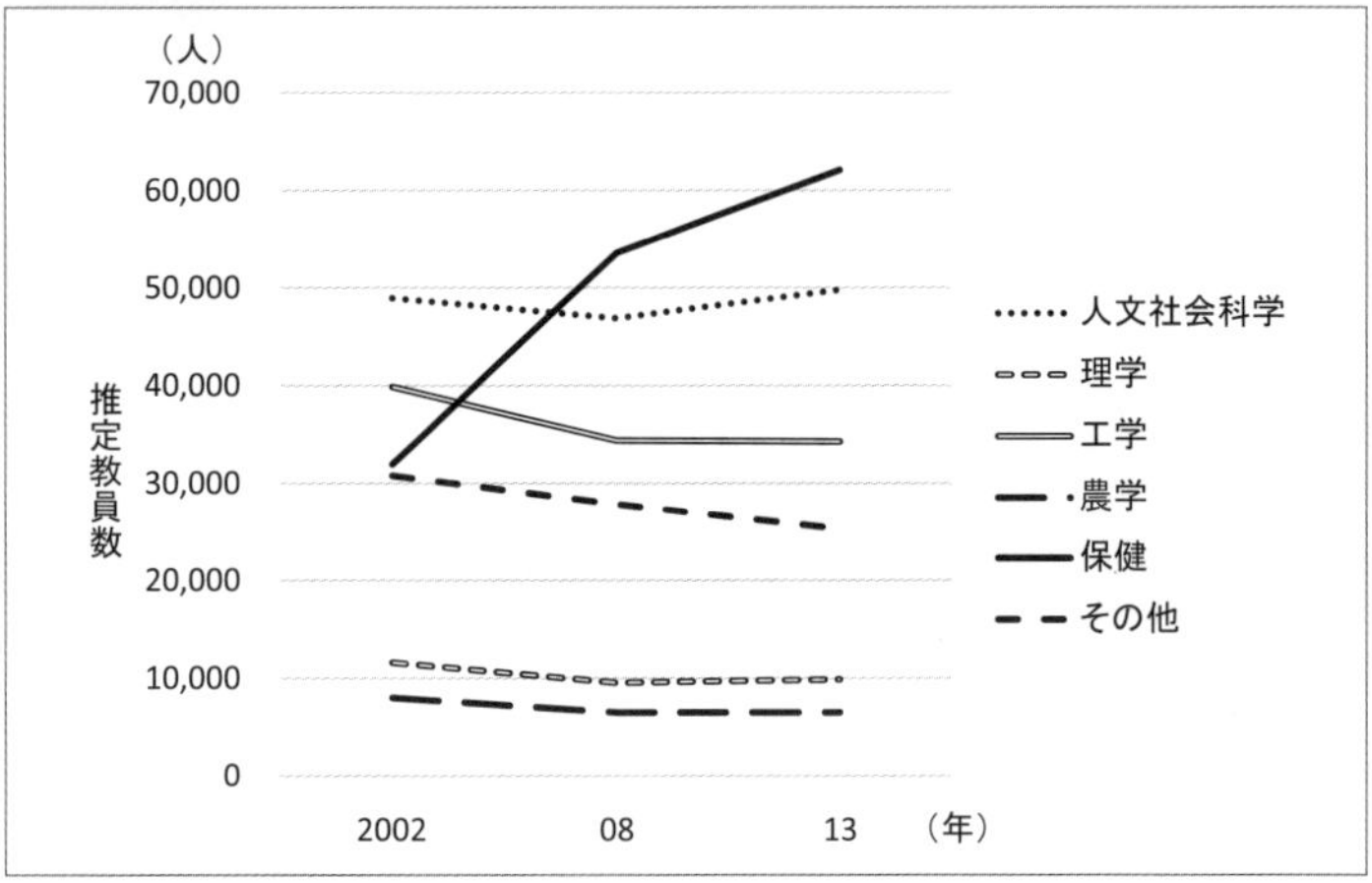

（注）（文献4－3）神田由美子、富澤宏之：大学等教員の職務活動の変化 －「大学等におけるフルタイム換算データに関する調査」による2002年、2008年、2013年調査の3時点比較－、文部科学省科学技術・学術政策研究所、調査資料236、2015年4月のデータに基づき作図。

増につながったと考えられます。

(3) 教員数の減少と研究時間の関係性

ここで、仮に教員数10人、研究時間が50％の大学で10％の教員を削減して9人の教員になった場合に、研究者数（FTE）がどうなるか、簡単なシミュレーションをしてみましょう。なお、削減された教員がカバーしていた教育時間は、残された教員が負担すると仮定します。

図表4－24に示しますように、教員が10％減ると残された教員の教育時間は11％増え、研究時間は11％減ることになります。そして研究者数（FTE）は

図表4－24　教員数を削減すると倍返しで研究者数（FTE）が減少

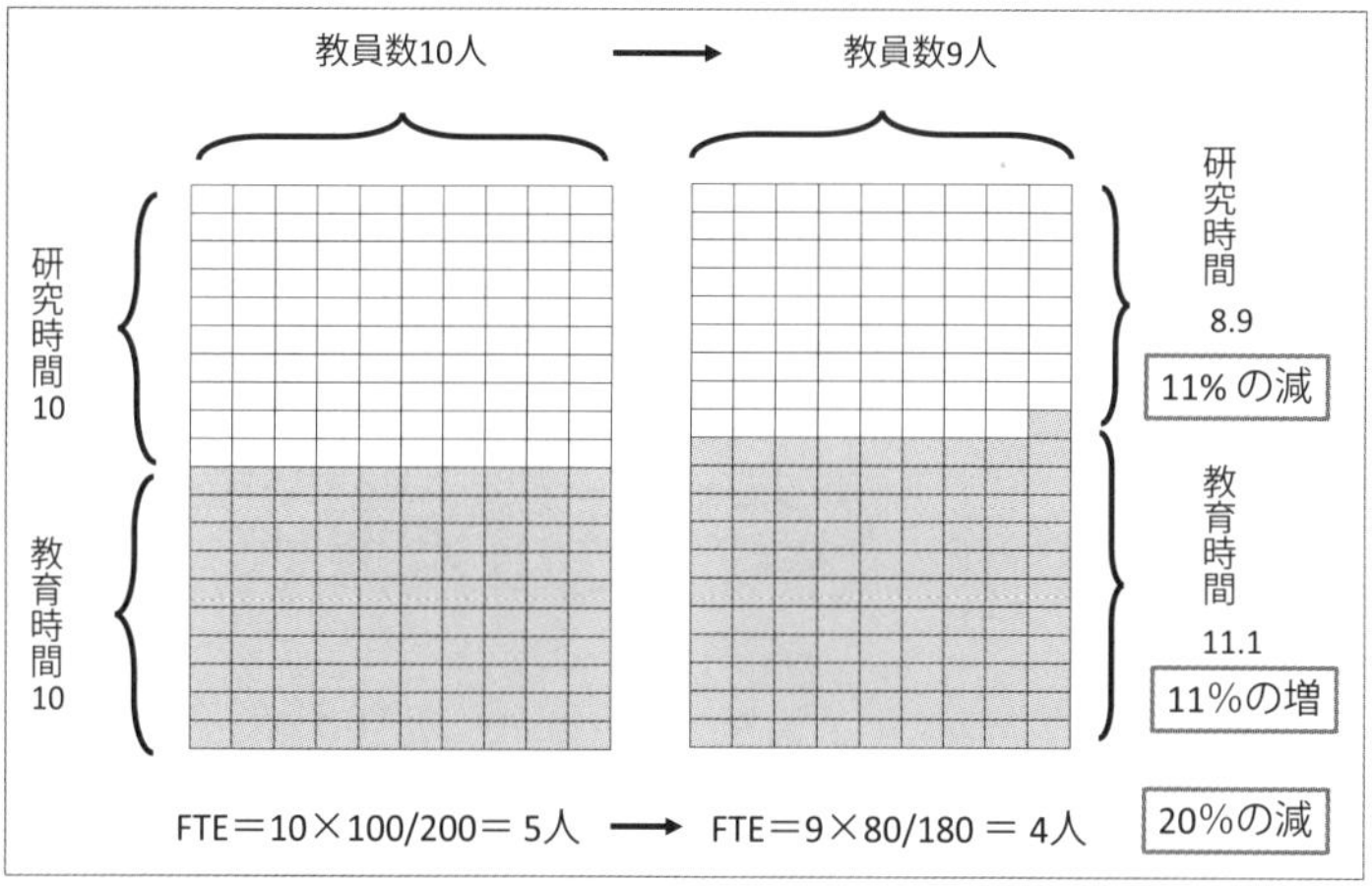

（注）研究時間が50％の大学で教育時間が変わらないと仮定した場合に、教員数を10％削減した時の研究時間×教員数（FTEにもとづく研究者数）を計算。

20％も減ることになります。つまり、倍返しです。ＯＥＣＤのデータからは、研究者数（ＦＴＥ）と論文数とはほぼ1対1に対応しますから、論文数も20％減る計算になります。

なお、研究時間が50％よりも少ない大学は多くあるので、例えば研究時間が30％の大学で計算してみますと、研究者数（ＦＴＥ）は、削減前の3人から1・98人に減り、減少率は34％になります。つまり3倍返しです。論文数が3分の1になってもおかしくないのです。

研究時間の減少には、このように、教員数の減少自体が影響しますが、さらに、昨今の大学には絶え間なき教育改革、産学連携、社会貢献活動（診療を含む）などの要求がますます大きくなり、それらが研究時間を減少させます。また、評価制度の導入や競争的資金の申請にかかる事務作業等の増も加わります。

教員の教育時間が増えることは、教育が充実することにつながり、好ましいことです。長い間、日本の大学に対しては、教員が研究中心であり学生をほったらかしにしているので、講義をさぼる学生も多く、学生のレジャーランドと化しているとの批判が続いてきました。平成の初めころから大学の教育改革が始まり、著者が教授に就任した三重大学医学部においても、少人数のクラスによる課題解決型能動学習（いわゆるアクティブラーニングの一形態）、基本的臨床技能教育と客観的臨床技能試験（OSCE）、診療参加型臨床実習など、次々と新しい教育改革を実行しました。国立大学法人化以降、全国の国公私立大学で教育改革が加速度的に推進されました。今後も引き続き、各大学に対して教育改革が求められ、教員の教育負担が増え続けることが考えられます。また、私立大学では大学教育のユニバーサル化の進行に伴って、ますます教育への負担が大きくなっていきます。

このような教育活動の増加は、大学の使命からすると好ましいことなのですが、研究時間の減少につながります。残念ながら教育活動と研究活動は、少なくとも学士課程教育においては相反する関係にあり、片方を立てればもう片方が立たなくなるのです。

〈研究現場からの声〉

●研究資金より研究時間が足りない。教育が重要であることはよくわかっているし、実践している。しかし政府が教育を厳密化することによって、大学教員の雑務が激増していることもわかってほしい。（２０１６年、大学、第３G、農学、准教授クラス、女性）

●組織として、大学の交付金が減少して、教育にも何らかのプロジェクトによる資金の獲得が求められ、その管理運営などを含めて、全体として大学教員、研究者に時間の余裕がなくなっている。論文を書く時間や産学連携活動にかける時間も確保しづらくなり、全体として研究競争力が低下しているように感じられる。（２０１７年、大学、第４G、学長等クラス、男性）

●大学における教育負担と学内運営負担が増加し続けており、研究時間の確保ができないため、能力のある若手研究人材にとって大学は魅力がなくなっている。（２０１７年、大学、第３G、学長等クラス、男性）

●私立大学では、若手教員が教育や実務（医療系の場合）に時間をとられ、研究に専念できる時間の確保が難しい。（２０１６年、大学、第３G、学長等クラス、男性）

ここで、国立大学の学生数の推移も確認しておきましょう。図表４－25は、大学院大学を除く82の国立大学における学士課程、修士課程、博士課程の学生数の推移を示しています。なお、専門職

図表4－25　国立大学における学生数の推移

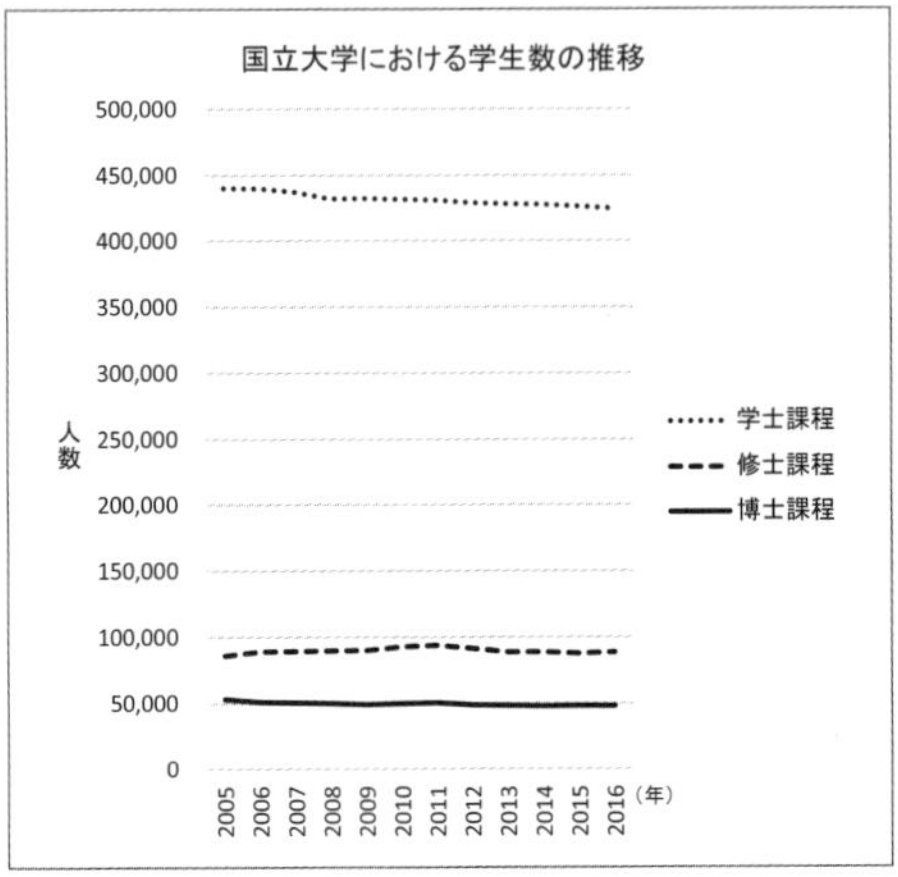

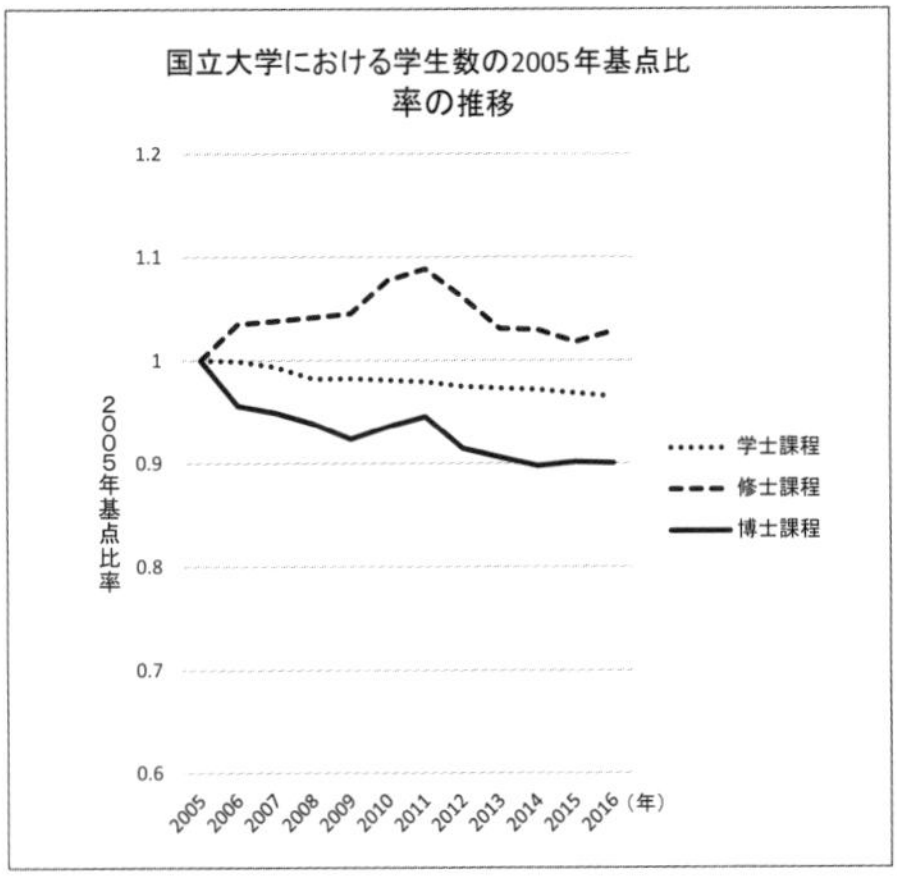

（注）82国立大学のデータ（大学院大学を除く）。国立大学法人事業報告書に基づく。

学位課程の学生は含めていません。下図の2005年を基点とした比率の推移では、博士課程の学生は1割ほど減少しており、これは論文数については、マイナスの影響を与えます。修士課程の学生数は、多少増えた時期もありますが、現状維持というところでしょうか。

学士課程の学生は、約3・3％減少しています。この理由は各大学によりさまざまですが、法人化前にすでに決められていた組織再編成によるケース、夜間コースを廃止したケース、教員数の削減に耐えられずに学生数を減少させたケース、また、財務省の方針により教育学部のいわゆるゼロ免課程を廃止したケースなどがあります。なお、法人化第一期においては、学生定員を縮小した場合は、学納金が減る金額を運営費交付金で補うという仕組みがありましたが、その後は、その仕組みがなくなり、学生定員を縮小した場合は学納金が減った分、教員数の削減にもつながりますので、研究機能はどんどんと縮小することになります。

学士課程の学生数の減少は、教育負担の緩和をもたらすと考えられますが、その効果は減少させる方法にも左右されます。例えば、ある専攻の学生定員100名を10％減らし、90名にしたところで、講義の回数が減るわけでもなく、先生方の教育負担は、ほんのわずかしか減りませんね。また、仮に一つの専攻を丸ごと廃止して、教員数を10％減らし、学士学生数も10％減らした場合、先にお話しした2倍返し、3倍返しという現象は起こりませんが、教員数が10％減少した分、論文数が10％減少します。つまり、教員数の削減に対して、学士学生数を同じ率で減少させても、論文数の減少を防ぐことはできません。

(4) 内部研究費の減少

基盤的な運営費交付金は、教職員の人件費以外に、大学内部で各教員や研究室に配分される研究費（内部研究費）の財源になっています。

科研費などの競争的研究資金は、一部の教員しか獲得できず、また毎回獲得できるとは限りません。競争的資金をコンスタントに獲得できない研究者には、大学が各研究者に配分する大学内部の研究費が重要な役割を果たし、また、競争的研究費を獲得できるまでのスタートアップの研究等をする上でも、たいへん貴重な研究資金となっています。ノーベル賞を獲得した山中伸弥さんのｉＰＳ細胞の研究も、この内部研究費が発端と聞いています。ただし、その金額は法人化後急速に減少したことが示唆されます（文献４－４）。文部科学省の個人研究費の実態調査では約６割の国立大学研究者が年50万円未満となっています（文献４－５）。この金額では研究費というよりも生活費であり、コピー代、電気代、交通費などでほとんどなくなってしまいますね。これでは、せっかくの能力ある研究者の芽を摘むことになってしまいます。

〈研究現場からの声〉

●運営費交付金の削減に伴い毎年研究者に支給される内部研究費は減り続け、研究室を維持するためだけに消費され、そこから研究資金を捻出するのは不可能。研究業務以外の煩雑な事務作業をこなす必要があり、海外の研究機関と比べると研究環境は劣悪である。（2016年、公的研究機関、主任研究員、准教授クラス、男性）

●研究資金は基盤的経費（機関の内部研究費等）の減少に伴い、常に外部資金獲得のための書類作成に追われ、余裕のない状態が続いている。（2016年、大学、第2G、理学、准教授クラス、男性）

●研究所の内部研究費はほとんど無い状況。研究所への所属は、競争的資金に応募できる資格を得るためのものになっている。（2016年、公的研究機関、部・室・グループ長クラス、男性）

(5) 個別の大学の事例

ここで、個別の大学の事例を見てみることにしましょう。ただし、たとえば臨床医学や文系の論文数は他と異なった動きをするなど、学部等の組み合わせで論文数の動きが複雑化しますので、ここでは医学部や文系の学部のない、単科の工学系大学について見てみます。

【ケース1】

ケース1は東京工業大学（以下東工大）です。図表4－26に、各種研究指標の推移を示しました。東工大は日本の国立大学の中で大規模大学として重点化されている大学の一つと考えられ、他の中小規模大学に比較すると各種の資金が多額に投入されています。

上図の運営費交付金収入は、2004年の約240億円が、約210億円前後に30億円ほど削減されています。しかし、下図を見ると受託研究費（政府）＋補助金は、変動が大きいものの約40～60億円が配賦されており、運営費交付金の削減分は公的な資金で、運営費交付金の削減以上に戻されていると考えられます。受託研究費（政府）や補助金には、たとえば「研究大学強化促進費補助金」など、上位大学を中心に配分される「選択と集中」的あるいは戦略的な資金が含まれています。

さらに、受託研究費（政府以外）は主に民間企業等からの研究資金と考えられますが、法人化後急速に増えています。科研費配分額はやや減少傾向にあるものの、受託研究費と合わせた外部研究資金の総額は増えています。

しかし、下に見るように、論文数は減少しています。いったい、これはどういうことなのでしょうか？

図表4－27は、各指標の動きを比較しやすいように2005年基点の比率で示したグラフですが、論文数の減少と似た減少傾向を示す指標としては、常勤教員数、運営費交付金収入、科研費配分額

図表4－26　各大学における各種研究指標の推移（ケース1）

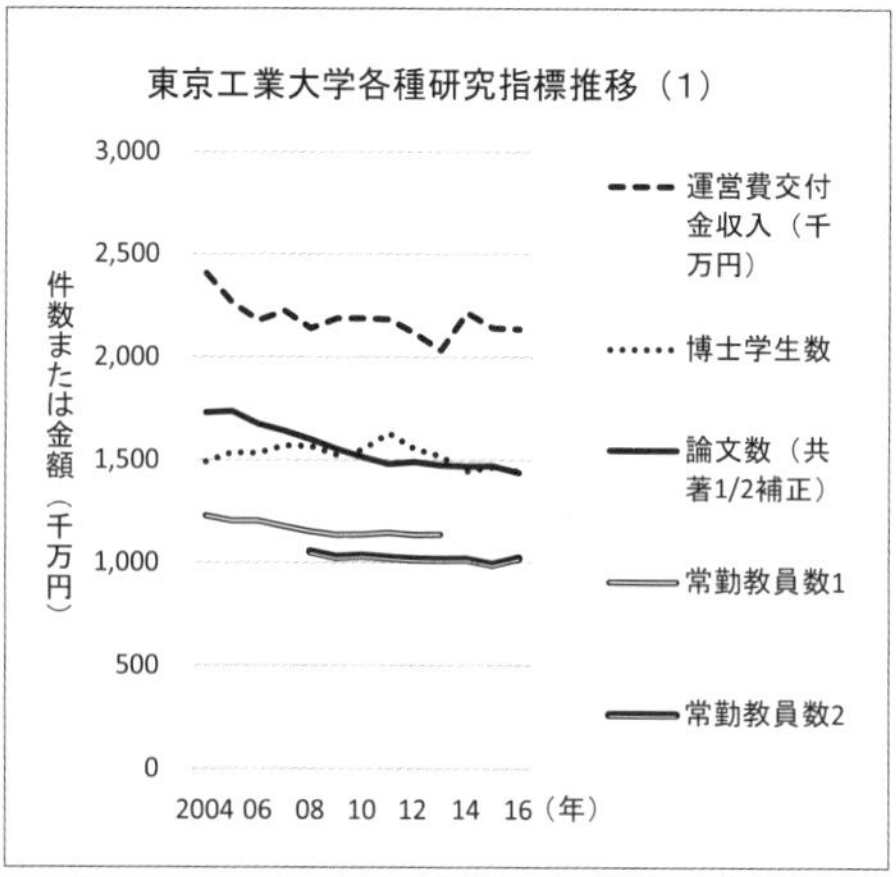

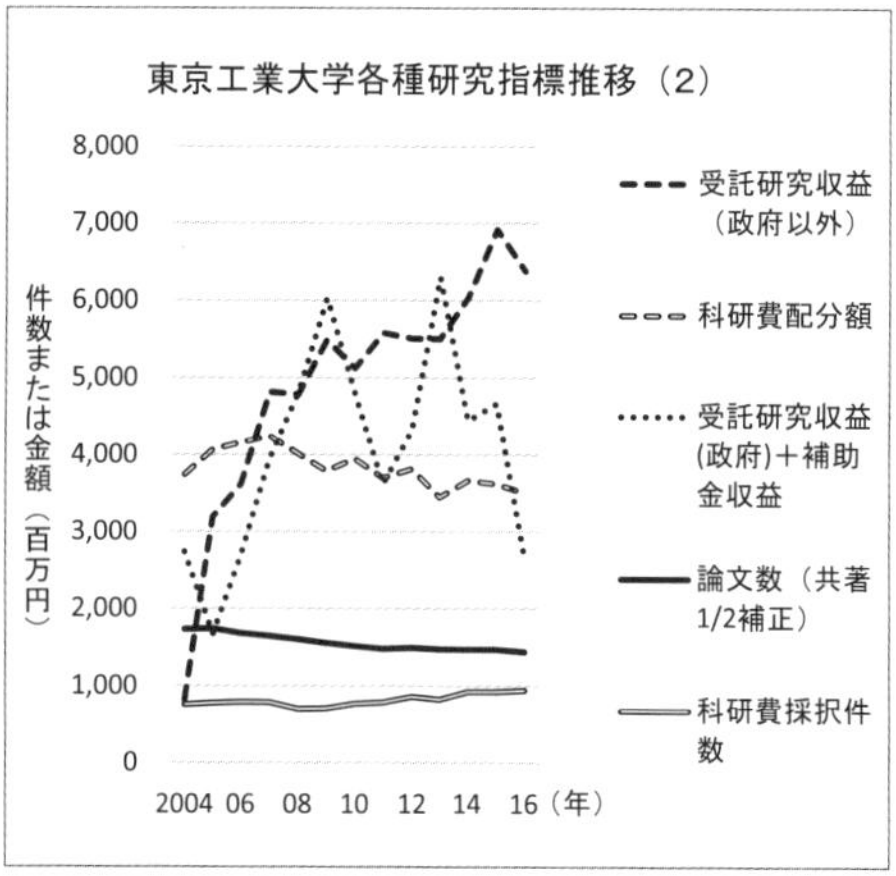

（注）論文数はクラリベイト・アナリティクス社 InCites Benchmarking より、2018年5月20日にデータ抽出。文献種原著、分野分類法 ESI、全分野、3年移動平均値。共著者100以上の論文を除き、共著論数文数の1/2を差し引いた補正論文数である。科研費採択件数および配分額は（独）日本学術振興会のウェブサイトの公表データに基づく。それ以外は各国立大学法人の公表している財務諸表による。常勤教員数1は2004～13年、常勤教員数2は2008～2016年のデータ。

図表4－27　各大学における各種研究指標の推移（ケース1）、2005年基点

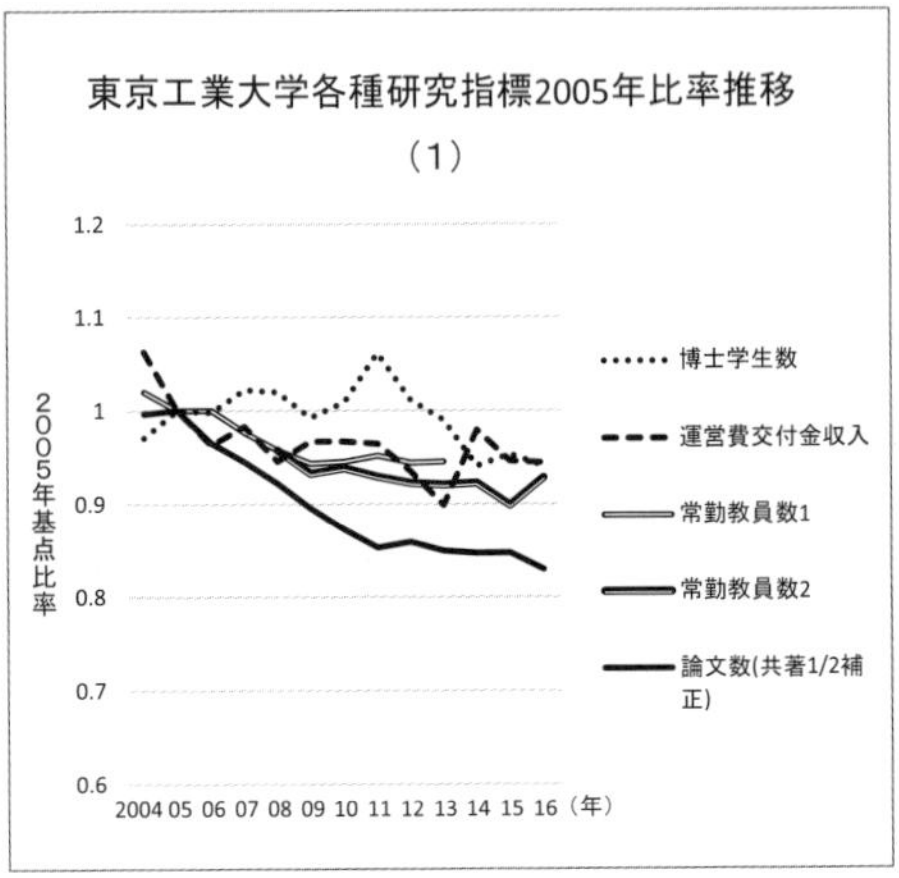

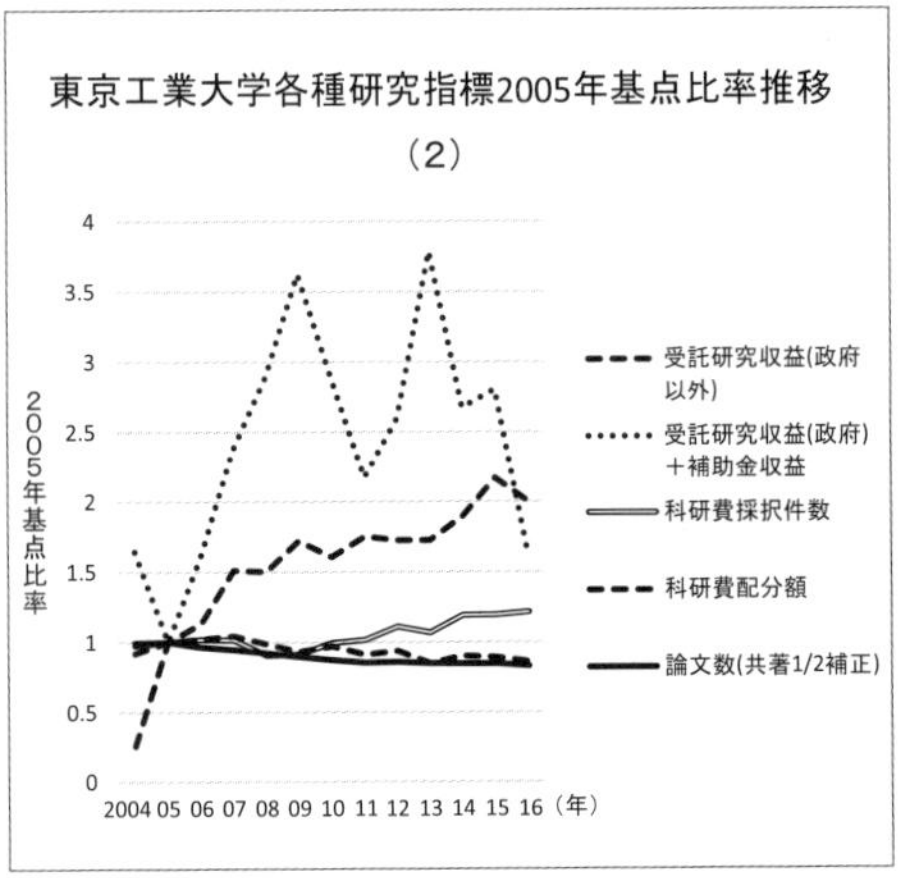

（注）論文数はクラリベイト・アナリティクス社 InCites Benchmarking より 2018年5月20日にデータ抽出。文献種原著、分野分類法 ESI、全分野、3年移動平均値。共著者100以上の論文を除き、共著論文数の1/2を差し引いた補正論文数である。科研費採択件数および配分額は（独）日本学術振興会のウェブサイトの公表データに基づく。それ以外は各国立大学法人の公表している財務諸表による。常勤教員数1は2004－13年、常勤教員数2は2008－16年のデータしか得られないので、常勤教員数2については2008年を基点とした比率とし、2008年値を常勤教員数1の値に合わせて表示した。

図表4－28　東京工業大学教職員数について

平成27年9月

◯事業報告書掲載の教職員数について

平成16年度から平成25年度の事業報告書の「教職員の状況」の教職員数について、算定方法に誤りがありましたので、正しい教職員数を以下の一覧表のとおり訂正いたします。大変申し訳ありませんでした。

なお、平成16年度から平成19年度の教職員数につきましては、再度算定する際に必要なデータが残存していないため、正しい数値を公表できないことを重ねてお詫び申し上げます。

	誤(A)						正(B)					
	教員			職員			教員			職員		
	常勤	非常勤	計	常勤	非常勤	計	常勤	非常勤	計	常勤	非常勤	計
平成25年度	1,135	418	1,553	582	1,269	1,851	1,014	212	1,226	469	408	877
平成24年度	1,134	428	1,562	580	1,210	1,790	1,016	211	1,227	461	425	886
平成23年度	1,143	467	1,610	577	1,160	1,737	1,023	237	1,260	464	400	864
平成22年度	1,135	452	1,587	579	1,155	1,734	1,033	200	1,233	455	327	782
平成21年度	1,133	443	1,576	570	1,095	1,665	1,027	188	1,215	464	303	767
平成20年度	1,150	384	1,534	562	1,014	1,576	1,053	102	1,155	462	251	713

※(A)は学校基本調査で報告している各年5月1日現在、本学に在籍している者の人数。

(B)は非常勤の教職員は、各年5月1日現在、前年度1年間において給与を減額されることなく支給された「常勤職員」、「在外職員」、「任期付職員」、「再雇用職員」から「受託研究等により雇用する者」を除いた人数。

(B)の常勤の教職員は、各年5月1日現在、前年度1年間において給与を減額されることなく支給され、1年を超えて継続勤務している「常勤の教職員」、「受託研究等により雇用する者」、「派遣会社に支払う費用」以外の教職員の人数。

(注) 東工大ホームページより。

といった指標があがってきます。そして、常勤教員数の減少の程度が緩くなると、それに応じて論文数の減少も緩くなり、常勤教員数の変化が、かなり鋭敏に論文数に反映されることをうかがわせます。

常勤教員数の減少の程度よりも、論文数の減少の程度の方が激しいわけですが、これは、先ほどのFTE研究従事者数の〝倍返し〟で説明できるかもしれませんし、別の要因による研究時間の減少も加わっているかもしれません。

なお、常勤教員数に1と2があるのは、途中で常勤教員の定義が変更されたことによります。第2章の大学ランキングの話の中でも説明したように、教員数は大学により、また、時期により定義が異なる可能性があり、大きく数値が異なる場合があるので、慎重に取り扱う必要があります。東工大のホームページの記載（図表4－28）では常勤教員数1が誤っており、常勤教員数2が正しいとしていますが、常勤教員数1は学校基本調査で報告している数であり、常勤教員数2は「『常勤職員』、『在外職員』、『任期付職員』、『再雇用職員』から『受託研究等で雇用した者』を除く」としています。「任期付職員」や「再雇用職員」は法人化後に増えた雇用形態です。また、受託研究や補助金でも、ある程度の研究従事者の雇用が可能ですが、不安定な雇用形態になります。

また、教員あたりの論文数でもって論文の生産性を大学間で比較することは問題が大きく、ほとんど不可能と言ってもいいくらいです。定義の問題に加えて、研究時間は各大学の各部局によって異なり、その組み合わせも各大学によってまちまちであり、文系の比重の大きい大学では、教員あたりの英語論文数が少なくて当然です。

【ケース2】

ケース2は名古屋工業大学（以下名工大）です。名工大は中堅の単科の工学系大学です。

図表4－29の上図に示しますように運営費交付金収入は約10億円程度削減されています。しかし、下図の受託研究収益（政府）＋補助金収益を見ていただければわかるように2～6億円程度であり、

図表4－29　各大学における各種研究指標の推移（ケース2）

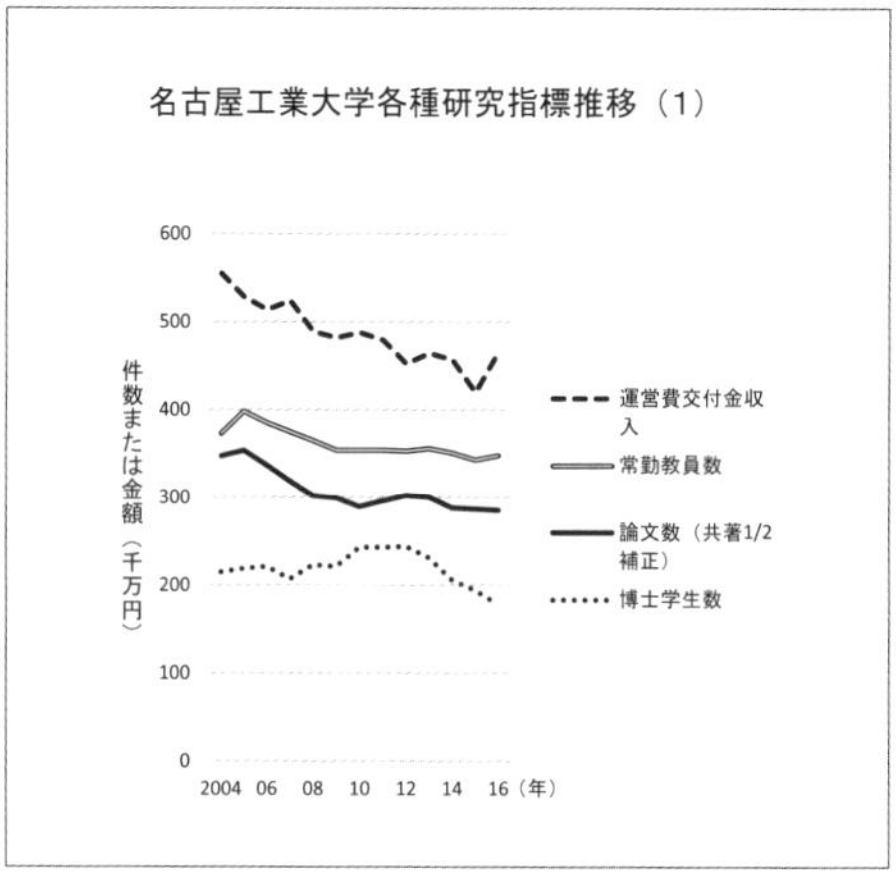

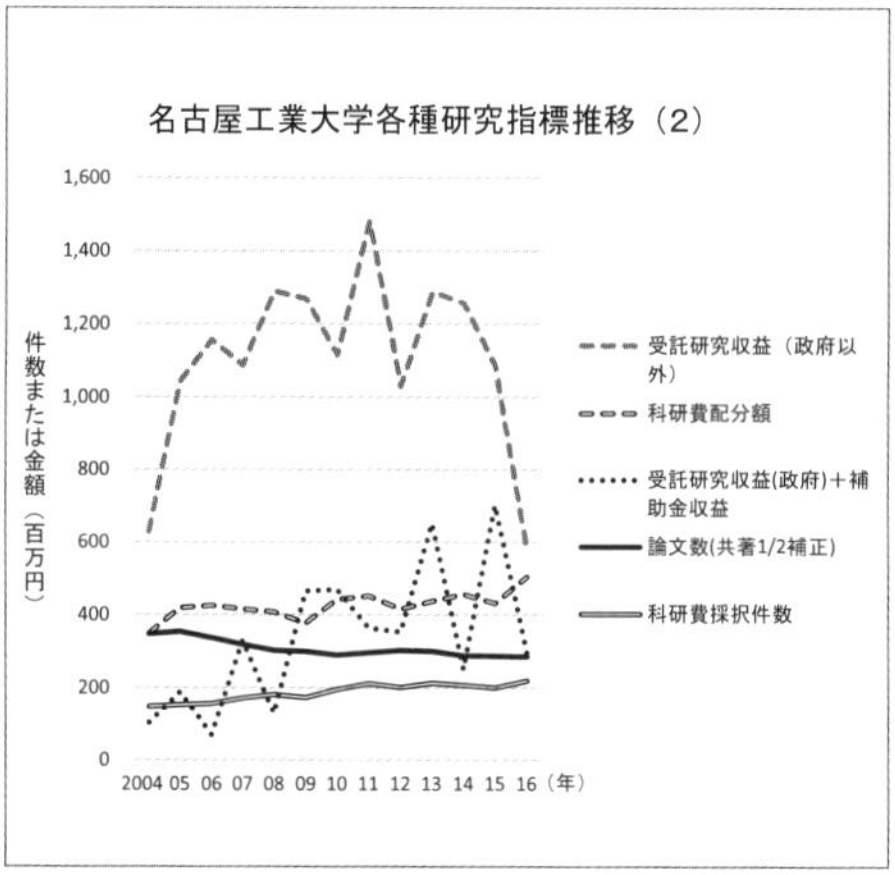

（注）論文数はクラリベイト・アナリティクス社 InCites Benchmarking より2018年5月20日にデータ抽出。文献種原著、分野分類法ESI、全分野、3年移動平均値。共著者100以上の論文を除き、共著論文数の1/2を差し引いた補正論文数である。科研費採択件数および配分額は（独）日本学術振興会のウェブサイトの公表データに基づく。それ以外は各国立大学法人の公表している財務諸表による。

東工大のようには埋め戻されていません。こういう形で「選択と集中」政策が実施されてきたと考えられます。

受託研究収益（政府以外）、科研費配分額ともに法人化後増え、外部研究資金が増えています。しかし、東工大と同様に論文数は減少しています。

図表4－30の2005年基点比率の推移を見ますと、運営費交付金および論文数の減少の程度は、東工大よりもやや強いようです。論文数と同じような減少の傾向を示しているのは、常勤教員数と運営費交付金収益です。そして、常勤教員数の減少が緩くなると、論文数の減少も緩くなっており、常勤教員数の変化が、かなり鋭敏に論文数に反映されることがうかがわれます。

そして、名工大の場合も、やはり論文数の減少の程度は常勤教員数の減少の程度よりも急峻になっており、FTE研究従事者数減少の〝倍返し〟で説明できるかもしれません。

以上、「バラマキ」と烙印の押されている基盤的な運営費交付金を、たった年率1％という一見わずかな削減率で減らした場合に、論文数が急激に減少する現象をデータで見てきました。基盤的な運営費交付金の削減に基づく研究従事者数（FTE）の減少が、外部資金よりも強く論文数に影響することは、第3章のコブ・ダグラス型生産関数の分析結果からも理解されると思います。

また、64の国立大学における、法人化第一期における各種研究資金増加率と論文数増加率との相関分析（文献0－3）を図表4－31にお示ししましたが、最も相関が強いのは、常勤教員数や基盤

図表4－30　各大学における各種研究指標の推移（ケース2）、2005年基点

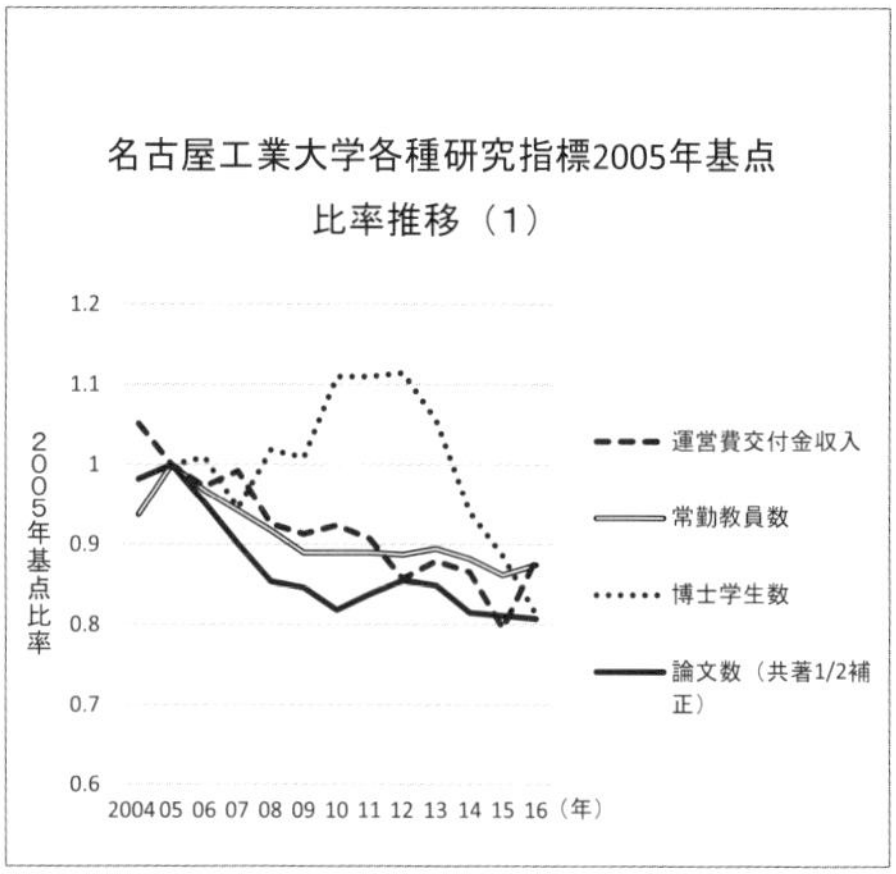

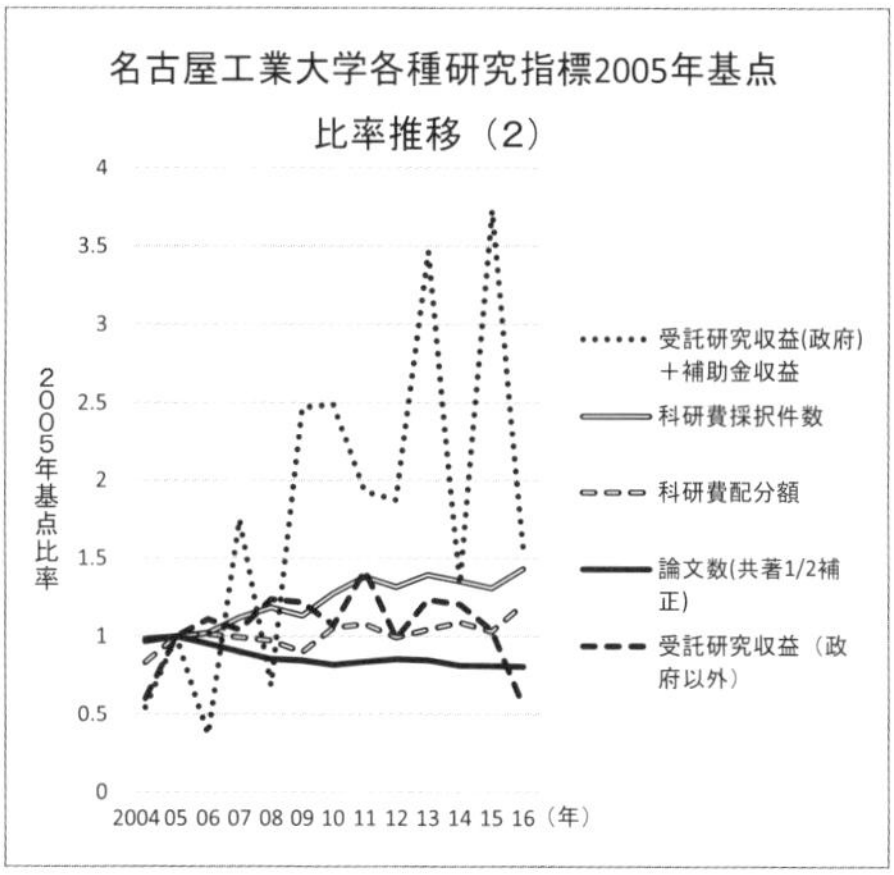

（注）論文数はクラリベイト・アナリティクス社 InCites Benchmarking より 2018 年 5 月 20 日にデータ抽出。文献種原著、分野分類法 ESI、全分野、3 年移動平均値。共著者 100 以上の論文を除き、共著論数文数の 1/2 を差し引いた補正論文数である。科研費採択件数および配分額は（独）日本学術振興会のウェブサイトの公表データに基づく。それ以外は各国立大学法人の公表している財務諸表による。

図表4－31 国立大学における各種研究関連指標増加率と論文数増加率の相関と回帰直線の傾き

指標増加率	論文数増加率	回帰係数（回帰直線の傾き）	相関係数
常勤教員数 4-8	論文数 6-10	0.819	0.383**
常勤教員数 4-8（旧帝大を除く 58 大学）	論文数 6-10	1.075	0.433**
基盤的収入 5-9	論文数 8-12	0.763	0.506**
運営費交付金（病院運交金を除く）5-9	論文数 7-11	0.633	0.342**
科研採択件数 6-10	論文数 8-12	0.283	0.277*
主要外部資金合計 6-10	論文数 8-12	0.189	0.314*
科研費配分額（直接経費）4-8	論文数 6-10	0.143	0.272*
受託研究等収益（国公以外）6-10	論文数 8-12	0.124	0.38**
補助金等収益 6-10	論文数 8-12	0.079	0.275*
寄付金等収益 6-10	論文数 8-12	0.081	0.173
受託研究等収益（国公）6-10	論文数 8-12	0.012	0.099

（注）（文献 1-1）に基づく。文系中心の大学を除く 64 大学で分析。各指標の最後の数字、たとえば 4-8 は、2004-08 年にかけての 4 年平均増加率を意味する。基盤的収入とは、運営費交付金（附属病院運営費交付金を除く）＋授業料収益。主要外部資金とは、受託研究等収益（国および地方公共団体）、補助金等、科研配分額（直接経費）、受託研究等収益（国及び地方公共団体以外）、寄付金の合計である。
相関係数検定確率　*; p<0.05, **; p<0.01

的収入や運営費交付金（病院を除く）であり、競争的資金や「選択と集中」的性格の強い研究資金との相関は弱いという結果でした。

「バラマキ」＝「悪」という、先入観に基づいて政策判断をすると大きな間違いを招く恐れがあります。不必要な「バラマキ」もあれば、必要不可欠な「バラマキ」もあると考えます。また、競争原理は生産性向上のために有効な手段ですが、「競争的資金」と名付けられた資金の金額を単純に増やしさえすれば研究生産性が上がる、というものではないことに注意する必要があります。

著者は「競争原理」（機会を均等にして競わせること）は有効であると考えて

おり「競争的資金」の意義を否定する者ではありませんが、元東京工業大学学長の相澤益男さんをはじめ、今まで多くの大学関係者が主張してこられたように「基盤的な研究資金」と「競争的な研究資金」の二つの最適な組み合わせ（デュアル・サポート）があるのではないかと考えています。「基盤的な研究資金」は研究従事者の確保に必要な資金であるとともに、最低限の研究活動費を各研究者に与えることは、競争的資金を獲得するための機会を均等に与える役目があると思われます。そして、「競争的資金」の比率をどんどん高めることが、即研究生産性の向上につながるという根拠（エビデンス）はありません。

〈研究現場からの声〉

●国立大学では運営費交付金の削減が続き、大学によっては定員の削減や人事の凍結等が行なわれ、若手の優秀な研究者や女性教員を新規に採用するポストがない状況が続いている。ニュース等でも最近盛んにこの大学の危機的状況が叫ばれており、若手の研究者や学生がアカデミックなポジションにつく夢を捨てざるをえない状況を引き起こしているように思われる。これが博士課程への進学者の減少の原因にもなっており、今後の日本の研究力の低下が懸念される危機的な状況を迎えつつあるように思う。（2016年、大学、第2G、農学、教授クラス、男性）

●運営費交付金の不足によるしわ寄せが随所に表れていると感じる。特に研究資金が不足しているが、スタートアップ資金も十分に確保されず、現状のままでは研究人材は減少する一方ではないかと思われる。（2017年、大学、第2G、工学、助教クラス、女性）

●やはり運営費交付金の抑制に伴う人件費削減の一環か、転出・定年退職した教員の補充が行われず、残った人員で研究以外の業務・教育を回す必要が出てきており、その結果として研究力が徐々に低下しつつあることに危機感を感じている。またこのような状況では、優秀な学生は研究者という職業に魅力を見出さなくなっており、代わりに鈍感な学生が研究者を目指して大学院に入ってくるようになってきて、そのための教育に多大な時間が取られるようになっている。（2017年、大学、第4G、保健（医・歯・薬学）、准教授クラス、男性）

●個人的な意見になるが、意欲のある若手研究者は多いと思われる。しかし、運営交付金の削減に伴う教員数減により個々の業務が多様化多忙化していることから、満足な研究時間を確保できない状況がある。これにより実質的な研究人材の不足が生じつつあるように感じる。また、新たな研究人材になりえる大学院生は、大学のそのような現状を普段から見ているため、博士後期への進学よりも企業への就職を選択するケースが見られる。つまり、将来的に研究人材が今以上に不足することが予想される。（2016年、大学、第4G、工学、助教クラス、男性）

5. なぜ「選択と集中（≒メリハリ）」はうまくいかないのか？

次に、国立大学法人化の基本的な政策である「選択と集中（≒メリハリ）」政策が、なぜうまく機能しなかったのかについて考えてみたいと思います。「選択と集中」は実行されましたが、学術論文数（臨床医学以外）は減少し、また、論文の質（注目度）も低迷していますからね。「選択と集中」の場合も、それを実行すれば効果や効率が上がるという先入観に基づいて政策判断がなされると、大きな間違いを招く恐れがあります。「選択と集中」はうまくいく場合もあり、逆効果を招く場合もあって、両刃の剣なのです。

(1)「選択と集中」とは？

「選択と集中」という言葉は、本来は経営学の用語で、辞書（日本大百科全書）には次のように書かれています。

「競争力のある事業を「選択」し、経営資源をこの選択した事業に「集中」するという経営手法、あるいは経営理論。1981〜2001年の間、アメリカのゼネラル・エレクトリック社（GE）の最高経営責任者であったウェルチが提唱・採用した。ウェルチは、将来、世界市場でナンバー1かナンバー2を確保できる得意分野の事業（コア事業）のみを残し、それ以外の事業（ノンコア事業）はたとえ黒字が出ていても売却・廃止するという経営戦略をとった。事業再編に伴い、人、物、金、情報などの経営資源をコア事業に集中させることで、GE社は1980年代から1990年代末にかけて、売上高を6・3倍の1700億ドル、利益を6・7倍の107億ドルに伸ばした。なお、対義の経営概念は「多角的経営」である。（以下略）」

最近では「選択と集中」という言葉は、教育再生会議の図表4－9でお示ししましたように行政文書にも頻出するようになりました。ただし、「コア事業に集中する」という当初の定義から離れて、さまざまな意味に広く使われるようになりました。最近、「選択と集中」に代わって、「メリハリ」という言葉が頻出するようになりました。「メリハリ」はやや広い概念ですが、本質的には「選択と集中」とほとんど同じです。

本書では、もともとの意味の「選択と集中」を「コア事業集中型」と名付けます。「コア事業集中型」の「選択と集中」は一世を風靡した経営用語でしたが、シャープが液晶事業への「選択と集中」で経営破綻した失敗事例などから、最近ではすっかり色あせてしまった感じを受けます。

「選択と集中」には成功事例も不成功事例もあるわけですが、通常は成功して生き延びた事例のみが分析され、不成功の消えてなくなった事例は分析されません。もてはやされる成功事例の陰で、数多くの失敗事例がありますが、失敗事例は表に出てきませんので、「選択と集中」を行えば必ず成功する、というふうに勘違いをしてしまいます。これを生存者偏向と言います。シャープが飛ぶ鳥を落とす勢いであった頃は、「選択と集中」の成功事例としてもてはやされましたが、経営が傾き始めると、とたんに「片肺飛行」の経営として揶揄されることになりました。

実は「選択と集中」の成功事例のGE社や日立がノンコア事業を売却したといっても、引き続き多角的経営をしている企業であることに変わりはありませんね。一方、ベンチャーや中小企業のほとんどは、最初から一つのコア事業で勝負しており、「選択と集中」をしているわけです。このような「コア事業集中型」の「選択と集中」は、他社との競争に勝って市場のシェアを拡大できる可能性がある反面、市場に飽きられ、あるいは競合他社からそれに勝るイノベーションがなされた場合は、倒産するリスクが高いというデメリットを抱えています。

「選択と集中」という言葉は、「コア事業集中」以外の意味にも広く使われています。

例えば、売れ筋になる可能性があると思われた商品のシェアを拡大するために、特に市場に出す初期段階で集中的にプロモーションに資金を投入するような場合にも使われていると思います。イノベーションにおいても、多様な研究の種を蒔いておいて、将来有望と思われる芽が出てきた時に、目利きをして集中的に研究開発資金を投入するということが行われます。iPS細胞の研究などへの研究資金の集中は、このタイプであろうと思われます。これを、本書では「プロモーション型」の「選択と集中」と呼ぶことにします。

また、品質管理におけるパレート図を用いた重点指向や、マーケティングにおけるＡＢＣ分析（重点分析）によって、売れ筋商品（Ａ）を「選択と集中」する経営手法があります。なお、ここでのＡＢＣ分析は、活動基準原価計算（Activity Based Costing: ABC）とは異なるものです。これを本書では「パレート図型」の「選択と集中」と呼ぶことにします。

パレート図について少し説明をしておきますと、これはイタリアの経済学者のパレートが提唱したパレートの法則に基づいています。パレート図はパレートが所得分布の不均等（少数の富裕層が所得の大半を独占し、その他の多くの低所得者が残りの少ない所得を分け合っていること）を示したことが原点になっており、所得分布の不均等の考え方を生産現場の問題に応用したものがパレート図です。簡単に言えば「大勢は少数の要因によって決定される」という経験則で、いわゆる2：8の法則ですね。例えば「売れ筋商品2割で、全売上の8割を占める」「顧客全体の2割である優良顧客が売上の8割を占めている」などです。なお、この比率は1：9になることもあれば、3：7になることもあります。ＡＢＣ分析では、これを2（Ａ＝優性）：3（Ｂ＝普通）：5（Ｃ＝劣性）の3つに分けて対応を考え、Ａに集中し、Ｃは無視あるいは最下位2割を切り捨てるというような経営戦略が提案されています。

なお、このようなパレート図型「選択と集中」戦略の注意点として、ネットスーパーを展開するアマゾンのようにC（劣性）に注目して成功したロングテール戦略もあること、また、Aの商品とCの商品に関連がある場合、Cの「死に筋商品」を捨てると、Aの商品の売上も減るリスクのあること、Cの商品は品揃えが悪いために客足が遠のいていた可能性を考慮する必要があること、など、「死に筋商品」を単純思考でカットするリスクも掲げられています。例えば、実際に、下位8割の営業マンが、上位2割の営業マンをサポートしているような場合があり、このような組織では下位8割の営業マンがいなくなってしまうと、上位2割の営業マンの成績も下がります。

パレートの法則はあくまでできごとを集計すると頻度が2対8になる例がたくさんあるということであり、だから、どうしたらいいのか、ということは言っていません。Cを切り捨てる企業もあるでしょうし、Cを重視する企業もあるでしょうし、Bを強化する企業もありえます。所得分布の2：8の不均等があった場合に、この格差をより急峻にする方がいいのか、格差を縮める方がいいのか、ということについては、何も言っていません。

このような「パレート図型」の「選択と集中」による経営戦略を国立大学にあてはめてみましょう。例えば、日本全国に77の工場を持っている企業があり、各工場は〝論文〟という商品を生産しています。この企業の財政は厳しく、ABC分析でもって「選択と集中」をすることを考えました。論文の産生量の多い工場から順に並べて、その累積の割合をグラフにしたのが図表4－32です。こ

図表4－32　77国立大学における論文数の累積割合（2013年）

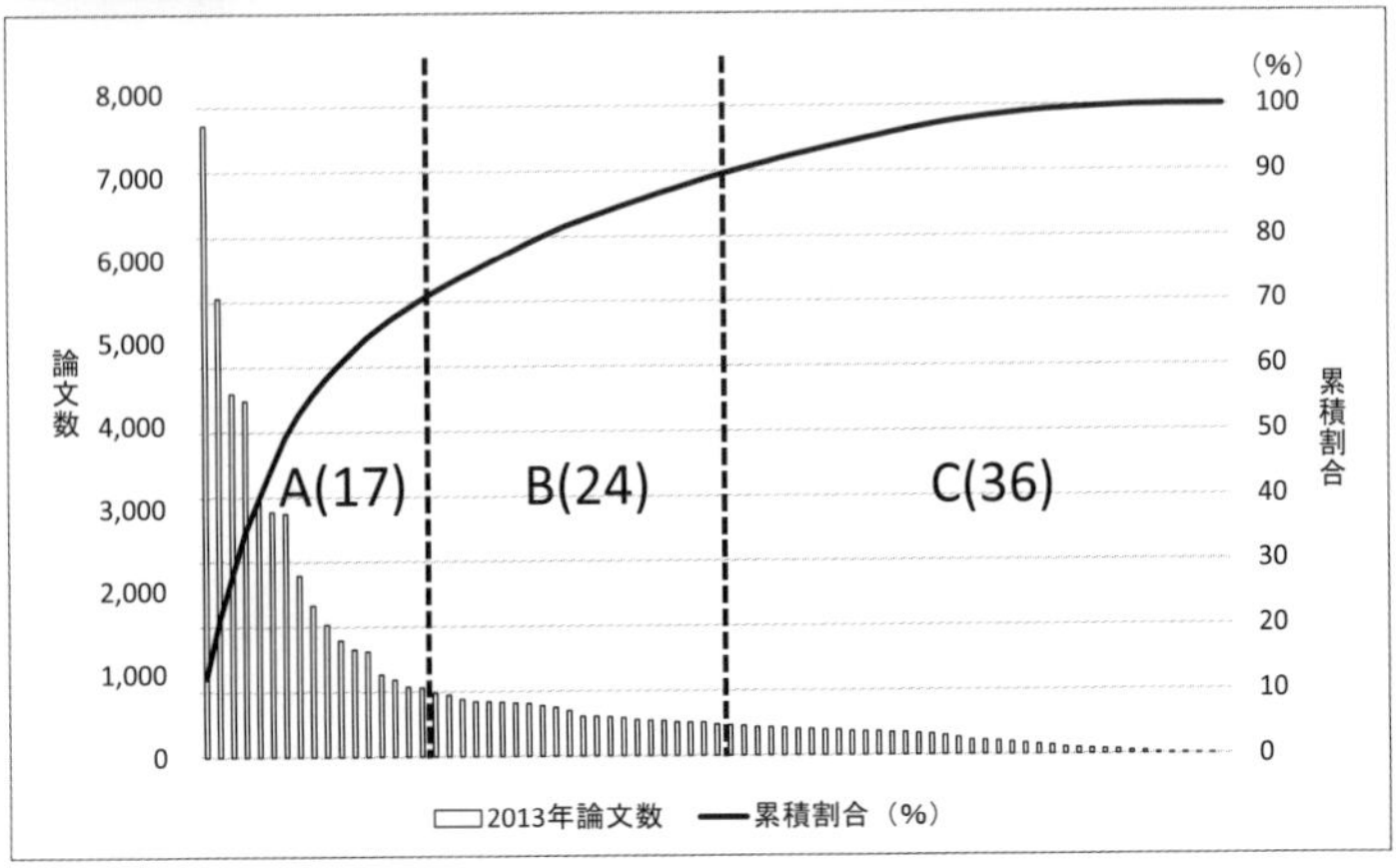

（注）論文数はクラリベイト・アナリティクス社 InCites Benchmarking より2018年5月26日にデータ抽出。文献種原著、分野分類法 ESI、全分野、3年移動平均値。Aは累積割合が全体の70%を占める群、Bは70～90%を占める群である。

のグラフから17工場（全工場の22％）で全体の商品の7割を産生しており、41工場で9割の商品を産生していることがわかります。なお、この17という数は、法人化第三期に政府が実施した国立大学の3類型で、卓越した教育研究型に16の大学が入りましたが、この数と奇しくもほぼ一致します。

このABC分析から経営者は考えました。予算がないので全工場の予算は削減するが、A（優性）の工場については論文をたくさん産生している工場なので、B（普通）、C（劣性）の工場への予算の一部をAに集中させよう。そして、C（劣性）の工場の一部は廃止も考えよう。

このような「選択と集中」を国立大学に適用した結果、図表4－16のグラフに示すような、大規模大学と中小規模大学との公的支援の差の拡大が実現され、そして、C（劣性）の一部廃止として、教育学部のいわゆるゼロ免課程（新課程）を廃止したということになるのかも知れません。

このように法人化後、国立大学の上位大学と下位大学の差が拡大したのは、「選択と集中」政策の賜物かもしれません。しかし、上位大学と下位大学の格差が開いただけで、国立大学全体としての研究力は大きく低下し、日本全体としての研究力も低下して、この間に、研究従事者数を増やして研究の競争力を高めた諸外国に大きく引き離されてしまったわけですから、これでは、教育再生会議が掲げた「我が国が成長力を高め国際競争に打ち勝っていくための『選択と集中』」とは言えませんね。

(2)「選択と集中」に潜むたくさんの罠

「選択と集中（≠メリハリ）」は、やれば必ず成功するというものではなく両刃の剣であり、陥りやすいたくさんの罠が隠されています。コア事業集中型も、パレート図型も、それぞれ成功する場合と失敗する事例が紹介されています。

① 手段の自己目的化の罠

まず、「選択と集中」は、何らかの目的を実現しようとする「手段」であるということを認識しておく必要があります。

ジャック・ウェルチ氏の「選択と集中」の目的は、不振に陥りかけたGE社の経営の立て直しでした。

政府の大学政策における「選択と集中」の目的は、教育再生会議第二次報告に書かれている文言からは「我が国が成長力を高め国際競争に打ち勝っていくため」と受け取れます。「選択と集中」はあくまでこの「目的」を実現するための「手段」であるはずです。しかし、往々にして「手段」を「目的」と勘違いしてしまうことがあり、これは「手段の自己目的化」と言われます。「選択と集中」を自己目的化してしまうと、本来の目的の実現にかかわりなく、しゃにむに「選択と集中」が実行され、失敗につながります。

② 目標（ＫＧＩ）設定の不適切性の罠

ＫＧＩは（Key Goal Indicator）の略称で、「重要目標達成指標」と言われています。ＫＧＩは企業や事業全体の最も重要な数値目標であり、例えば、売上高や利益、重要課題の達成レベルなどが指標にされます。

政府の大学政策のＫＧＩは「大学ランキング１００位以内に10校」に設定されていると考えられます。この目標は、まさに「選択と集中」政策を正当化する目標設定になっています。ただし、第2章でお話ししたように、日本の大学は惨憺たる状況になっており、とても１００位以内に10校入れる状況ではありませんね。果たして大学ランキングをＫＧＩに設定したことが適切であったかどうかが問われます。

そもそも「我が国が成長力を高め国際競争に打ち勝っていくため」という目的は、限られた一部の大学だけの競争力を強化しても実現はできません。日本が海外諸国に比較して最も劣っているのは競争力ある大学の層の薄さです。つまり、競争力ある大学の数を増やすことが必要であり、「大学ランキング１００位以内に10校」を目標とすることは、上記目的の実現には不適切な目標設定です。

③ 収穫逓減の罠

通常、資源を集中していくと次第に収穫逓減が生じ、生産性が低下します。収穫逓減が生じている事業に資源を集中投下すると、投入した金額のわりに成果が上がらないことになります。

図表４－33は主要外部資金（科研費配分額、受託研究等収益、補助金等収益の合計）と論文数の相関を示したグラフですが、外部資金を多く獲得している大学（大規模大学）ほどカーブが寝てき

ます。これは、研究資金に対して収穫逓減が起こることを示しています。第3章のコブ・ダグラス型生産関数のところでお示しをした、研究活動費が収穫逓減を起こしてくるカーブが当てはまることがわかります。つまり、下位の国立大学の研究資金を上位の大学に移して「選択と集中」をしても、その金額ほどには論文数が増えないことを意味します。

④ 生産性の高い事業を縮小・廃止する罠

「選択と集中」は、選択されなかった事業を縮小・廃止することを伴います。選択されなかった事業の縮小・廃止には、必ず損失を伴いますので、その差し引きで「選択と集中」を評価するべきです。赤字を垂れ流している生産性の低い事業を縮小・廃止するならばともかく、生産性が高い事業を縮小・廃止すると、損失は非常に大きくなります。

生産性は図表4－33の収穫逓減とも関連し、中小規模大学の外部資金あたりの論文生産性は大規模大学よりも高いのです。また、科政研による、科研費と科研費に関連する論文数を調べたデータでは、科研費1件あたりの配分額が少ない種目ほど、研究費あたりの論文数、そして高注目度論文数についても、多いことが示されています（図表4－34）。そして、大学レベルについても、図表4－35に示しますように、中小規模大学の方が科研費あたりの科研関連論文数が多いのです。

論文の生産性には、研究費あたりの論文数の他に、教員あたりの論文数という指標も考えられま

図表4－33　国立大学における主要外部資金（2011年）と論文数（2012年）の相関

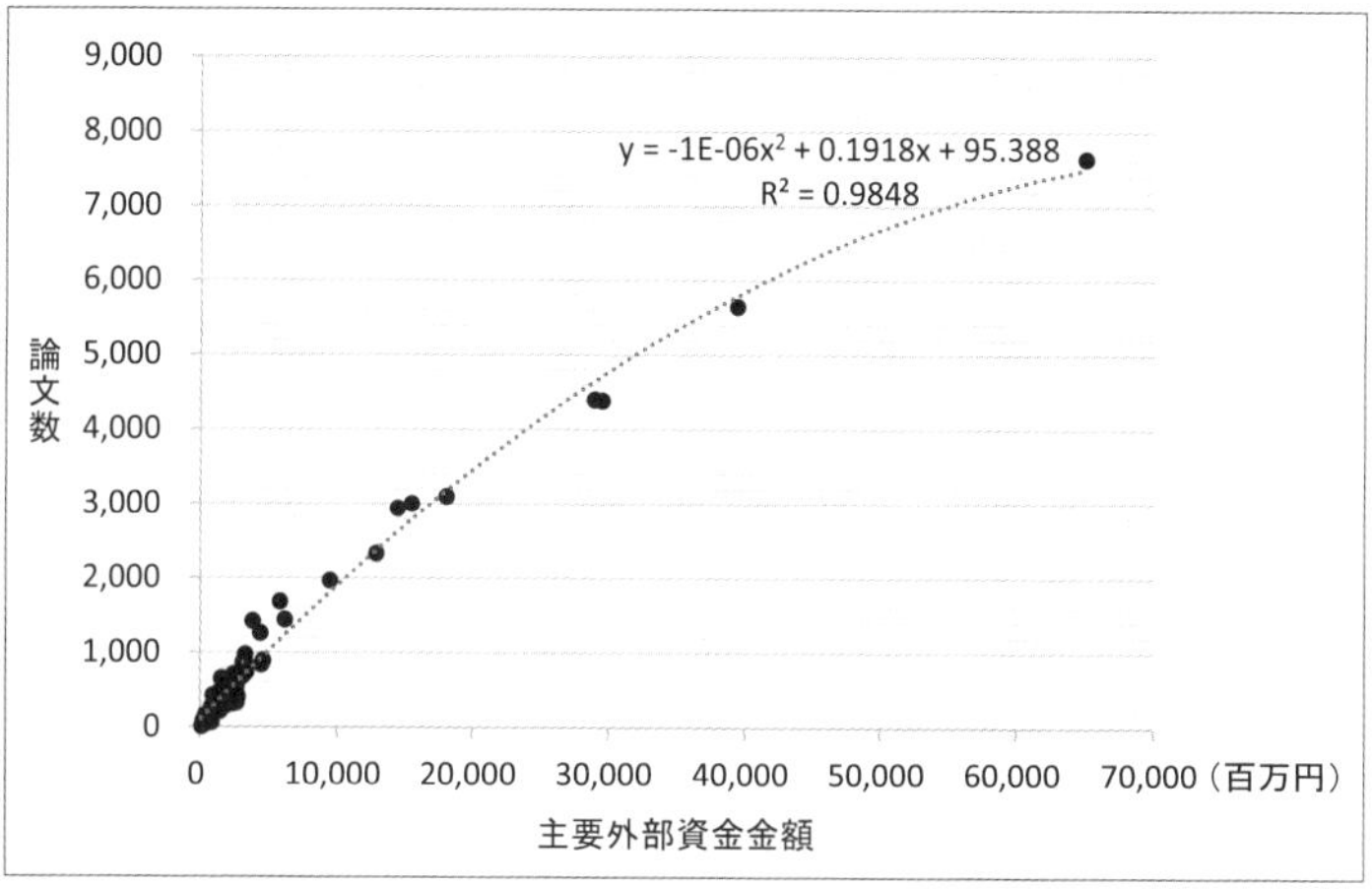

（注）71国立大学のデータ。論文数はクラリベイト・アナリティクス社 InCites Benchmarking より、2018年5月16日にデータ抽出。文献種原著、分野分類法 ESI、全分野、3年移動平均値。共著者100人以上の論文を除く。主要外部資金は、科研費配分額、受託研究等収益、補助金等収益の合計。科研費配分額は（独）日本学術振興会のウェブサイトの公表データに基づく。受託研究等収益および補助金等収益は各国立大学法人の公表している財務諸表による。

すので、これも調べてみました。

図表4－36上図は常勤教員数と論文数の関係性を示しています。教員数の多い大規模大学ほど論文数も多いのですが、旧帝大＋東工大と、それ以外の大学とは異なる集団を作っているように見受けられ、常勤教員あたりの論文数は旧帝大＋東工大の方が多い、つまり教員あたりの論文生産性が高いように見えます。しかし、研究時間のデータを思い出してください。大規模大学の教員は中小規模大学に比較して研究時間の割合が高かったですよね。それから、大規模大学には附置研究所がたくさんあり、その教員は、ほとんどの時間

図表4－34　科研費種目別総配分額あたり論文数

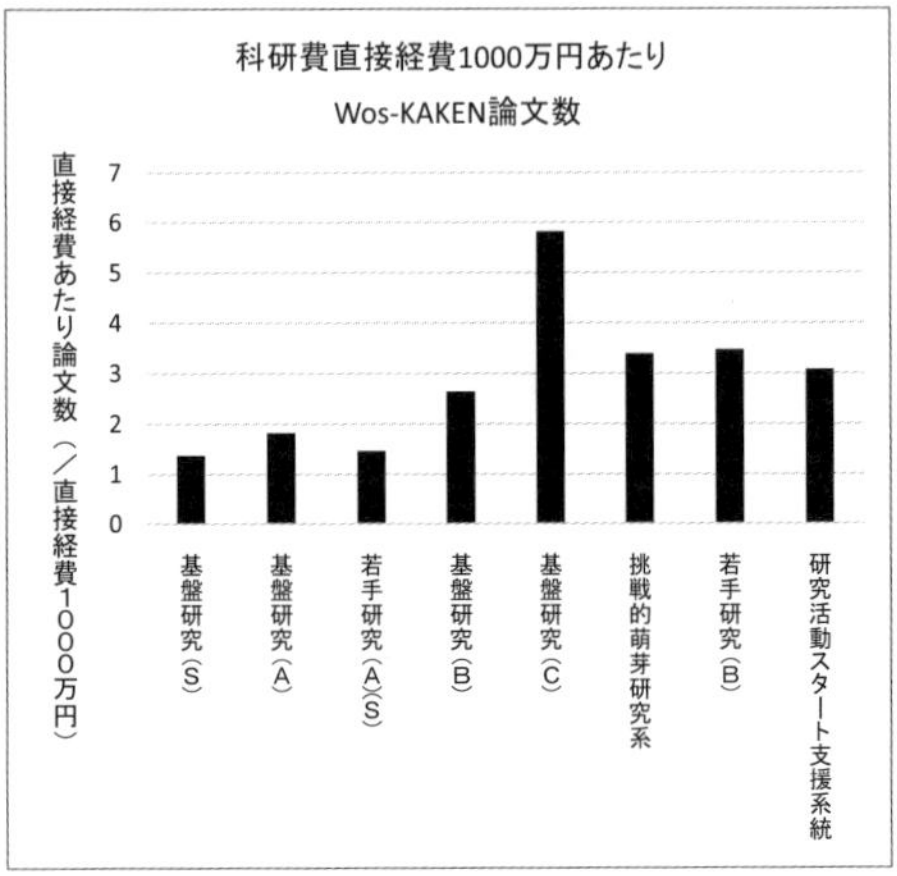

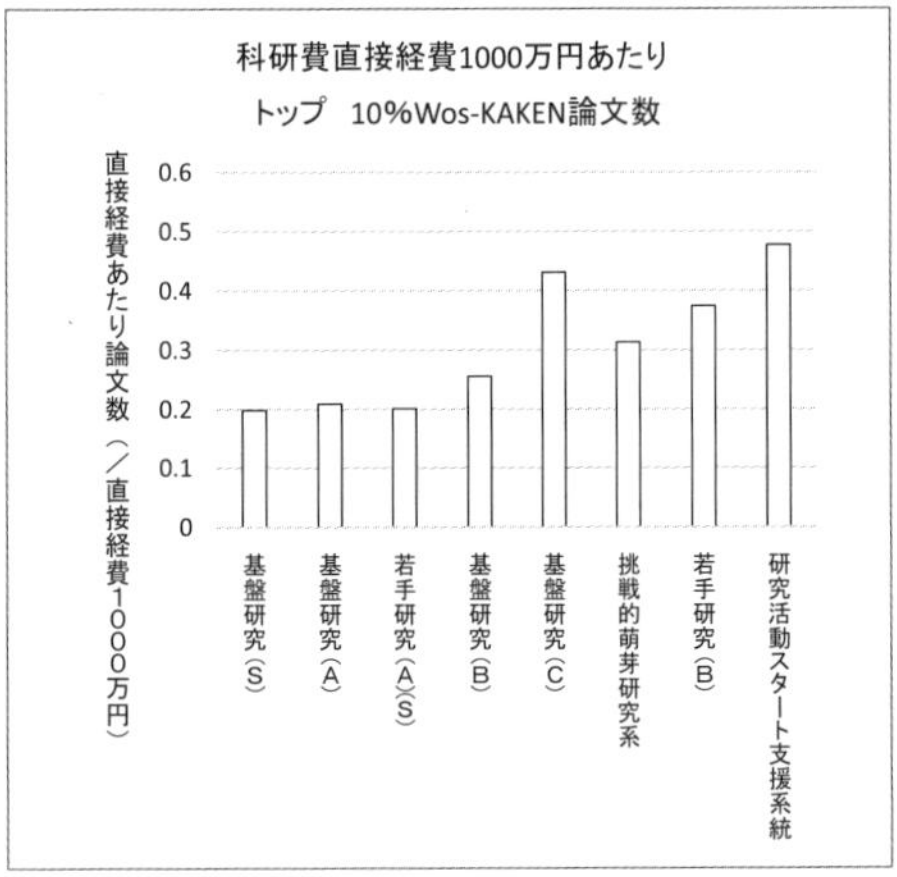

（注）文部科学省科学技術・学術政策研究所による「科学研究費助成事業データベース (KAKEN) と論文データベース (Web of Science) の連結によるデータ分析」から、許可を得てデータをグラフ化。2005-2007年の科研研究課題についてのデータ。WoS-KAKEN論文は、国際文献データベースであるWeb of Scienceに収載された論文のうち科研費と関連のある論文。科研費配分額は直接経費。

図表４－35　大学あたり科研費配分額と WoS-KAKEN 論文数

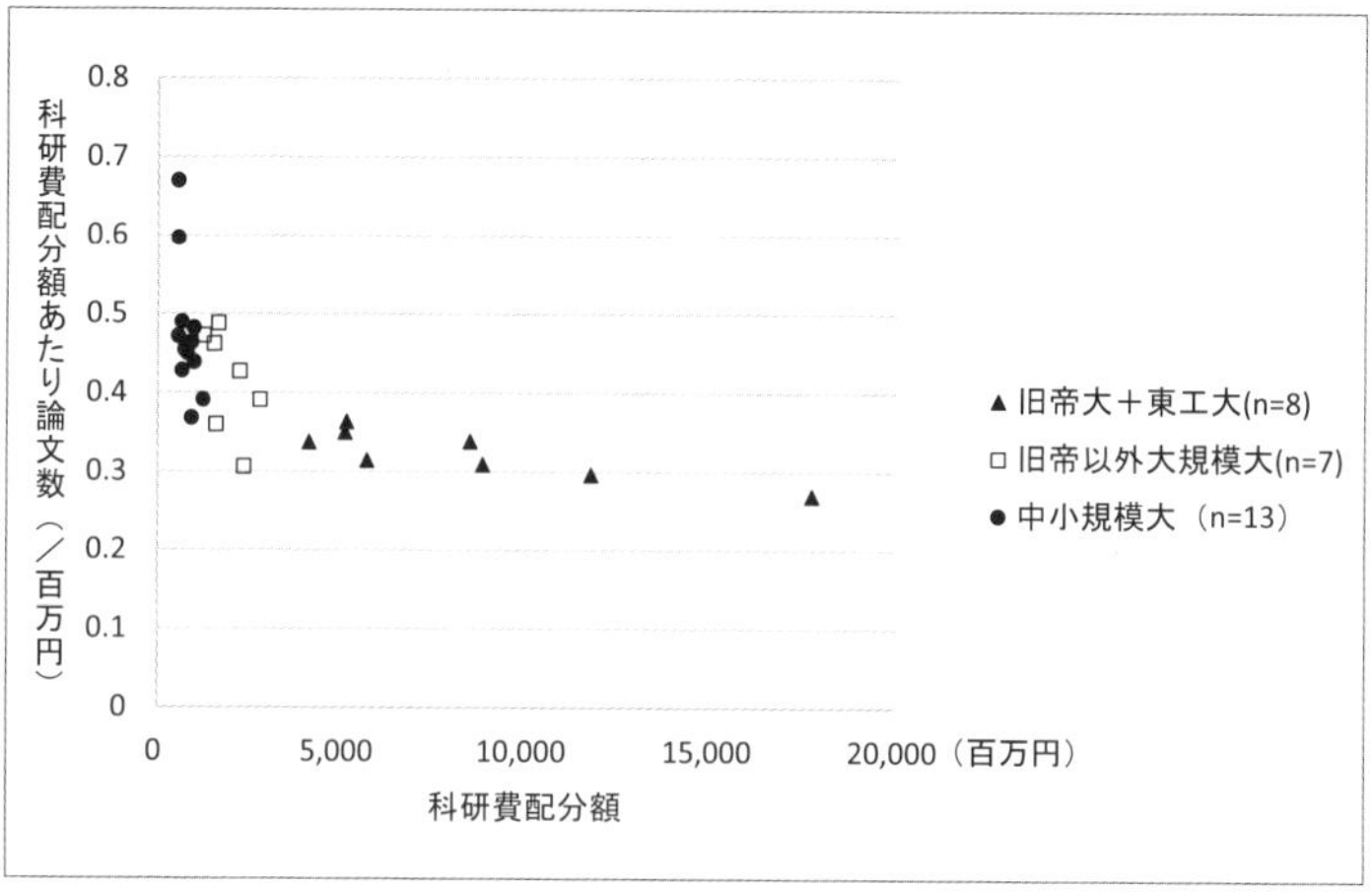

（注）文部科学省科学技術・学術政策研究所による「科学研究費助成事業データベース (KAKEN) と論文データベース (Web of Science) の連結によるデータ分析」から、許可を得て Wos-KAKEN 論文数のデータを使用し著者加工。論文数は 2006-2008 年のデータ。Wos-KAKEN 論文は、国際学術論文データベースである Web of Science に収載された論文のうち科研費と関連のある論文。科研費配分額（直接経費）は 2007 年値。科研費は（独）日本学術振興会のデータに基づく。

を研究に充てていると考えられます。また、大規模大学には常勤教員以外の研究員、いわゆるポスドク等がたくさん存在します。

著者の（文献０－３）のデータの再掲になりますが、各種のデータから理系のＦＴＥ研究従事者数を推定して、論文数の相関を見たグラフが図表４－36の下図です。この場合はほぼ直線性が得られています。つまり、研究従事者数（ＦＴＥ）あたりでは、大規模大学も中小規模大学も論文数はほぼ一定であり、論文生産性は同程度であることが示唆されます。

このデータは、ＯＥＣＤの国レベ

図表4－36 国立大学間の常勤教員数および推定理系FTE研究従事者数と論文数の相関

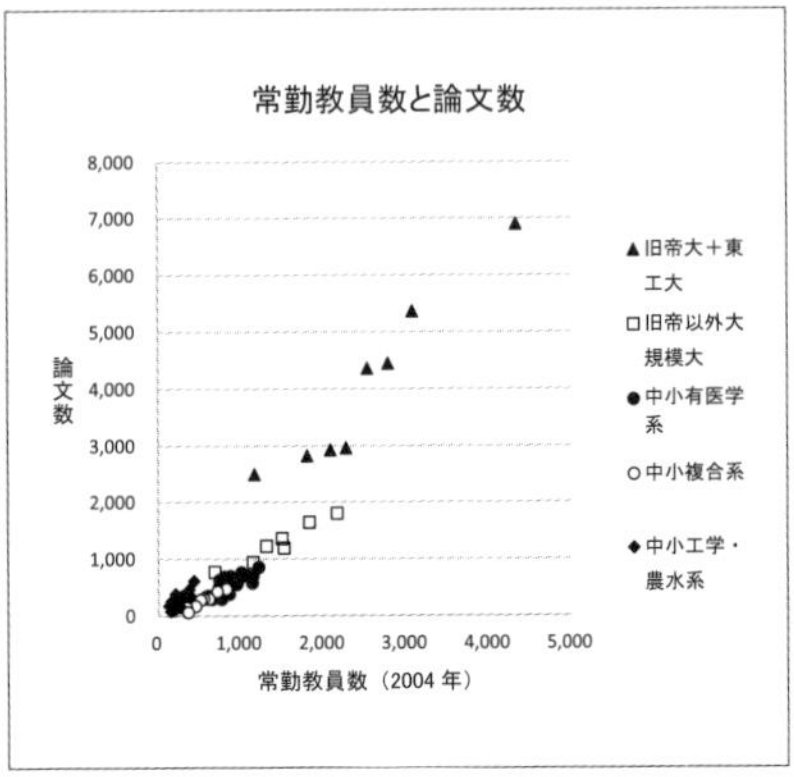

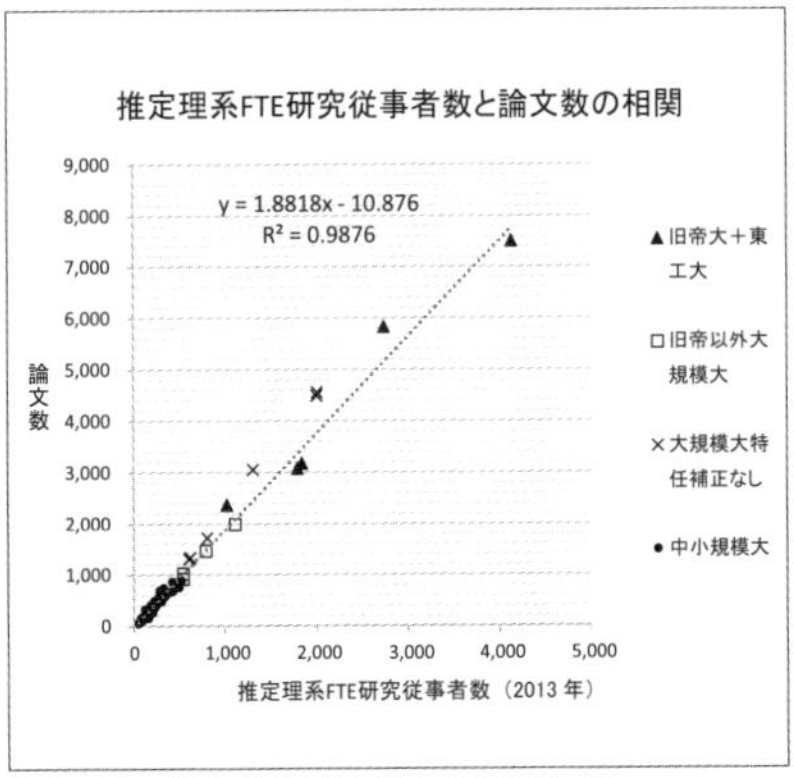

（注）教育系・文系を除く65国立大学で分析。上図は2004年常勤教員数と2005-07年3年平均論文数。下図は2013年の推定理系FTE研究従事者数と2011-13年3年平均論文数の相関。論文数はクラリベイト・アナリティクス社InCites Benchmarkingより2014年4月に抽出。教員数等は各大学の公表しているデータによる。推定理系FTE研究従事者数は、各大学のホームページより、理系学部、保健系学部・病院、理系附置研究所の教員数、特定有期雇用教員・研究員、大学院博士課程学生数を求め、保健系学部・病院には係数0.7を掛けて理系教員数を推定した。さらにFTE係数として、附置研究所教員には0.8、大学院生には0.25、大学教員および特任教員等には、旧帝大＋東工大0.5、その他の大学0.4を掛けて合計し、理系FTE研究従事者数を推定した。下図、「×大規模大特任補正なし」は、特定有期雇用教員・研究員（特任教員・ポスドク等）の数がホームページ上からは把握できない大規模大学。詳しくは（文献1）を参照のこと。

ルのデータで観察された、研究従事者数（ＦＴＥ）と論文数とが強く相関するという現象が、日本の大学間でも成立することを意味しています。

そして、中小規模大学の研究資金を削減し、大規模大学に「選択と集中」することは、生産性の高い群から低い群へ資金を移していることになり、国立大学全体としての論文数が減少することになります。ただし、大学における論文の生産性を論じる場合に注意をしなければならない点を二つあげておきます。

一つは、上位大学は研究費あたりの論文数および質（注目度）の高い論文数についての生産性が低いわけですが、これは、上位大学が「無駄」をしているとは必ずしも言えないことです。第３章でもお話ししましたが、上位大学において論文の生産性が低くなる理由の一つとして、高額の研究設備を使わなくては生産できない論文を生産していることがあげられます。

もう一つは、上位大学の研究者は、科研費などで高額研究費を配分する種目の研究代表者として獲得する率が高いのですが、中小規模大学の研究者を共同研究者に入れて申請する場合もしばしばあり、中小規模大学の研究者はその恩恵を受けている可能性もあるのです。つまり、大規模大学と中小規模大学の区分を越えた研究者のネットワークが形成されており、持ちつ持たれつの関係性が構築されているのです。

いずれにせよ、中小規模大学の方が研究費あたりの生産性が高いわけですから、中小規模大学の研究を縮小、あるいは機能を低下させることは、日本全体の研究機能の低下を招くことになります。

⑤ 大規模大学に対する中小規模大学の貢献を無視してしまう罠

先ほど大規模大学と中小規模大学とは、実は持ちつ持たれつの関係にあり、ネットワークを形成していることをお話ししました。〝生態系（エコシステム）〟を形成しているといってもいいでしょう。それは大学間の共著論文数の高い割合を見ればわかりますし、地方大学にも旧帝大出身者がたくさん在籍していることからも容易に想像が付くと思います。「選択と集中」政策によって、地方の中小規模大学の機能や研究従事者数を縮小することは、大規模大学の研究機能をも低下させるリスクが大きいのです。

大規模大学と中小規模大学が持ちつ持たれつの関係にあることは、最近の科政研の調査資料（文献4－1）でも明らかになっています。この資料の10ページには「各大学グループの論文数において、責任著者が他大学グループに所属する論文数の割合は約2割を占めており、大学グループ間の相互依存性も高まっていると言える。例えば、第3グループ、第4グループの大学の研究活動の低下は、第1グループの論文生産にも影響を与える可能性がある。」（一部表現を修正して引用）と記載されています。なお、第1グループは旧帝大上位4大学であり、第3、4グループはほぼ中小規模大学に相当します。

「死に筋商品」を単純思考でカットするリスクは、巷の経営書にも必ず書かれています。

⑥すでに十二分になされている「選択と集中」をさらに急峻にする罠

国立大学の「選択と集中」を推し進めるというのですが、国立大学の「選択と集中」はすでに十二分になされています。第2章の図表2－19でお示ししましたように、日本の大学の論文数の傾斜は、世界の中でダントツに急峻な傾斜でした。

図表4－37上図に示しますように、国立大学への運営費交付金の傾斜は、下図の学生納付金の傾斜に比べて急峻です。学生納付金は、学生数と比例し、各大学の教育活動を反映しています。その教育活動への貢献度以上に、上位大学に運営費交付金が配布されていることがわかります。運営費交付金は、最初から上位大学に選択と集中的に配分されているのです。ただ、この差が生じる理由の一部として、大規模大学においては附置研究所など、教育よりも研究に重きを置いた施設を多数保有していることが考えられます。

図表4－38の上図は、戦略的な公的外部資金の累積割合、下図は科研費配分額と受託研究費等収益（主に企業からの研究資金）の累積割合です。これらの外部資金の傾斜は非常に急峻で、論文数の傾斜よりも急峻です。これは、図表4－33の収穫逓減のグラフとも整合するものです。

「選択と集中」政策はこの急峻な傾斜をいっそう急峻にしようとする政策です。世界の大学の傾

図表4－37　86国立大学における運営費交付金収入と学生納付金の累積割合（2013年）

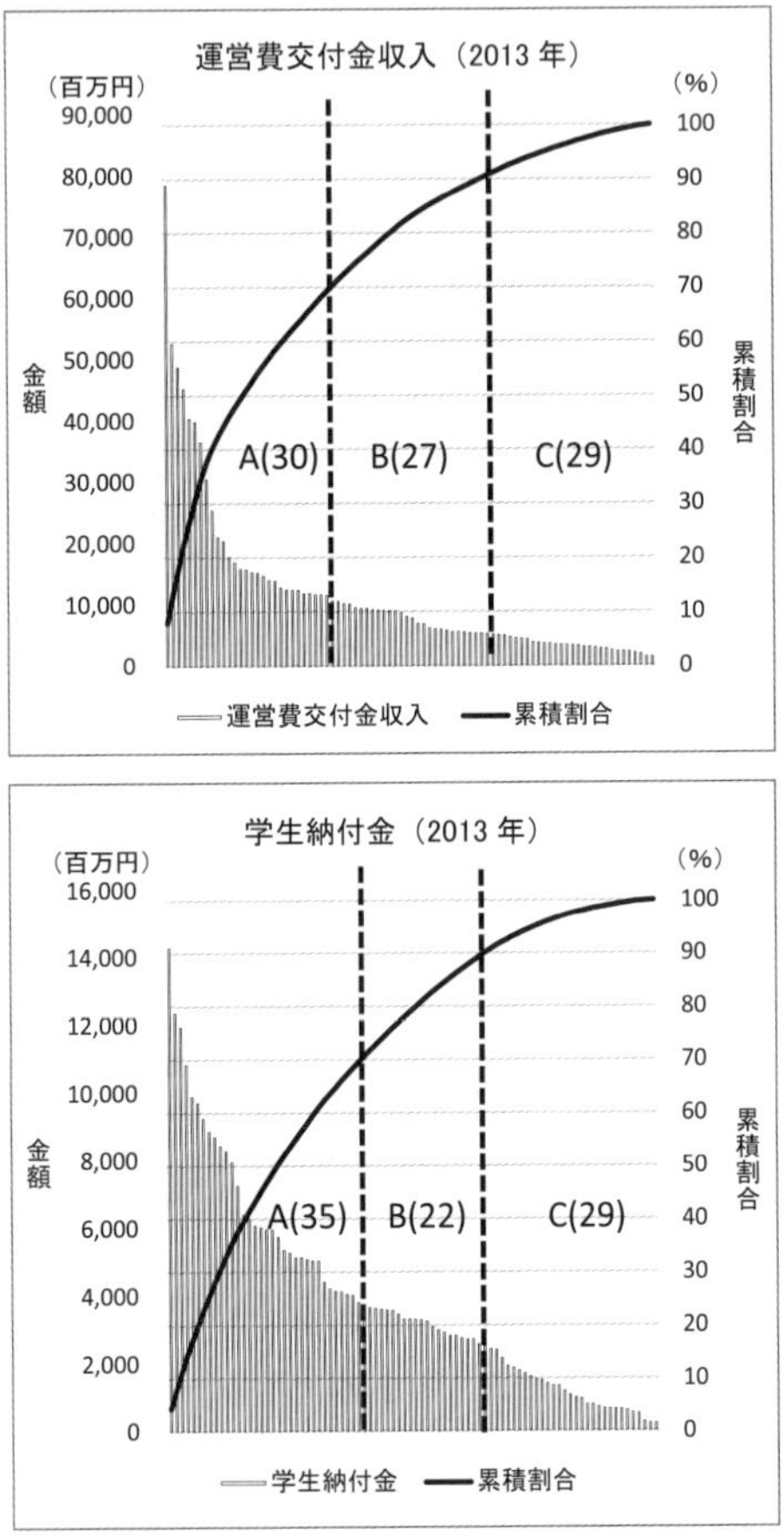

（注）86国立大学のデータ。各国立大学法人の公表している財務諸表に基づき著者作図。Aは累積割合が全体の70%を占める群、Bは70～90%を占める群である。

図表4－38　86国立大学における主要な政府からの外部資金と政府以外からの外部資金の累積割合（2013年）

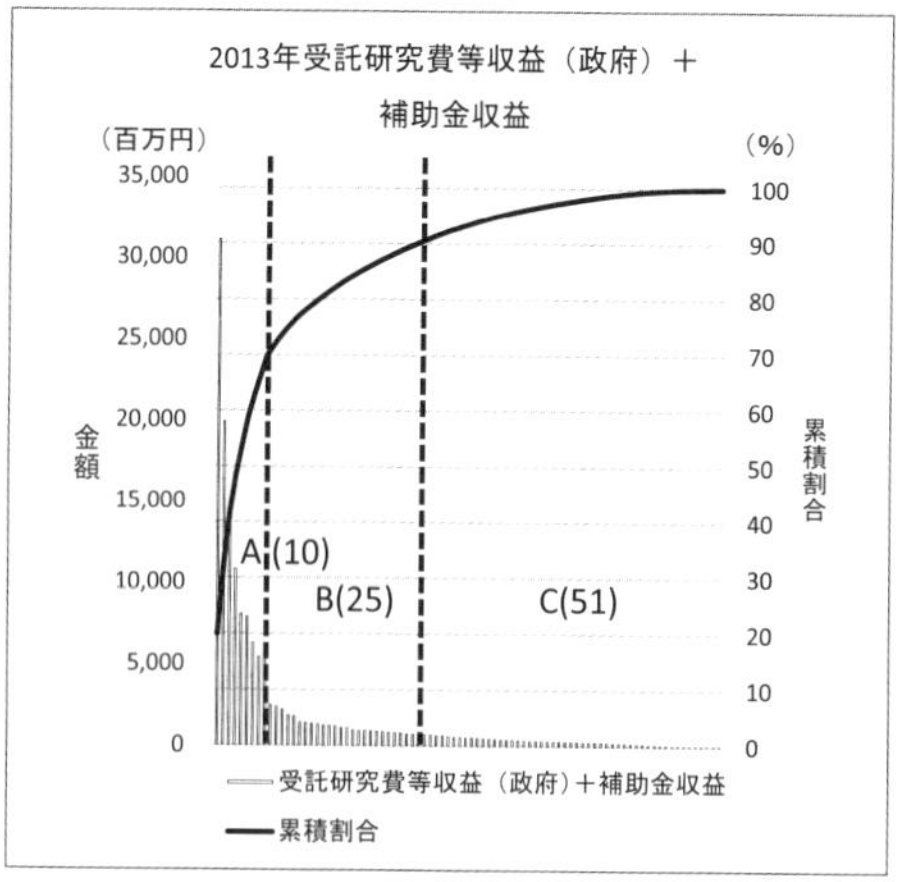

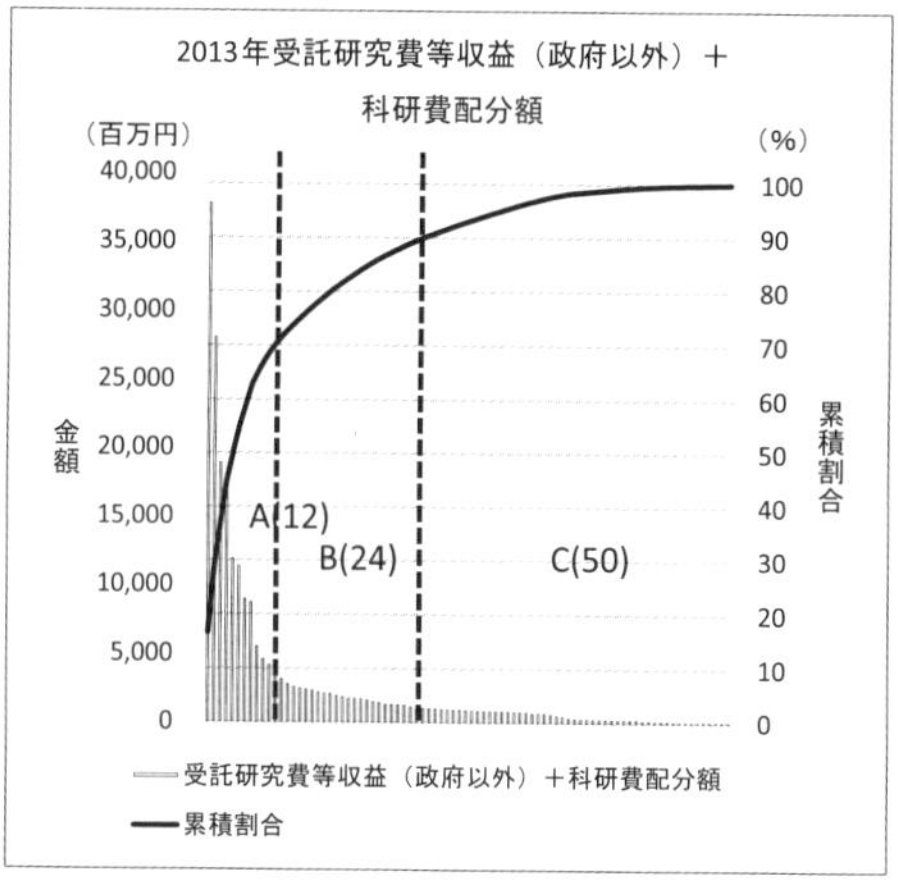

（注）86国立大学のデータ。科研費配分額は（独）日本学術振興会のウェブサイトの公表データ、受託研究等収益および補助金等収益は各国立大学法人の公表している財務諸表に基づき著者作図。Aは累積割合が全体の70％を占める群、Bは70～90％を占める群である。

斜が富士山くらいの傾斜だとすると、日本は東京タワーくらいの傾斜であり、それを「選択と集中」政策によって、スカイツリーのような直立したような傾斜にしようとしているわけです。世界の中で最も急峻な大学間の傾斜を、いっそう急峻にして、果たして日本の大学全体のパフォーマンスが上がり「我が国が成長力を高め国際競争に打ち勝っていくため」という目的が実現されるのでしょうか？　とてもそうは思われませんね。

⑦ 視点を変えるだけで「選択と集中」が逆効果になる罠

日本の約780大学の中で国立大の多く（約50大学）は論文数上位10％に入ります。「選択と集中」による中小規模国立大の縮小は、日本の大学全体に視野を広げれば、研究力の高い群の縮小になり、日本全体の研究競争力は低下します。国立大学間という狭い視野で「選択と集中」を考えることによる罠です。

図表4－39に2018年5月26日時点でInCites Benchmarkingで分析できる210の日本の大学の論文数の累積割合を示しました。すると、全体の7割を占めるA群は44大学となり、地方国立大学の多くが、A群の中に入ってきます。国立大学の中だけでパレート図に基づいて選択と集中をすると、このような日本全体としてはパフォーマンスの高い大学を縮小するわけですから、日本全体の研究力を低下させてしまうことになります。

図表4－39　210大学における論文数の累積割合（2013年）

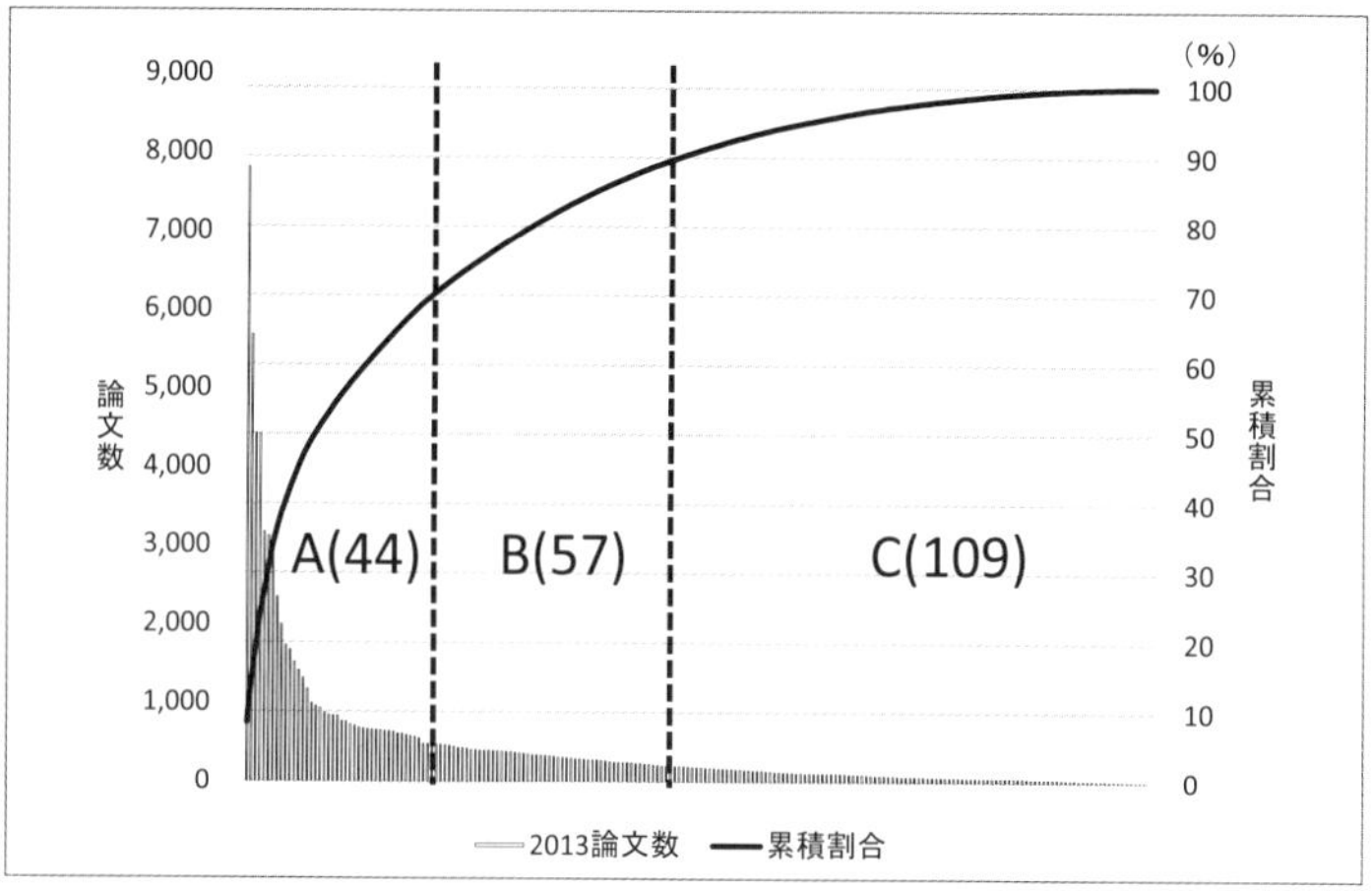

（注）論文数はクラリベイト・アナリティクス社 InCites Benchmarking より、2018年5月26日にデータ抽出。文献種原著、分野分類法 ESI、全分野、3年平均値。A は累積割合が全体の70%を占める群、B は70～90%を占める群である。

⑧評価軸が複数あることを無視する罠

大学のミッションには、研究以外にも教育や社会貢献があり、研究という単一の評価軸だけでは評価はできません。図表4－37を見ても、中小規模大学が教育に大きく貢献していることがわかりますね。地方に配置されている中小規模大学の地域貢献に及ぼす価値は、研究競争力だけでは測れません。単一の評価軸のデータに基づく「選択と集中」は、大きな間違いを生じる可能性があります。

⑨視点を変えるだけで「選択と集中」が無意味になる罠

複数の中小規模大を統合したバーチャル大学を想定します。このバーチャル統合大学の論文数がA群に入れば、パレート図による削減の対象から外れることになります。

また、中小規模大学の教員を削減して、大規模大学の教員を増やすという「選択と集中」をする場合、日本の国内で教員ポストを移動させているだけですから、日本全体としての論文数や研究力が上がるとは限りませんね。この場合、中小規模大学のネーミングを大規模大学と同じに変更するだけで、ポストを物理的に無理に移動させなくても「選択と集中」をしたことと同じになります。

このような思考実験によって、その「選択と集中」が、本物か偽物か、あるいは手段を自己目的化しているかどうかの区別がつきます。

⑩ 多様性縮小の罠

成長のもとになるイノベーションを生むには、多様な研究の種をたくさん蒔くことが不可欠です。その中から有望な芽が出てきた時に、その芽を選択して事業化のために集中投資すること、つまり「プロモーション型」の「選択と集中」は理にかなっています。しかし、大学を「選択と集中」することは、多様性の確保という大学の非常に重要な役割を縮小することになり、イノベーションの創出にはマイナスになります。

⑪「選択と集中（≠メリハリ）」と「競争原理」を混同する罠

大学の評価をして、成果に基づいて「傾斜配分」し「選択と集中」する、あるいは「メリハリ」をつけることを「競争原理」であるというふうに混同している政府文書にしばしば出会います。「競争原理」というのは、本来は機会を均等に与えて競わせることを指します。そして、競争原理が適切に働いている環境においては、大学の順位の入れ替わりが期待されます。

しかし、日本の大学にはもともと大きな傾斜配分がなされて序列が固定しており、スタートラインからして、機会均等とは程遠い状況です。また、成果を上げた大学を評価して、研究資金を多く配分することに疑問を抱く人は少ないかもしれませんが、ちょっと考えをめぐらせば、多く配分された大学は次の成果を出せますが、非配分大学は次の成果を出しにくくなって研究資金を獲得できず、これを繰り返すと、どんどん大学間格差が拡大し序列が固定化してしまうことになります。企業の場合は独占や寡占の状態になり、独占禁止法によって、競争原理が機能するように制裁が科される是正されるところです。このように「選択と集中」（「メリハリ」や「重点化」と同様です）とは、競争原理とは対極にある概念であり、競争原理をトップダウンで終わらせて、独占化、寡占化、固定化を進める手法です。もっとも「競争原理」そのものについても、勝ち組と負け組が生じて格差が拡大し、それを放置すれば国全体としての生産性が低下することは経済学の教えるところです。

以上、両刃の剣である「選択と集中」には数多くの罠があり、罠にはまると効果がないどころか副作用を生じさせて逆効果に終わることを説明しました。特に「パレート図型」の「選択と集中（＝メリハリ）」には細心の注意が必要であると感じます。国立大学への交付金の削減は、国の財政健全化に寄与したことになりますが、その分、日本の公的研究の国際競争力低下をもたらしました。そして、国立大学間の「選択と集中」政策は、低下する研究力をカバーするどころか、さらに悪化させたと考えられます。

「選択と集中」の中でも「プロモーション型」の「選択と集中」は比較的理にかなっていると感じられますが、これも、目利きを誤れば、大きな損失につながります。つまり「賭け」の要素が必ず含まれますので、「選択と集中」をすれば必ずうまくいくという定式化が難しいのです。

最後に「選択と集中（＝メリハリ）」という言葉の便利さについても付け加えておきましょう。それは、一般的に「選択と集中（＝メリハリ）」は強い部分に資源を集中させることを意味しますが、弱い部分に資源を集中して底上げを図る場合にも「選択と集中（＝メリハリ）」という言葉を使うことができるということです。

〈研究現場からの声〉

●研究費総額としては、ある程度のレベルにあるが、特定の分野、目立つ研究分野への配分の偏りが懸念される。地方大学の基礎研究を行っている研究室への予算配分の少なさは、将来の禍根と

なるのではないか？（２０１６年、民間企業等、社長・役員クラス、男性）

●選択と集中は研究の世界に合わない。新しい芽をどれだけ多く育めるかが将来の発展の基盤であるが、選択と集中はそれに全く逆行するシステムである。また、研究の世界の時間の進み方は、経済活動のそれよりもゆっくりである。短い時間の間隔で進捗状況をチェックしても、研究を阻害することにしかならない。（２０１７年、公的研究機関、主任研究員クラス、男性）

●選択と集中はほどほどにすべき。将来有望な研究テーマを誰かが見抜けるというのは大きな勘違いです。将来の見えない取り組みを多数行う中で、ごく少数の大成功例が生まれる。取り組む側としてはそれほどリスキーだからこそ、国の予算で国の研究者が研究する意義があるのであって、そうでなければ、企業がやればすむ。（２０１６年、大学、第１G、教授クラス、男性）

●短期的に成果の出るテーマ、実用的研究に研究資金が集中する傾向が強まっているように感じる。また、分配の選択と集中が進みすぎ、地方大学の研究資金量の低下は、日本全体の研究能力を低下させる水準になっているのではないか。中長期的な視点をもった研究環境の整備と研究資金の分配が必要と思う。（２０１６年、公的研究機関、部・室・グループ長クラス、男性）

●本人自身の研究費を用いて10年をかけて研究環境を整備した。大学に来た当初はあまりにも情けない環境で絶望的であった。このような研究環境を教授自身ですべて整えていかねばならない現状は憂うべき事である。研究資金の大型化はある面ではありがたいが、広く薄く研究費をばらまいて、全く予想できなかった様な成果を出る様にしないと将来のノーベル賞は危うい。（2017年、大学、第1G、教授クラス、男性）

●かつてのiPS細胞の研究は、選択と集中を行ってその対象からうまれたのではなく、裾野から生まれた研究である。この例からわかるように、次世代の革新的な研究や技術を育てるためには、研究費配分における行き過ぎた選択と集中はやめたほうが良い。研究の裾野を広げ、広く支援する必要があると考える。（2016年、大学、第3G、保健（医・歯・薬学）、部・室・グループ長、教授クラス、男性）

●研究資金の分配に、偏りが生じているように思う。選択と集中も大事だと思うが、地道に、しかし確実に研究を進めている研究者には、薄く広くで良いので、研究費を配分して欲しい。（2016年、大学、第2G、農学、研究員、助教クラス、男性）

●基盤的経費が少なすぎて、アイデアも能力もあるのに十分な研究ができない研究者が多数いると思われる。日本の科学技術にとって重大な損失である。研究のみならず学生の教育も十分にできない状況があり、将来の人材育成にとっても憂うべき事態である。研究資金の総額を増やすことが望ましいが、そうでなくても、「選択と集中」でなく、薄く広い研究資金の配分法へ移行すべきだと考える。（2016年、大学、第2G、理学、主任研究員、准教授クラス、男性）

●外部資金も学内の予算も最近は「選択と集中」型の予算が多く、一人では使い切れないほどの予算を獲得する人がいたり、逆に予算がほとんど無く、研究できない状況の人がいる。100万円程度の予算があれば十分研究できる人も沢山いると思うので、一極集中で使えきれない予算を特定の人に配るのではなく、研究をやろうと努力している人にはより多くの人に100万円程度の予算を配った方が効率的なような気がする。（2016年、大学、第4G、農学、准教授クラス、男性）

補遺　近似分数カウントについて

本章が論文数の分析に用いているクラリベイト・アナリティクス社のInCites Benchmarkingでは、整数カウントは可能ですが、分数カウントは提供されていないので、近似法を使っています。ここでは、本書で用いた分数カウントの近似法について説明をしておきます。専門的になりますので、一般の読者の方はスキップしていただいて結構です。

図表4－40に本書で用いた分数カウントの2種類の近似法をお示ししました。一つは、単著論文数に共著論文数の1／2を加える方法です。

各国間の比較の場合には、InCites Benchmarkingで国際共著論文数が示されていますので、それぞれの国の整数カウントによる論文数から、国際共著論文数の1／2を差し引けば求まります。

図表4－40　本書で用いた分数カウントの近似法

1. 共著1／2補正
   （単著論文数）＋（共著論文数／2）

2. 近似分数カウント
   - （単著論文数）＋（共著論文数）／（2＋〔共著論文あたり共同研究機関数ー1〕／4）
   - 共著者が100を超える論文の補正

（注）ここでの「単著論文」とは、著者が一人の論文という意味ではなく、著者が一つの研究機関（国レベルの比較の場合は一つの国）に属する論文という意味で用いている。（単著論文数）＝（整数カウント論文数）－（共著論文数）である。共同研究機関が2つだけである場合は、共著論文数を2で割って単著論文数に加えると分数カウント論文数が求められる。共同研究機関が3つ以上の共著論文の割合が高まると、共著論文数を2で割るだけでは誤差が大きくなるので、2よりも大きい数値で割る必要がある。InCites Benchmarkingで共著論文1件あたりの共同研究機関数を求めることができるので、そこから1を引くと、共著論文1件あたりの、2機関を超える共同研究機関数が求まる。これに掛ける係数を、（近似分数／整数カウント比率）が、NISTEPの（分数／整数カウント比率）に近くなるように1/4と設定した。なお、最近、共著者数が1000を超え、共同研究機関数も200を超えるような共著論文が増えており、その割合が高まると、誤差が大きくなる。共著者が100を超える論文については別途カウントし補正した。

これを本書では国際共著1／2補正と名付けています。

大学（群）間の比較の場合には、その大学（群）と、InCites Benchmarkingに登録されている国内外のすべての大学や研究所等との共著論文数を求め、その1／2を整数カウントから差し引きます。これを本書では、共著1／2補正論文数と名付けています。ただしInCites Benchmarkingに登録されていない大学や研究所等との共著論文はカウントされません。

このような共著1／2補正論文数は、分数カウントよりもやや多くカウントされますが、分数カウントの動態を推定するのに役立ちます。

ただし、共著1／2補正では、3研究機関以上の多機関共著論文の割合が増えると、誤差がかなり大きくなります。図表4－40に記載した方法で3研究機関以上の共著論文数を推定し、NISTEPの分数カウント法に値が近づくように補正し、それを近似分数カウントとしました。

図表4－41には日本の全分野の論文数について、NISTEP（科政研）による論文数（上図）とInCitesによる論文数（下図）を示しました。今までお示しした論文数のグラフはすべて3年移動平均値でしたが、このグラフは単年ごとの論文数を示しており、多少ギザギザしています。データベースの論文数にはこのような揺らぎがあるのです。

まず上図のNISTEPによる論文数ですが、整数カウントの論文数に比較して分数カウントの論文数は少なくカウントされますが、1995年頃までは、それほど大きな違いはありませんでした。しかし、その後徐々に差が大きくなり、最近になればなるほどますます差が開きつつあります。そして、整数カウントでは論文数が最近でも増えているような印象を受けますが、分数カウントでは減少しています。論文数が増えているのと減っているのとでは、その解釈に大きな差が出ますね。整数カウントでは研究力が低下しているとは判断できませんが、分数カウントでは研究力が低下したと判断することになります。

次に、下図のInCites Benchmarkingの論文数を見てみましょう。InCites Benchmarkingの整数カウント論文数とNISTEPの整数カウント論文数にはずれがあるのですが、これは、データベー

図表 4 − 41　近似分数カウントの NISTEP データとの比較：日本の場合

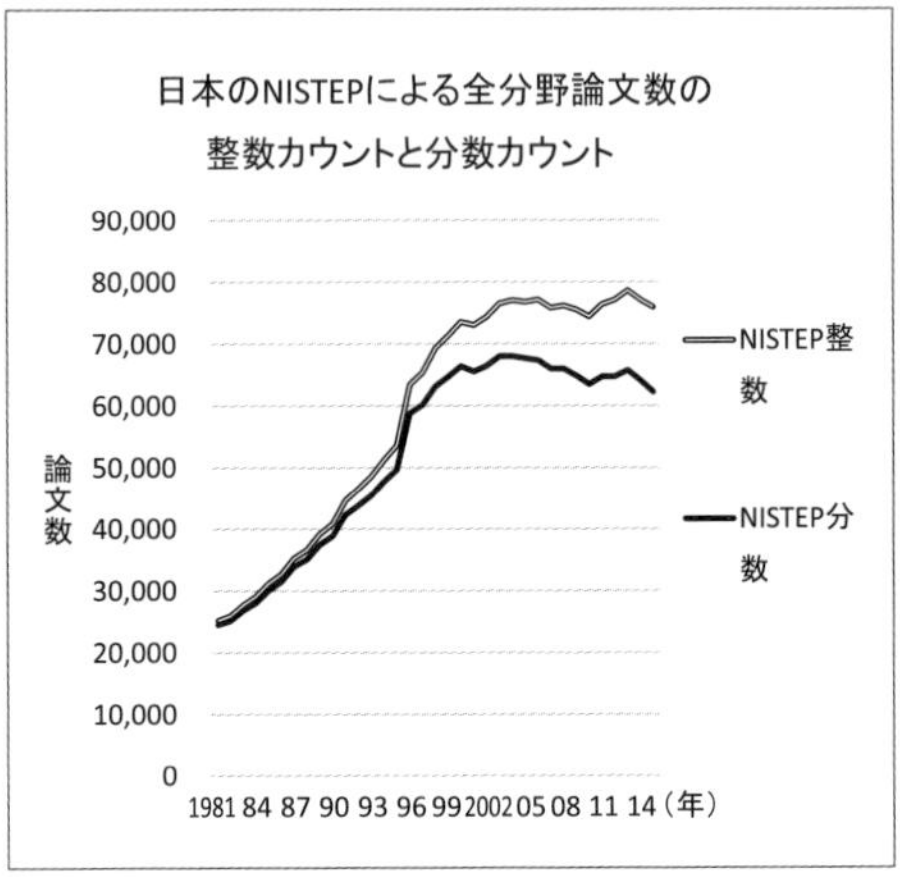

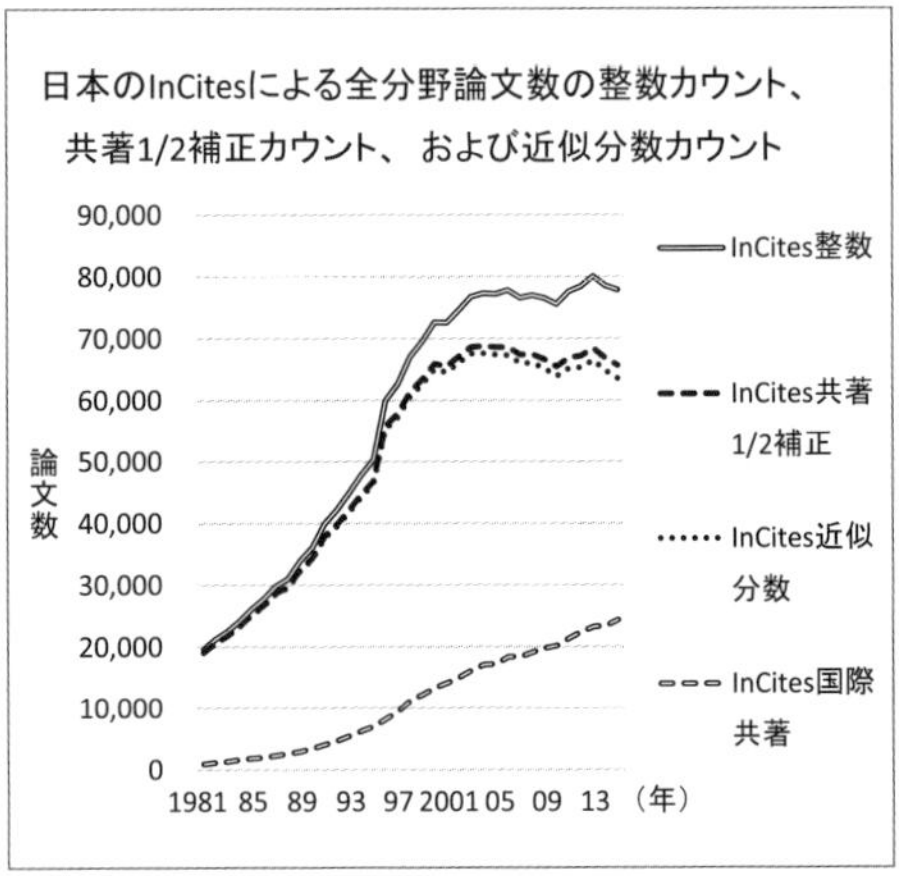

（注）NISTEP の論文数は、村上昭義、伊神正貫「科学研究のベンチマーキング 2017- 論文分析でみる世界の研究活動の変化と日本の状況 -」調査資料；262、文部科学省 科学技術・学術政策研究所、2017 年 8 月の参考資料 1 のデータをもとに著者作図。InCites Benchmarking の論文数は 2018 年 4 月 14 日にデータ抽出。分野分類法 ESI、文献種：原著および総説。

スからの論文の抽出方法の違いなどによって生じていると思われます。ずれはあるものの、細かい変動まで同様の動きを示しています。まず、グラフの下の方の曲線で示した国際共著論文数がどんどんと増えているのがわかりますね。そして、共著1／2補正論文数の曲線と近似分数カウント論文数の曲線は、NISTEPの分数カウント論文数の曲線と似通った曲線になっています。近似分数カウント論文数の方が共著1／2補正論文数よりも、少しだけ小さい値になっていますが、それほど大きな違いではありませんね。

次にドイツの論文数で、近似分数カウントをNISTEPのデータと比較してみました（図表4－42）。ドイツの共著論文の割合は日本よりもかなり高く、共著1／2補正論文数と近似分数カウントとでは、日本の場合よりも少し差が大きくなっています。

図表4－43では、日本とドイツの分数／整数カウント比率の変化についてNISTEPのデータ（文献4－6）と比較してみました。両国とも年が経つにつれて共著論文がどんどん増えているので、分数カウントの整数カウントに対する比率は低下していますが、ドイツの方が大きく低下していきます。InCites Benchmarking による共著1／2補正／整数カウントの比率も同様に低下していきますが、NISTEPの分数／整数カウント比率との差は、徐々に開いていきます。それでも日本の場合は、2％程度の誤差でまずまずの近似になっていますが、ドイツの場合は、8％程度の誤差となります。

図表4－42　近似分数カウントのNISTEPデータとの比較：ドイツの場合

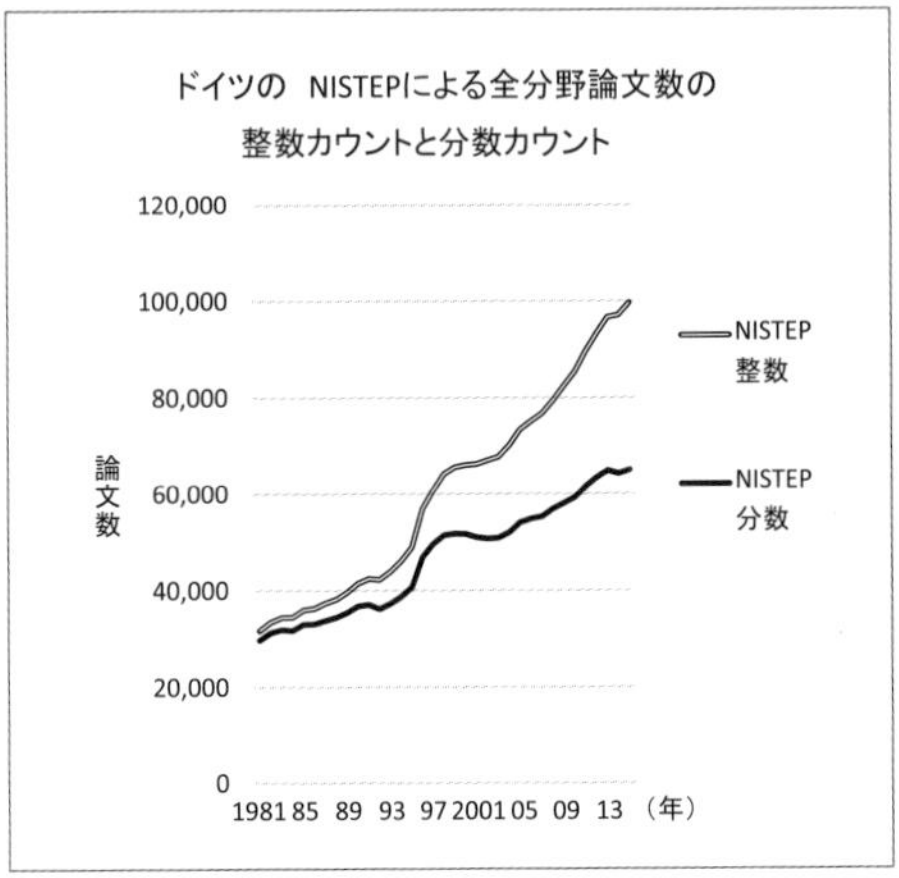

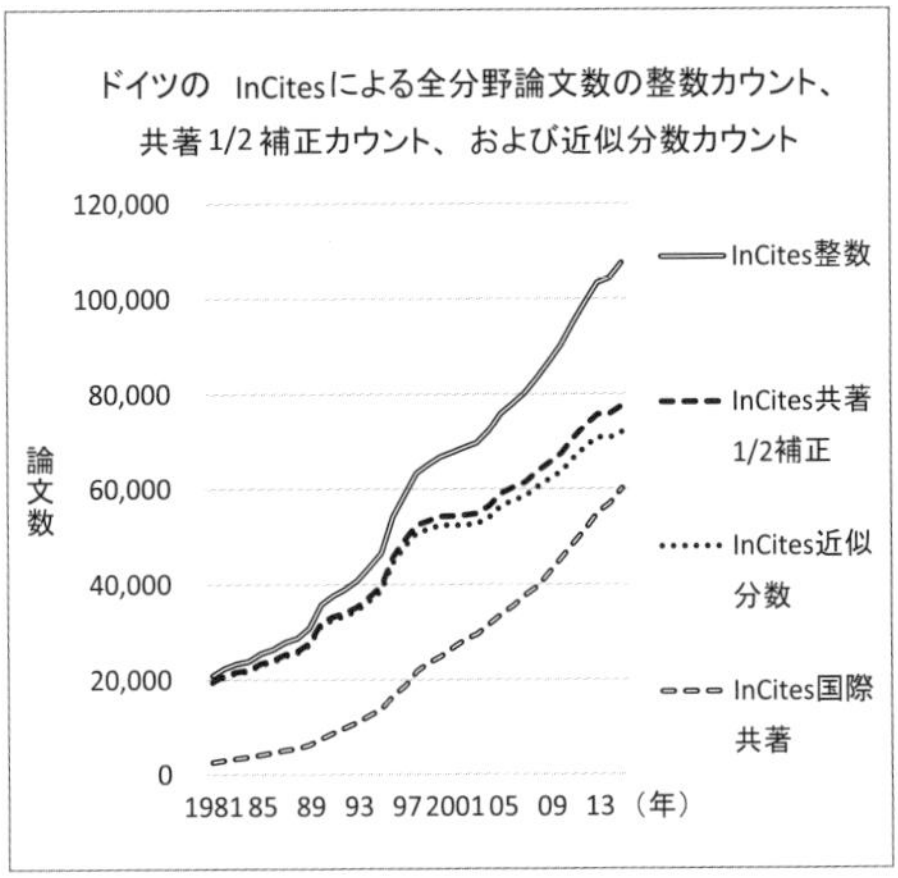

（注）NISTEPの論文数は、村上昭義、伊神正貫「科学研究のベンチマーキング2017――論文分析でみる世界の研究活動の変化と日本の状況――」調査資料；262、文部科学省 科学技術・学術政策研究所、2017年8月の参考資料1のデータをもとに著者作図。InCites Benchmarkingの論文数は2018年4月14日にデータ抽出。分野分類法ESI、文献種：原著および総説。

図表4－43　近似分数カウントのNISTEPデータとの比較：分数／整数カウント比率

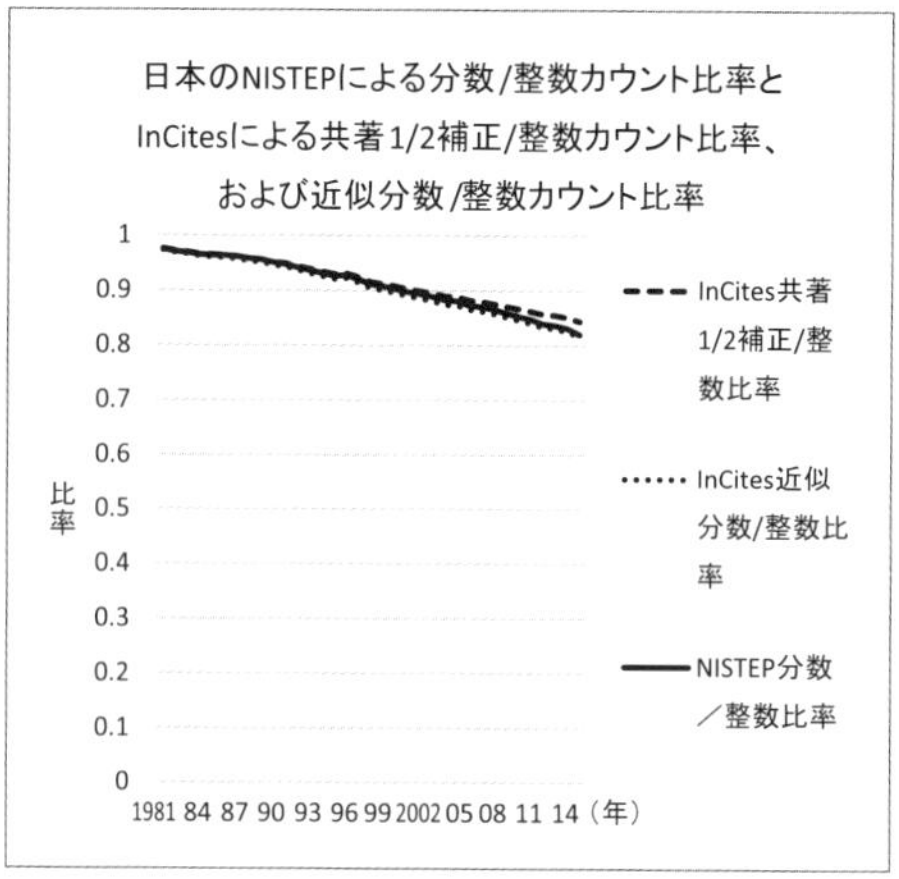

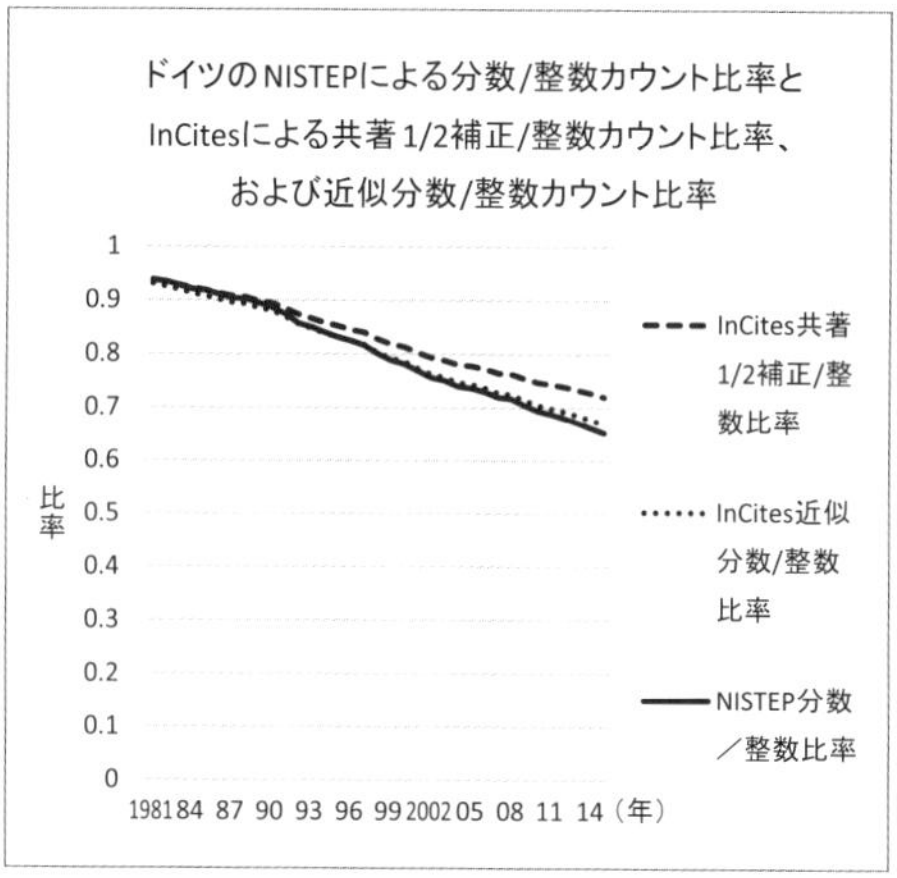

（注）NISTEPの論文数は、村上昭義、伊神正貫「科学研究のベンチマーキング2017――論文分析でみる世界の研究活動の変化と日本の状況――」調査資料；262、文部科学省 科学技術・学術政策研究所、2017年8月の参考資料1のデータをもとに著者作図。InCites Benchmarkingの論文数は2018年4月14日にデータ抽出。分野分類法ESI、文献種：原著および総説。

InCites Benchmarkingの近似分数／整数カウントの比率は、NISTEPの分数／整数カウント比率とかなり近い値となっており、日本の場合の誤差は1％未満、ドイツの場合は2％程度となっていますので、この近似法がまずまず使用に耐えうるものであると考えます。

図表4－44は、お茶の水女子大学の物理学の論文数について、各種のカウント法について、調べてみたものです。実は、この大学の物理学の論文数（整数カウント）が左図にお示ししましたように2014年から急激に増えているので、どういうことが起こっているのか不思議に思って少し調べてみたのです。そうすると、この急激に増えた論文は、素粒子物理学分野の多機関共同研究の論文であることがわかりました。共同研究機関数は200機関を超える規模であり、これは〝超〟共著論文と表現した方がいいかもしれません。このような論文を分数カウントで数えると、整数カウントで100件の論文数が、わずかに0・5件以下になり、この大学の物理学の論文数のカウントに、ほとんど貢献していないことになります。そして、下図のように、共著1／2補正カウントの場合は、共著論文数や共著論文あたりの共同研究機関数がそれほど高くないものであれば分数カウントと近い値を示していますが、それらが急増する2014年以降の開きは非常に大きくなっています。

一方、近似分数カウントでは、2014年以降も、まずまず分数カウントに違い値が得られています。また、責任著者カウントも示しましたが、概ね分数カウントおよび近似分数カウントに近い値で推移しています。

図表 4 − 44　近似分数カウント：一大学における物理学論文数の各種カウント法の比較

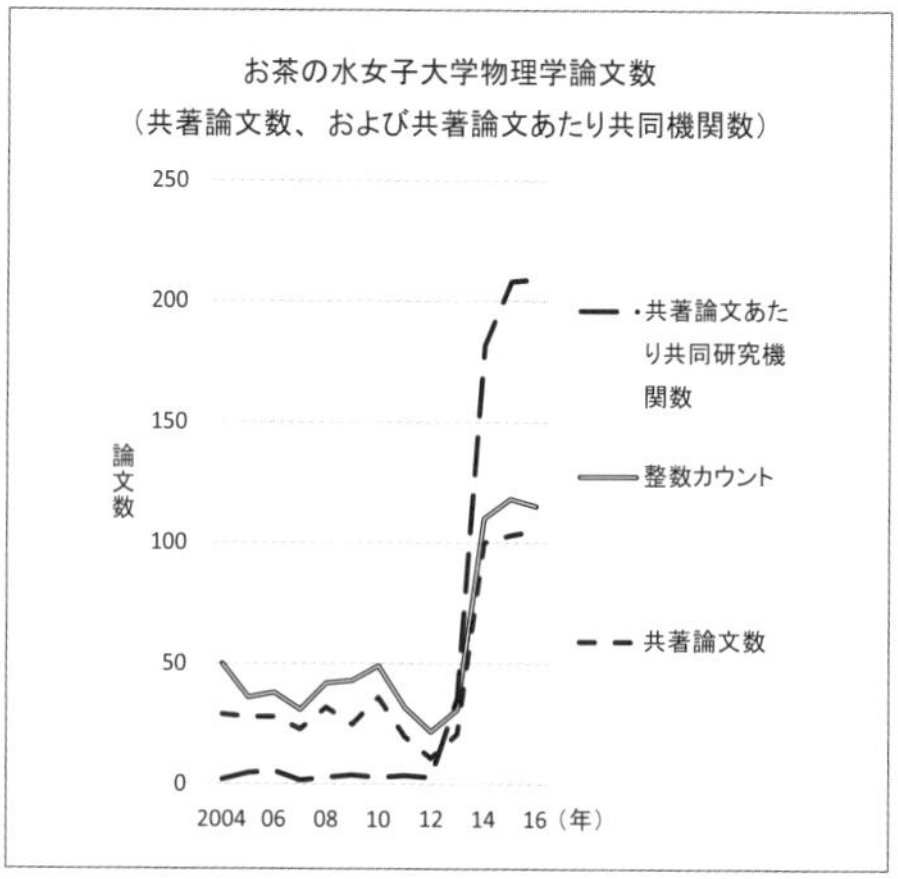

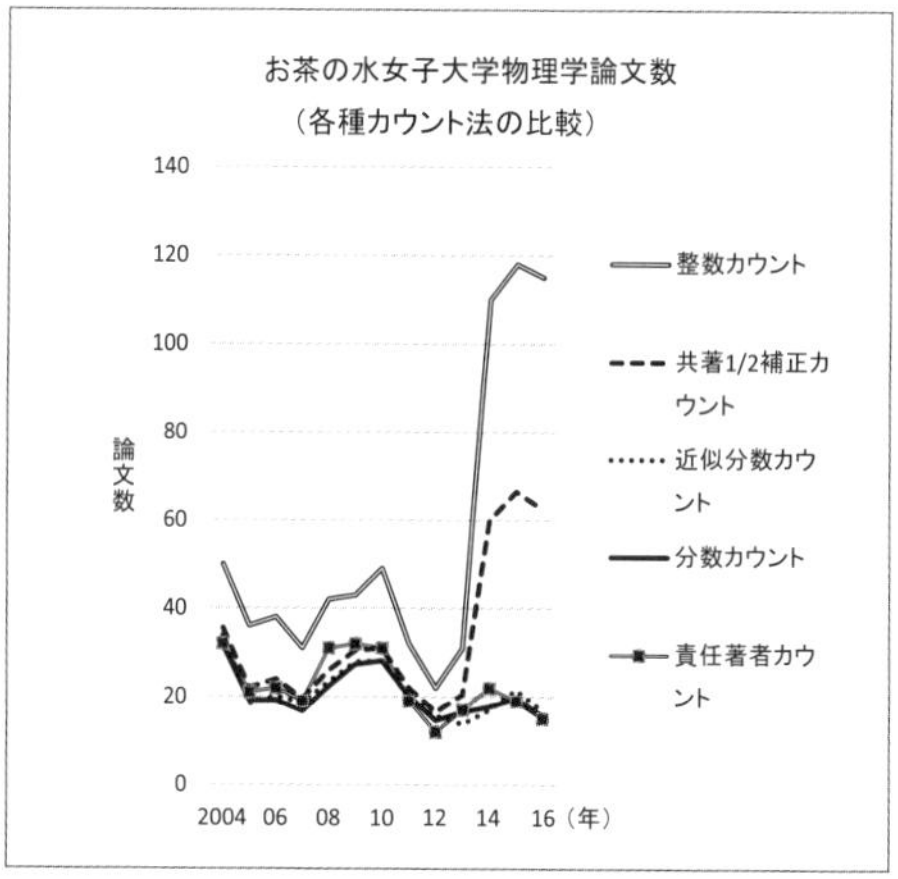

（注）クラリベイト・アナリティクス社 InCites Benchmarking より 2018 年 4 月 14 日にデータ抽出。分野分類法：ESI、Physics、文献種：原著。分数カウントおよび責任著者カウントは、InCites Benchmarking で一つひとつの論文を確認して求めた。

図表 4 − 45　共著者数 100 および 500 を超える論文数のカウント

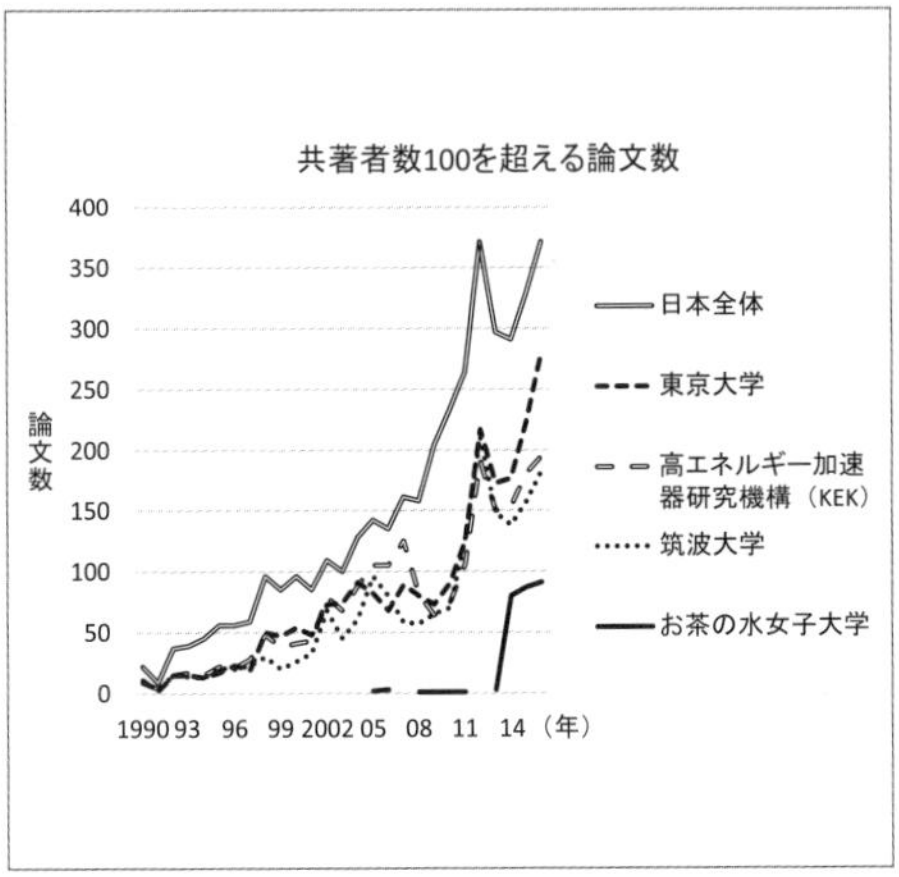

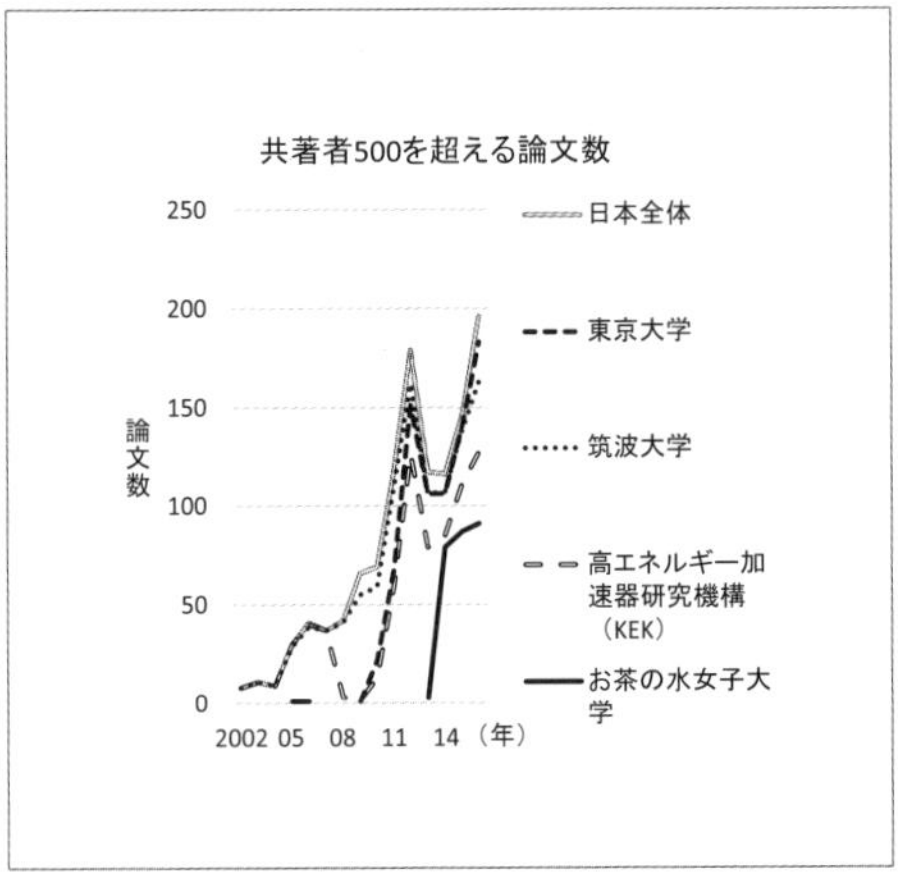

（注）クラリベイト・アナリティクス社 InCites Benchmarking より 2018 年 4 月 14 日にデータ抽出。分野分類法：ESI、文献種：原著。

このようなデータから、共著論文の比率がそれほど高くない状況では、整数カウントや共著1／2補正論文数で、概ね研究力を評価できると考えられますが、共著論文の比率が非常に高くなり、特に超多機関の共著論文が増える場合には、分数カウントや近似分数カウントの方が、研究力を評価する上ではベターであると考えられます。

参考までに、日本の研究機関が関わった、多数の共著者による論文の推移を図表4－45にお示ししました。ほとんどが加速器と言われる素粒子を加速して衝突させる装置等を使って研究された素粒子物理学分野の論文です。お茶の水女子大学の論文は、共著者数が2800人を超える論文でした。

第5章

すべては
研究従事者数（FTE）に帰着する

この章では、日本の大学の研究機能を考える上で、しばしば問題にされる重要な事項についてお話しします。論文の質（注目度）、産学連携、大学附属病院の研究機能、そして日本の研究従事者数の不足についてです。

1．論文の「質」を高めるためになすべきこと

さて、ここでは、第2章でお話しした、THE社の世界大学ランキングで重視されている論文の質（注目度）を上げるためにはどうすればいいのか、というお話をしましょう。日本の大学の論文の注目度指標は、東大や京大をはじめとして、世界の大学の中では絶望的なほど低いことはお話ししましたね。大学ランキングでGDPと相関するのは100位以内に何校ということではなく、400～500位に何校ということであり、つまり大学の層の厚さでした。東大にも、京大にももっとがんばっていただかないといけないのですが、他の大学についても論文の注目度指標を押し上げ

ていただく必要があります。

(1) 論文の注目度指標の性質

まず、図表5－1を見ていただきましょう。これは、米国、ドイツ、日本の大学について、国際共著論文の割合を横軸に、CNCIを縦軸にして打点したグラフです（ただし、後で説明しますが、共著者数が100以下の論文について分析をしています）。

CNCIの性質として、国際共著率が高いほどCNCIも高いことが知られています。このグラフでも、国際共著率が高い大学ほど被引用数も高くなっています。ただし、国によって違いがあり、ドイツをはじ

図表5－1　米国、ドイツ、日本の大学における国際共著率とCNCIの相関

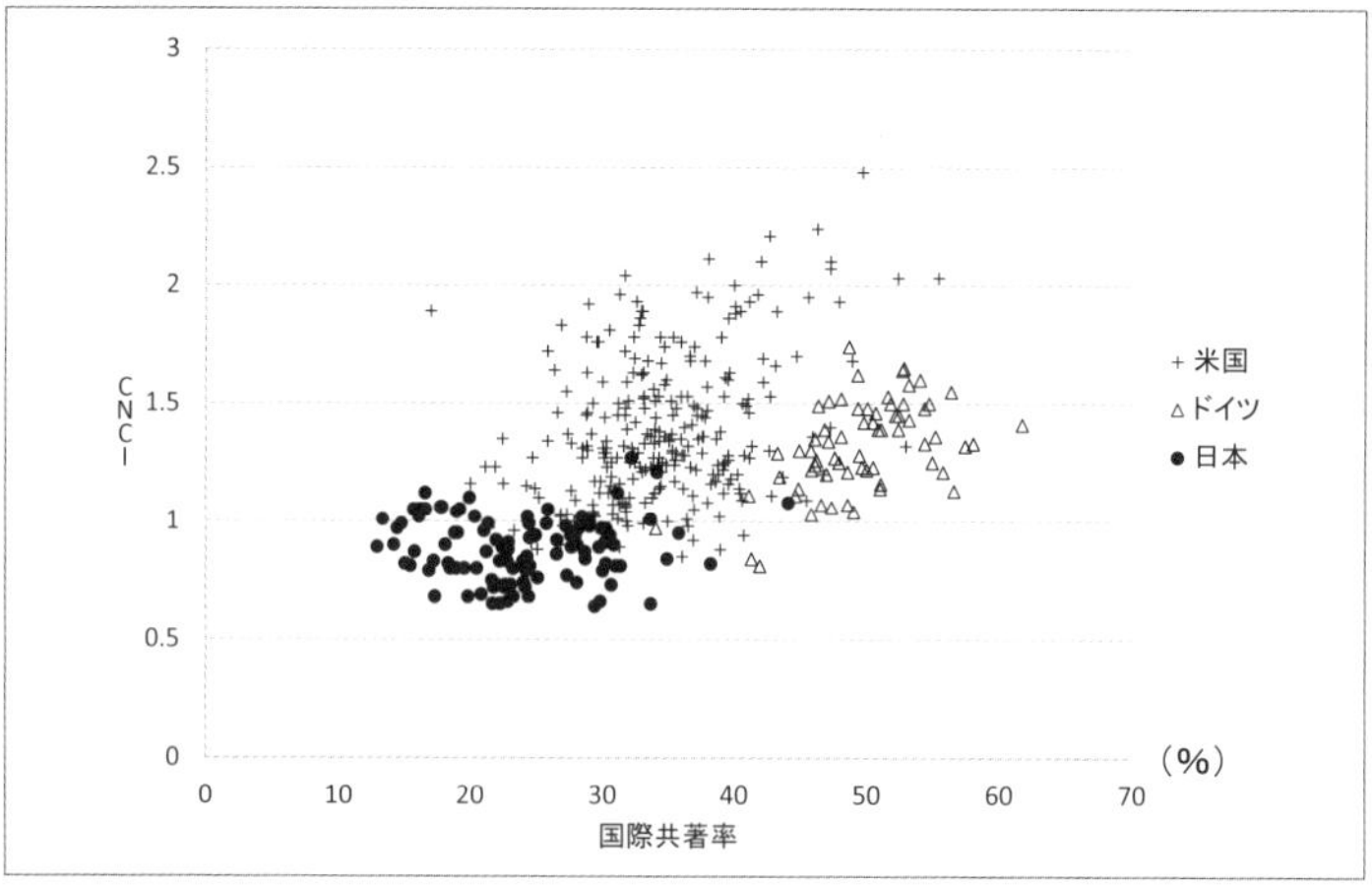

（注）2018年6月1日クラリベイト・アナリティクス社InCites Benchmarkingから論文数データ抽出。文献種原著、分野分類法ESI、CNCI：Category Normalized Citation Impact。2012－2016年の5年間の共著者100以下の論文数が1000以上の大学で分析。

めEU諸国では、国際共著率は非常に高く、米国は欧州ほど高くないのですが、CNCIの高い大学がたくさんあります。

日本の大学は、国際共著率もCNCIも両方低い大学が多く、残念ながら左下に集まっており、米国およびドイツの最下層の大学と競っています。

この図を見ると、読者の皆さんも「選択と集中」政策で一部の大学を引き上げても、とても他の先進諸国と戦えないことをお感じになるのではないでしょうか？

ここで、今回の分析では論文の共著者数100以下の論文で分析した理由をお話ししておきます。まず、図表5－2の上図を見てください。これは日本の6つの大学や研究所のCNCIの推移を示したグラフです。東京大学を除いては、変動が激しいことがわかりますね。CNCIの性質として、論文数が少ない研究機関では、一つの高注目度論文が存在すると、それに引きずられてその研究機関全体のCNCIが高くなるという現象が起こります。CNCIは、ヒット曲やベストセラー本と同様に、極端に被引用数の多いヒット論文が出ることがあり、それが一つあると、全体のCNCIが高くなるのです。べき乗分布に伴うこのような性質を本書では〝超ヒット論文効果〟と名付けることにしましょう。

もう一つ、CNCIは、比較的細分化された各分野の被引用インパクト（被引用数／論文数）が平均してあるので、一部の分野のCNCIが高くても、他の多くの分野のCNCIが低いと、それ

図表5－2　日本のいくつかの研究機関における共著者数制限なし、および100以下の論文におけるCNCIの推移

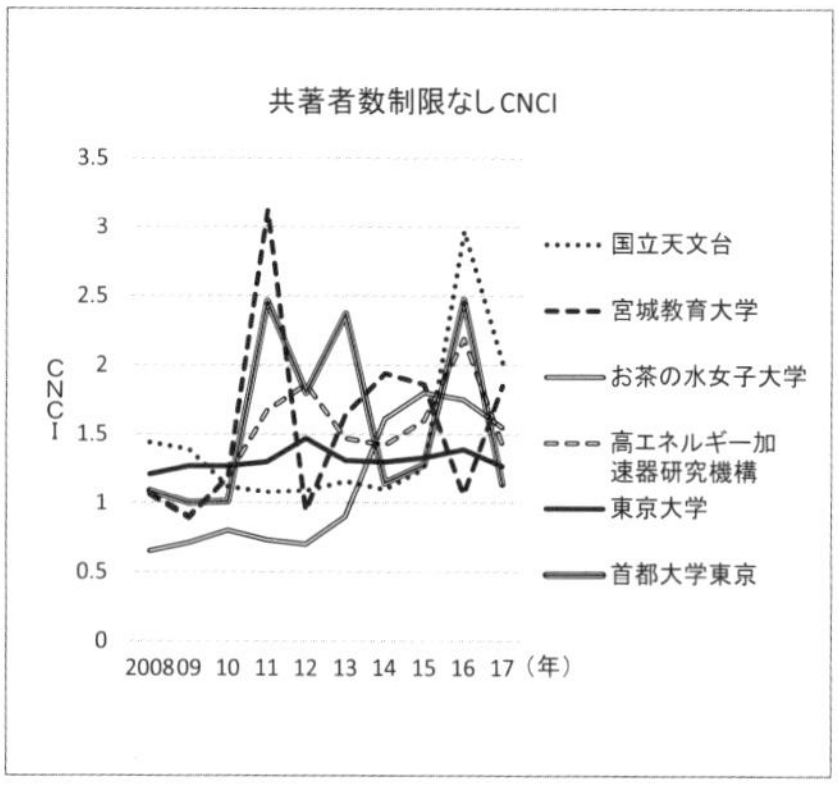

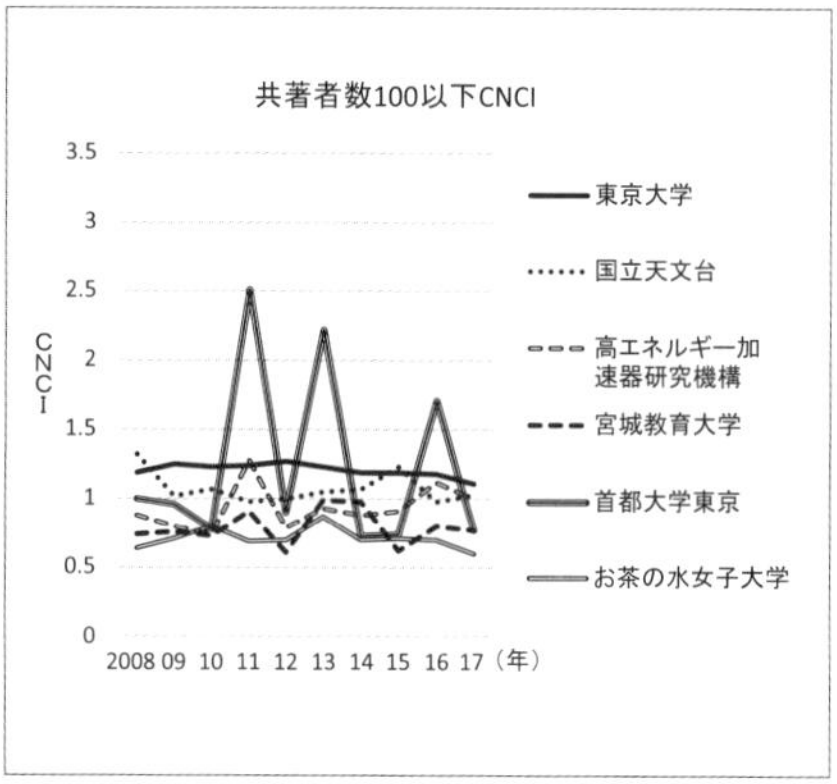

	2008－17年論文数	共著者100以上論文数割合(%)
東京大学	76,427	2.2
首都大学東京	6,283	16.6
高エネルギー加速器研究機構	5,663	23.7
国立天文台	4,000	4.0
お茶の水女子大学	1,831	19.3
宮城教育大学	393	18.8

（注）クラリベイト・アナリティクス社 InCites Benchmarking より2018年6月1日論文数データ抽出。文献種原著、分野分類法 ESI、CNCI：Category Normalized Citation Impact。

に引っ張られて全体のCNCIは低くなります。研究機関や国としてのCNCIを高めようとすれば、どのような研究分野や研究グループにおいても、万遍なくCNCIを高め、足を引っ張る部分をなくさなければ、高くなりません。このCNCIの性質を、本書では〝万遍なし効果〟と呼ぶことにしましょう。

CNCIは論文数が少ない場合は、〝超ヒット論文効果〟が表に出て値がばらつきますが、ある程度論文数を集めると、〝万遍なし効果〟の方が強くなって値が安定し、一部に得意分野があっても、不得意分野が多くなると値が高くならないということになります。著者の経験では論文数が約6000以上あると、超ヒット論文効果は目立たなくなります。

図表5－2の下図は、共著者100以下の論文数で、CNCIの推移を示したグラフですが、東京大学よりもCNCIが高かった他の研究機関のうち、首都大学東京以外は軒並み東京大学よりも低くなっています。多くの共著者からなる国際超多機関共同研究はCNCIが高くなる傾向があり、しかも、一連の研究論文が多数発行されます。典型的な分野としては素粒子物理学などがあります。論文数が少ない研究機関では、そのような素粒子物理学の国際多機関共同研究に名を連ねている研究者がお一人いらっしゃるだけで、全体のCNCIが引き上げられて、東京大学よりも高くなるという現象が起こりえます。これを本書では、〝超多機関共同研究効果〟と名付けておきましょう。

ただし、首都大学東京のCNCIが高い理由は、これでは説明できませんね。次の図表5－3の

図表5－3　日本のいくつかの研究機関における共著者数制限なし、および100以下の論文におけるTop10%の推移

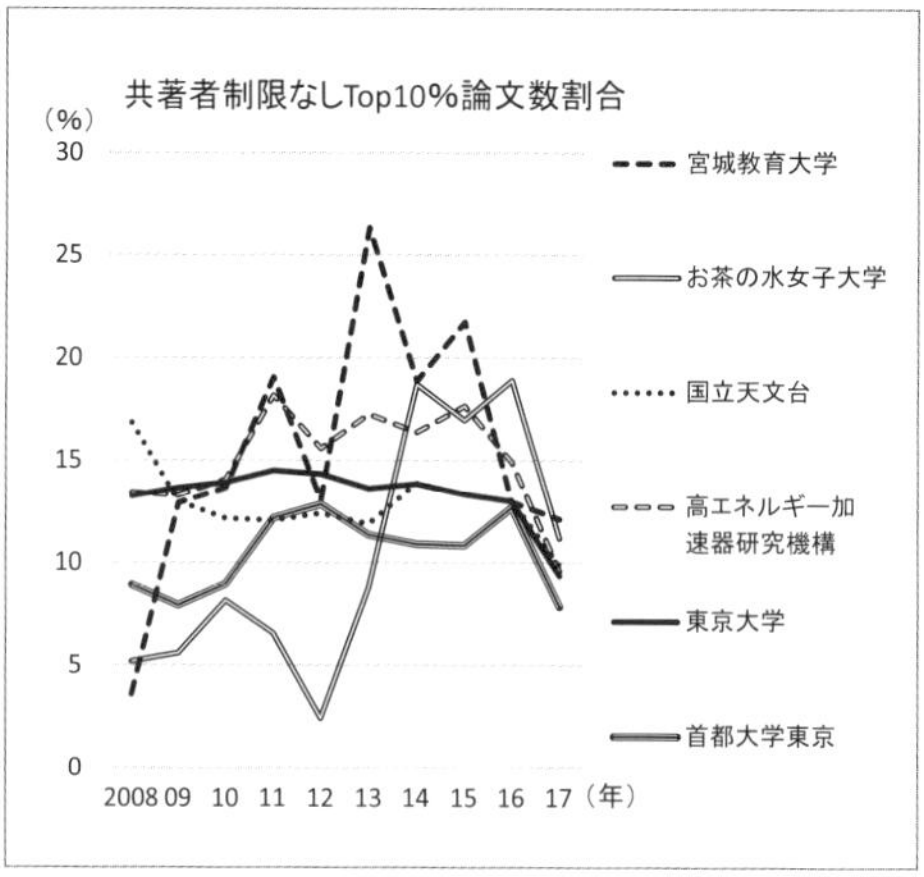

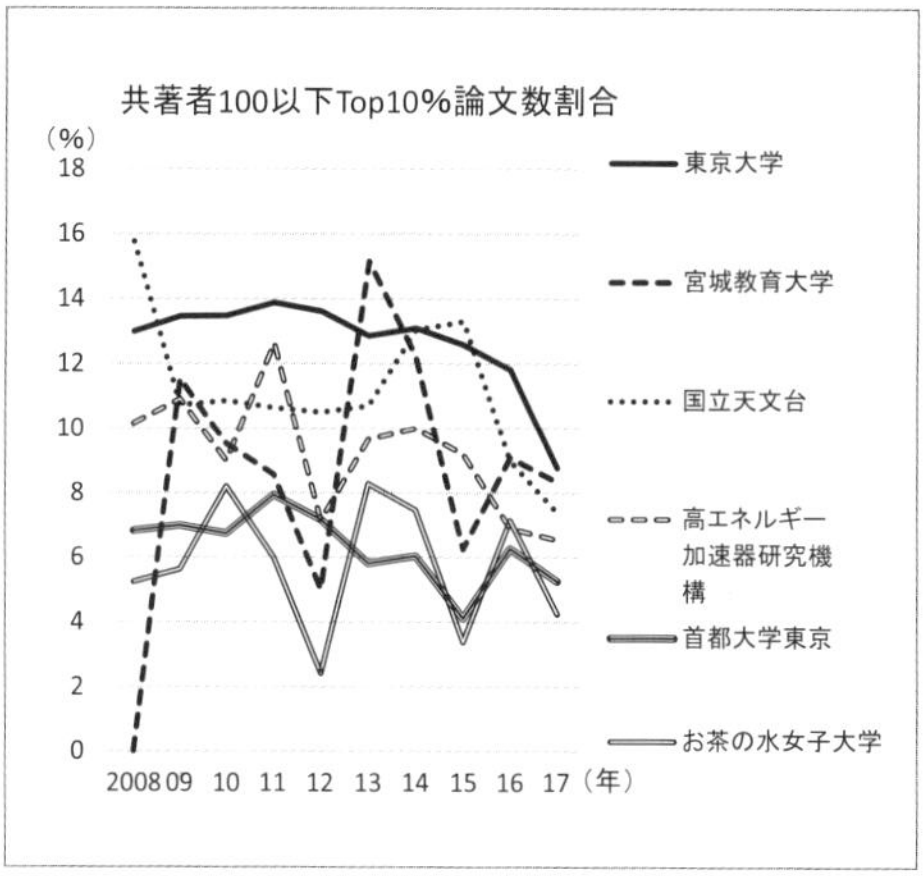

（注）クラリベイト・アナリティクス社 InCites Benchmarking より 2018年6月1日論文数データ抽出。文献種原著、分野分類法 ESI。トップ 10％論文数割合（% Documents in Top 10%）は、その研究機関の論文の中で被引用数が世界トップ 10%に入る論文の割合（%）。世界平均が 10%となる。

上図を見ていただきましょう。これは、トップ10％論文数割合の推移を示しています。この場合には、首都大学東京だけが東京大学よりも低くなっています。下図は共著者100以下の論文についてトップ10％論文数割合の推移を示したグラフですが、そうするとすべての研究機関が東京大学よりも低くなりました。論文数の少ない研究機関では、大ヒット論文が一つあるだけでCNCIは高くなりますが、トップ10％論文数割合という指標は高くなりません。大ヒット論文も小ヒット論文もそれぞれ一つの論文として数えて、それらを合わせた数が全体の論文数の何％かということですから、一つの大ヒット論文に引きずられる影響を受けにくいのです。

つまり、トップ10％論文数割合という指標は、〝超ヒット論文効果〟を受けにくく、主として〝万遍なし効果〟が反映されます。ただし、〝超多機関共同研究効果〟の影響は受けます。共著者100以下の論文でのトップ10％論文数割合だと、〝超ヒット論文効果〟と〝超多機関共同研究効果〟の両方が弱まり、〝万遍なし効果〟がより強く反映される指標ということになります。

なお、技術的なことになりますが、図表5－3で東京大学のトップ10％論文数割合の2017年値が急激に低下していますが、この低下は、トップ10％論文数割合という指標が直近の数年間は低めの値になるという性質によります。科政研はこれを補正する方法を用いており、「トップ10％補正論文数」というふうに「補正」という言葉をつけています（文献5－1）。これは論文の被引用数の値が各分野の上位10％に入る論文の抽出後、実数で論文数の1／10になるように補正を加えた論文数を指します（文献5－1を参照）。被引用数が7回と8回の間でトップ10％の被引用数のラインが引かれる場合、たとえば8回以上の論文数が7・0％あり、7回以上の論文数が17％である場合に、もしトップ10％論文数が3件あった場合、これに10／7を掛けて4・3件というふうに補正をします。

本書で用いているトップ10％論文数割合は補正をしていませんが、数年経過すると安定化して誤差も小さくなるので、特に相対的な比較をする場合には問題なく使用可能と考えます。

このような理由から、今回の分析では共著者100以下の論文で分析をしました。ただし、これは共著者100以上の論文について、軽視をしても良いということを意味しているわけではありません。大規模国際共同研究に参加することや主導することは、重要な研究活動です。あくまでも、分析上のばらつきや揺らぎを軽減することが目的です。

また、論文数が少ない場合のCNCIの〝超ヒット論文効果〟、つまり被引用数がべき乗分布をして不確実性が高いという性格は、しっかりと認識しておく必要があります。今、国立大学では各大学が国からの競争的な交付金獲得とも関連して数値目標を立てていますが、論文数が少なく、また、研究環境も良いとは言えない中小規模大学が、いつ出現するかもわからないヒット論文に大きく左右されるCNCIを目標に掲げることは、たいへん危険です。べき乗分布をする不確実性の高い指標をコントロールすることはほとんど不可能に近く、リスクが高すぎます。

そして、CNCIやトップ10％論文数割合の〝万遍なし効果〟は、ある特定の分野だけ、あるいはある特定の研究者グループだけ強くても、その他の分野が低ければ、それに足を引っ張られて、その研究機関全体のCNCIやトップ10％論文数割合は高くならないことを、よく理解しておく必要があります。これは、強い分野に「選択と集中」をしようとか、あるいは、優秀な研究者グループに研究資源を集中しようという戦略だけでは有効ではなく、むしろ、弱い分野や研究者グループを強くすることが必要になります。

(2) 良質の研究環境から質の高い論文が生まれる

次に、CNCIに影響する因子を明らかにするために、THE社の世界大学ランキングに最も多くランクインしている米国の大学について分析してみました。

図表5－4は、先ほどの図でもお示ししていますが、国際共著率とCNCIの相関図です。

図表5－5の上図は、THE社世界大学ランキングのウェブサイトで公開されている教員あたり学生数のデータとCNCIの相関を調べたグラフです。教員あたり学生数の少ない大学ほど、CNCIが高く、多い大学ほど低いことがわかります。なお、第2章でも触れましたが、「教員数」のデータは曲者で、比較する場合には、細心の注意が必要です。

図表５－４　米国の大学における国際共著率とCNCI（共著者数100以下論文）の相関

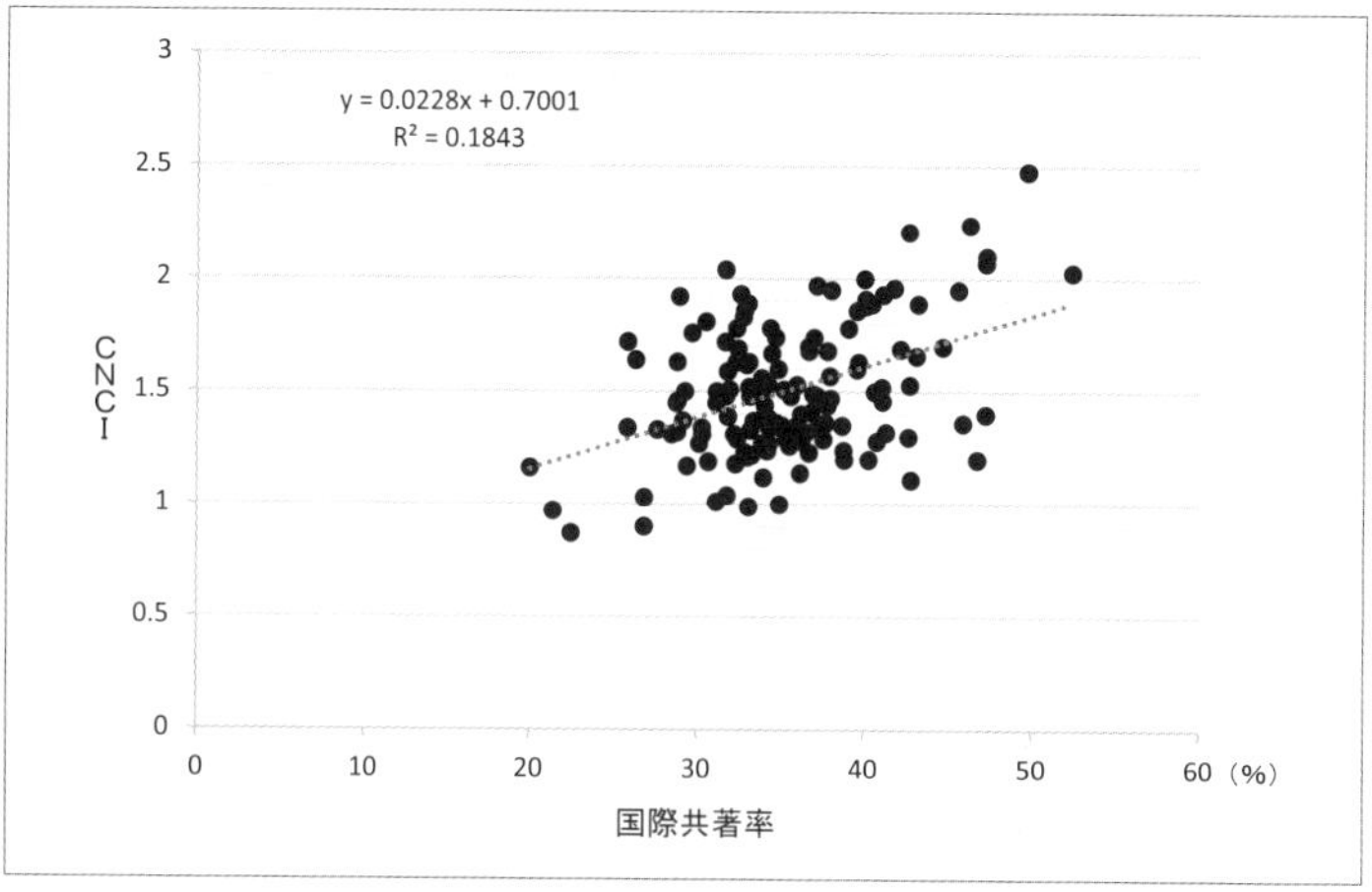

（注）クラリベイト・アナリティクス社InCites Benchmarkingより2018年6月1日論文数データ抽出。文献種原著、分野分類法ESI、CNCI：Category Normalized Citation Impact。2012－16年の5年間の共著者100以下の論文数が1000以上の大学について、THE社世界大学ランキングウェブサイトより学生数および教員あたり学生数のデータが利用できる137大学で分析。

図表５－５の下図は、各大学の学生あたり論文数と、ＣＮＣＩの相関を調べたグラフです。学生あたり論文数の多い大学ほどＣＮＣＩが高いことがわかります。

学生数は、その大学の教育の規模を反映していると考えられ、論文数は研究の規模を反映していると考えられます。したがって、学生あたり論文数という指標は、教育の規模に比べて、研究の規模がどれだけ大きいか、ということを反映していると考えられます。

さらに、これらの因子を用いた重回帰分析を行ってみました。図表５－６は、教員数、学生あたり論文数、国際共著率の３つの因子によって、ＣＮＣ

図表 5 － 5　米国の大学における教員あたり学生数および学生あたり論文数と CNCI の相関

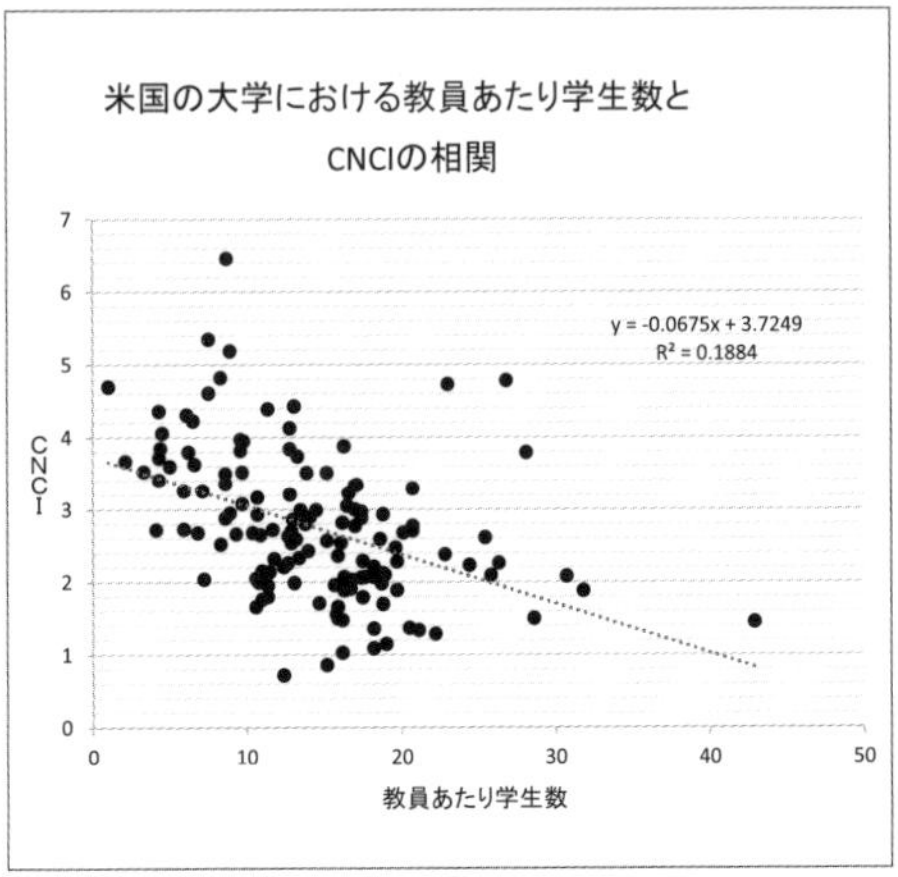

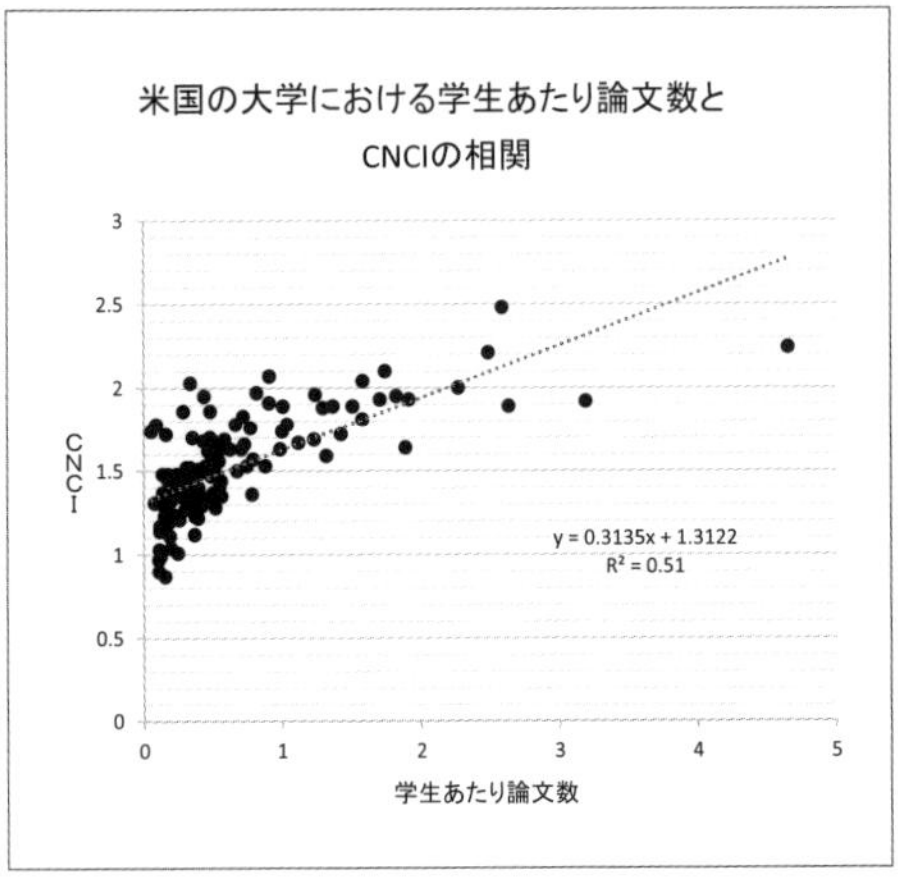

(注) クラリベイト・アナリティクス社 InCites Benchmarking より 2018 年 6 月 1 日論文数データ抽出。文献種原著、分野分類法 ESI、CNCI：Category Normalized Citation Impact。2012 － 16 年の 5 年間の共著者 100 以下の論文数が 1000 以上の大学について、THE 社世界大学ランキングウェブサイトより学生数および教員あたり学生数のデータが利用できる 137 大学で分析。

図表5－6　米国の大学における各要因による CNCI の予測（重回帰分析）

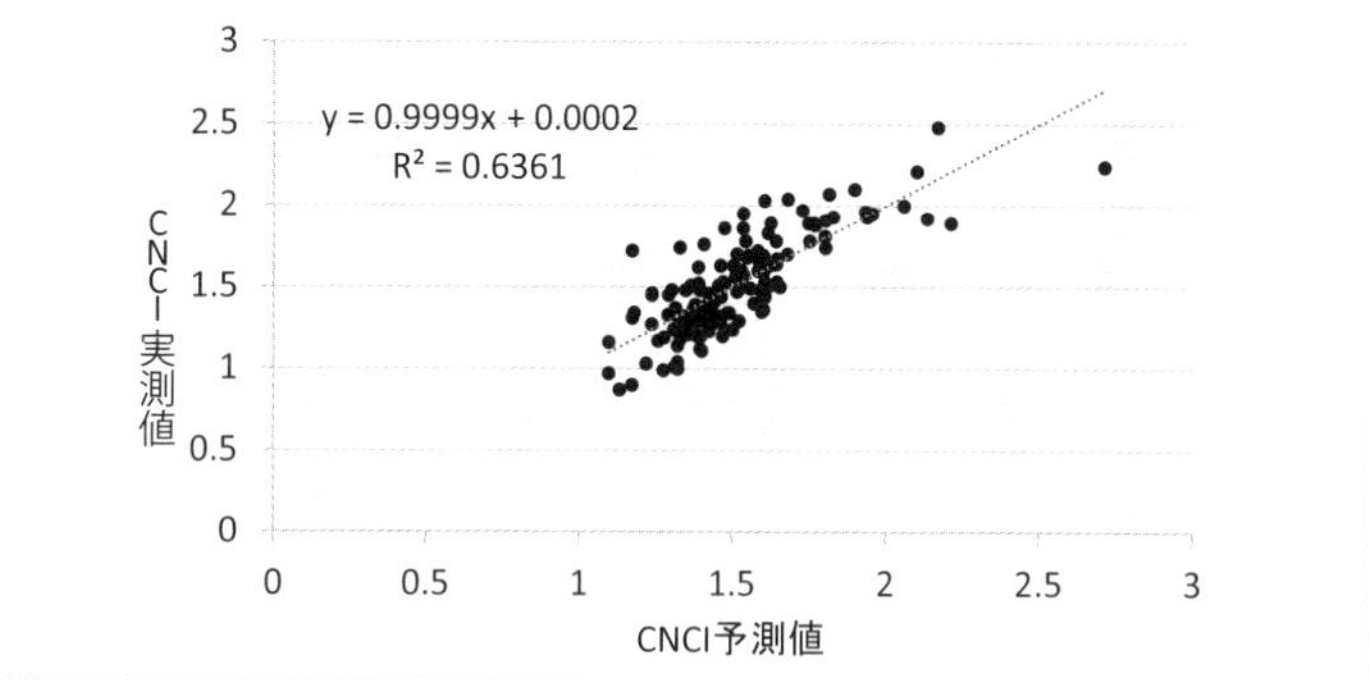

CNCI	偏回帰係数	標準化係数	t 検定値	自由度	確率値	相関係数	偏相関係数
教員数	0.0001	**0.2546**	4.6675	133	0	0.429	0.375
論文数／学生数	0.2518	**0.5736**	10.1915	133	0	0.714	0.662
国際共著率	0.0145	**0.2731**	5.0517	133	0	0.429	0.401
切片	0.7068	0	6.8262	133	0		
R^2	0.636	R	0.798	調整済 R	0.792		

（注）重回帰分析は College Analysis ver6.6、Masayasu Fukui, Fukuyama Heisei Univ. による。
データソースは図表5－4と同じ。

Iの約6割強が説明可能であり、その寄与の比率が、概ね2：6：2ということを示しています。これらのデータは、研究の規模の大きさがCNCIを左右する大きな要因であることを示唆しています。研究の規模の大きいことは、それだけ人的・時間的研究環境が良いと考えられ、質の高い論文も生まれやすいと考えられます。また、そのような良質の研究環境のある大学には、優秀な研究者も集まりやすく、研究資金も獲得しやすいと想定されます。

図表5－7　日本の大学と研究所における国際共著率とCNCIの関係性

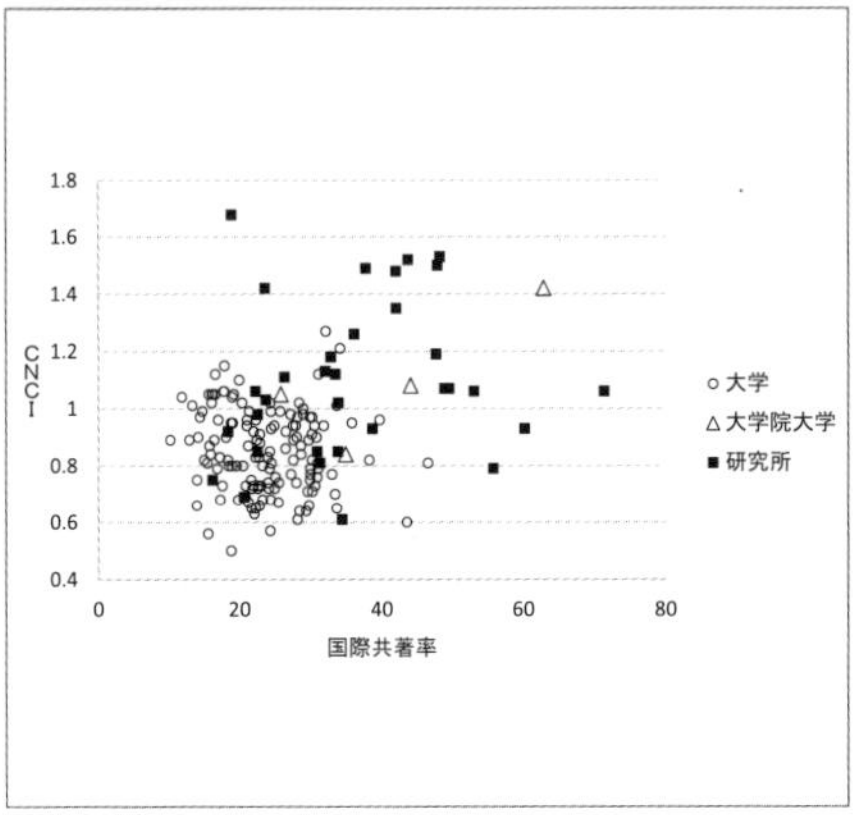

CNCIの高い順 （共著者100以下の論文）
癌研究会
物質・材料研究機構
理化学研究所
国立環境研究所
気象庁気象研究所
基礎生物学研究所
沖縄科学技術大学院大学
農研機構
国立遺伝学研究所
首都大学東京
分子科学研究所
東京大学

（注）クラリベイト・アナリティクス社InCites Benchmarkingより2018年6月1日論文数データ抽出。文献種原著、分野分類法ESI、CNCI：Category Normalized Citation Impact。2012－2016年の5年間の共著者100以下の論文数が500以上の大学および研究所で分析。

(3) 大学よりも研究所の方が論文注目度指標が高い

研究時間が確保されているということでは、大学よりも大学院大学や研究所の方が優れています。大学院大学や研究所では教育の負担が小さいですからね。したがって、大学院大学や研究所の被引用数の方が大学より高くなってもおかしくありません。

図表5－7は日本における大学、大学院大学、研究所のCNCIを比較したグラフですが、やはり大学院大学や研究所の方が、CNCIが高い傾向が認められます。これは日本だけではなく、他の国でも一般的に認められます。

図表5－8　主要国における大学と研究所のCNCIの比較

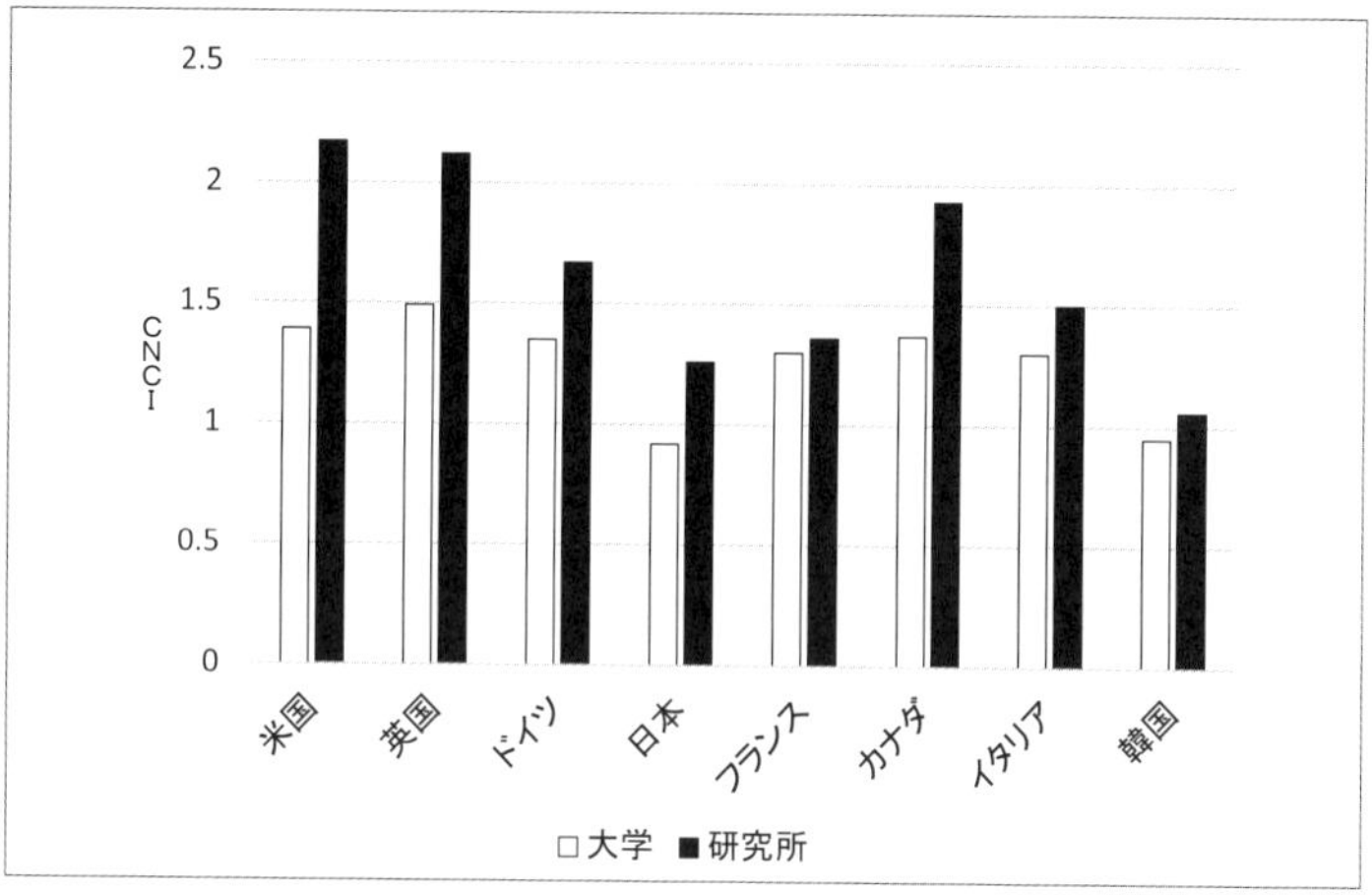

（注）2018年7月3日クラリベイト・アナリティクス社InCites Benchmarkingから論文数データ抽出。文献種原著、分野分類法ESI、CNCI：Category Normalized Citation Impact。2012－2016年の5年間の論文について分析。

図表5－8は、主要国における大学と研究所のCNCIを比較したグラフです。多くの国で研究所の方が大学よりもCNCIが高くなっています。ただし、残念ながら日本の研究所のCNCIは他の国の研究所よりも低いですね。研究所の研究者は、ほとんどの時間を研究に費やしていると考えられますから、その点では各国とも同じ条件のはずなのに、です。この差は、日本の論文がほんとうに質の低いことを意味しているでしょうか、それとも、他に別の理由があるのでしょうか？　著者は両方あるかもしれないと考えています。

論文の質以外にCNCIに差を生じる要因としては、例えば米国の研究者はやはり米国の研究者の論文を中心に引用してしま

図表5－9　主要国における大学と研究所の共著および非共著論文数

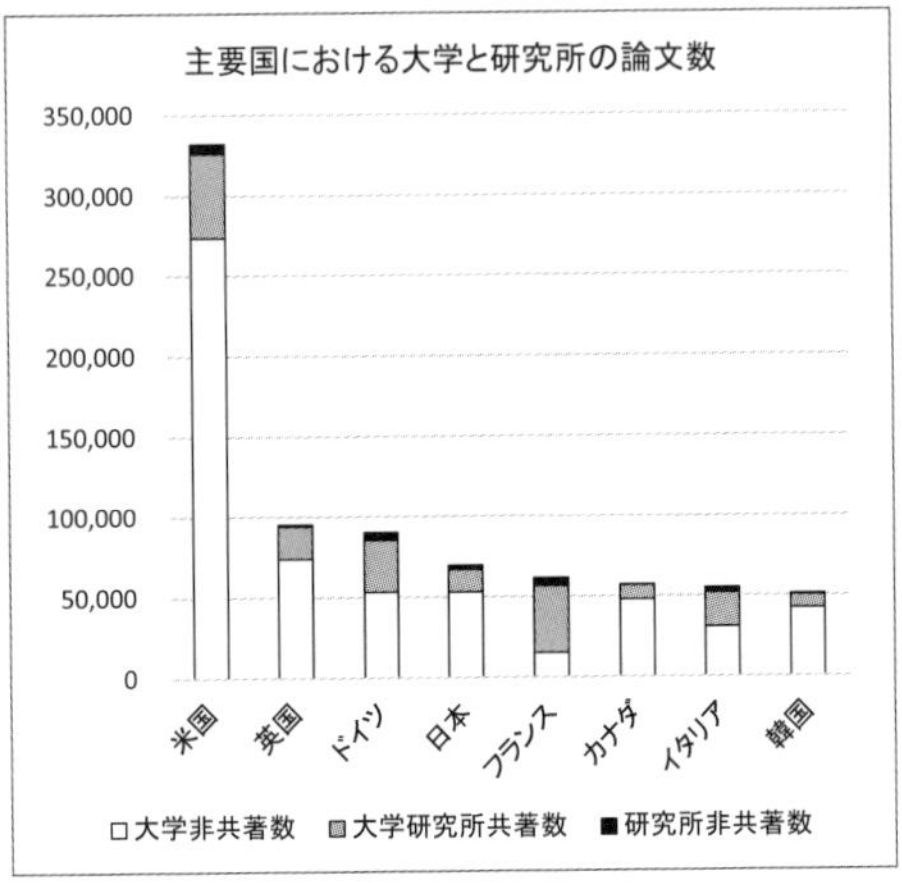

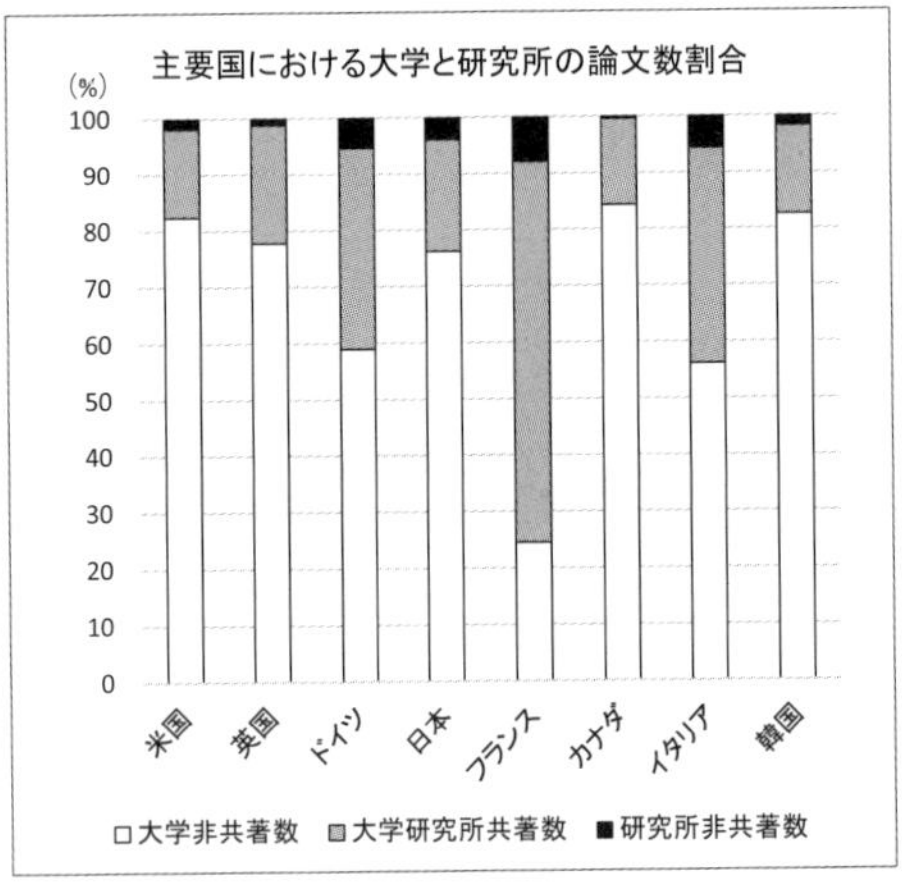

（注）2018年7月3日クラリベイト・アナリティクス社InCites Benchmarkingから論文数データ抽出。文献種原著、分野分類法ESI、2012－2016年の5年間の論文について分析。

図表5－10　ドイツの大学における各大学総論文のCNCIと大学－研究所共著論文のCNCIの関係

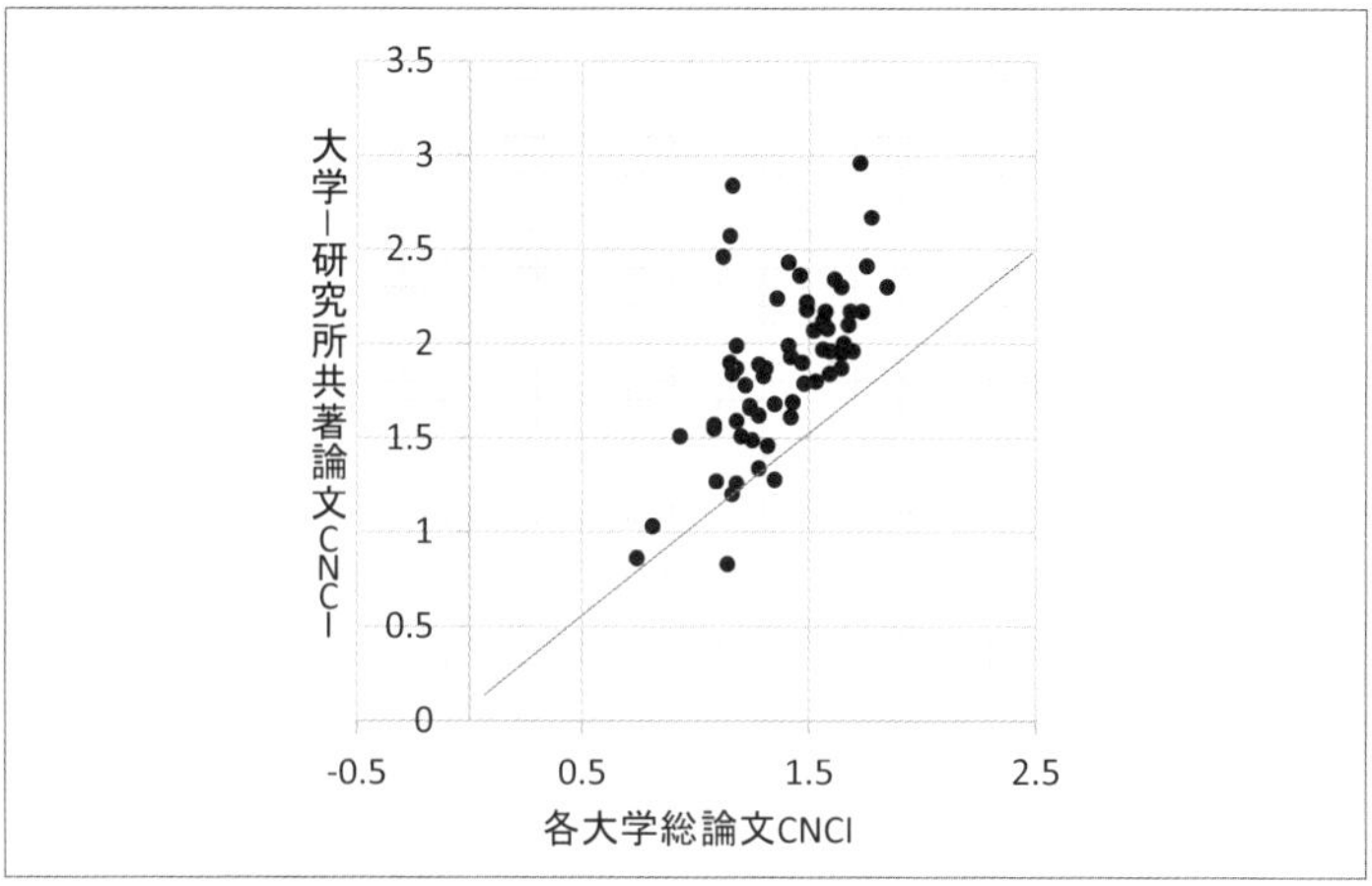

（注）2018年7月3日クラリベイト・アナリティクス社InCites Benchmarkingから論文数データ抽出。文献種原著、分野分類法ESI。2017年の論文数が300以上の62大学について、Max Planck Society、Helmholtz Associationをはじめ、CNCIがおよそ1.5以上の24研究所との共著論文について検討。大学論文とは大学－研究所共著論文を含む総論文である。

いやすい傾向が挙げられるのではないでしょうか？　そして、様々な分野で、米国の研究者のコミュニティーは世界最大であることが多く、その結果、米国の論文の被引用数が多くなる可能性は否定できないと思います。このような、研究者個人の努力ではカバーできない要因の存在を仮定し〝地域格差〟と呼ぶことにしましょう。THE社の世界大学ランキングで、各国のCNCIに対して地域調整係数を掛けて、各国の差を縮める措置をとっていましたが、現段階ではやはり必要かも知れないと感じています。

　さて、ドイツ、フランス、イタリアでは、米国、英国、カナダとは別の要

図表5－11　ドイツの大学における学生あたり論文数等によるCNCIの予測（重回帰分析）

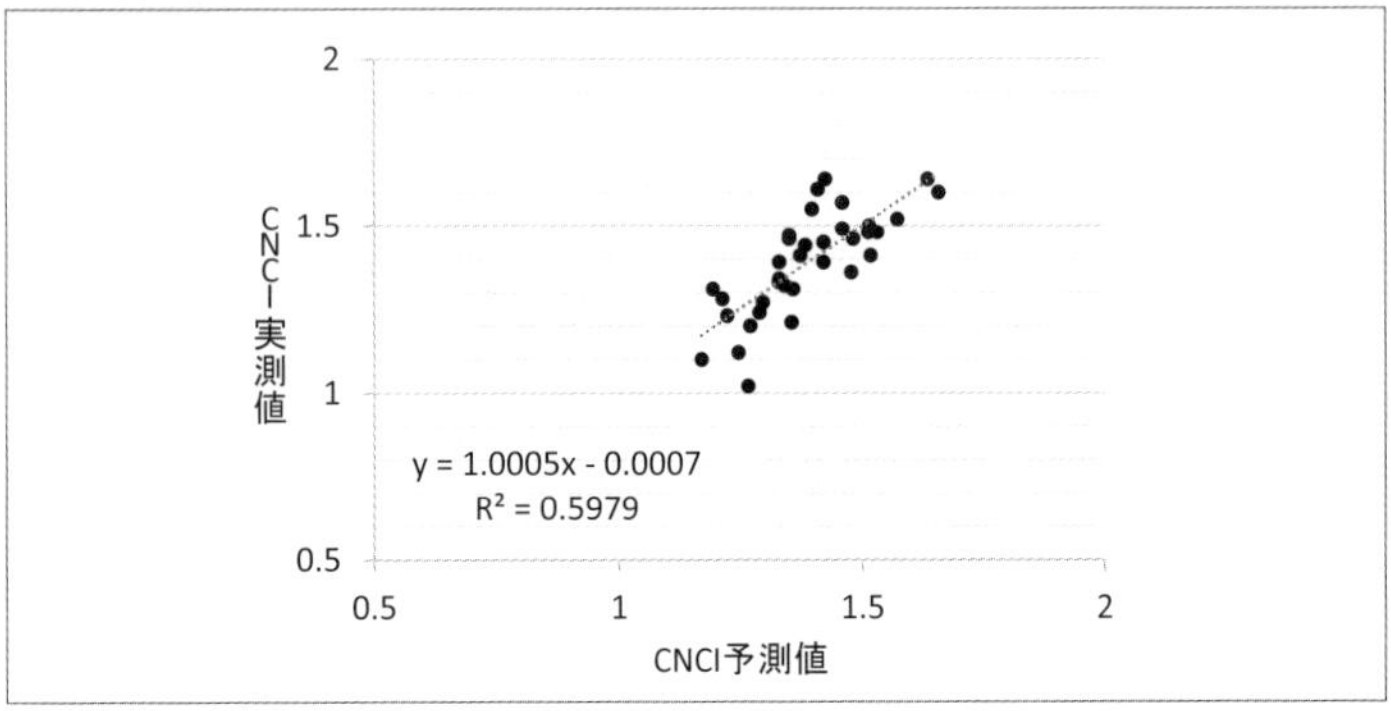

CNCI	偏回帰係数	標準化係数	t 検定値	自由度	確率値	相関係数	偏相関係数
論文数／学生数	0.5098	**0.5875**	4.7911	31	0	0.699	0.652
教員数	0.0001	**0.2908**	2.4802	31	0.0188	0.441	0.407
国際共著率	0.0056	**0.1489**	1.2237	31	0.2303	0.397	0.215
切片	0.8603	0	3.8286	31	0.0006		
R^2	0.598	R	0.773	調整済 R	0.748		

（注）重回帰分析は College Analysis ver6.6、Masayasu Fukui, Fukuyama Heisei Univ. による。2018 年 7 月 3 日クラリベイト・アナリティクス社 InCites Benchmarking から論文数データ抽出。文献種原著、分野分類法 ESI。2012-2016 年の共著者 100 以下の論文数 1000 以上の大学で、THE 世界大学ランキング 2017 発表のデータ（2016 年のデータと考えられる）が揃っている 35 大学について分析。

因で大学のＣＮＣＩが引き上げられていることが伺われます。図表５－９を見ていただきましょう。この図は、各国の大学および研究所の論文数（実数）を示したグラフなのですが、大学と研究所の共著論文を灰色で示してあります。ドイツ、フランス、イタリアでは大学と研究所の共著論文の割合が他の国に比較して高いことがわかります。

図表５－10はドイツの大学において、Max Planck Society、Helmholtz Association をはじめ、ＣＮＣＩが比較的高い24研

究所との共著論文のＣＮＣＩ（縦軸）と、各大学総論文のＣＮＣＩ（横軸）の関係をプロットしたグラフです。大学と研究所との共著論文のＣＮＣＩは、45度線よりも上にあることからわかるように、各大学総論文のＣＮＣＩよりも高いことがわかります。つまり、研究所との共著論文を増やすことによって、大学のＣＮＣＩを引き上げていることが推測されます。

また、図表５－11は米国の大学と同様に重回帰分析を行ったものですが、学生あたり論文数が多く、教員数が多い大学ほどＣＮＣＩも高くなっています。つまり、人的・時間的研究環境の重要性が示唆されます。なお、ドイツの大学においては国際共著率の寄与は低く、統計学的に信頼のできる相関は認められませんでした。

(4) 国レベルの論文注目度を高めるには？

今までは大学レベルのＣＮＣＩについて分析をしてきましたが、同様のことは国レベルでも観察されます。著者による文献０－３に示していますが、国際共著率の高い国ほど被引用インパクトも高い傾向にあります。

図表５－12上図は、労働時間あたり論文数とＣＮＣＩの相関を調べたグラフですが、論文数の多い国ほどＣＮＣＩが高くなっています。下図は、政府が支出する大学研究資金とＣＮＣＩの関係を

図表5－12 労働時間あたり論文数および政府支出大学研究資金とCNCIの相関

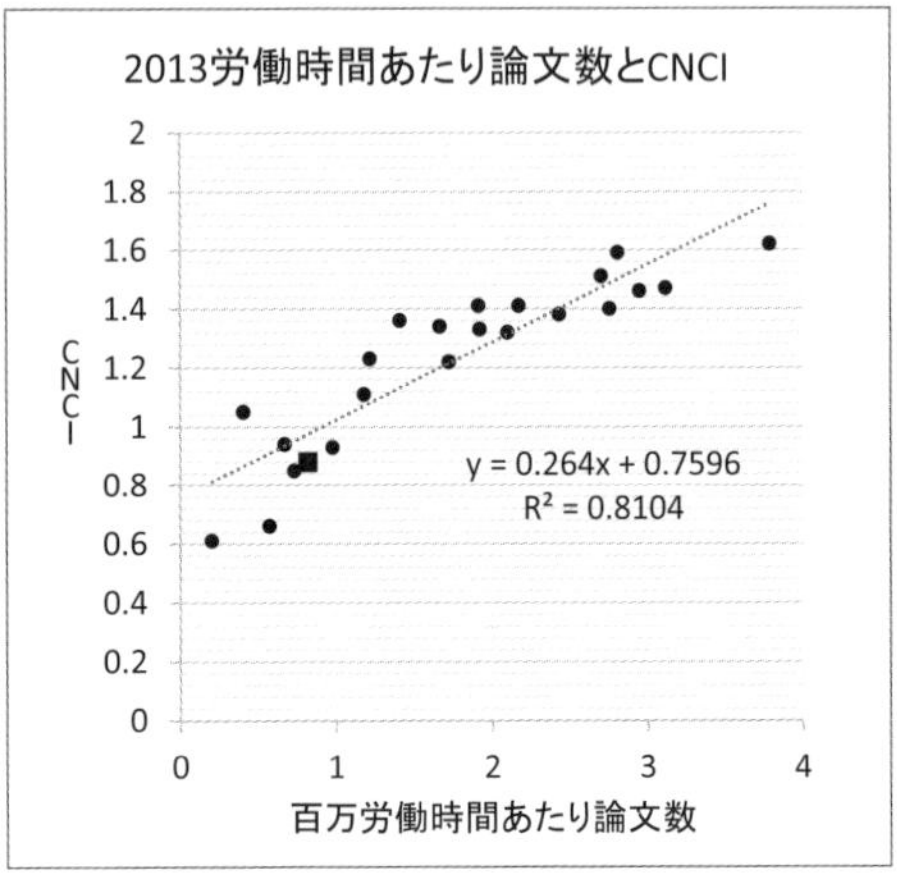

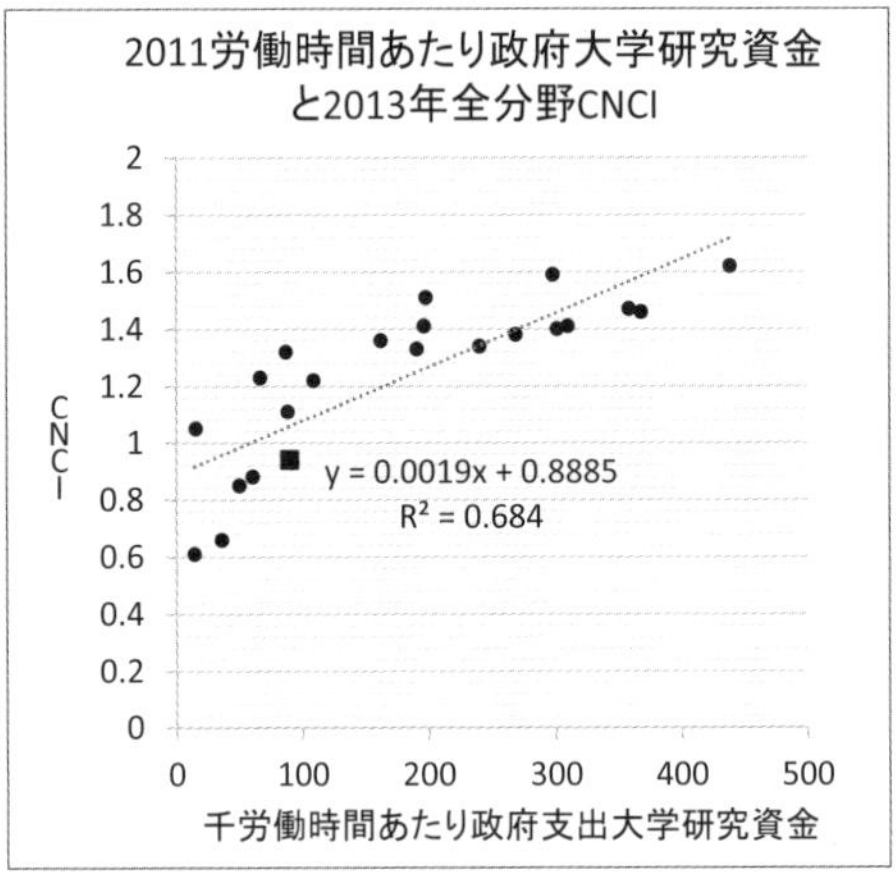

CNCIの高い順
デンマーク
オランダ
ベルギー
スウェーデン
ノルウェー
オーストリア
アイルランド
フィンランド
オーストラリア
米国
ドイツ
カナダ
ニュージーランド
ギリシャ
イスラエル
チェコ
チリ
■日本
韓国
スロバキア
ポーランド
トルコ
ロシア

（注）クラリベイト・アナリティクス社 InCites Benchmarking より 2017 年 11 月 15 日論文数データ抽出。文献種原著、分野分類法 ESI、CNCI：Category Normalized Citation Impact。政府支出大学研究費および労働時間は OECD.Stat、よりデータ抽出（購買力平価実質値 2010 年基準、ドル／人）。

図表5－13 論文数および国際共著率による国レベルのCNCIの予測（重回帰分析）

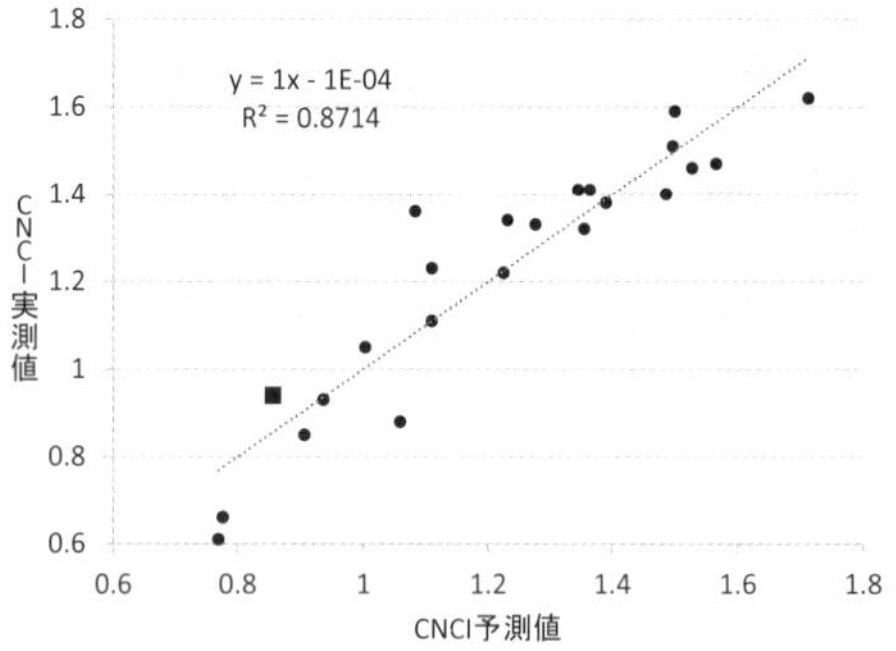

2013CNCI	偏回帰係数	標準化係数	t 検定値	自由度	確率値	相関係数	偏相関係数
2013 国際共著率	0.0072	**0.3335**	3.2779	20	0.0038	0.758	0.591
2013 労働時間あたり国際共著 1/2 補正論文数	0.3024	**0.6905**	6.7873	20	0	0.896	0.835
切片	0.4732	0	5.1666	20	0		
R^2	0.871	R	0.934	調整済 R	0.927		

（注）重回帰分析は College Analysis ver6.6、Masayasu Fukui, Fukuyama Heisei Univ. による。
図表5－12と同じデータおよび同じ国で分析。

調べたグラフですが、政府が大学への研究資金を多く出している国ほど、CNCIが高くなっています。論文数は研究従事者数（FTE）と強く相関しますから、政府が大学に研究資金を多く出し、研究従事者（FTE）が多く、通常の論文数が多い国ほど、CNCIも高いということになります。つまり、THE社の世界大学ランキングを上げるためには、大学の研究従事者数を増やし、通常の論文数を増やし、国際共著率を増やす必要があり、そのためには政府からの大学への研究資金もそれなりに必要ということになります。

図表5－13は、労働時間あたり、つまり生産活動の規模あたりの論文数と

国際共著率によってＣＮＣＩ値を予測する重回帰分析の結果を示しましたが、この２つの因子でＣＮＣＩのほぼ9割近くを説明することができ、論文数と国際共著率の寄与の比率はおよそ7対3・5ということになります。なお、以上のデータは、トップ10％論文数割合を用いても、また、人口あたり論文数を用いても、数値は若干違いますが、同様の結果が得られます。

実は、このようなデータを最初に見た時に、著者はたいへん不思議に感じました。というのは、一人の研究者が論文を量産すると、通常は質の低い論文が増えて、論文あたりの被引用数（被引用インパクト）は低下するはずなのに、このデータは一見「量」（論文数）を増やせば「質」（注目度）も上がることを示しているからです。

実数の論文数とＣＮＣＩの相関は不良です。日本の論文数は実数では世界第5位につけていますが、ＣＮＣＩが非常に低い順位であること、あるいは、欧州の小国は実数での論文数は少ないですが、ＣＮＣＩが高いことを思い出していただければ、論文数自体がＣＮＣＩに直結しないことは、すぐにご理解いただけると思います。

著者は人口や総労働時間あたりで論文数を計算するということがミソであると思っています。ほとんどの先進国が大学進学率50％を超えていることからすると、大学教育に必要な総人的負担が、人口あたりで計算して（より適切には大学進学年齢人口あたりで計算して）、あるいは総労働時間（生産活動の規模）あたりで計算して2倍も違うというのは考えにくいことです。ところが、人口

図表5－14 CNCIおよび労働時間あたり論文数と労働生産性との相関

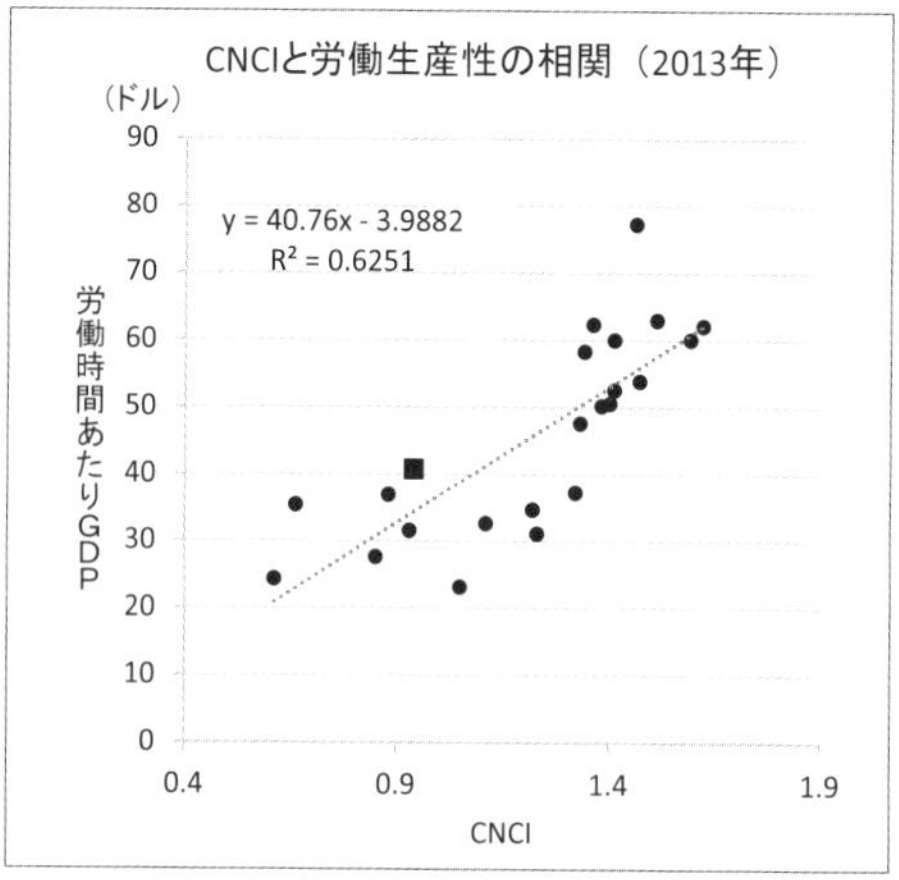

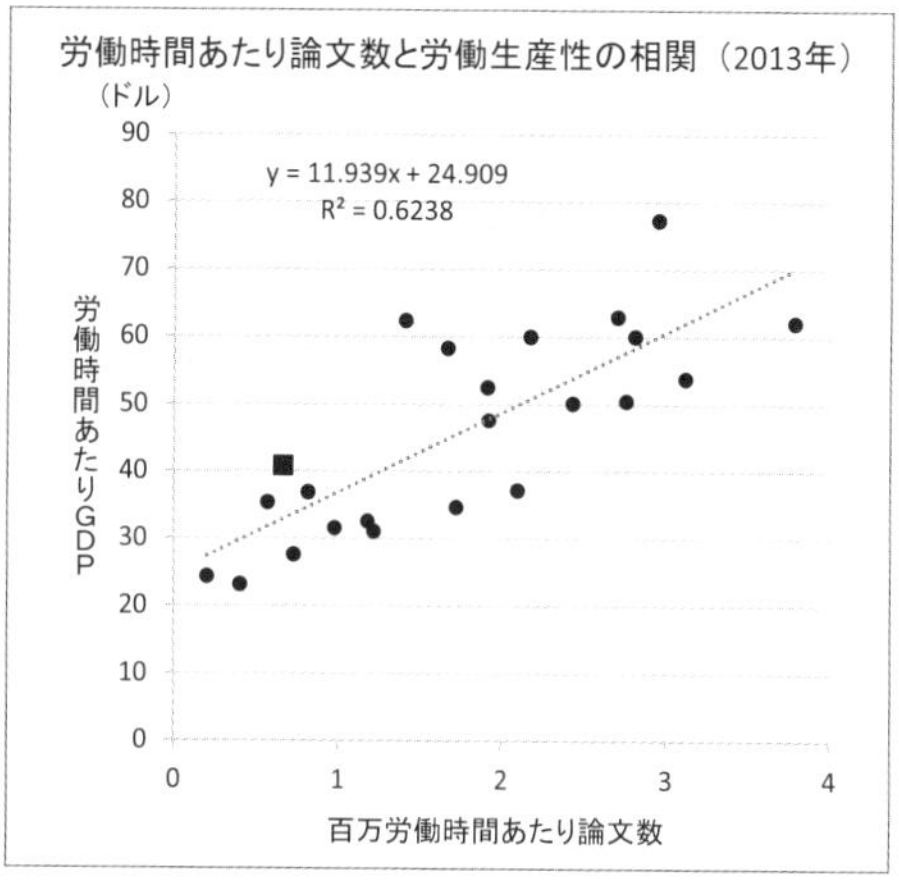

（注）クラリベイト・アナリティクス社 InCites Benchmarking より 2017 年 11 月 15 日論文数データ抽出。文献種原著、分野分類法 ESI、CNCI：Category Normalized Citation Impact。労働時間あたり生産性（GDP per hour worked）は OECD.Stat よりデータ抽出。購買力平価実質値 2010 年基準（ドル）。

あたりや労働時間あたりの論文数については、日本の2倍も3倍も4倍も産生している国がたくさんあります。それらの国では人口あたり研究従事者数もそれだけ多いと考えられ（第3章図表3－4参照）、それは、教育の規模を大きく超えて研究の規模が大きいことを意味します。そして、教育よりも研究規模が大きいということは、良質の人的・時間的研究環境が提供されていることを意味すると考えます。

さて、ここで、ＣＮＣＩとＧＤＰとの関係を見てみましょう。図表5－14上図はＣＮＣＩと労働生産性（労働時間あたりのＧＤＰ）の相関を示していますが、まずまずの正相関が認められます。下図は労働時間あたり論文数と労働生産性の相関図ですが、両者の相関の強さは同程度で、優劣はつけがたいと思います。

つまり、世界大学ランキングではＣＮＣＩは非常に重要な指標ですが、ＧＤＰについては、ＣＮＣＩも通常の論文数も明確な差はありません。

ただし、ここでの論文数は、あくまでも、ウェブ・オブ・サイエンスという文献データベースに収録された論文数であり、これは、一定の質を保っていると評価がなされた学術誌に掲載された論文を意味し、論文ならどのような質の論文でもいいというわけではありません。つまり、良い研究環境の中で世界に認められる完成度の高い論文を産生していれば、その中からヒット論文も生まれてくるし、ＧＤＰにも貢献するということであろうと考えます。

2．産学連携を進めるためには？

次は産学連携をもっとさかんにするためにはどうすればいいのか考えてみましょう。産学連携は大学がＧＤＰに直接的に貢献できる活動であり、各国共に力を入れています。日本も、法人化の少し前くらいから、政府の政策として多くの大学に産学連携の仕組みが整備されました。著者が三重大学の学長に就任した２００４年頃には、三重大学に産学連携を推進するためのＴＬＯや、ベンチャー育成のためのインキュベーターや知的財産統括室などが整備されました。なおＴＬＯはTechnology Licensing Organization（技術移転機関）の略称で、大学の研究者の研究成果を特許化し、それを民間企業等へ技術移転（Technology Licensing）する法人です。このような整備により大学発ベンチャーもいくつかでき、共同研究も進んだと思います。

図表５－15を見ていただきましょう。上図は、主要国（Ｇ７と韓国）における大学研究費に占める企業研究資金の割合の推移を示したグラフです。下図は論文数に占める企業共著論文の割合を示しており、産学連携の一つの指標となります。ドイツの健闘が注目されます。日本は多いとは言えませんが、最下位ではありません。意外にも米国ともそれほど大きな違いはありませんね。

図表5－15　主要国の大学研究費に占める企業研究費および企業共著論文の割合の推移

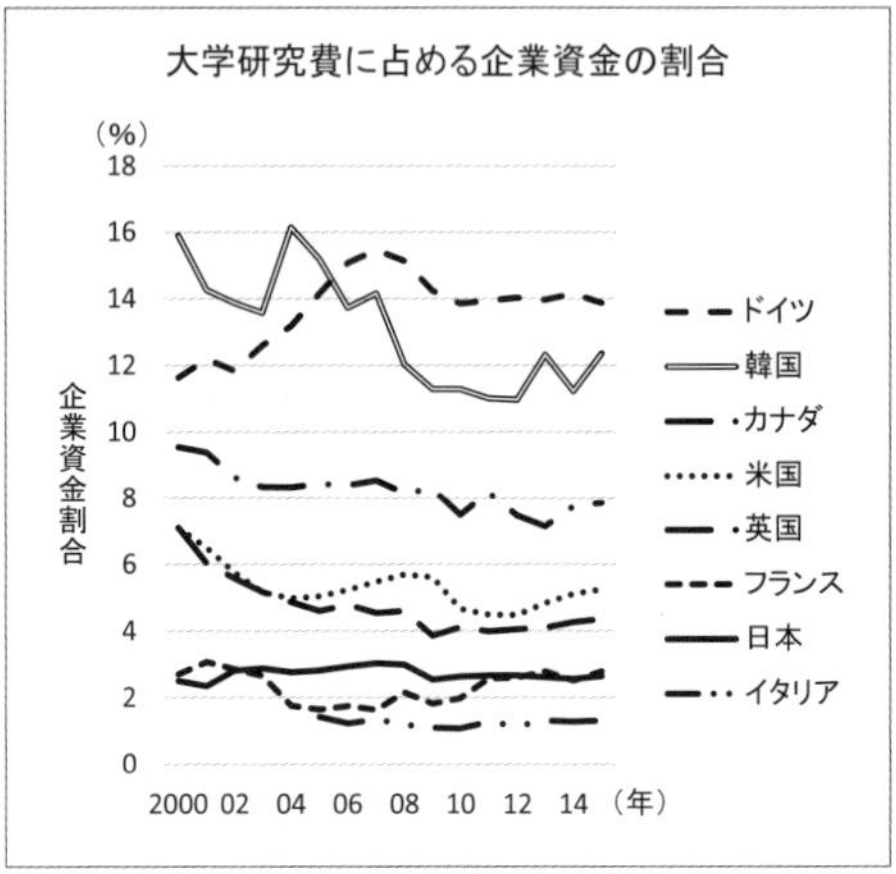

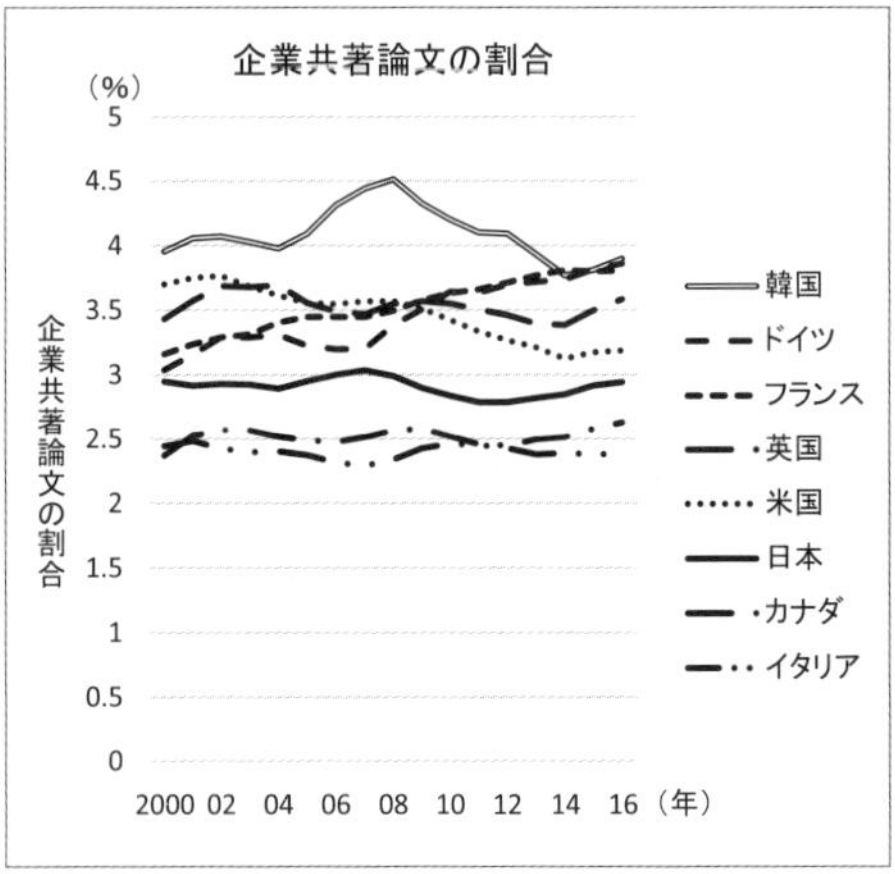

(注) クラリベイト・アナリティクス社 InCites Benchmarking より 2018 年 6 月 7 日論文数データ抽出。文献種原著、分野分類法 ESI、3 年移動平均値。大学以外の研究機関のデータも含む。大学研究費に占める企業資金割合は OECD.Stat よりデータ抽出。

さらに、分野に分けて検討してみます。まず、理工系分野についてです。図表5－16の上図を見ていただくと、日本の企業共著論文の割合は、G7の中でトップクラスで韓国、米国と肩を並べています。

次に下図の企業共著論文数では、韓国、英国、フランスと同じくらいです。ただしこれを人口あたりで計算すると、日本の企業共著論文数の順位は低くなります。

企業共著論文の割合をトップクラスに保ってきたということは、日本の工学系の大学や学部が産学連携に努力してきたことの表れと考えます。しかし、今までの章でお示ししましたように、国立大学の運営費交付金の削減により研究従事者数（FTE）の減少を招き、工学関連の論文数が減少しました。その結果、企業共著論文数も減少したと考えられます。

次に基礎生命系分野について調べました（図表5－17）。企業共著論文の割合は、日本は主要国の中では低いですね。この理由の一つは日本の研究室の規模の小ささではないかと考えています。著者は1984年－86年に米国のバンダービルト大学医学部分子生理学部門にポスドクとして留学していましたが、教授が9人もおり、研究者の総勢は100人近くいました。三重大学医学部の分子生理学は教授1、准教授1、助教1の3人ですけどね。人的余裕がないと産学連携も進みません。

臨床医学論文数だけが増加に転じていることについては、前章で説明しました。図表5－18を見てわかりますように、日本の企業共著率は増え、共著論文数も増えています。しかし、先進国との

図表5－16　主要国の理工系の企業共著論文の割合および企業共著論文数の推移

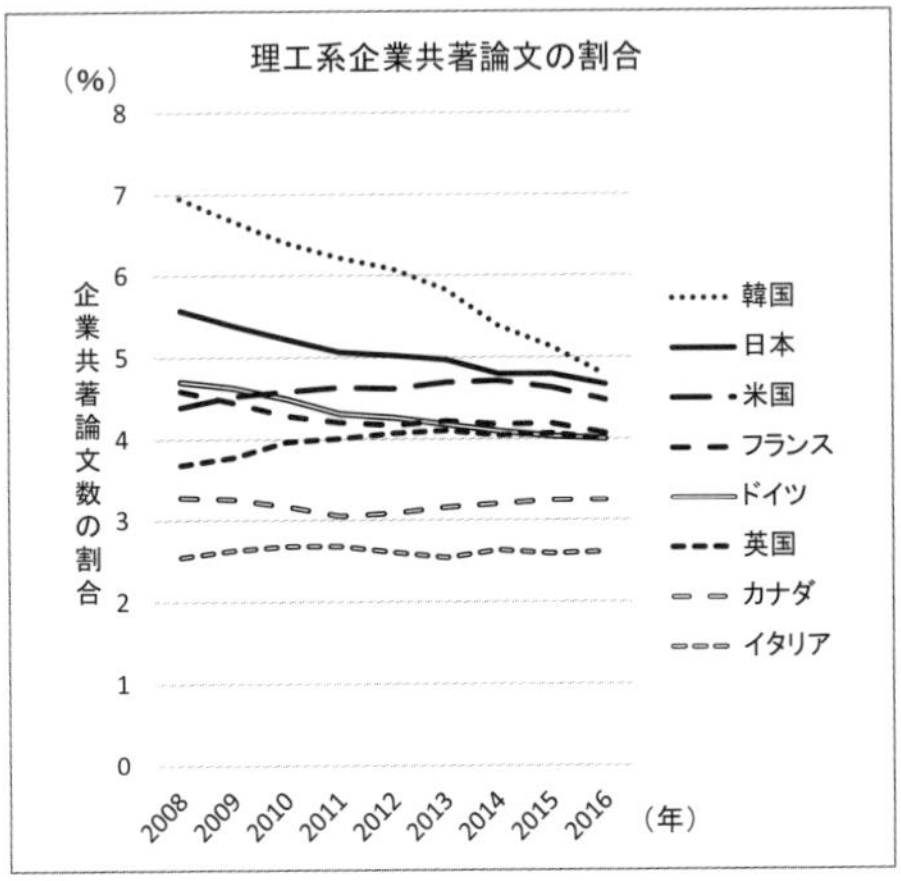

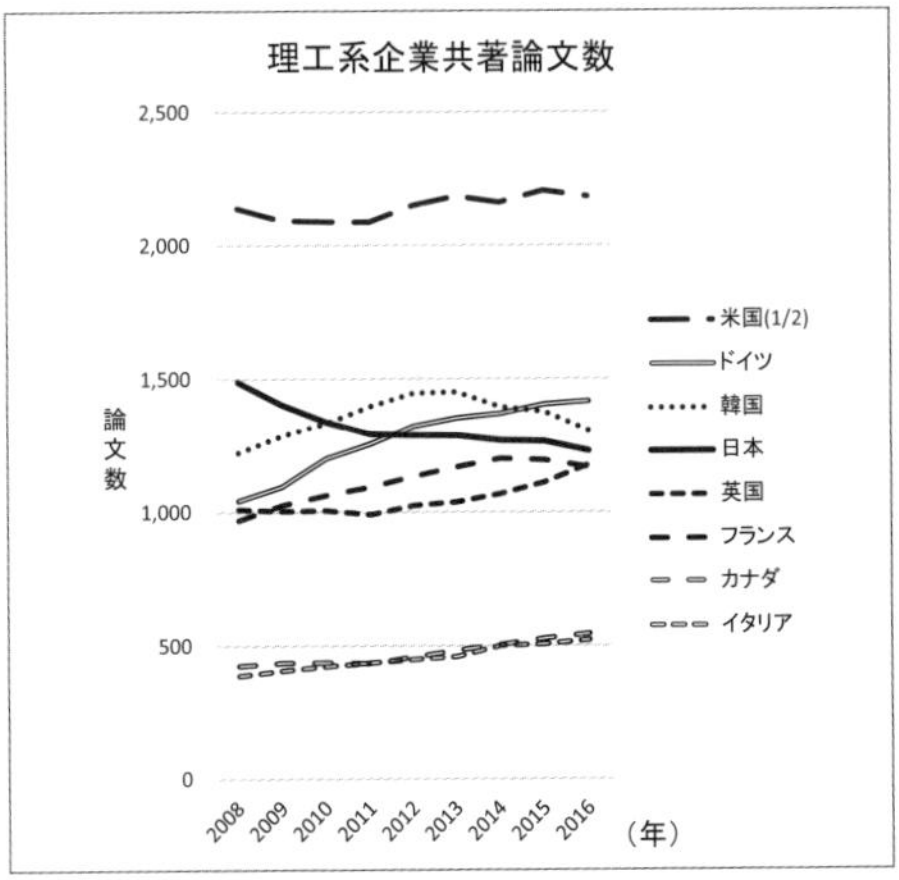

(注) クラリベイト・アナリティクス社 InCites Benchmarking より2018年6月8日論文数データ抽出。文献種原著、分野分類法 ESI、〔物理学、材料科学、工学、計算機科学、宇宙科学、数学〕の論文数。3年移動平均値。下図論文のグラフで米国は1/2の値を示していることに注意。

図表5－17　主要国の基礎生命系の企業共著論文の割合および企業共著論文数の推移

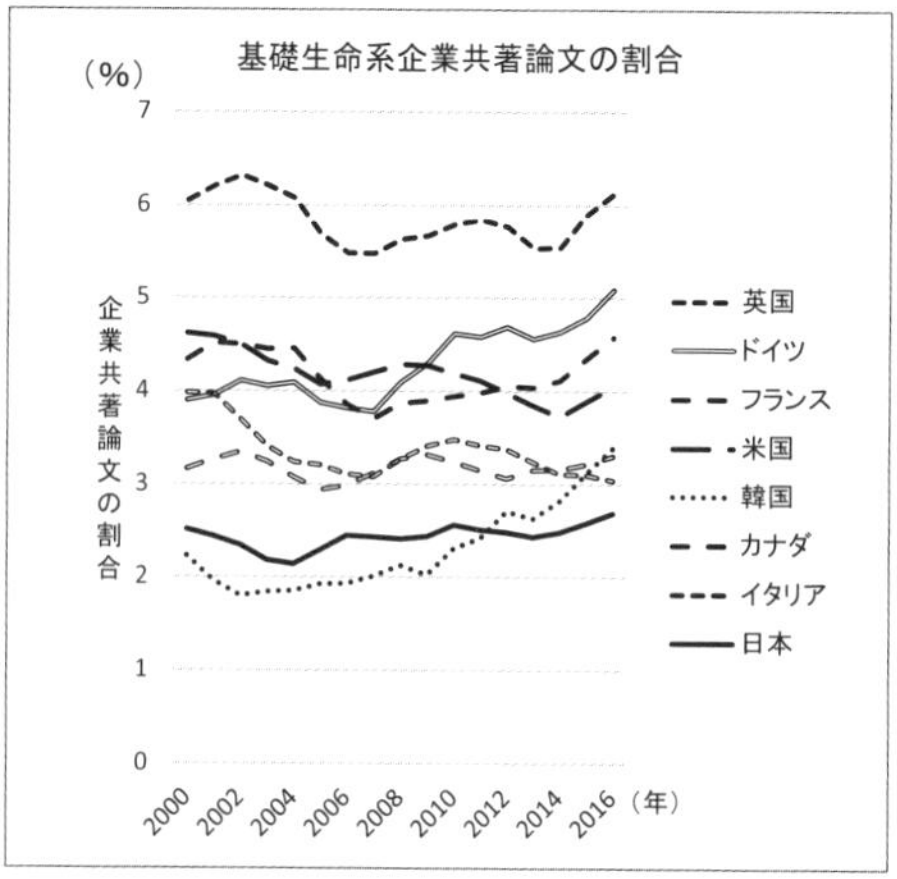

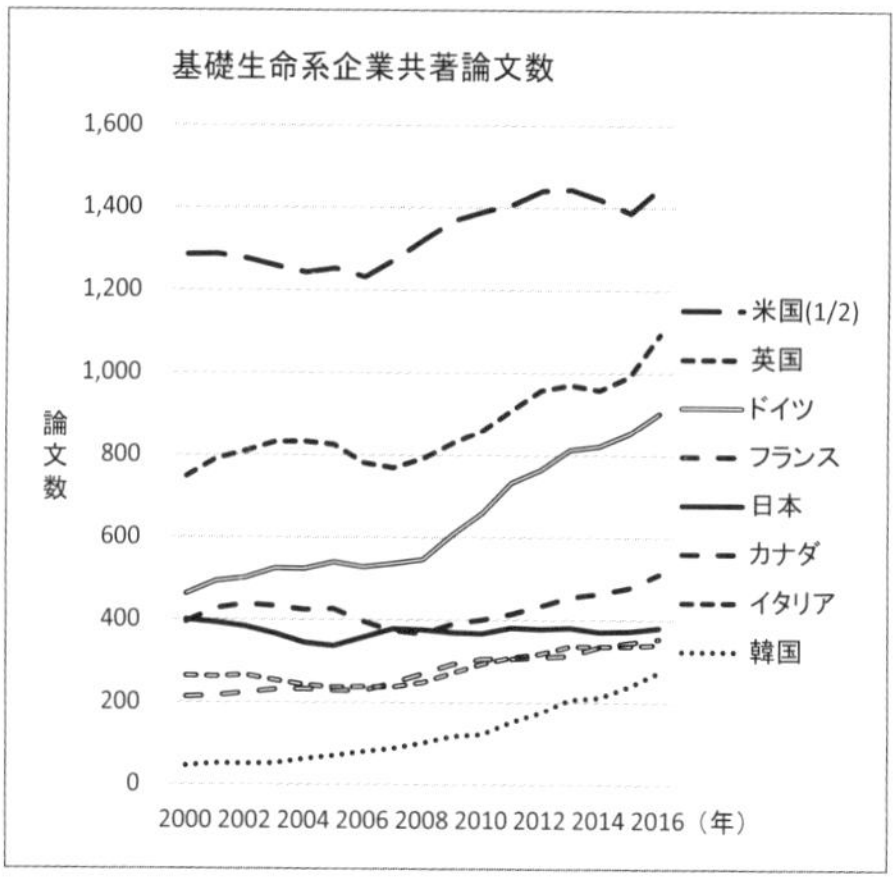

(注) クラリベイト・アナリティクス社InCites Benchmarkingより2018年6月8日論文数データ抽出。文献種原著、分野分類法ESI〔生物生化学、化学、分子生物・遺伝学、神経・行動科学、薬毒物学、免疫学、微生物学〕の論文数。3年移動平均値。下図論文のグラフで米国は1/2の値を示していることに注意。

図表5－18　主要国の臨床医学の企業共著論文の割合および企業共著論文数の推移

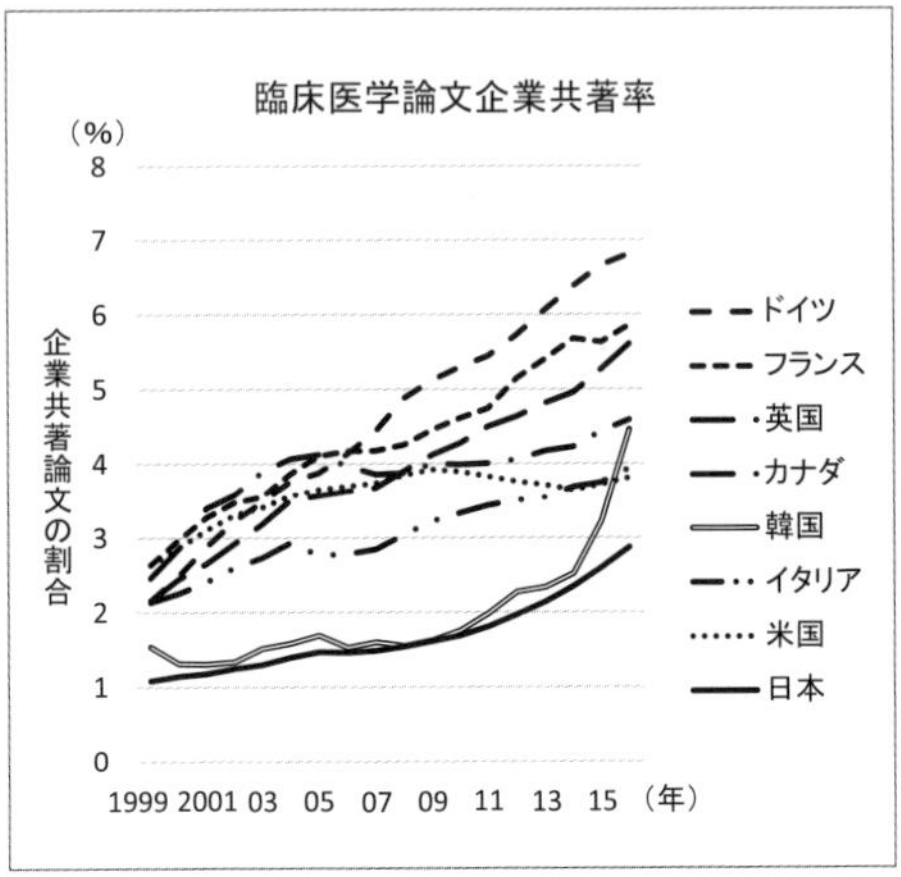

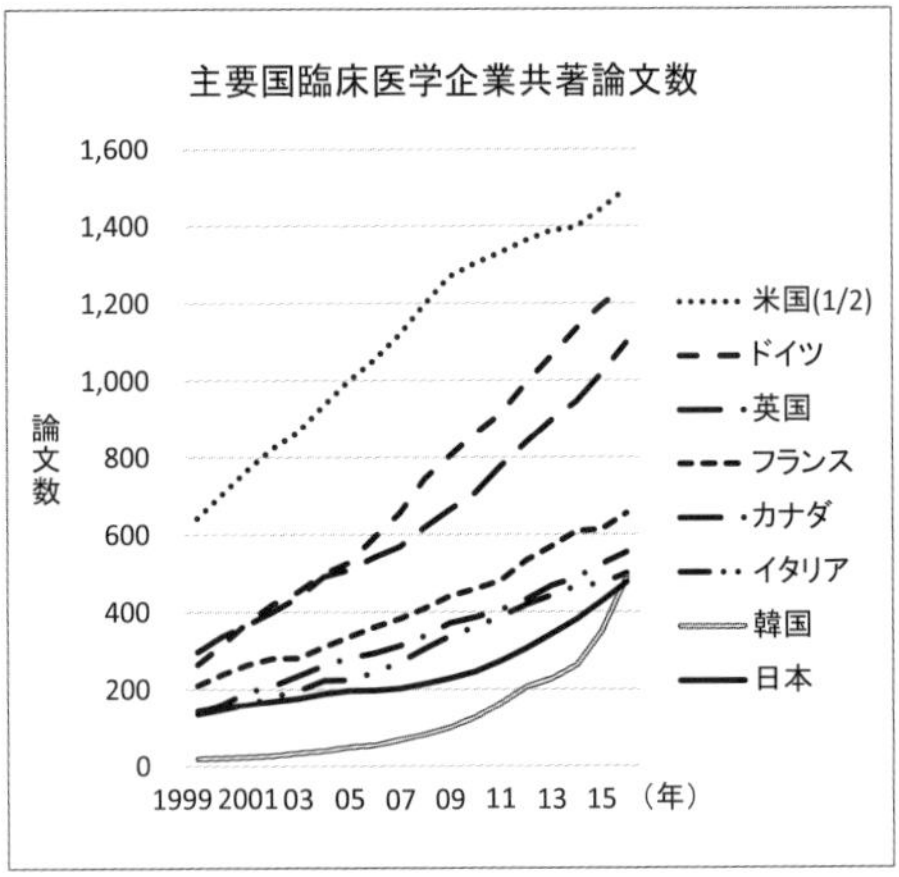

(注) クラリベイト・アナリティクス社InCites Benchmarkingより2018年6月8日論文数データ抽出。文献種原著、分野分類法ESI、臨床医学の論文数について分析。3年移動平均値。下図のグラフで米国は1/2の値を示していることに注意。

図表5－19 米国の大学におけるCNCI等による企業共著率の予測（重回帰分析）

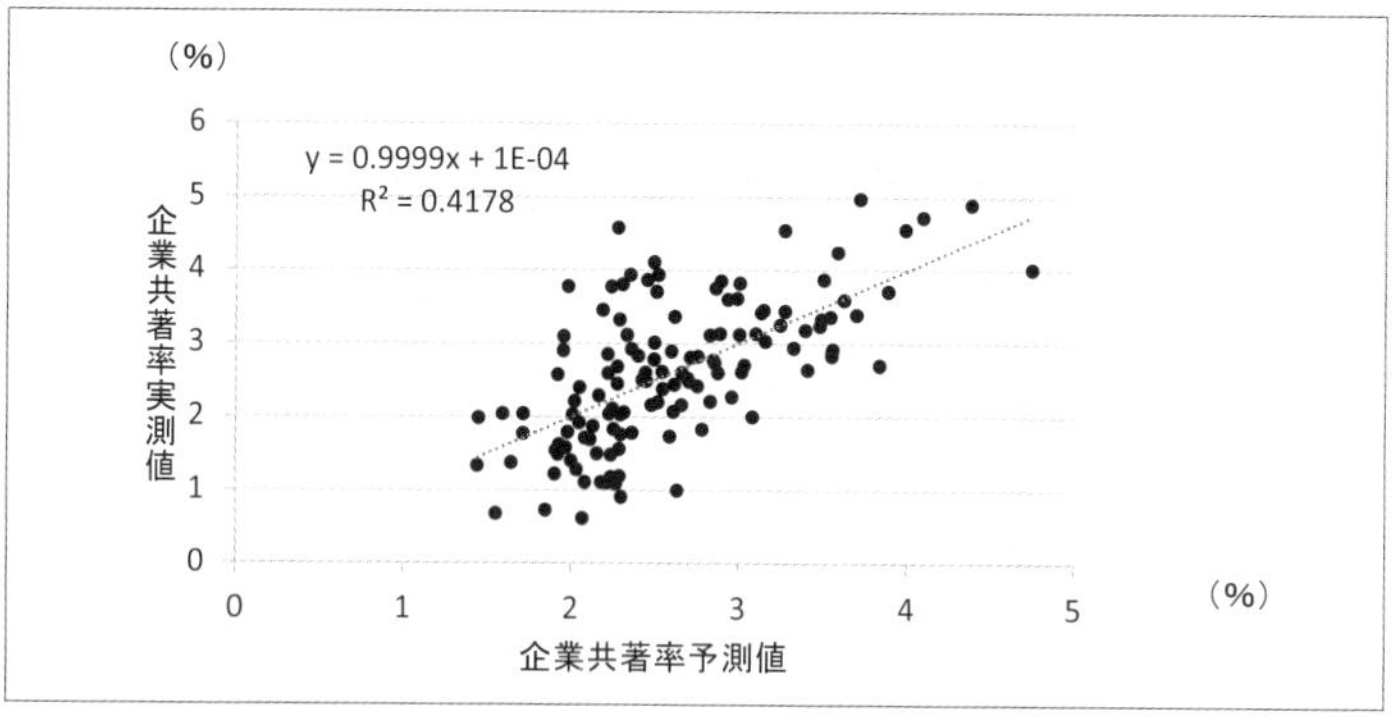

企業共著率	偏回帰係数	標準化係数	t 検定値	自由度	確率値	相関係数	偏相関係数
教員数	0.0001	**0.14**	1.9024	125	0.0594	0.369	0.168
論文数／学生数	0.2735	**0.2**	2.0028	125	0.0474	0.534	0.176
CNCI	1.3801	**0.42**	4.0988	125	0.0001	0.619	0.344
切片	0.0877	0	0.2025	125	0.8399		
R^2	0.418	R	0.646	調整済 R	0.636		

（注）重回帰分析は College Analysis ver6.6、Masayasu Fukui, Fukuyama Heisei Univ. による。2018年6月1日クラリベイト・アナリティクス社 InCites Benchmarking から論文数データ抽出。文献種原著、分野分類法 ESI、CNCI：Category Normalized Citation Impact。2012－2016年の5年間の共著者100以下の論文数が1000以上の大学について、THE 社世界大学ランキングウェブサイト（2017年のデータ）より学生数および教員あたり学生数のデータが利用できる米国137大学のうち8工科大学を除く。なお MIT は工科大学と名付けられているが、総合大学と判断した。

差は大きいですね。ここ数年韓国の企業共著論文が増えているのが注目されます。論文数で日本を上回ってしまいました。人口あたりで企業共著論文数を数えると、日本の順位は非常に低くなってしまいます。

次に企業共著論文数の割合に関係する要因を分析してみましょう。図表5－19は米国の大学において、前項のＣＮＣＩの要因分析と同様の分析を企業共著論文数の割合について調べてみた結果です。なお、産学連

図表5－20　非企業共著論文数増加率と企業共著論文数増加率の相関（2008－13年平均増加率）

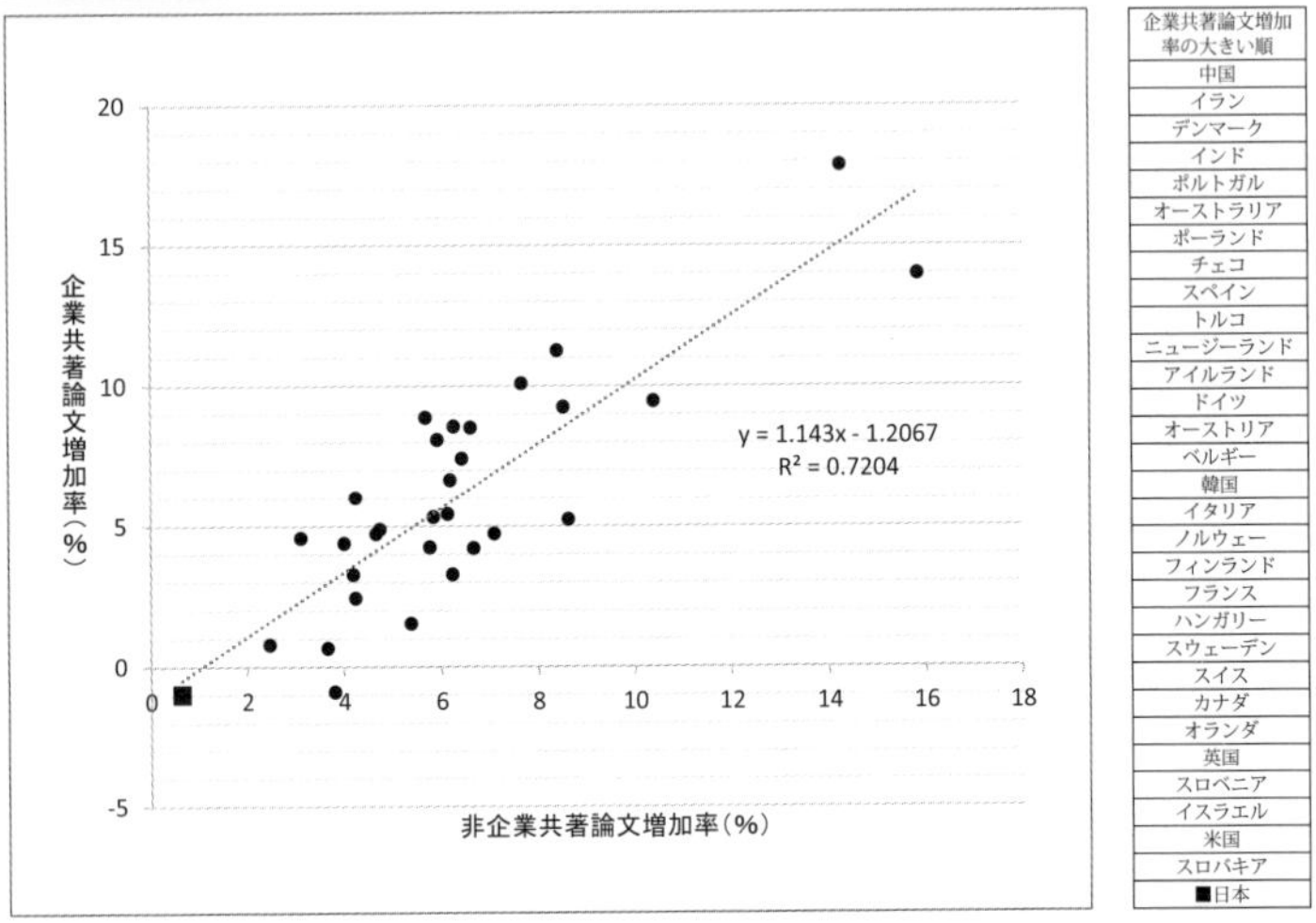

（注）2018年6月30日クラリベイト・アナリティクス社InCites Benchmarkingから論文数データ抽出。文献種原著、分野分類法ESI。2013年増加率とは、2008～2013年の年平均増加数を2008～2013年の論文数の平均値で除して求めた。企業共著論文とそれ以外の論文（非企業共著論文）とに分けて増加率（年率）を求めた。

携は分野によっても大きく左右されます。この分析では単科工学系大学を除いて分析しましたが、総合大学についても各分野の構成により大きな違いが出ると考えられますのでデータのバラツキが大きくなることはやむを得ません。企業共著論文数割合に影響する要因として、CNCIや学生あたり論文数、教員数があがってきます。前項の分析でCNCIを決定する最も大きな要因として、教育の規模よりも研究の規模が大きいこと、つまり人的・時間的研究環境の質が示唆されましたね。産学連携においても同様のことが示唆されます。

さらに、図表5－20は、国レベルの

分析で、企業共著論文数の増加率とそうではない非企業共著論文数の増加率の相関を調べた分析ですが、企業共著論文数が大きく増加した国は、非企業共著論文数も大きく増加した国であることがわかります。

これらのデータから、産学連携をさかんにするためには、まず研究従事者数を増やして研究の規模を大きくし、人的・時間的研究環境を良くすることが最も基本的な要件であると考えます。研究資金を確保できる企業ならば、研究体制が整い、質の高い研究を生むことのできる大学に対しては、おのずから対価を支払って、共同研究を申し込むはずです。教育やその他の業務に忙しくて十分な研究時間を取れない研究者には、企業も研究費を出す気になれませんね。国は財政難から、大学や研究所の研究従事者数を減らしつつ、国費に頼らずにもっと企業からたくさんお金をもらえ、という姿勢ですが、それは現実的には困難です。お金目当てを第一義にすると産学連携はうまくいきません。今後、日本は中小企業との産学連携にいっそうの力を入れる必要がありますが、中小企業から多額の研究費を期待することはそもそも困難ですしね。

なお、産学連携に関係する要因には、この基本的要因以外にもたくさんあり、まずは産学連携に関わる研究従事者数を増やすことが基本ですが、さらに大学側要因、企業側要因、各種の構造的要因を一つ一つ乗り越えていく必要があります。

ここで、ちょっと〝研究現場からの声〟に耳を傾けてみましょう。

〈研究現場からの声〉

●地方大学ではＵＲＡを雇用する予算を確保することが難しく、産学連携の共同研究が増えるほど、教員と職員の仕事量が増え、残業が日常的となり、職員の不満が出てきている。（２０１７年、大学、学長等クラス、男性）（注：ＵＲＡとは大学等において、研究者とともに研究活動の企画・マネジメント、研究成果の活用促進を行うことにより、研究者の研究活動の活性化や研究開発マネジメントの強化等を支える業務に従事する人材）

●大学教員の仕事が多様な大学改革の中で、多様化しており、とても産学連携強化に振り向けられる人員を割けない。（２０１７年、大学、教授クラス、男性）

●今後、産学連携とイノベーション政策は大学の生き残りにとって非常に重要なものとなる。しかしながら、どの大学を見ても産学連携に十分な人員を割けない状況にある。これをまず支援しない限り、大学が自ら動き、政府のイノベーション政策に従って、産学連携を進め、自己資金を得ることは困難だと考える。（２０１７年、大学、第４G、学長等クラス、男性）

●正直、イノベーションどころではなく、研究費の獲得のための申請書作成にかなり時間を取られており、実験が進まない。本来のテーマを進める余裕がないと、そこから派生したり、それに付随するような産学連携に取り組むマンパワー・資金・時間がない。本来のテーマを横に置いておいて、産学連携に注力すると、論文が出にくくなり、科研費もとりにくくなり、結果として研究者として先細りしてしまい、キャリアが終わる。産学連携は、研究者としてある程度の余裕がないと、本格的に取り組めない。先方（企業側）も、まじめに取り組まないアカデミアとは組みたくないので、案件が成立しない。（2017年、大学、第3G、保健（医・歯・薬学）、准教授クラス、男性）

●人口が減少し、資源もない日本において、今後世界と対抗していくために必要な最重要項目は知的財産（基礎研究から応用まで）だと思うが、予算は頭打ち、留学生も減り、論文数も減っている現状を危機的に感じる。（2017年、民間企業等、社長・役員クラス、男性）

●大学の財源確保の取り組みが、場合によっては、共同研究・受託研究を阻害する原因になる場合があります。（民間企業等、部・室・グループ長クラス、男性）

●私の所属する会社が共同研究させていただいている第一線で活躍されている先生方は明らかに激務である（労働時間が極端に長い）。また、教育、学務のみならず研究費や研究スタッフの確保活動にも多くの時間を割かれているようであり、研究にじっくり取り組む、じっくり考える時間が足りないとの印象を感じる。（民間企業等、社長・役員クラス、男性）

●大学が研究課題を具現化する能力が低いため、特異な技術を持った民間企業は共同研究するメリットを見出せない状況が多い。（民間企業等、社長・役員、男性）

●すべてではありませんが、学士、修士等の卒業の為の見込みの付いた研究に偏っている研究室も見られる。企業研究で世界に出るためには、新たな発見につながる研究（ノーベル賞や学術研究による賞など）が行えている研究機関と共同研究などを進めたい。（民間企業等、部・室・グループ長、男性）

3. 臨床医学論文数だけが増加に転じた理由

さて、メジャーな学術分野の中で、臨床医学論文だけが、ここ数年増加に転じているのはなぜなのでしょうか？　臨床医学論文数は大学附属病院の存在と密接に関係しますので、まずは、国立大学の法人化によって附属病院に課された状況についてお話をします。

(1) 法人化後国立大学病院に課された三重苦

国立大学の法人化によって国立大学附属病院に課されたのは、法人化前の巨額の負債約1兆円の償還の現場への移行と、経営改善係数2％による附属病院運営費交付金の大幅な削減でした。経営改善係数2％は2004年度の附属病院収入予算額の2％分の金額を、附属病院運営費交付金より削減するという制度であり、例えば100億円の附属病院収入があり20億円の附属病院運営費交付金を交付されている大学では、年2億円の削減、つまり交付金あたりにすると10％の削減ということになります。これに対応するためには2億円の利益の増が必要ですが、その利益増を実現するための医業収入としては2％よりもはるかに多い増をはからねばなりません。

国立大学病院について法人化第一期から振り返ると、法人化当初三つの苦難に直面しました。それは①法人化に伴う附属病院運営費交付金の削減、②新医師臨床研修制度の導入、③診療報酬のマイナス改定です。

著者は三重大学の産婦人科教授から2004年に三重大学学長に就任したのですが、その翌年、三重大学から三重県の紀伊半島（紀南地域）の病院へ産婦人科医師を派遣できなくなり、新聞で大きく取り上げられました。これは、三重県の産婦人科医師だけの問題ではなく、同様のことが全国的に各種の診療科で生じていたことが次々と明らかになり、2006年には地域医療崩壊が全国で表面化することになりました。当初厚生労働省は医師の偏在であるとしていましたが、当時の川崎二郎厚生労働大臣に三重県をはじめ、地域からの陳情がなされ、2008年からの医学部学生定員増の政策につながることになりました。なお、地域医療崩壊については複数の原因が考えられますが、卒後臨床研修期間2年間の医師確保のブランクや、研修医のマッチング制度によって、研修先として全国どこの病院でも選べるようになり、それまで、地域の病院に医師を派遣していた大学病院が、医師を確保できなくなって派遣できなくなったことが大きな原因と考えられます。

当時国立大学協会では、法人化に伴って「病院経営小委員会」という委員会が初めて作られ、著者が委員長を拝命しました。2003年以前の国立学校時代には、現場の経営の裁量権は小さく、こと細かく国に予算要求をして、予算通りに執行することが最善とされていました。それでは、ダイナミックに変動する経営体である病院の運営は不可能です。法人化により現場に経営の裁量権がある程度与えられましたので、法人化の制度は附属病院の経営においては大いにプラスになりました。

病院経営小委員会の役割は、一つには、法人化に伴う病院の経営改善について、法人の長である学長の経営意識を高めることであり、各大学に経営改善を促すことでした。当初は、さまざまな研修会を開催するなど民間的手法の導入も含めた病院経営改善に取り組みました。

しかしながら、巨額の借入金の負担（42大学病院で約1兆円）と経営改善係数2％によって、病院の現場からは、悲鳴があがりました。なお、独立行政法人化に伴い、国立病院機構は法人化前までの借入金の償還は免除されましたが、国立大学は償還義務が現場に降ろされました。

しかし、文科省の指導は、「どうして、私立大学病院がちゃんと経営しているのに、国立大学病院が経営できないのだ」ということでした。

当時、著者は某私立大学病院の経営を立て直すことにご尽力された先生のお話を聞く機会がありました。その方の結論は、「私はそれまで赤字だった病院の経営を立て直したので、来年から助手に初めて給与を支払いたいと思っている。」ということでした。つまり、それまでは若手の医師にほとんど賃金を支給していなかったということなのです。このことから、私立大学病院も経営に苦しんでおり、なんとか維持されてきたのは、若い医師に極めて安い賃金で働かせることなどで、維持されてきたことがわかりました。私立大学病院と国立大学病院とで財務的な検討もなされましたが、ほぼ同じような構造になっていることも示されました。

法人化前は政府内でのことであった巨額の借入金償還の現場への移行と経営改善係数2％による附属病院運営費交付金の削減による国立大学病院への負荷は、民間や自治体病院に比較しても限度を超えており、このままでは、大学本来の使命である教育・研究等に大きな支障をきたすと考えられたため、小委員会が起案して政府にさまざまな要望を提出しました。

例えば、「10％ルール」と呼ばれましたが、これは借入金償還の金額が医業収入の10％を超える場合は（経営の健全な一般市中病院では約5％以下）、大学の使命遂行に大きな支障が出るので、何らかの配慮が必要というものです。また、地方財政再建促進特別措置法の運用弾力化により、地方公共団体等から国立大学病院への寄付や補助金を認めること（救命救急センター補助金など）、厚労省など文科省以外の省庁の事業費の配賦を可能とすること（がん拠点病院整備事業など）、診療報酬の見直し、などでした。また、国立大学病院データベースセンター設立を国立大学附属病院長会議とともに推進し、データに基づく経営の改善を行いました。なお、診療報酬プラス改定は法人化第二期に入った2010年に民主党政権下で実現することになりました。

以上のような経緯の中で国立大学附属病院の収入は法人化第一期、第二期を通じて年4％程度の増を続け、42大学病院全体で当初6000億円程度であった収入が1兆円を超え、長期借入金の残高も3000億円減少し、年額約600億円であった附属病院運営費交付金は法人化第一期が終了してほぼ0円となりました。つまり国立大学病院全体で国の借金を約3000億円減らすとともに年600億円の税金の節約を果たしたことになります。そして、医学部学生定員の増と地域枠入試による卒業生も出るようになり、新医師臨床研修制度および専門医制度も落ち着きを見せ、一部の地方の国立大学病院では依然として苦しい大学もあるのですが、多くの病院で3年目以降の医師が回帰し、増加することになりました。

図表5－21 国立大学附属病院における医師数、附属病院収益、論文数等の推移

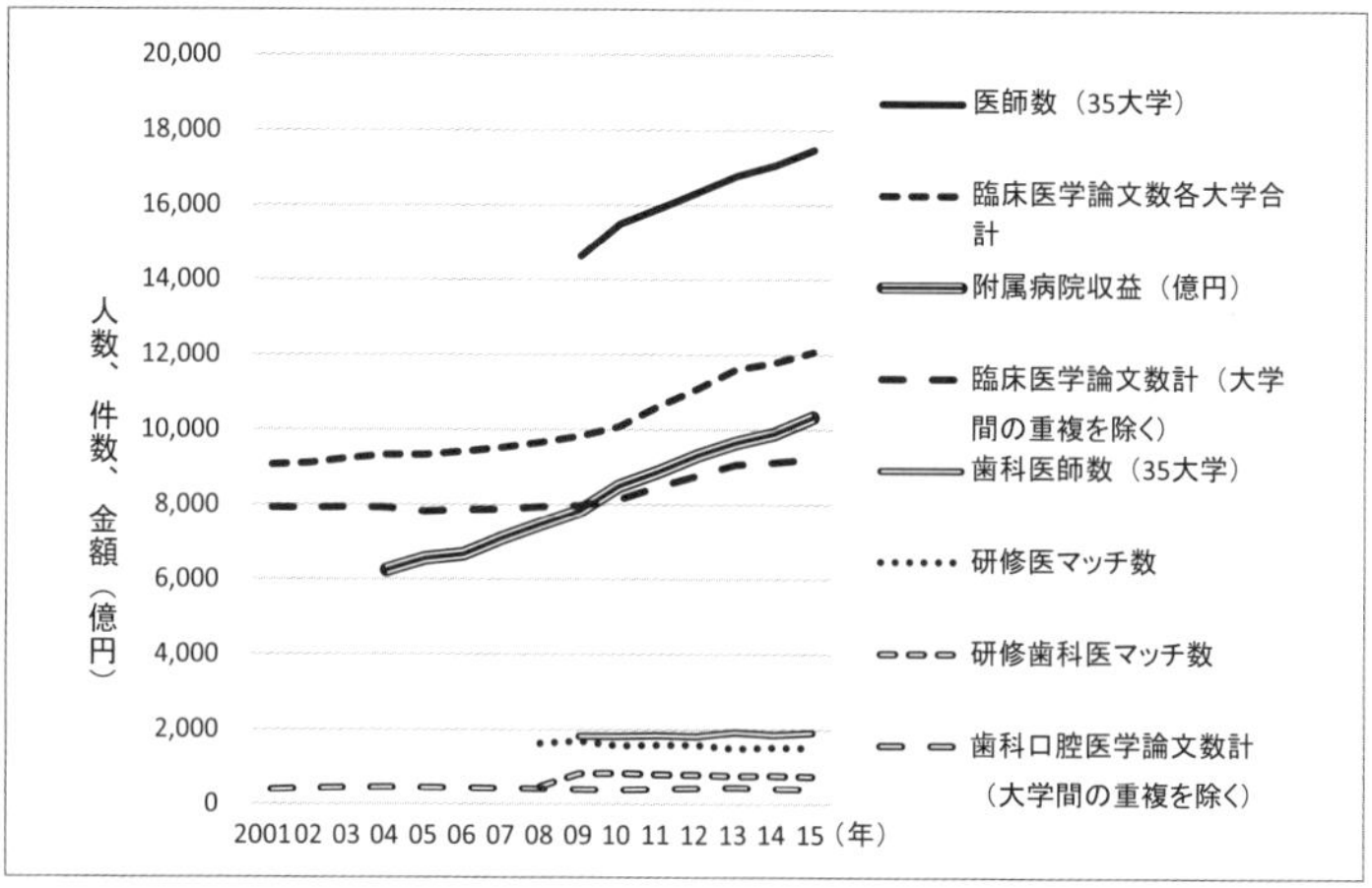

（注）論文数データはInCites Benchmarkingより2017年6月9日抽出。文献種原著。分野分類法ESIの臨床医学（CLINICAL MEDICINE）論文数、及び分野分類法WoSの歯科口腔医学（DENTISTRY, ORAL SURGERY & MEDICINE）論文数を示す。附属病院を有する42国立大学の論文数の合計と、42大学間の共著論文の重複を除いた論文数を示した。表示年の前後3年の移動平均値。医師数については、データ集計方法が異なる大学及び、データの不連続な大学を除いた35大学のデータ。

(2) 病院への医師数の回帰と臨床医学論文数の増加

では、国立大学病院のデータを分析してみましょう。なお、医師数のデータは、国立大学附属病院長会議および国立大学病院データベースセンターのご好意によるものです。

図表5－21は国立大学病院における医師数の増加や附属病院収益の推移を示したグラフです。法人化の初期の頃のデータが欠損していますが、医師数は、データが得られる２００９年以降増加しています。医

師には初期研修医や3年目以降の研修医、専攻医、大学院生、非常勤医師、常勤医師など、いろいろな種類があるのですが、少なくとも卒後2年目までの研修医や歯科医師数は増えておらず、卒後3年目以降の医師数が増えました。

ただし、附属病院収益の増加と臨床医学論文数の増加は、必ずしも並行しているわけではないことにも留意しておく必要があります。特に、臨床医学論文数が2011年頃から増加に転じましたが、最近は頭打ち傾向が見られ、特に国立大学間の共著論文の重複を差し引いた論文数は、明確に頭打ちになっています。

なお、「医師数」も「教員数」と同様に定義が各病院で異なるために分析が難しい面があり、定義が異なりカウント方法が異なると推定される大学が2大学、時系列で急激な段差が見られる病院が5大学もありました。医師数と他の指標との分析では2大学を除いた40大学で、医師数の推移を見る場合は7大学を除いた35大学で分析をしました。

まず、最初に附属病院収益と医師数および臨床医学論文数の相関を調べました(図表5−22)。附属病院収益が多い大学ほど医師数が多く、そして臨床医学論文数も多いことがわかります。ただし、旧帝大の中に他の集団とは異なって外れ値を示す大学があることがわかります。これらの大学では、他の大学の附属病院収益から予想される医師数以上に医師が存在し、臨床医学論文数も多くなっています。

図表5－22 国立大学附属病院における附属病院収益と医師数および附属病院収益と臨床医学論文数の相関

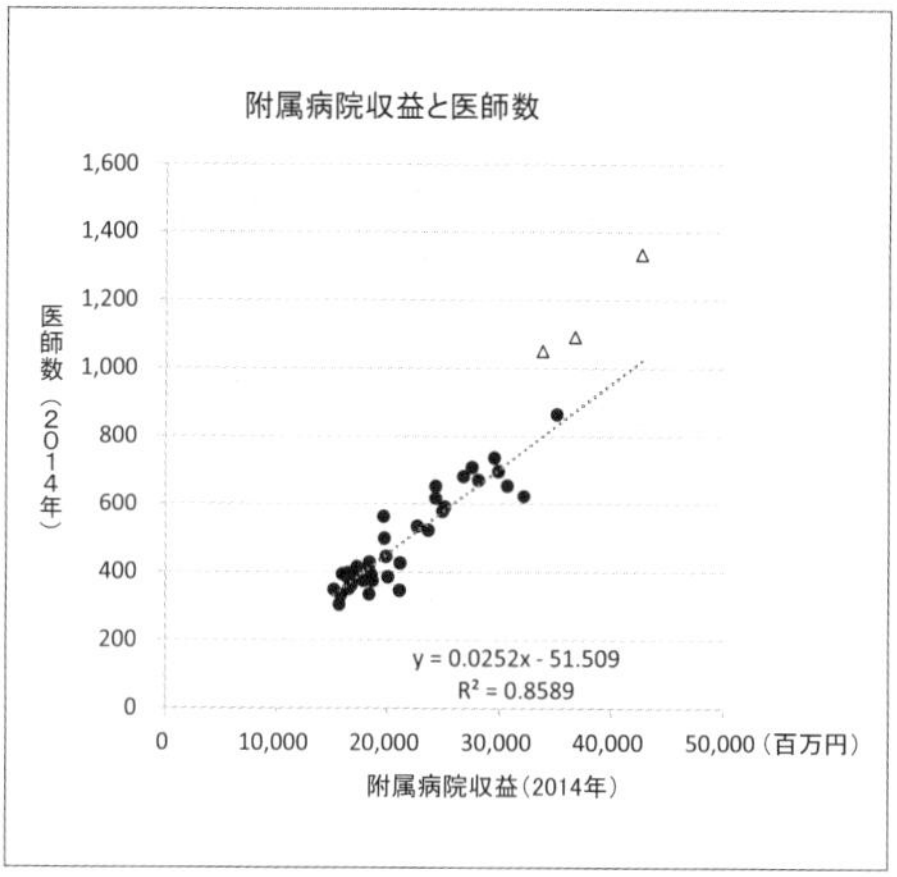

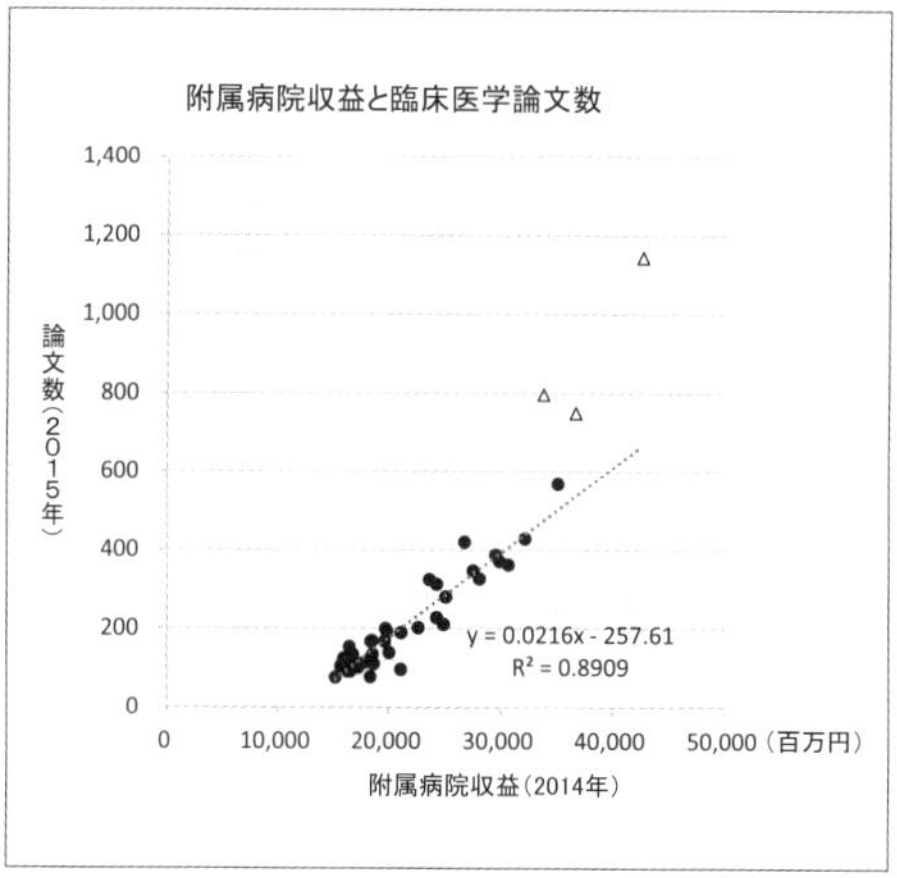

（注）論文数データはInCites Benchmarkingより2017年6月9日抽出。文献種原著。分野分類法ESIのCLINICAL MEDICINE論文数から、分野分類法WoSのDENTISTRY, ORAL SURGERY & MEDICINE論文数を差し引いた論文数を分析に用いた。医師数は国立大学病院データベースセンターによる。医師数集計方法が異なると判断される2大学を除く40大学で分析した。なお、医師数には初期研修医を含んでいない。医師数（2014年）、附属病院収益（2014年）、論文数（2015年）は前後年を含めた3年平均値を用いた。

図表5－23　国立大学附属病院における医師数と臨床医学論文数の相関

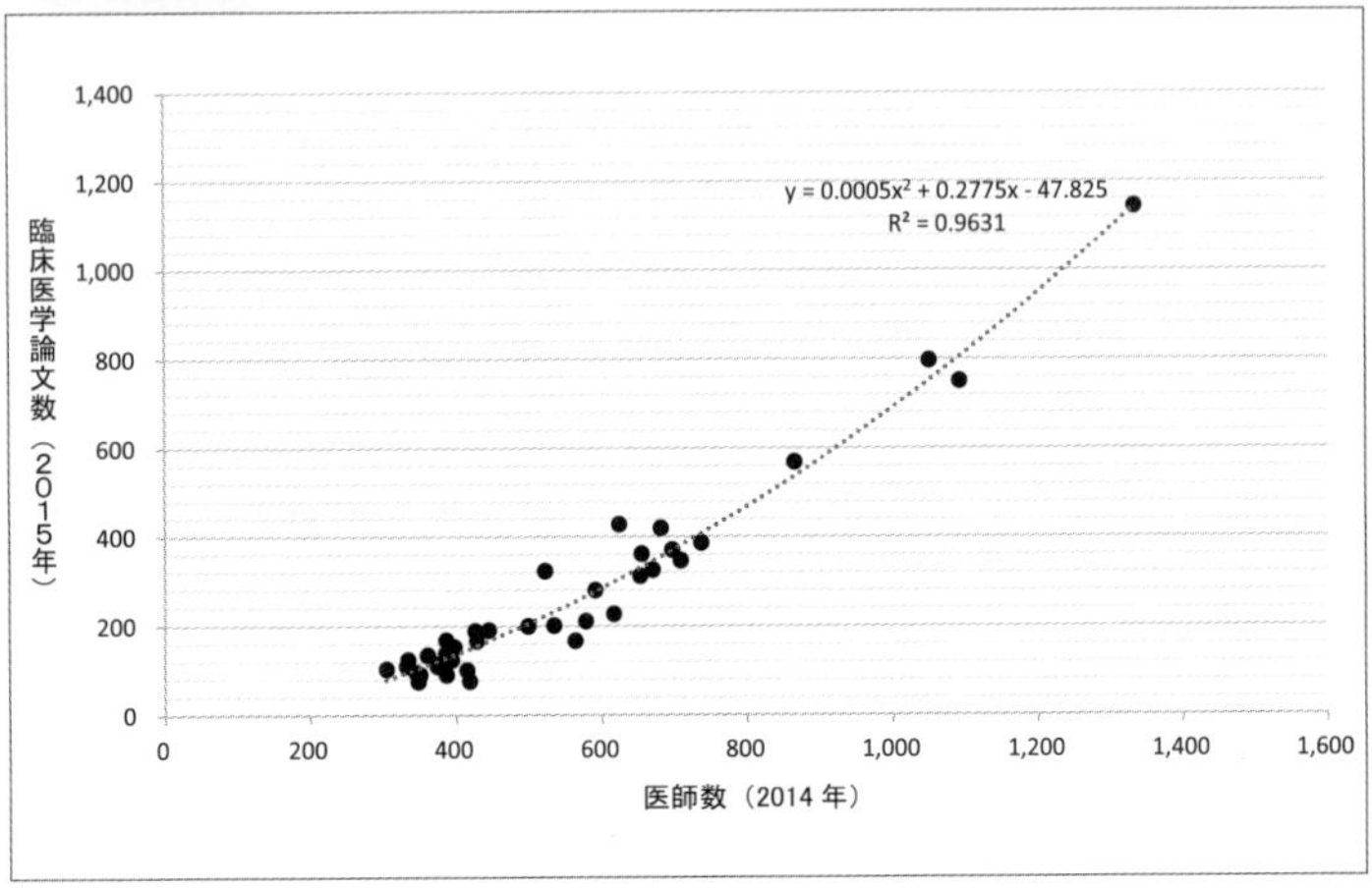

（注）論文数データはInCites Benchmarkingより2017年6月9日抽出。文献種原著。分野分類法ESIのCLINICAL MEDICINE論文数から、分野分類法WoSのDENTISTRY, ORAL SURGERY & MEDICINE論文数を差し引いた論文数を分析に用いた。医師数は国立大学病院データベースセンターによる。医師数集計方法が異なると判断される2大学を除く40大学で分析した。医師数（2014年）、論文数（2015年）は前後年を含めた3年平均値を用いた。

次に、医師数と臨床医学論文数の相関を調べました。図表5－23をご覧いただくと、医師数が多いほど、論文数が多くなっています。そして、回帰曲線は下に凸のカーブとなります。なぜ、下に凸のカーブになるのか今から説明します。

図表5－24には、医師数と医師一人あたりの論文数の相関を示しました。医師数の多い大学病院ほど、医師一人あたりの論文数が多いことがわかります。つまり、医師数あたりの論文生産性は大規模大学の方が高いのです。これが、先ほどのグラフが下に凸になる理由です。しかし、これでもって、大規模大学の方が、

図表５－24　国立大学附属病院医師数と医師一人あたり臨床医学論文数の相関

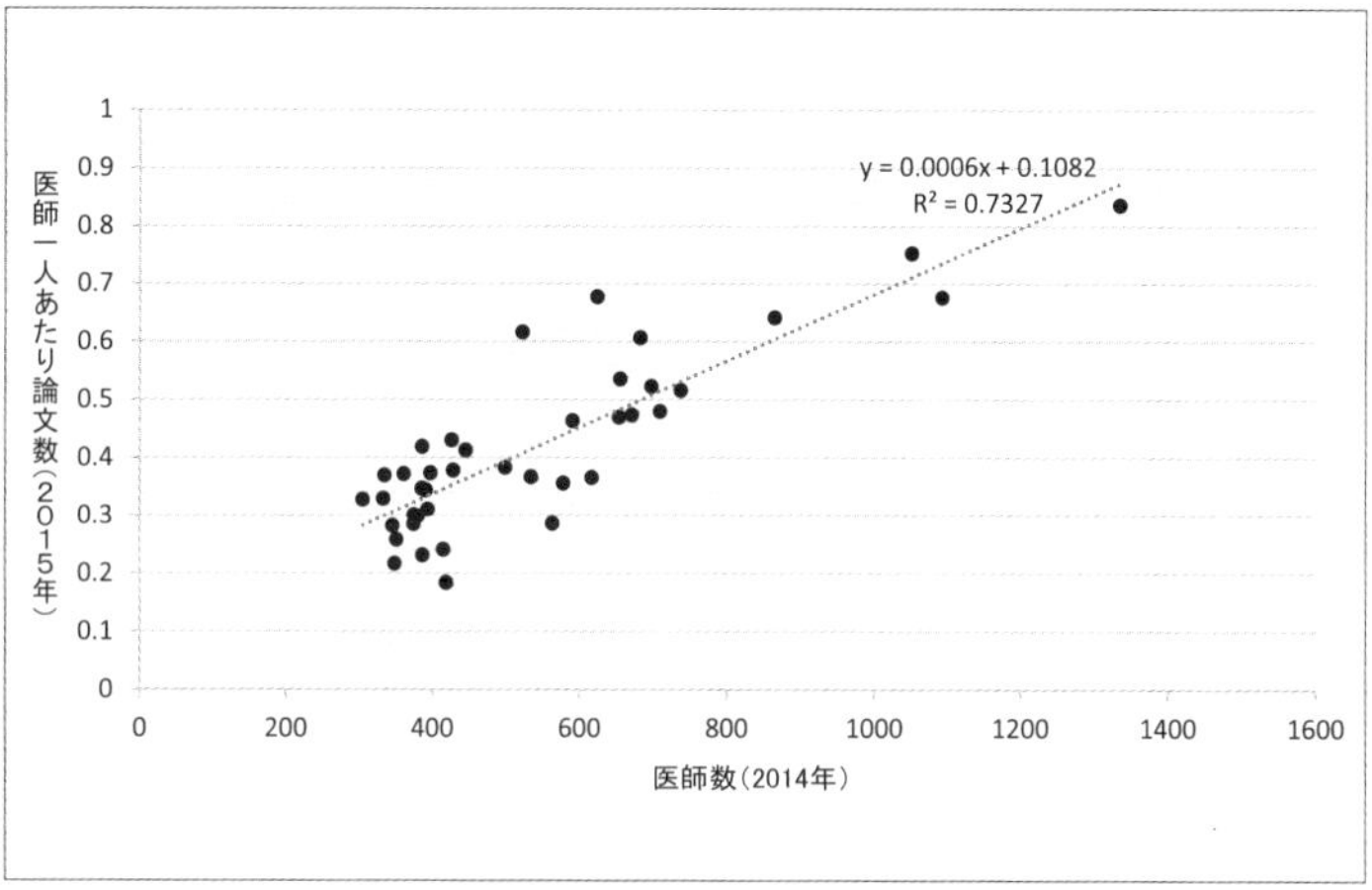

（注）論文数データは InCites Benchmarking より 2017 年６月９日抽出。文献種原著。分野分類法 ESI の CLINICAL MEDICINE 論文数から、分野分類法 WoS の DENTISTRY, ORAL SURGERY & MEDICINE 論文数を差し引いた論文数を分析に用いた。医師数は国立大学病院データベースセンターによる。医師数集計方法が異なると判断される２大学を除く 40 大学で分析した。医師数（2014 年）、論文数（2015 年）は前後年を含めた３年平均値を用いた。

論文生産性が高いと即断するのはいけません。研究従事者数（ＦＴＥ）が計算されていないからです。医師の研究時間がわからないことには、ほんとうの生産性は計算できませんね。

大学病院医師の研究時間のデータは得られないのですが、その代わりに医師の負担を推測できる指標を使います。図表５－25は医師一人あたりの入院診療単価と医師一人あたりの論文数の相関を見たグラフです。入院診療単価は、たとえば手術の患者さんの入れ替わりが多い病院には高く設定されていますので、医師の負担の指標になるのです。そうする

図表5－25 国立大学附属病院における医師一人あたり入院診療単価と論文数の相関

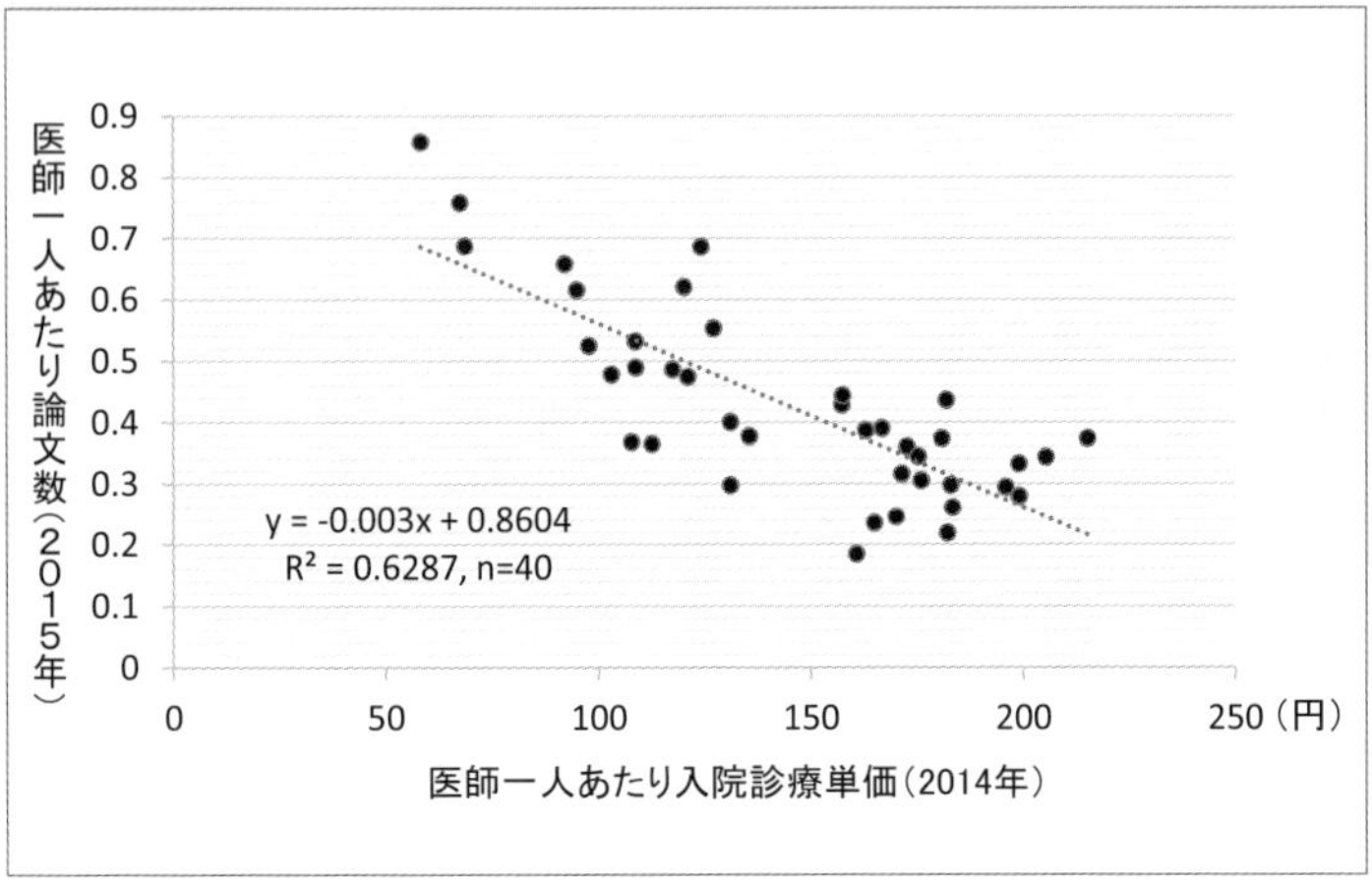

（注）論文数データはInCites Benchmarkingより2017年6月9日抽出。文献種原著。分野分類法ESIのCLINICAL MEDICINE論文数から、分野分類法WoSのDENTISTRY, ORAL SURGERY & MEDICINE論文数を差し引いた論文数を分析に用いた。医師数は国立大学附属病院長会議の協力により国立大学病院データベースセンターから提供を受ける。医師数集計方法が異なると判断される2大学を除く40大学で分析した。医師数（2014年）、入院診療単価（2014年）、論文数（2015年）は前後年を含めた3年平均値を用いた。

と、医師の診療負担の多い大学ほど、医師一人あたり論文数が少ないことがわかりました。

次に、医師数の増加（差分）と論文数の増加（差分）、そして医師数の増加率と論文数の増加率についても調べてみました。

図表5－26に示したように、医師数が多く増えた大学ほど論文数も多く増えており、およそ、医師数を10人増やせば、論文数が5件増える計算になります。また、図表5－27の増加率の相関図からは、医師数を2倍に増やせば、論文数も2倍に増えることがわかります。

臨床医学論文数の増加の要因とし

図表５－26　国立大学附属病院における医師数増加度と臨床医学論文数増加度の相関

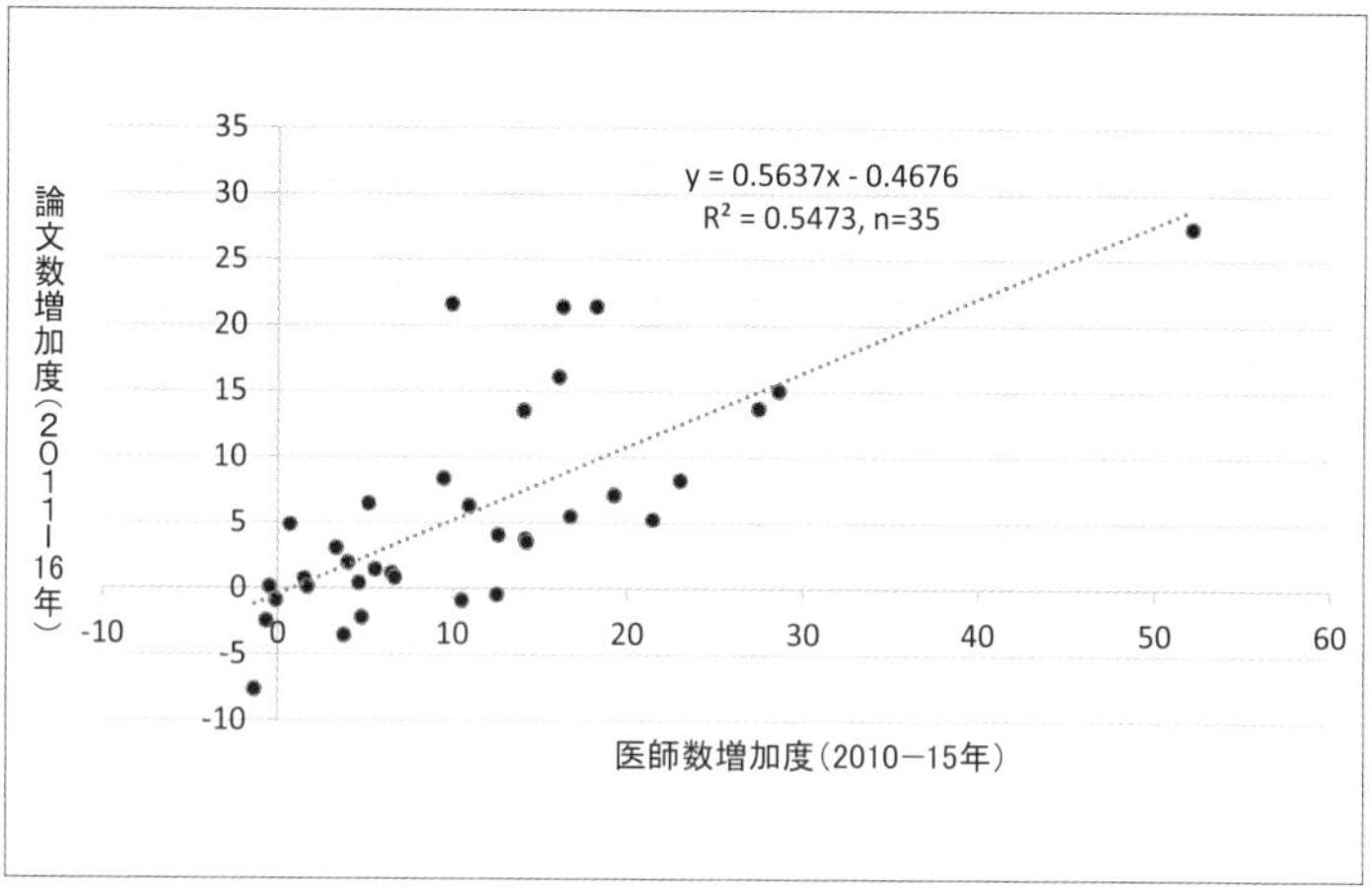

（注）論文数データはInCites Benchmarkingより2017年６月９日抽出。文献種原著。分野分類法ESIのCLINICAL MEDICINE論文数から、分野分類法WoSのDENTISTRY, ORAL SURGERY & MEDICINE論文数を差し引いた論文数を分析に用いた。医師数は国立大学附属病院長会議の協力により国立大学病院データベースセンターから提供を受ける。医師数集計方法が異なると判断される２大学、およびデータに不連続性が認められると判断される５大学を除く35大学で分析した。６か年のデータから最小二乗法により１年あたり平均増加数（回帰直線の傾き）を求め、増加度とした。

ては、研究活動費を獲得できることが前提ですが、結局研究従事者数（ＦＴＥ）の増に帰結します。

大学病院の医師数増を可能にした要因としては、医学部学生定員増の効果、専門医制度が確立して指導医の存在する病院での研修が義務付けられたことなどもありますが、大学病院の経営改善も大きいと考えられます。大学病院の経営が良くなければ医師を増やすことができませんからね。これは、法人化に伴って実施された、１兆円という巨額の借入金償還の現場への移行と経営改善係数２％という大きな負荷を、各大学病院の現

図表5－27　国立大学附属病院における医師数増加率と論文数増加率の相関

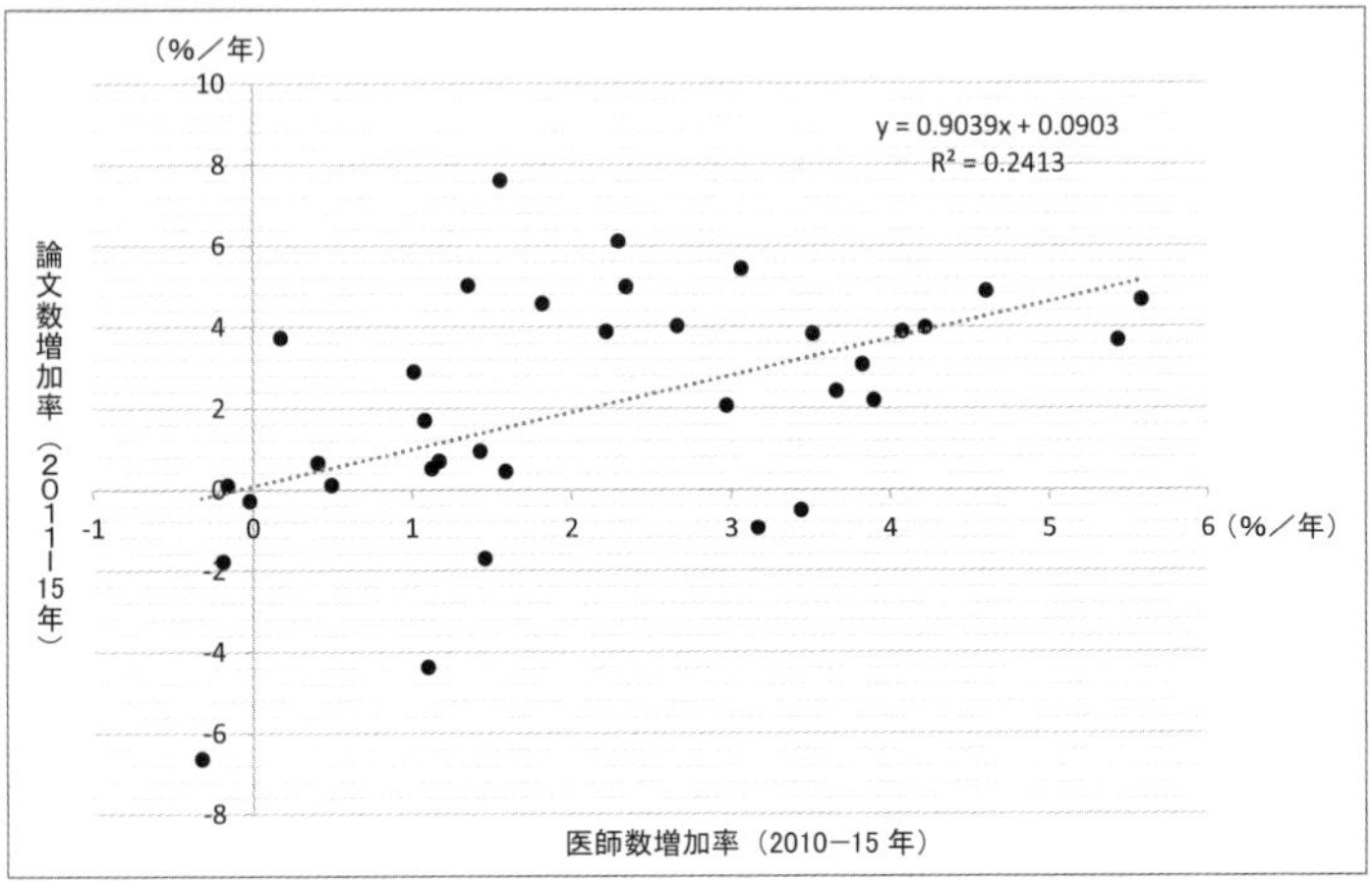

（注）論文数データはInCites Benchmarkingより2017年6月9日抽出。文献種原著。分野分類法ESIのCLINICAL MEDICINE論文数から、分野分類法WoSのDENTISTRY, ORAL SURGERY & MEDICINE論文数を差し引いた論文数を分析に用いた。医師数は国立大学病院データベースセンターによる。医師数集計方法が異なると判断される2大学、およびデータに不連続性が認められると判断される5大学を除く35大学で分析した。6か年のデータから増加度を求め、6か年の平均値で除することにより1年あたり平均増加率を求めた。

場が、その経営改善努力でもって乗り越えたことで可能となりました。

しかしながら、もうちょっと考えてみましょう。図表5－25は、医師の診療負担の小さい大学ほど医師一人あたりの論文数が多いと申し上げましたが、それはすなわち、病院の儲けにはあまり貢献しない医師を多く抱えているということです。つまり、診療の規模を超えて医師数を確保し、研究時間を確保している大学ほど論文数が多いということを意味します。

図表5－22では、多くの大学における附属病院収益から予想され

る医師数を超えて、医師数が多く論文数も多い大学がありました。大規模大学で診療の規模以上に医師が多く存在できる理由はいくつか考えられます。たとえば、病院ではなく大学から給与が支給されている教員数が多いこと、寄付講座が多いこと、研究センターが整備されていること、大学院生が多いこと、他大学の卒業生を加えたいわゆる〝医局〟が大きくて、研究室に出入りする医師が多いことなどです。

いずれにせよ、臨床研究は診療と密接に関連している研究ですが、やはり「診療時間」と「研究時間」は両立せず、研究従事者数（FTE）を増やして研究時間を確保することが、どうしても必要なのです。第4章の研究等時間の調査結果では、保健分野の学部では、診療時間が急増しているというデータでしたね。臨床医学論文数が増加に転じたのは、診療の負担増以上に大学の医師数が増えたためと考えますが、共同研究の重複を除いた臨床医学論文数が直近ではすでに頭打ちになっていることから、医師数増の効果は一時的なものであり、今後の臨床医学論文数の増は困難であると予想しています。

著者は、三重大学の附属病院で長く過ごしてきましたが、昼間は診療があるので研究を始めるのは夕方からであり、帰宅をするのは午前様があたり前の生活でした。手術予定の患者さんを担当させていただき、研究のために徹夜をすることがしばしばあることをつい漏らしたところ、「先生、私の手術の前日には、ぜひとも十分な睡眠をとって下さいね。お願いします。」と釘をさされたことを思い出します。このような、診療も、教育も、研究もやり、安い給与を補填するためにアルバイトもやって、というサイクルには限界があります。過労死が問題にされ、働き方改革が叫ばれている今日ですが、大学病院の医師の働き方改革をぜひともお願いしたいと思います。

しかし、そうすると、診療時間を削るわけにいきませんから、必然的に研究時間を減らすことになります。日本の臨床研究を向上させるためには、病院収益以外の財源で、研究従事者数（ＦＴＥ）を増やす必要性がいっそう増すことになります。

〈研究現場からの声〉

●地方大学の医学部では専門医への流れが強く、また、独法化以降大学病院は収益を上げることを重視しているため、中間層の医師・コメディカルがかなり疲弊している。そのため、一番研究ができるはずの人たちが研究までやっている余裕がないという現状です。（２０１７年、大学、第４Ｇ、保健（医・歯・薬学）、部・室・グループ長、教授クラス、男性）

●臨床系は臨床のノルマが増え、また全体として教育へのウェイトも増しており、研究に使える時間が狭められてきている。また科学研究費なども縮小されてきている。（２０１６年、大学、第２Ｇ、保健（医・歯・薬学）、教授クラス、男性）

4．日本の公的研究機関の研究従事者数はどれだけ不足しているのか？

この十数年の日本の研究力の国際競争力低下の主因は、大学の研究従事者数がもともと少ない上に、それをさらに減少させたことです。本章の先ほどの検討でも論文の質（注目度）を高めるためにも、産学連携をさかんにするためにも、研究従事者数の増が欠かせないという結論でした。臨床医学論文の増も研究従事者数の増によってもたらされました。

では、日本はどの程度、大学の研究従事者数が不足しているのでしょうか？　研究従事者数は曲者でしたから、さまざまなデータに基づいて慎重に検討します。

(1) 論文数からの計算

本書でこれまで分析してきたように、欧米先進諸国や韓国に追いつくためには、1.5－2倍以上の論文数の増が必要です。海外諸国の論文数はまだ増加を続けていますから、日本はこの数値以上に増やすことが必要です。図表5－28は図表2－19と同じものですが、海外諸国に比べて極めて

図表5－28　主要国の論文数による大学の格差曲線

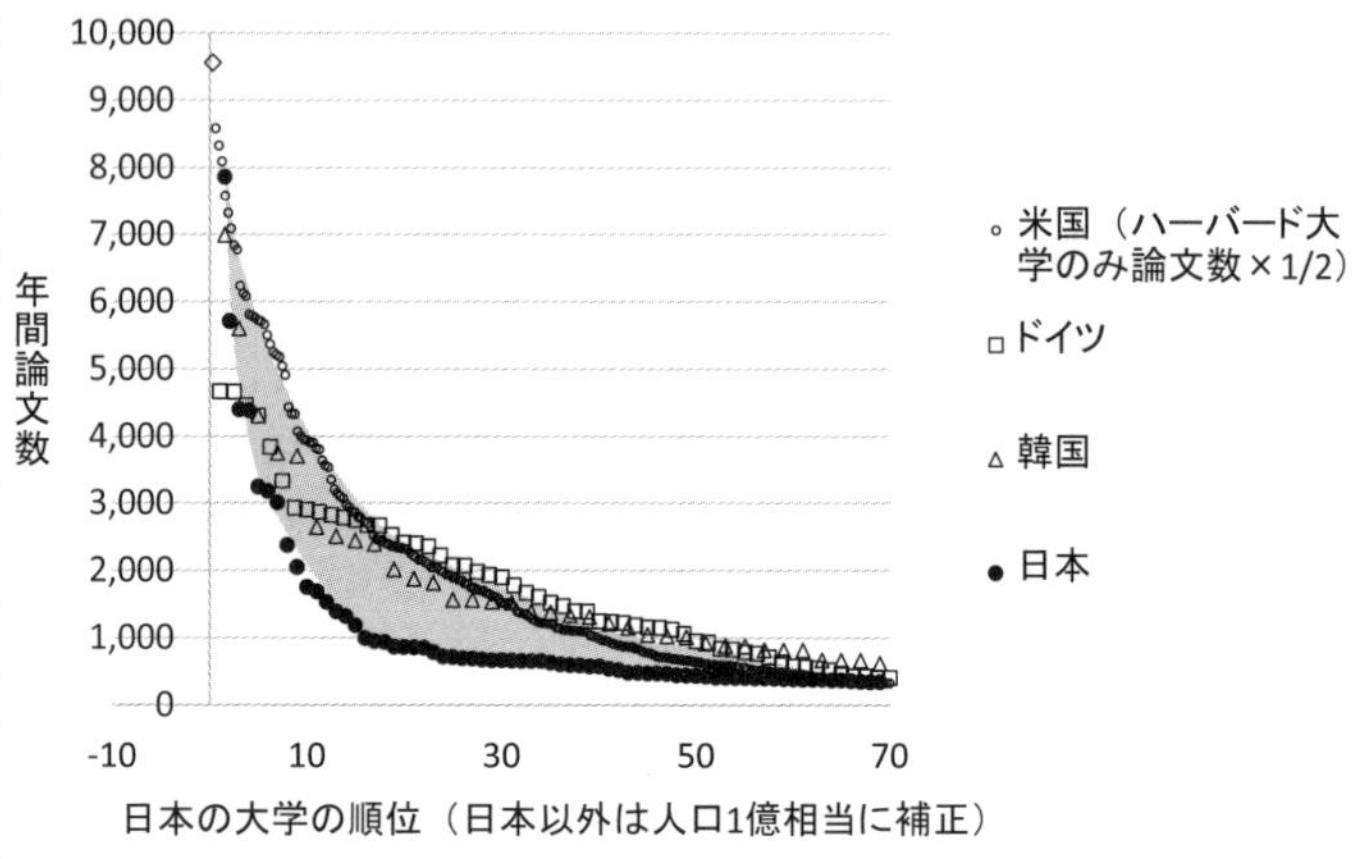

（注）クラリベイト・アナリティクス社 InCites Benchmarking より 2018 年 2 月 8 日データ抽出。文献種原著、分野分類法 ESI、2013 － 17 年の平均値、整数カウント。日本以外の国の順位は、人口 1 億あたりに補正。例えば韓国の場合、人口約 5000 万が 1 億に相当するように順位に 2 を掛けている。米国の大学のうち◇で示したハーバード大学の論文数は 1/2 の値を示した。

薄い大学層を早急に厚くする必要があると考えます。そのためには色を付けた部分の面積に相当する論文数を増やす必要があり、概ね1・5－2倍増やさないといけないことがイメージされると思います。そしてそのためには、第3章の検討から論文数と研究従事者数は強い相関を示していましたから、研究従事者も1・5－2倍増やす必要があるという計算になります。

(2) 各国による研究者の定義の違い

本書では、教員数や研究者数は、各大学や国によって定義が異なり、特に

図表5－29	主要各国における研究者の定義
日本	①教員（HC）
	②博士課程在籍者（HC）
	③医局員（HC）
	④その他の研究員（HC）
米国 （1999年まで）	別個の統計調査から計測（HC）
	①博士号を持つ科学者・工学者
	②経済的支援を受けている博士課程在籍者の50%
ドイツ	教員統計から計測（HC）
	①教員×学問分野毎のFTE係数×研究時間のFTE係数
	②経済的支援を受けている博士課程在籍者
フランス	①研究者
	②研究技師
	③研究業務に対して報酬を受けている博士課程在籍者
英国	既存の人事データから計測
韓国	①専任講師以上の教職員
	②博士課程在籍者
	③大学附属研究所で調査をしている博士以上の学位所有者
	上記条件、または同等以上の専門的知識をもって研究開発活動に従事している者

（注）科学技術指標2017（文献5－2）p.70。

日本のデータは過大評価をしている可能性が高く、分析には細心の注意が必要であることを何度もお話ししてきました。図表5－29は科学技術指標（文献5－2）に示されている、主要国の研究者の定義の一覧ですが、各国で研究者の定義がずいぶんと違うことがわかりますね。韓国は専任講師以上の教職員を研究者としており、日本よりもずいぶんと少ない人数になると想像されます。ドイツは教員数を基本とし、それに博士課程学生の一部を加えています。一方日本の場合は、少しでも研究に携わる者は研究者として数えるという感じであり、他国よりも研究者数が多く見積もられます。博士課程在籍者を全員研究者としてカウントするのか、ドイツ、フランス、米国のように一部に限るのかでも、値がずいぶんと違ってきます。なお、米国のデータは1999年までのデータしかOECD.Statに掲載されていませんので、そもそも比較の対象になりません。

このように、研究者数や教員数という指標は、誤差の大きいデータであるということであり、誤差が大きいことを念頭に置いて分析をし、慎重に判断をする必要があります。

(3) ドイツ、フランス等との研究者数の比較

政府は日本の大学の研究者数が欧米先進国と比べて遜色ないと判断しているのですが、それは2018年4月17日の財務省の資料「文教・科学技術」の57ページのデータ（データソースはOECD.Stat）によると考えられます。ここに主要国において人口あたり大学研究者数を比較したデータが載っており、日本はドイツ、フランス、イタリアなどの主要国と肩を並べています。なお、このデータでは米国の1999年値とも比較をしていますが、あまりにも時代が違うので、比較の対象にすること自体に問題があると考えます。

実は、本書の分析結果でも、第3章の図表3-5を見ていただきますと、多くの欧州先進国の中で、日本は研究従事者数（FTE）が最も少ない部類に入るのですが、ドイツ、フランス等の国と

は近い値になっています。このデータの解釈としては、著者は他の各種のデータも含めて総合的に判断し、日本の研究者数の過大評価に基づくものと解釈していたのですが、政府はこのデータでもって、日本の「大学の研究者数は欧米先進国と比べて遜色ない」と断定し、それ以後の政策をすべて立案しています。日本の大学の研究者数が先進国と比較して遜色ないという判断に基づくと、日本の大学の論文数が少ない原因は、研究者一人あたりの論文生産性が低いということになりますから、もっと鞭を打って教員に論文をたくさん書かせるべきである、という政策になりかねません。

果たして、そうなのでしょうか？　もう少し詳しく分析をしてみることにしましょう。

OECD.Statには、主要分野別の研究者数のデータがありますので、まず、分野によって研究者数がどうなるのか、調べてみました。なお、FTEのデータの揃っている国の数が限られるのでHC（頭数）のデータでお示しします（図表5－30）。

この図表を見ていただきますと、分野によってずいぶんと差のあることがわかります。工学系や理学系の研究者数は、英国、ドイツ、フランスに比較してずいぶんと少ないことがわかります。工学系については韓国の半分くらいの研究者しかいないことになります。しかも、日本のデータが過大評価されている可能性があってもなお、かなり少ないということなのです。

一方、保健系と人社系は、ドイツやフランスと遜色ないように見えます。政府は「大学の研究者数は欧米先進諸国と比べて遜色ない」と断定していますが、保健系や人社系については、そうなの

図表5－30　主要国における分野別大学研究者数（HC）（2014年）

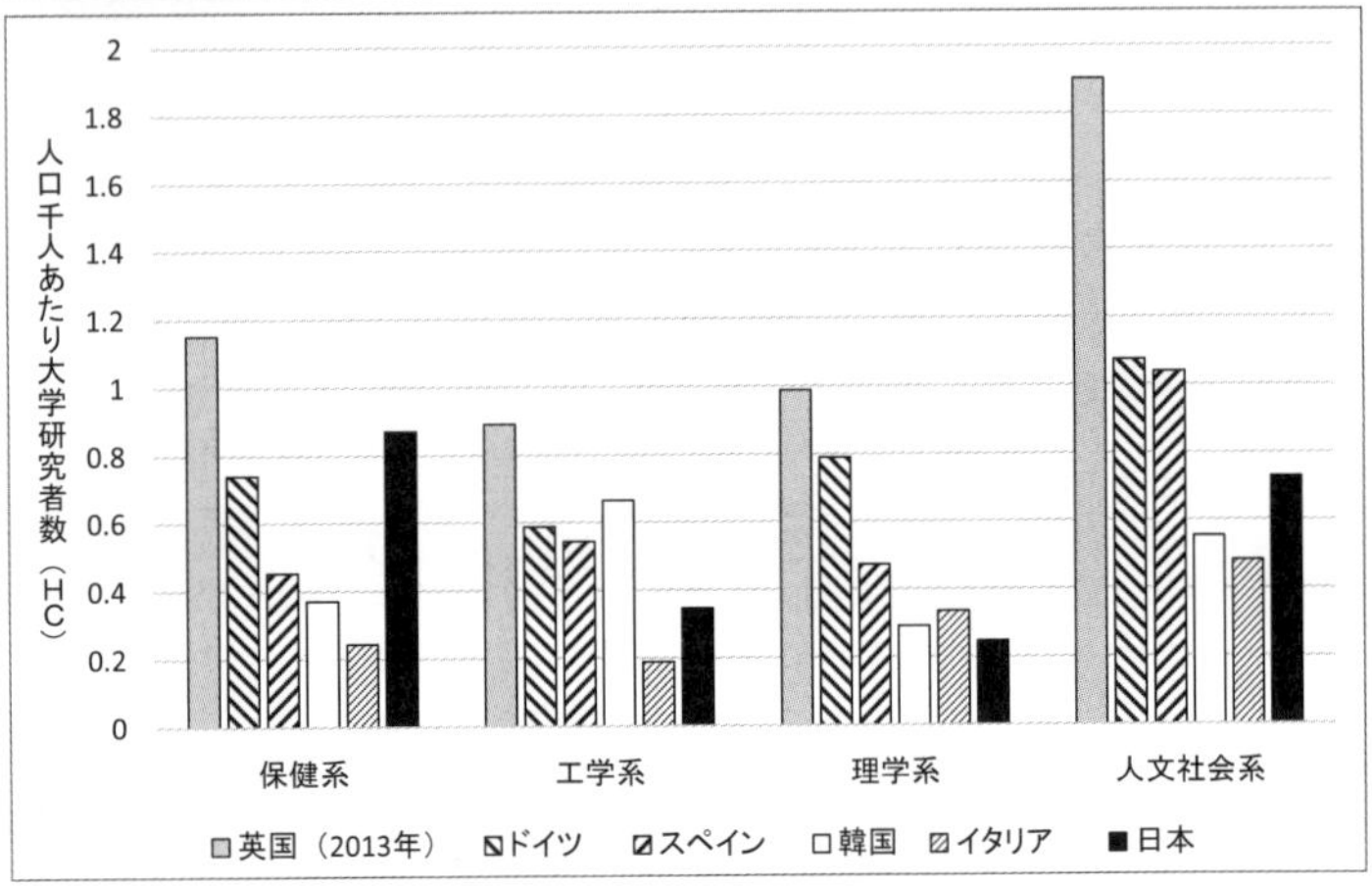

（注）OECD .Statから2017年6月28日にデータ抽出し著者作図。人口はWHOに基づく。

かもしれませんが、理工系についてはあてはまりません。なお、米国については比較できるデータがないので、何とも言えません。

なお、イタリアの保健系と工学系は非常に少ないのですが、この点についてはこれから説明します。

次に、主要分野に関連すると考えられる分野の論文数を調べてみました（図表5－31上図）。ただ、お断りしておかないといけないのは、研究者の分野と論文の分野とをぴったりと一致させることは困難であり、あくまで、〝関連する〟と考えられる分野の論文数です。そして、研究者あたりの論文数の生産性を調べました（図表5－31下図）。

さて、図表5－31の下図を見ていただいて、まず、目に付くことは保健系と工学系とで、

図表5－31　主要国における分野別大学論文数および論文生産性

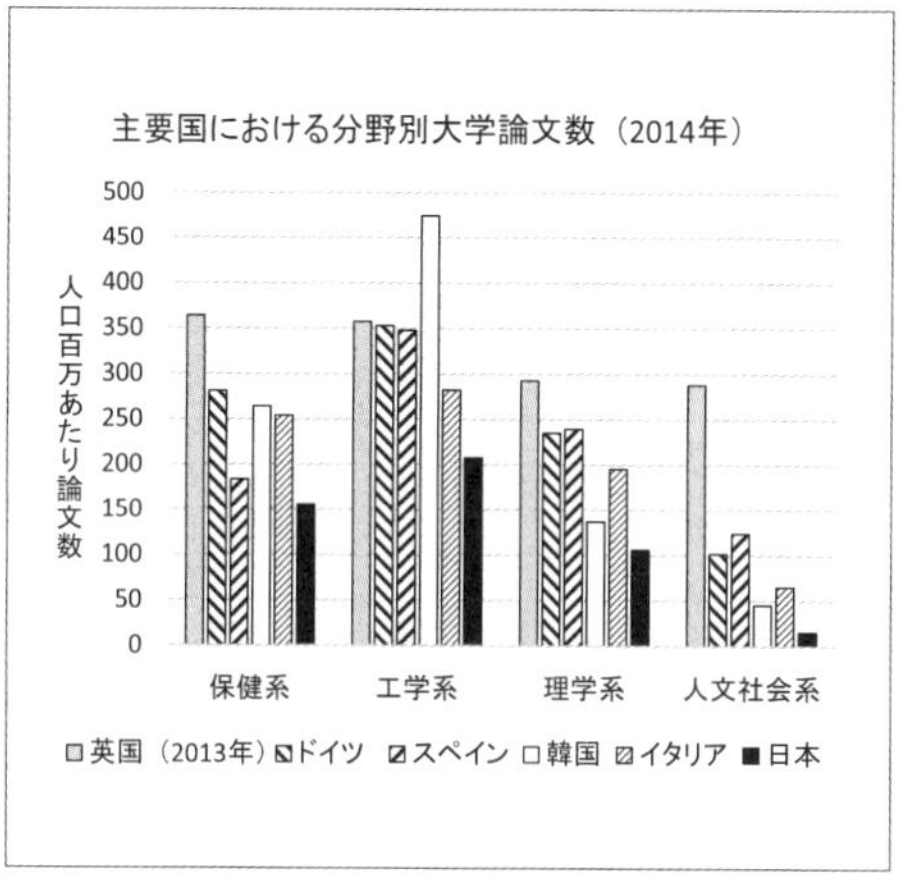

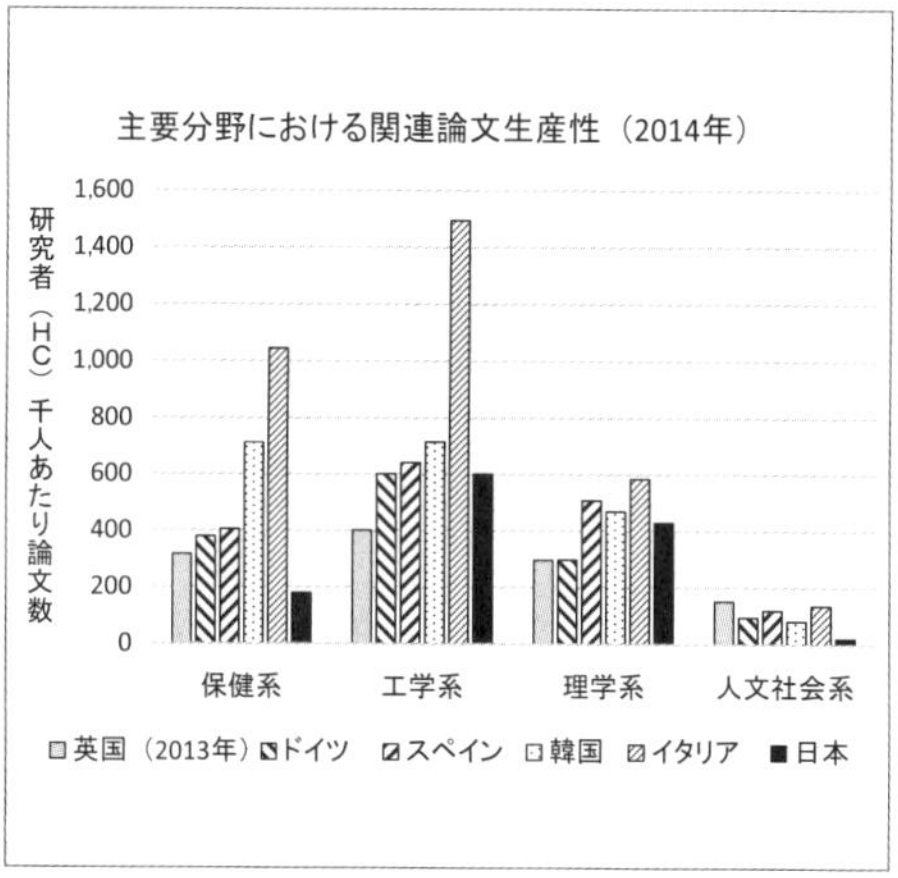

（注）クラリベイト・アナリティクス社 incites Benchmarking より 2018 年 2 月 16 日に論文数のデータ抽出。文献種原著、分野分類法 ESI。2013 年大学論文数とは 2012 － 14 年の平均。人口は WHO による。各分野の関連論文数は以下の組み合わせとした。保健系〔臨床医学、薬学、免疫学、神経行動学〕、工学系〔物理、化学、材料科学、工学、計算機科学〕、理学系〔宇宙科学、地球科学、数学、環境・生態学、生物・生化学〕、人文社会系〔経済・経営学、社会科学、精神・心理学〕。

イタリアの論文生産性が非常に高いことですね。英国、ドイツ、フランス、スペインなどの国々よりも、2倍以上の生産性の高さです。イタリアは少ない研究者数で、極めて効率的に論文を生産している。イタリアを見習おう、ということに果たしてなるのでしょうか？

たぶん、そうはなりませんよね。イタリアは研究者数を過小評価しているのではないだろうか、と疑いの目で見る人が多いのではないかと想像します。著者もそのうちの一人です。著者は、それを判断する根拠データを現時点では持ち合わせていないので、ここではイタリアのデータには要注意とだけにしておきましょう。

ここまでで言えることは、日本の大学の人口あたりの理工系研究者数（ＨＣ）は、欧州の（イタリアを除く）先進国と比較して、1・5～4倍（以上）の差をつけられており、韓国には工学系で2倍（以上）の差をつけられているということ、そして、（イタリアを除いては）欧州先進国や韓国に比較して日本の関連論文数の生産性は遜色がないということです。

保健系については、日本の大学の論文数の生産性は欧州先進国（イタリアを除く）の約1／2であり、韓国の1／4と低く計算されます。

しかしながら、臨床医学は著者の専門の領域ですが、生産性が低いのでもっと論文をたくさん書けと言われても、現場の感覚からはとても無理だと思います。著者の例で言えば、昼間は診療があって、研究を始めるのは夕方からで、毎日午前様の日々を送りました。過労死になってもおかしくないと思われる医師がたくさんいます。文部科学省の研究時間を調査した報告（第4章の文献4－3）の中に労働時間の集計があり、極端に労働時間の多い回答がけっこうあって、報告者の筆者がその解釈に困っていた面があるのですが、臨床の現場にいる者にとっては不思議でもなんでもありません。医師の働き方改革が求められている所以です。

いずれにせよ臨床の現場の感覚からは、図表5－31の日本の大学の保健系の論文生産性が極端に低いデータは、何かがおかしいと感じざるを得ないのです。

図表5－32に、平成29（2017）年度科学技術研究調査から、日本の主要分野の研究者の内訳をグラフにしてみました。医学・歯学・薬学の研究者の内訳を見ると、兼務者が多いことと、「医局員」という他では見られない研究者がカウントされていることがわかります。

「医局員」というのは説明が難しいのですが、正式のポストではなく、他の病院等で収入を得て、大学の臨床医学講座に出入りして研究をしている医師たちであり、大学は人件費を支払っていません。海外では考えられない仕組みです。昭和40年代に勃発した大学紛争の学生たちのスローガンの一つに、「医局講座制解体」というのがありましたが、その医局講座制を引きずる慣習が、まだ生きているということでしょう。また、日本の場合は、病院で忙しく診療している若手医師（後期研修医等）を兼務者として研究者にカウントしている可能性がありますが、これは海外では考えられないことです。

図表5－32　日本の大学の主要分野の研究者数内訳

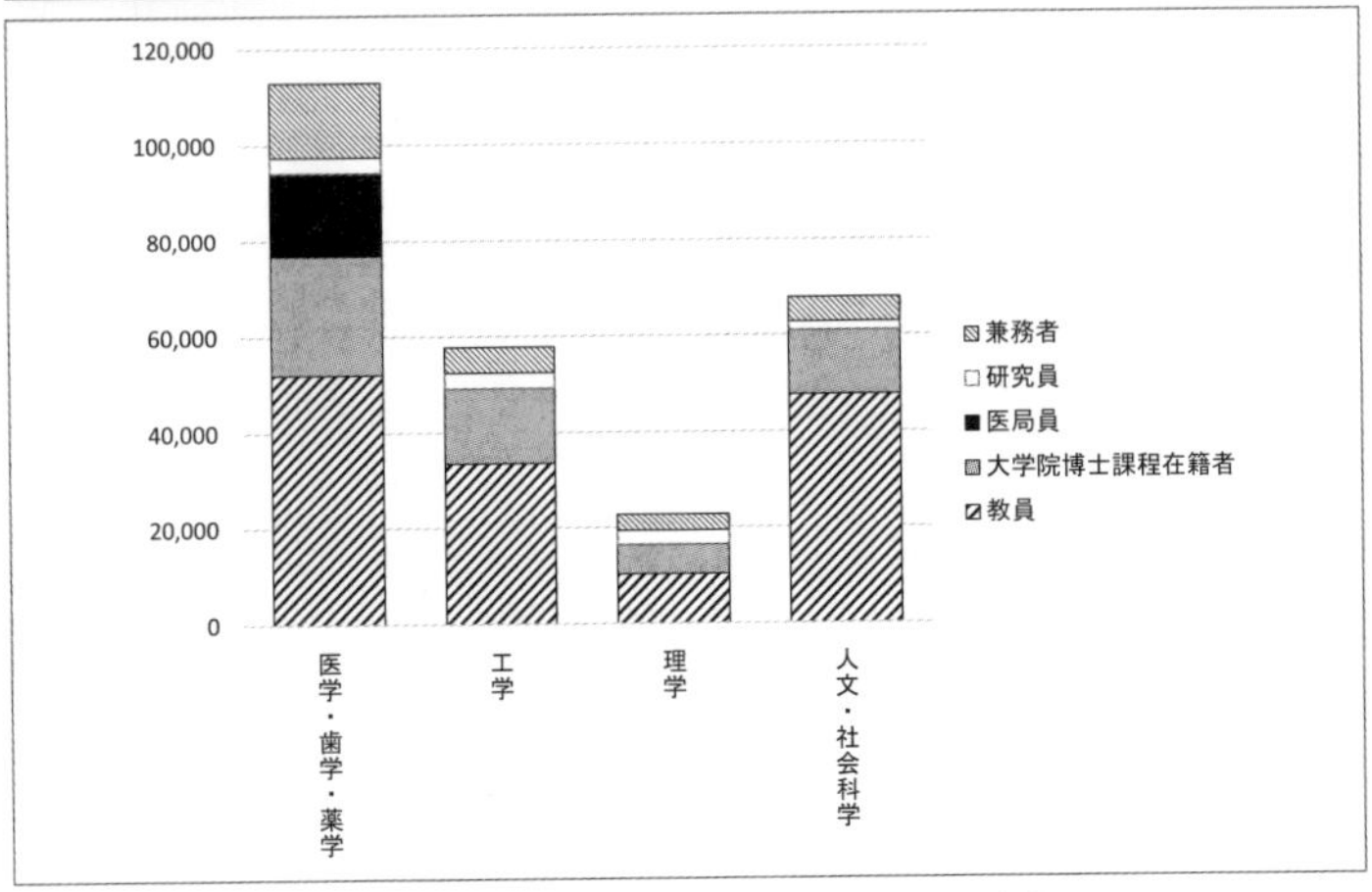

（注）総務省統計局：科学技術研究調査、平成29年調査結果より著者作図。

「医局講座制」とは、欧米の臨床医学研究体制に比較して極めて乏しい研究人員体制のもとで、若手医師に対して半強制的ボランティアでもって研究を行わせることにより、竹槍でもって海外と戦ってきた仕組みかもしれません。

日本の研究者数のカウントは過大評価していると考えられますが、たとえば、ドイツのように教員数を基本にして、あとは博士課程学生数の一部を加えて研究者数とした場合に、保健系の論文生産性がどうなるか見ておきましょう（図表5－33）。教員数＋研究員数＋博士課程学生数の場合が日本×0・7、教員数×研究員数＋博士課程学生数の1／2の場合が日本×0・6になります。すると英国、ドイツ、フランスの生産性に、かなり近

図表5－33　日本の保健系大学研究者数の修正による論文生産性の変化と海外比較

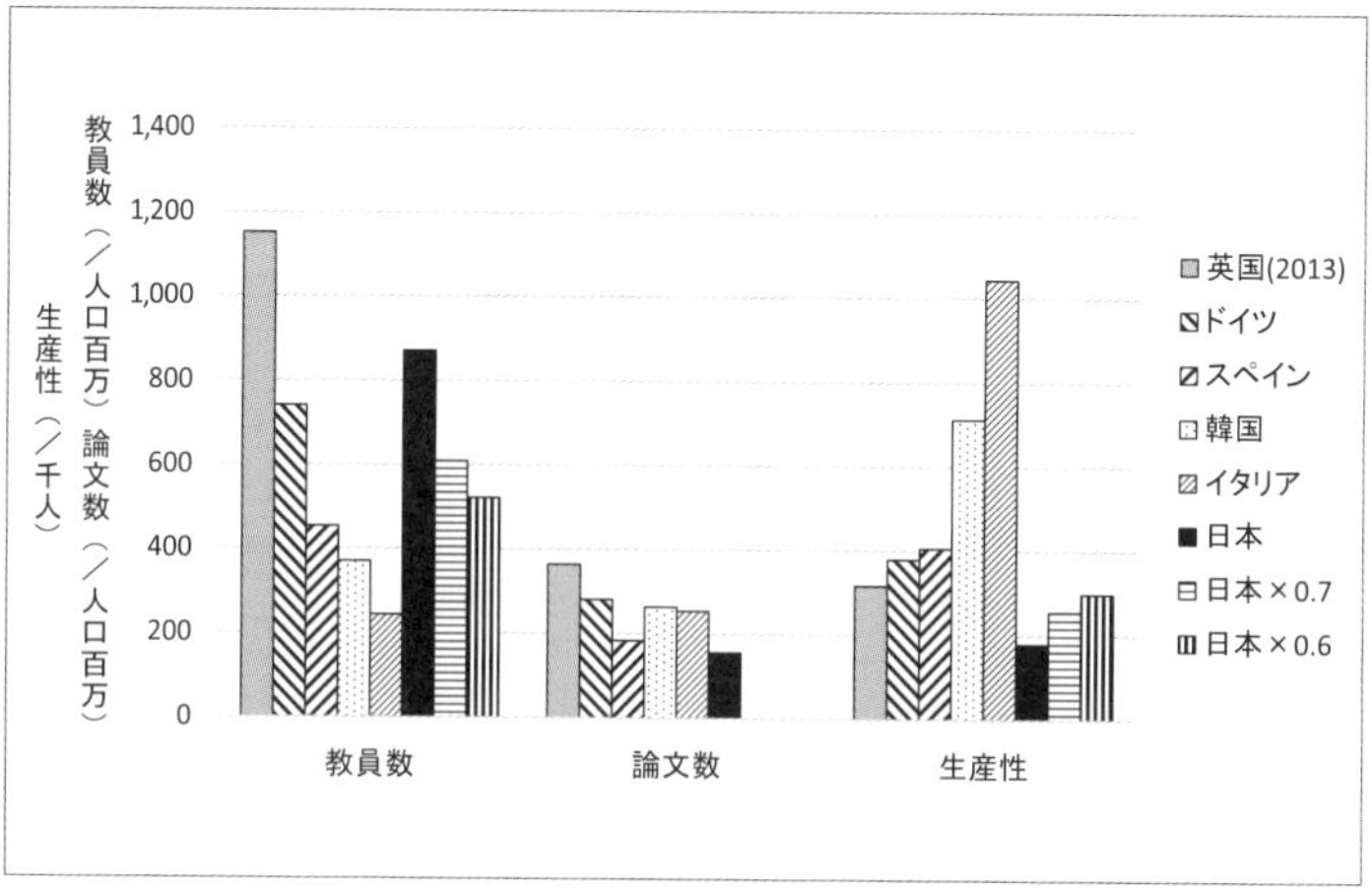

（注）データソースは図表5－30、5－31、5－32と同じ。図表5－32の教員、研究員、博士課程学生とした場合が、×0.7、さらに博士課程学生の1/2とした場合が×0.6。

づきます。

人文社会系はどうでしょうか？　日本の人文社会系論文が少なく、生産性が極端に低いのは、英語化の問題が大きいと考えられます。実は、人文社会系においては、妥当な範囲と考えられる研究者数の修正を行ってもなお、その英語論文の生産性には欧州諸国や韓国とかなりの開きがあるのです。また、第2章図表2－29にありますように、実数ベースの論文数で人口約5000万人の韓国に追い抜かれています。

人文社会系の論文を英語化することについては議論の余地があると思いますが、日本固有のドメスティックなテーマについては、必ずしも英語化する必要はないと思われるものの、国際的に活用され得るテーマについては、英語化に努力する必要はあると思います。

日本の人口あたり論文数が、主要先進国に比較して少ないのは、研究者数が少ないからなのか、論文数の生産性が低いからなのか、という点は非常に重要なポイントですので、別の角度からも確認をしてみましょう。

(4) ドイツ、フランス等との研究所も含めた研究従事者数の比較

各国の主な公的研究機関としては、大学と研究所があります。ほとんどの国は大学の比重が大きいのですが、研究所の比重がかなり大きい国もあります。それが、ドイツやフランスでしたね。これらの国では大学と研究所の共著論文がかなりの率に達しています。ここでは、大学と研究所を合わせた研究者数についても主要国で確認をしておくことにしましょう。

図表5－34は、欧州の主要国において、大学と研究所を合わせた研究者数を示しています。また、研究者数に加えて、テクニシャンと呼ばれる研究を実際に遂行してくれる研究技術員の存在も論文産生に重要ですので、これを加えた研究従事者数も調べました。そうすると、人口あたりで、大学と研究所を合わせた（研究者＋研究技術員）数は、欧州先進国は日本の約1・5倍であることがわかりました。日本の研究者数は過大評価しているので、実際はもっと大きな差であると考えられま

図表5－34　主要国の人口あたり大学および政府の研究者・研究技術員数（2015年）

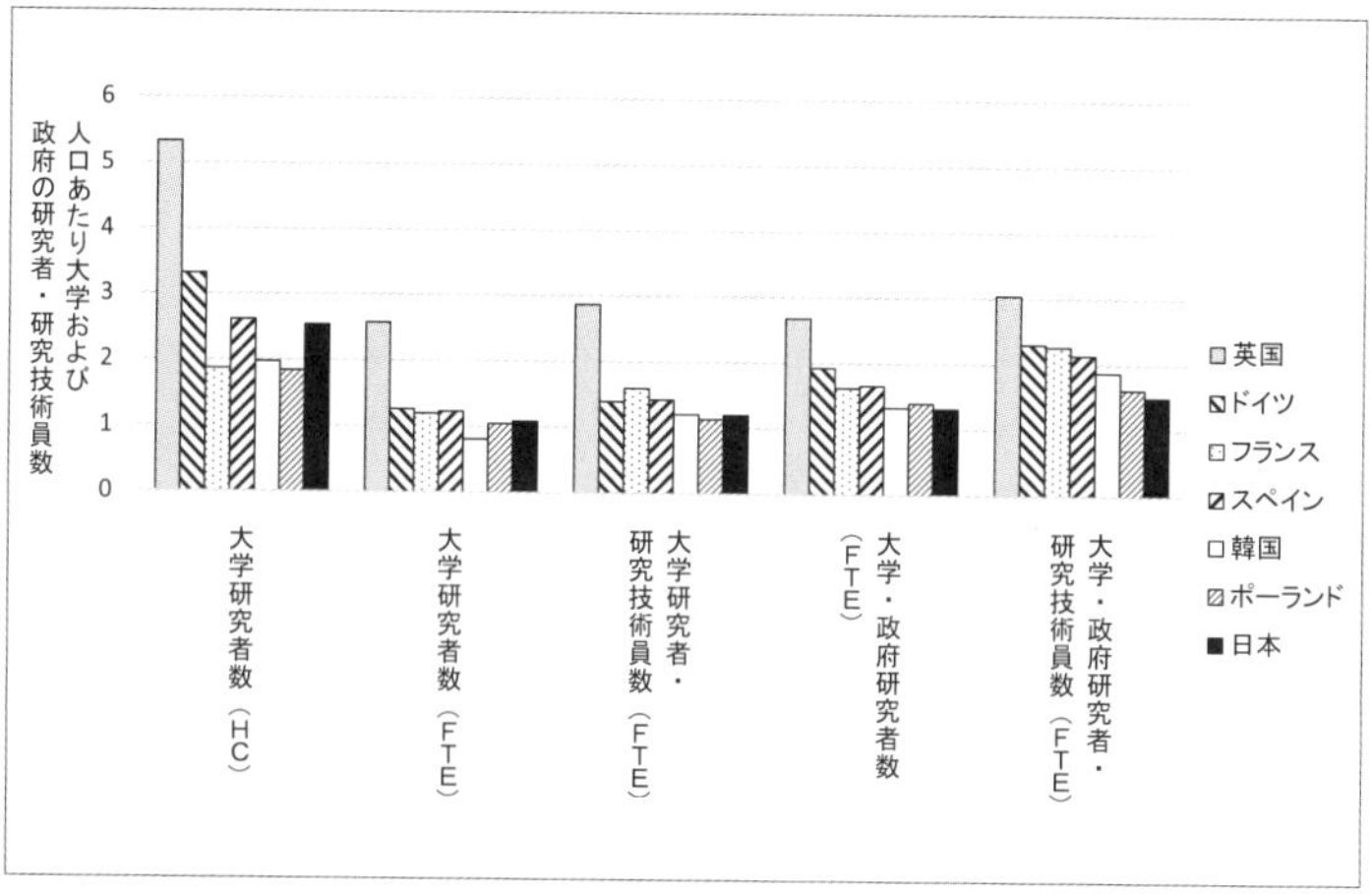

（注）OECD.Statから2017年6月28日にデータ抽出。人口はWHOに基づく。Technicianを研究技術員と訳した。

図表5－35　主要国における大学・政府研究者・研究技術員数（FTE）と論文数の相関（2015年）

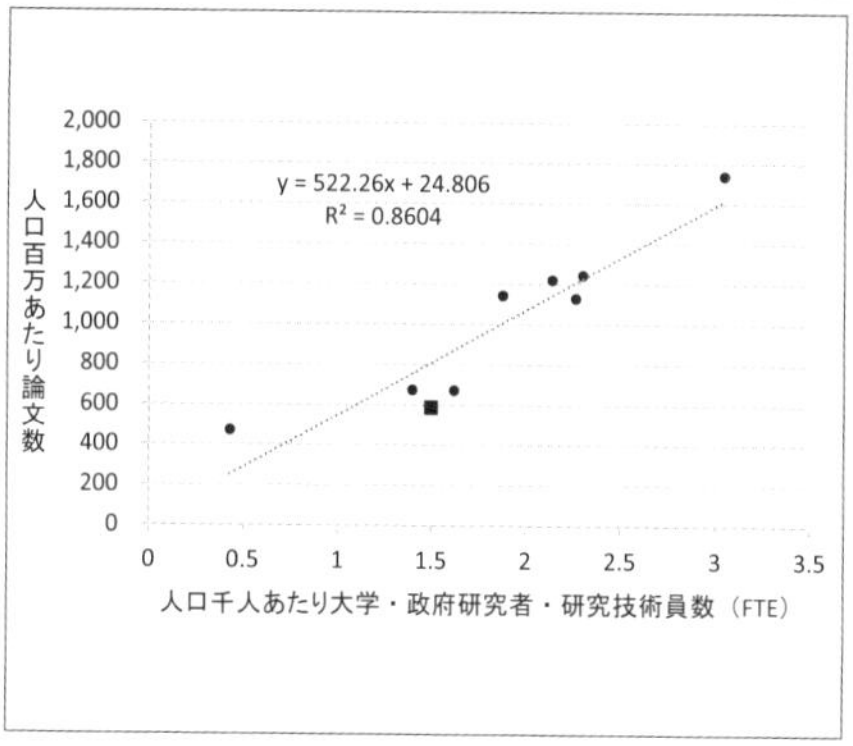

人口あたり大学・政府研究者＋技能補佐員数（FTE）の多い順
英国
ドイツ
フランス
スペイン
韓国
ポーランド
■日本
ハンガリー
チリ

（注）クラリベイト・アナリティクス社InCites Benchmarkingより2018年2月15日に論文数のデータ抽出。文献種原著、分野分類法ESI。2015年論文数とは2014－16年の平均。OECD.Statから2018年7月16日に研究者数等のデータ抽出。

す。

そして、この大学・政府研究機関の研究者・研究技術員数（FTE）とその国の論文数とは、図表5－35に示しますように、よく相関します。日本の論文数が、欧米諸国や韓国に比べて約2倍という大きな差をつけられている主因は、大学・政府研究機関の研究者・研究技術員数（FTE）が先進国に比較して少ないからであると断定してよいと考えます。

〈研究現場からの声〉

●マンパワー不足で研究する時間を確保できていない。成果がでなければ資金も確保できず悪循環にある。（2016年、大学、第3G、保健（医・歯・薬学）、助教クラス、男性）

●教育や社会貢献と並行して研究をすすめるにあたり、研究遂行を可能とするマンパワーが圧倒的に不足している状況です。（2016年、大学、第3G、保健（その他）、准教授クラス、女性）

●不十分と思われる項目の全ての原因はマンパワーとそれを支える人件費の不足にある。まともな研究者は自らの研究でイノベーションやレボリューションを起こしたいと切望しているが、それを支える制度（それにかかわる人材）や予算が決定的に不足しており、徒手空拳で研究も教育も起業もなど、どれほどのスーパーマンを要求しているのか？　それほどのスーパーマンを年収1、2000万円程度で確保できると考えることがおかしい。（2016年、大学、第2G、教授ク

ラス、男性）

5．日本の公的研究資金はどれだけ不足しているのか？

日本の公的研究機関（大学および政府機関）の研究従事者数が海外先進諸国に1・5－2倍引き離されていることがわかりましたが、次に、日本の公的研究資金がどれだけ不足しているかを概算してみましょう。これには、いくつかの概算方法があると思います。

政府が公的研究機関に支出している研究資金から考えてみます。OECD.Statによれば、政府が大学および政府機関に支出している研究資金（政府機関の防衛研究費を除く）は、2015年の国民一人あたりの値（購買力平価実質値2010年基準）で、スイス404ドル、デンマーク359ドル、ドイツ313ドル、韓国233ドル、日本160ドルとなっています。それぞれ日本の約2・5倍、2・2倍、2・0倍、1・5倍となっています（図表5－36）。なお、フランスや米国などの国

図表5－36　政府が支出する大学および政府機関研究資金

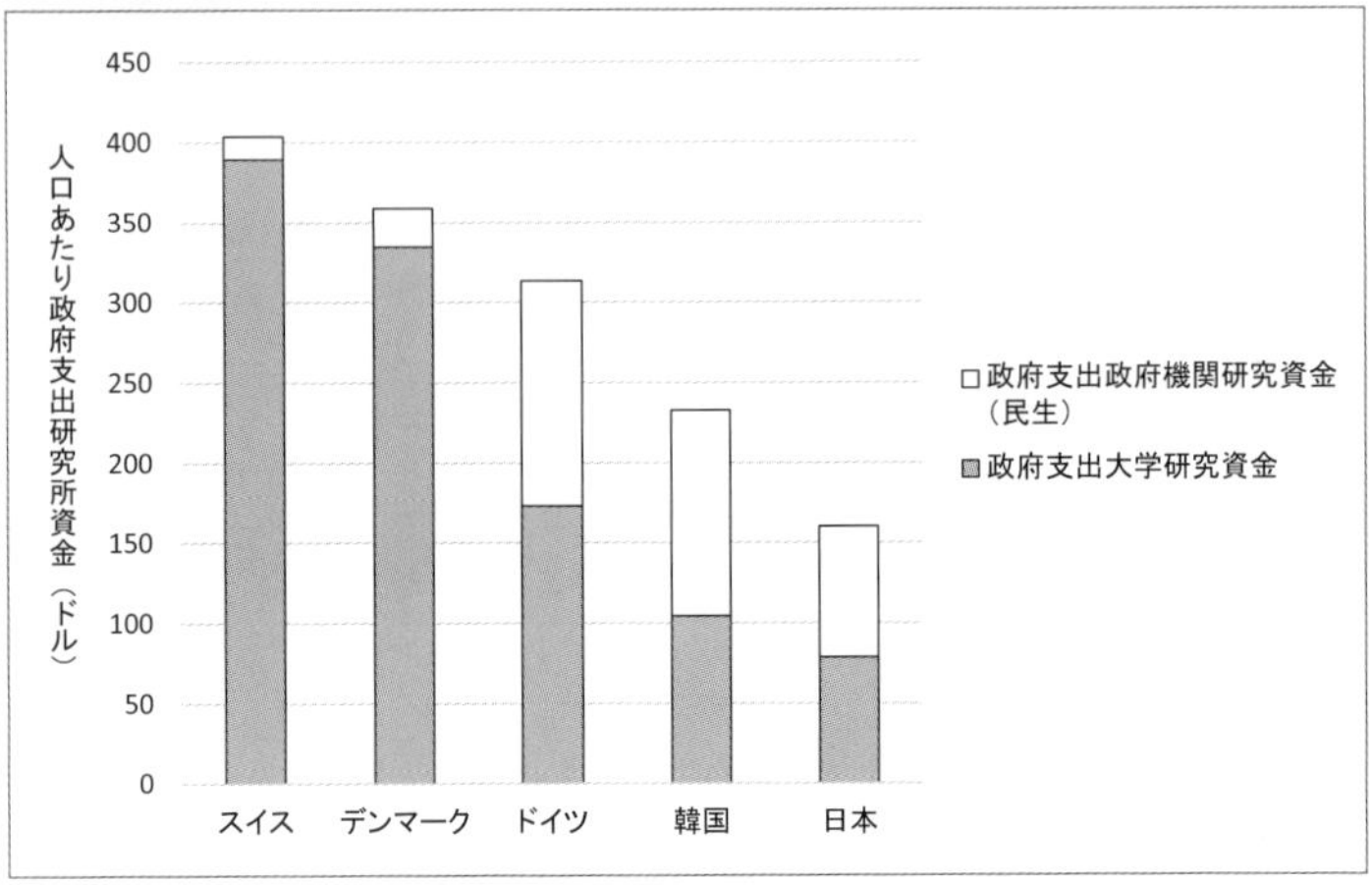

（注）OECD.Stat から 2018 年 12 月 5 日データ抽出。購買力平価実質値（2010 年基準）。政府機関の研究費のうち、防衛研究費の比率が推定できる主要国について示した。政府機関研究資金については防衛研究費を除いた民生目的で使われる研究資金推定値を示した。

が抜けていますが、これはOECD.Stat に大学および政府機関の研究費に占める防衛費のデータが掲載されていないことから、今回は載せていません。。

日本政府の大学および政府研究機関への研究資金（政府機関の防衛研究費を除く）を日本円に直すと、約2兆2290億円なので（政府機関1兆1649億円、大学1兆1249億円）、これを1・5－2倍にすることにすると、1兆1449億円から2兆2290億円増やすということになります。

なお、2015年の日本政府の研究開発予算は3兆4776億円となっているのですが、OECD.Stat の政府支出研究開発資金2兆6874億円（民間等への研究資金を含む）よりも7903億円多く計上されています。この予算と政府支出研究開発資金との金額の差は海外諸国に比べてかなり大きいのですが、この大きな差を生んでいる理由の一つは、国立大学への運営費交付金約1兆円をそのまま研究開発予算に含めていることと考えられます。運営費交付金の半分くらいは教育費と考えられますので、本来ならばそれを研究開発予算に含めるのはおかしいのです。

次に、研究従事者の人件費を考えてみましょう。日本の大学の研究従事者（FTE）の人件費はOECD.Statによれば、2015年値で8149億円（私立大学を含む）、政府機関については4336億円、合計すると1兆2482億円となっています。政府機関の防衛研究費分の人件費を修正すると、1兆1941億円となります。日本の公的研究機関の研究従事者数を1.5－2倍にしようと思えば、約6000億円－1兆2000億円の研究人件費（FTE）の増が必要という計算になります。ここには私立大学の研究人件費増分も含みます。

この増分の財源については、もちろん民間からの研究資金や寄付金等を増やす努力もしなければなりませんが、現在以上の寄付金や非営利組織からの研究資金が米英のようには期待できないことから、また、日本の大学の研究資金源の半分近くを占める私立大学の学生からの研究資金をこれ以上増やすことはできないことから、韓国、ドイツ、スイスなどの国と同様に、主として公的研究資金で賄わざるをえないと思われます。

6．大学の財務における運営費交付金

第4章では､｢バラマキ｣と位置付けられている国立大学の運営費交付金を年1％削減するだけで、研究従事者数（ＦＴＥ）が減少し、論文数が減るメカニズムについてご説明しました。

ここでは、運営費交付金に対する多くの有識者の皆さんの見解、たとえば冨山和彦さんの「86国立大学法人に国が約1兆1000億円も運営費交付金を出す正当性はない」（文献4－2）というご意見や、上山隆大さんの「渡しきりの運営費交付金を削減し、公的資金を競争的資金にシフトさせること自体は必要だ。」というご意見（文献6－10）に対する著者の意見をお話しします。なお、このような有識者の皆さんのご意見の方が、今の日本の社会において常識的な考え方かも知れません。今までの政府の政策と合致しています。

おそらく私立大学の皆さんも、私学助成に比べて多額の助成を受けている国立大学に対しては、その不公平さに大きな不満を抱いていると思います。（そういう著者も、現在私立大学にお世話になっています。）

そして、運営費交付金は国立大学法人化第一期～第二期にかけて、削減の対象となってきました

（第三期になり、3年間その総額は維持されており、財務省の方針が変更されたようですが、今後どうなるかは不明です）。運営費交付金は1兆円というまとまった多額の予算が、そのまま86国立大学にバラマキ的に配分されるというふうに思われていますから、どうしても削減の対象として目についてしまいます。しかし、本書ではこのバラマキと思われている運営費交付金を削減したことが、国立大学の研究力を低下させた最も大きな原因であることをデータの分析を通してお示ししてきました。

この運営費交付金に〝正当性はない〟と有識者や私学関係者や財政当局や国民に感じられてしまう理由の一つは、運営費交付金の半分以上は研究資金であり、しかも、その研究資金の大部分は、研究従事者の人件費を賄うものであることが認識されてこなかったことにあると思います。

実は前項でも触れましたように、運営費交付金はある時は研究予算として全額計上され、ある時は教育予算として全額計上されることがあるのです。運営費交付金を案分して研究資金と教育資金に分けて示すことは、1円の狂いもなく計上しないといけない会計の面からは困難ですが、金額の正確性を期すという目的のために、本質が見逃されていると思います。たとえば案分された研究資金額を参考値として付記するようなことがなされてもいいのではないでしょうか？

二つめの理由は、複式簿記を見ればわかるように、お金は一面だけの解釈だけではなく、別の面からの解釈がありうるということです。

図表5－37　国立大学の〔学納金＋運営費交付金〕と私立大学に相当する〔学納金＋補助金〕のシミュレーション

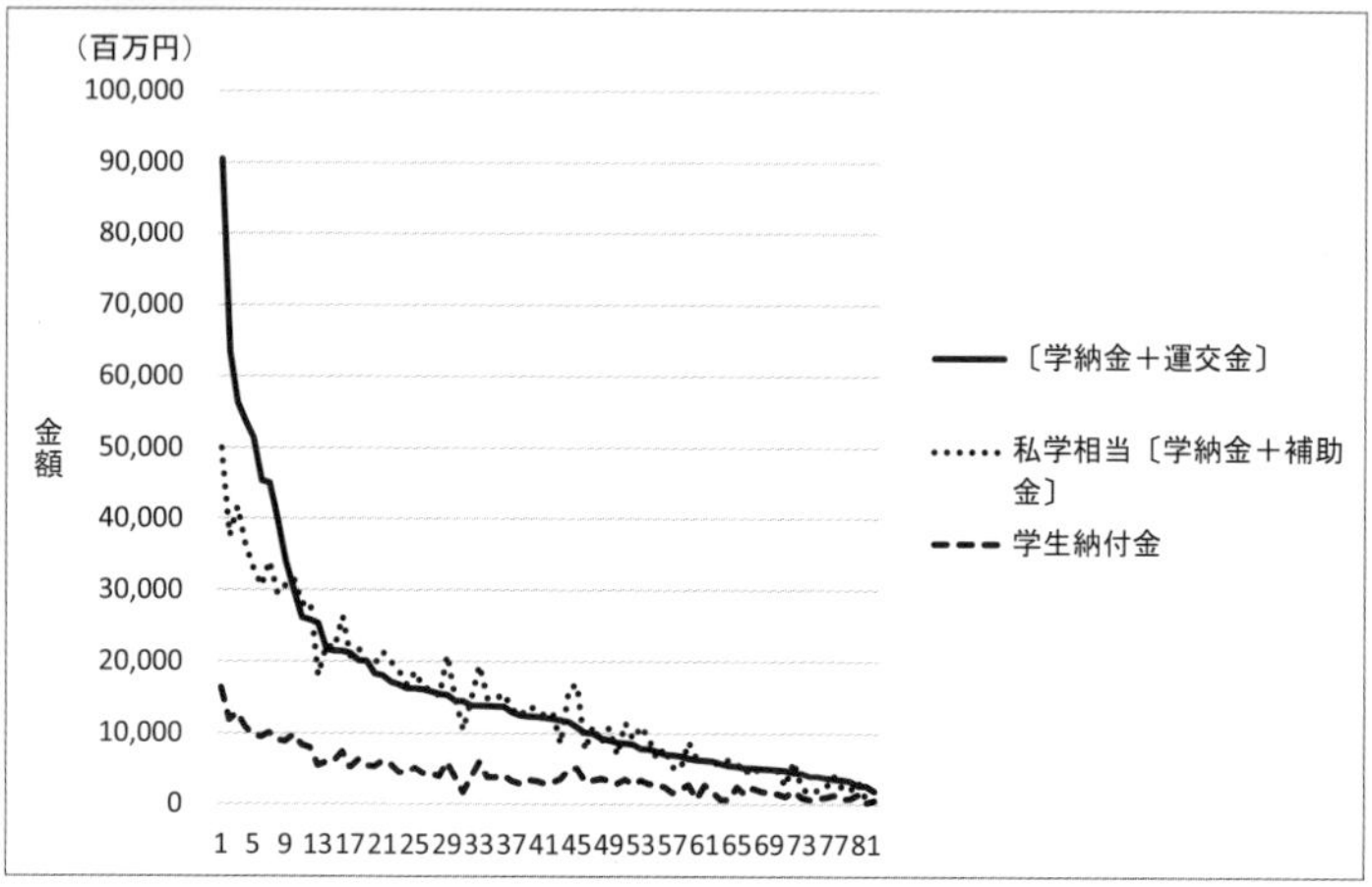

（注）大学院大学を除く82国立大学の2016年度の損益計算書のデータで分析。各大学の公表する財務諸表による。学納金の私学相当額のシミュレーションは、文系中心大学は国立大学の2倍、理系中心大学は3倍、総合大学は2.5倍とし、医学部・歯学部は10倍、薬学部は4倍として計算。私学補助金を国立大学へあてはめるシミュレーションは、私学相当学納金の1/10（ただし医学部は1/2.5）として計算した。横軸は、学生納付金（授業料、入学料、検定料）＋運営費交付金収益の多い順に左から並べた。

図表5－37は、大学院大学を除く82の国立大学において、〔学生納付金＋運営費交付金〕を実線で示し、そして、国立大学の学生納付金を平均的な私立大学並みに引き上げ、私立大学並みの国庫補助金を配分された場合に相当する金額を点線で示しました。すると、中小規模国立大学では、ほぼ、私立大学相当の金額と一致することがわかりました。つまり、中小規模国立大学は私立大学とほぼ同じような財務状況になっており、私学との学納金の差を補っているのが運営費交付金であると解釈されます。もし、中小規模国立大学が私学並みに学納金を引き上げれば、

運営費交付金は私学への補助金と同額ですむことになります。その代わり、今まで53万円程度の授業料の支払いで済んでいた国立大学の学生は、私学並みの学納金を支払わなければならなくなります。つまり、国立大学（公立大学も同様です）の学生は、私立大学の学納金と国公立大学の学納金との差額に相当する給付型奨学金を政府から支給されていると解釈されます。

この差額がどのくらいの金額になるかというと、約7000億円になります。つまり、国立大学の運営費交付金約1兆円のうち約7000億円は、国立大学の学生に対する給付型奨学金であると解釈されます。大規模国立大学へは、それを超える運営費交付金が配分されており、これは主に、附置研究所などを含めた研究資金であると考えられ、研究大学として重点化されている金額です。

冨山さんが投げかけられた、国立大学への運営費交付金の正当性の議論は、一つは国立大学の学生に対してだけ、給付型奨学金を支給する正当性があるのかどうか、そして、もう一つは大規模大学にだけ研究資金を多く配分する正当性があるのかどうか、という議論に帰着することになります。

ここで、7000億円の奨学金にも、研究費に相当する部分がかなり含まれていることから、「奨学金はあくまで教育費の支援であるはず。学生は研究費まで出す必要はないのではないか？」と疑問に思われる読者もおられると思います。

その通りです。図表3－21でお示ししたように、日本がOECDに提出しているデータでは、日本の大学の研究資金のかなりの部分が、大学自らが出す研究資金です。これは、実は私立大学についての研究資金を示しています。私立大学が出しているということは、一部は私学助成からの資金もありますが、多くの私立大学では、私学助成は学納金の十分の一程度しかないので、研究資金の多くを学生の学納金で賄っているということなのです。こんな国は先進国では日本だけです。

図表5－38を見てください。上図の上段の棒グラフは、国立大学の中で医学部を有しない40大学の運営費交付金と学生納付金の金額の平均値を図示したグラフです。なお、医学部を有する大学のデータは附属病院が含まれて分析が非常に困難になるので、今回は省いています。運営費交付金と学生納付金の両方を合わせて「基盤的収入」と表現することにします。大学にはこれ以外に、競争的な補助金や外部資金などが入ります。上図の下段の棒グラフは教職員の人件費の金額を示し、基盤的収入との差を、「その他」としています。お金に色目はないのですが、基盤的収入は大学にとって最も安定的に入るお金であり、競争的資金は不安定なので、人件費をカバーするのは、この基盤的収入になります。そして、医学部を有しない国立大学においては、運営費交付金で教職員の人件費がカバーしきれていないことがわかります。運営費交付金が削減されると、人件費を削減することになり、給与を下げなければ、教職員の数を減らすことになります。この人件費のうち、教員や研究補助者の研究時間の割合に相当する部分が研究人件費になります。

次に図表5－38の下図を見てください。この棒グラフは、私立大学の基盤的収入の構造が上記国立大学と同じと仮定して描いた概念図です。私学助成による補助金は学生納付金の10％として描い

図表5－38　日本の大学の基盤的収入と人件費の関係

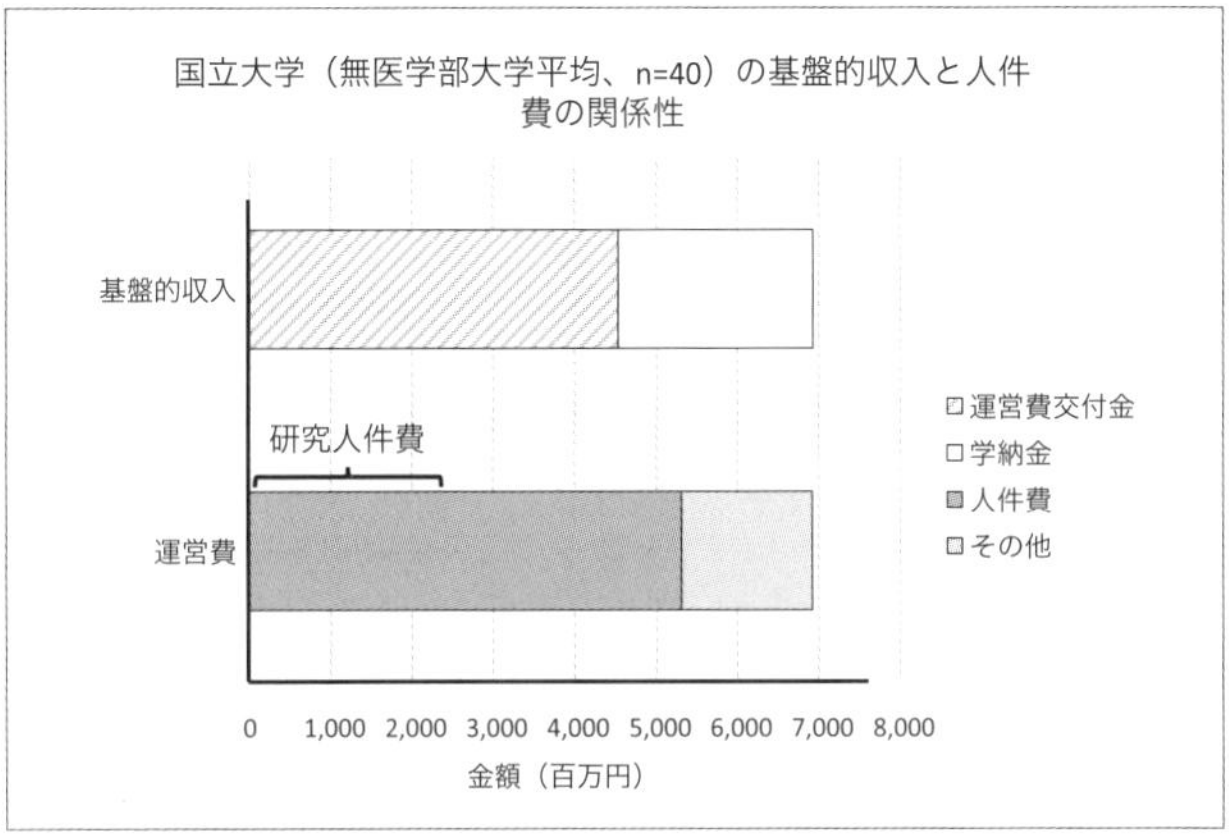

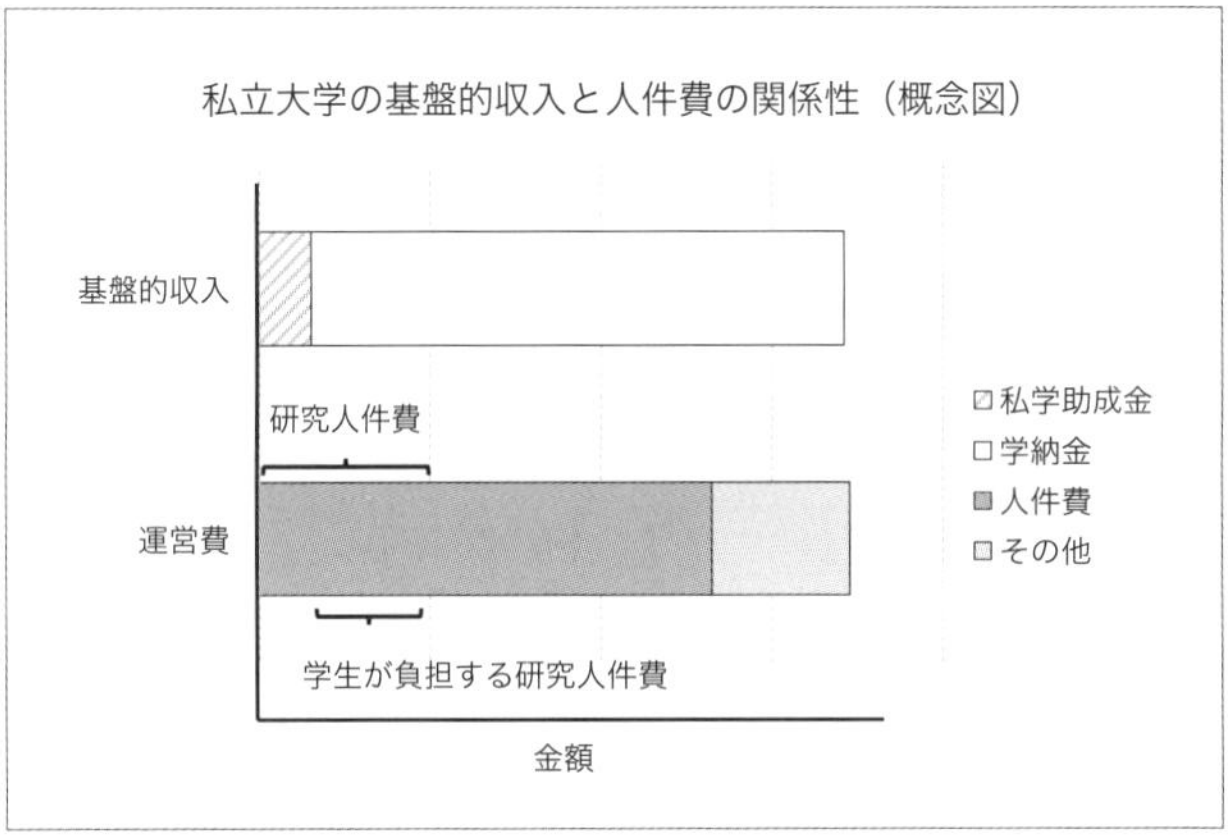

（注）国立大学の財務諸表より医学部を有しない40大学のデータを抽出し著者が集計。私立大学のモデル図については、上記国立大学と同じ財務構造と仮定し、私学助成による補助金を学納金の10％として描いている。

ています。研究人件費の割合は、補助金の割合よりも大きいと計算されますので、少なくともその差の部分は、学生が支払っていることになります。なお、私学助成による補助金を教育費として考えた場合は、さらに学生の支払い額が増えて、研究人件費のほぼ全額を学生が支払っている勘定になります。

学生が研究費を賄わなければならないことについての正当性については、たとえば、MBA（経営学修士）などでは、講師の先生から最先端の経営学の研究成果を教えてもらうことが学生の利益になりますから、研究費も含めて学生が負担するというのは理にかなっているかもしれません。しかし、例外はあるものの、多くの学部学生においては、先生が研究している狭い範囲の最先端の研究について教えてもらってもほとんど意味がなく、すでに確立された、あるいは実用的な知識・技能を身に着けることに意味があると考えられます。もちろん先生には学術分野の先端的な動向について勉強していただく必要はありますが、先生の狭い範囲の研究費まで学部学生に支払わせる正当性はないのではないかと思われます。教育費については受益者負担（経済的に困難な国民を除く）で学生が支払い、研究費については公的に支援するというのは、一つの考え方であると思います。

では、学士教育費としてどの程度の金額が妥当なのかという点については各種の考え方があり、また、分野によっても違いがあり、難しい面があります。現行の国公立大学の学納金は、専門学校の標準的な学納金（教育のみに対する対価と考えられる）よりも安価に設定されています。実は、国立大学の授業料は、以前は財務省の方針で2年ごとに引き上げられてきましたが、国立大学が法人化されてからは、一度だけ引き上げられたきりで、それ以後は引き上げられていません。授業料を引き上げても、その分運営費交付金が余分に削減されるので、大学にとっては何のメリットもなかったこともあって、その後は、国立大学法人が授業料引き上げに応じないという状況が続いてきました。ただ、授業料を引き上げても現行の20％以内ならば運営費交付金を減額しないという約束がなされていたはずであり、各国立大学法人の判断で授業料の引き上げは可能な状況となっています。仮に、学士教育費の受益者負担（経済的に困難な国民を除く）という考え方をとるならば、国立大学の授業料を現行の約53万円から70万円程度に引き上げることは許容されるかもしれません。

国立大学の授業料を引き上げることについての問題点としては、現在、高等教育費の無償化が検討されていることに逆行するという点、授業料を上げるにあたっては上げる金額分の教育サービスの価値向上を国民に説明できるかという点、また、専門別に授業料に差をつけるべきなのかどうかという議論、地方大学での実施困難性など、たくさんあります。一方、私立大学の立場からは、学生が日本の大学研究費全体の半分近くを支払っているという状況について、何らかの是正を検討していただけないか、ということになると思います。

もし全国の国立大学が20％の授業料値上げに踏み切ったと仮定した場合は、２０１６年の国立大学の授業料収入は約２９００億円なので、その20％の約５６０億円増になります。その分の運営費交付金が削減されなければ、研究従事者数を560億円分回復させることができます。ただしこれだけでは、先に計算した欧米先進国との6000億円~1兆2000億円の差を埋めるためには全然足りませんね。

第6章

科学技術立国再生の設計図
——イノベーション・エコシステムの展開

本章では、今までのデータの分析を総括して、科学研究力で世界と戦うために、そしてイノベーションを通してGDPの成長をはかるために、日本はいったいどうすればいいのか、考えてみたいと思います。

1．イノベーションの「広がり」の重要性

従来、学術論文やイノベーションは「量」と「質」という二つの側面から評価されてきました。本書では、第1章でイノベーションの「広がり」という第三の側面も重要であることをお示ししました。そして、イノベーションの「広がり」には大学の研究教育力（論文数）が貢献していることをお示ししました。

ここでは、この「広がり」の重要性についてもう少し考えてみたいと思います。

(1) イノベーションの「広がり」

特許というシステムは、イノベーション創出のインセンティブを与える仕組みとして先進国では定着しています。また、発明の内容を公表する点では「広がり」に貢献しますが、一定期間独占権を与えることは「広がり」の面では負の効果を持っており、両面性を持っています。特許のネガティブな側面を指摘した論文もたくさん見られ、たとえば、Boldrinら（文献6－1）は、特許がイノベーションや生産性を向上させる証拠はないと言い切っています。有名なライト兄弟が飛行機の発明で特許にこだわりすぎたことが、逆に米国の航空機産業の後れをもたらしたとも言われていますね。

一方、Farre-Mensaら（文献6－2）は、特許システムはスタートアップ企業において、投資先を見つけるために有効に働いたことを示しています。

また、いわゆる休眠特許の問題もあります。日本の特許のうち未利用の特許が約半分あり、そのうちのかなりの部分が防御目的の特許です（文献6－3）。休眠特許の問題については、その有効活用の必要性が指摘され、開放特許の取り組みや、トヨタの燃料電池車特許の無償開放は話題になりました。また、オープン・イノベーションの取り組みも推奨されています。ただし、民間企業はオープン戦略とクローズ戦略（自社のコア技術については自社で技術を独占し技術を秘匿）の組み合わせで、自社にとっての最大利益を追求しますから、「広がり」の面では限界がありますね。

イノベーションの「広がり」のためには、やはり「公」の役割が大きいと考えます。大学という公のシステム（私立大学も含みます）は、得られた発見・発明を論文という形で世界中に公表しますから、イノベーションの「広がり」の面では最も強力なシステムでした。ただし、最近では、1980年に米国でバイドール法（連邦政府の資金で研究開発された発明であっても、その成果に対して大学や研究者が特許権を取得することを認めた）が制定されて以降、世界各国の大学や大学研究者が特許を取得するようになりました。この点については、公的な研究資金でもって研究し、イノベーションの「広がり」に貢献するべき公的機関の役割として果たしていいのかどうか、引き続き議論があります。

また、最近では「オープン・サイエンス」という言葉も使われるようになりました。第5期科学技術基本計画（2016年1月）等では「オープン・サイエンスとはオープンアクセスとオープンデータ（研究データのオープン化）を含む概念である」とされています（文献6－4）。著者が活用させてもらったOECD.Statも、その典型例です。このような世界中から自由にアクセスできるデータを無料で提供することで、研究者ではない一般の人も含めて、さまざまな人がそのデータを利用できるようになり、新しい研究やイノベーションに結び付く機会が増えるということになります。

「オープン・サイエンス」はより広い意味でも使われています。まず、近世の研究者（万有引力で有名なアイザック・ニュートンなど）はパトロンのために研究しており、自分の研究成果を一般市民に公開するということには積極的ではなかったようです。17世紀の半ばに英国の王立協会やフランスの科学アカデミーという学術団体が形成され、学術誌が刊行され、多くの学会が立ち上がり、研究成果の一般市民への共有化が進みました。つまり、本書で分析をしてきた学術論文というシステムが、そもそもオープン・サイエンスのはしりなんですね。

その後、学術誌は発展してどんどん増え、現在に至っているのですが、学術誌にアクセスしようと思うと出版社にお金を支払わなければならず、これがオープンアクセスの障害となってきました。日本の各大学では高騰する電子ジャーナル代に頭を痛めているのが現状です。しかし、最近では、インターネット上でフリーにアクセスできる学術誌も生まれ、無料で読める論文の数も増えつつあります。実は著者もネット上の無料で読める論文しか参照していません。

2018年6月のNHKでも取り上げられた、「Do it yourself biotechnology」などと呼ばれるムーブメントがあり、米国から世界に広がりつつあるということです。これは、バイオテクノロジーの実験器具やDNAの分析が安価となり、一般市民にも手の届く値段になったので、自宅で（趣味的に）研究する人が増えているということでした。牛肉の遺伝子をトマトに組み込んだ遺伝子改変トマトを作った一般市民が紹介されていました。また、以前から、研究を本業としない方々が研究する例として、彗星の観測を続けておられる一般市民の皆さんもあてはまるでしょう。このような、研究を本業としない一般市民が研究に参画することは「シティズン・サイエンス」と呼ばれ、この広がりもオープン・サイエンスと言えるでしょう。

一般市民に研究が広がることは、イノベーションの「広がり」の面で好ましいと考えますが、しかし、限界もあると思います。著者はというと、学長職に忙しく研究を本業としているとは言えない状況なので、研究環境としては一般市民と同じです。今回の分析をするにあたっては、学長としての本務をおろそかにするわけにはいかないので、余暇を減らし、友達との付き合いも減らし、家族とのコミュニケーションも減り、睡眠時間を減らすことにもなり、それなりの犠牲を払わねばなりませんでした。この時期だけでも研究に専念できれば、もっと早く、もっと質の高い分析ができたと思います。

大学が論文を公表することは、それを共有する国々の間で、お互いに恩恵を分かち合うことになり、その結果として日本のＧＤＰにも貢献する部分があると考えられます。特に欧州連合（ＥＵ）諸国では、共著論文数の多さからも、それが徹底されていることがうかがわれます。第1章でお示ししましたように、国際共著率が「広がり」を反映する因子の一つとして位置付けられ、ＧＤＰともある程度相関を示すことは、国をまたいだイノベーションの共有化がＧＤＰにプラスに働く可能性をうかがわせます。自国第一主義のトランプ大統領の場合は全否定するでしょうけどね。

大学の役割としては、このような世界に対して研究成果をオープンにするとともに、ドメスティックな部分にイノベーションを「広げる」役割も重要であると考えられ、それが、教育であり、産学官連携や地域貢献であるということになると思います。

ただし、産学連携においては、産の秘匿性と学のオープン性との調整という難しい課題が残されています。また、大学の研究成果を世界に発信するということでは英語で論文を書くことが推奨されますが、日本の地域企業への研究成果のオープン化という面では、和文でインターネット上に最新の情報を公開するのが、最も効果的と思われます。日本の現状では、英語というだけで日本国民へのオープン化が制約されることになります。

〈研究現場からの声〉

●オープン・イノベーションが世界的な競争力を高めるとの認識が高まっている一方で、実際の産学の共同研究においては、企業側が研究成果を独占的に扱おうとする傾向が強いと感じることも多く、産業界の研究開発に対する考え方にも改善の余地がある。産官学のどの分野においても、広く多角的な視点で研究マネジメントを専門とする人材の育成が望まれる。(2016年、大学、第2G、教授クラス、男性)

●EUで行われているような、オープン・イノベーション2・0に基づく、テクノロジーパーク、サイエンスパークの試み、台湾のITRI（工業技術研究院）の試みは、日本ではあまり存在しない。大学・企業・行政と市民が課題発見・解決に、ともに進むような印象は薄い。これでは、本当に社会のためになる研究開発、世界に比肩する結果を出せる気がしない。（2017年、民間企業等、社長・役員クラス、女性）

●現在、業績評価が英語論文のみという風潮があるため、中小企業が英語論文にアクセスできずに、産学連携の可能性を減らしているようにも見える。その上、海外での論文数の増加の理由の一つは、海外出版社が学術論文をインパクト・ファクター管理ビジネスとして取り扱っている戦略の結果であり、日本にはそのような出版社がないため、単に国外への技術流出と国内技術力低下を進めていると認識する。（2017年、大学、第3G、准教授クラス、男性）

(2) 教育とイノベーションの「広がり」

第1章では大学システムのGDPへの貢献のところで、大学の「研究力」とはせずに「研究教育力」という表現を使いました。これは、大学のGDPへの貢献が研究だけではなく教育も介している可能性があるからです。

大学院の博士課程修了者数がＧＤＰと相関することは第３章でお話ししました。ただし、学士教育については、たとえば学士レベルの学生数とＧＤＰとは、開発途上国を含めない限り、ＧＤＰとの相関は認められません。これには、各国で「大学」の定義が異なっていることが一つの要因と考えられます。また、大学においては教員が教育と研究の二つの業務をこなしており、学士教育の負担と研究機能（論文数）とは相反関係にあり、教育の負担の大きい大学ほど論文数と逆相関をしてしまうのです。

このような理由で、学士教育と経済成長との関係性の実証は難しいのですが、ＯＥＣＤが実施した国際成人力調査（Programme for the International Assessment of Adult Competencies: PIAAC）(http://www.oecd.org/skills/piaac/) の結果では、成人の問題解決能力が国レベルの労働生産性と相関するというデータが示されています。

この調査は、16歳から65歳の成人を対象として、社会生活において成人に求められる能力のうち、読解力（Literacy）、数的思考力（Numeracy）、ＩＴを活用した問題解決能力（Problem solving in technology-rich environments）の３分野のスキルの習熟度を測定するとともに、スキルと年齢、学歴、所得等との関連を調査したものです。日本を含め24か国・地域において約15万７０００人を対象に実施されました。この結果は文部科学省のウェブサイトでも見ることができます（http://www.mext.go.jp/b_menu/houdou/25/10/1340025.htm）。

著者も確認をしましたが、ＩＴを活用した問題解決能力は労働生産性（＝労働時間あたりＧＤＰ）と正の相関を示します。特に35～44歳の年齢層のスコアが良く相関しました（図表６－１の上図）。なお、読解力、数的思考力と労働生産性の相関は良くありませんでした。

また、（Programme for International Student Assessment: PISA）と呼ばれるＯＥＣＤ加盟国を中心に３年ごとに実施される15歳児（調査段階で15歳３か月以上16歳２か月以下の学校に通う生徒（日本では高等学校１年生が対象）の学習到達度調査があります。これは義務教育修了段階（15歳）において、それまでに身に付けてきた知識や技能を、実生活の様々な場面で直面する課題にどの程度活用できるかを測るもので、読解力、数学的リテラシー、科学的リテラシーの３分野の到達度が調査されます。

このＰＩＳＡのスコアと労働生産性の相関も調べてみましたが、これもそれほど強いものではありませんでした。

この成人のＩＴを活用した問題解決能力と労働生産性との相関については、いろいろな考察がなされています（文献６－５）。ただし、図表６－１の下図に示しますように学術論文数の方が労働生産性との相関がさらに良く、また、学術論文数は問題解決能力のスコアとも相関して、結局、問題解決能力は論文数とＧＤＰとの相関の中に吸収されてしまいます。

解釈はいろいろなされていますが、成人のイノベーティブなマインド形成が、労働生産性に貢献

図表6－1　ITを活用した問題解決能力および労働時間あたり論文数と労働生産性の相関

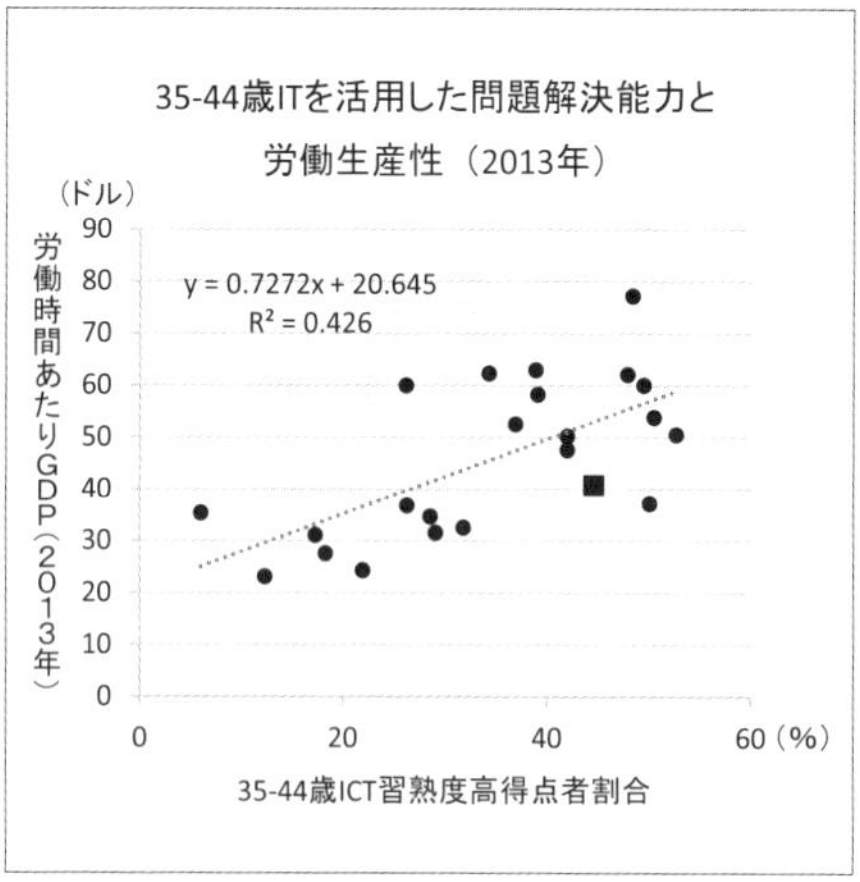

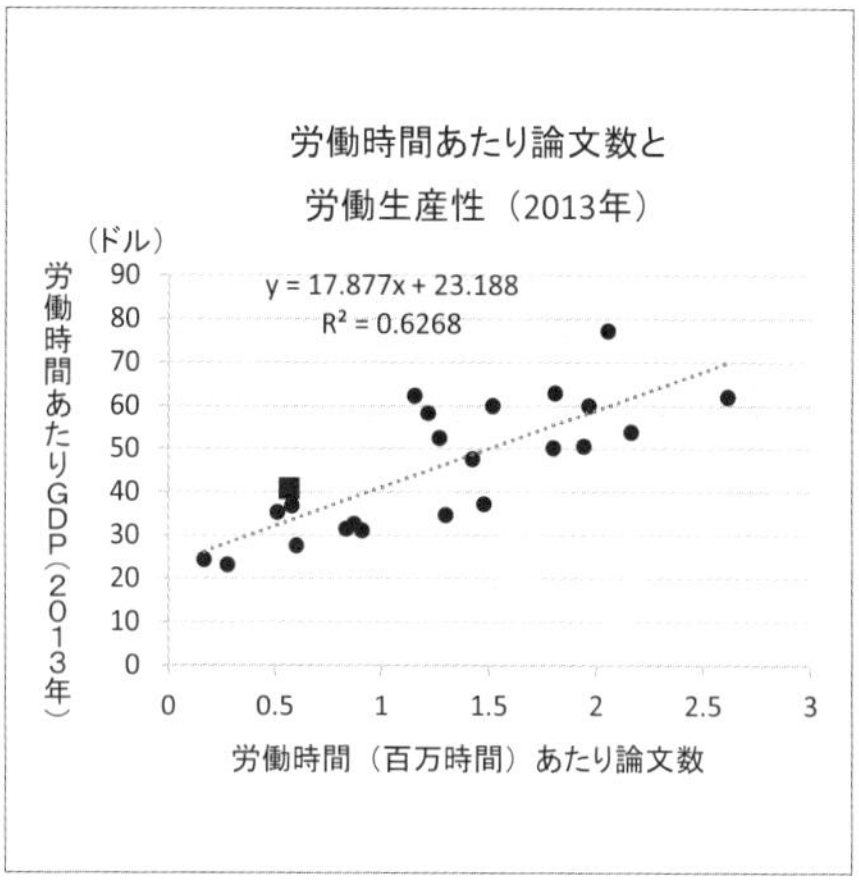

2013年労働生産性の大きい順
ベルギー
米国
デンマーク
オランダ
アイルランド
ドイツ
スウェーデン
オーストリア
フィンランド
オーストラリア
カナダ
■日本
ニュージーランド
スロバキア
トルコ
イスラエル
チェコ
韓国
ギリシャ
ポーランド
ロシア
チリ
ノルウェー

（注）文献6－5のデータに基づく。労働生産性はOECD.Statから2017年6月22日に抽出したデータに基づく。論文数はクラリベイト・アナリティクス社InCites Benchmarkingより2017年8月6日にデータ抽出。ITを活用した問題解決能力：Problem solving in technology-rich environments。

するという可能性は、十分にあり得ると考えます。

一つの例をあげておきましょう。それは、トヨタをはじめ、日本の企業が誇る現場の改善活動（QC活動）です。残念ながら、現場の改善活動とGDPの相関を検討できるデータは手元にありませんが、現場の改善活動とは、会社の一部の部署だけでイノベーションを考えるのではなく、現場の一人一人が、たとえ小さくてもいいので、コツコツとイノベーションに貢献しようとする全社的なイノベーション教育活動であり実践活動です。まさに、イノベーションの「広がり」が、その会社を支えていると申し上げてもいいでしょう。

〈研究現場からの声〉

●未だ「イノベーション＝技術革新」という誤った研究者、事務職員が少なくありません。イノベーションは刷新であり、大企業や大規模大学に限らず中小企業でも行うことのできる「品質管理のQCサークル＋」のような位置付けを明確にすべきと考えます。（大学、第4G、教授クラス、男性）

⑶ 富の「広がり」と経済成長

次にOECD.Statには相対貧困率のデータがあるので、GDPとの相関を見てみました。図表6－2に示しますように相対貧困率とGDPとは逆相関をします。イスラエル、米国、日本は先進国の中で、最も貧困率の高い国になっています。

２０１４年のＯＥＣＤの報告（文献６－６）では、収入格差が経済成長を阻害することが示されており、適切な格差の是正は経済成長を阻害することはないとされています。つまり、富める者が富めば、貧しい者にも自然に富が滴り落ちるというトリクルダウン説には否定的な見解です。そして、ＯＥＣＤでは特に教育格差に注目して、その是正が政策として重要であると指摘しています。米国やイスラエルが国民の格差是正に取り組んでおれば、もっと経済成長をしたはずだという見解ですね。

なお、相対貧困率とＧＤＰとの相関（決定係数0・42）は論文数とＧＤＰとの相関（決定係数０・71）に比べて弱く、論文数と相対貧困率も逆相関するので（決定係数０・41）、論文数とＧＤＰとの相関の中に吸収されてしまいます。

このようなＯＥＣＤの報告から、「富」そのものにおいても、その「量」だけではなく「広がり」

図表6－2　2012年相対貧困率と人口あたりGDPの相関

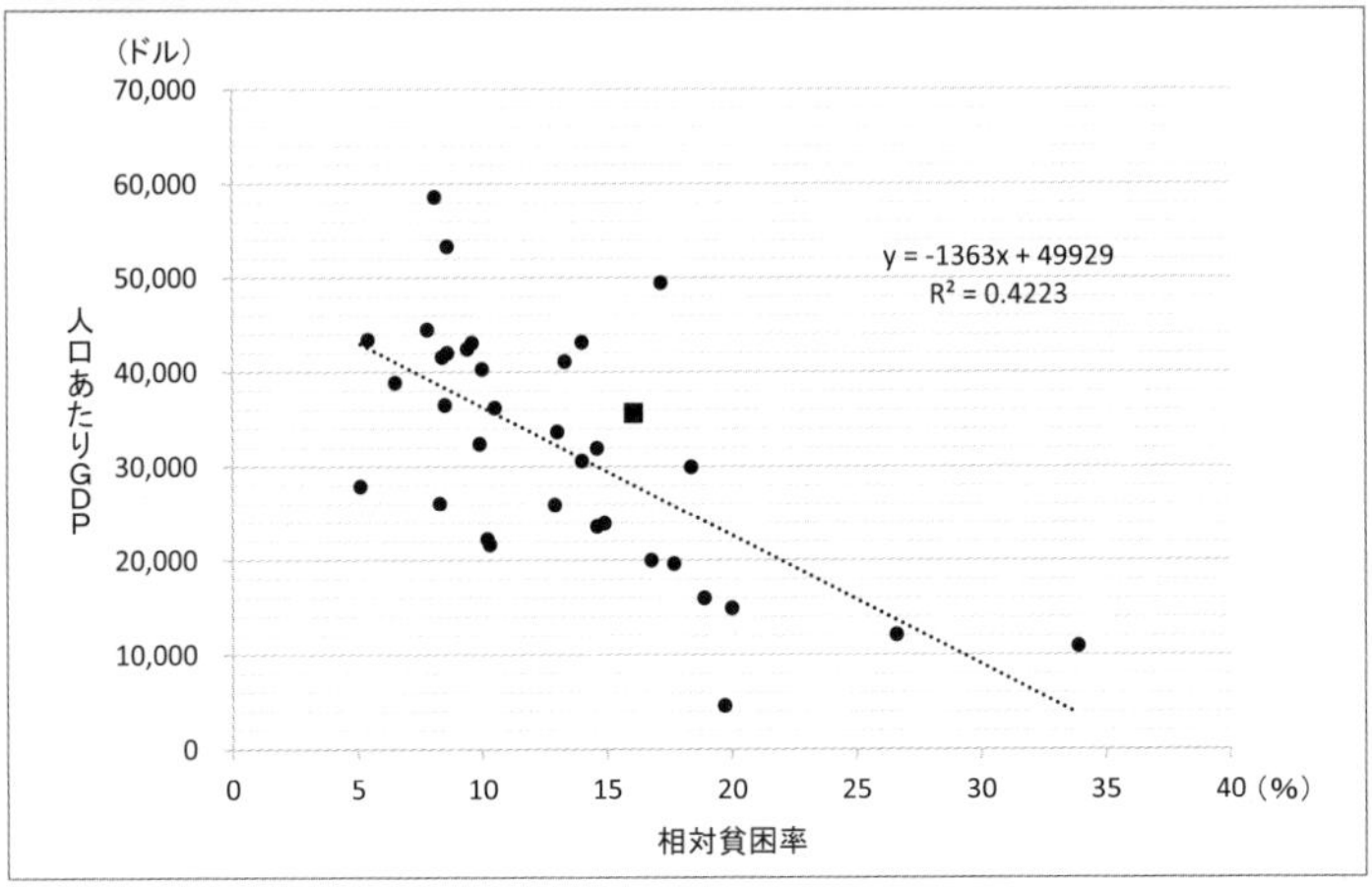

相対貧困率の高い順（高→低）

中国	南アフリカ	ブラジル	インド	メキシコ	イスラエル	トルコ	米国	チリ	■日本	ギリシャ	韓国	ロシア	オーストラリア	スペイン	カナダ	イタリア	ポルトガル	英国	ハンガリー	ポーランド	ベルギー	ニュージーランド	オーストリア	アイルランド	スウェーデン	スイス	フランス	ドイツ	スロバキア	ノルウェー	オランダ	フィンランド	デンマーク	チェコ

（注）OECD.Statから2017年10月14日に抽出したデータに基づき、人口300万未満の小国家を除く35か国で分析。GDPの単位はドル（購買力平価実質値2010年基準）。相対貧困率はPoverty rate after taxes and transfers, Poverty line 50%、New income definition since 2012。相対貧困率については、中国、ブラジル、米国、チリ、スウェーデン、スイス、オランダは2013年値、南アフリカ、インド、ロシアは2014年値。

がＧＤＰの成長にとって重要であることが示唆されます。そして、このような「広がり」をコントロールできるのは「公」しかありませんね。大学は「イノベーション」と「富」について、その「研究教育力」によって「量」と「広がり」の両方に貢献できる「公」のシステム（私学も含めて）であると考えます。

2. 基礎研究と応用研究のどちらに力を入れるべきか?

さて、ここでは基礎研究と応用研究ではどちらが重要か、という点について考えてみましょう。研究や産学連携をさかんにして、GDPの成長につながるイノベーションを起こそうとすると「基礎研究」よりも「応用研究」が中心になると思われがちですが、実は必ずしもそうとは言えないようです。

また、科政研による「科学技術の状況に係る総合的意識調査」(文献0－6)からは、大企業が大学に求めている研究はどちらかというと基礎研究であり、中小企業は応用研究である傾向にあることがわかります。激しい競争の中で大企業は基礎研究にまで資金を回す余裕がしだいになくなりつつあり、その分大学に基礎研究を求めます。一方中小企業では基礎研究どころか応用研究もままならないわけですから、すぐに製品化に結び付くような研究を大学に求めがちになります。

OECD.Statには各国の大学の基礎研究費と応用研究費のデータがあるので、主要国の基礎研究費の割合の推移、およびGDPとの相関を検討してみました。

図表6－3は、主要国の大学における基礎研究費の割合の推移を示したグラフです。国によって

図表6－3　主要国の大学における基礎研究費割合の推移

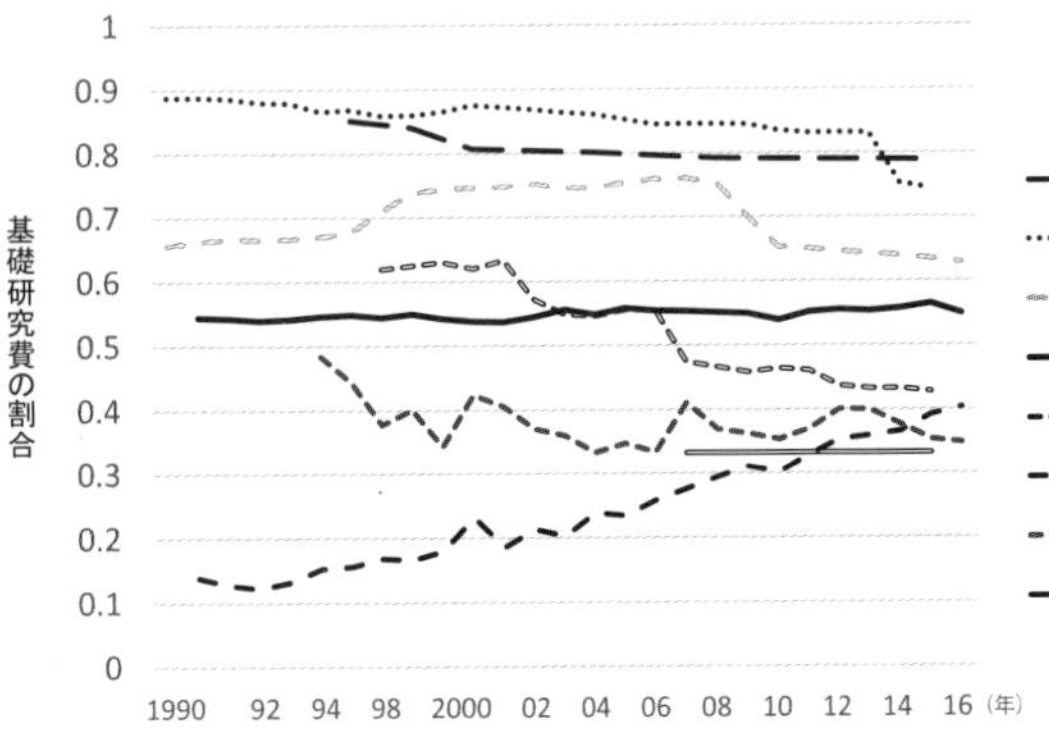

（注）OECD.Stat から 2018 年 12 月 5 日データ抽出。大学の基礎研究費、応用研究費、開発研究費の合計に占める基礎研究費の割合を示した。

まちまちであり、上がっている国もあれば下がっている国もあり、変わらない国もあります。ただ全体としては何となく基礎研究の割合が低下しつつある傾向の中で、中国の基礎研究費の割合が急速に上昇していることが注目されます。日本の大学の基礎研究費の割合は0・55前後で、ほとんど変化していませんね。研究現場の感覚から日本の基礎研究費の減少を訴える研究者も多いのですが、データ上は減少していません。この研究現場の感覚と集計データの乖離については、基礎研究費と応用研究費のデータを各大学や研究機関が、どのように仕訳をして報告しているのかを含めて、今後の精査が必要です。

次に基礎研究費および応用研究費のそれ

図表6－4　大学基礎研究費とGDPの相関（2006年）

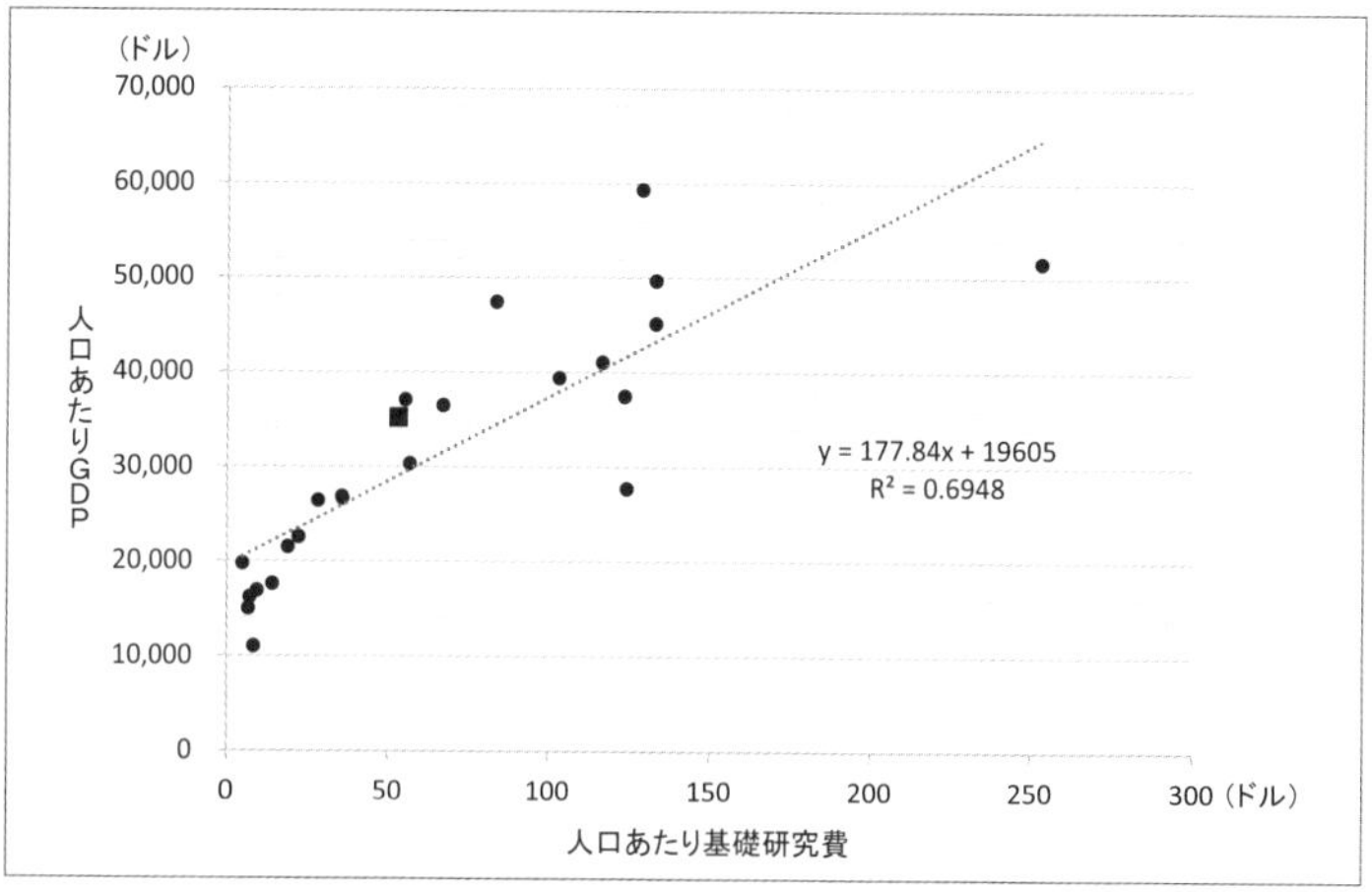

人口あたり大学基礎研究費の多い順（多→少）

スイス	デンマーク	米国	ノルウェー	イスラエル	フランス	オーストリア	オーストラリア	アイルランド	イタリア	ニュージーランド	英国	■日本	チェコ	ポルトガル	韓国	ハンガリー	スロバキア	ポーランド	チリ	南アフリカ	アルゼンチン	メキシコ	ロシア

（注）2017年6月27日OECD.Statよりデータ抽出。GDPの単位は購買力平価実質値2010年基準（ドル）。

ぞれとGDPとの相関を検討すると、どちらもGDPと相関しました（図表6－4、6－5）。そして、後年のGDPとの相関係数を調べると（図表6－6）、基礎研究に多く投資している国の方が、GDPとの相関が後年まで維持される傾向にありました。

基礎研究が当たれば、多くの応用が可能で、GDPにも大きく貢献すると考えられます。ただし、当たる確率は小さいですし、GDPに貢献するのに時間がかかります。応用研究はGDPと直結する確率は高いのです

図表6－5　大学応用研究費とGDPの相関（2006年）

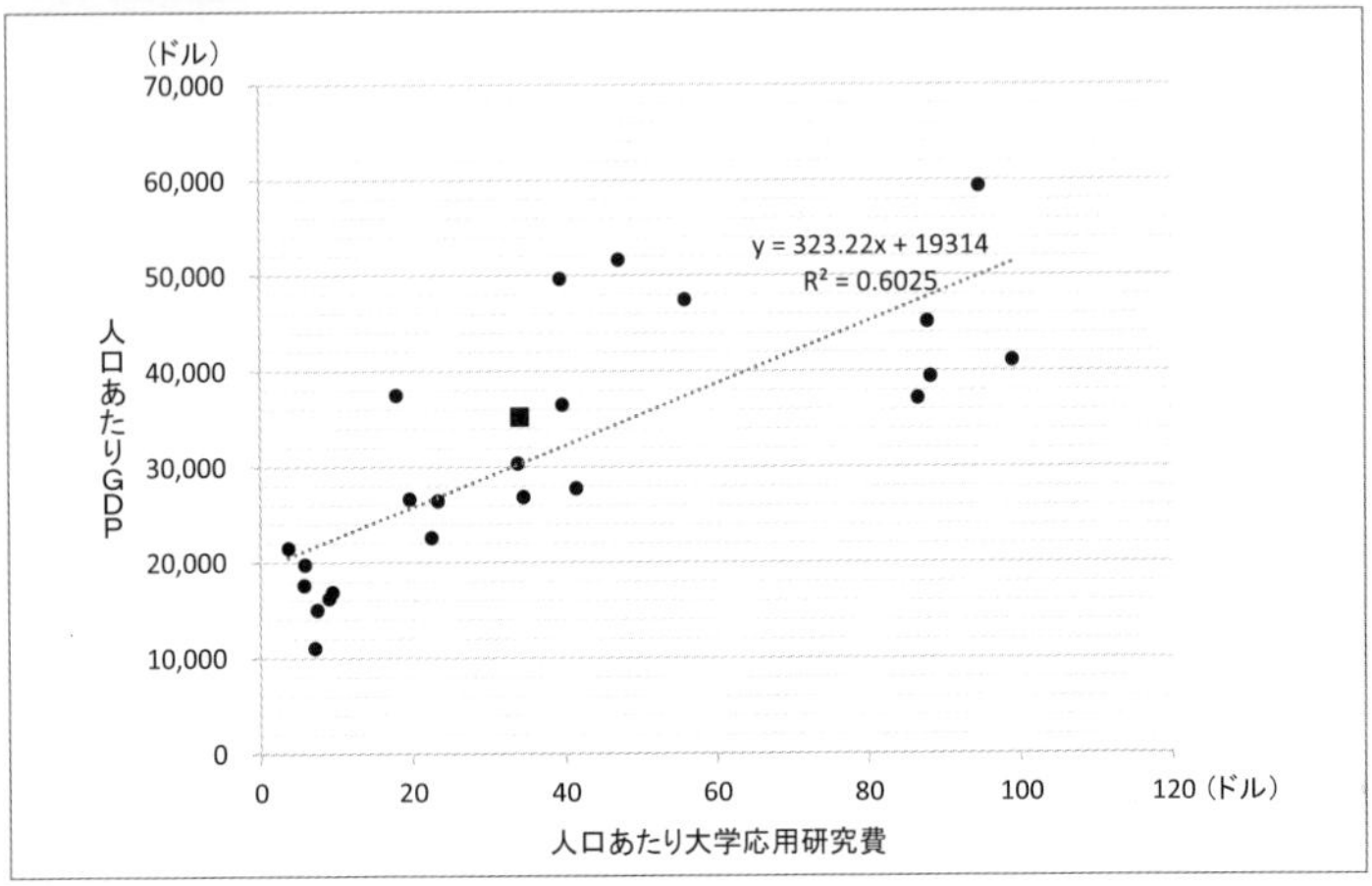

人口あたり大学応用研究費の多い順（多→少）

オーストリア	ノルウェー	オーストラリア	デンマーク	英国	アイルランド	スイス	イスラエル	イタリア	米国	ポルトガル	■日本	ニュージーランド	韓国	ハンガリー	チェコ	フランス	チリ	アルゼンチン	メキシコ	南アフリカ	ロシア	ポーランド	スロバキア

（注）2017年6月27日OECD.StatのScience, Technology and Innovation Outlook 2016よりデータ抽出。

が、それだけ「広がり」が限られますし、一時的な効果に終わることもしばしばあります。応用研究で開発した1つの新製品が売れなくなればそれでGDPへの貢献は終わりであり刹那的です。図表6－6はそのような基礎研究と応用研究の違いを反映しているのかもしれません。

ところで、数学は、すべての学問の基礎となる基礎研究の代表的な分野と考えられますが、英国の学会からは、数学の研究がGDPに貢献するという調査が報告されています（文献6－7）。これによると数学研究が

図表６－６　基礎研究費および応用研究費（2006年）とその後のGDPとの相関

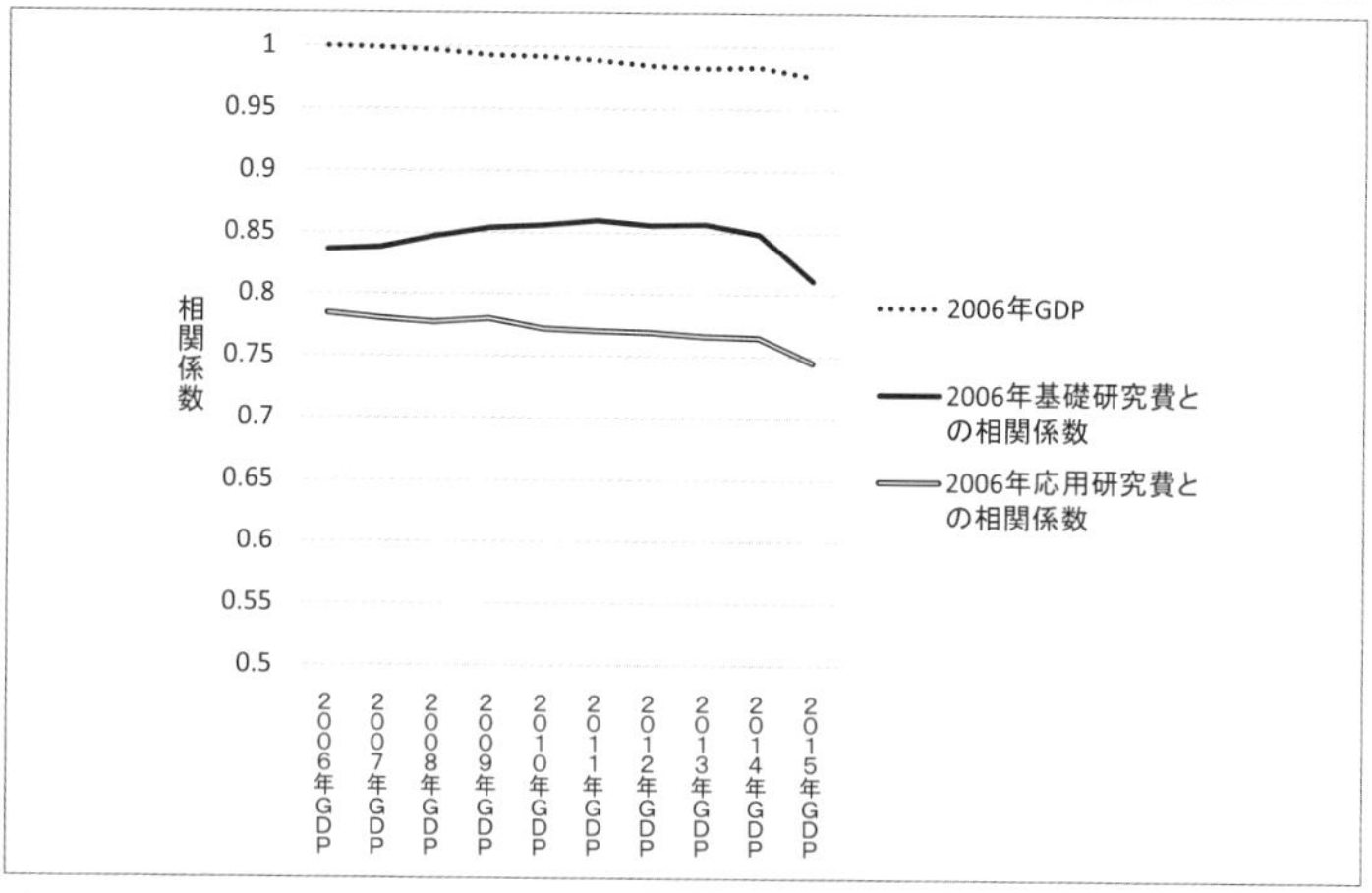

（注）2017年6月27日OECD.StatのScience, Technology and Innovation Outlook 2016よりデータ抽出。

２０１０年の英国（ＵＫ）の付加価値（ＧＤＰ）に与えた影響は、２０８０億ポンド（１ポンド１４７円として計算して約30兆６０００億円）になり、英国全体の付加価値の16％にあたるという計算です。

投資や資産運用に欠かせない金融工学が数学から生み出されたことは周知のことですが、その基礎は三重県出身の数学者伊藤清さん（２００８年文化勲章受章）が、１９４２年に伊藤の補題で知られる確率微分方程式を確立したことが大きく貢献したとされています。伊藤さんの基礎研究がなければ、金融工学は発展しなかった可能性、あるいは遅れた可能性が高く、伊藤さんの研究はＧＤＰの成長に大きく貢献したことになります。ただし、日本以外の金融立国のＧＤＰが引き上げられ、そのおこぼれを日本が頂戴したということですけどね。

ここで、数学の論文数とＧＤＰとの関係を調べてみました。「数学」「応用数学」「分野間応用数学」「統計学」に分けてＧＤＰとの相関を調べたのが図表６－７、６－８です。数学の場合は応用的色彩が強くなっていくにつれて、ＧＤＰとの相関が強くなっていきます。さすがに、超基礎研究はＧＤＰとの相関が悪いようです。ただし、この相関分析は２０１０年の論文数と２０１２年のＧＤＰという近い時期の相関を見たものですから、今から50年後のＧＤＰに与える影響はまったくわかりません。伊藤さんの研究も、30年後の１９７０年代の金融工学研究の発展に受け継がれ、実際に金融業界に生かされてＧＤＰに効果を発揮するまでに50年を経ています。

ちなみに日本の人口あたりの数学論文数は、基礎も応用も極めて少ないことがわかりますね。日本が数学を軽視してきた表れです。また、基礎数学で外れ値を示している▲の国はイスラエルです。今イスラエルに世界のＩＴ企業が研究拠点を創っていることもうなずけます。

最近ではＡＩ（人工知能）などのＩＴ技術の進歩にも数学が大きく貢献し、多くの分野で付加価値を生み出しています。もう7～8年前になると思いますが、コマツの会長をされていた野路《のじ》國夫さんの講演をお聞きする機会があり、その時に著者が印象に残ったのは、日本の大学は数学者を育てていないので困っている、ということでした。ＩｏＴ（Internet of Things：モノのインターネット）で先駆的に世界中のコマツの重機を管理した会長さんならではのご発言ですね。今では、ビッ

図表6－7　数学論文数とGDPの相関（その1）

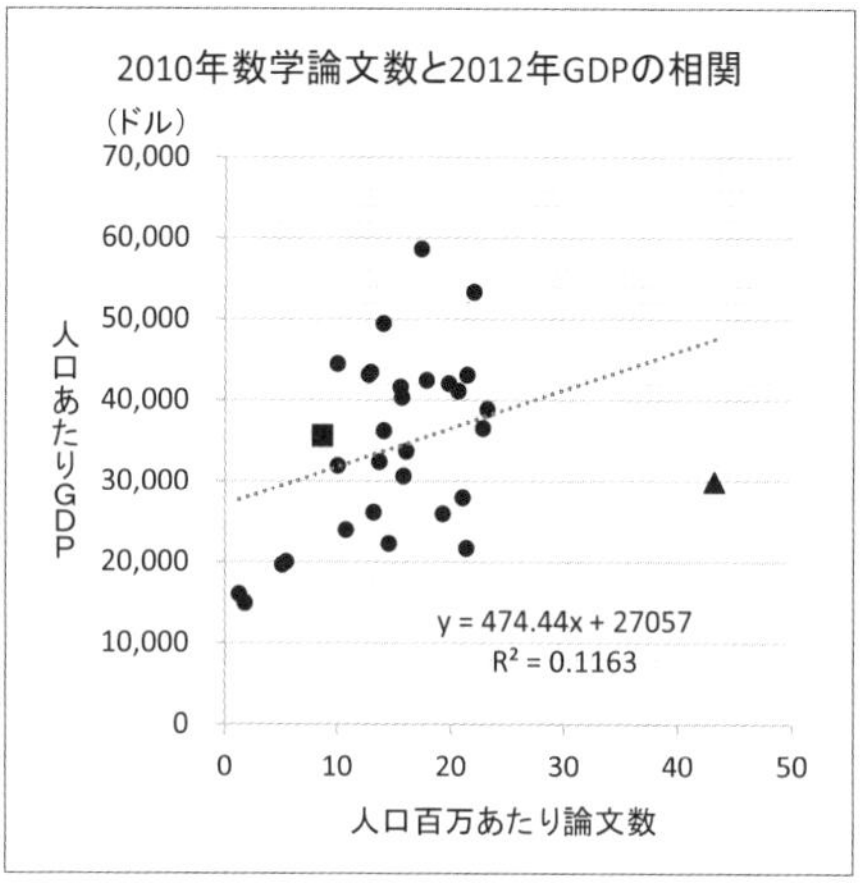

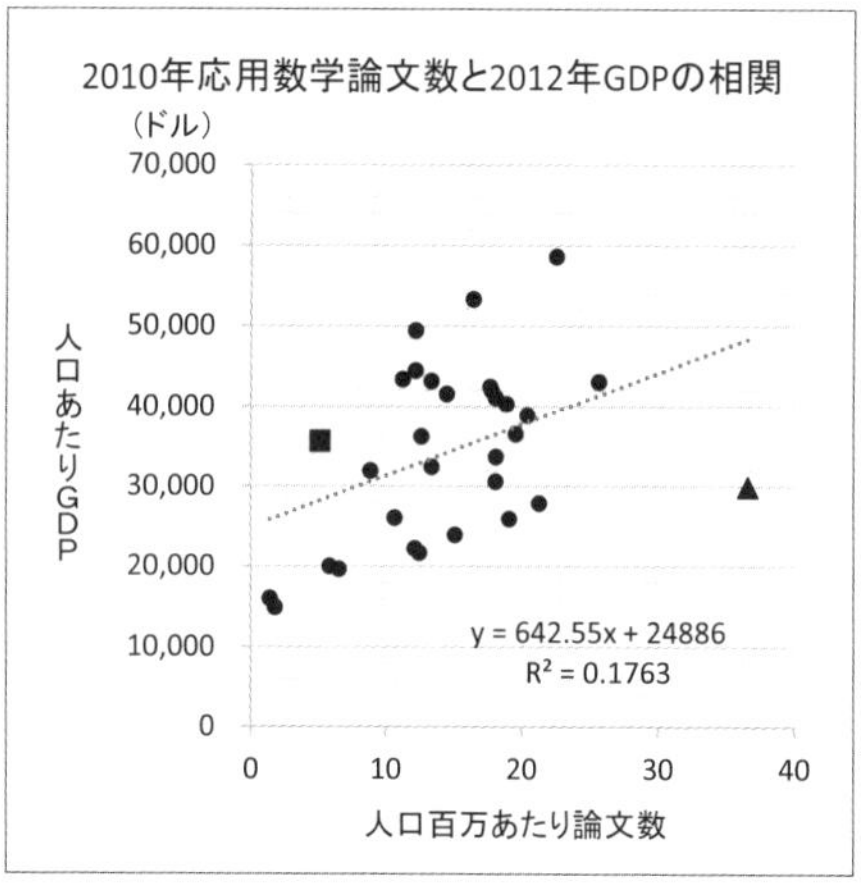

一人あたりGDPの大きい順
ノルウェー
スイス
米国
オランダ
デンマーク
オーストラリア
オーストリア
アイルランド
スウェーデン
ドイツ
カナダ
ベルギー
フィンランド
フランス
英国
■日本
イタリア
ニュージーランド
韓国
スペイン
▲イスラエル
チェコ
スロバキア
ポルトガル
ギリシャ
ポーランド
ハンガリー
チリ
トルコ
メキシコ
ブラジル

（注）クラリベイト・アナリティクス社 InCites Benchmarking より 2017 年 8 月 6 日に論文数のデータ抽出。文献種原著、分野分類法 WoS。国際共著 1/2 補正。2010 年論文数とは 2009 － 11 年の平均。OECD.Stat から 2017 年 6 月 28 日に GDP のデータ抽出。購買力平価実質値 2010 年基準（ドル）。

図表６－８　数学論文数とGDPの相関（その２）

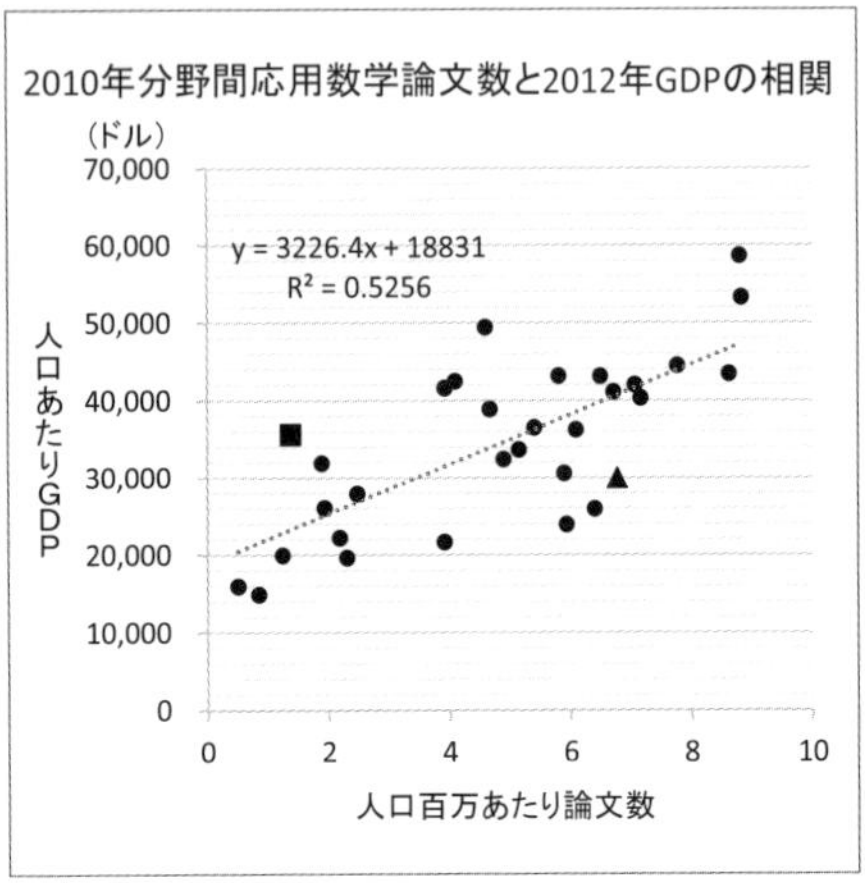

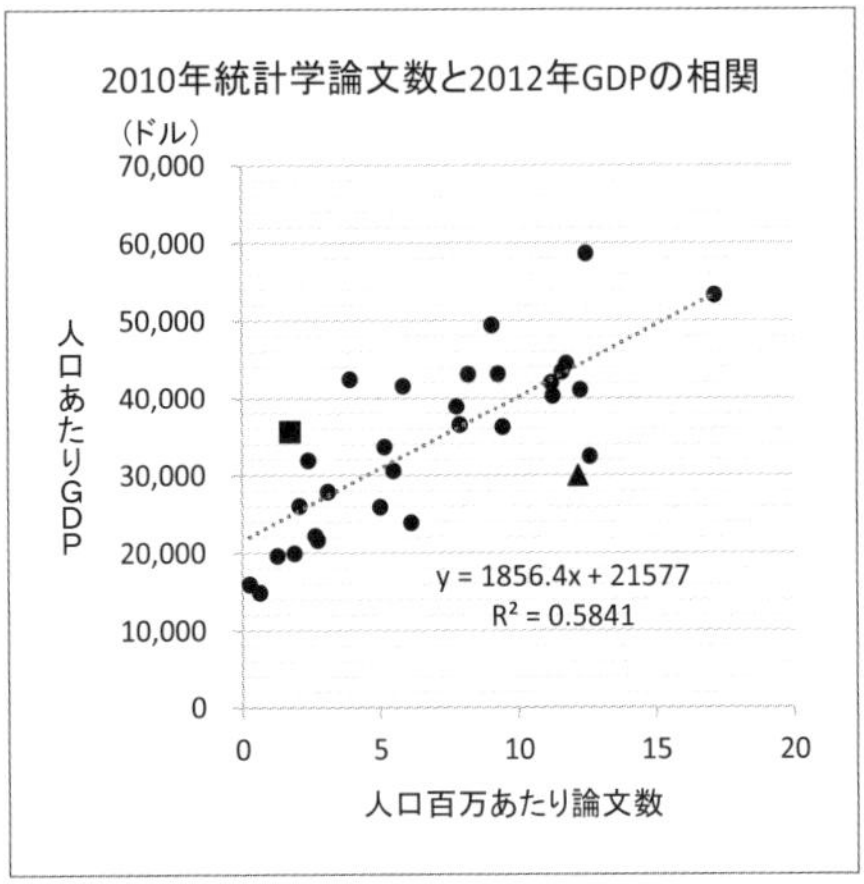

一人あたりGDPの大きい順
ノルウェー
スイス
米国
オランダ
デンマーク
オーストラリア
オーストリア
アイルランド
スウェーデン
ドイツ
カナダ
ベルギー
フィンランド
フランス
英国
■日本
イタリア
ニュージーランド
韓国
スペイン
▲イスラエル
チェコ
スロバキア
ポルトガル
ギリシャ
ポーランド
ハンガリー
チリ
トルコ
メキシコ
ブラジル

（注）クラリベイト・アナリティクス社InCites Benchmarkingより2017年８月６日に論文数のデータ抽出。文献種原著、分野分類法WoS。国際共著1/2補正。2010年論文数とは2009－11年の平均。OECD,Statから2017年６月28日にGDPのデータ抽出。購買力平価実質値2010年基準（ドル）。

グデータ解析やＡＩのブームが起こっており、中小企業を含めて多くの企業がデータアナリストやＡＩ人財を求めています。

数学やＡＩが儲けにつながるということがわかって、企業からは「日本の大学は、今までいったい何をしていたのだ」とおしかりを受けるのですが、しばらく前までは、数学は日本ではあまり顧みられず、就職にも困っていた分野ではなかったかと思います。将来のＧＤＰ（儲け）に役に立つのかどうかわからない基礎分野の研究や人財育成を怠ってきたつけが、今、回ってきているのではないでしょうか？

念のため社会科学についても、論文数とＧＤＰとの相関を調べてみました。図表６‐９に示しますように、社会学、そして経済・経営学についてもＧＤＰと良好な相関が得られます。日本の社会科学の論文数は、英語化の問題があるとは言え、世界の中で極めて存在感の乏しいものになっています。

以上のようなことから、現時点では基礎研究も応用研究も両方必要ということになると思います。ＧＤＰの成長に貢献するためには、研究からイノベーションに結び付けることのできる一連のシステムを確立しておくことが重要ですが、将来ＧＤＰに役に立つのか立たないのかわからないような基礎研究についても、多様な種を蒔いておくべきであると思います。研究者の独自の発想による突拍子もない独創的研究も必要です。文系分野の研究についても同様のことが言えると思います。

図表6－9　社会科学論文数とGDPの相関

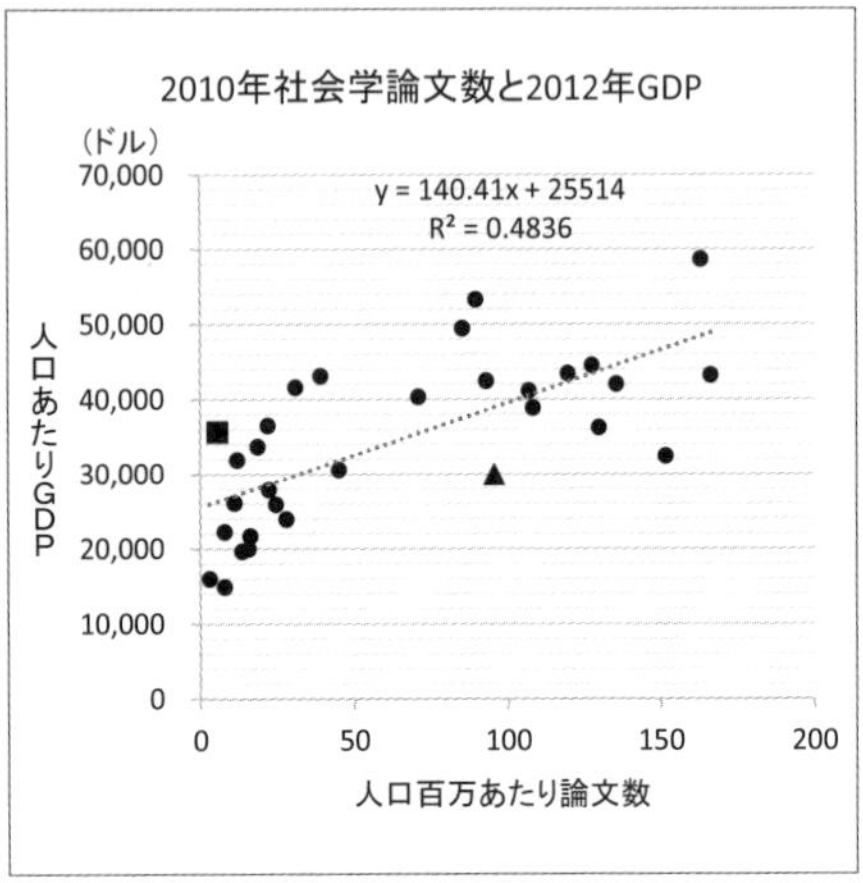

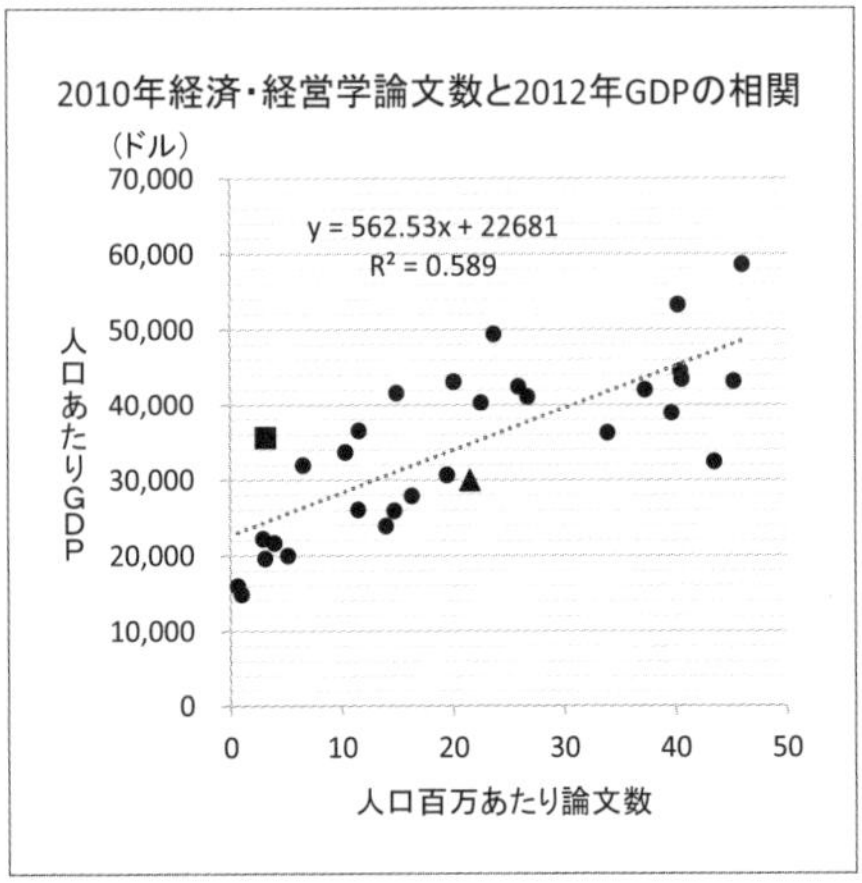

一人あたりGDPの大きい順
ノルウェー
スイス
米国
オランダ
デンマーク
オーストラリア
オーストリア
アイルランド
スウェーデン
ドイツ
カナダ
ベルギー
フィンランド
フランス
英国
■日本
イタリア
ニュージーランド
韓国
スペイン
▲イスラエル
チェコ
スロバキア
ポルトガル
ギリシャ
ポーランド
ハンガリー
チリ
トルコ
メキシコ
ブラジル

（注）クラリベイト・アナリティクス社 InCites Benchmarking より2017年8月6日に論文数のデータ抽出。文献種原著、分野分類法 ESI。国際共著1/2補正。2010年論文数とは2009－11年の平均。OECD.Stat から2017年6月28日に GDP のデータ抽出。購買力平価実質値2010年基準（ドル）。

〈研究現場からの声〉

●応用研究だけでなく基礎研究を行う人材が十分な研究を行う資金を与えるべき。日本は数年、応用研究に力点を置きすぎ基礎研究がある分野を除き不十分（国際トップレベルとして）と思われるので。特にこれからの人工知能を扱える人材、基礎としては数学研究の支援をもっと行うべき。（2016年、民間企業等、部・室・グループ長クラス、男性）

●社会的ニーズを解決する研究と基礎研究の両方が必要であり、目的に応じた人材育成が必要。（2016年、民間企業等、部・室・グループ長クラス、男性）

●大学・公的研究機関でも、短期的な応用研究やプロダクト化が注目され、基礎研究への取り組みや人材育成が弱体化している印象を持っている。大学での基礎・理論の教育の重点化を期待する。（2016年、民間企業等、部・室・グループ長クラス、男性）

●基礎研究にもっと力を入れる必要があるのでは。民間企業はどうしても近未来の事業展開を考えてしまうので成果を出せるものしか援助しない。国家的な未来志向が必要と考える。（2016年、民間企業等、社長・役員クラス、男性）

●まだ海の物とも山の物とも判らないテーマにこそ公的な支援が必要と思います。その点で言えば、いわゆる「目利き」の圧倒的な不足を痛感します。現状、基礎研究は、研究者の自己犠牲と献身によって成り立っているようにしか思えません。実用化研究に偏向している現状の予算配分は、

早急に是正すべきです。（2016年、民間企業等、部・室・グループ長クラス、男性）

3．ドイツはどのように論文数を増やし産学連携を伸ばしたのか？

第5章でもお示ししましたように、近年のドイツは、学術論文数を増やし、論文の質を高め、また、産学連携も目覚ましいものがあります。ドイツの産業構造は高度な製造業を中心としており、いろいろな面で日本が参考にすべき点があります。

では、ドイツはこの10年余りの間にどのようにそれを成し遂げたのでしょうか？　そして、それが成し遂げられなかった日本との違いは、いったいどういうことなのでしょうか？

まず図表6－10を見ていただきましょう。この図は、ドイツと日本の大学および政府研究機関の研究者数（FTE）と研究従事者数（FTE）の推移を表したものです。なお、研究者数の定義は国によって異なるので（文献5－2）、国際比較には細心の注意が必要です（OECD.Statでは日本

図表6－10　ドイツと日本の研究者数（FTE）および研究従事者数（FTE）の推移

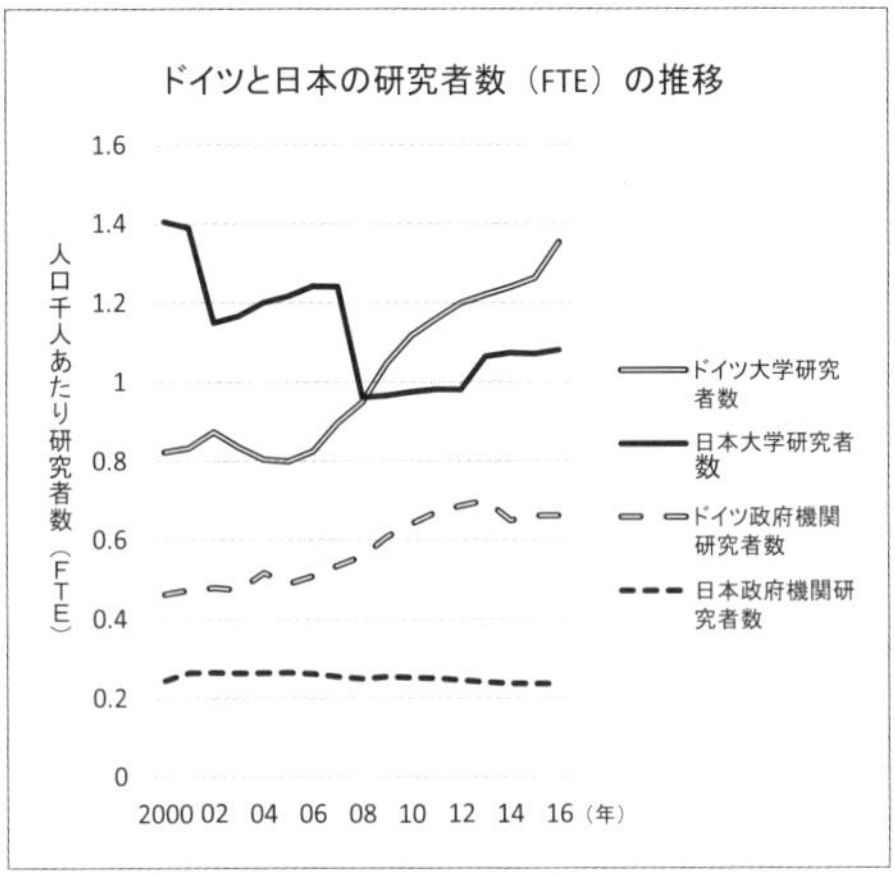

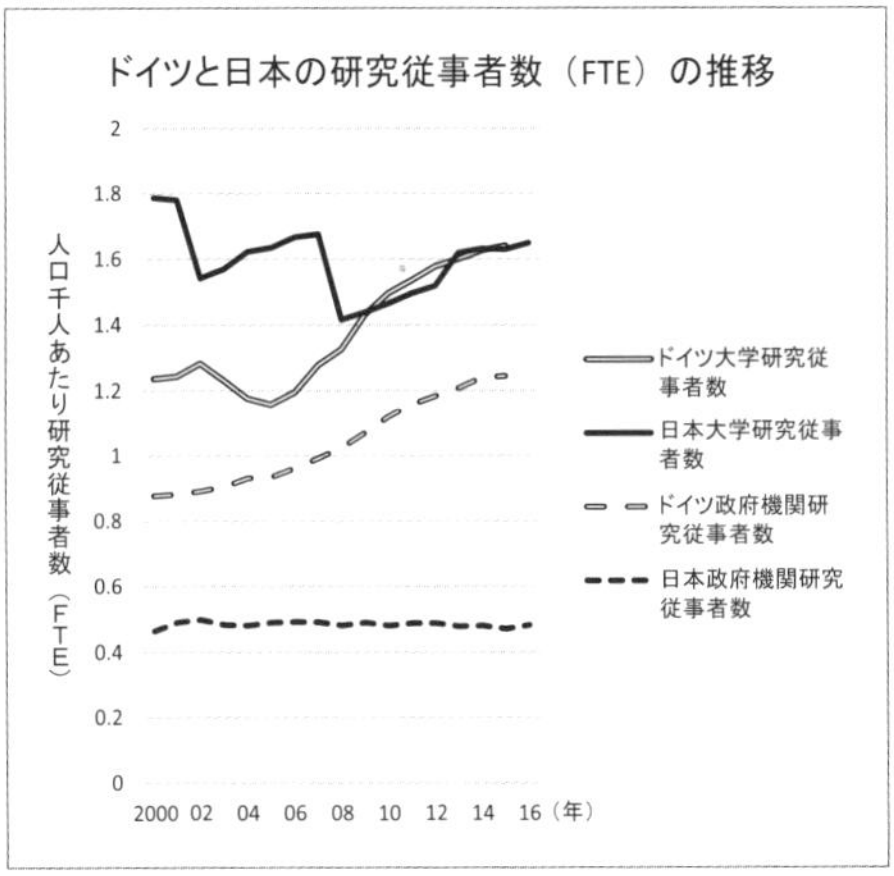

（注）2018年7月3日OECD.Statよりデータ抽出。人口はWHOによる。

の研究従事者数には過大評価の注釈がついています）。

まず、上図は研究者数（ＦＴＥ）を示していますが、日本の大学の研究者数（ＦＴＥ）の推移は例によって階段状になっていますね。２００２年、２００８年、２０１３年に文科省により大学教員の研究時間のアンケート調査がなされているので、この3つの年については、ＦＴＥが計算されています。２００２年から２００８年にかけて日本の大学の研究者（ＦＴＥ）はかなり減少しています。その後２０１３年にかけて少し持ち直しているようですが、これは、看護系などの医療系大学・学部の急増や、第5章で説明した大学病院の医師数増による影響があるのではないかと考えます。ただ、たとえば看護系大学や専門職大学的な大学が増えて研究従事者数が増えたとしても、必ずしも国際的に評価される論文数の増に直結しないということに留意しておく必要があります。

下図は研究従事者数（ＦＴＥ）を示していますが、最近はドイツと日本が同じ程度になっています。ただし日本は過大にカウントしているので実際はドイツの方が多いと考えます。

なお、日本の政府機関については徐々に研究者数（ＦＴＥ）が減少しています。

一方ドイツはというと、大学も研究所も急速に研究者数（ＦＴＥ）や研究従事者数（ＦＴＥ）を増やしており、２０００年頃に比較して、約1・5倍になっています。

次に研究人件費と研究活動費の推移を見てみましょう（図表6－11）。研究人件費についても、先ほどの研究者数（ＦＴＥ）と同じような結果が得られます。つまり日本はやや減少しているのに

図表6－11　ドイツと日本の研究人件費および研究活動費の推移

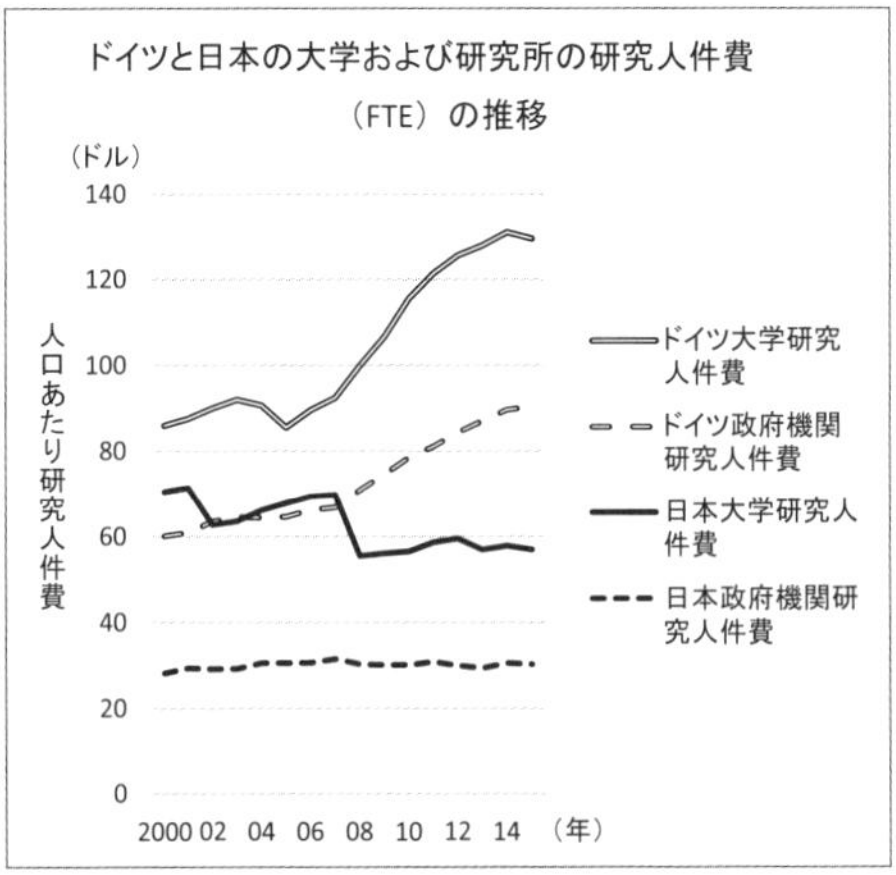

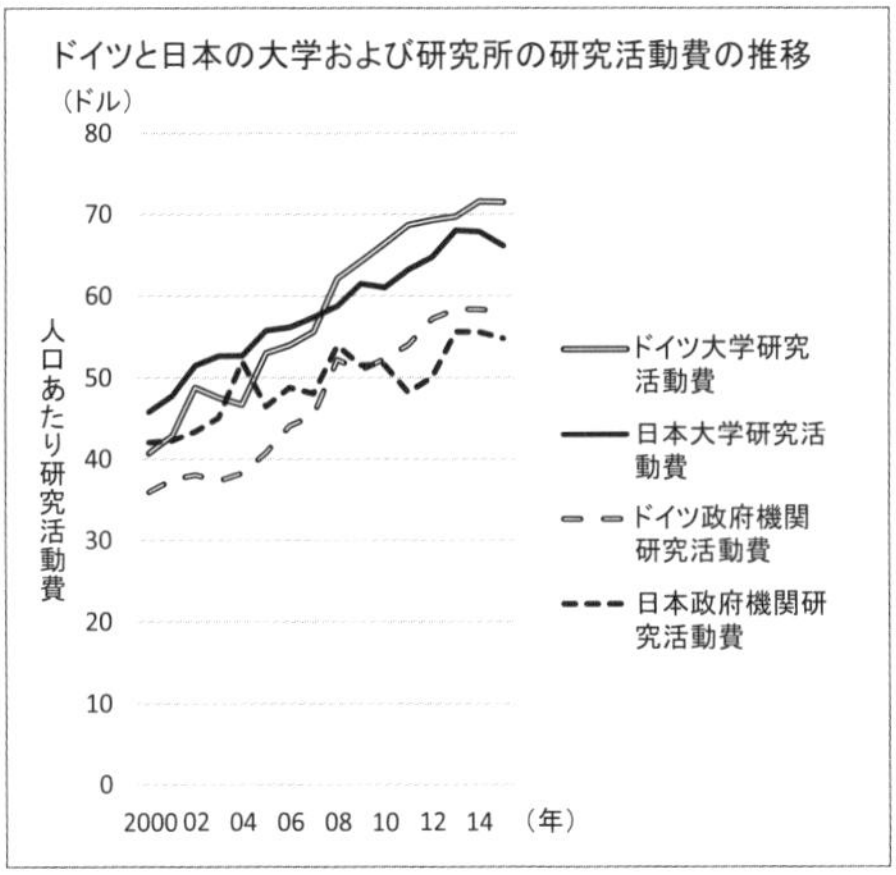

（注）2018年7月3日OECD.Statよりデータ抽出。

対して、ドイツは約1・5倍に増やしています。なお、日本の大学の研究人件費については、その半分近くが私立大学の学生によって賄われていることに留意しておく必要があります。ドイツはほとんど政府資金です。

一方、下図の研究活動費の方はどうかというと、先ほどの人件費ほどの開きはないのですが、日本が約1・4倍増やしたのに対して、ドイツが約1・7倍に増やして、人口あたりの金額で日本に追いつき追い越しました。

次は研究施設費と設備費ですが（図表6－12）、データが激しく変動して見にくいのですが、日本の大学の施設費および設備費については、ドイツの大学を上回っています。政府研究機関については、施設費はドイツを下回っていますが、設備費についてはドイツと同程度です。なお、ドイツは大学および政府研究機関の両方で、施設費および設備費ともに増加させています。日本は大学の施設費だけが増加していて、この点については精査が必要ですが、日本の私立大学における看護をはじめとした医療系大学・学部の急増が関係しているかもしれません。また、「選択と集中」政策とも関連して大規模大学への研究施設の整備も関係しているかもしれません。

図表6－13は、研究資金源を示しています。日本の大学および政府研究機関の政府からの研究資金は停滞をしていますが、ドイツは大学も研究機関も1・4～1・5倍に増えています。なお、ドイツの海外からの研究資金の大半は、EUからの研究資金と考えられ、政府が拠出していると考えら

図表 6 − 12　ドイツと日本の研究施設費および研究設備費の推移

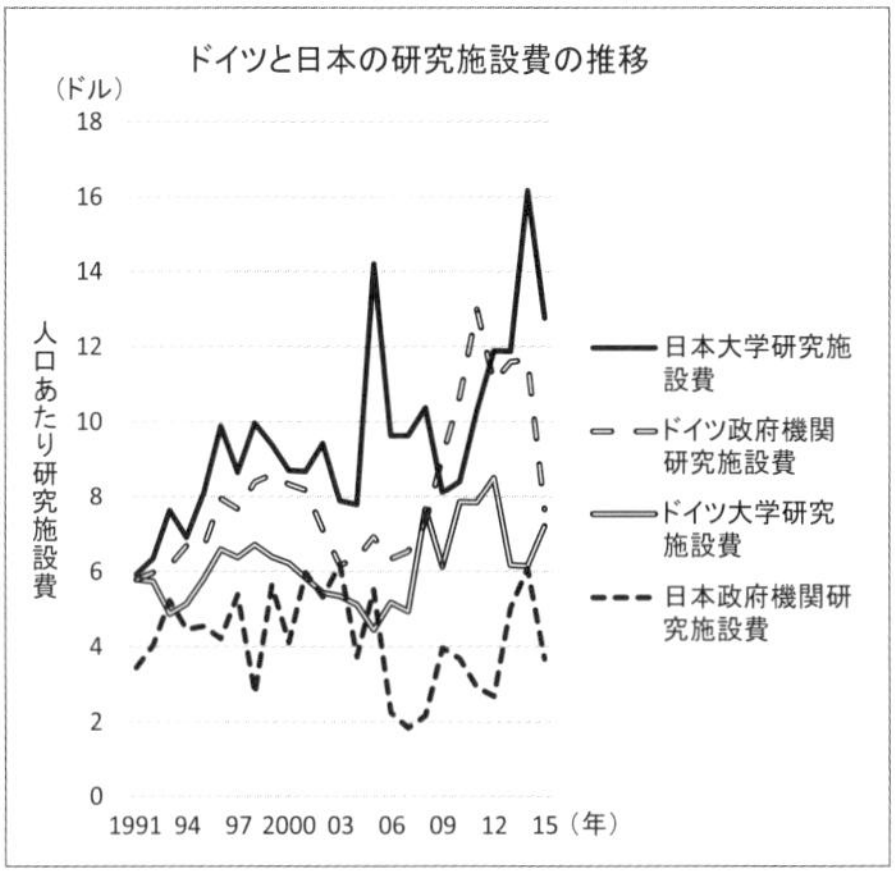

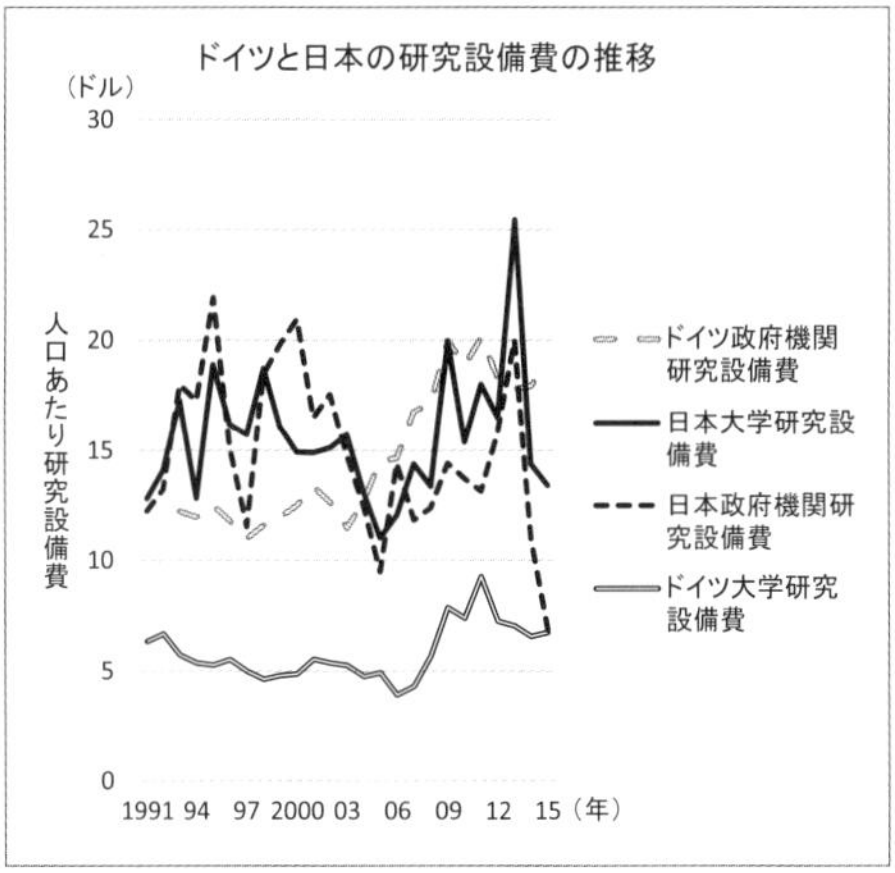

（注）2018年7月3日OECD.Statよりデータ抽出。

図表6－13　ドイツと日本の政府および企業からの研究資金の推移

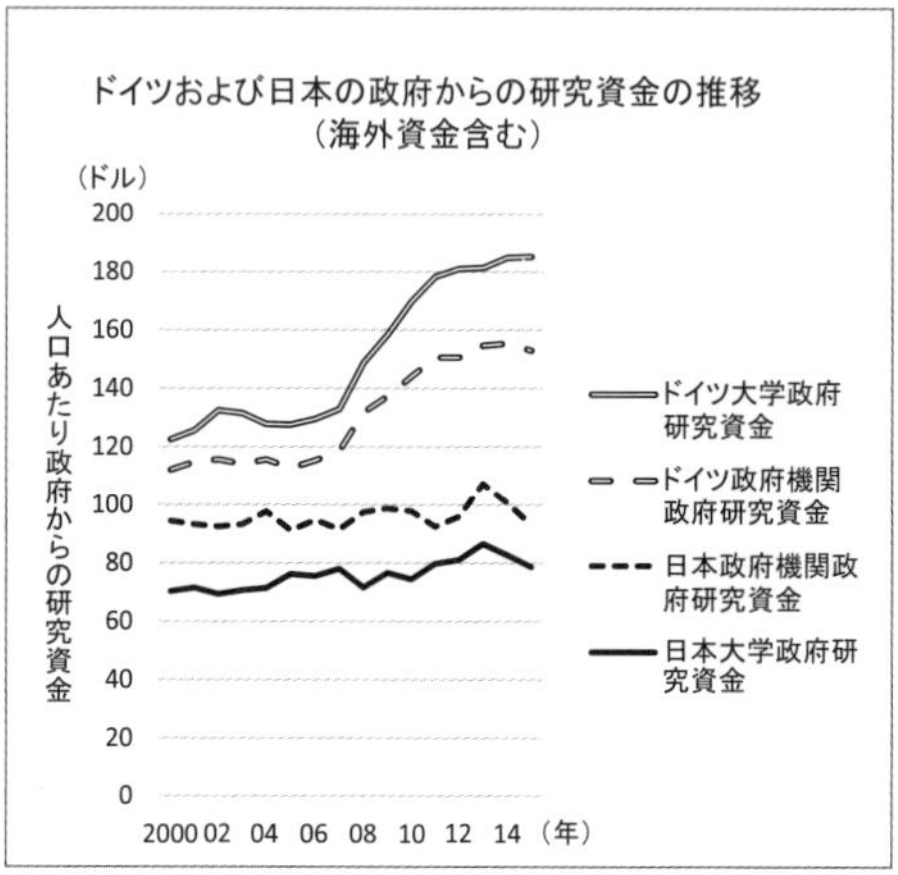

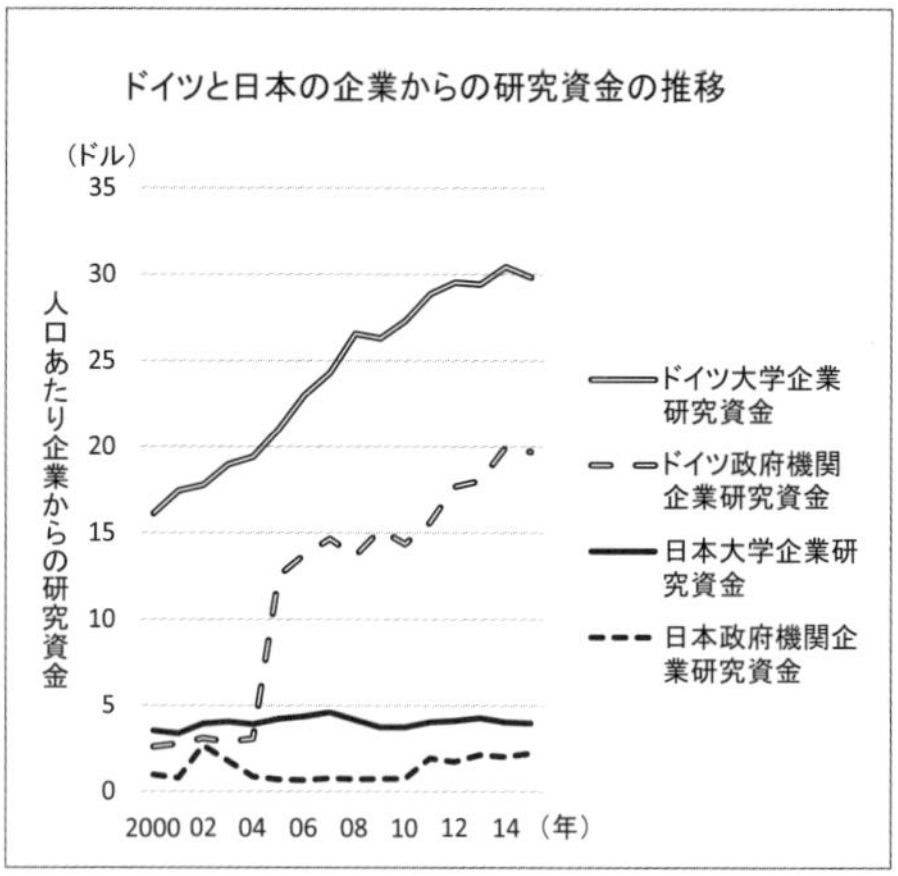

（注）2018年7月3日 OECD.Stat よりデータ抽出。

れますので、政府研究資金に含めて計算しています。

そして下図の企業からの研究資金については、日本の大学も政府研究機関も停滞していますが、ドイツは大学もそして政府研究機関も急速に増えています。

ドイツは研究力を高めるために、政府資金でもって研究従事者を増やし、それとバランス良く研究活動費、研究施設費、研究設備費を増やしました。まるで第3章でお示しした論文数のコブ・ダグラス型生産関数表示を熟知しているような感じですね。研究においては「ヒト」が資本であることをよく理解しています。

なお、ドイツの科学技術システムについては、文献6－8に紹介されているように、マックス・プランク学術振興協会とフラウンホーファー応用研究促進協会の存在が大きいと思われます。この文献から、両者に関する記載の一部を引用しておきます。

「マックス・プランク学術振興協会は、傘下に約80の研究所を有し、自然科学、ライフサイエンス、社会科学、人文学などの学際的な分野で、基礎研究を行っている。また、大学では十分に対応できない、新しくイノベーティブな研究分野に取り組んでいる。最近では、応用分野の研究も積極的に行う傾向にある。

マックス・プランクは、職員数が約1万7千名、予算が20・9億ユーロ（2013年）と巨大な研究機関であるが、マックス・プランク自体は政府から独立しており、自分たちの方針に従い研究を行っている。また傘下の研究所も自律的であり、協会の本部から大まかな方針を示されはするものの、かなり独立性が高い。

マックス・プランクの特徴は、その研究の質の高さである。ISI Essential Science Indicators によれば、マックス・プランクは論文被引用数で世界第2位、生物学・化学・材料科学・物理学などの分野ではいずれも1位または2位で、ネイチャー誌の Nature Publishing Index でも3位である。更に、1954年のワルター・ボーテのノーベル物理学賞受賞をはじめとして、17人ものノーベル賞受賞者を輩出している。」

「フラウンホーファー応用研究促進協会は、民間・公益企業に直接役に立ち、また社会全体の利益となるような、応用研究を主に実施している。約80の研究ユニットが運営されており、そのうち本部から認められた研究ユニットは、フラウンホーファー研究所と呼ばれる。ドイツ全土40ヶ所以上に、約60のフラウンホーファー研究所が散在している。フラウンホーファーの年間予算は約20・1億ユーロ（2013年）であり、職員数は約2万3千人に上っている。フラウンホーファーは優れた研究成果でも有名であるが、特にユニークな点として挙げられるのは、『フラウンホーファー・モデル』と呼ばれる運営方法にある。フラウンホーファーの研究収入のほぼ3分の2が、産業界との契約および公的資金による研究プロジェクト（受託研究）であり、残りの3分の1が連邦および州政府からの配分資金である。産業界との契約は当然として、公的資金による受託研究においても、比較的短期間である5～10年のうちに産業や社会で成果が得られる可能性を持った研究開発を実施している。このためフラウンホーファーの研究者は、常に産業界と密接な関係を保つことになり、実際に産業界と各研究所との人員の交流も盛んである。一方、フラウンホーファーの研究者は、その研究レベルの高さから大学の教授が兼任することも多く、この仕組みが産学連携に大きく役立っている。」

ドイツにおいては、大学と同時に研究所についても研究資金を増やして研究従事者数を増やし、大学と研究所との共同研究を促進することで論文の質と量を高め、さらにフラウンホーファー応用研究促進協会が、全国津々浦々に研究所を散りばめ、産学連携を推進しているわけです。ドイツの学術論文数が増加し、ＣＮＣＩが上昇し、大学および研究所への企業研究資金が急増したのも、なるほどな、と納得がいきます。

〈研究現場からの声〉

●基盤運営費（運営費交付金）の増加を実施すべき。選択と集中が間違いだったということは、欧米の最近の動向を見ると明らかである。米国よりも、ドイツに見倣うべき。（２０１７年、大学、

第1G、理学、学長等クラス、男性）

●日本は、基礎研究はじめ、研究への投資、研究に係る人材への給与など、著しく貧しい。私はドイツで博士号を取得したが、授業料は無料であった。ポスドクポジションも、見つけやすく、情報がオープンに公開されている。給与も家族が暮らせるレベルである。日本では、貧しさの中で研究者を育成し、ポスドクも十分育つ環境にあるとは言えない。文科省への予算を見ても、日本という国が学術、文化、研究を軽視していることは明らかである。恥ずかしいと思わないのが、この国の政治を司る人々のレベルなのだろう。（2016年、民間企業等、社長・役員クラス、男性）

●企業の研究開発を支える大学、研究機関での研究と人材育成や交流、研究開発環境整備への資金をもっと増やすべき。北米や欧州（ドイツ等）に比べ劣っているように感じる。（2017年、民間企業等、社長・役員クラス、男性）

一方日本は、研究活動費はある程度増やしたものの、研究従事者数を抑制～減少させて、評価制度や競争的資金への移行や「選択と集中」政策（これらがどの程度生産性を高めるのかというデータは存在しないと思います）によって、鞭をふるうかのように研究力を高めようとしました。その結果は、論文数や大学ランキングの低下に表れているように、日本の研究競争力が低下してしまいました。

日本がドイツに追いつくためにはどうすればいいのでしょうか？　図表６－13上図からは、日本政府の拠出する公的研究機関への研究資金には、人口あたりで計算して約2倍の開きがあります。第5章で概算した金額に基づけば、政府が拠出する公的研究機関への研究資金を2兆２０００億円、うち研究人件費分として1兆２０００億円増やす必要があるということになります。

4.「統合イノベーション戦略」への大きな期待

先にもお話ししましたように、２０１７年4月に総合科学技術イノベーション会議が科学技術予算を3年間で９０００億円増やす方針を打ち出されたことには、大きな期待を感じさせられます。２０１８年の6月15日に閣議決定された「統合イノベーション戦略」（文献６－９）は、より具体的な政策を記述したものであり、その実現に期待を寄せるものです。

「統合イノベーション戦略」は82ページにわたる大部なもので、よくこれだけさまざまなことをおまとめになったな、と感心させられます。その「第3章　知の創造」の中の「(1) 大学改革等によるイノベーション・エコシステムの創出」(図表6－14) が大学への政策が書かれている部分です。その「目指すべき将来像」の冒頭には「大学や国研が産学官を交えた知的集約型産業の中核となるイノベーション・エコシステムが全国各地に構築」と書かれており、これは、まさに著者が本書で主張したかったことであり、大きな期待を抱きます。

ただし、その後に書かれている具体策を読むと、いくつか慎重な対応をお願いしたいと思われる個所があります。これは閣議決定ですので、たいへん重い方針であり、著者も国民の一人として、この方針に従わなければならないと思いますが、はばかりながらその個所だけ、コメントをさせていただきたいと思います。

(1) 「大学改革等によるイノベーション・エコシステムの創出」の「目指すべき将来像」の枕詞に大賛成

まず、大学改革等によるイノベーション・エコシステムの創出の「目指すべき将来像」の冒頭の

図表6－14 「統合イノベーション戦略、平成30年6月15日閣議決定」より一部を抜粋

第3章　知の創造

（1）大学改革等によるイノベーション・エコシステムの創出

○目指すべき将来像
・大学や国研が産学官を交えた知識集約型産業の中核となるイノベーション・エコシステムが全国各地に構築
<経営環境の改善>
・ガバナンスが強化され、公的資金のみならず、戦略的な経営、産学連携等により民間資金や寄付金が拡大し、教育研究や人材に投資できる資金が拡大
<人材流動性・若手等活躍>
・大学全体として、研究者の流動性と魅力的な処遇が確保され、若手・女性・外国人などの多様で優れた人材が大学の特色を創り出すことができるよう、バランスの取れた人事配置が実現
<研究生産性の向上>
・競争性を担保した上で、優秀な若手研究者には挑戦機会を増やすとともに、年齢にとらわれない適材適所の配置と新たな領域を更に発展させられる支援の仕組みが整備
<ボーダレスな挑戦（国際化、大型産学連携）>
・国際的な頭脳循環の中で研究者の流動性が高まるとともに、本格的な産学連携を進めるマネジメント体制が整備

○目標
<経営環境の改善>
戦略的な大学経営のために多様な見識を活用できる体制の構築に向けて、
・2023年度までに研究大学[68]における外部理事を複数登用する法人数を2017年度の水準から倍増[69]
民間資金・寄付金など外部資金を拡大できる経営基盤の形成に向けて、
・2025年度までに大学・国研等に対する企業の投資額を2014年度の水準の3倍[70]
<人材流動性・若手等活躍>
若手研究者の活躍できる年齢構成の実現に向けて、
・2020年度までに40歳未満の大学本務教員[71]の数を2013年水準[72]から1割増加[73]
・2023年度までに研究大学の40歳未満の本務教員割合を3割以上[74]
<研究生産性の向上>
主要国並みの研究生産性の実現に向けて、
・2020年度までに総論文数を増やしつつ、総論文数に占めるTop10%補正論文数の割合を10%以上[75]
・2023年までに研究大学の教員一人当たりの論文数・総論文数を増やしつつ、総論文数に占めるTop10%補正論文数の割合を12%以上[76]
研究費を獲得できる若手研究者の割合の増加に向けて、
・2023年度までに科研費における採択件数に占める若手研究者の比率が、応募件数に占める若手研究者の比率を10ポイント以上上回る[77]

研究環境の充実による若手研究者の活躍機会の創設に向けて、

・2023年度までにサイエンスマップ参画領域数の伸び率が世界全体の伸び率を凌駕《りょうが》[78]

・2023年度までに助教の職務活動時間に占める研究時間の割合を5割以上[79]確保[80]

＜ボーダレスな挑戦（国際化、大型産学連携）＞

研究者や大学の国際化に向けて、

・2023年度までに国際化を徹底して進める大学[81]において分野の特性に応じて外国大学で博士号を取得し、研究・教育活動の経験を有する日本人教員数を2017年度水準の3割増[82]（ジョイント・ディグリー、ダブル・ディグリー等も活用促進）

・2023年度までに英語による授業のみで修了できる研究科数300以上[83]

・2023年度までにTop10%補正論文数における国際共著論文数の増加率を欧米程度[84]

博士号取得者が活躍できる環境の整備に向けて、

・2023年度までに産業界による理工系博士号取得者の採用2,000人以上[85]

（参考：ランキング）

・2023年度までに世界大学ランキングトップ100に10校以上を入れる[86]。指定国立大学については世界大学ランキング100位内を目指す。また、研究大学は各々の強み・特色を生かして分野別ランキングの向上を目指す。

○目標達成に向けた主な課題及び今後の方向性

・研究大学や国研を中核としたイノベーション・エコシステムの構築には、大学等の経営環境、人事の硬直化・高齢化、研究生産性、ボーダレスな挑戦（国際化、大型産学連携）等に関する「壁」が存在

・これらを打ち破る改革を断行し、大学等の経営環境の抜本的な改善を図るとともに、若手の活躍促進、人材の流動性向上、産学連携等による外部資金の拡大を実現

・大学等のミッション、得意分野などの個性や特色に応じた戦略経営を実行するための基盤を確保し、学術的な価値やイノベーションの創出において世界と競争できる組織へと転換

ⅲ）研究生産性の壁

欧米先進国に比べて、我が国では、質の高い論文を1本産出するためのコストが高く、研究生産性が低いとの指摘がある[87]。欧米先進諸国、中国、韓国等が論文数や高被引用度論文数を大きく伸ばす中、近年、我が国の総論文数やサイエンスマップにおける国際的に注目を集めている研究領域への参画数は伸び悩んでおり、相対的な地位が低下している。また、大学の研究者数は欧米先進諸国と比べて遜色ないが、大学教員が学生への教育、診療活動等に充てる時間割合が増加した結果、保健分野の助教等をはじめとして研究に充てる時間割合が減少傾向にあるとも指摘されている。

（注）87の注について：Elsevier社「INTERNATIONAL COMPARATIVE PERFORMANCE OF THE UK RESEARCH BASE, 2016」（2017年10月）。なお、研究生産性の検討においては、研究費投入と論文産出・公表のタイミングの違いや、特に国際比較の際は、研究開発費や研究者数の各国での算出方法の違い、研究の性格や機器の内外価格差の違いなどに留意する必要がある。下線は著者による。

言葉です。

「大学や国研が産学官を交えた知的集約型産業の中核となるイノベーション・エコシステムが全国各地に構築」

国研というのは、国の予算で運営されている研究所のことで、理化学研究所や産業支援総合研究所などたくさんあります。三重県の南伊勢町の五ケ所湾に突き出た半島には、うなぎの完全養殖を成功させたことで有名な「国立研究開発法人水産研究・教育機構、増養殖研究所、南勢庁舎」がありますね。

「エコシスエム」という言葉は「生態系」という意味ですね。第4章でも、パレート図型の選択と集中をする際に、大規模大学と中小規模大学との間には持ちつ持たれつの「生態系」が形成されており、「選択と集中」により下位の大学を排除することは、上位の大学にも影響を与えて、全体の生産性が低下する可能性をお話ししました。

大学と研究所と民間企業が今まで以上に持ちつ持たれつの関係性を強化して、イノベーションの核となることは、非常に重要であると思います。そして、ここに書かれている「全国各地に」という言葉が大切ですね。これは「選択と集中」ではなく、本書が分析に基づいて強調してきたイノベーションの「広がり」を重視した政策であると考えられ、高く評価できる基本政策であると思います。

(2) 日本の大学の研究費あたりの研究生産性

日本の大学の研究者（HC）あたりの論文生産性については、第5章の図表5－31から工学系や理学系ではドイツやフランスと遜色なく、保健系においても妥当な範囲での研究者数の補正を行えば近い値になりました。

ただし、「統合イノベーション戦略」には「我が国では、質の高い論文を1本産出するためのコストが高く、研究生産性が低いとの指摘がある」という記載があるので研究費あたりの生産性を確認してみることにしましょう。ここには（注）がつけられており、Elsevier社「INTERNATIONAL COMPARATIVE PERFORMANCE OF THE UK RESEARCH BASE, 2016」（２０１７年10月）という文献が引用されています（文献6－10）。また、注釈として、「研究生産性の検討においては、研究費投入と論文産出・公表のタイミングの違いや、特に国際比較の際は、研究開発費や研究者数の各国での算出方法の違い、研究の性格や機器の内外価格差の違いなどに留意する必要がある」と書かれています。

まず、文献6－10を読んでみました。このレポートは英国の学術におけるパフォーマンスに関するデータを他の先進国と比較し、英国が最も優れているという結果を示したものです。そして、この中の生産性（Productivity）の項に、大学における研究費あたりの論文数と被引用数のデータがあって、その中で、英国は最上位にあって日本は最下位にあるというデータが示されているのです。なお、ここでは研究者数あたりの生産性は示されていません。研究者数あたりで計算すると、図表5－31の下図を見ていただくとわかりますように英国の優位性は失われます。

ここでは、研究費あたりの論文生産性が問題にされていますので、それを確かめてみることにしましょう。ただ、文献6－10の分析は、研究費等の指標は本書と同様にOECDのデータを用いていますが、論文数の分析は本書とは異なってエルゼビア社のスコーパスというデータベースに基づいている点が異なります。ここでは、ウェブ・オブ・サイエンスのデータベースを用いて、著者なりに同じことが観察できるかどうか確認してみることにしました。

生産性という指標は何を分子にもってくるか、何を分母にもってくるかによって、値がずいぶんと変わってきます。図表6－15の分子は大学の論文数、分母には大学総研究費、大学研究人件費、政府支出大学研究費、推定政府支出大学研究人件費をもってきました。また、右端のグラフには、日本の国立大学の論文数を推定政府支出大学研究人件費で割った生産性も示しました。

この棒グラフ群の左端は、大学総研究費あたりの大学論文数であり、文献6－10のデータと同様の傾向を示しています。つまり英国がトップクラスで、日本が最低です。このデータだけを見ると、日本は研究費あたりの生産性が低い、ということになってしまいます。

左から2番目の棒グラフ群は、大学研究人件費あたりで論文生産性を見たデータです。これまで

図表6－15　主要国における研究費あたり論文生産性

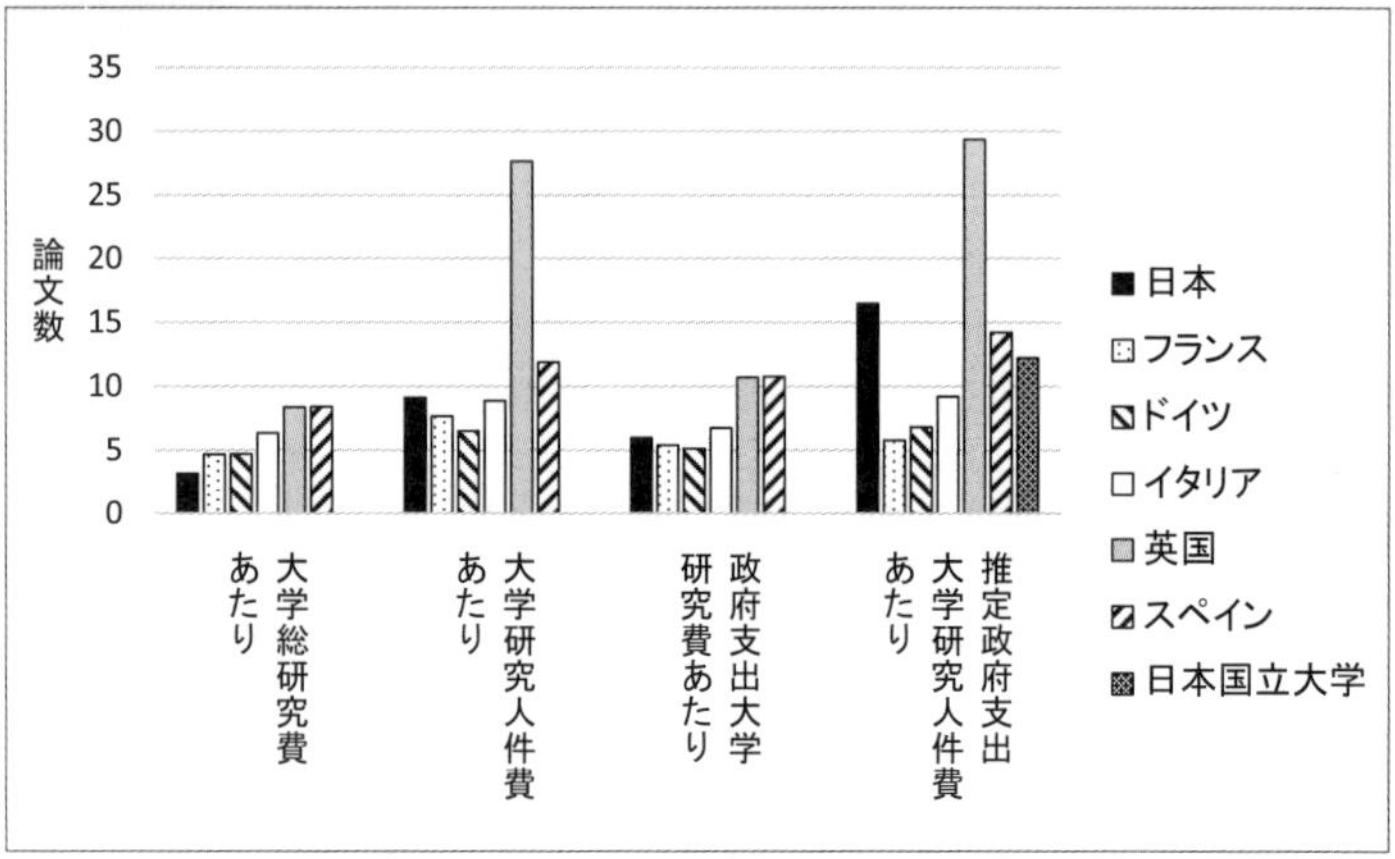

（注）クラリベイト・アナリティクス社 InCites Benchmarking より 2018 年 7 月 12 日に各国大学の被引用数のデータ抽出。文献種原著、分野分類法 ESI。2010 － 14 年の論文数の平均。OECD.Stat から 2018 年 3 月 19 日に 2013 年の大学研究資金等のデータ抽出。金額の単位はドル（購買力平価実質値 2010 年基準）。なお、EU の国々では海外資金の大半は各国の EU への拠出金で賄われているので、それを加えて政府支出大学研究費を計算した。推定政府支出大学研究人件費は、大学研究人件費×（政府研究資金 /（政府研究資金＋大学研究資金））で求めた。

の検討で、論文の産生には、研究者の人件費が最も大きな影響を与えることがわかっていますからね。そうすると、日本はドイツやフランスなどの先進国と肩を並べています。なお、英国がダントツに高くなりますが、第3章の図表3－7にありますように、英国の大学研究人件費を大学研究従事者数で割った値は、英国の国民平均給与の0・28と極端に低い値になることから、データ算出方法に何らかの大きな問題があると考えます。

左から3番目の棒グラフ群の分母は政府支出大学研究費です。つまり、行政コストあたりの論文生産性を見たデータです。ドイツやフランスとほぼ同様の生産性を示していますね。

最後に右端の棒グラフ群の分母は、推定政府支出大学研究人件費です。日本はドイツやフランスよりもかなり高くなります。この推定政府支出大学研究人件費というのは、国立大学への運営費交付金の約半分に相当すると考えられます。日本の国立大学だけの論文数で計算した生産性を右端の棒で示してありますが、これもドイツやフランスよりも高い値を示しています。

このように、日本の大学全体の総研究費あたりの生産性は先進国に比べて低く計算されるものの、人件費あたり、あるいは行政コストあたりの生産性は、ドイツやフランスよりも高いことがわかりました。また、国立大学の研究人件費部分については、ドイツやフランスよりも効率的に論文の産生に結び付いていると判断されます。

なお、日本の場合に、大学総研究費あたりの論文生産性が低いのに、研究人件費あたりの生産性が高くなる理由はいくつかあると思いますが、その一つについては、第3章の図表3-14を思い出してください。これは、総研究費あたりの設備費の割合が高い国ほど論文数が少ないことを示したデータであり、日本がその典型でしたね。その一部は大規模大学や大学共同利用機関における、加速器や望遠鏡などをはじめとする高額の研究設備の存在ではないかと想像します。

なお、高額の研究設備を大学の所有にするか研究所の所有にするかの比率は、国によって異なります。大学所有の比率を下げれば、大学の論文生産性は高くなります。

図表6－16　主要国における研究費あたり被引用数生産性

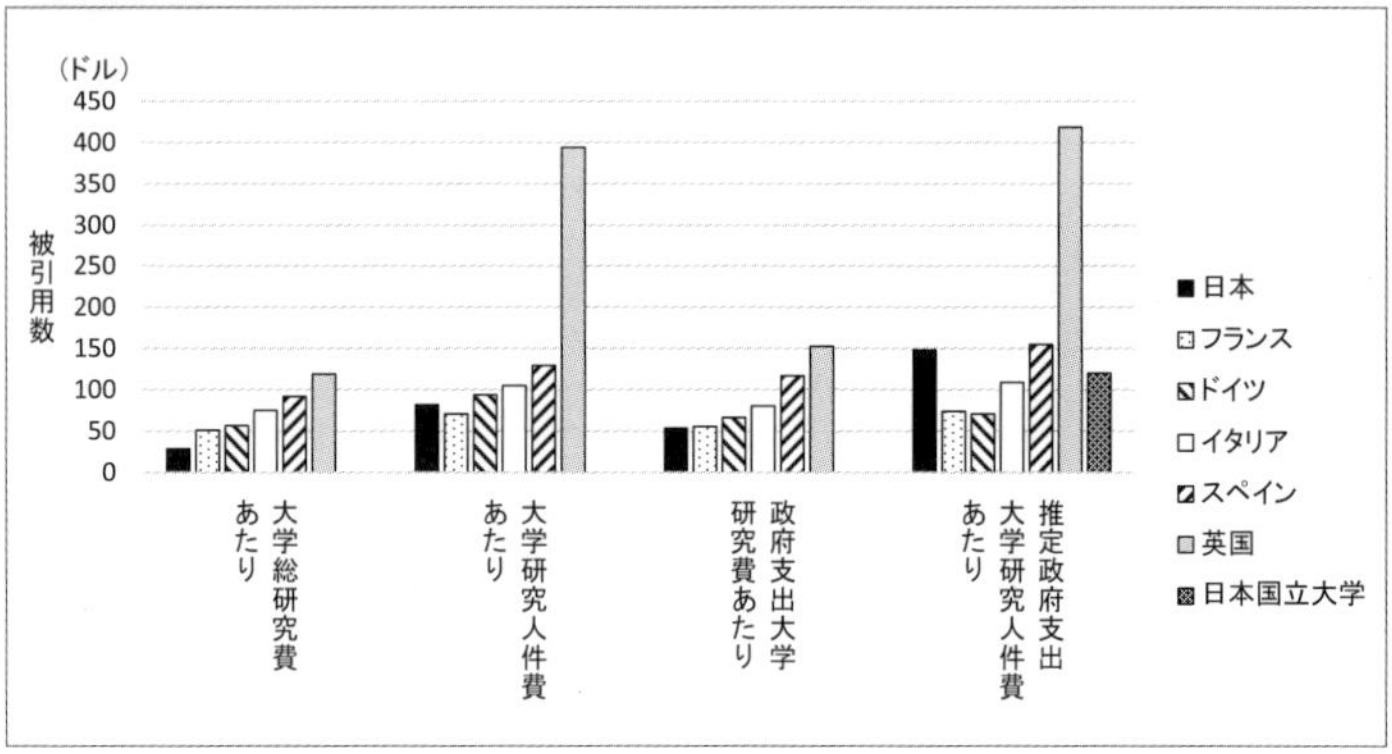

（注）クラリベイト・アナリティクス社 incites Benchmarking より 2018 年 7 月 12 日に各国大学の被引用数のデータ抽出。文献種原著、分野分類法 ESI。2010 － 14 年の被引用数の平均。OECD.Stat から 2018 年 3 月 19 日に 2013 年の大学研究資金等のデータ抽出。金額の単位はドル（購買力平価実質値 2010 年基準）。なお、EU の国々では海外資金の大半は各国の EU への拠出金で賄われているので、それを加えて政府支出大学研究費を計算した。推定政府支出大学研究人件費は、大学研究人件費×（政府研究資金 /（政府研究資金＋大学研究資金））で求めた。

もう一つの要因としては、文系等の英語論文が少ないことが考えられます。

次は、文献6－12に示されているように、分子に被引用数をもってきた場合の生産性です。日本の場合は、1論文あたりの被引用数（注目度）が海外の先進国に比較して少ないので、「論文数」で計算した場合よりも日本の生産性は低くなります。

しかし、図表6－16に示しますように、被引用数の場合も大学総研究費あたりで計算すると低くなりますが、研究人件費、政府支出大学研究費、推定政府支出大学研究人件費あたりの生産性は、ドイツやフランスに比較して大きな遜色はないと考えられます。

(3) 大学の研究生産性向上のための目標値について

「統合イノベーション戦略」には、大学の研究生産性向上の数値目標として、以下の数値が掲げられています。

・2020年度までに総論文数を増やしつつ、総論文数に占めるTop10％補正論文数の割合を10％以上

・2023年までに研究大学の教員一人あたりの論文数・総論文数を増やしつつ、総論文数に占めるTop10％補正論文数の割合を12％以上

この政府が掲げる生産性の目標値には、教員あたりの論文数という生産性だけではなく、論文の注目度の指標が加わっており、やや複雑です。

この目標値を達成するために最も大きく寄与することは、第5章で検討したように、研究従事者数を増やして人的・時間的研究環境を良くすることでしたね。この措置によって総論文数が増えると同時に、トップ10％論文数割合やCNCIなどの注目度指数が上がるはずです。そして、トップ10％論文数割合という指標は〝万遍なし効果〟の性質がありますから、一部の分野だけが突出していても、他に低い分野があると高くならないことに注意が必要でしたね。つまり、一部の強い分野

だけに〝選択と集中〟する戦略ではなく、弱い部分をなくす戦略が必要です。

ただし、研究従事者数を増やすことなく、この数値目標達成を各大学に求めると、とたんに難しいことになります。

まず、第5章の検討から、少なくとも工学系や理学系分野では教員あたりの論文生産性は先進国と比べて遜色はありませんでしたから、研究者にこれ以上論文数を増やすことを強いると、質（注目度）の低い論文が増える可能性が高いのです。そうするとTOP10％論文数割合は低下することになります。一方、質（注目度）の高い論文を書くことを求めると、つまり、一つ一つ完成度の高いしっかりとした論文を書くことを求めると、総論文数は増えません。二つの相反する目標を達成できる人はスーパーマンしかいません。今でも研究時間の確保に汲々とし、日夜忙しく過ごして疲弊をしている大学の教員を、いっそう厳しい評価制度などで鞭打っても、この目標は達成できません。

また、その国固有の課題を解決するための研究は、たとえ、その国にとって非常に価値ある研究であっても、他の国の論文にはほとんど引用されないということがあります（文献6－11）。もし、被引用数に基づいた指標によって大学への研究費が左右されるとなると、あるいは研究者の人事評価が行われるとなると、大学や研究者はそのような地域のための研究をしない方が得策です。また、応用研究は基礎研究に比べて被引用インパクトが低くなりやすく、たとえば応用研究が主体のドイツのフラウンホーファー協会や日本の産業技術総合研究所の被引用インパクトは、基礎研究が中心であるマックス・プランク研究所や理化学研究所に比較して低くなっており、大学や研究者は産学連携にあまり力を入れない方が得策かもしれません。

また、国際共著論文は被引用インパクトが高くなる傾向を持っていますが、実は欧米との国際共著は高くなりますが、アジア諸国との共著はそれほど高くなりません。国際共同研究の相手国の選別がなされる可能性があります。

さらに、独創的な新分野の挑戦的研究を始めた場合、特に黎明期にはその分野の研究者が少なく、その結果引用される数も少ないということが起こりえます。被引用数が分野によって大きく異なることはよく知られた事実であり、そのために分野調整がなされるわけですが、分野調整に用いられる既成の分野分類法では、小規模の研究者コミュニティーにおける優れた論文が見逃される可能性があるのです。

このようなことを考えると、リスクの高い新しい分野へのチャレンジングな研究に挑戦することは、やめた方が安全かも知れませんね。チャレンジがうまくいき、注目度の高い論文に結び付ければいいのですが、それはいわゆる千三つの確率であり、多くのチャレンジは注目度の低い論文になってしまい、それが足を引っ張って大学としての、また研究者としてのＴＯＰ10％論文数割合が低下し、大学の存続や研究者の人生を左右する可能性がありますからね。特に、任期制によって３〜５

年の間に業績を上げないと首を切られる立場に置かれている研究者にとっては、失敗確率の高いチャレンジングな研究は恐ろしくて、とても挑戦する気にならないのではないでしょうか。

このように、「統合イノベーション戦略」の掲げるTOP10％論文数割合の数値目標について、国全体の目標とすることは良いことであると考えますが、個別の大学の、あるいは研究者個人の評価基準として使うことについては種々の問題点が指摘されており、慎重な対応をお願いしたいと思います。

(4) 評価制度と数値目標設定の世界的な動き

まず評価制度の難しさについてお話ししましょう。

評価制度は、評価される側のモチベーションを高める効果や、行動の変化（行動変容）をもたらす手段であり、適切に用いるならば組織の生産性を上げる効果があると考えられます。しかし、不適切に用いると、逆に生産性を低下させることもあり、両刃の剣の面があります。１９９０年代初頭に日本の企業が成果主義評価を取り入れましたが、企業業績が悪化したので総合評価へと修正を余儀なくされました。成果主義評価の定義にもよりますが、生産性が上がるという報告もあれば下がるという報告もあり、賛否両論があって、現在でも、あるべき人事評価制度を巡って試行錯誤が続いているようです。

例えば、清水さん（文献6－12）は、2009年の日経ビジネスのアンケート調査に基づき、「あなたの会社が導入した成果主義は成功したか」成功31・1%、失敗68・5%、「成果主義導入後あなたの職場に弊害が発生したか」発生した65・7%、発生しなかった33・8%、「目標設定が半年～1年と短期であり長期的な仕事に取り組みにくい：49・7%」、「個人の実績が重視され、チームワークが悪化した：39・0%」、「部下や新人の育成指導がおろそかになった：36・0%」、「従業員自身が、達成しやすい低い目標を掲げることが多くなり挑戦意欲が減退した：31・1%」等の結果から、「成果主義」は努力と能力が正当に評価され、従業員のモチベーション向上をもたらすものではなく、その実態は皮相的な「個人的ノルマの強化および結果重視主義」だったのではないかと推測されています。

Kato さんら（文献6－13）は、日本企業を対象とした研究で、成果主義導入による生産性効果は有意でないという結果であったが、終身雇用を重視しない企業や、現場の従業員参加があり、現場知識を上手く活用する企業においては、成果主義導入が生産性上昇に繋がることを報告しています。

また、最近の世界的な動きとしては、GE、マイクロソフト、IBM、アマゾンなど米国の有力企業でノーレイティング、つまり年次評価とランク付けという社員個人の業績評価制度の廃止に踏み切る企業が増えてきました。GEは2015年に目標管理に基づく年次評価方式の全面的な廃止方針を決定しPD（パフォーマンス・ディベロップメント）とよばれる新制度に正式に移行しました。PDは、厳格な選別と社員間競争によって社員の働きを競争主義的に鼓舞する業績管理思想を払拭して、現場マネジャーが年次サイクルではなく日常的に社員を支援し育成することで高い成果を引き出す育成型の業績管理思想に転換するものだとされています。鈴木さん（文献6－14）はその背景として、①モチベーション効果の低下、②ビジネスのスピードと創造性への不適応、③チームとコラボレーションへの不適応、④過大な時間とコストの4点を挙げておられます。特に、2001年から10年間に亘りグーグルのCEOを務めたエリック・シュミットさん（文献6－15）が主張したビジネスの創造性が、業績評価制度を廃止させる重要な背景となっていることを指摘されています。

評価制度の導入にあたっては、まず、どのような事柄についての生産性向上を目指しているのか、被評価者にどのような行動変容が期待され、その結果、その生産性向上がどの程度高まることが期待されるのか、明確にする必要があります。生産性の向上は、第3章のコブ・ダグラス型生産関数のグラフからもわかりますように、必ず収穫逓減が起こります。評価を厳しくしたからといって、それに比例して生産性が高まるわけではないのです。評価制度によって生産性が高まる余地（限界成長余地）を常に考える必要があります。なまけている人には、評価によって生産性が高まる余地がありますが、すでに寝食を惜しんで働いている人の生産性向上余地は、ほとんどありません。評価に多大の労力とおカネを費やして、ほんのわずかしか生産性が向上しないという、きわめて非生産的な評価制度が自己目的化して、延々と続けられるということになりかねません。

次は、数値目標の設定の難しさについてです。

今、日本の行政では国も地方自治体も、目標管理制度とそれに関連したＫＰＩ（key performance indicator）と称する数値目標で溢れかえっているように感じます。著者は数値目標を立てることは悪いことではないと考えていますが、なんでもかんでも数字を設定したらよいというものではなく、細心の注意が必要です。

世界的な動きとしては、論文の被引用数に関係する指標を、大学や研究者の評価に用いることについての問題点を指摘する動きがあります。

２０１２年にサンフランシスコで開催された米国細胞生物学会において、学術誌編集者たちの集まりが科学研究の評価方法を改善するための宣言をし、これは The San Francisco Declaration on Research Assessment（ＤＯＲＡ）と呼ばれています（文献６－16）。ＤＯＲＡは特に学術誌のインパクト・ファクターを、研究者の評価、採用、昇任や研究費の審査に使わないことを推奨し、宣言をしています。ＤＯＲＡは団体として活動を続けており、大学等に対して、この宣言に同意するようにサインを求めており、賛同する大学や研究費支援機関や研究者等が次第に増えています。このインパクト・ファクターというのは、被引用数をもとにしているのですが、今まで本書で説明してきたＣＮＣＩやトップ10％論文数割合と異なり、学術誌につけられている点数です。NatureやScienceやCellなどの有名な学術誌はこのインパクト・ファクターが高く、これらの有名誌に掲載されるだけでも、価値があると看做されています。

ＤＯＲＡの他にも論文数や被引用数指標一辺倒の評価ではなく、より、適切な評価方法を検討するべきであると主張する数多くの動きやリコメンデーションがなされています（文献６－17）。英国のThe Metric Tideというグループは、「研究のガバナンス、マネジメント、及びアセスメントに係る責任ある定量指標（responsible metrics）」として、５つの観点をあげています（図表６－17、文献６－18）。エビデンスに基づく政策立案（ＥＢＰＭ）の先進国である英国において、このような〝責任ある〟定量指標を求める提案が現場の研究関係者から出されるということは、興味深いことです。定量指標の設定には、しっかりとした（頑健な）データに基づいて、それが及ぼすあらゆる影響を検討し、また、さまざまな観点や評価軸から、透明性が確保されつつ評価がなされるべきであり、定量指標だけで評価をすることにも限界があるという意見ですね。

著者は、これに加えて、次の二つの観点を加えておきます。一つは、数値目標が現場の行動（変容）に具体的に落とし込むことができるか、という点です。現場が実行不可能なことを求める数値

図表6－17 The Metric Tide が提案する、研究のガバナンス、マネジメント、及びアセスメントに係る責任ある定量指標（responsible metrics）の観点

- **Robustness（頑健性）**：正確性および適用範囲（scope）という点で，考えられる最良のデータに基づく計測値に基づくこと
- **Humility（謙虚さ）**：定量的評価は，専門家による定性的な評価を支援するべきものであって、取って代わるべきものではないということを認識すること
- **Transparency（透明性）**：評価された側がその結果を検証できるように、データ収集及び分析過程を公開して透明性を保つこと
- **Diversity（多様性）**：多様な分野に対応し、さまざまな研究および研究者のキャリア・パスに応じて支援できるよう、各種の指標を使うこと
- **Reflexivity（再帰性）**：指標が、システム全体に及ぼす潜在的な影響を認識して予測し、反応を見て更改すること

（注）文献6－18に基づく。日本語訳は著者による。

目標は不適切です。もう一つは、その数値目標を達成することにより、その上位にある組織全体の目的・目標やビジョンの達成にどの程度寄与するか、という点です。多大の労力や費用を費やして、組織全体の目的・目標にわずかの寄与しかしないのであれば、それも不適切ですね。

「統合イノベーション戦略」の国際共著率についての数値目標を見てみましょう。「2023年度までに、Top10%補正論文数における国際共著論文数の増加率を欧米程度」となっています。注釈として「Top10%補正論文数における国際共著論文数の変化（1998～2000年から2013～2015年の増加率（整数カウント）：日本2・1倍、米国2・7倍、フランス2・7倍、ドイ

ツ2・9倍、イギリス3・1倍、中国14・8倍（「科学研究のベンチマーキング2017」を基に内閣府（科技）において算出」と書かれています。ただし、この数値目標は著者にとっては理解に苦しむものになっています。

まず、注目度の高い論文は書こうとして書けるものではなく、研究者が自身でコントロール困難なことがらであり、あくまでも〝結果〟です。研究者が自身でコントロール困難なトップ10％論文において、国際共著率を高めなさいというのは、研究者にとって具体的な行動に結び付けることが極めて困難な目標になります。

もう一つ、この目標設定の理解しにくい点は、1998〜2000年から2013〜2015年にかけての、「数」の増加倍数を見ていることです。この期間、日本以外の国はすべて論文数が増えており、それに伴って、国際共著論文数も増え、トップ10％論文数も増えています。一方日本は、この期間に研究従事者数が増えず、全体の論文数が増えていませんので、海外諸国のようにいかないことは自明であり、フェアな比較とは言えません。こういう場合は、「数」ではなく、国際共著の「率」で比較する方が適切です。そうすると、図表6－18に示しますように、日本は、国際共著率自体は低いものの、増加の程度（増加率あるいは差分）は、欧米と遜色がないことが分かります。

数値目標というものの設定に際しては、慎重にも慎重を期す必要があります。

図表6－18 主要国における国際共著率、国際共著数および国際共著率増加率の比較

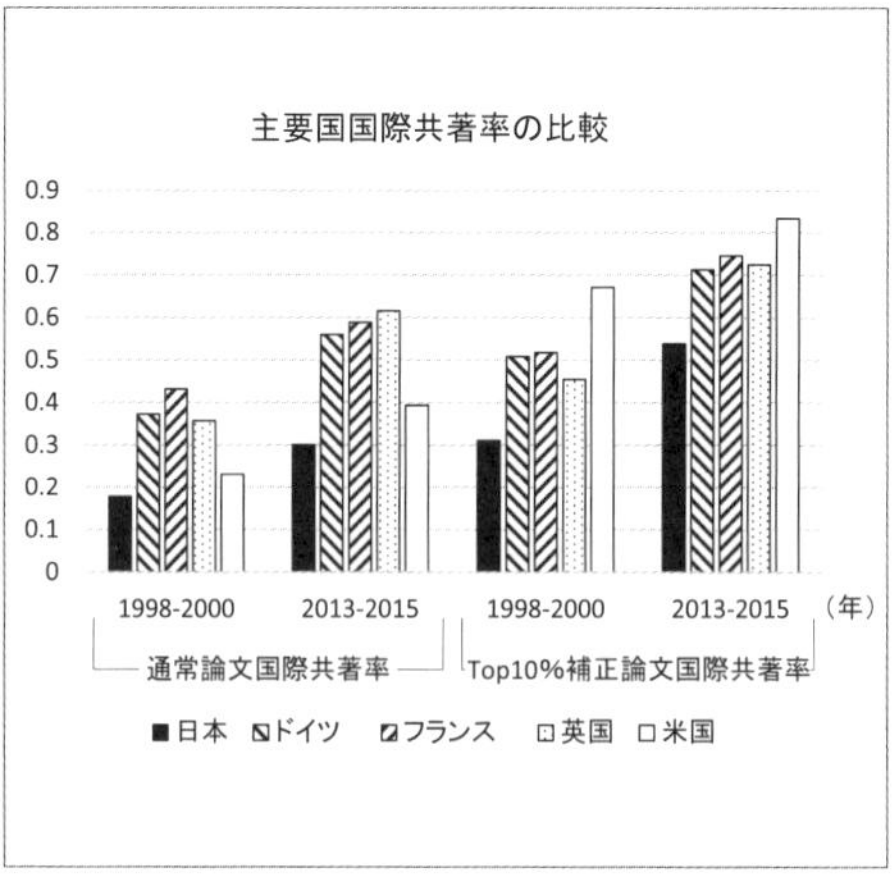

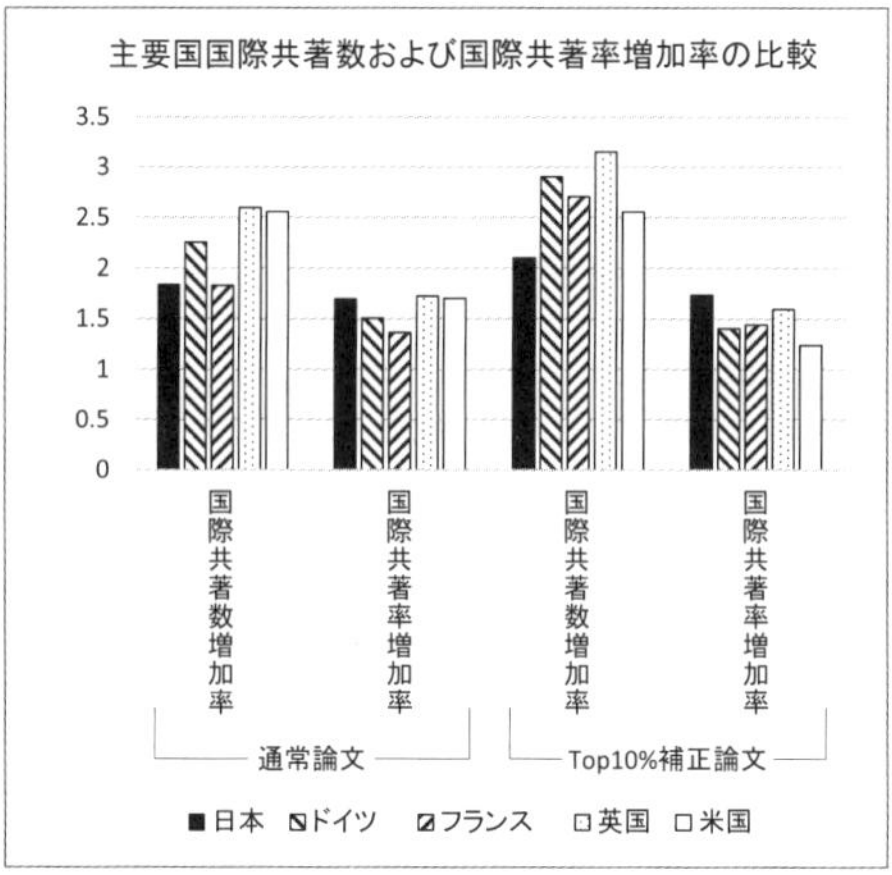

（注）文献0－5科学研究のベンチマーキング2017のp.17のデータをもとに著者作図。

〈研究現場からの声〉

●そもそも、業績を評価するためにどの様な方法を想定しているのかが不明です。論文のインパクト・ファクターやサイテーションインデックスは研究者の数の多い分野が有利になる傾向があり、研究内容の実態を正当に評価する基準にはならないことがあります。さらに、短期的に業績の出やすい流行の研究に偏る危険性があり、基礎研究に従事する研究者にとっては、業績評価によりインセンティブが付与される、または、減らされることが必ずしも好ましいとは思えません。（２０１７年、大学、第1G、保健（医・歯・薬学）、准教授クラス、女性）

●業績評価は論文の内容ではなく、掲載誌のインパクト・ファクター（ＩＦ）に基づいて行われているようである。ＩＦは分野間格差が非常に大きく、比較的ＩＦが低く出る成熟した分野や萌芽的な分野の研究者は不当に低い評価を受けている。この風潮は研究人材から独創性を奪い（流行分野の後追い研究を助長）、真のイノベーションを阻害するものである。（２０１７年、公的研究機関、主任研究員クラス、男性）

(5) サイエンスマップ参画領域数の目標値について

さて、次に「統合イノベーション戦略」が掲げているサイエンスマップ参画領域数の伸び率についてご説明しましょう。

「2023年度までにサイエンスマップ参画領域数の伸び率が世界全体の伸び率を凌駕（注）」（注：2004年から2014年のサイエンスマップ参画領域数伸び率：世界全体1・3倍、日本1・1倍、米国1・3倍、イギリス1・5倍、中国3・2倍（NISTEP「サイエンスマップ2014」（2016年9月）を基に内閣府（科技）において算出）

サイエンスマップ参画領域数というのは、簡単に説明するのは難しいのですが、世界を先導する研究領域の多様性を示す指標であり、文献6－19に以下のように説明されています。

「サイエンスマップ2014では、2009年から2014年までの6年間に発行された論文の中で、各年、各分野（臨床医学、植物・動物学、化学、物理学など22分野）において被引用数が上位1％であるTop1％論文（約7・9万件）を分析に用いた。これらTop1％論文に対して、「共引用」を用いたグループ化を2段階（論文→リサーチフロント→研究領域）行った。これにより844研究領域が得られた。」

なお、「共引用」については、「注目する2つの論文がその他の論文から、同時に引用されることを指す。頻繁に共引用される論文は、その内容に一定の共通点があると考えられる。したがって、共引用によって強く結びつけられる論文をグループ化することで、研究内容に共通性のある論文のグループを得ることができる。」と説明されています。

このサイエンスマップの参画領域数という指標は、先端を走っている研究領域の多様性を示す指標であり、量的・質的な指標とは異なる意義を持っているはずです。しかし、実際には量的・質的な指標の影響を大きく受けることに注意が必要です。

一つは、トップ1%論文が基本になっているということであり、単に、研究者に新しい分野に挑戦をさせて論文を書かかせるだけでは、参画領域数は増えないということです。つまり、〝質（注目度）の高い多様性〟が求められているのです。

また、CNCIやトップ10%論文数割合の「万遍なし効果」と同様に、多くの分野で万遍なく強くないと参画領域数は増えません。日本のように一部の分野に強みを持っているが、構造的にあるいは歴史的に強くない分野があるとなかなか難しいのです、実は、サイエンスマップ領域数が近年急激に増加している分野の中に、臨床医学、社会科学、精神・心理学、数学といった、日本が構造的・歴史的にあまり強くなかった分野も含まれています。

そして、実は参画領域数は、量的な指標、つまり論文数の影響を強く受けるのです。

図表6－19は、主要国の2004～2014年にかけてのトップ1%論文数とサイエンスマップ

図表６－19　主要国におけるトップ1%論文数とサイエンスマップ参画領域数の相関（2004, 2006, 2008, 2010, 2012, 2014年値）

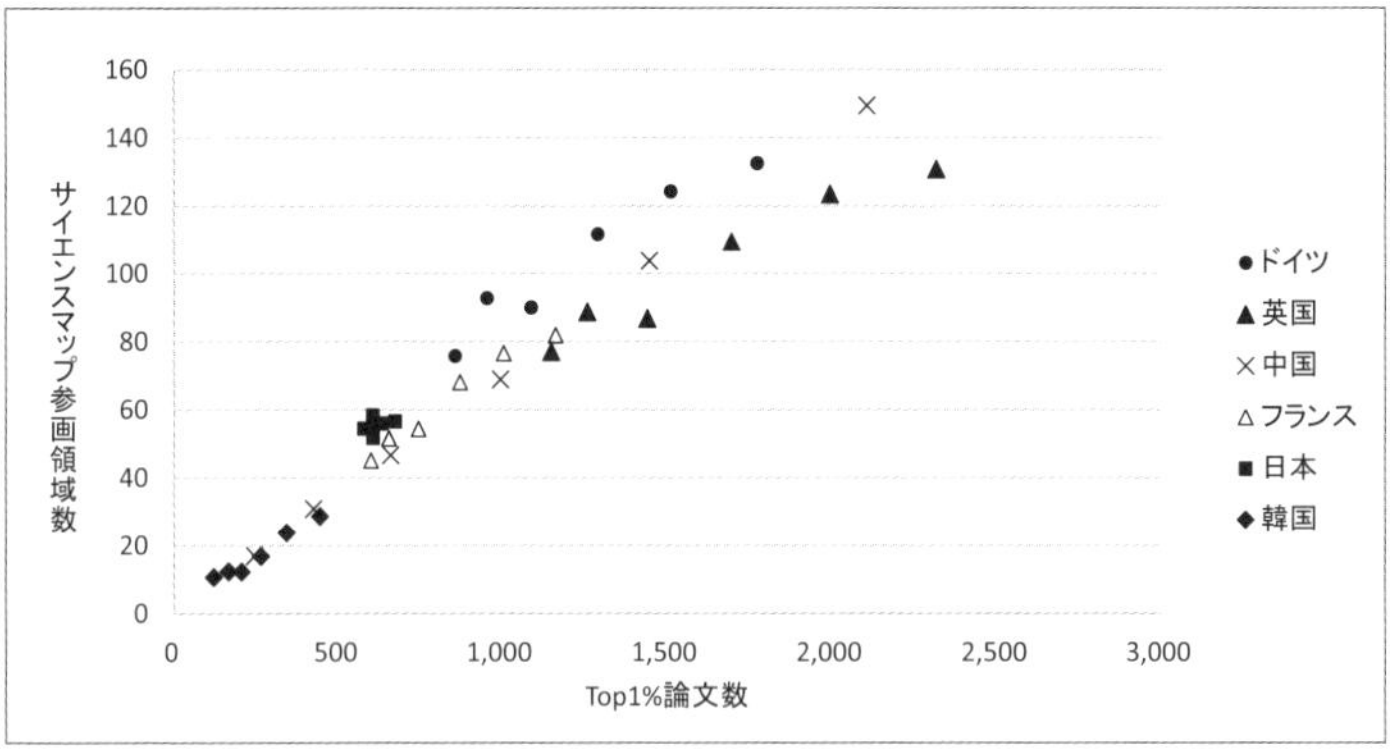

（注）クラリベイト・アナリティクス社 InCites Benchmarking より 2018年8月10日にデータ抽出。文献種原著、分野分類法 ESI。各国の 2004 年値～ 2014 年値を２年ごとに６ポイントプロット。例えば 2014 年値は 2009 ～ 2014 年の６年間の平均値。参画領域数は、サイエンスマップ 2014（文献 6-20）より各年の全研究領域数および各国の参画領域のシェアのデータから、著者が加工し作図。

参画領域数との相関関係を示したグラフです。各国ともトップ１％論文数と参画領域数は強い相関を示しています。日本は、そのトップ１％論文数に相応の参画領域数を示していますが、この期間にほとんどトップ１％論文数が増えておらず、サイエンスマップ参画領域数も増えていませんね。

数値目標としては、サイエンスマップ参画領域数の伸び率が世界全体の伸び率を凌駕、と書いてあります。世界全体の領域数は２００４年６２６、２０１４年８４４ですから、伸び率は10年間で約１・35倍です。そうすると、日本の２００４年の参画数は56・５ですから、10年間で76・２に上げる必要があります。日本に近いフランスの回帰直線の傾きから計算すると、トップ１％論文数を10年

図表6－20　2016年人口あたり論文数と高注目度論文数（トップ1%相当）の相関

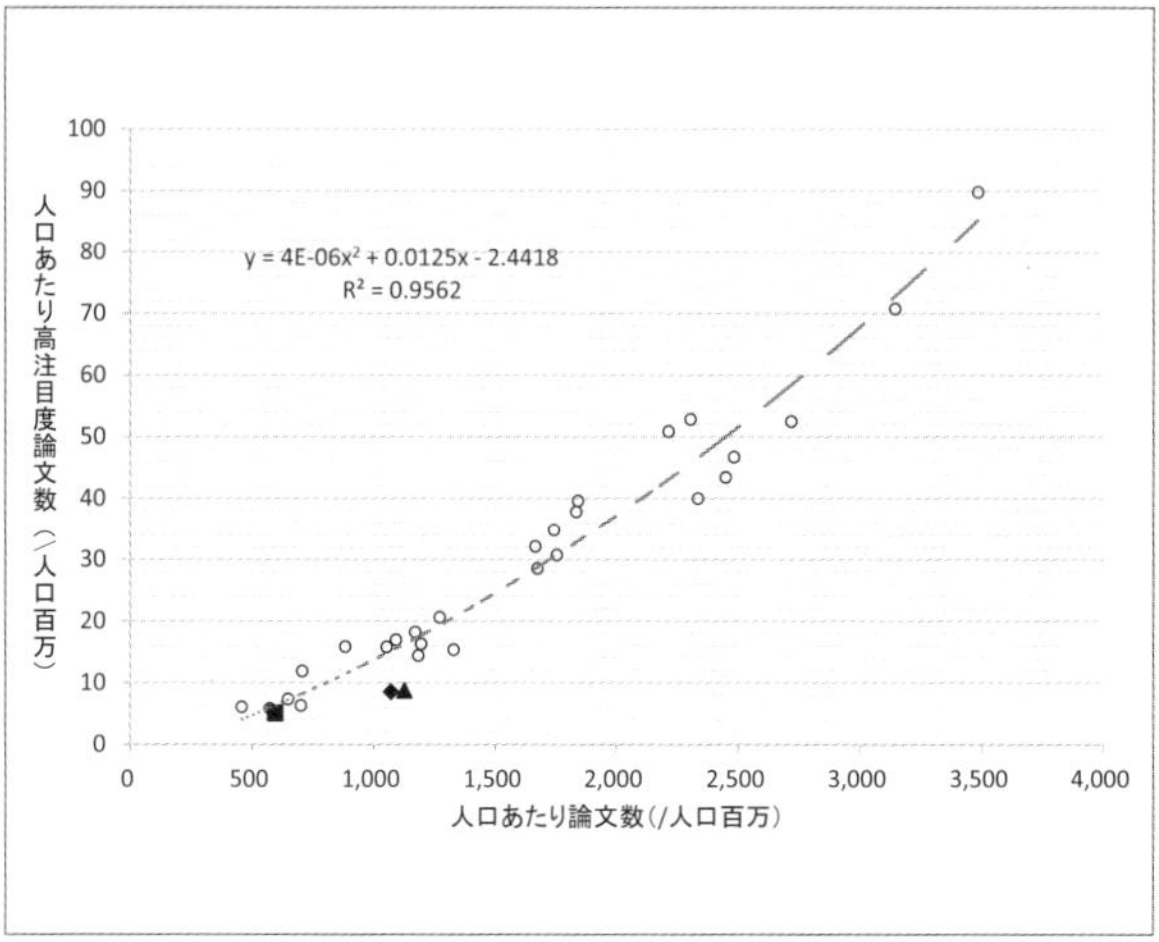

人口あたり高注目度論文数の多い順
スイス
デンマーク
シンガポール
スウェーデン
オランダ
ノルウェー
オーストラリア
フィンランド
ベルギー
香港
オーストリア
英国
カナダ
イスラエル
ドイツ
米国
フランス
スペイン
ギリシャ
イタリア
ポルトガル
チェコ
ハンガリー
▲韓国
◆台湾
スロバキア
ポーランド
チリ
セルビア
■日本

（注）クラリベイト・アナリティクス社 InCites Benchmarking より2018年8月10日にデータ抽出。文献種原著、分野分類法 ESI。2016年値は2015～2017年の平均値。高注目度論文数は highly cited papers で、被引用数 Top1% の論文数に相当。人口500万以上の国で、人口あたり論文数が上位30の国・地域をプロット。

間で1・4倍に増やす必要がある、ということになります。

では、トップ1%論文数を増やすためにはどうすればいいかというと、図表6－20をごらんいただくと、人口あたり高注目度論文数（被引用数Ｔｏｐ1%に相当）は通常の（一定の質が担保された）論文数と強い相関を示します（やや下に凸の回帰曲線が良くフィットします）。また、図表6－21は、高注目度論文数を目的変数とし、分数カウントの近似法である国際共著1／2補正論文数と国際共著率の重回帰分析の結果を示しましたが、論文数と国際共著率の寄与の比率は約8：2と推定されます。つまり、高注目度論

図表6－21　人口あたり論文数（国際共著1/2補正）と国際共著率による高注目度論文数の予測（重回帰分析）

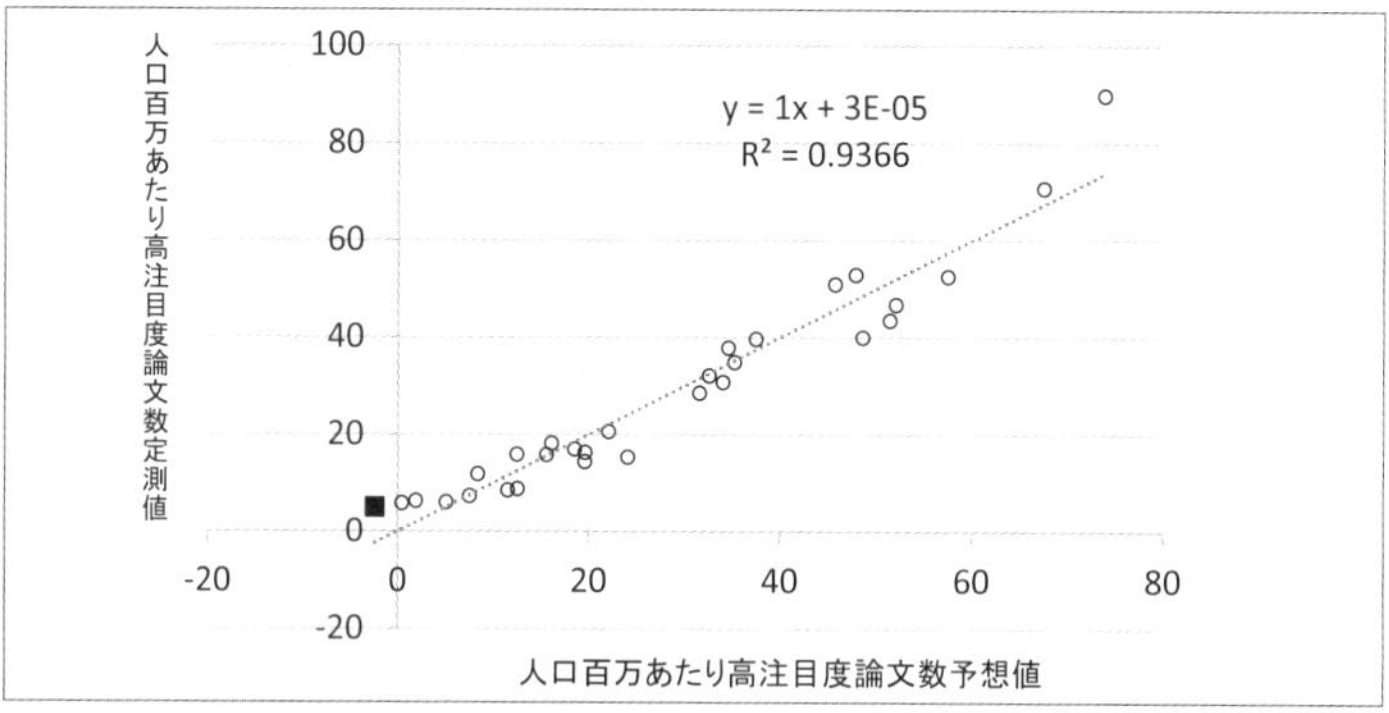

人口百万あたり高注目度論文数	偏回帰係数	標準化係数	t 検定値	自由度	確率値	相関係数	偏相関係数
人口百万あたり国際共著1/2 補正論文数	0.035	**0.8398**	15.6389	27	0	0.943	0.949
国際共著率	0.4106	**0.24**	4.4699	27	0.0001	0.602	0.652
切片	-33.3286	0	-6.9508	27	0		
R^2	0.937	R	0.968	調整済 R	0.965		

（注）重回帰分析は College Analysis ver6.6、Masayasu Fukui, Fukuyama Heisei Univ. による。図表6－19の国と同じ国で分析。

文数を増やすためには、国際共著率も関係しますが、それよりも、（一定の質が担保された）論文数自体を増やす必要があるということです。

論文数を増やすためには研究従事者数をそれに比例して増やす必要があります。つまり、〝質（注目度）の高い多様性〟を拡大するためには、まずは、研究従事者の数を増やすことが必要です。

日本の場合は図表6－20の回帰曲線で期待される値よりも、被引用インパクトの〝地域格差〟を考慮すれば、やや低めに考えておく方が良いと思います。つまり、◆と▲で示した台湾と韓国の値程度を予測するのが適当ではないかと考えます。台湾と韓国の人口あたり高注目度論文数は、それぞれ日本の1・68倍、1・73倍であり、通常の論文数は日本の1・80倍、1・89倍です。日本が高注目度論文数を1・4倍増やしても、台湾や韓国のレベルにはまだ追いつかないわけですが、そのためには通常論文数はそれよりもやや高めの約1・5倍増やす必要があるでしょう。そして、そのためには、研究従事者数を1・5倍に増やし、それに応じて研究資金も増やす必要がある、ということになります。

なお、高注目度論文数のGDPや労働生産性との相関は、通常の一定の質が担保された論文数に比較して、優れているということはありません。

(6) 若手教員比率の数値目標値について

統合イノベーション戦略には、日本の大学における若手教員の比率が低下していること（文献6－19、6－20）を問題視し、若手教員比率の引き上げを目標値として設定しています。若手の研究人財を育てることは大変重要なことであり、著者も若手の育成に力を入れる必要があると考えます。ただし、「若手教員比率」という数値目標の設定については、前述した〝責任ある定量指標〟でも掲げられているように、慎重にも慎重を期す必要があり、数値目標設定の難しさを実感する事例です。

若手教員比率に関する目標値は２つ掲げられています。

「若手研究者の活躍できる年齢構成の実現に向けて、

・２０２０年度までに40歳未満の大学本務教員の数を２０１３年水準から１割増加

・２０２３年度までに研究大学の40歳未満の本務教員割合を３割以上」

なお、40歳未満の大学本務教員の数の２０１３年水準とは、約４・４万人（約25％）とされています。目標設定の根拠としては、高等教育レベルにおける若手（40歳未満）教員の割合（２０１４年）：イギリス29％、フランス29％、中国45％、ドイツ55％（「科学技術指標２０１７」文献６－21）があげられています。また、日本の研究大学の40歳未満の本務教員割合（２０１７年）は約27％（約８９００人）となっています。

そして、その実現方法として以下のようなことが書かれています。

〈人材流動性の向上・若手の活躍機会創出〉

○若手研究者の活躍機会の創出、人材の流動性の向上、教員のモチベーションの向上及び国立大学の機能強化のため、年俸制の導入や厳格な業績評価に基づく処遇を始め、様々な取組の併用により人事給与マネジメント改革を効果的・積極的に進める。

〈シニア教員の流動性向上〉

○国立大学は、シニア教員の流動化を加速するため、上記年俸制の導入促進に併せ、厳格な業績評価に基づく処遇とともに、教員年齢構成の適正化が図られるよう、在職期間の長期化により当然に処遇が有利になることのない仕組み（注）」を整備。（注：例えば、退職手当の在り方の見直し、任期制の導入、国家公務員の定年の引き上げに関する検討動向等を反映した給与水準の見直し等）

つまり、全体として年俸制の導入と厳格な業績評価に基づく処遇による人材の流動化を促進し、特にシニアについては、さらに任期制の導入や給与面での冷遇により、早期退職を促して、若手教員を増やし、若手研究者に活躍機会を与えよ、ということであると解釈します。

この「統合イノベーション戦略」が目標値として掲げている「若手教員比率」や「若手教員数」は、一見わかりやすい指標に見えるのですが、実はとても複雑です。さらに「任期制」や「流動化」という言葉が加わり、いっそう複雑になります。なお、「若手教員比率」と「若手研究者比率」とは似て非なるものであることに注意が必要です。

① 国立大学における若手教員比率

一般的に、私立大学の方が高齢の教員を雇用する機会が多く、国立大学よりも若手教員比率は低い傾向にあります。ここでは国立大学の若手教員比率について見てみることにします。

まず、文部科学省の学校教員統計調査のデータから、国立大学教員の２００４年、２０１０年、２０１６年の年齢別の推移を見てみましょう。図表６－22の上図を見ていただきますと、年齢構成としては40歳～45歳未満にピークがあり、その後は年齢が高いほど減少していきますね。また、30歳～35歳未満の教員数が減っています。40歳以降は、各年齢階層で教員数が増えています。そして40歳未満の若手教員数の比率は30・０％、27・４％、24・５％と低下しています。

下図は附属病院の教員について示しています。まず、気づくことは、若手教員数の減少はそれほどなく、35歳以上の各階層で教員数がかなり増えていることですね。第5章でお話ししたように、日本の臨床医学の論文数が増加に転じたのは、大学病院における医師数が増加したためでした。このデータは、それと一致するデータであり、ちょうど臨床医学論文数が増えた時期である２０１０年～２０１６年にかけて教員数が増えていますね。

もう一つは、年齢による教員数の減少が非常に急峻であることがわかります。臨床医学においては、職階のピラミッド構造が強く、それが教員の流動性によって保たれていると考えられます。若手教員比率は、44・７％、41・５％、35・６％と２００４年～２０１６年にかけて約10％低下し、急

図表6－22　国立大学および附属病院教員の年齢分布の推移

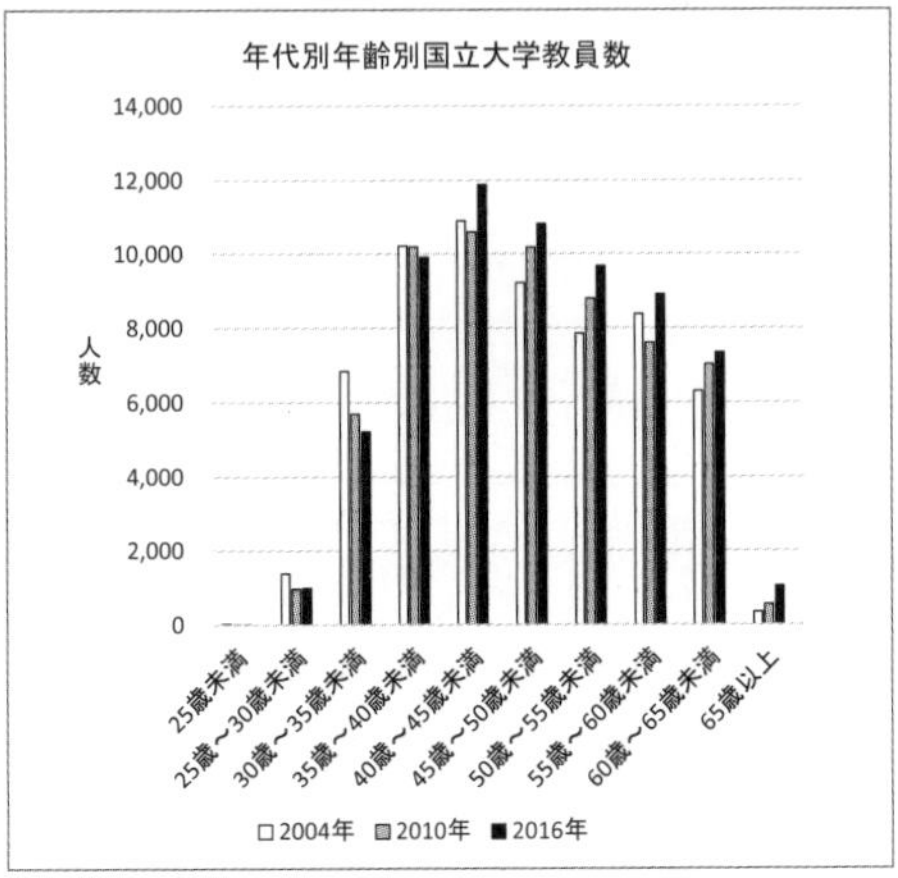

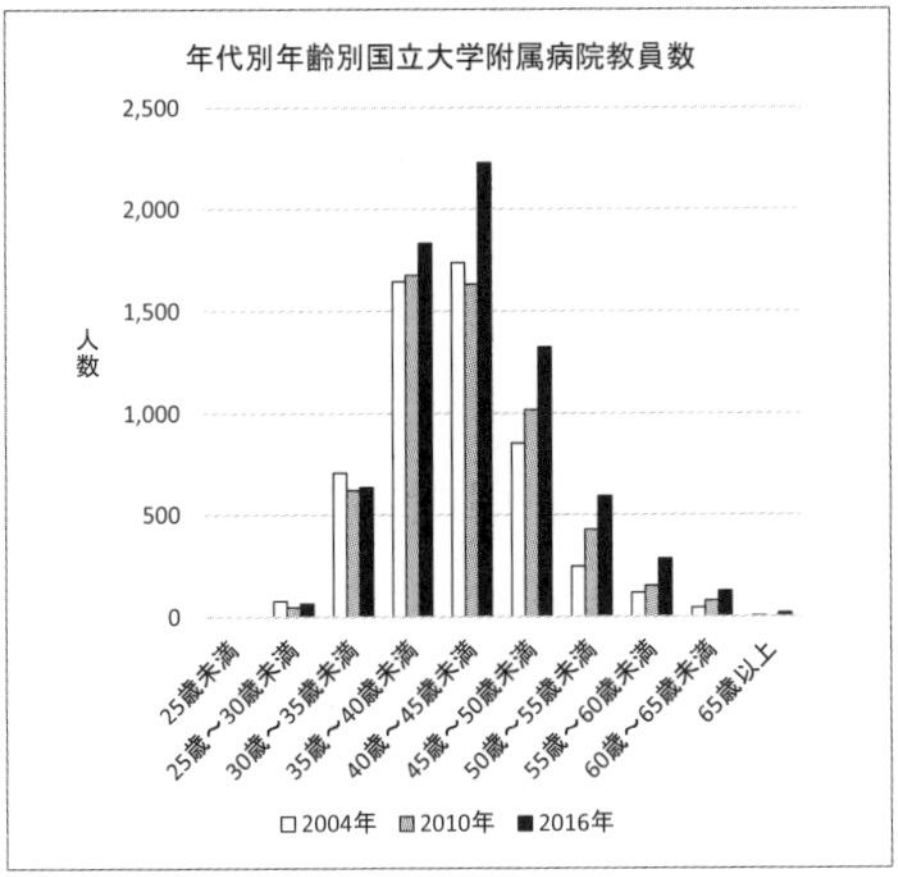

（注）文部科学省学校教員統計調査をもとにして著者作図。

速に低くなっていますが、病院以外の分野より高く保たれています。附属病院での若手教員比率が低下した理由は、若手教員数が減ったからではなく、40歳以上の教員数が増えたからです。また、病院の教員の流動性を可能にしている大きな理由は、臨床医学教員は医師という天職を持っており、大学病院を辞めても、医師として生計を立てることができるからです。そして、多くの臨床医学講座では、大学と関連する病院との間を行き来する人事異動が、昔から慣例的に行われています。臨床医学分野以外の教員の流動性を高めることは、より困難です。

図表6－23の上図は、図表6－22の上図の全学の教員数から、下図の附属病院の教員数を差し引いたデータで、病院以外の部分の教員数の年齢階層別教員数を示しています。教員数の年齢による傾斜は緩やかになっています。若手教員比率も28・6％、25・9％、23・2％と次第に低下し、全学の値よりも低くなっています。

図表6－23の下図は、附属病院以外の部分の教員数について、職階別の年齢分布が2004年と2016年でどう変化したかを示したグラフです。助教、講師、准教授、教授の各職階において、2004年から2016年にかけてグラフが右に動いており、各職階に採用される年齢が高くなっていることが若手教員比率の低下に影響していることが示唆されます。

図表6－23　国立大学（附属病院を除く）教員の年齢・職階別分布の推移

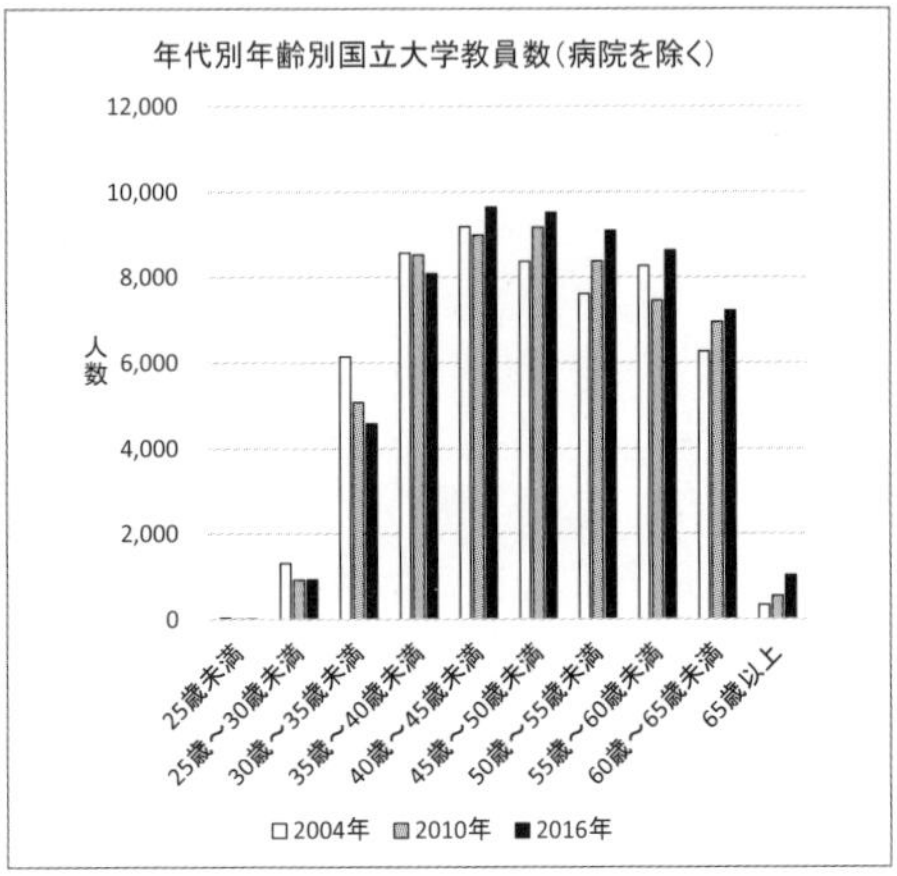

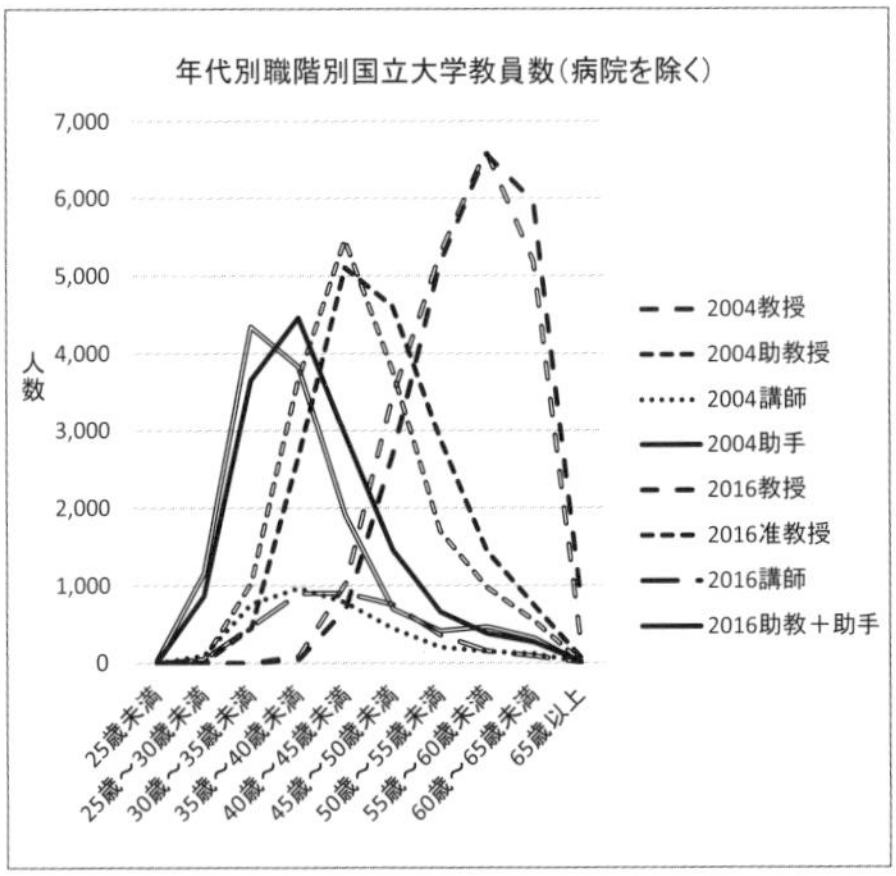

（注）文部科学省学校教員統計調査をもとにして著者作図。

② 法人化後の国立大学における若手教員比率低下の要因

若手教員比率に影響する数々の要因の中で、法人化後の国立大学において若手教員比率が低下した大きな要因としては、以下の5つが考えられます。

ア．法人化後、いくつかの国立大学で雇用期間（定年）が延長されたこと。

法人化時点ですでに定年が65歳の国立大学が多くありましたが（約2／3）、東京大学は60歳、三重大学を含め中部や関西のいくつかの国立大学は63歳でした。年金給付開始年齢の引き上げに伴い、雇用期間（定年）の延長がなされ、全国的に65歳に統一されました。なお、著者が学長をしていた三重大学では、財源難のために定年制というよりも、63歳からの再雇用制をとり、給与を格段に下げる方式をとりました。この約3分の1の国立大学における2年（東大だけは5年）の定年延長が、論文数を減少させた影響は仮にあったとしてもわずかであったと思われます。定年延長した期間の研究生産性が1／2に下がると仮定した場合、25歳～65歳までの40年間の総研究年数で、生産性が約1／3の大学で約1／40低下するわけですから、国立大学全体としては約1／120低下するという計算になります。

また、著者が三重大学長の時に、多額の外部資金を稼ぐことのできる教員は特任教授として無給で定年を超えて研究を続けてもらうことにしました。外部資金を獲得できる教員は地方大学ではたいへん貴重であり、大学としては給与を払わずに済みますから、これほど生産性の高い人選はありません。

イ．各職階採用年齢が高い年齢にシフトしたこと。

この背景としては、大学教員の採用に際して、高い研究業績を要求する傾向が考えられます。具体的にはポスドク等の任期付きポジションを経た後に、あるいはテニュアトラック制で自立した研究者としての能力を評価した後に採用されるようになったことが挙げられます。これは、若手教員比率を低くさせますが、研究生産性の面ではプラスになる可能性があります。なお、テニュアトラック制は若手教員比率を低める方向に働くことに注意する必要があります。テニュアトラック制とは「公正で透明性の高い選考により採用された若手研究者が、審査を経て、より安定的な職を得る前に、任期付きの雇用形態で自立した研究者として経験を積むことができる仕組み」と書かれています。つまり、玉石混淆の若手研究者から、自立した研究を試行的にさせてみることにより研究能力を確認した上で、玉が見つかった時に、安定的な雇用のポストで採用するという仕組みですね。ただし、テニュアトラック期間があることにより助教採用年齢がやや高年齢になることと、いったんテニュア（終身雇用）を与えてしまうと、間もなく40歳を超えれば逆に若手教員比率は低下します。

ウ．40歳以上の中堅シニアの新規採用教員数が増えていること。（文献５－２の科学技術指標２０１７の１００ページに記載）

この背景としては、実績のある研究者を外部から採用する傾向が強まっていることが考えられます。このような、外部から優れた教員を採用することは、若手教員比率を低める方向に働きますが、研究生産性の面ではプラスに働くと考えます。また、人事の流動性を高めていることになります。

エ．臨床医学分野における40歳以上の教員数の増加。

国立大学の臨床医学分野においては、２０１０年以降に卒後3年目以降の若手医師数が増えましたが、それに関連して40歳以上の教員数も増え、国立大学の若手教員比率を押し下げました。これは、若手教員比率を下げましたが、研究生産性を低下させるどころか、教員数の増加により研究時間の確保が可能となって、研究生産性が高まり、臨床医学論文数の増をもたらしました。

オ．教員の定員削減や採用凍結による一時的な若手教員比率の低下。

教員の定員削減や人事の凍結は若手教員比率を一時的に低下させます。国立大学法人化後の運営費交付金削減に基づく教員の定員削減や採用凍結がその原因になったと考えられます。これは、研究者数の減少と研究時間の減少を招いて研究生産性を低下させ、論文数の減少を招いた最大の原因となりました。ただし、若手教員比率の低下は一時的なものであり、中期的には元にもどります。しかし、しばらくして若手教員比率が自然に元にもどったとしても、若手研究員が教員に採用される門は狭まったままです。

以上、「若手教員比率」を低くした要因は多くありますが、生産性を低める方向の要因と高める方向の要因の両方があります。つまり、「逆必ずしも真ならず」というロジックの基本に注意する必要があるのです。

③ 流動性と任期制について

一般に人事の「流動化」は好ましいとされ、著者自身もそう思っていますが、「転出」と「転入」で測られる「流動性」が研究生産性をどの程度高めるのか、実証することは困難なようです。浦田さんは（文献6－23）、「大学への資源配分と教育研究活動に関する教員調査」に基づき①教員の地位の流動化、②研究費の競争的資金へのシフト、③研究活動時間の減少が大学教員の研究生産性とどのように関連しているかを分析しました。その結果、①競争的資金が生産性に及ぼす効果は大きいが、効果の逓減傾向もみられ、他の条件が整えられない中での研究費の過度の集中は好ましくない、②大学間移動の効果は共同研究の効果に比べると、それほど大きいわけではない、③研究生産性に対する研究時間の効果は、共同研究と同等以上である、との観察を得ました。このような結果は、流動性という指標が期待したほど研究生産性向上に結びつかないことを示唆しています。

日本と海外との流動化という観点では、研究環境の整っている海外の大学や研究所に魅力を感じて日本の優秀な研究者が移ってしまうということは、日本にとっては頭脳の流出ということになり、マイナスですね。逆に、海外の優秀な研究者を日本の大学や研究所の教員や研究者にたくさん雇用すれば、日本にとってプラスになりますが、残念ながら日本の大学や研究所は、海外の研究者の雇用が極めて少ないと思います。海外の研究者が少ない理由としては、日本の大学や研究所の閉鎖性もあるかもしれませんが、海外先進国に比較して日本の大学や研究所の研究環境が良くないことも挙げられます。でも、沖縄科学技術大学院大学（ＯＩＳＴ）は、海外の優秀な研究者の確保を実現しましたね。ただし、それなりにおカネをつぎ込んでいます。

単なる流動化指標（転入と転出）を高めることが、必ずしも生産性を上げるわけではありませんね。激しい転入と転出は構成員の組織への帰属意識の面ではマイナスに働くと考えられます。生産性にとって大切なことは、魅力ある研究環境によって優秀な研究者を確保することであり、研究環境を改善せずに流動性だけを高めても、優秀な研究者が転出することになり、期待した生産性向上効果は得られません。

「統合イノベーション戦略」が問題にしているのは、シニア教員の生産性が低いので、その転出を早めて、その分若手教員を採用（転入）しなさいということですね。このような、シニアの早期退職を求める形で、若手を増やそうとする場合に気をつけないといけないことを列挙しておきます。

著者は、生産性の高いシニア教員もたくさんおられると思っていますが、中には生産性の低いシニア教員もおり、もし、研究も、教育も、社会貢献も、マネジメントもしないシニア教員がいるとしたら、やはり、早く辞めていただきたいと思いますね。ただし、生産性の低いシニアがおられた場合に、シニアになったがゆえに低いのか、その前から低かったのか、確認する必要がありますね。

その前から低かったということであれば、それは、若手かシニアかの問題ではなく、そもそもの人選のまずさによるものです。

そして、あまりに厳しくシニアの早期退職を促すことや、任期制のシニアへの拡大などで、シニアの職（准教授や教授職）を不安定化することは、若手教員ポストの確保につながったとしても、逆に若手研究者にとっても魅力のある人事制度とは映らない可能性があることです。若手研究者も、間もなくシニアになろうとしていますからね。

また、シニアも含めた厳しい任期制は、下位の大学がそのような戦略をとると、優れた研究者を失うことになりかねません。著者の友人の優れた研究者が、東大の再任可の任期付き教授（寄付講座）に抜擢されましたが、家族を養わなければならない状況では、いくら東大というブランドがあっても将来不安の方が大きく、任期途中で東北大の正規雇用の教授に移ってしまいました。

また、シニアの早期退職を促す場合に、その転職先の確保が必要になりますが、すべての大学や研究機関に若手教員比率の向上を強いると、シニアの再就職先が限られることになります。つまり、一種の合成の誤謬が起こる可能性にも注意する必要があります。

次に気を付けないといけないことは、それまでシニア教員が担ってきた教育や社会貢献やいわゆる雑用の負担が若手に降りてくる可能性です。多くの大学ではシニア教員が研究時間を減らして若手の研究時間を確保する配慮がなされていますので、シニア教員の早期退職は、このエコシステムを壊してしまうことになり、若手教員の研究時間が期待したほど確保されない可能性があります。

仮に、その若手教員を研究専門職的なポストにつけることで、研究時間をしっかりと確保しようとした場合、その教員については研究時間が確保されますが、他の教員については教育や社会貢献や雑用の負担が増え、論文数や論文の質の低下を招くことになります。若手を研究専門職につかせるプラス効果と、他の教員の教育等の負担が増えるマイナス効果の差し引きで、その大学や学部全体の研究生産性が左右されます。もちろん、若手ポストを純増できる場合は、このような問題は起こりません。

最近、教員の任期制を採用する大学が増え、国立大学では助教の50％以上が任期制になっています。「任期制」といっても、再任可の任期制と、再任不可、または再任に大きな制限のある任期制とでは大きな違いがあります。再任に制限のある任期制の場合は、転職先を探さないといけないので、雇用と生計は不安定となり、若手にとってより厳しいキャリアの道のりになります。

このような若手教員の任期制による流動性向上が、若手の意欲を失わせている面もあると指摘され、また、キャリアパスが不透明で雇用が不安定な状況にあり、短期間に研究業績をあげないといけないので、挑戦的な研究に取り組みにくいというマイナス面も指摘されています。

若手教員比率という数値目標を実現するための最も確実な方法は、若手教員（助教）が40歳を超えないように、再任を制限した任期制をとり、強い職階のピラミッドを維持することです。「統合イノベーション戦略」が掲げている若手教員比率の目標が自己目的化すると、各大学において若手研究者の雇用と生計の不安定化をいっそう進める方向に向かいます。

④ 果たして若手教員比率を上げることは研究生産性を高めるのだろうか？

さて、それでは、若手教員比率や（教員数抑制下での）若手教員数を引き上げることが、研究の生産性の向上にどの程度寄与するのか考えてみましょう。

一般的にノーベル賞級の世界的な大発見は、研究者が若い頃になされた研究が多かったことから、若手の方が質の高い論文の生産性が高いと考えられています。しかし、最近、Scienceという有名な学術誌に掲載された、研究者のキャリアの中で最もインパクトの強い論文が、どの時期に生まれているかを調べた研究で、年齢に関係なく、ランダムに生じていることが示されています(Random-impact rule)（文献6－24）。例えば2002年にノーベル化学賞を受賞したJohn B. Fennさんは、エール大学を強制的に退職させられた後になされた研究によって受賞しました。質の高い論文の生産性を決めるのは、若手かシニアか、ということよりも、その研究者に適性があるかどうかと良い研究環境が与えられたかどうか、ということであろうと考えられます。

さらに、日本の大学の若手教員比率が先進国に比較して問題になるほど低いのか、という点も確認しておきましょう。「統合イノベーション戦略」は目標設定の根拠として、高等教育レベルにお

図表6－24　主要国の高等教育若手教員比率（39歳以下）の推移

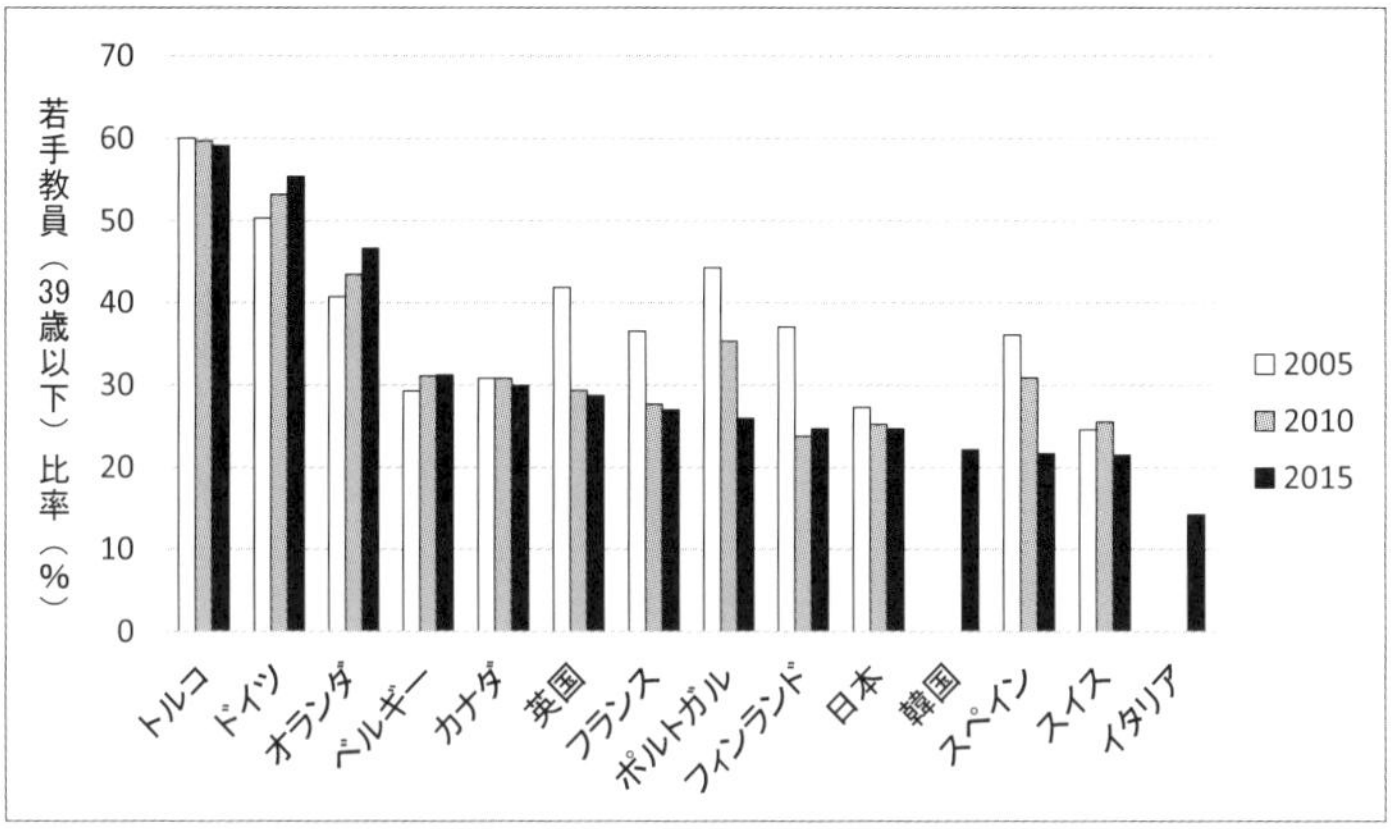

（注）OECD.Stat, Education at a Glance より 2018 年 8 月 10 日にデータ抽出。高等教育は ISCED2011 levels 5 to 8 とした。

ける若手（40歳未満）教員の割合（２０１４年）：イギリス29％、フランス29％、中国45％、ドイツ55％（科学技術指標２０１７）と日本より高い国のデータしかあげていないのですが、科学技術指標を見ますと、韓国の値も書いてあって、それは23・５％であり、日本の24・４％よりも低い値です。

その大本のデータであるOECD.Statで他の国のデータも見てみましょう。図表６－24に示しますように、日本の若手教員比率は、特段に低いわけではなくてフィンランドと同程度であり、日本の下には、韓国、スペイン、スイス、イタリアといった国が並んでいます。スイスの研究生産性は世界で最も高いと思います。また、２００５年から２０１５年にかけての日本の変化は、それほど急激なものではありません。英国、フランス、ポルトガル、スペインは、急激に若手教員比率が低下していますが、これらの国は、論文数や被引用インパクトを上昇させており、中でも英国やフランスは、サイエンスマップ領域参画数を順調に増やしていましたね。

また、沖縄科学技術大学院大学（ＯＩＳＴ）は２０１１年に設立された大学院大学ですが、Ｔｏｐ10％論文数割合は、２０１６年値で16・75％と日本の大学の中で高い値となっています。その教員の平均年齢は52・3歳（平成29年度事業報告書に基づく）となっており、国立大学教員の平均年齢47・7歳、国立大学附属病院教員の平均年齢43・0歳よりも、かなり高いのです。若手教員比率は提示されていませんが国立大学の平均よりも低いと推定します。このＯＩＳＴの事例は、教員の平均年齢が高くても（若手教員比率が低くても）、研究生産性を高くすることが可能であることを示しています。ただし、ＯＩＳＴの「若手研究者比率」は高いと推定されます。

なお、「統合イノベーション戦略」において、根拠としてあげてあるドイツの若手教員の比率55％についてですが、これはドイツの教員ポストが極端なピラミッド構造をとっており、上の職階ほど少ないので、若手教員の比率が高くなっていると考えられます。

最近ドイツでは、若手のテニュアトラック（終身雇用）の教授ポストを１０００増やすことにしたと報じられています（文献６－25）。この措置によって、若手教員比率は低くなります。つまり、ドイツでは、高すぎた若手教員比率を、下げる方向に向かっているわけです。

以上、「若手教員比率」について考察しましたが、国立大学法人化後の論文数減少や研究生産性の低下に最も大きく影響したのは、教員の定員削減による研究従事者数（ＦＴＥ）の減少によると考えられ、若手教員比率の低下の影響は、仮にあったとしても、わずかであると考えます。研究従事者数（ＦＴＥ）の減少に手を付けず、若手教員比率だけを引き上げても、低下した研究力の回復は見込めないし、研究従事者数を増やして研究力を高めた海外諸国との差は開くばかりです。

⑤ 研究環境の充実による若手研究者の活躍機会の創設の数値目標について

研究環境の充実による若手研究者の活躍機会の創設に向けて、次の目標が掲げられています。

・２０２３年度までに助教の職務活動時間に占める研究時間の割合を5割以上確保

著者も若手教員に十分な研究の時間を確保することはたいへん重要なことであると考えます。第4章の文献４－３を見てみますと、少なくとも国立大学の理工農学分野では、助教の研究時間は平均して5割以上確保され、目標は達成されているようです。ただし、この達成度は個々の大学によって異なる可能性があり、人的に恵まれている旧帝大クラスでは達成が容易ですが、人的に恵まれていない中小規模大学では困難になります。

助教にはプロモーションをしていただかなければなりませんので、多くの国立大学では、教員数が減って教育等の負担が増えた分は、シニアの教員が研究時間を減らしてカバーして、助教には研究時間を確保するという配慮がなされていることがわかります。ただし、保健分野では、助教の研究時間が減少し、2013年は職務活動に占める研究活動時間の割合は42・1%となっています。また、私立大学においては、国公立大学よりも研究時間の確保が難しい状況が進んでおり、理工農学分野においても2013年40%と減少しており、保健分野では27・3%と激減しています。全体としては、教育改革や社会貢献活動の要求が、どんどんと政府から大学の現場に押し寄せており、国立大学では教員数の抑制により、また、私立大学では大学進学のユニバーサル化や競争の激化によって、ますます教育に人手を取られて研究時間の確保が難しくなっている状況で、助教への研究時間確保の配慮が次第に困難となっている状況がうかがわれます。

著者は、研究従事者のポストを増やさずに、若手教員の研究時間を十分確保することは、一部の大規模大学を除いては限界にきていると考えます。

以上、若手研究者に活躍する機会を与えて育てることは、著者も重要であると考え、この点では「統合イノベーション戦略」と同じ考えです。しかし、若手教員比率を上げるという数値目標自体には、研究生産性を上げるというエビデンスはありません。また、若手教員比率を数%高めても、韓国やドイツの研究力には追いつけないことは自明ですね。若手研究者が将来に希望を抱けるように、若手を含めた研究従事者ポストを約1・5〜2倍増やし、研究資金も適切に増やして、大学の研究者が良質の研究環境で研究できる体制を整えないことには、韓国やドイツには勝てません。

〈研究現場からの声〉

●退職後の定員の凍結、准教授からの昇格人事は基本的に不可など、若手に対する明るい将来がない。このままでは先細りになるのは目に見えている。（2016年、大学、第3G、理学、教授クラス、男性）

●中堅も含め、若手の研究者の雇用問題は深刻です。国立大学への運営費交付金が減り、競争的資金への依存が強くなっています。任期なしの職よりも任期付きの職がどんどん増えています。安定した雇用がなければ、基礎研究はできません。2〜5年程度の雇用をつないで、競争的資金で食いつなぐのは研究にとっても家庭をもつものにとっても厳しい状況です。このような状況の研究者を見てきた大学院生などが、研究者を職にしたいと思うはずがありません。これから研究者を目指す人間も激減すると思います。長期的にみれば、研究は楽しさだけではやっていけません。家庭と職場の安定した環境が重要です。これがないがしろにされれば、長期的には日本の科学は廃れるでしょう。（2016年、大学、第2G、理学、准教授クラス、男性）

●定員削減の施策の影響で、安定的に研究ができる人員が確保できていない。若手にかぎらず、教授のポスト数が削減されることで、それまで業績があった実力のある研究者が運営業務に忙殺され、研究に専念できない状況が多くの大学、部局で生じている。（2017年、大学、第1G、工学、教授クラス、男性）

●教員の数不足と高齢化に加え、事務作業の複雑化や増加なども相まって、多くの教員が疲弊している。現状では若手研究者にも多くの負担を強いるしかなく、若手研究人材を育成する環境や雰囲気ではない。（2016年、大学、第3G、工学、准教授クラス、男性）

●特に大学等におけるポストの絶対数が不足している。依然として、任期付きポストの比率が高い（任期付きで競争させると、優れた研究成果がでる、優れた人材が輩出するという考え方は改める必要があるのではないか）。（2017年、大学、学長等クラス、男性）

●若手研究者の状況が厳しい。任期付きで雇われていることが多く、その採用されたプロジェクトの運営に割く労力と時間が大きいため、自分の研究を進めることができていない。（2016年、大学、第1G、工学、助教クラス、男性）

●任期付きの助教が5年後、どんなに活躍していても延長も再雇用もできないのはおかしい。（2017年、大学、第2G、工学、准教授クラス、男性）

●若手研究者が独立できず、任期付きのポジションが多い。任期無しであっても昇進不可であったり、昇進時には任期付きに戻るなど、若手研究者にとって不利な制度が横行している。また、その状況を見て優秀な学生は博士課程への進学を避ける。そしてモチベーションも能力も低い、モラトリアムの延長で進学する学生が相対的に増える（大学院大学という制度上定員を満たす必要があり、こういった学生の進学を断れない）。そして能力とモチベーションの低い学生の面倒をみるのは時間も労力もかかるので、直接的に指導にあたる若手研究者の負担が増し、研究業績が減少する。そしてその結果として昇進も難しくなる。そういう悪循環が蔓延している。（２０１６年、大学、第２Ｇ、保健（医・歯・薬学）、助教クラス、男性）

なお、米国において、多数のノーベル賞学者（29人）を輩出しているハワード・ヒューズ医学研究所という非営利の研究機構が全米各地の大学や病院に展開されていますが、そのウェブサイトには、研究者を採用する基本方針が書かれています「私どもはプロジェクトではなくヒトに長期間の投資をする。なぜなら、個人に能力があれば、時がたてばやがてブレイクスルーが生じるものであることを信じているからである。（著者訳）」

また、優れたイノベーションを生み出している有名な研究機関であるＳＲＩ（スタンフォード研究所）インターナショナルのウェブサイトには次のような文言があります。「イノベーションの闘士たち：各プロジェクトは情熱的な提唱者によって、価値創造プロセスが進展するように実施されます。私どもは、それぞれの新たな取組みについて、一人の闘士の存在が、成功するか否かを決定づけると信じています。SRIにおいては、闘士がいなければ、プロジェクトも存在しません。（著者訳）」

これらの研究機関では、内発的動機づけに基づいた自己実現欲求（マズローの欲求5段階説の最上位の欲求）の高い研究者を選抜しているように思われます。質の高い論文やイノベーションを大きく左右するのは、いかに研究やイノベーションに強い志と適性のあるヒトを選んで理想的な研究環境を与えるか、ということであり、単に若手教員比率を高めたから生産性が高まるというものではないと考えられます。

最後に、「若手研究者比率」について触れておきます。

「若手研究者」については、科政研の報告で、高注目度論文の筆頭著者には若手研究者が多いこと（富澤宏之ら、優れた成果をあげた研究活動の特性：トップリサーチャーから見た科学技術政策の効果と研究開発水準に関する調査報告書、調査資料122、2006年3月）、そして、特に、博士課程学生よりもポスドクが筆頭著者になっている論文に高注目度論文が多いことが示されています（伊神正貫ら、科学研究への若手研究者の参加と貢献―日米の科学者を対象とした大規模調査を用いた実証研究―、DISCUSSION PAPER 103、2013年11月）。

論文を多く産生し、しかも質を高くするためには、研究室（チーム）にポスドク等の若手研究者を多く雇用することが欠かせません。教員と違ってポスドクは研究に専念できます。教育や管理運営に忙しいシニアの教員だけでなく、多数の研究員が存在すれば、同じ研究を短期間で遂行でき、新発見を競争相手より早く公表できる確率が高まります。同じ発見でも、一瞬遅れたら、被引用数は激減しますからね。また、研究者が多く存在して初めて可能になる研究があり、そのような平均的な研究室では実施困難な研究は、注目度が高くなる確率が高いと考えられます。ポスドクを筆頭著者にした論文を多く書ける研究室は人的研究環境が恵まれているといえます。

しかし、日本においてポスドクを雇用できる研究室は、ほとんど旧帝大クラスプラス若干の大学に限られており、地方大学ではポスドクやテクニシャンを確保できず、乏しい人的研究環境で研究している教員が多数存在します。これでは、なかなか質の高い論文は産生できませんね。

では、「若手教員比率」ではなく、「若手研究者比率」を評価の指標に用いることはどうでしょうか？「若手研究者比率」の高い大学や研究室は、恵まれた人的研究環境にあります。若手研究者比率の低い大学の資金を削って、高い大学へ配分するという「メリハリ」をすると、これは、まさに「選択と集中（メリハリ）の罠」に完全に引っ掛かりますね。恵まれた大学に資源が集中して収穫逓減が起こり、忙しくてかつ人的に恵まれない大学や研究室はますます恵まれなくなって2倍返し、3倍返しで研究生産性が低下し、日本全体としての研究生産性が低下します。むしろ、恵まれない人的環境でがんばっている大学や研究室に、少しばかりの人的資金的支援をしてやる方が、全体としての研究生産性が高くなる可能性があります。

(7) 産学連携と多様な財源について

第5章でも考察しましたように、産学連携を推進することは、日本のイノベーションを推進する上でたいへん重要であり、各大学が努力するべきであることはいうまでもありません。「統合イノベーション戦略」における目標値は「2025年度までに大学・国研等に対する企業の投資額を2014年度の水準の3倍」となっています。

この記載でちょっと気になることは、国はおカネがないから大学はもっと企業からお金をもらえという書きぶりであることです。目標値には金額を3倍にするように書かれており、そして、産学連携の1件あたりの企業からの研究資金の金額が少ないことを問題にしています。

日本が今後力を入れるべき産学連携は中小企業のイノベーション実現割合を高めることや、ベンチャーの育成であると考えられ、その際には、1件あたりの企業からの金額の多さを期待することはできません。産学連携は大学がお金を稼ぐことを一義的な目的に掲げるべきではなく、あくまで、大学の研究力を地域の産業振興に生かして、GDPの成長に貢献することを目的とするべきではないでしょうか。もちろん、その結果として企業からの研究資金が増えることは大いに歓迎するべきことです。

第5章で分析したように、産学連携をさかんにするためには、まず、大学側が、企業が求める産学連携の体制を整えることが肝要です。そのためには、教育やその他の業務に忙しい教員では企業が期待する対応が十分にできないので、産学連携に十分な時間を割ける研究従事者の数を確保することが必要不可欠です。そうすれば企業はおのずから、その価値に見合った対価を出すのではないかと思います。

〈研究現場からの声〉

●大学側は、資金確保を最優先にとらえておられる傾向が強い。従って、お金の無い中小企業との連携が具体的に起こる例は非常に少ないと考える。（2017年、民間企業等、社長・役員クラス、男性）

●学術研究・基礎研究について産の立場から、特にベンチャーは、研究費の余裕も少なく、実用化研究の一環として基礎研究・技術開発研究を行うことはあっても、技術力養成や研究者育成のための研究資金を独自に捻出するのは至難です。（2016年、民間企業等、社長・役員クラス、男性）

●中小企業のイノベーションを加速するような産学官連携政策の推進を希望します。ただし、ほとんどの中小企業は最先端の技術は人材・資金面でのリスクが大きいため取り扱いが難しく、しかし、既存技術の改善・改良によりリスクが小さいが大きな効果を生む新たなイノベーションが起こるケースもあり、そのようなケースを対象に広げるような政策を希望します。現場・現物を知る中小企業には、既存技術の改善・改良に関するアイディアはとても多くあると思います。

（2017年、民間企業等、部・室・グループ長クラス、男性）

●当社の規模の中小企業では大がかりな産学官連携研究する資金は十分に取れない。逆にそのような補助金でテーマ戦略を策定できれば良いが、やはり成果を導き出す過程も難しいかもしれない。研究に没頭できる人材の確保も難しい。（2017年、民間企業等、主任研究員クラス、男性）

(8) 大学ランキングについて

「統合イノベーション戦略」には大学ランキングについて以下のように書かれています。

（参考：ランキング）

・2023年度までに世界大学ランキングトップ100に10校以上を入れる（注）。指定国立大学については世界大学ランキング100以内を目指す。また、研究大学は各々の強み・特色を生かして分野別ランキングの向上を目指す。

（注）「日本再興戦略―JAPAN is BACK―」（２０１３年６月閣議決定）で設定。なお、ランキング入りのみを目的化するのではなく、ランキング入りを目指すことを通じて研究力等の向上を図ることが重要であることに留意。国別のランクイン大学数では、例えば、イギリスのTimes Higher Education誌による「World University Rankings2018」（２０１７年９月５日発表）にランクインした全１１０２校のうち、日本の大学は89校（うち、トップ１００は２校）であり、米国、イギリスに次いで世界第３位。

今回は、ランキングに「参考」という注釈が掲げられています。今まで政府の目標として掲げてきたトップ１００に10校を入れるということが、非現実的な状況になってきたことの反映かもしれません。注釈として「なお、ランキング入りのみを目的化するのではなく、ランキング入りを目指すことを通じて研究力等の向上を図ることが重要であることに留意」と書かれています。また、トップ大学だけではなく、ランクインした大学の数にも注目していることは、大学の層を厚くするということにつながる可能性があり、著者の主張と合致するもので、歓迎します。ただし、第２章で説明しましたように、５年間で論文数１０００以上ある総合大学はランクインされてしまいますので、ランクインの数そのものは、評価されるような指標ではなく、ＴＨＥ世界大学ランキングの最下層集団の形成に貢献しているというのが現状です。国民一人あたりＧＤＰと相関するのは、４００位あるいは500位以内にランクインする人口あたりの大学数でした。そのためには、下層集団を形成している日本の大学の研究力を高めて（研究従事者数を増やして）層を厚くし、ランクを引き上げることが求められます。

(9) エビデンスに基づく政策立案に向けて

「統合イノベーション戦略の」第2章「知の源泉」の「(3)エビデンスに基づく政策立案／大学等法人運営の推進」の目指すべき将来像に「EBPMを的確に行うことにより、イノベーションや経済成長に貢献」と書かれています。EBPM（evidence-based policy making）つまり、証拠に基づく政策立案の重要性が強調されています。2017年11月15日に開催された行政事業レビューにおける行革事務局①の資料「EBPMの試行的検証」にEBPMの論点がまとめられていますので、図表6－25に示しました。なかなか厳格な論点が掲げられています。

著者は本書で、自分がこうあってほしいと思う仮説や自分の置かれた立場を利する政策に都合の良いデータだけを集めるというようなバイアスをできるだけ避けたつもりですが、所詮一人の人間のすることには限界があり、バイアスも避けられませんし、間違っている分析もあると思います。また、やり残した分析も多々残されていると思います。本書で示したさまざまなデータが、果たし

図表6－25　EBPM（証拠に基づく政策立案）についての行政改革推進本部事務局資料より抜粋（2017年11月15日）

【論点】全事業共通

① 統計・データ等に基づく現状分析を踏まえて、**明確な事業目的が検討・設定**されているか。

② 事業目的を達成して明確な効果を発現させるために、ロジックモデルや統計・データ等に基づき、**最適な手段となるよう事前の検討**が行われているか。

③ 事業実施により当初意図した効果が発現したかどうか検証するために、ロジックモデルや統計・データ等に基づき、**最適な手段であったかどうかの事後的な検討**が行われているか。

④ ロジックモデルの因果関係が統計・データ等に基づいて適切に説明されるよう具体的な検討が行われているか。インプットからインパクトまで積み上げる場合も、インパクトからインプットまで掘り下げる場合も、**因果関係に破綻・飛躍がないよう意識した検討**が行われているか。

⑤ ロジックモデルの各要素や因果関係を説明する際の**統計・データ等の有無や無い場合の理由が適切かどうかの検討**が行われているか。また、統計・データ等を**エビデンスとして用いる際の精度や評価方法が適切かどうかの検討**が行われているか。

（注）「EBPMの試行的検証」EBPM推進に向けた取組み・ロジックモデルなどについて、平成29年11月15日 行政改革推進本部事務局 説明資料より、抜粋。https://www.cas.go.jp/jp/seisaku/gyoukaku/H27_review/H29_fall_open_review/z6.pdf

て政策立案に資するエビデンスに値するものかについては、多くの方々による今後の検証が必要です。

今回「統合イノベーション戦略」に対する大きな期待とともに、政府が掲げるＥＢＰＭの論点から、特に数値目標について、著者なりに検討させていただきました。その結果、日本の大学の研究従事者数が十分なのか、不足しているのか、そして研究者あたりの論文生産性が低いのか、高いのかなど、いくつかの最も基本的で重要なデータの認識に大きな違いがあることがわかりました（図表6－26）。この基本認識が異なると、その後のすべての政策立案が大きく異なってきます。

著者の分析もすべてが正しいとは限りません。さまざまな立場からの関係者がそれぞれのデータを持ち寄って、クリティカルに、そしてフランクにデータを吟味する場がぜひとも必要と思います。政府の

図表6－26　「統合イノベーション戦略」と著者の基本的事項の認識の違い

	総合イノベーション戦略	著者
共通認識	大学や国研が産学官を交えた知識集約型産業の中核となるイノベーション・エコシステムが全国各地に構築	
	EBPMを的確に行うことにより、イノベーションや経済成長に貢献	
日本の人口あたり大学等研究（従事）者数および公的研究資金	主要国に比べて遜色ない。	主要国に比べて少ない（1.5～2倍以上の差）
日本の研究（従事）者あたり論文数の生産性	主要国に比べて低い。	主要国に比べて遜色ない（人文社会系の英語論文については低い）
日本の研究力低下の原因	研究（従事）者の生産性の低下。	研究（従事）者数の減少～停滞
研究力を高める方法	人事評価を厳しくして研究者あたりの論文数を増やしつつ、論文の注目度を高めるべき。	狭義の研究費とバランスよく研究（従事）者数を増やし、十分な研究時間を与えて一つ一つしっかりとした論文を産生するべき。注目度は結果としてついてくる。
若手教員比率と研究生産性	若手教員比率の増加は研究生産性を高める。	若手教員比率の増加が研究生産性を高めるというエビデンスはない。
産学連携を推進する方法	1件あたりの企業資金の金額を増やすべき。	産学連携に時間を割ける研究従事者数を増やして企業資金の金額に関わらず中小企業やベンチャーのイノベーション実現割合を高めるべき。

関係者のみなさんには、そのような場の設定をお願いしたいと思います。

例えば、株式会社日本総合研究所調査部 上席主任研究員の河村小百合さんが、「国立大学の研究力低下は運営費交付金の削減によるものか」という論説を書いておられます（文献6－26）。河村さんは、公的研究機関も運営費交付金が削減されているにもかかわらず、論文数等を増やしているので、大学の論文数減少は、運営費交付金の削減が原因ではない、と判断しておられます。参照されたデータは、科政研の「科学研究のベンチマーキング」（文献0－5）と思われるのですが、同じデータを見ても、著者の目には、公的研究機関の論文数は減少しているように見えます。著者自身の分析では公的研究機関の論文数は図表4－1および図表4－3をご覧いただければわかるように、2004年を境に大学よりも急激に低下しています。まさに、運営費交付金削減が論文数減少の原因であることを如実に示しています（なお、国研でも病院関係は増えていますが、これは国立大学病院でも同様です）。同じデータを見ても、ずいぶんと違った解釈になるわけですから、何らかの形でさまざまな立場の研究者がデータを持ち寄って、データの吟味と共有化する場を設けることが必要であると感じました。

本章では、日本の惨憺たる研究力の低下に対して、学術論文数を増やし、論文の質を高め、産学連携を推進してイノベーションを起こし、海外諸国と競うためには、海外先進国並みに人口あたりの研究従事者数を増やし、人的・資金的研究環境を整えることが欠かせないことをデータに基づいてお示ししてきました。研究従事者の数を抑制しつつ、厳しい評価制度、競争原理、「選択と集中（メリハリ）」などで鞭打っても、研究従事者を増やして論文の数および質を高めた海外先進国と戦えないことは明らかだと思います。

国立大学法人化の第三期に入ってから、それまで削減されつづけてきた運営費交付金の総額の削減が止まっていることは日本の大学の研究従事者数が維持され、その結果研究力が維持されることにつながります。日本の財政が苦しく、多くの予算項目が削減の対象となっている中で予算額が維持されていること自体が、財務省をはじめ多くの関係者のご理解とご努力の賜物と考えます。ただ、第三期においても〝機能強化促進係数〟として1%削減された運営費交付金が、機能強化事業に対して補助金のような形で割り戻され、一部は基幹経費（基盤的な運営費交付金の部分）として戻されるものの、確実に措置されるとは限らないことから、多くの国立大学、特に中小規模大学においては、引き続き教員ポストの抑制～削減を計画的に行うことが続いているようです。

また、現在文部科学省で、運営費交付金の基幹経費の10%を、国立大学共通の数値目標達成度により再配分することが検討されていますが、本書のこれまでの分析から、この政策は日本の研究生産性を高めるどころか、逆にますます低下させることが推定されます。まず、このような評価制度は、日本企業が導入早々に失敗した皮相な結果主義評価であり、そして、それに基づく基幹経費の再配分は、研究（学術論文数）や教育、社会貢献、産学連携などの大学機能に最も大きく影響する教員数を大幅に増減するわけですから、生殺与奪の手段になります。これは、第4章でご紹介した科研費獲得額に基づいて運営費交付金を再配分するシミュレーション（図表4－10）と同じ結果を招きます。成果の少ない大学の運営費交付金を削減して、頑張った大学に配分すれば、いっそう成果が上がるだろうという、一見、もっともな政策が、日本の研究国際競争力を大きく低下させたメカニズムは、本書でデータに基づいて詳しく説明しました。

それから、大学共通の定量的評価指標を設定することは極めて危険であり、困難であることは、本章で詳しく説明しましたね。たとえば若手教員比率を定量指標にすることはとんでもないことですし、トップ10%論文数割合などの被引用数関連指標も不適切です。外部資金獲得額も、獲得額が多かった大学がますます獲得できるようになり、獲得額が少なかった大学がますます獲得できなくなることから格差の拡大・固定化が進むことになり、収穫逓減が生じること等により、全体としての生産性は低下します。

「教員あたり」という指標が〝曲者〟であることは詳しく説明しました。「教員あたり」の指標は、ポスドク等を多く抱えて人的・時間的に余裕のある大学が有利になり、乏しい人的体制で頑張っている大学は不利になります。また、分野によって値が大きく異なります。もし、不適切な数値目標が、地域にとってかけがえのない、そしてある面で生産性の高い地方大学を縮小させることにつながれば、これは地域の行政や住民が絶対に受け入れられない結果です。また、限られた数の数値目標は、教育、研究、地域貢献、産学連携、診療などの大学が持ってしかるべき多面的な機能を適切に評価できず、大学の機能を大きく歪める危険性があります。学術研究の国際競争力を高めるためには人口に応じた研究の規模を海外先進国並みに拡大するしかありません。

今回閣議決定された「統合イノベーション戦略」の「大学や国研が産学官を交えた知識集約型産業の中核となるイノベーション・エコシステムが全国各地に構築」の実現には、大きな期待を抱いています。ただし、もし研究資金の投入増が可能ということであれば、効果的な投資のためには、狭義の研究費（人件費以外の研究費）の増額と共にバランスよく研究従事者数（研究人件費）を増やすことが必要不可欠です。

本章の結論としては、「統合イノベーション戦略」の目指すべき将来像に一言加えさせていただいて、「「ヒト」の投資を増やしつつ全国津々浦々にイノベーション・エコシステムを展開せよ」とさせていただきたいと思います。

〈研究現場からの声〉

●所属大学では教員ポストの大幅な削減が計画されており、若手研究者の採用の機会が今後大幅に制限される可能性が懸念されている。（2016年、大学、第4G、理学、准教授クラス、男性）

●運営費交付金カットに伴い人事を凍結してしまっているので、どうにもならない。若手も女性も外国人も雇いようがない。（2016年、大学、第3G、理学、助教クラス、男性）

●若手の人材を雇用できる形態にない。先を保証できないので、登用もしにくい。そもそも採用されている人材ですら研究助成金の処理、無駄に長い会議などに時間を取られすぎている。専門的能力を活かす時間を最大化する仕組みが必要。（2016年、大学、第4G、工学、准教授クラス、女性）

●文部科学省からの基盤的資金の漸減に伴い、教員の定員削減が激しく、教授退職後の補充がない状態が続いている。さらには教授退職後の公募人事が滞っている。教員が減るため、大学運営、入試、広報、授業も増える一方で、研究に使える時間が少なくなっている。（2016年、大学、第3G、農学、准教授クラス、男性）

●所属部局では若手研究者への自立と活躍の機会の重要性について理解があるものの、大学全体での定員削減の影響により教員一人当たりの業務量は増えている。また、そもそも任期付きで更新回数に限りがあるため、安定しているとは言い難い。若手研究員らの理解では任期を付さないポストの拡充などはすでに誰も信じておらず、また、文科省から発表される制度〝卓越研究員〟などは組織にとっては〝毒入り餅のような見せかけだけの対応〟であると認識している。（2016年、大学、第1G、准教授クラス、男性）

●定員削減のために、構成ポストをどのように減らしていくかについては議論が続いており、場合によっては助教のポストも現状よりも減少する可能性がある。ポスドク制度は現状で行き詰まりを見せており、現行制度はかつてのオーバードクター問題が40歳前後で再び起こるという点でより深刻である。今やキャリアの積み重ねは、大学院→ポスドク→教員となり、ポスドクが不安定なポストであることから博士課程に進学するには相当な覚悟が必要となっている。ポスドクにおける活動は、現状ではプロジェクトに完全に依存しており、ポスドクを渡り歩くために数年スケールで研究内容や場合によっては関係する学会までも大幅に変更せざるを得ない。このような現状では、大学の自助努力だけでは大学院博士課程に進学する学生を増やすのは困難であると思われる。（2016年、大学、第1G、理学、助教クラス、男性）

●運営費交付金の低減が、人件費の低減、教員の定員削減、そして助教及び准教授クラスの若手研究者の減少という悪循環をもたらしている。学科単位の教育研究環境や運営がぎりぎりな状況になりつつあり、大変危惧している。（2017年、大学、第2G、教授クラス、男性）

終　章

研究力は地域再生の切り札となる

さて、いよいよ本書も最後になりました。一つの結論を導き出すために、けっこう膨大なデータ量になってしまいましたね。

欧米やアジア先進国と研究競争力で戦うためには、日本の公的研究機関の研究資金と研究従事者数を1・5～2倍に増やして、人的・資金的研究環境を格段に良くすることが基盤であることを、さまざまなデータ分析からお示ししました。そして、教育資金と研究資金は分けて考えるべきであり、18歳人口の減少により大学の教育の規模は縮小せざるを得ないかもしれませんが、研究は、海外諸国との競争力を維持できるかどうかで規模を決めるべきであると考えます。日本の人口が減少するならば、その減少した人口に見合った研究資金と研究従事者数が必要です。前章で、現時点で日本が研究資金と研究従事者数の不足を補うために必要な金額は研究資金が約1兆1000億円～2兆2000億円、うち研究人件費が約6000億円～1兆2000億円と試算しましたね。しかし、日本は財政難なので実現はなかなか難しいと思います。ただし、公的研究資金や研究従事者数が海外先進国に比べて遜色ないというような間違った情報ではなく、1・5～2倍の開きがあるという実態をご理解いただいた上で、国民に決めていただきたいと思います。

〈研究現場からの声〉

●研究資金はGDPの1・5%くらいにしないと、欧米、中国にどんどん差をあけられると思う。

（2016年、大学、第4G、学長等クラス、男性）

●研究資金の減少が、研究の活性化を大きくそいでいる。適切な配分、効率的な使用をすることは当然であるが、そのレベルでは対応できないくらいの減少に見舞われている。現在は、ノーベル賞などの成果が上向いているが、20年後にこのレベルを維持できるのかは、大きな疑問。日本は、欧米、中国などの成長に追いついていけていない。（2017年、大学、大学共同利用機関、学長等クラス、男性）

●情報系特に機械学習分野では、米国・中国の企業・大学を中心として人材の取り合いが起こっています。それに対して我が国の大学・公的研究機関は給与・研究環境両方の面で十分な待遇を与える仕組みができていません。結果的に、国内の優秀な人材が博士課程に進まず海外に流出／海外の優秀な学生・研究者が日本には来ないという状態が生じ、日本のプレゼンスが低下し続けています。この流れは、一大学、部局レベルの努力では変えられそうにありません。（2017年、大学、第1G、工学、准教授クラス、男性）

●日本が科学技術立国として繁栄して行くため、研究資金としては不足していると思う。米国や欧州（ドイツ、フランス等）に対し研究環境も十分とは言えない。民間企業の資金も更に上手く活用できるような取組み改革も必要と思う。少ない資源、人口減少、少子高齢化が進む日本においては、科学技術イノベーションこそが経済成長や生産性向上の核となる。民間企業との協調領域

に於いて、政府研究開発への投資増を望む。（民間企業等、社長・役員クラス、男性）

ただ、２０１７年4月21日の安倍首相が議長を務める総合科学技術イノベーション会議で、科学技術予算を９０００億円増やすということを宣言しておられます。もし、本当に９０００億円の科学技術予算を投入するのであれば、研究人件費（研究従事者数）と狭義の研究費とをバランスよく投入しないことには効率よくイノベーションにつなげることはできません。第3章の重回帰分析やコブ・ダグラス型生産関数分析から、９０００億円のうち、６０００億円程度は、研究人件費として投資してもよいと考えます。これで、やっと韓国と戦える基盤が整います。

以下は、安倍首相の提言された９０００億円の科学技術予算増のうち６０００億円が研究人件費として確保されたと仮定した場合の空想の話をさせていただきます。

「統合イノベーション戦略」に書かれている「大学や国研が産学官を交えた知的集約型産業の中核となるイノベーション・エコシステムが全国各地に構築」を実現するために、仮に６０００億円を人口に比例させて全国に配分すると仮定すると、人口百万人あたり50億円、三重県ですと人口１８０万人ですから90億円分の研究従事者を増やすということになりますね。年俸５００万円なら１８００人、年俸１０００万円なら９００人になります。三重大学の運営費交付金が約１００億円ですから、三重大学規模の大きさで、研究や産学連携に専念できる研究機関がもう一つできるというイメージです。ただし、地域の中小企業のイノベーション実現割合を先進国レベルに引き上げようと思えば、三重県の事業所数は8万6000もあるわけで、900人〜1800人の研究従事者数では、まだ足りないかもしれません。

著者が三重大学の学長をしていた2004年からの5年間、地域貢献を第一に掲げ、さまざまな産学官金民連携の取り組みを行いました。たとえば、三重県伊賀市の協力のもとに三重大学伊賀研究拠点を作り、四日市市には三重大学四日市フロントという出店を作り、尾鷲市の熊野古道センターにも出店を作り、金融機関との共同でベンチャー支援組織を作り、アントレプレナー教育も導入しました。予算が削減されて統合による経営効率化が求められている時代に、それに逆行して分校ともいえる産学連携組織を作ったのは、地域貢献のためには、地域に密着することが最も効率が良いと考えたからです。著者はこれを地域貢献のコンビニ作戦と呼んでいました。このコンセプトは現三重大学学長の駒田美弘さんにも受け継がれており、さらに徹底されようとしています。

また、「地域イノベーション学研究科」という文理融合の独立大学院を、バイオベンチャー起業家で現在、三重大学の副学長をしておられる西村訓弘さんの発案をもとに作りました。この大学院のコンセプトは地域の中小企業の幹部人財を育成することであり、そのために、大学院生の研究テーマは地域の企業との共同研究とすること、中小企業においては幹部人財が研究開発とともに経営のノウハウも持ち合わせていないといけないので、プロジェクト・マネジメントの教育をすること、そして、これからは地域の中小企業も世界を相手に戦わなければならないので、国際通用性を身に着けること、の3つでした。そして中小企業の皆さんが使える研究機器設備をコア・ラボと称して整えました。修士課程10人、博士課程5人という小さな大学院なのですが、蓋を開けてみると、博士課程の入学生の9割が、地域企業の社長さんであったことには、たいへんびっくりしました。これは、大学というシステムが、大学の教員や学生と、地域のさまざまなイノベーションに関わる人財との間で、従来にはなかったイノベーションを生み出す交流の場（プラットフォームと言ってもいいでしょう）を形成できる可能性を意味します。

当時、三重大学の中小企業に限った場合の共同研究数は、全国の大学の中で3位という多さでした。これは、大学の規模からして、三重大学が地域貢献に限界まで頑張っていたことを示す数値です。しかし、いかんせん、地方大学の乏しい研究従事者数では、限りがあります。

また、当時三重大学では、運営費交付金が削減される苦しい中で、学科・学部横断的な自由な発想の研究センターの形成を促しました。ただし、お金がないので、大学は正式の組織として位置づけるが、予算措置はしないというものでした。それでも、現場の先生方からさまざまな研究センターのアイデアが出され、あっという間に10個を超える研究センターが立ち上がりました。あの時、これらの研究センターに多少の研究資金を投入できれば、地域にいっそう貢献できる組織になっていたのではないかと想像しています。

地域の大学の意欲的な取り組みは、全国の多くの地方大学においても、さまざまな形で行われてきました。このような意欲的な取り組みに対して必要な研究従事者を投入してやれば、地方大学は地域のGDP成長にいっそう貢献できるものと思います。

また、三重県の大学の地域貢献は、三重大学だけが行っているわけではなく、他の私立大学も貢献をしています。例えば、現在著者が学長を務めている鈴鹿医療科学大学にも、優れた研究者が多数在籍しています。ただし、これらの優れた人財の能力が、私立大学であるがゆえに教育等の負担が大きく、イノベーションの推進に最大限生かされていないということであれば、これは、日本にとってたいへんもったいない話です。多少の人件費を投入できれば、このような優れた研究人財を、もっと有効にイノベーションの展開に活用することができると思います。

〈研究現場からの声〉

●私立大学である本学の事情として、学生の確保は死活問題であり、国家試験の合格率を上げることが最重要課題となっております。このような事情もあり、私の所属する講座の場合、研究に割ける時間はかなり限られております。また、研究時間が十分とれないことで（これだけの理由ではありませんが）、成果もなかなか上げにくく、研究費もとりにくくなり、研究補助員を確保できず、研究が進みにくい、という悪循環から抜け出せないでおります。研究のアイデアはあるのに、残念です。自身の力不足も感じます。（大学、第4G、保健（医・歯・薬学）、助教クラス、女性）

このように、それぞれの地域のニーズや実情に応じて、その意欲的な取り組みが有望であると政府や地域が評価した場合は、大学に対して思い切った研究人財（人件費）の投入が行われてもよいと思います。

しかし、政府や国民が現在の大学という組織のガバナンスやマネジメントが不十分であり、投入した予算が有効に活用されないかもしれないという懸念を抱くのであれば、最初から政策決定者が理想と考えられるガバナンスの仕組みを備えたイノベーション研究機関を創って全国展開するという方法も考えられます。

たとえば、沖縄科学技術大学院大学（ＯＩＳＴ）は、２０１１年に設立された大学院大学で、世界トップクラスの研究者を集め、世界最高水準の科学技術に関する研究及び教育を行うとしています。教員と学生の半数以上を外国人とし、公用語は英語となっており、大学院生は5年一貫の博士課程であり、教員対学生の比率は１：２を保つとされています。毎年４００人前後の希望者がありますが、大学院に入学できるのは40名以下となっています。大学院生を研究補助の人手とは見なしていない姿勢がうかがわれます。2018年5月時点での教員数は57名ですが、研究ユニットスタッフが438名、研究支援スタッフが81名、事務スタッフが311名というたいへん人的に恵まれた研究環境にあります。

設立されて間もないのですが、OISTのトップ10％論文数割合は、2016年値で16・75％と日本の中では高い値となっています。このOISTは、日本においても、注目度指標の高い論文を産生する大学を創ろうと思えば創ることができる、という証拠事例ですね。ただし、それなりのおカネが投入されています。

もし、OISTのシステムが良いということであれば、日本全国にOIST型大学院大学を展開するのも一つの方法だと思います。あるいは基礎研究型と応用研究型の研究機関を組み合わせて、ドイツのマックス・プランク型とフラウンホーファー型の全国展開でもいいと思います。米国のハワード・ヒューズ医学研究所型とSRIインターナショナル型の全国展開も考えられます。このように、大学院大学または研究所に研究資金を投入する方が国民の理解が得られやすいかもしれません。〝大学〟は常に〝教育〟とセットで考えられていますから、人口減少にともなって縮小するはずの大学に、なぜ資金を増やす必要があるのか、ということになってしまうからです。

このイノベーション研究機関は、世界中の優れた研究者が集まるような魅力ある研究環境を整える必要があります。そして、この研究機関と地域の国公私立大学、自治体、公設試験研究機関、シンクタンク、金融機関、企業団体等を巻き込んだ産学官金民連携を推進するイノベーション・エコシステムを構築することが大切です。エコシステムにかかわる関係機関を包含するホールディングス的な組織を作るのも一つの方法です。

研究所を建設するにしても、研究所だけが離れた所にぽつんとあるのではなく、地域の大学等と地理的にも近いところに建設し、運営も一体的に行い、相互の人事交流も頻繁に行う必要がありま す。研究所の研究者も学士のイノベーション教育にかかわり、研究に適性のある若手を見いだし育てることが大切です。ベンチャーや企業のオフィスや研究所が、大学や研究所の近く、あるいは敷地の中に、ズラーっと並んでいるのもいいですね。あるいは、三重大学のような地域貢献のコンビニ作戦という方式もあるかもしれません。

また、米国のハワード・ヒューズ医学研究所は、全米の各大学や病院の研究者に人件費も含めて研究資金を支援し、各研究者は所属する大学や病院で研究していますが、この研究所に雇用されているという形をとり、研究所の研究者であると同時に大学や病院の教職員でもあるというクロス・アポイントメントになっています。つまり、必ずしも独立した研究所の建物を建設する必要はないかもしれないのです。

大切なことは、研究者同士、学生、そして、企業や自治体や地域の皆さんとの人事交流や共同研究や情報交換がさかんに行われる必要があり、それに適した空間的配置も考える必要があるということです。ただし、著者が東京で暮らした3年間は1Kマンションに住んでいましたが、隣の人と会話を交わすことはついにありませんでした。空間的には一つのビルディングに住んでいるわけですが、コミュニケーションをとらないのであれば、空間的配置は全く無意味ですね。

このホールディングス的な組織の名称は、とりあえず「地域イノベーション展開法人」とでも名付けておきましょう。このようなホールディングス的組織により、先ほど切り分けた教育部門と研究部門とが再び結び付くことになります。三重大学や三重県下の私立大学で、せっかく研究能力がありながら、教育その他の業務のために研究時間が十分確保できないという教員には、ハワード・ヒューズ医学研究所型のクロス・アポイントメント方式で、「地域イノベーション展開法人」が研究者として雇用すれば、彼らの研究能力を最大限生かすことができますね。そして、良い論文ができたら、それぞれの大学の業績として公表することで、各大学のランキングにも貢献することになります。

そして、この「地域イノベーション展開法人」を緩やかに統括する全国レベルの巨大ホールディングス的組織を作ることも考えられますね。巨大ホールディングス的組織を作るメリットは、スケールメリット以外にも、たくさん考えられると思います。その一つは、研究者の適材適所の配置、就職・転職先の紹介やキャリア支援においては、全国的な大きなネットワークで行う方が効果的だという点です。研究者の流動化と生計や雇用の安定化の両立につながります。また、地域や企業が求める課題解決に対して、その地域に存在する大学や研究機関だけでは必ずしも対応できるとは限りません。この場合には、課題解決に最適な研究者を巨大ホールディングスの全国ネットワークから探し出して対応することができます。データベースの構築やビッグデータの集積にも有利です。

この、イノベーション・エコシステムのミッションとしては、やはり「ＧＤＰの成長に貢献する」ということにする必要があると思います。財政の苦しい中で、イノベーション・エコシステムへの投資をお願いするには、日本のＧＤＰ、地域のＧＤＰに貢献する、ということにしないと、国民の理解は得られないと思います。そして、実際にＧＤＰの成長に貢献しないといけません。年６０００億円の人財投資を税収で回収することが目標です。ＧＤＰにつながる研究とは、必ずしも応用研究のような短期的なＧＤＰへの貢献ということだけではなく、基礎研究による中長期的なＧＤＰへの貢献も含まれます。環境問題や災害などのリスクへの対応など、直近のＧＤＰにはマイナスになるかもしれませんが、中長期的な観点からはプラスになることも多いと思います。人口問題の解決は、そもそも日本民族の存続にかかわる重大事項であり、ＧＤＰに大きく貢献しますね。いくつかの計算方法があると思いますが、英国の学術界のように、研究がどれだけ中長期的なＧＤＰに貢献したのか、直接的・間接的に計算して、常に報告する必要があります。

研究テーマの設定には、今まで考察した、基礎研究と応用研究以外に、製品化に近い段階の開発研究や、これらの間を取り持つトランスレーショナル・リサーチなどもあります。現時点では、これらをどのような比率で実施すれば、GDPの成長に最も貢献するかというデータは得られていないと思います。しかし、どのような比率の組み合わせ（ポートフォリオ）で実施しているのか、きちんと把握しておく必要があります。

研究テーマを地域から出していただくのも一つの方法です。地域の企業や自治体から希望する研究テーマを集め、その研究テーマで研究してみようという研究者を世界中から集めます。地域がAIの活用を求めているのであれば、それに集中してもいいでしょう。また、地方自治体の問題解決も非常に重要です。人口減少対策や出生率の改善が最大の課題であるということであれば、その研究にかなりの人財を投入してもいいのです。このような自治体の研究テーマで、短期的な企業の付加価値増には直結しないけれども中長期的なGDPの成長につながる研究テーマは、他にもけっこうあるのではないかと思います。

研究資金の何割かは、突拍子もないアイデアでもって失敗をおそれない挑戦的研究につぎ込んでもいいと思います。適性のある研究者にハワード・ヒューズ研究所のように、自由な発想である程度の長期間にわたって思い切りやらせることもいいでしょう。

『イノベーション・マネジメント入門（第2版）』（文献0－1）の第7章「イノベーションを実現する資源動員と知識構造」には、以下のようなことが書かれています。まず、イノベーションを実現するためには、高い不確実性にもかかわらず、ヒト・モノ・カネなどの資源が途切れることなく投入される「資源動員」とともに、動員された資源を結合して新たな知識を創造する「知識創造」の二つが必要であること。イノベーション実現に向けた知識創造プロセスには「アイデア創出プロセス」と「アイデア実現プロセス」があり、それらの実現を可能にするのが、個人や集団の「クリエイティビティ（創造性）」であること。個人のクリエイティビティには、知性、パーソナリティ、モチベーション（動機づけ）などが関係すること。クリエイティビティとの関係で注目されてきたのは内発的動機づけ（intrinsic motivation）であり、評価や監督、報酬などの外的な動機づけは、内発的な動機づけを損なう場合があり、クリエイティビティを低下させること。集団のクリエイティビティにプラスに働く要因としては、「目標の相互依存性」、「参加メンバーの仕事関連の多様性」、「ビジョン」、「駆動目標」、「コミュニケーション」、「集団結束力」、「イノベーションに対する支援」などがあること。最後の「イノベーションに対する支援」とは、リーダーや管理者が、イノベーションを承認し、失敗を許容し、革新的な行為や新しいアイデアを尊重するような集団であるほど、イノベーションが促される傾向にあることです。

日本政府が今世紀に入って大学に対して実施した政策は、大学への研究資金総額の抑制とともに、基盤的な資金の削減を財源とした競争的資金の増、そして評価・監督などの外的動機づけであり、今後、それらをさらに強化しようとしているようです。このような政策は、クリエイティビティやイノベーションの創出には、マイナスの方向に働く可能性があるかもしれません。評価を厳しくすることは、怠けている人を働かせることには有効かもしれません。しかし、すばらしいアイデアや良質のイノベーションがたくさん生まれてくるというわけではありませんね。

今回の政府の「統合イノベーション戦略」にも、「失敗を悪とし忌避する我が国のシステムにおいては、成功すれば大きなインパクトを与えるが失敗のリスクを伴う研究開発手法を抜本的に改善する余地がある。」と書かれています。「地域イノベーション展開法人」においては、この政府の方針に基づいて、「中長期的なGDPの成長に貢献する」というビジョンの下に、適性のある研究従事者やイノベーターに、内発的動機づけに基づいて、失敗を許容する形で、伸び伸びとやっていただきたいと思いますね。超イノベーティブ企業であるグーグルの人財マネジメントの方針は「イノベーティブな人間に、イノベーションを起こせという必要はない。自由にさせれば良い。」（文献6－15）ということです。

6000億円の人件費投資で、6万～12万人の高度知的人財の新たな公的雇用が生まれることになります。〝小さな政府〟を目指して先進国で公務員（準公務員を含む）が最も少ない国家になった日本において、GDPの成長に貢献する人財であるならば、海外先進諸国並みに公的研究従事者数を増やしても大きい政府には当てはまらない枠外の部分と考えられるのではないでしょうか。これは、日本の産業別GDP（付加価値）で世界順位の低い（公教医）と（専）分野の付加価値（図表1－21）を引き上げることにもつながります。

これまで地方は、優れた人財がブラックホールのように東京に吸い込まれることに苦しんできましたが、これらの高度知的人財が地域に配置されることにより、優れた人財の東京への流出によるマイナス効果をある程度回復させることが期待されます。おそらく、魅力ある公的イノベーション研究機関の設置が、高度知的人財を地方に回帰させる、ほとんど唯一の手段なのではないかと思います。

〈研究現場からの声〉

●高知県には企業内研究者数が国内46位の県の半数しかおらず、都会に比較するといないに等しい数である。これは、企業の研究力、研究の価値に対する認識の低下に繋がっており、産学連携が都会ほどには進まない環境が最大の課題である。現在、県内企業に属す研究者数の増加計画を開始したところであるが、成果が出るには1年や2年ではとても無理な話である。このような地方の現状を中央では十分に理解しているようには感じられない。有識者会議の内容には、中央（東京）スタンダード意識が見え隠れしており、東京が発展したその次が地方の順番であり、地方の苦しみを本気で解決しようという熱意も感じられない。地方課題の多様性も無視しているように感じられる。産学官連携の成功は地方創生の強力な手段ではあるが、論理の中心に東京の国際都市としての発展がある限り、地方を優先して創生させる構造は出来ないであろう。もはや、地方には中央に若者を拠出する余力がないにも拘わらず、ブラックホールの如く若者を吸引し消耗する東京の体質が解消されて、東京自身が若者を地方に輩出する体質にならない限り、産学官連携による地方創生は成らないことは自明の理であると考える。（2017年、大学、第4G、学長等クラス、男性）

地方に良質の研究環境を整えたイノベーション研究機関を創れば、優れた頭脳を地方に回帰させることができ、その人財が中小企業のイノベーション創出を支援すれば、中小企業が優れた人財を雇用することと同じような効果を発揮することができるはずです。中には、中小企業との共同研究を通じて、中小企業に就職する人財や、地域を基盤にしてベンチャーを起業する人財も生まれるかもしれません。そのような地域への高度人財の循環システムが出来ればしめたものですね。地域のGDPにけっこう貢献することになります。

また、そのようなイノベーション研究機関があれば、企業の誘致にも好影響を与えるでしょう。現在の三重大学の規模と忙しい教員の体制では、最大限がんばっているわけですが、規模が小さすぎますね。ちょっと研究開発に力を入れている大企業の一研究所よりもはるかに少ない研究者数ですからね。地方自治体の誘致に対してイノベーティブな企業が食指を動かすような、魅力ある規模の大きさと質を備えたイノベーション研究機関にしなければ意味がありません。そうすれば、地域再生の決定的な切り札になる可能性があると考えます。

優れた人財を地方に集めるためには、そのイノベーション研究機関のブランドを高めることも必要ですね。たとえば、三重県に創るイノベーション研究機関は、東大付属にするとか。いっそのこと三重大も東大という名称にしてしまった方がいいかもしれませんね。これは、東大に「選択と集中」をすることと同じことになります。そして、その上に「地域イノベーション展開法人」があるわけですから、このホールディングス的組織は東大を配下に置くということになるかも知れません。東大の世界ランキングを高めるために、被引用インパクトが高くならないと予想されるドメスティックな研究などの場合は、執筆者の所属を地域イノベーション展開法人にして、高くなると予想される場合にだけ東大の所属にして、論文を書きましょう。


以上、著者の空想の世界をお話しましたが、きっともっと良いアイデアがあると思います。読者の皆さんも含めて、関係者の皆さんの知恵を集めていただきたいと思います。

「統合イノベーション戦略」に書かれている「大学や国研が産学官を交えた知的集約型産業の中核となるイノベーション・エコシステムが全国各地に構築」を実現するためには、「ヒト」への投資を増やすことが必要不可欠です。データに基づいた政策立案により、日本の人口や富に見合った、人口が減少した時は減少した人口に見合った「ヒト」への投資を増やしつつ、イノベーションの「広がり」を推進するイノベーション・エコシステムを日本全国津々浦々で展開し、地域で進行しつつある人口減少社会を成長社会に化けさせることが、いま日本が取り組まねばならない喫緊の課題であると考えます。

〈参考文献〉

序章

0－1　一橋大学イノベーション研究センター編『イノベーション・マネジメント入門（第2版）』日本経済新聞出版社、２０１７年。

0－2　Christensen, C. M., *The Innovator's Dilemma: When New Technologies Cause Great Firms to Fail*, Harvard Business School Press, 1997.

0－3　豊田長康「運営費交付金削減による国立大学への影響・評価に関する研究――国際学術論文データベースによる論文数分析を中心として」一般社団法人国立大学協会、２０１５年５月。(http://www.janu.jp/report/files/2014-seisakukenkyujo-uneihi-all.pdf)

0－4　阪彩香・桑原輝隆「科学研究のベンチマーキング２０１２――論文分析でみる世界の研究活動の変化と日本の状況」文部科学省科学技術政策研究所、調査資料２１８、２０１３年３月。

0－5　村上昭義・伊神正貫「科学研究のベンチマーキング２０１７――論文分析でみる世界の研究活動の変化と日本の状況」文部科学省科学技術・学術政策研究所、調査資料２６２、２０１７年８月。

0－6　文部科学省科学技術・学術政策研究所　科学技術・学術基盤調査研究室「科学技術の状況に係る総合的意識調査（ＮＩＳＴＥＰ定点調査２０１７）」NISTEP REPORT No. 175、２０１８年４月。

0－7　"Q&A: Japan's Raod to Recovery," Nature Index, 18 March 2016. (https://www.natureindex.com/newsblog/questions-and-answers-japans-road-to-recovery)

0－8 「教育論議に論理と実証を」（大機小機）『日本経済新聞』２０１７年12月21日。

0－9 「大学が壊れる」『週刊東洋経済』２０１８年２月10日号。

0－10 Universities UK, "Why invest in universities?" June 2015.

第1章

1－1 Fagerberg, J. and Srholec, M., "Technology and Development: Unpacking the Relationship (s)," Paper Presented in the IV Globelics Conference at Mexico City, 22–24 September 2008.

1－2 Maradana, R. P., Pradhan, R. P., Dash, S., Gaurav, K., Jayakumar, M., and Chatterjee, D., "Does Innovation Promote Economic Growth? Evidence from European Countries," *Journal of Innovation and Entrepreneurship* 6 (1) : 1–23, 2017.

1－3 Kumar, R. R., Stauvermann, P. J., and Patel, A., "Exploring the Link between Research and Economic Growth: An Empirical Study of China and USA," *Quality & Quantity* 50 (3) : 1073–1091, 2016.

1－4 Ntuli, H., Inglesi-Lotz, R., Chang, T., and Pouris, A., "Does Research Output Cause Economic Growth or Vice Versa? Evidence from 34 OECD Countries." *Journal of the Association for Information Science and Technology* 66 (8) :1709–1716, 2015.

1－5 Inglesi-Lotz, R. and Pouris, A., "The Influence of Scientific Research Output of Academics on Economic Growth in South Africa: An Autoregressive Distributed Lag (ARDL) Application," *Scientometrics*

95 (1) : 129–139, 2013.
1－6　Lee, L.-C., Lin, P.-H., Chuang, Y.-W., and Lee, Y.-Y., "Research Output and Economic Productivity: A Granger Causality Test," *Scientometrics* 89 (2) : 465–478, 2011.
1－7　叁村秀樹「輸出による国内付加価値の誘発構造――日中韓の現状比較と、今後とるべき戦略」『ＪＲＩレビュー』第6巻第16号、43－55頁、２０１４年。
1－8　文部科学省科学技術・学術政策研究所 第１研究グループ「第３回全国イノベーション調査報告」NISTEP REPORT No.156、２０１４年3月。

第３章

3－1　Cobb, C. W. and Douglas, P. H, "A Theory of Production," *American Economic Review* 18 (1) Supplement: 139–165, 1928.

第４章

4－1　村上昭義・伊神正貫「日本の大学システムのアウトプット構造――論文数シェアに基づく大学グループ別の論文産出の詳細分析」文部科学省科学技術・学術政策研究所、調査資料２７１、２０１８年3月。
4－2　冨山和彦「国立大への税金投下に『正当性なし』」読売教育ネットワーク（異見交論43）２０１８年４月４日。(http://kyoiku.yomiuri.co.jp/torikumi/jitsuryoku/iken/contents/43-ceo.php)
4－3　神田由美子・富澤宏之「大学等教員の職務活動の変化――『大学等におけるフルタイム換算データに

関する調査』による２００２年、２００８年、２０１３年調査の3時点比較」文部科学省科学技術・学術政策研究所、調査資料２３６、２０１５年4月。
4－4　神田由美子・伊神正貫「86国立大学法人の財務諸表を用いた研究活動の実態把握に向けた試行的な分析」文部科学省科学技術・学術政策研究所、DISCUSSION PAPER No. 157、２０１８年5月。
4－5　文部科学省「個人研究費等の実態に関するアンケート」２０１６年7月実施。
4－6　村上昭義・伊神正貫「科学研究のベンチマーキング２０１７――論文分析でみる世界の研究活動の変化と日本の状況」文部科学省科学技術・学術政策研究所、調査資料２６２、２０１７年8月。

第5章

5－1　阪彩香・桑原輝隆「科学研究のベンチマーキング２０１２――論文分析でみる世界の研究活動の変化と日本の状況」文部科学省科学技術政策研究所、調査資料２１８、6頁、２０１３年3月。
5－2　文部科学省科学技術・学術政策研究所　科学技術・学術基盤調査研究室「科学技術指標２０１７」調査資料２６１、２０１７年8月。
5－3　財務省「文教・科学技術」２０１８年4月17日。(https://www.mof.go.jp/about_mof/councils/fiscal_system_council/sub-of_fiscal_system/proceedings/material/zaiseia300417/03.pdf)

第6章

6－1　Boldrin, M. and Levine, D. K., "The Case Against Patents," *Journal of Economic Perspectives* 27 (1):

3-22, 2013.
6－2 Farre-Mensa, J., Hegde, D., and Ljungqvist, A, “The Bright Side of Patents,” USPTO Economic Working Paper No. 2015-5, December 2015.
6－3 特許庁「特許行政年次報告書２０１６年版」。（https://www.jpo.go.jp/shiryou/toushin/nenji/nenpou2016_index.htm）
6－4 内閣府、第5期科学技術基本計画、２０１７年。
6－5 OECD, “Adults, Computers and Problem Solving: What's the Problem?” OECD Skills Studies, 2015.（https://alice.ch/fileadmin/Dokumente/Grundkompetenzen/10_OECD_Skills_Study.pdf）
6－6 OECD, “Focus on Inequality and Growth,” Directorate for Employment, Labour and Social Affairs, December 2014.（http://www.oecd.org/social/Focus-Inequality-and-Growth-2014.pdf）
6－7 Deloitte, “Measuring the Economic Benefits of Mathematical Science Research in the UK.,” Final Report, November 2012.（http://www.maths.dundee.ac.uk/info/EPSRC-Mathematics.pdf）
6－8 高野良太朗・澤田朋子「ドイツの科学技術情勢」国立研究開発法人科学技術振興機構 研究開発戦略センター 海外動向ユニット、２０１５年12月。
6－9 「統合イノベーション戦略」２０１８年6月15日閣議決定。
6－10 Department for Business, Energy and Industrial Strategy, “International Comparatire Performance of the UK Research Base 2016,” Elsevier, 2017.
6－11 Lebel, J. and McLean, R., “A Better Measure of Research from the Global South,” Nature, 4 JULY

2018. (https://www.nature.com/articles/d41586-018-05581-4)

6－12 清水良郎「企業における人事評価制度改革についての一考察――『成果主義』の問題点とその改善点をさぐる」『名古屋学院大学論集 社会科学篇』第47巻第4号、73－78頁、2011年3月。

6－13 Kato, T. and Kodama, N., "Performance-related Pay and Productivity: Evidence from Japan," RIETI Discussion Paper Series 15-E-088, July 2015.

6－14 鈴木良始「アメリカ企業における業績評価制度の変革運動（ノーレイティング）とその背景」『同志社商学』第69巻第3号、325－342頁、2017年11月。

6－15 エリック・シュミット／ジョナサン・ローゼンバーグ／アラン・イーグル『How Google Works――私たちの働き方とマネジメント』土方奈美訳、日本経済新聞出版社、2014年。

6－16 San Francisco Declaration on Research Assessment (DORA). (https://sfdora.org/read/)

6－17 Moher, D., Naudet, F., Cristea, I. A., Miedema, F., Ioannidis, J. P. A., and Goodman, S. N., "Assessing Scientists for Hiring, Promotion, and Tenure," PLOS Biology, 29 March 2018. (https://doi.org/10.1371/journal.pbio.2004089)

6－18 Wilsdon, J., Allen, L., Belfiore, E., Campbell, P., Curry, S., Hill, S., Jones, R., Kain, R., Kerridge, S., Thelwall, M., Tinkler, J., Viney, I., Wouters, P., Hill, J., and Johnson, B., "The Metric Tide: Report of the Independent Review of the Role of Metrics in Research Assessment and Management," HEFCE, 2015.

6－19 文部科学省科学技術・学術政策研究所 科学技術・学術基盤調査研究室「サイエンスマップ2014」

NISTEP REPORT No. 169、２０１６年９月。

6－20 Ichiko F., "Numbers of Young Scientists Declining in Japan: Government Policies are Hampering the Country's Next Generation of Research Leaders, Advisory Body Says," Nature, 20 March 2012. (https://www.nature.com/news/numbers-of-young-scientists-declining-in-japan-1.10254)

6－21 文部科学省科学技術・学術政策局 人材政策課「若手研究者をめぐる状況について」２０１５年５月25日。(http://www.mext.go.jp/b_menu/shingi/gijyutu/gijyutu4/037/shiryo/__icsFiles/afieldfile/2015/06/04/1358507_05.pdf)

6－22 文部科学省科学技術・学術政策研究所 科学技術・学術基盤調査研究室「科学技術指標２０１７」調査資料２６１、２０１７年８月。

6－23 浦田広朗「改革期における大学教員の研究生産性規定要因」戦略的研究プロジェクトシリーズⅪ「21世紀知識基盤社会における大学・大学院の改革の具体的方策に関する研究」、国際共同研究推進事業「大学における教育研究の生産性向上に関する国際共同研究」ディスカッションペーパーシリーズNo.3、広島大学高等教育研究開発センター、２０１７年４月12日。

6－24 Sinatra, R., Wang, D., Deville, P., Song, L., and Barabási, A.-L., "Quantifying the Evolution of Individual Scientific Impact," *Science* 354 (6312) aaf5239.

6－25 Dance, A., "University Jobs: Germany to Fund Tenure-track Posts," *Nature* 535 (7610) 190, 2016.

6－26 河村小百合「国立大学の研究力低下は運営費交付金の減額によるものか」『大学マネジメント』第４巻第４号、８－15頁、２０１８年７月。

【著者紹介】
豊田長康（とよだ　ながやす）
鈴鹿医療科学大学学長
1976年大阪大学医学部卒業。その後、三重大学医学部助手などを経て、1991年三重大学医学部産科婦人科学研究室教授。2004年三重大学学長。2009年三重大学退職。同名誉教授。同年鈴鹿医療科学大学副学長。2010年独立行政法人国立大学財務・経営センター理事長に就任。大学経営の実態や研究現場の声を徹底リサーチし、日本の科学力・研究力の危機を訴えてきた。2013年より現職。

科学立国の危機
失速する日本の研究力

2019年2月14日発行

著　者――豊田長康
発行者――駒橋憲一
発行所――東洋経済新報社
〒103-8345　東京都中央区日本橋本石町 1-2-1
電話＝東洋経済コールセンター　03(5605)7021
https://toyokeizai.net/

装　丁………秦浩司（hatagram）
ＤＴＰ………アイシーエム
印　刷………丸井工文社
編集担当……岡田光司
　Printed in Japan　ISBN 978-4-492-22389-5